シーボルト研究の100年

日高 薫 責任編集

人間文化研究機構 国立歴史民俗博物館 編

One Hundred Years of Siebold Research

Edited by Hidaka Kaori
National Museum of Japanese History

臨川書店
Rinsen Book Co.

シーボルト 其生涯及ビ功業

醫學士 呉秀三 著

(一) 西人來航ノ初

我大東建國以來朝鮮支那邇近ノ諸國ト交通スルコ頗ル古シト雖モ歐洲ノ邦家ト交ヲ締ブニ至リシハ實ニ近代ナリ抑日本ノ名ガ初メテ西洋ニ傳ハリシハ亞細亞內地ヲ跋涉シテ其記事ヲ今世迄殘留シタルマルコポーロー(Marco Polo)(一二七一乃至一二九五間ノ旅行記事 Mirabilia mundi)以來ナレモ彼輩未タ我邦土ニ蹤ヲ致セシコアラズ葡萄牙ノ商人等二百餘人カ航海中颶ニ遇ヒテ天文十年ノ七月(一五四一)豐後ノ國神宮浦ニ漂着シタルハ西人等ガ我邦ニ來リタル第一次ナリ後二年葡萄牙人多禰嶋ニ來リテ貿易ヲ求メ尋テ其國ノ商估僧徒ガ鹿兒島平戶等ニ來リテ交商宣敎ヲ謀リシヨリ葡萄牙人ノ我西陲ニ出沒スルモノ年ニ月ニ漸ク多ク西班牙人亦其踵ニ接キテ海曲ニ集至セリ蓋シ此時ニ當リテ歐洲ニ於テハ學術上ノ發明ニ尋キテ發見ノ業植民ノ政漸ク興リ世態人心大ニ一變シタルキニシテ其航海ノ業ハ十三世紀ノ後半ヨ

西人來航ノ初 一

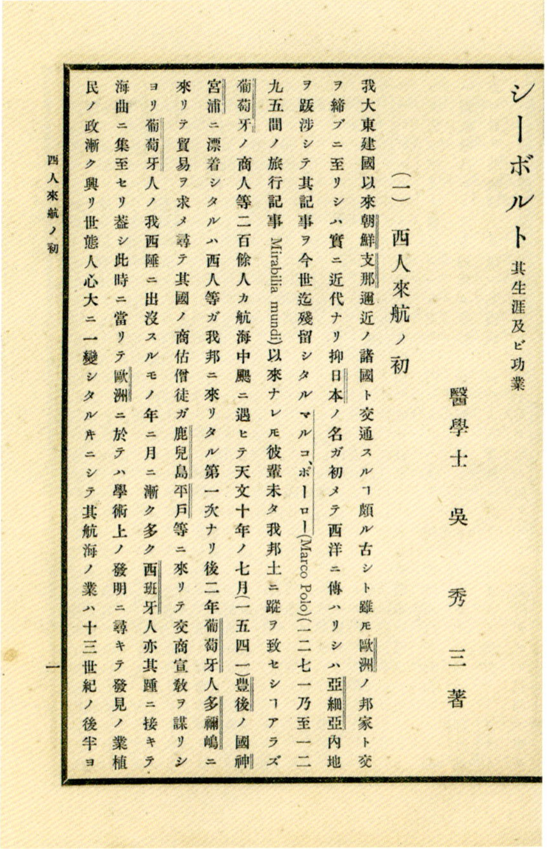

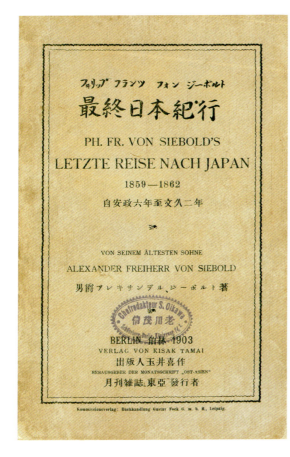

口絵1 呉秀三『シーボルト 其生涯及ビ功業』(吐鳳堂・英蘭堂 1896年)〈個人蔵〉
シーボルト誕生百年に当たり、伯爵佐野常民の依頼を受けて著した伝記

PL. 1 Kure Shūzō's *Shīboruto sono shōgai oyobi kōgyō* (Tohōdō/Eirandō, 1896). Private Collection. A biography commissioned by Sano Tsunetami 佐野常民 to commemorate the one-hundredth anniversary of Siebold's birth.

フィリップ フランツ フォン ジーボルト

最終日本紀行

PH. FR. VON SIEBOLD'S

LETZTE REISE NACH JAPAN

1859—1862

自安政六年至文久二年

VON SEINEM ÄLTESTEN SOHNE

ALEXANDER FREIHERR VON SIEBOLD

男爵アレキサンデル、ジーボルト著

Chefredakteur S. Oikawa

BERLIN 伯林 1903

VERLAG VON KISAK TAMAI

出版人玉井喜作

HERAUSGEBER DER MONATSSCHRIFT „OST-ASIEN"

月刊雜誌「東亞」發行者

Kommissionsverlag: Buchhandlung Gustav Fock G. m. b. H., Leipzig.

口絵2 アレクサンダー・フォン・シーボルト『フィリップ フランツ フォン シーボルト 最終日本紀行』(ベルリン 玉井喜作 1903年)〈個人蔵〉
雑誌『東亜』に連載していた、フィリップの第二次来日時の活動についての記述に、加筆修正してまとめたもの

PL. 2 Siebold, Alexander Freiherrn von., *Ph. Fr. Von Siebold's Letzte Reise Nach Japan 1859–1862* (Berlin: Kisak Tamai, 1903. A collection of writings that appeared serially in the magazine *Ost-Asien*, revised and compiled into a single volume. It details Philipp's activities during his second visit to Japan.)

口絵3　施福多君記念碑

PL. 3　Siebold Memorial Monument

口絵4　建施君記念碑題名

PL. 4　Stone listing the names of donors

口絵5　シーボルト妻子像螺鈿合子
　　　長崎シーボルト記念館蔵

PL. 5　Lacquerware box with mother-of-pearl featuring images of Siebold's wife and child. Siebold Memorial Museum

口絵6　シーボルト旧蔵眼科手術器具　長崎シーボルト記念館蔵

PL. 6　Ophthalmic surgical instruments owned by Siebold. Siebold Memorial Museum

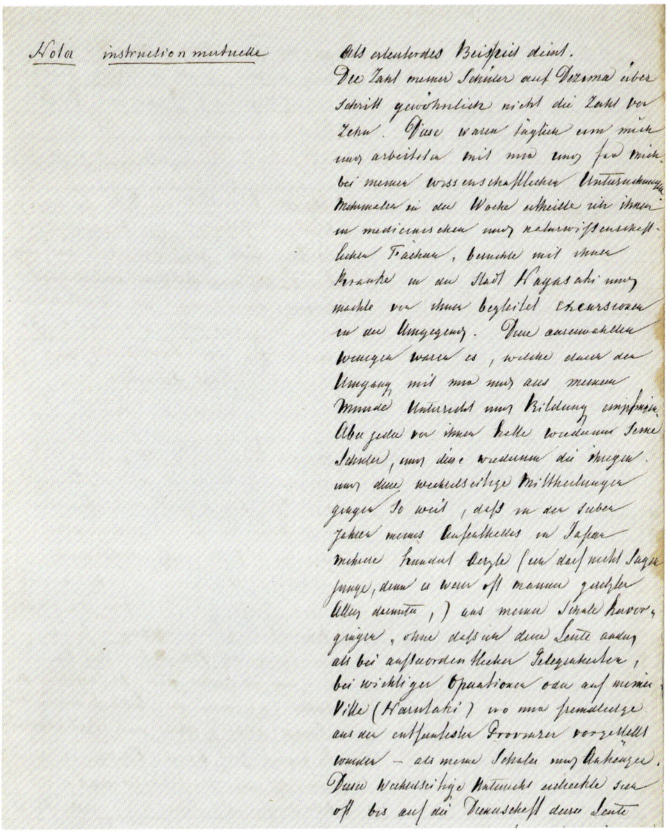

Nota instruction mutuelle

Als erläuterndes Beispiel dient.
Die Zahl meiner Schüler auf Dezima über-
schritt gewöhnlich nicht die Zahl von
Zehn. Diese waren täglich um mich
und arbeiteten mit mir und für mich
bei meinen wissenschaftlichen Untersuchungen.
Mehrmalen in der Woche ertheilte ich ihnen
in medicinischen und naturwissenschaft-
lichen Fächern, besuchte mit ihnen
Kranke in der Stadt Nagasaki und
machte von ihnen begleitet excursionen
in der Umgegend. Diese auserwählten
Wenigen waren es, welche daher den
Umgang mit mir und aus meinem
Munde Unterricht und Bildung empfingen.
Aber jeder von ihnen hatte wiederum seine
Schüler, und diese wiederum die ihrigen.
und diese wechselseitige Mittheilungen
gingen so weit, daß in den sieben
Jahren meines Aufenthaltes in Japan
mehrere hundert Aerzte (ich darf nicht sagen
junge, denn es waren oft Männer gesetzten
Alters darunter,) aus meiner Schule hervor-
gingen, ohne daß ich diese Leute anders
als bei außerordentlichen Gelegenheiten,
bei wichtigen Operationen oder auf meiner
Villa (Narutaki) wo mir fremdartige
aus den entferntesten Provinzen vorgestellt
wurden – als meine Schüler und Anhänger.
Dieser wechselseitige Unterricht erstreckte sich
oft bis auf die Dienerschaft dieser Leute

口絵7　A 「日本への医学の導入と発展の歴史的概観」本文 27 頁該当箇所、ブランデンシュタイン城シーボルト・アーカイヴ（SABB）

PL. 7　A　*Geschichtliche Übersicht der Einführung und Entwicklung der Arzneiwissenschaften in Japan*, p. 27. Siebold-Archive Burg Brandenstein (SABB)

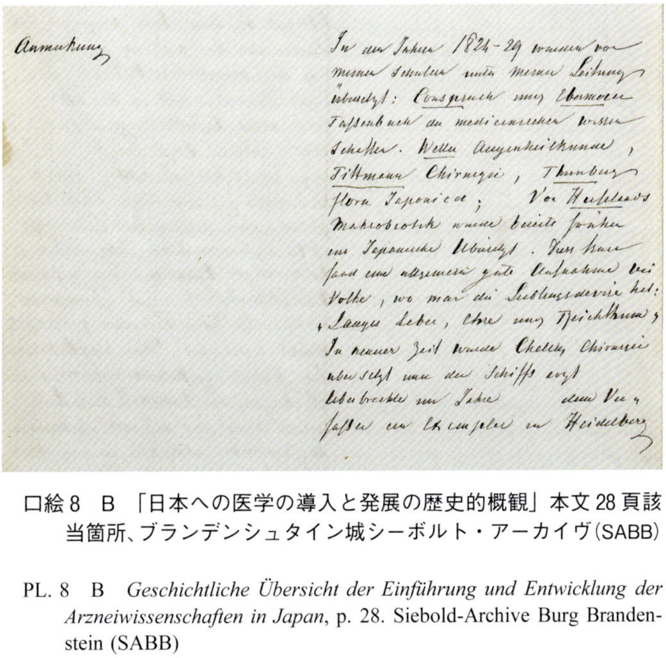

Anmerkung

In den Jahren 1824–29 wurden von
meinen Schülern unter meiner Leitung
übersetzt: Conspruch und Ebermaier
Taschenbuch der medicinischen Wissen-
schaften. Wellers Augenheilkunde,
Tittmanns Chirurgie, Thunberg
Flora Japonica; Von Hufelands
Makrobiotik wurde bereits früher
ins Japanische übersetzt. Dies Buch
fand eine allgemein gute Aufnahme bei
Volke, wo man die Lieblingsdevise hat:
„Langes Leben, Ehre und Reichthum„
In neuerer Zeit wurde Chelius Chirurgie
übersetzt und der Schiffsarzt
überbrachte im Jahre dem Ver-
fasser ein Exemplar in Heidelberg

口絵8　B 「日本への医学の導入と発展の歴史的概観」本文 28 頁該当箇所、ブランデンシュタイン城シーボルト・アーカイヴ（SABB）

PL. 8　B　*Geschichtliche Übersicht der Einführung und Entwicklung der Arzneiwissenschaften in Japan*, p. 28. Siebold-Archive Burg Brandenstein (SABB)

口絵9　本通詞の肖像、『日本（Nippon）』の分冊第3号（1832）図XV
九州大学附属図書館蔵

PL. 9　Portraits of six official interpreters. Siebold, *Nippon*, part 3 (1832) of the original serialized edition, plate 15. Kyushu University Library, Fukuoka

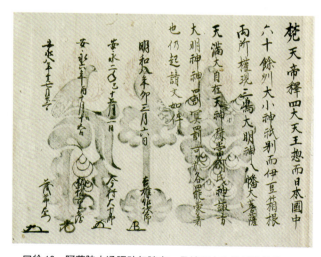

口絵10　阿蘭陀小通詞助起請文　長崎歴史文化博物館蔵

PL. 10　Oath of the assistant junior interpreters. Nagasaki Museum of History and Culture

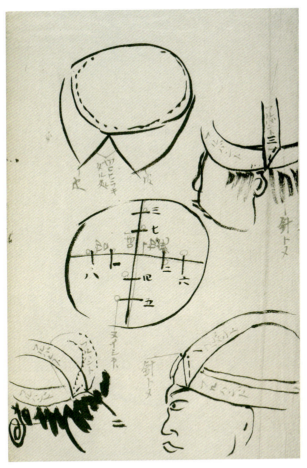

口絵11　頭部切開縫合の図「メイストンシーボルト直伝方治療方写取・外療即医按扣」天理大学附属天理図書館蔵

PL. 11　Diagram of scalp suture from "Treatment Methods" (Meisuton Shīboruto jikiden hō chiryōhō utsushitori, gairyō soku ianhikae メイストンシーボルト直伝方治療方写取・外療即医按扣). Tenri University's Tenri central Library

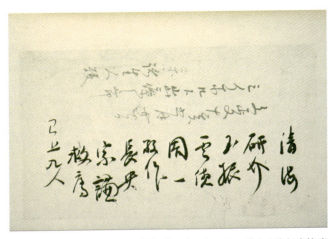

口絵12　鳴滝塾からの見学者「メイストンシーボルト直伝方治療方写取・外療即医按扣」天理大学附属天理図書館蔵

PL. 12　Surgery observors from Siebold's Narutaki School. Tenri University's Tenri central Library

口絵 13 「水神祭」。ハイネ『日本（Japan）』「宗教編」3 図の原画（MFK88. 43）。（写真ニコライ・ケストナー）

PL. 13 *Festival of the Water God*. Original painting for Heine's *Japan*, "Religion," ill. 3. Museum Fünf Kontinente, Munich, MFK 88.4. Photo: Nicolai Kästner

口絵 14 同図版。（写真ニコライ・ケストナー）

PL. 14 *Festival of the Water God*. Book illustration from Heine's *Japan*. Photo: Nicolai Kästner

口絵 15 「水神神社の祭礼」。シーボルト『日本(Nippon)』の図版(Siebold, *Nippon* (1930), Tafelband I, Teil II, Tab. XI [180])。(写真著者)

PL. 15 *The Festival of the Water God*. Illustration in Siebold's *Nippon* (1930), plate vol. I, sec. II, plate XI [180]. Photo: author

口絵 16 「ポルトガル人の来日」。ハイネ『日本（Japan）』「歴史編」4 図の原画（MFK88.53）。
（写真ニコライ・ケストナー）

PL. 16 *Arrival of the Portuguese in Japan*. Original painting for Heine's *Japan*, "History," ill. 4. Museum Fünf Kontinente, Munich, MFK 88.53. Photo: Nicolai Kästner

口絵 17 口絵 16 の部分図。

PL. 17 Detail of PL. 16.

口絵 18 「将軍の御台所」。シーボルト『日本（Nippon）』の図版（Siebold, *Nippon* (1930), Tafelband I, Teil II, Tab. XIX [135]）。（写真著者）

PL. 18 *The Consort of the Sjogun*. Illustration in Siebold's *Nippon* (1930), plate vol. I, sec. II, plate XIX [135]. Photo: author

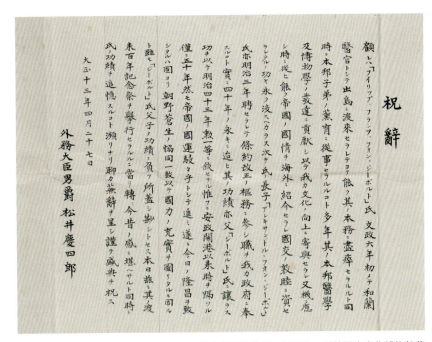

口絵19　シーボルト渡来百年記念式外務大臣松井慶四郎祝辞　長崎歴史文化博物館蔵
「シーボルト渡来百年記念会祝文」〔オリジナル番号：14168-2〕

PL. 19 Foreign Minister Matsui Keishirō's commemorative address at the Siebold centennial ceremony. ("Shīboruto torai hyakunen kinenkai shukubun" シーボルト渡来百年記念会祝文," collection of the Nagasaki Museum of History and Culture, original no.: 14168–2)

口絵20　シーボルト家家族写真
後列左：アレクサンダー・フォン・シーボルト、後列中央：ヘレーネ・フォン・ウルム＝ツー＝エアバッハ、前列左：エーリカ・フォン・エアハルト＝シーボルト、前列中央：アレクサンダー・フォン・シーボルト（長男）（ブランデンシュタイン城シーボルト・アーカイヴ）

PL. 20 Siebold family photograph. Back row, left: Alexander von Siebold, Back row, center: Helene von Ulm zu Erbach, Front row, left: Erika von Erhardt-Siebold, Front row, center: Alexander von Siebold (eldest son). Brandenstein Castle Siebold-Archive

口絵 21　破れ花菱七宝繋に菊枝散蒔絵箪笥　ミュンヘン五大陸博物館蔵

PL. 21　Chest with chrysanthemum branches and *yabure Hanabishi shippo tsunagi* 破れ花菱七宝繋 patterns in *makie*. Museum Fünf Kontinente, Munich

口絵 22　ミュンヘン五大陸博物館における「Collecting Japan」展

PL. 22　"Collecting Japan" exhibition held at the Museum Fünf Kontinente, Munich

はじめに

　ドイツ人の医師で博物学者であるフィリップ・フランツ・フォン・シーボルトが、長崎出島のオランダ商館付医官として初めて日本の地を踏んだのは、1823年（文政6）のことである。シーボルト来日200年の節目を迎えた2023年（令和5）、長崎市をはじめとした各地の関係機関では、シンポジウムや展覧会など、数々の記念事業が実施された。

　本書は、2023年10月、長崎市および国立歴史民俗博物館により開催されたふたつの国際シンポジウムの報告をもとに、論集としてまとめたものである。

　まず、10月14日には、長崎市主催のシンポジウムが出島メッセ長崎において開催され、「日本の近代化に鳴滝塾が果たした役割を探る」というテーマのもと、最新成果を盛り込んだ報告や討論が繰り広げられた。日本の医学や科学に対するシーボルトの功績や影響にとどまらず、国際交流の場としての鳴滝塾に注目することで、国内におけるシーボルトと、彼に関わった門人、奉行所役人、通詞ら日本人たちとの関係性や双方向的な情報交換についても再考する機会となった。

　さらに翌10月15日には、長崎歴史文化博物館において国立歴史民俗博物館主催のシンポジウム「シーボルト研究の100年」が開催された。国立歴史民俗博物館では、人間文化研究機構による研究プロジェクト「日本関連在外資料調査研究」の一環として推進してきたシーボルト父子関係資料の調査を通じて、シーボルトが海外に向けて日本の何をどのように伝えようとしたかについて探求してきた。長崎市の共催を得て実現した今回のシンポジウムでは、シーボルト関係資料を多く所蔵するドイツの研究者や、歴博のプロジェクトに参加したメンバーに、長崎の研究者や、対外関係史の研究者も加わって、今後の新たな文脈による研究に向けた展望の議論を深めることができた。

　ふたつのシンポジウムは、これまでのシーボルト研究を振り返り、とくに近年の動向からシーボルト研究を客体化し、さらなる段階へ高めるために何が必要かを問うという意味で、記念年に相応しい内容であったといえる。本書が、シーボルト研究への新たな関心を喚起し、19世紀に二度にわたって日本を訪れたシーボルトが果たした多岐にわたる役割を立体的に解明する契機となれば幸いである。

2025年3月

国立歴史民俗博物館

Introduction

Philipp Franz Balthasar von Siebold, a German physician and naturalist, first set foot in Japan in 1823 (*Bunsei* 文政 6) as a medical officer assigned to the Dutch Factory at Deshima in Nagasaki. In 2023 (*Reiwa* 令和 5), marking the 200th anniversary of Siebold's arrival in Japan, various institutions in Nagasaki City and other locations held numerous commemorative events including symposia and exhibitions.

This publication compiles papers based on two international symposia held in October 2023 by Nagasaki City and the National Museum of Japanese History.

On October 14, a symposium organized by Nagasaki City was held at Dejima Messe Nagasaki under the theme "Exploring the Role of the Narutaki Academy (Narutaki-juku) in Japan's Modernization," featuring presentations and discussions incorporating the latest research findings. Going beyond Siebold's contributions to and influence on Japanese medicine and science, the focus on the Narutaki Academy as a venue for international exchange provided an opportunity to reconsider the relationships and mutual exchange of information between Siebold and the Japanese people he interacted with in Japan, including his pupils, magistrate's office officials, and interpreters.

The following day, on October 15, another symposium titled "One Hundred Years of Siebold Research" was held at the Nagasaki Museum of History and Culture, organized by the National Museum of Japanese History. Through its investigation of the Siebold Family Collection conducted as part of the National Institutes for the Humanities' project series titled "International Collaborative Research on Japan-related Documents and Artifacts held Overseas," the National Museum of Japanese History explored what aspects of Japan Siebold sought to convey to foreign audiences and how he attempted to do so. Co-hosted by Nagasaki City, this symposium not only brought together scholars from German institutions holding substantial Siebold-related collections and members who participated in the Museum's project, it also included Nagasaki-based researchers and scholars of foreign relations history, enabling in-depth discussions on future research prospects within new contexts.

These symposia were befitting this anniversary year, as they reviewed Siebold studies to date, provided an objective assessment of the field through recent developments, and explored what is needed to advance the field to its next stage. We hope this publication will stimulate new interest in Siebold studies and serve as a catalyst for multidimensionally illuminating the diverse roles played by Siebold, who visited Japan twice in the nineteenth century.

March 2025
National Museum of Japanese History

目　次

はじめに

シーボルト研究 100 年のあゆみ　　　　　　　　　　　　　　杳澤　宣賢 …………7
　　―これまでの研究の跡をふりかえりながら、
　　　今後の展望にも触れて―

長崎におけるシーボルト研究　　　　　　　　　　　　　　　織田　毅 ……………44

シーボルト来日の背景を考える　　　　　　　　　　　　　　木村　直樹 …………60
　　―対外関係史研究の視点から―

ブランデンシュタイン家所蔵シーボルト自筆草稿
「日本への医学の導入と発展の歴史的概観」に表れる　　　　宮坂　正英 …………73
長崎におけるシーボルトの医学・科学教育に関する
記述の検討

シーボルトに関わりのあるオランダ通詞　　　　　　　　　　イサベル・田中・
　　　　　　　　　　　　　　　　　　　　　　　　　　　　ファンダーレン ……89

シーボルトの外科手術と門人による新展開　　　　　　　　　青木　歳幸 …………111

ヴィルヘルム・ハイネが描いた日本の絵　　　　　　　　　　ブルーノ・J・
　　―シーボルトからの借用―　　　　　　　　　　　　　　リヒツフェルト ……123

日本政府が守りたかった「アレクサンダー・フォン・
シーボルト文書」　　　　　　　　　　　　　　　　　　　　堅田　智子 …………156
　　―外務省外交史料館、東京大学総合図書館所蔵史料にみる
　　　遺稿の譲渡と分割―

シーボルト父子の「もの資料」調査と日本展示の復元　　　　日高　薫 ……………177
　　―国立歴史民俗博物館のプロジェクトが目指したもの―

Contents

Introduction

One Hundred Years of Siebold Research: Reflecting on Past Studies and Future Prospects	Kutsuzawa Nobukata ·········*195*
Siebold Research in Nagasaki	Orita Takeshi·········*240*
The Background of Siebold's Arrival in Japan: From the Perspective of Foreign Relations History Research	Kimura Naoki ·········*261*
Siebold's Nagasaki Medical and Scientific Education in His "Historical Overview of the Introduction and Development of Medicine in Japan"	Miyasaka Masahide ·········*276*
Philipp Franz von Siebold and the Japanese Interpreters (*Oranda Tsūji*)	Isabel Tanaka-Van Daalen ·········*293*
Siebold's Surgical Procedures and New Developments by His Pupils	Aoki Toshiyuki ·········*318*
Wilhelm Heine's Japan Paintings and Their Siebold Models	Bruno J. Richtsfeld ·········*334*
Wilhelm Heines Japan-Gemälde und ihre Sieboldschen Vorlagen	Bruno J. Richtsfeld ·········*366*
The Alexander von Siebold Documents the Japanese Government Wanted to Protect: Their Transfer and Division as Seen in Historical Sources from the Ministry of Foreign Affairs Diplomatic Archives and the University of Tokyo General Library	Katada Satoko ·········*399*
Research on Artifacts in the Siebold Family Collections and Reconstruction of Siebold's Japanese Displays: Objectives of the National Museum of Japanese History Project	Hidaka Kaori ·········*425*

Japanese names are given in traditional order, surname first, except in citations of sources that follow a different order.

シーボルト研究の100年

シーボルト研究100年のあゆみ

—これまでの研究の跡をふりかえりながら、今後の展望にも触れて—

杳澤宣賢
（東海大学）

はじめに

　2023年10月長崎では、シーボルトの来日200年記念シンポジウムが三つ行われた[1]。これに先立つ1896年には、東京でシーボルト誕生百年記念祭が開催され、同年呉秀三によりシーボルトの伝記が出版された。ここから数えると、我が国におけるシーボルト研究は実に128年の歴史を有していることになる。そのことはこれまでに出されたフィリップ・フランツ・フォン・シーボルト（Philipp Franz von Siebold, 1796-1866）に関係する文献に示されており、石山禎一によれば[2]、1873年から2013年までの発表論文数は1235件に上るとされている。

　ここでは、シーボルトの研究者の一人で、我が国および外国におけるシーボルト研究の歴史を三期に区分し、その内容を分析した箭内健次の見解に従い、まずは各時期の特徴についてみていく[3]。第Ⅰ期は、呉秀三による『シーボルト先生　其生涯及功業』などが著された時期（1896〜1926年）、第Ⅱ期はベルリンのヤーパン・インスティチュート（Japan Institute　以下、日本学会とする）からシーボルト文献が将来され、その研究成果である『シーボルト研究』などが著された時期（1934〜45年）、第Ⅲ期は、これまでの研究蓄積をふまえて、講談社から『NIPPON』（以下、『日本』とする）が覆刻され、同時にその解説書として『シーボルト「日本」の研究と解説』（岩生成一・緒方富雄・大久保利謙・斎藤信・箭内健次監修（以下、岩生成一他監修とする）講談社　1977年）などが著された時期から現在まで（1960〜85年（当時））である。

1　「シーボルト来日200年記念シンポジウム」（日時：10月14日、会場：出島メッセ長崎、主催：長崎市）、「シーボルト来日200年記念国際シンポジウム」（日時：10月15日、会場：長崎歴史文化博物館、主催：国立歴史民俗博物館、長崎市、協力：長崎歴史文化博物館）、「シーボルト来航200年記念、国際シンポジウム「出島での気象観測とその歴史的意義：環境史・東西交流史の観点から」」（日時：10月28日、会場：出島メッセ長崎、主催：日本地理学会・気象と災害の歴史研究グループ）。

2　石山禎一「シーボルトに言及した雑誌論文および関係文献」（『シーボルトの生涯をめぐる人びと』長崎文献社　2013年）236-287頁。ここには他に、「シーボルト著作関係」、「外国におけるシーボルト研究関係文献」、「シーボルト著作の邦訳本」、「シーボルトを対象にした単行本」などが目録として収録されており、研究史を整理するうえで有益である。

3　箭内健次「1934〜5年シーボルト文献の来た頃—昭和初期シーボルト研究の回顧」（『Ph. Fr. von Siebold 研究論集—シーボルト研究3・4号—』法政大学フォン・シーボルト研究会　1985年）1-20頁。

箭内は第Ⅲ期を1985年までとしているが、最近松井洋子は各期の研究内容を検討すると第Ⅲ期を1970年代、海外調査が盛んになる1980年代以降を第Ⅳ期とする提言を行っている[4]。ここでは松井の提言に従い、第Ⅳ期として1980年代以降を設定することとしたい。この期をどこまでとするかであるが、1980～1990年代、2000年～2009年としたい。それは、2010年から人間文化研究機構 国立歴史民俗博物館(以下、歴博とする)によるプロジェクトの調査研究が行われるようになり、その成果をシンポジウムや報告書だけでなく、資料を画像付で公開することによって、研究情報の「共有化」を図り、次世代の研究者の利用に役立てるという基本計画が立案され、その活動が始まったからである[5]。そうしたことから2010年以降を第Ⅴ期として設定し、この期の研究内容を検討したいと思う。著者はこれまでにもシーボルトの研究史について報告しているが[6]、本稿では各時期におけるシーボルト研究の動きと主要な文献を紹介し、百年以上にわたる研究の跡をふりかえりながら、今後の展望について述べたいと思う。

第Ⅰ期（1896～1926年）の研究動向

　我が国におけるシーボルト研究は、1896年佐野常民、伊藤圭介、田口和美、杉亨二らの発起によりシーボルト誕生百年記念祭を上野精養軒で開催[7]、その年呉秀三により『シーボルト 其生涯及ビ功業』(吐鳳堂・英蘭堂 1896年) が出版されたことから始まる (図1)。本書は我が国におけるシーボルトに関する初の総合的研究書であり、その後の研究の基礎をなしたものである。同年、アレクサンダー・フォン・シーボルト (Alexander von Siebold, 1846-1911) も父のフィリップについて『Ph. Fr. vonシーボルトの生涯と活動より―生誕百年記念祝典に当たり編集した回想録―』[Denkwürdigkeiten aus dem Leben und Wirken von Ph. Fr von Siebold zur Feier seines hundertjährigen Geburtstags, zusammengestellt von seinem ältesten sohne] (L. Woerl Verlag, Würzburg, 1896) を著している。翌年、アレクサンダーとハインリッヒ・フォン・シーボルト (Heinrich von Siebold, 1852-1908) により『日本』[Nippon. Archiv zur Beschreibung von Japan] (Würzburg, Leipzig, 1897) (2Aufl) 第二版　全2巻が出版された (図2)。この本はシーボルトの生誕百年記念として、二人の息子達によって出版された簡約版で、図版も少なく形も小さくなっている。しかし、江戸参府紀行の後半を「参府

4　松井洋子「シーボルトに関する資料」(『歴史と地理　日本史の研究』山川出版　2016年) 25-31頁。
5　これまで歴博のプロジェクトが開催した国際会議やシンポジウム、報告書や出版物については、日高薫「シーボルトが伝えようとした日本像を求めて―国際連携による在外資料調査とその活用―」(ブルーノ・J・リヒツフェルト他編『異文化を伝えた人々Ⅲ』臨川書店　2022年) に詳しい。
6　杏澤宣賢「シーボルト研究史概観―我が国および外国における研究の跡を顧みながら―」(日本思想史懇話会『季刊日本思想史』55　ぺりかん社　1999年)、「シーボルト研究史概観―最近の研究動向を中心に―」(石山禎一他編『新シーボルト研究Ⅱ　社会・文化・芸術篇』八坂書房　2003年)、「シーボルト研究の現在―アレクサンダーとハインリッヒに関する研究動向もふまえて―」(『洋学』21　洋学史学会　2013年)
7　加藤僖重「シーボルト生誕百年祭に参加した人達」(『獨協大学教養諸学研究』26　1991年) 14-24頁。

「旅行中の日記」の原稿の第三章以下十二章までに拠って、一応完成している[8]。この第二版には、アレクサンダーによる「シーボルト小伝」［Philipp Franz von Siebold Eine biographische Skizze］も添付されている。なお、1909年ハインリッヒも、『Ph. Fr. von. シーボルト　日本研究者　その生涯と活動　呉秀三博士の日本語の覚書により叙述』［Ph. Fr. von Siebold: Der Erforscher Japans sein Leben und Wirken, Nach der Japanischen Denkschrift des Dr. S. Kure dargestllt］（L. Woerl Verlag, Leipzig, 1909）を著している。

図1　呉秀三『シーボルト其生涯及ビ功業』（吐鳳堂・英蘭堂　1896年）〈個人蔵〉シーボルト誕生百年に当たり、伯爵佐野常民の依頼を受けて著した伝記

図2　『NIPPON』〈個人蔵〉第2版の縮刷復刻版1巻で、1969年オスナーブリュック社が刊行

　この期の記念事業として、長崎のシーボルト渡来百年記念会がある。計画では1923年に事業を行う予定であったが、関東大震災の影響により翌年史蹟に指定された鳴滝シーボルト宅址で、国内外から多数の来賓を迎え記念式典が挙行された[9]。そして同年（1924年）『シーボルト先生渡来百年記念論文集』（シーボルト先生渡来百年記念会）が出された。併せて、県立長崎図書館で「シーボルト先生渡来百年記念展覧会」が開催され、シーボルトの長女ウルム・エルバッハ男爵夫人ヘレーネ（Freifrau Helene von Ulm zu Erbach, 1848-1927）から寄贈されたシーボルト着用の礼服と礼服用帯剣などが展示された[10]。1926年、呉秀三は渡来百年記念事業の一つとして計画の中にあったシーボルトの伝記『シーボルト先生　其生涯及功業』（吐鳳堂）を出版した。本書には本文とは別に乙編と題する史料編があり、オランダ通詞の中山作三郎がまとめた「外科シーボルト一件」や「中山家文書」、第二次来日の際の外交活動の様子を示した幕末の外交文書集『続通信全覧』の原本にあたる「東大シーボルト文書」、他にオランダ国立文書館所蔵の「出島爪哇蘭語文書」などがあり、こ

8　藤田喜六「*NIPPON*の書誌学的検討」（岩生成一他監修『シーボルト「日本」の研究と解説』講談社　1977年）27-28頁。

9　杳澤宣賢「シーボルト渡来百年記念祭に関する一考察―外務省外交史料館所蔵史料を中心に―」（『鳴滝紀要』6　シーボルト記念館　1996年）

10　『シーボルト先生渡来百年記念展覧会出品目録』（シーボルト先生渡来百年記念会　1924年）

れらの史料を用いてより総合的なシーボルト研究を行った呉の大著は今日もなお高い評価を得ている。

第Ⅱ期（1934～1945年）の研究動向

　この期の特色は、1934年にベルリンの日本学会からシーボルト文献が東京の日独文化協会に貸し出され、翌年「シーボルト資料展覧会」（東京科学博物館）が開かれ[11]、さらにそれを用いた研究が行われたことである。このシーボルト文献というのは、シーボルトの孫娘エルハルト男爵夫人エリカ（Baronesse Erika von Erhardt-Siebold, 1890-1965）から日本学会に譲渡されたもので、シーボルトの書簡や日記、原稿及びその下書きなどの原史料から成っている[12]。この日本学会の史料を研究するため同年6月には東京帝国大学附属図書館にシーボルト文献研究室（代表　入澤達吉東京帝国大学医学部名誉教授）が設けられ、板沢武雄、金田一京助、緒方富雄らがそれぞれ担当部分の調査を行うことになった[13]。こうした研究の成果として出版されたのが『シーボルト研究』（岩波書店　1938年）である。中でも鳴滝塾の門人提出の蘭語論文が著書『日本』の中にどのように活用されているかを検証した緒方富雄、大鳥蘭三郎、大久保利謙、箭内健次四人の論文「門人がシーボルトに提出したる蘭語論文の研究」は、日本学会の史料による研究として意義あるものと言えよう。この他、本書には『日本』所収の地図（日本図、蝦夷図、樺太図）の原図について論究した箭内・蘆田伊人両氏の「シーボルト作成の地図」が収録されている。本論文は、シーボルト関係地図の最初の本格的研究である。なお、ドイツからのこうした文献貸与の背景には何があったのか、今後検討していく必要があるように思う。

　日本での展覧会や研究に先立ち、ドイツではこの文献を基に『日本』（第三版）［Nippon Archiv zur Beschreibung von Japan. Vollständiger Neudruck der Urausgabe zur Erinnerung an Philipp Franz von Siebold's erstes Wirken in Japan 1823 bis 1830. In zwei Text-und zwei Tafelbänden, dazu ein neuer Ergänzungs-und Indexband von F. M. Trauts, Hg. Japan Institute, E. Wasmuth Verlag, Berlin, 1930/31］がトラウツ（Friedrich Maxmilian Trautz, 1877-1952）の編集によって日本学会から出版された。シーボルト文献についての研究はこの他にも、黒田源次が「シーボルトの文久元年の日記に就いて」（『日独文化講演集　九　シーボルト記念号』日独文化協会　1935年）を発表し、再来日時の1861年の「シーボルト日記」三冊（蘭文・独文・

11　展示は、第一部には主として日本学会所蔵文献が、第二部には国内の出品物を陳列したとある。『シーボルト資料展覧会出品目録』（日獨文化協会、日本医史学会、東京科学博物館主催　1935年）

12　アレクサンダーの長女エリカについては、ケルナーの著書（ハンス・ケルナー著、竹内精一訳『シーボルト父子伝』創造社　1974年）257頁にその経歴が収録されている。

13　この間の出来事については、箭内健次「1934～5年シーボルト文献の来た頃―昭和初期シーボルト研究の回顧」（法政大学シーボルト研究会編『Ph. Fr. von Siebold研究論集―シーボルト研究3・4』1985年）や、同「『シーボルト文献研究室』と一年有半」（箭内健次・宮崎道生編『シーボルトと日本の開国　近代化』続群書類従完成会　1997年）に詳しい。

蘭独文）の存在を明らかにした[14]。また、日本学会所蔵のものを中心に、日本にある書簡を含めた143通のシーボルト関係書簡を翻刻し、大鳥蘭三郎の翻訳を付した『シーボルト関係書翰集』（日独文化協会　1941年）も出版された。この後1944年には京都にあった独逸文化研究所のジーボルト委員会が『ジーボルト論攷』（Siebold-Archiv）を発刊し、その中でトラウツは「フィリップ・フランツ・フォン・ジーボルト—日本研究家、文化政策者—」を発表している。本書は、日独文化協定に基づき日独両国の学術振興のため出版されたものであるとの説明が付されているが[15]、戦争の激化により結局この一冊の発行だけに終わったようである。戦前のこうした動きをみると、日本とドイツとの政治的結びつきが強まる中で、シーボルト研究も進展していった様子が伺われる。

第Ⅲ期（1960〜1970年代）の研究動向

　戦後のシーボルト研究は、シーボルト文献将来の際歴史学の立場から研究に参加した板沢武雄が人物叢書の一冊として『シーボルト』（吉川弘文館　1960年）を出版したことから再開されたということができよう。本書は、板沢自身のオランダ留学（1927–29年）の際、オランダ国立文書館で採訪した文書などを織り交ぜながら、平易にシーボルトの伝記を叙述したものである。ドイツでも、当時シーボルトの次女マチルデ（Mathilde Apollonia von Brandenstein, 1850–1906）の元にあったツェッペリン家（Zeppelin）所蔵のシーボルト文庫の史料を中心に、ドイツやオーストリアにある史料を徹底的に渉猟したケルナー（Hans Körner）が『ヴュルツブルクのシーボルト家、18・19世紀の学者一家』［Die Würzburger Siebold: Eine Gelehrtenfamilie des 18. und 19. Jahrhunders］（Johan Ambrosius Barth Verlag, Leipzig, 1967）を著している。こうした史料を駆使して著された本書は、ヨーロッパにおけるシーボルト研究の中で、最も優れたものであるということができる。この頃から日本人研究者による外国にあるシーボルト・コレクションの調査研究が行われるようになり、中村拓はオランダのライデン大学図書館に、シーボルトが持ち帰った最上徳内の蝦夷図や樺

14　鹿子木敏範は、ルール大学・ボーフムで発見したシーボルトの1861年の「独文日記」をグレゴール・パウル（Gregor Paul）と共に活字化し「フィリップ・フランツ・フォン・シーボルト1861年の日記　本文と解説」［Ein Beitrage zur Geschichte der Medizin: Philipp Franz von Siebolds Tagebuch aus dem Jahre 1861, Text und Kommentar］（『熊本大学体質医学研究所報告』31（3）1981年）として明らかにした他、その内容の一部を「ヨーロッパにおけるシーボルト新資料」（『科学医学資料研究』118　野間科学医学資料館　1984年）として発表している。

15　久留島浩はこの協定について、「日独防共協定締結2周年の日に、日本は日本固有の精神を、ドイツは民族的・国民的生活を、それぞれ真髄とすることを相互に尊重したうえで、文化関係を鞏固にしようという意図で」1938年に結ばれた協定であるとしている。「当初は外務省文化事業部が主導して、国際連盟脱退後の日本の国際的文化活動を推進しようとし」たが、「40年12月に文化事業部が廃止されてからは、ユダヤ系・反ナチス的な教員を大学などから排除するなど、文化活動と言いながら政治的事業という性格を強め」ていったと述べている（「日独文化協定」：展示図録　国立歴史民俗博物館編集『企画展　ドイツと日本を結ぶもの—日独修好150年の歴史—』国立歴史民俗博物館　2015年　150頁）。

太図などの北方図があることを「欧米人に知られたる江戸時代の実測日本図」(『地学雑誌』78-1　1969年)で明らかにした。

　シーボルトの渡来150年目にあたる1973年、渡来150年記念シーボルト顕彰会（長崎）が結成され、長崎大学医学部で日本医史学会74回大会が開催された。この時の発表内容は『日本医史学雑誌』20-1（1974年）に収められており、これまでの研究成果をふまえ、医師シーボルトの姿を明らかにしようとした論文が多数みられる。70年代シーボルト研究にとって大きな意味を持つ出来事に、日蘭学会監修による初版本と第三版（トラウツ版）を交えた復刻版『日本』（第四版）〔Nippon Archiv zur Beschreibung von Japan. Vollständiger Neudruck der Urausgabe zur Erinnerrung an Philipp Franz von Siebolds erstes Wirken in Japan 1823 bis 1830. In zwei Text-und zwei Tafelbänden mit einem Ergänzungsband〕(Hg. Japanisch-Hollandischen Institut, Kōdansha, Tokyo, 1975) が講談社から出版されたことが挙げられる。その後、これまでの研究成果の一つとして岩生成一他監修の『シーボルト「日本」の研究と解説』（講談社　1977年）が刊行された。

　1975年に中西啓は『長崎のオランダ医たち』（岩波新書）を著し、この中でオランダ商館付医師としてのシーボルトの日本における業績と与えた影響について説明している。上原久は、これまでの研究をまとめた『高橋景保の研究』（講談社　1977年）の中で、シーボルト事件について、高橋景保を中心に「北叟遺言」や「蛮燕子」などの未刊史料を用いながら、事件の発覚から判決に至る経緯について検討している。

　ケルナーの著書の中で、フィリップ、アレクサンダー、ハインリッヒ三人の部分が竹内精一によって翻訳され、『シーボルト父子伝』（創造社　1974年）として出版されたのもこの時期である。日本と関係の深い三人の部分が翻訳された意義は大きいと言えよう。また、『日本』の全文が翻訳され、岩生成一監修『シーボルト『日本』全九巻』（雄松堂出版　1977〜79年）として出版された。これまで、シーボルト研究の一つの障害となっていたことに語学上の問題があったわけだが、本書の出版によりそのことは解決することができた。

　国内・外にあるシーボルト・コレクションの調査や、これを用いた研究が70年代から本格的に行われるようになる。オランダにあるシーボルト・コレクションを活用した研究に、ホルサイス (L. B. Holthuis) と酒井恒両氏による『シーボルトと日本動物誌―日本動物誌の黎明―』（学術書出版会　1970年）がある。本書は、ライデンの国立自然史博物館所蔵の『日本動物誌』に未収録の53枚の川原慶賀筆甲殻類の図版を紹介しながら、助手を務めたビュルガー (Heinrich Bürger, 1804-58) の日本動物学への貢献について論述したものである。船越昭生の「シーボルト資料カラフト図に関する若干の検討」（『奈良女子大学地理学研究報告』Ⅰ　1979年）は、中村拓の後を受けて、ライデン大学所蔵シーボルト・コレクションの中の北方図と国立公文書館所蔵の地図を比較検討したものである。沼田次郎は「西ドイツに現存するシーボルト関係文献について」（岩生成一編『近世の洋学と海外交渉』巖南堂書店　1979年）で、日本学会旧蔵のシーボルト文献について調査の結果、ドイツのボーフムにあるルール大学・ボーフムが現在所蔵していることを明らかにした。シーボルト文

献の中で、それまであまり言及されていなかった未刊の「日本鉱物誌」に関する研究として、土井正民の「わが国の 19 世紀における近代地学思想の伝播とその萌芽」(『広島大学地学研究報告』21　1978 年) がある。本論で土井は、1935 年東京科学博物館で展示された日本学会のシーボルト文献中の「日本鉱物誌」の原稿を紹介しながら、この原稿はシーボルトの助手のビュルガーの書いたものではないかとしている。

　この時期ヨーロッパでもシーボルトに関する論文が発表されている。オランダのマックリーン (John MacLean) は、オランダ国立文書館所蔵の「植民省文書秘密記録」などシーボルトが植民大臣に宛て日本から送った報告書に基づきながら、日本での外交活動について検証した論文「フィリップ・フランツ・フォン・シーボルトと日本の開国　1843-1866」(『フィリップ・フランツ・フォン・シーボルト―日本とオランダの歴史的研究へ貢献―』オランダ日本研究協会　1978 年)［Philipp Franz von Siebold and the opening of Japan 1843-1866］(Philipp Franz von Siebold. A Contribution to the Study of the Historical Relations between Japan and the Netherlands, Ed. The Netherlands Association for Japanese Studies, Leiden, 1978) を発表している。なお本論文は後に、横山伊徳により「シーボルトと日本の開国　1843-1866」として翻訳された (横山伊徳編『幕末維新論集 7　幕末維新と外交』吉川弘文館　2001 年)。イギリスでは、ブラウン女史 (Yu-Ying Brown) が「徳川時代の日本からシーボルトのもたらした収集品」(1)・(2)(『大英図書館雑誌』1, 2　1975, 76 年)［The Von Siebold Collection from Tokugawa Japan I, II］(The British Library Journal 1・2 1975, 1976) を著している。本論文で、大英図書館が所蔵しているシーボルト・コレクション (和書) は、1867 年に息子のアレクサンダーから 1100 ポンドで購入したものであること、このコレクションは主にシーボルトが第二次来日時に収集したものであることなどを報告している。

第Ⅳ期 (1980～2009 年) の研究動向

　第Ⅳ期は長いので、ここでは 1980～1990 年代と 2000 年～2009 年に分けてみていくこととする。
■1980～1990 年代
　80 年代に入っての大きな出来事の一つに、法政大学が創立百周年記念事業として日本の近代化に貢献したシーボルトに関する国内・外の関係史料の調査研究を目的として法政大学フォン・シーボルト研究会を 1980 年に発足させたことが挙げられる。会は研究発表会を行い、研究誌『シーボルト研究』を発行している。そして、生誕 190 年目にあたる 1986 年、海外からも研究者を招き国際シンポジウム「PH. FR. VON シーボルトと日本の近代化」を開催した。特別講演として、ケルナーは「シーボルトの日本の近代化およびヨーロッパにおける日本紹介に対する貢献」［Siebold's Contribution to the Modernization of Japan and to the Picture of Japan in Europe］を報告した。このシンポジウムの内容については、『法政大学第 11 回国際シンポジウム　PH. FR. VON シーボルトと日本の近代化』(法政大学

1992年）としてまとめられている。89年には長崎市が市政百年記念事業として、シーボルト記念館を鳴滝塾舎の隣接地に開館し、91年からは研究誌『鳴滝紀要』を発刊している。

　この時期の研究動向をみると、国外にあるシーボルト・コレクションの調査に基づく研究が盛んに行われている。沓澤宣賢は「ライデンに於けるシーボルト蒐集地図について」（『東海大学紀要　文学部』33　1980年）の中で、『日本』所収の地図の原図がライデン大学図書館所蔵のシーボルト・コレクションのどれであるかを明らかにした。これは、中村拓、船越昭生の研究に続くものである。石山禎一はミュンヘン国立民族学博物館（現在のミュンヘン五大陸博物館）で発見した資料を江間久美子と共訳し、「1866年ライデン気候馴化園の日本植物目録（その一）・（その二）」（『日蘭学会会誌』10-1, 10-2　1985, 86年）を発表している。ここでは、1866年出版のライデンの気候馴化園で栽培の日本植物とその販売価格を記した説明書目録を示し、ここから企業家としてのシーボルトの姿を垣間見ることができると指摘している。大森實は、ライデン国立腊葉館所蔵の伊藤圭介がシーボルトに贈った腊葉標本についての研究結果を「伊藤圭介からシーボルトに贈られた腊葉標本について（Ⅰ）・（Ⅱ）」（『シーボルト研究』2・3・4　1983～85年）として発表している。

　国内にあるシーボルト文献を用いた研究として、沓澤宣賢の「シーボルト第二次来日時の外交的活動について」（『東海大学紀要　文学部』41　1984年）がある。これは、日本学会から貸与されたシーボルト文献のうち、フォトシュタットに撮られ東洋文庫に寄贈された写真版史料を用いた研究で、現在はルール大学・ボーフムが所蔵しているシーボルトの1861年の「独文日記」などを活用して、第二次来日時の長崎・横浜・江戸における外交活動を検証している。長尾正憲も東洋文庫写真版史料のシーボルトの1861年の「蘭文日記」に拠りながら、赤羽接遇所における学術伝習について「シーボルト文久元年蘭文日記についての一考察―福沢諭吉の渡欧との関連として―」（『日蘭学会会誌』10-1）を発表した。この論文は後に著書『福沢屋諭吉の研究』（思文閣出版　1988年）にも再録されているが、ここには「蘭文日記」が全文翻訳され収められている。沓澤や長尾の論考は、黒田源次の研究に続くものである。他に、沓澤宣賢は東洋文庫写真版シーボルト文献を用いて「東禅寺事件にみるシーボルトの外交的活動について」（箭内健次編『鎖国日本と国際交流』下巻　吉川弘文館　1988年）を著している。ここでは、当時英国仮公使館だった高輪の東禅寺が、1861年に水戸浪士の襲撃を受けた所謂東禅寺事件のことを記したシーボルトの論文が、どのような経緯をへて記されたのか、なぜ「ケルン新聞」（Kölnische Zeitung 307）に掲載されたのかを検証している。こうした活動の後、シーボルトはオランダに帰国することになったが、後にこの間の事情について検討したのが横山伊徳である。横山は「シーボルト第二回来日」（『洋学史通信』9　洋学史学会　1997年）で、彼が1862年にオランダに召喚された背景について、オランダの東アジア外交政策がそれまではロシア寄りだったものがイギリス寄りに変化したのに対し、シーボルトの方はロシア寄りの姿勢をより強めたため、ここに矛盾が生じたためであるとしている。この分析は、オランダ総領事デ・ビット（Jan Karel de Witt, 1819-84)から本国政府に宛て送られた月例報告（1860年5月～1863年5月）［Dutch-Japanese Relation during the Bakumatu period: The Monthly Report of J. K. de Witt］(Journal of the Japan-Netherlands Institute, vol. 5, 1993) に基づくもので、要約ではあるが興味深い内容である。向井晃は「舶載洋書目録の考察―シーボルト再渡来時の将来蔵書目録」（前掲『鎖国日本と国際交流』下巻）で、シーボルトが第二次来日時に将来した蔵書目録と、その和訳で息子のアレクサンダー作成の書籍目録を比較しながら、シー

図3 『日本に持参せる書籍目録』（仏文）（出島オランダ印刷所 1862年）〈個人蔵〉 シーボルトが第二次来日の際、日本研究のため持参した書籍の目録

図4 アレクサンダー・フォン・シーボルト『フィリップ フランツ フォン シーボルト 最終日本紀行』（ベルリン 玉井喜作 1903年）〈個人蔵〉 雑誌『東亜』に連載していた、フィリップの第二次来日時の活動についての記述に、加筆修正してまとめたもの

ボルト再来日の目的である日本研究や、植物研究の情報源が何であったのかを検証している（図3・4）。

この時期のシーボルトの医学の分野での活動に関する研究として、杏澤宣賢の「シーボルトと日本医学―『矢以勃児杜験方録』をめぐっての一考察」（『日蘭学会会誌』8-1 1983年）や、青木歳幸の「シーボルト治療方と蘭医宮原良碩」（『信濃』Ⅲ-37-11 1985年）がある。杏澤論文は、豊前中津の医師村上玄水写しの「矢以勃児杜験方録」（図5）の内容を他の写本と比較しながら示し、シーボルトの伝えた医学の特色やその伝播状況を考察したものである[16]。本論文は後に石山禎一・杏澤宣賢・宮坂正英・向井晃編（以後、石山禎一他編とする）『新・シーボルト研究Ⅰ自然科学・医学篇』（八坂書房 2003年）に収録された。青木論文は「シーボルト治療方」と「治療日記」を紹介しながら、本書が我が国最初の臨床医学記録として貴重であることや、本書を記録した蘭医

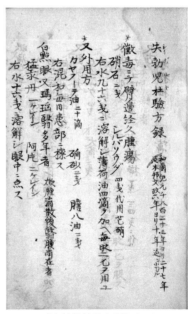

図5 「失勃児杜験方録」（年代の記載なし）〈個人蔵〉 シーボルトの治療を記した、門人達の臨床講義ノートの写本

宮原良碩から蘭学の地方的展開の実態が伺われることなどを述べている。本論文は後にまとめられ、著書『在村蘭学の研究』（思文閣出版　1998年）に収録されている。石田純郎はヴュルツブルク大学医学部のカリキュラムのうち、シーボルト在学中の1815年から20年までのものを検討し、この中には人類学・獣医学・植物学がみえていることから、これらの知識は医学部の正規のコースで修得できたことを、著書『蘭学の背景』（思文閣出版　1988年）で明らかにした。ドイツの大学にある資料を用いた研究として、意義あるものと言えよう。

永積洋子は、シーボルトに関する論文を三本発表している[17]。「通商の国から通信の国へ」（『日本歴史』458　1986年）では、オランダ国立文書館の「植民省文書」や「内務省文書」などのオランダ側史料に拠りながら、次のことを明らかにした。シーボルトの献言によってウィレムⅡ世（Willem Ⅱ, 1792-1849）の「開国勧告」を日本にもたらすオランダの使節派遣が決定されたのではないが、使節決定後はシーボルトが国王書翰を書き、献上品を選び商館長や司令官への訓令について助言をするなど、遣使の演出の全てを彼が行ったということである。また、老中からの返書についても、これは他のヨーロッパの海運国を排除して、オランダだけに通商の更新を許したもので、外交上の証明書として重要な意味を持つという正確な考察をシーボルトがしたことを述べている。他の二論文と併せて、シーボルトが持つ様々な面（日本研究者・植物学者・外交活動家）について、外国の史料を用いて言及した論文として注目すべきものである。

現在ルール大学・ボーフムが所蔵するシーボルト文献については、以前遺族の一人でアレクサンダーの娘であるエルハルト男爵夫人エリカと日本側がその譲渡を巡って交渉した経緯があった。このことは、外務省外交史料館所蔵の「元外務省顧問独逸人故『シーボルト』男遺稿関係一件」にみえており、この日本側の史料と後で述べるルール大学・ボーフムのフリーゼ（Eberhard Friese, 1940-2004）の著書とに拠りながらこの間の交渉についてまとめたものに、沓澤宣賢の「シーボルト関係文献について―「ヤーパン・インスティテュート」所蔵までの経緯を中心に―」（『東海大学文明研究所紀要』9　1989年）がある。

ヨーロッパではこの時期、シーボルト・コレクションや彼の活動に関する研究が活発に

16　村上玄水については、川嶌眞人「村上玄水の人体解剖について」（川嶌眞人『蘭学の泉ここに湧く―豊前・中津医学史散歩―』西日本臨床医学研究所　1992年）1-34頁に詳しい。

17　他の二論文は、以下の様なものである。「ドイツ人シーボルトとオランダの学会」（『思想』697　1982年）では、シーボルト関係文書がオランダ国立文書館の「植民省文書」や「内務省文書」に多数収められていることを、マックリーン論文によって知ったことを述べ、次のことを明らかにした。それは、シーボルトはオランダでは外国人研究者という目でみられていること、オランダの費用で集められた収集品がドイツに送られ、その成果がドイツで発表されるのではないかと絶えず疑われていたこと、シーボルト事件はシーボルトの収集品に重大な影響を及ぼさなかったといった点である。本論文は、後に石山禎一他編『新・シーボルト研究　Ⅱ社会・文化・芸術篇』（八坂書房　2003年）に収録された。次の「植物学者としてのシーボルト」（『シーボルト研究』創刊号　法政大学　1982年）では、ここでもオランダ国立文書館の史料に拠りながら、出島植物園の開設や日本の有用植物、特に茶のジャワ・オランダへの移植の経緯など、植物収集活動を中心に検討している。

行われている。ドイツでは、フリーゼが、ルール大学・ボーフムが戦後所蔵することになった日本学会旧蔵のシーボルト文献を用いて『初期東アジア学創唱者としてのフィリップ・フランツ・フォン・シーボルト、東洋学に対する寄与とヨーロッパと日本の出会いの歴史』〔Philipp Franz von Siebold als früher Exponent der Ostasienwissenschaften, Ein Beitrag zur Orientalismusdiskussoin und zur Geschichte der europäisch-japanischen Begegung〕（Dr. N. Brockmeyer Verlag, Bochum, 1983）を発表した。その主な内容として、シーボルトの日本研究書の構成とその意義について、シーボルトの民族学的コレクション並びに他の学術的コレクションと個人の遺稿の内容についての紹介、ベルリンの日本学会のシーボルト・コレクションの歴史、19世紀の百科全書派および東洋主義者としてのシーボルトの姿などが述べられており、ケルナー以来のドイツにおけるシーボルトの研究書ということができる。この他、ドイツではゲンショレク（Wolfgang Genschorek）がシーボルトの評伝として『日出づる国で─日本研究家フィリップ・フランツ・フォン・シーボルトの生涯─』〔Im Land der aufgehenden Sonne: Das Leben des Japanforschers Philipp Fraz von Siebold〕（Brockhaus Verlag, Leipzig, 1988）を著している。ここでは医師・学者としてのシーボルト像だけでなく、国際的視野に立って政治・経済・外交の分野にまで幅広く活動するシーボルトの姿を示したほか、シーボルトの民族学博物館構想についても触れている。即ち、彼が最も重視していたのは民族学博物館の建設であったとし、このことが植民地政策上、貿易政策上の利益を国家にもたらすという国家政策的意図があったということである。シーボルトの民族学研究を、政治や経済との関わりでとらえた最初の研究として注目されるものである。本書は、1993年に眞岩啓子によって翻訳され『評伝シーボルト─日出づる国に魅せられて─』（講談社）として出版された。訳者は、ドイツ文学専攻の研究者だけあって、シーボルトの頃の時代背景を的確に捉えながら分かり易く訳出している。

　オランダの研究としては、オランダ国立文書館の「植民省文書」や「オランダ領事館文書」を用いたムースハルト（Herman J. Moeshart）の「フォン・シーボルト第二次来日の際のいくつかの危険な覚書」〔Von Siebold's Second Visit to Japan, Some Critical Notes.〕（『シーボルト研究』5　1988年）がある。これは、親露的なシーボルトが日本側に行った献言の中には、イギリスやフランスとの紛争に際して信頼すべき同盟を見出すために、日本の北部の土地をロシアに割譲してはどうかという危険なものもみられるという指摘である。

　オランダにあるシーボルト・コレクションを調査分析した報告に、大沢眞澄の「シーボルト収集の日本産鉱物・岩石および薬物類標本ならびに考古資料」（『日蘭学会通信』36　1987年）がある。この中で、当時ライデン国立地質学鉱物学博物館（現在のライデン国立自然史博物館）に収蔵されていた鉱物標本について、これらはシーボルトの第一次来日時の収集品であること、標本は日本で助手のビュルガーにより整理されたものであること、「日本鉱物誌」草稿の内容と一致を示すことなどを指摘している。本論文は後に内容を大幅に増補して、石山禎一他編『新・シーボルト研究　Ⅰ自然科学・医学篇』（八坂書房　2003年）に収録された。なお、1988年は日本・オランダ修好380年にあたり、「シーボルトと日本」

展が開催（東京国立博物館・京都国立博物館・名古屋市博物館　3月29日〜7月31日）。オランダのライデン国立民族学博物館などが所蔵するシーボルト・コレクションから選んだ重要な作品や文書が展示された。

　90年代に入って、国外にあるシーボルト関係史料を用いた研究が盛んに行われた。特に、自然科学分野での研究は顕著で、塚原東吾はルール大学・ボーフムにあるシーボルト・コレクション中の鉱物関連原稿について調査し、ここにはビュルガーの筆によるものがかなり含まれていることを「西ドイツ・ルール大学（ボッフム）に現存するシーボルト関係文書中の日本の地質学的調査・研究について」（『日蘭学会会誌』15-1　1990年）で明らかにした。これは、土井正民や大沢眞澄の研究をより深めたものである。山口隆男は、ライデン国立自然史博物館や国立腊葉館（現在のライデン国立植物標本館）でシーボルト・コレクションの調査研究を行い、その成果を80年代から発表していたが、90年代に入ると動物の中の甲殻類、鳥類、魚類、そして対象を植物にも広げ、その研究成果を英文と日本文の両方で、多くの図版を用いながら詳細に報告している。その主なものに、『シーボルトと日本の博物学甲殻類』（日本甲殻類学会　1993年）、「シーボルトと日本の動物学」（『鳴滝紀要』6　シーボルト記念館　1996年）、「川原慶賀と日本の自然史研究—I　シーボルト、ビュルゲルと「ファウナ・ヤポニカ魚類編」」（『CALANUS』12　1997年）などがある。山口の共同研究者の一人である加藤僖重は、東京都立大学理学部付置機関の牧野標本館にあるシーボルト・コレクションの調査を行っている。このコレクションの中には、ビュルガーや水谷助六・大河内存真・伊藤圭介作成の植物標本があることから、それらについて「牧野標本館所蔵のシーボルト・コレクション中にある日本人作成標本（1）・（2）・（3）」（『独協大学教養諸学研究』30-1, 30-2, 31-1　1995, 96年）として発表している。山口や加藤によるこれらの研究は、大森實の研究に続くものである。

　バイエルン州立図書館にあるシーボルト関係文献に基づき著されたものに、石山禎一の「民族学博物館の効用とその設立の重要性に関する覚え書き—フランス王立図書館部長ジョマールに宛てた書翰—」（『鳴滝紀要』6）がある。これは、シーボルトがフランスでも民族学博物館が設立されることを切望し、著した小冊子を翻訳紹介したものである。ゲンショレクや石山のこうした研究により、民族学者・博物館構想者というこれまでとは別の一面がみえてくる。

　大まかではあるがフォン・ブランデンシュタイン＝ツェッペリン家所蔵のシーボルト文書の内容については、当主であるコンスタンティン・フォン・ブランデンシュタイン＝ツェッペリン（Constantin von Brandenstein-Zeppelin）の「ブランデンシュタイン城の「三人の日本シーボルト」の遺産—ミッテルビベラッハ及びブランデンシュタイン文庫の成立とその内容—」と「附録　ブランデンシュタイン家所蔵のシーボルト遺品の概要」（宮坂正英訳）（『鳴滝紀要』創刊号　1991年）により明らかとなった。このブランデンシュタイン家所蔵のシーボルト文書を用いて、宮坂正英は「ブランデンシュタイン家資料に見られるシーボルト事件に関する日記について」（『鳴滝紀要』3　1993年）や、「シーボルトとロシアの対日

開国政策―ブランデンシュタイン家文書調査報告―(1)・(2)・(3)」(『鳴滝紀要』4・5・7 1994, 95, 97年)などを発表している。これは1991年にシーボルト記念館がブランデンシュタイン家文書をマイクロフィルムに撮ったものを活用しての成果で、どれも史料を翻刻・翻訳して、さらに詳細な解説と考察を加えている。「ブランデンシュタイン家資料に見られるシーボルト事件に関する日記」により、シーボルトが事件の原因をどのように考え、いかに行動をしていたかを知ることができるし、「シーボルトとロシアの対日開国政策(3)」で示された「露日通航通商条約草案」から、シーボルトがロシアの対日開国政策にどのような形で関わろうとしたかが理解でき、貴重な研究であるということができる。

シーボルト事件について検討したものとして、梶輝行の「蘭船コルネリスハウトマン号とシーボルト事件」(『鳴滝紀要』6)がある。これは、オランダ国立文書館所蔵の商館長メイラン(Germain Felix Meylan, 1785-1831)の「公務日記」や「特別日記」を検討し、シーボルト事件の発端は座礁した蘭船の積荷からではなく、間宮林蔵が受領したシーボルトからの書翰を幕府に届けたことに始まることを明らかにしたものである。呉以来のこれまでの事件の定説に、一石を投じたものということが言えよう。後に本論文は、石山禎一他編『新・シーボルト研究　II 社会・文化・芸術篇』(八坂書房　2003年)に収録された。片桐一男も著書『阿蘭陀宿海老屋の研究』(思文閣出版　1998年)で、事件について論述している。この中の「シーボルト事件、その判決情報」の項で、京都のオランダ宿海老屋に奉じられた「天文方地図封廻状之写」を他のシーボルト事件関係史料と比較しながら文書の表題に注目し、当時は地図の持ち出しを事件の本質とみていたことを指摘している。

シーボルトの医師としての活動の様子について論じたものに、宮崎正夫の「シーボルトの処方集(1)・(2)」(『薬史学雑誌』30-2, 31-1　1995, 96年)がある。これは、長崎のシーボルト記念館や愛媛県の大洲市立博物館に所蔵されているシーボルトの処方箋を分析したものである。そして、この分析から現存するシーボルトの処方箋は、再来日時に書かれたものが多いことや、調剤上からみてシーボルトは薬物学や薬剤学にも造詣が深かったとしている。この研究成果は、後に「シーボルトの処方箋―医師としてのシーボルト」(ヨーゼフ・クライナー編著『黄昏のトクガワ・ジャパン　シーボルト父子の見た日本』日本放送出版協会　1998年)として要約された形で示されている。

再来日の際のシーボルトの活動に関するものとして、保田孝一の『文久元年の対露外交とシーボルト』(岡山大学吉備洋学資料研究会　1995年)がある。本書は、サンクト・ペテルブルクにあるロシア海軍史料館所蔵のロシア東洋艦隊司令官リハチョフ提督(Ivan Fedrovich Likhachov, 1826-1907)の「航海日誌」や、シーボルトのリハチョフ宛書簡などを基に、幕末の日露外交にシーボルトがどのように関わったかを研究したものである。また、本書には史料編としてリハチョフからシーボルトに宛てた書簡が原文と共に翻訳を付して示されており、史料集としても有益なものである。

97年にはシーボルトに関する著作物が4冊出版されている。宮崎道生の『シーボルトと鎖国・開国日本』(思文閣出版)は、これまでの研究成果をまとめたもので、付録として

ルール大学・ボーフムをはじめ「ヨーロッパにおけるシーボルト・コレクション」の概要と、史料としてフォン・ブランデンシュタイン＝ツェッペリン家所蔵でフランス皇帝ナポレオンⅢ世に示したと考えられる「日本国産業および商業開発のための国際的会社の企画」［Projet de Sociètè internationale pour l'exploitation industrielle et commerciale du Japon］が収録されている。石山禎一の『シーボルトの日本研究』(吉川弘文館)もこれまで発表したものを中心に、新たにヨーロッパで調査した未公開史料を基に、民族学者・企業家としてのシーボルトの側面について言及したものである。大森實の『知られざるシーボルト―日本植物標本をめぐって―』(光風社出版)もこれまで明らかにしたものをまとめたもので、シーボルトが日本産植物の苗木を栽培し販売した事業や、伊藤圭介らの腊葉群を通じて日本の本草学が19世紀の西洋植物学に貢献した実態を示している。

　箭内健次・宮崎道生編の『シーボルトと日本の開国　近代化』(続群書類従完成会)は、シーボルト生誕二百年の記念として出版された論文集である。この中の栗原福也の「フォン・シーボルト来日の課題と背景」は、オランダ国立文書館所蔵の「植民地関係文書」(東京大学史料編纂所焼付本)に拠りながら、シーボルト来日の課題について次のように考察している。シーボルトは最初から日本の総合的調査実施を命じられて来日したとは考えられず、むしろ彼個人の博物学への志望と野心が総督の支援を得て、日本における博物学研究から、総合的な日本研究への道を歩ませることになったとしている。保田孝一の「ロシアの日本開国交渉とシーボルト」は、前掲『文久元年の対露外交とシーボルト』と「シーボルトとロシア―発見された書簡から―」(『シーボルト旧蔵日本植物図譜コレクション(和文解説)』丸善　1994年)の続編である。本論文でもロシア海軍史料館所蔵の史料に拠りながら、プチャーチン(Efim Vasil'evich Putiatin, 1804-83)のもたらした「ロシア帝国宰相から老中への書翰」がシーボルトの助言を容れてロシア政府が執筆したものであることや、「日露通商航海条約素案」もシーボルトの意見を参考にしてロシア政府が起草したものであることなど、ロシアの対日開国交渉におけるシーボルトの役割を明らかにしている。宮坂正英は「シーボルトとペリーのアメリカ日本遠征艦隊―ブランデンシュタイン家文書を中心に―」で、当家所蔵のシーボルト文書中にあるペリー艦隊の一員になったドイツ人画家のW・ハイネ(Berhard Wilhelm Heine, 1827-85)や、ニューヨークトリビューンの特派員B・テイラー(Bayard Taylar, 1825-78)との往復書翰を紹介している。そこで、テイラーからのアメリカ艦隊の陣容に関する情報が、シーボルトからプロイセン駐在のロシア公使メイエンドルフ男爵(Meyendoroff)に宛てた書翰の中で報じられていること、シーボルトがハイネに宛てた書翰で、ロシアの対日交渉を阻害するようなアメリカの行動を阻止しようとした形跡がみられることなどを指摘している。

　生誕二百年記念の企画に関連して行われた調査の中から生まれた研究に、小林淳一の「シーボルトと川原慶賀―『人物画帳』をめぐって―」(『鳴滝紀要』7)がある。これは、「生誕200年記念　シーボルト父子のみた日本」展(企画実行委員長：ヨーゼフ・クライナー〈Josef Kreiner〉ドイツ―日本研究所長)の準備のため訪れたミュンヘン国立民族学博物館で発見し

た川原慶賀の「人物画帳」が、『日本』の中でどのような形で活用されているかを示したものである。後にこの「人物画帳」は109点の画に詳しい解説が加えられ、小林淳一編著『江戸時代人物画帳　シーボルトのお抱え絵師・川原慶賀の描いた庶民の姿』(朝日新聞社 2016年) として出版された[18]。

　国外でのシーボルトに関する出版物としては、呉がトラウツの協力を得て取り組んでいた自著のドイツ語訳『Philipp Franz von Siebold: Leben und Werk』(Hg. Hartmut Walravens, Deutsches Institut für Japanstudien der Philipp-Franz-von-Siebold-Stiftung, Band, 17/1, 17/2 iudicium Verlag GmbH, München, 1996) が刊行された。シーボルトの生誕二百年にあたる年に呉の著書のドイツ語訳が出版されたことは、外国人研究者にも便宜がはかられたということであり、今後のシーボルト研究にとって意義あることと言うことができよう。また、オランダではビューケルス (Hermen Beukers) が、ラテン語の「診療日記」などに拠りながら、シーボルトの日本における医学的業績を明らかにした『ヒポクラテス日本特使　フィリップ・フランツ・フォン・シーボルトの功績』[The mission of Hippocrates in Japan. The Contribution of Philipp Franz von Siebold] (N. V. Organon-Oss, The Netherlands, 1997) (英語・日本語対訳) を著している。

　1996年に洋学史学会が「シンポジウム　シーボルト生誕200年記念―長崎とシーボルトの諸問題」を開催した (長崎　12月7日)。シンポジウムの内容は『洋学』5 (洋学史学会 1997年) に収録されているが、この中で中西啓は「シーボルト事件を巡って」を報告。事件の法的根拠となった資料として「御役場先改方の大意／出嶋表門勤書」(年代の記載なし) にシーボルトが国外搬出を試みた品々が全部出嶋表門勤書の「御禁制の覚」に含まれており、『長崎犯科帳』で法的根拠とされた長崎奉行所条例であるとしている。また、同年「シーボルト生誕200年記念国際医学シンポジウム」(『Siebold Memoria International Medical Symposium』) が開催された (長崎大学医学部記念講堂　9月26日〜28日)。この時の発表や、その後の研究成果をまとめて出されたものに『フィリップ・フランツ・フォン・シーボルトとその時代　前提条件、展開、結果そして展望』[Philipp Franz von Siebold and His Era Prerequisites, Developments, Consequences and Perspectives] (Eds. A. Thiede, Y. HiKi, G. Keil, Springer Verlag, Berlin, 2000) がある。医学関係の論文が多いが、シーボルトの与えた文化的影響や外交活動に言及した論文なども収録されている。他に、「シーボルト父子のみた日本―生誕200年記念」展が開催された (林原美術館、東京都江戸東京博物館、国立民族学博物館　1996年2月10日〜11月19日)。ここには、シーボルト父子 (フィリップ、アレクサンダー、ハインリッヒ) が日本で収集した約700点のコレクションが展示された。この展示会に関連し新たに得られた知見を加えて出版されたのが、ヨーゼフ・クライナー編著『黄昏のトクガワ・ジャパン　シーボルト父子の見た日本』(日本放送出版協会　1998年) である。

18　慶賀の絵を集めた画帳は他に、下妻みどり編『川原慶賀の「日本」画帳　シーボルトの絵師が描く歳時記』(玄書房　2016年) も出版された。こちらは、ライデン国立民族学博物館所蔵の慶賀作品を中心に、記録画が語る長崎の庶民の暮らしと、人の一生を描いた200余点を収録したものである。

■2000～2009 年

　2000 年は日蘭交流四百周年という記念すべき年で、これに関連した企画展示会が日蘭両国の博物館や記念館で開催された。ミュージアムパーク茨城県自然博物館では「シーボルトの愛した日本の自然―紫陽花・山椒魚・煙水晶―」展が開かれた。この中の展示の一つ、ライデン国立民族学博物館所蔵の掛け軸となったアキタブキの拓本は、宇田川榕庵からの贈り物であることを明らかにしたのが、小幡和男の「宇田川榕庵がシーボルトに贈ったアキタブキの拓本」(『茨城県自然博物館研究報告』4　茨城県自然博物館　2001 年)である。本論文は、後に前掲石山禎一他編『新・シーボルト研究　Ⅰ自然科学・医学篇』に収録された。他に、これまでもシーボルトと榕庵との交流の実態を明らかにしてきた高橋輝和が、その成果をまとめたものとして『シーボルトと宇田川榕庵―江戸蘭学交遊記』(平凡社新書 2002 年)を著わしている。彼の植物学に関する研究として石山禎一の『シーボルト―日本の植物に賭けた生涯』(里文出版　2000 年)や、大場秀章の『花の男　シーボルト』(文春新書　2001 年)などがある。石山の著書は、シーボルトが『日本植物誌』をまとめて出版しただけでなく、日本の植物をヨーロッパ各地へ通信販売し普及させた企業家としての姿を改めて明らかにしたものである。大場の研究も、日本植物学研究者としてだけではないプラントハンターとしてその園芸家としての貢献を中心にまとめたものである。また、この時期も山口隆男は精力的に研究しており、馬場敬次と共著「シーボルトとビュルゲルが収集した甲殻類標本(改訂版)」(『CALANUS』特別号 4　2003 年)、「シーボルトはどのようにして植物標本を収集したか―標本調査によって判明したこと―」(『CALANUS』特別号 5 2003 年)など多数を発表している。いずれもライデン大学図書館の東洋文献室やライデン国立自然史博物館などでの調査結果によるもので、後の論文には詳細な標本目録が付されている。今後、シーボルトの収集標本の研究を進めていくうえで、有益な文献ということが言える[19]。

　兼重護の『シーボルトと町絵師慶賀　日本画家が出会った西欧』(長崎新聞社　2003 年)は、シーボルトの絵師、長崎の町絵師の両側面から川原慶賀をとらえたものである。新書ということで平易に書かれているが、慶賀の国内現存作品目録も収録されていて参考になる。この他、慶賀に関する研究として原田博二の「ライデン国立民族学博物館蔵川原慶賀筆『人の一生図』について―シーボルトコレクションを中心にして―」(『長崎歴史文化博物館研究紀要』4　長崎歴史文化博物館　2009 年)は、ライデン国立民族学博物館所蔵の「人の一生図」について考察している。先ず、この図の舞台は長崎であること、絵は複数の人達による分業の仕事であること、慶賀がリーダーであったとは考えられないとしている。そして、場面々々でそれぞれ人物の年格好や家屋の構造などがその都度変わることから、一人の人物の誕生から死去までの一生を一貫して描いたものではなく、その都度描いたもの

19　山口隆男の研究論文が掲載された『CALANUS』(熊本大学合津臨海実験所報)のバックナンバーは、現在熊本大学附属図書館の機関リポジトリで閲覧可能となっており便宜が図られている。

を主題ごとに集めたものと考えられるとしている。詳細な分析がなされた考察と言えよう。

　オランダでは日蘭交流四百周年を記念して、ライデンラーペンブルグ 19 番のシーボルトのかつての住居を博物館シーボルトハウス（Japanmuseum SieboldHuis）として 2000 年に開館した。

　2000 年、カウヴェンホーフェン（Arlette Kouwenhoven）とマティ・フォラー（Matthi Forrer）の共著『シーボルトと日本　その生涯と仕事』［Siebold and Japan: His life and Work］（Hotei Publishing, Leiden, 2000）が出版された。オランダ側の史料が多数示されており、政府がシーボルトの民族誌学コレクションを 6 万ギルダーで買い戻すとしたことや、彼のコレクションを基にした民族学博物館設立の経緯が分かり易く述べられていて興味深い。シーボルトに関する論文集として、前掲石山禎一他編『新・シーボルト研究　I 自然科学・医学篇』と同『新・シーボルト研究　II 社会・文化・芸術篇』の二冊が 2003 年出版された。これは、シーボルト渡来 180 年記念として企画されたもので、これまで雑誌などに発表された論文を中心に、自然科学、医学、社会、文化、芸術に大別して再録したものである。

　日本の開国に対するシーボルトの活動に焦点をあてた研究に、次のものがある。エドガー・フランツ（Edger Franz）の『フィリップ・フランツ・フォン・シーボルトと 19 世紀半ばにおける日本の開国に関するロシアの活動』［Philipp Franz von Siebold and Russian Policy and Action on Opening Japan to the West in the Middle of the Nineteenth Century］（Iudicium Verlag GmbH, München, 2005）は、日本の開国に対するロシアの活動について、シーボルトがどのような影響を与えていたのかを、サンクト・ペテルブルクのロシア国立海軍文書館や、フォン・ブランデンシュタイン＝ツェッペリン家の史料を基に検証したものである。ヘルベルト・プルチョフ（Herbert Plutschow）の『フィリップ・フランツ・フォン・シーボルトと日本の開国　再評価』［Philipp Franz von Siebold and the Opening of Japan: A Re-Evaluation］（Global Oriental, 2007）は、フォン・ブランデンシュタイン＝ツェッペリン家所蔵の史料やオランダ国立文書館所蔵の「植民省文書」、呉秀三著書所収の史料などに拠りながら、第一次来日の際の活動、シーボルトの日本の開国にはたした役割や、第二次来日の際の活動、さらに娘のいねや二人の息子アレクサンダーやハインリッヒにまで触れている。小暮実徳は、オランダの対日政策にシーボルトがどのように関与しているかについて、「植民省文書」や「外務省文書」を用いて、『国家的名声と実益』［National Prestige and Economic Interest: Dutch Diplomacy toward Japan 1850-1863］（Shark Publishing BV, Maastricht, 2008）をオランダで出版した。本書は、後に加筆修正を加えて『幕末期のオランダ対日外交政策「国家的名声と実益」への挑戦』（彩流社　2015 年）として日本で出版された。

　加藤僖重の『牧野標本館所蔵のシーボルトコレクション』（思文閣出版　2003 年）は、かつてシーボルトの遺族がロシアの植物学者マキシモビッチ（Carl Johann Maximowicz, 1827-91）に売却した植物標本の内、ロシアのコマロフ研究所から首都大学東京（現在の東京都立大学）の牧野標本館に送られた標本を調査研究したものである。この他、シーボルトがオランダに持ち帰った動物標本や植物標本を精力的に調査研究した山口隆男は、2003 年には「シー

ボルト・ビュルゲル収集の甲殻類と魚類の標本」(『CALANUS』特別号4) を発表している。

オランダのファン・オイエン (M. J. P. van Oijen) は「オランダのライデン国立自然史博物館に収蔵されるシーボルトの日本産魚類コレクション小史」[A Short History of the Siebold collection of Japanese Fishes in the National Museum of Natural History, Leiden, The Netherlands, 2007]（平岡隆二訳）（長崎歴史文化博物館編『シーボルトの水族館』長崎歴史文化博物館　2007年）の中で、当博物館が所蔵するシーボルトとビュルガーが1823年から34年にかけて収集した魚類コレクションの意義について、次のように述べている。これらの標本は、19世紀初頭の日本の人々の暮らしと自然についての視座を提供するものであること、剥製と液浸（アルコール漬け）の両方で保存されているこれらの標本が、それが生きていた時の色を伝える日本人絵師川原慶賀の水彩画とセットで残されていること、そしてこのコレクションが165種の新種を記載し、日本の魚に関する初めての研究である『日本動物誌』魚類編の典拠となったものであるとしている。

シーボルト事件に関しては、片桐一男の「事件の発端となったシーボルトの手紙―阿蘭陀通詞中山作三郎が手控えたシーボルトの手紙と鷹見泉石の手紙控え」（『洋学史研究』22　洋学史研究会　2005年）がある。ここでは、長崎のシーボルト記念館所蔵の「諸説抜書」（中山家文書）や古河歴史博物館所蔵の「手紙控え」（鷹見家文書）を基に、事件の発端となったシーボルトの手紙は江戸の二人の人物に送られており、間宮林蔵の他もう一人は鷹見泉石である可能性が高いとしている。

史料の翻訳としては、栗原福也『シーボルトの日本報告』（平凡社　2009年）がある。これは、オランダ国立文書館所蔵の「長崎オランダ商館文書」や、インドネシア国立文書館所蔵の「オランダ商館文書」などに基づき、シーボルトが第一次来日時にバタフィアのオランダ領東インド植民地総督宛てに送った報告書の全てを翻訳したものである。本書にはこの他にも「オランダ領東インド植民地総督決議録抜粋」等の関連史料の翻訳も含まれており、公文書にみえるシーボルトを全て示した形になっている。また、解説の中でシーボルトの行った個人貿易についても触れ、純益が大きかったことなどを説明している。他に、第二次来日の際の日記の翻訳も出された。石山禎一と牧幸一の共訳による『シーボルト日記―再来日時の幕末見聞記―』（八坂書房　2005年）は、ルール大学・ボーフム東亜研究所所蔵のシーボルトの第二次来日時の「独文日記」を翻訳したもので、1861年1月1日から62年1月2日までの324日分が収録されている。内容は、公私を問わず日々の出来事が克明に記載されており、変わりゆく時代の中での人々の暮らしをはじめ、動物、植物、民族学の領域までのことが記されている、これも、黒田源次等の研究に続くものである。

なお、この期に行われたシンポジウムとして2006年には「第1回シーボルト・シンポジウム―シーボルトの全体像を探る　その現代的意義―」（主催：日独シーボルト・シンポジウム実行委員会、ドイツ文化会館、3月1日〜3日）が開催された。2007年には「ハインリッヒ・フォン・シーボルト没後100年」シンポジウムが洋学史学会大会として開催された（台東区生涯学習センター　12月8日）。このシンポジウムの内容は、『洋学』17（2008年）に収

録されている。2008年にも法政大学市ヶ谷キャンパスで、ハインリッヒに関する国際シンポジウム「小シーボルトの業績—日本の民族学的研究と日本研究におけるコレクションの役割—」（3月1日〜2日）が開催された。後にこの時の報告を基に他の論文を加えて、ヨーゼフ・クライナー編『小シーボルトと日本の考古・民族学の黎明』（同成社2001年）が出版された。

第Ⅴ期（2010〜2020年以降）の研究動向

2010年から、歴博のプロジェクト「シーボルト父子関係史料をはじめとする前近代（19世紀）に日本で収集された資料についての基本的調査研究」（2010〜2015年度）が始まった。プロジェクト研究の核であるシーボルト関係資料の調査は、2010年以前に長崎純心大学の宮坂正英によって着手していたが、歴博を中心とする研究チームは、この研究を継続し、人間文化研究機構による「日本関連在外資料の調査研究」の一環として、シーボルト・コレクションに関わる調査研究事業を推進することになった。このプロジェクトは、これまで個人が科学研究費や、自身の研究費を使って海外の博物館や資料館で行っていた調査研究とは異なり、歴博が外国の研究機関と学術協力に関する覚書を締結し実施するプロジェクトだということである。そこで、第Ⅴ期として2010年以降を設定した次第であるが、2010年代、次に2020年代の動向を見ていきたい。

図6 『薬能識』（照淵堂蔵版 1836年）〈個人蔵〉 シーボルトの門人高良斎が著した、蘭方内用薬の簡便な便覧

■2010〜2019年

2010年に人物伝として著されたものに、松井洋子の『ケンペルとシーボルト』（山川出版社）がある。本書は、「鎖国」日本を語った異国人たちという副題が付されており、シーボルトの他にケンペル（Engelbert Kämpfer, 1651-1716）とツュンベリー（Carl Peter Thunberg, 1743-1828）を取り上げている。シーボルトについては、これまでの研究成果をふまえ、簡潔で分かり易い説明となっている。そして、シーボルトの活動の本質については、一国にとらわれない徹底した個人だったと結論付けている。医師としてのシーボルトの活動に言及したものに、青木歳幸の『江戸時代の医学』（吉川弘文館 2012年）がある。本書の「シーボルトと鳴滝学派」の章では、シーボルトの来日によって日本の医学界がどのような影響を受けたのか、さらに門人の戸塚静海、高良斎、高野長英、伊東玄朴らがどのような活動を行ったかについて述べている（図6）。相川忠臣も『出島の医学』（長崎文献社 2012年）の中で、シーボルトは眼科手術で高い評価を受けたこと、日本独自の産科の重要性に着目し、美馬順三の論文「日本産科問答」を叔父のエリアス（Elias von Siebold, 1775-1828）が編集するドイツの産科雑誌に掲載するように取り計らったことなどを紹介している。

鉱物標本や植物標本に関する研究として、以下の様なものがある。田賀井篤平は、宮脇

律郎・門馬綱一・三河内岳との共著論文「シーボルトと鉱物学」（大場秀章編著『ナチュラリストシーボルト　日本の多様な自然を世界に伝えたパイオニア』ウッズプレス　2016 年）の中で、シーボルトがビュルガーに鉱物標本の収集だけでなく、「日本鉱物誌」の原稿の用意も指示しており、その原稿と思われる文書がルール大学・ボーフムのシーボルト文書コレクションに残されていることを示した。そこには明らかにビュルガーの筆跡で地理学、地質学的な概観、銅をはじめとする鉱石鉱物の産状、主要な山岳の記述、鉱泉水の分析など、当時の日本の様相が章立てて記されている。さらに、この原稿にはシーボルト自筆の目次立てや鉱物産地の補足が加筆されている。しかし、残念なことに「日本鉱物誌」は出版には至らなかったとしている。「日本鉱物誌」の原稿は、ビュルガーが書いたものではないかとする土井正民の問に対する答えが、示されたということができよう。同年、ルール大学・ボーフムのシーボルト文書中のシーボルト『日本鉱物誌』原稿（ビュルガーの原稿）を、田賀井篤平が解説を加え『Acta Sieboldiana X: Siebold's "De Mineralogia Japonica"』（Eds. Tokuhei Tagai and Lothar Schröpfer, Harrassowitz Verlag, Wiesbaden, 2016）として出版した。遠藤正治、加藤僖重、鳥井裕美子、松田清の「シーボルト編「日本植物目録」改訂稿について（上）」（『鳴滝紀要』26　2016 年）は、シーボルト「日本植物目録」改訂稿（ルール大学・ボーフム東アジア学附属図書館所蔵）の全文を解明し紹介したものである。そして、神田外語大学附属図書館で発見された「友人（佐之）」宛てのシーボルト自筆蘭文書簡と、賀来佐之・伊藤圭介録「日本植物目録」の分析により、佐之がシーボルトと密接で、シーボルトは彼の知識と能力を高く評価し、日本の植物研究にはなくてはならない存在として佐之に感謝しつつ、利用していたという事実が判明したとしている。なお、シーボルトは研究協力者としての彼の名前を明記していない。

　1991 年から、フォン・ブランデンシュタイン＝ツェッペリン家が所蔵するシーボルトの書簡や草稿を翻刻・翻訳し、『鳴滝紀要』に発表して新たな事実を次々と示している宮坂正英は、2012 年にベルント・ノイマン、石川光庸と共に「ブランデンシュタイン家所蔵シーボルト関連書簡の翻刻・翻訳によって得られた新知見について」（『鳴滝紀要』22　2012 年）を発表した。この中で、これまでのシーボルトの書簡の解読を通じてシーボルトの人物像、彼の上司や友人との関係、彼の野心、多大な熱意をもって遂行された栄達、彼が憧れた名声、彼の生活態度、自らも行った商業活動、金銭をめぐる彼の思い、必ずしも常に円滑とはいえなかった家族との関係等が明らかになったとしている。そして、これらの新知見は呉秀三やケルナーによる従来の二大根本的史料をさまざまな観点から補足し、あるいは訂正するものであると述べている。そして最後に、いつの日か若い研究者が著者らの翻刻・翻訳作業を引き継ぎ、基礎資料としてのシーボルト書簡群を世に送り出すことを期待したいとしている。シーボルトの人間性について言及したものとして興味深く感じると共に、後半の発言は重い課題であると思う。さらに宮坂は、「ミュンヘン五大陸博物館所蔵「鳴滝の家屋模型」に関するシーボルト自筆の記述について」（『鳴滝紀要』28　2018 年）の中で、次のように述べている。歴博のプロジェクト「シーボルト父子関係資料をは

じめとする前近代（19世紀）に日本で収集された資料についての基本的調査研究」でフォン・ブランデンシュタイン＝ツェッペリン家所蔵のシーボルト関係資料悉皆調査の結果、「シーボルト日本博物館の概要と解説」［Üebersicht und Bemerkungen zu von Sieboldts Japanischen Museum］と題されたシーボルト自筆草稿の中から、鳴滝の家屋模型の記述が発見されたこと、そして、ミュンヘン五大陸博物館の収蔵庫内の調査をおこなった同副館長のブルーノ・J・リヒツフェルト（Bruno J. Richsfeld）によって、同館所蔵の模型が鳴滝の家屋模型ではないかと指摘されていたものが、鳴滝の建物模型であることが確定されたことを検証している。様々な証言から、対象資料はシーボルトが初来日を果たし医学や自然科学の学塾、鳴滝塾の塾舎として使用した改築以前の模型を製作させ、ヨーロッパに持ち帰ったと推定している。

　塚原東吾は講演を基にまとめた「シーボルト・コレクションの歴史的意義と適塾の役割　シーボルト像の転換と、史料の新たな「使い道」」（『適塾』46　適塾記念会　2013年）の中で、シーボルトによる1825年の「気象観測記録」（ルール大学・ボーフム所蔵）に注目し、この資料が歴史気象学的に極めて貴重なものであることを紹介すると共に、このシーボルトデータを起点として江戸期の古気象の再現プロジェクトが、日本、オランダ、イギリスなど国際的なレベルで、気象学者と歴史学（科学史）の間での学際的研究として開始されたことを報告している。そして、このことを現今の地球温暖化問題に取り組むために、「歴史」が「現代」に蘇った一例であろうと述べている。

　シーボルト事件に関しては、以下のものがある。海老原温子と宮崎克則は共著論文「創られた「シーボルト事件」―「台風」・「座礁」・「禁制品発覚」の結びつき―」（『西南学院大学国際文化論集』26-1　2011年）で、梶説に沿いつつ、改めて日本側の史料「中村平左衛門日記」（小倉藩の大庄屋）や「紅毛庫雑撰」（古賀十二郎が唐人番倉田氏の日記から出島に関する部分を抜き出したもの）を検証し、シーボルト事件の発端について積荷発覚説を否定している。吉良史明は「シーボルト事件と幕末の国学」（若木太一編『長崎東西文化交渉史の舞台　ポルトガル時代・オランダ時代』勉誠出版　2013年）の中で、シーボルト事件の発端について、台風により座礁した船の積荷から地図が見つかったと記した中島広足の『樺島浪風記』の成立には、諏訪神社の大宮司青木永章と国学者の橘守部が関係しており、広足が同文跋文に記した説は永章や守部の神国史観と連動して形成されたとしている。つまり、広足の記事は、幕末の国学思想の影響を色濃く受けたものであったとしているのである[20]。この他、横山伊徳は著書『日本近世の歴史5　開国前夜の世界』（吉川弘文館　2013年）の「4―シーボルト事件」の中で、事件の発端について、間宮林蔵と高橋景保との間に北方地理に関する学術上の成果をめぐる不仲・対立があったとされることを取り上げ、二人の間に対立があったと仮定するなら、それは勘定奉行村垣定行と同奉行遠山景晋ラインにあって打払令

20　本論文は、吉良が以前発表した「中島広足『樺島浪風記』の変容―幕末国学者の文芸と思想―」（『國語國文』80-4　中央図書出版社　2011年）を再度論じたものである。

に力を注いだ林蔵と、別に異国船対処の方法を構想していた景保の二人の考えがもっと注目されてよく、そうした齟齬が林蔵の景保に対する反発を増幅させたと考えることができるとしている。シーボルト事件の根底には無二念打払令があったとし、新たな見解を示している。興味深い指摘であると思う。

　これまでシーボルト事件関係の論文を数多く発表している片桐一男は、『シーボルト事件で罰せられた三通詞』（勉誠出版　2017年）を著した。これは、シーボルト事件で処罰され各大名家にお預けになった三人のオランダ通詞、馬場為八郎、吉雄忠次郎、稲部市五郎のその後と、彼らが地域の蘭学に与えた影響があったかどうかを検証したものである。羽州亀田藩、羽州米沢新田藩、上州七日市藩にお預けとなった三人のオランダ通詞について、地元に残された史・資料から現地では厚く遇されていたこと、大正時代に群馬県医師会長が稲部の赦免運動を行った際、明治元年の恩赦によって三通詞の罪科は全て消滅していたことが確認出来たとしている。イサベル・田中・ファンダーレンの「阿蘭陀通詞稲部市五郎について」（『長崎市長崎学研究所紀要　長崎学』3　長崎市長崎学研究所　2019年）は、事件で処罰された稲部市五郎についての論考である。稲部はシーボルトのところで授業を受けた門人達にオランダ語を教えたりするなど、シーボルトにとって「最も親密で信頼のおける」人物となったこと、シーボルトの個人貿易に関連して、転売するための品物を受け取り、その利子と収益をシーボルトの娘おいねの養育費に充てる予定であったこと、七日市藩に送られた後もシーボルトから受け継いだ西洋の知識を、番人を介して教授するなど無駄にはしなかったことなどを述べている[21]。

　シーボルトの門人に関する研究として、織田毅の「シーボルトと大分の門人たち」（大分県立先哲史料館編集・発行『史料館研究紀要』21　2016年）がある。ここでは、シーボルトが直接・間接に医学・博物学を指導した人数は史料が乏しいこともあって正確には捉えられないとしつつ（呉秀三は53人、古賀十二郎は33人（ただし第一次来日の際の人数））、シーボルトに師事したことが確実と思われる大分出身の賀来佐之、日野葛民、工藤謙同、佐野博洋等を取り上げ、シーボルトとの関わり合いや長崎での活動、その業績について考察している[22]。こうした調査研究が全国規模で行われれば、門人として教えを受けた人数が明確になるのではなかろうか。シーボルトの娘いねについての研究に、以下のものがある。織

---

[21] 稲部市五郎に関連した史料を紹介したものに、藤本健太郎「【史料紹介】阿蘭陀小通詞末席稲部市五郎病死ニ付死骸御検分取扱控」（『長崎市長崎学研究所紀要　長崎学』3　長崎市長崎学研究所　2019年）がある。これは、2017年に長崎市長崎学研究所が取得した史料「阿蘭陀小通詞末席稲部市五郎病死ニ付死骸御検分取扱控」の翻刻と【附録】稲部市五郎関連史料（蘭文編）」から成っている。

[22] 織田毅「シーボルトと佐野博洋」（『鳴滝紀要』25　2015年）では、豊後国杵築藩の医師で後に藩医を務めた佐野博洋について考察している。そして、墓碑銘から1826年（文政9）長崎に遊学しシーボルトの教えを受け、1829年（文政12）に帰郷したこと、シーボルト再来日後の1860年（万延元）には藩主の命を受け長崎に赴き、シーボルトからコレラの治療法について学んだことを明らかにしている。その上で、博洋のようにシーボルトに学んだ門人は多数存在したと推測され、それら門人たちの実態・動向を明らかにすることにより、シーボルトが日本の洋学の発展に与えた影響を解明することにつながるものとしている。この指摘は重要と思う。

田毅の「幕末維新期における楠本いね」（『鳴滝紀要』25　2015年）と「明治期における楠本いね」（『鳴滝紀要』26）である。前者は、文政年間から明治初期までのいねの活動について書簡やいね自筆の「履歴明細書」などから検証。若くして医学に志し、石井宗謙、二宮敬作、シーボルト、ポンペ（Johannes Lydius Catharinus Pompe van Meerdervoort, 1829-1908）ら当時一流の医師に学び、最新の医学知識を修得し経験を積んだことにより、師のポンペや藩医から評価されるほどの実力をマスターした優れた医師で、主に、産科・外科を専門としたことから「日本における西洋産科専門医の最初の人」（中西啓）であるとしている。後者は、いねの活動について、1870年の東京開業から1903年の逝去までを検証している。幕末維新期におけるいねは当時最高水準の教育を受けた西洋医であったこと、維新後東京で開業したのは新たな可能性を求めてのことと推察されること、1873年の宮内省御用掛任命をピークとして、以後は本格的な医療活動から遠ざかったことなどを分析している。

　シーボルトと大名との交流について、宮崎克則は「文政11（1828）年、出島で会ったシーボルトと福岡藩主黒田斉清」（『西南学院大学博物館研究紀要』4　2016年）で、文政11年3月5日、出島にいたシーボルトと福岡藩主黒田斉清がどのような交流をしたのか、メイランの『商館日誌』、安部龍平の『下問雑載』、長崎歴史文化博物館所蔵の『雑事叢書』に拠りながら詳細に検討している。また、両者の交流から約半年後に起こったシーボルト事件の風聞に、その交流がいかに使われたのかについて『旧稀集』などを用いて次の様に分析している。シーボルト＝ロシア人とするその根拠は斉清の発言にあること、オランダ船の座礁とシーボルトからの禁制品没収は別々の事件であるにもかかわらず、当時から結びつけられて語られたのは、「台風→座礁→禁制品発覚」と連続して語ることによって「神国」日本を再認識できる物語として、今日まで語り続けられてきたのではなかろうかとしている。宮崎の論文は、吉良史明の研究に続くものである。

　シーボルトの『日本』に関する研究として、宮崎克則は「シーボルト『NIPPON』の原画・下絵・図版」（『九州大学総合研究博物館研究報告』9　2011年）を発表している。この論文は、フォン・ブランデンシュタイン＝ツェッペリン家所蔵の『日本』の原図・下絵と『日本』所収の図版を比較することによって、どのような変化があるのか、その変化はどのような意図に基づいているのかを検証したものである。なお、この研究は、後に『シーボルト『NIPPON』の書誌学研究』（花乱社　2017年）としてまとめられた。他に、フォラー邦子「シーボルト『NIPPON』出版研究序説—ライデンのシーボルト書店—」（『鳴滝紀要』26）がある。この中で、シーボルトが『NIPPON』出版のためライデンの居宅に構えた印刷・出版局シーボルト書店について、その概要と設立に至る背景について説明。『NIPPON』出版の意義を日本語学研究上だけでなく、日蘭交渉史さらには、オランダという小国の海外進出の歴史上でも「モニメント」であるとしている。

　フォン・ブランデンシュタイン＝ツェッペリン家所蔵の古写真に関する研究に、杏澤宣賢「ブランデンシュタイン＝ツェッペリン家所蔵シーボルト関係古写真について」（『日独文化交流史研究』12　日本独学史学会　2011年）がある。これは、調査した当家の古写真の中

に、長女ウルム・エルバッハ男爵夫人に贈られた藤山治一の写真があることを紹介したものである。写真の裏書から男爵夫人と藤山の接触の事実が示され、このことが藤山のシーボルト論文「Franz von Siebold」(『Von West Nach Ost』Nr. 2, 1892) 執筆に結びついていることが明らかとなった。ハンス・ヨアヒム・クナウプ (Hans-Joachim Knaup) の論文「藤山治一のシーボルト論―新しい文化伝達の可能性を求めて」(『慶應義塾大学日吉紀要ドイツ語学・文学』26　1998年) に記されたことをさらに裏付けるものということができると思う[23]。幕末外交に関しては、杳澤の「日露和親条約をめぐる一考察―シーボルトの関わりを中心に」(社会環境学会編『社会環境論究―人・社会・自然―』6　2014年) がある。これは、オランダ国立文書館で発見した、シーボルトが植民大臣に提出したと考えられる「ロシア側と日本との船舶航行及び通商に関する条約案」[Entwurf eines Tractats für Schifffahrt und Handelsverkehr von Seiten Russland mit Japan] (1853年、月日記載無) について、条約案の全文を翻刻・翻訳し考察したものである。この条約案に国境画定の条項は入っていないが、同年シーボルトがサンクト・ペテルブルクで作成した「ロシア宰相から老中宛て書簡」の草稿には、国境画定が盛り込まれており、この条項はシーボルトにとって切り札とも言うべきものだったとしている。杳澤の論文は、宮坂正英と保田孝一の研究に続くものである。

　我が国におけるシーボルト研究の大家呉秀三について、宮坂正英は2013年「呉秀三のシーボルト研究」(日独交流史編集委員会編『日独交流150年の軌跡』雄松堂書店) を発表した。宮坂はこの中で、シーボルト研究の黎明期に呉がどのようなきっかけでシーボルトに関心をいだき、後に大著『シーボルト先生　其生涯及功業』を完成させたのかその足跡をたどると共に、大著完成には息子のアレクサンダーとハインリッヒとの交流の他、長崎学の創始者古賀十二郎の協力があったことを挙げている[24]。古賀の呉に対する協力は、呉のシーボルト研究の人脈を知るうえで、重要な指摘と思う。この他に、呉がシーボルトと交流のあった100人以上の日本人の略歴や関係史料を掲載していることに注目し、これらによって呉は、シーボルトの来日が日本における西洋科学の普及や文化に及ぼした影響がいかに大きかったかを示そうとしたのではないかとみている[25]。シーボルトの年譜と関係年表を

23　藤山治一について伝記的にまとめたものに、上村直己「ドイツ語学者　藤山治一の生涯と業績」(『明治期ドイツ語学者の研究』多賀出版　2001年) がある。

24　古賀十二郎については、中嶋幹起『古賀十二郎　長崎学の確立にささげた生涯』(長崎文献社　2007年) に詳しい。

25　他に、宮坂正英は「シーボルト研究の創始者呉秀三」(『鳴滝紀要』　24　2014年) を発表している。ここでは、呉秀三が、シーボルト研究の黎明期にどのようなきっかけでシーボルトに関心を抱き、後のシーボルト研究の基礎となった大著『シーボルト先生　其生涯及功業』を完成させたのかについて述べている。まず、父の呉黄石が江戸で蘭方医学を伊東玄朴に学んでいること、呉はシーボルト兄弟とも交流があったこと、ドイツ語版シーボルト評伝の編集作業はトラウツらが継続し一応の完成をみたこと。そしてトラウツの死後、ボン大学に寄贈され日本学研究所に保管されていたこの原稿が、所長を務めていたヨーゼフ・クライナーの尽力でシーボルトの生誕200周年記念の年にあたる1996年にフィリップ・フランツ・フォン・シーボルト財団・ドイツ日本研究所から刊行されたことなどを述べている。

まとめたものとして、石山禎一・宮崎克則の「シーボルトの生涯とその業績関係年表」Ⅰ～Ⅳ（『西南学院大学国際文化論集』26-1～27-2　2011～2013年）がある。ここには、シーボルトの活動が出典を示しながら記されているだけでなく、彼に関する展示会、講演会、シンポジウムなど、2013年まで行われたものが収録されている。なお、本論は後に『シーボルト年表　生涯とその業績』（八坂書房　2014年）として出版された。

　川原慶賀の画料について、野藤妙は「川原慶賀がシーボルトに売った絵の値段」（『洋学』21　2014年）で次のことを明らかにした。ルール大学・ボーフム所蔵の「シーボルト関係諸史料」の中から慶賀がシーボルトに出した書付に挙げられた作品を値段別に分類した結果、画料は比較的高額であったことが判明したとしている。そして、シーボルトが高額の作品を購入できた原資として、オランダ政府からの研究費（6年間で4万2972グルデン）の他、脇荷貿易による多額の利益があったとしている。

　ここからは、歴博のプロジェクトの調査研究による成果報告についてみていきたい[26]。

　2015年には、『（人間文化研究機構主催ボーフム・ルール大学共催国際シンポジウム報告書）シーボルトが紹介したかった日本―欧米における日本関係コレクションを使った日本研究・日本展示を進めるために―』（国立歴史民俗博物館編集　大学共同利用機関法人　人間文化研究機構）が刊行された。これは、前年ルール大学・ボーフムで行われた国際シンポジウム（2月11日～12日）の報告書である。この中のいくつかを紹介したい。松井洋子「シーボルトの勘定帳：出島における経済活動を探る」では、ルール大学・ボーフムやブランデンシュタイン城に残されたシーボルトの個人文書の中には、通常の商館員については、ほとんど残っていない個人貿易に関する情報が散見されるとして、テン・ブリンク商会(Ten Brink & Co.)による1824年から1830年の当座勘定帳を分析している。その結果、シーボルトの経済活動は期待通りではなかったとしたうえで、それでも在任中に個人貿易協会の恩恵に浴することができたことが、シーボルトの「財力を傾けた」膨大な収集を可能にしたとしている。また、オランダ通詞の稲部市五郎や吉雄忠次郎などはシーボルトの身辺に出入りし、コレクション形成の手足となって働きつつ、シーボルトから種々の品物を手に入れ、仲介したり私的に売買したりしていたのであろうとしている。栗原福也や宮坂正英がその重要性を指摘し、野藤妙の論文でも言及のあった、シーボルトの個人貿易の実態を解明したものとして注目される。櫻庭美咲「ミュンヘン国立民族学博物館所蔵シーボルト・コレクション

26　2014年に人間文化研究機構　国文学研究資料館編『シーボルト日本書籍コレクション現存書目録と研究』（勉誠社）が出版された。これは、2008年からシーボルト蒐集日本古典籍の調査を開始し、その後同じ機構の「日本関連在外資料の調査研究」の「シーボルト父子関係資料をはじめとする前近代（19世紀）に日本で収集された資料についての基本的調査研究」に合流し、国文学研究資料館班の共同研究「オランダ国ライデン伝来のブロンホフ、フィッセル、シーボルト蒐集日本書籍の調査研究」のもと、2010年から2014年までの5年間の調査研究の成果の公刊である。「目録篇」としてライデン大学図書館やライデン国立民族学博物館などが所蔵する「第一次滞在シーボルト日本書籍コレクション所蔵機関別現存書目録」、「論稿篇」として鈴木淳「【総論】　シーボルト日本書籍コレクション考」や、町泉寿郎「収集文献・器物から見るシーボルトと近世日本の医学―ライデン所蔵の鍼灸資料を中心に」などから成っている。

の陶磁器」では、このコレクションの陶磁器には茶の湯の道具が見られないとしている。これは、このコレクションが武家社会崩壊以前の幕末最晩年に形成されたことから、江戸期のコレクションの性格を併せ持ち、近世〜近代のはざまに位置づけるべき過渡期のコレクションであることを顕著に表しているとしている。日高薫「シーボルト・コレクションの漆器について」では、ライデン国立民族学博物館の調査と併せて、ミュンヘン国立民族学博物館が所蔵するシーボルトが収集した漆器の全貌を把握することに努めたとし、次の様に述べている。「梅鷹蒔絵盆」と「竹亀蒔絵盆」との大小の盆は、幕府からシーボルトへの贈答品であることがアレクサンダーのまとめた「目録」から判明すること、しかし、現代的視点からすれば、それほど目立って優れた漆器とは言えないことから、一外国人であるシーボルトに対する幕府の評価を示す資料として貴重であるとしている。漆器の専門家として、贈り物の程度によりその人物への評価をみるとする指摘は現代にも通じることとして興味深い。

　2016年に「よみがえれ！ シーボルトの日本博物館」展が開催された（国立歴史民俗博物館、東京都江戸東京博物館、長崎歴史文化博物館、名古屋市博物館、国立民族学博物館　2016年7月〜2017年10月）。本展示は、約6年間にわたるシーボルト関係資料の総合的な調査によって得られた新しい成果をもとに、シーボルトがヨーロッパで実際行った日本展示に焦点をあてている。特に、死の直前にミュンヘンで開催された「最後の日本展示」を長男アレクサンダーが残した目録をもとに復元的に紹介し、シーボルトの描いた日本像に迫ったものである[27]。同年、『五大陸博物館所蔵シーボルト・コレクション関係史料集成』（大学共同利用機関法人 人間文化研究機構 国立歴史民俗博物館編集・発行　2016年）が出された。本書は、五大陸博物館が所蔵するシーボルト・コレクション関係史料の翻訳を行ったものである。第1部は、アムステルダムの展示に関するもので、マティ・フォラーの【解題】「1863年開催「シーボルト第二次訪日コレクション」鑑賞手引きへの序論」と、【原文史料の翻訳】「ヨンクヘール Ph. F. フォン・シーボルトにより1859年から1862年まで収集され、民族学および輸出に適する物品の知識普及を目的として、アムステルダムの産業振興協会の建物に展示されている日本国の学術・芸術ならびに産業に関係する物品と産物・生産物コレクションの通覧手引き」などから成っている。第2部はミュンヘンの展示に関するもので、ブルーノ・J・リヒツフェルトの【解題】「ミュンヘンにおける五大陸博物館のシーボルト・コレクションに関する文書」と、【原文史料の翻訳】「国王ルードヴィッヒ二世あてフィリップ・フランツ・フォン・シーボルト書簡」、「アレクサンダー・フォン・シーボルトによる

27　この展示図録が『よみがえれ！ シーボルトの日本博物館』（国立歴史民俗博物館監修　青幻舎　2016年）で、石山禎一・小林淳一「シーボルト・コレクションの形成と日本博物館構想」、マティ・フォラー「ミュンヘンのシーボルト・コレクション―「新旧」（第一次・第二次収集品）の現在」などの論考が収録されている。フォラー論文に関係して櫻庭美咲も、「シーボルト著『NIPPON』図版に掲載された工芸品について」（『神田外語大学日本研究所紀要』13　2021年）の中で、シーボルト第二次来日時の収集品と考えられてきたミュンヘン五大陸博物館所蔵の工芸品コレクションに、『NIPPON』図版の掲載資料が含まれていることを明らかにしている。

ミュンヘン五大陸博物館所在の彼の父親のコレクションに関する目録」などである。シーボルトの博物館での展示と、シーボルト・コレクションがバイエルン国王に売却される経緯を知る手掛かりとなる史料の翻刻、翻訳であり、有益なものと思う。

　2018年には、国立歴史民俗博物館編、ブルーノ・J・リヒツフェルト、福岡万里子、堅田智子著『シーボルト日本博物館の概要と解説―欧文原本・翻刻・翻訳―』（大学共同利用機関法人 人間文化研究機構 国立歴史民俗博物館 日本関連在外資料調査研究・活用事業「ヨーロッパにおける19世紀日本関係在外資料調査・活用―日本文化発信に向けた国際連携のモデル構築」編集・発行）が出された。本書は、ブランデンシュタイン城シーボルト・アーカイヴに所蔵されている「シーボルト日本博物館の概要と解説」[Uebersicht und Bemerkungen zu von Siebold's Japanischen Museum]の草稿のドイツ語原本の史料画像とその翻刻・翻訳である。内容は、シーボルトが幕末期の第2回目来日時（1859年7月～62年7月）に主に収集した日本コレクションについての概要と解説であり、各種の版木、絵画、貨幣、日本産の原材料や様々な工芸品などの分類ごとに、コレクションの特徴や意義、代表的な作品を解説したものになっている。シーボルトの博物館構想を考える上で貴重な史料と思う。

　同年『シーボルト・コレクションから考える』（国立歴史民俗博物館編集　大学共同利用機関法人 人間文化研究機構 国立歴史民俗博物館発行　2018年）が刊行された。本書は、企画展「よみがえれ！　シーボルトの日本博物館」展に際し行われた国際シンポジウム「シーボルト・コレクションから考える」（国立歴史民俗博物館　2016年7月30日）における報告（I部）と、シーボルト没後150年を記念して長崎で開催された「第10回国際シーボルトコレクション会議」（長崎歴史文化博物館・長崎ブリックホール　2016年10月20日～22日）のメンバーによる報告（II部）、その後の研究によって得られた研究報告（III部）から成っている。その報告のいくつかを紹介したい。第I部の原田博二「シーボルト・コレクションにおける長崎関係資料」は、今回の調査で明らかになったものである。まず、榎津町の赤瀬店、引地町の萬貸□（判読不能）、酒屋町の逢屋など貸本屋の存在が知られ、幕末期の長崎の書籍流通の一端が分かったとしている。また、重田玄泰『論語略解』や岩崎灌園『草木育種』などの蔵書印は酒屋町の町医者笠戸順節のもので、この順節がこれらの書籍や酒屋町仏師の製作した位牌などをまとめてシーボルトに提供したことが判明したとしている。五大陸博物館で不明とされていた画像が、隠元・木庵・鉄心の画像であると確認できたこと、さらにこれらの画像（3幅対）が聖福寺の塔頭四休庵に所蔵されていたことや、幕末期に同庵が経済的に困窮したことで外部に流出、シーボルトがコレクションするに至ったことなどが明らかになったとしている。近世長崎の歴史に詳しい研究者だからこそ、解明出来た成果と言えよう。ブルーノ・J・リヒツフェルト「エドメ＝フランソワ・ジョマールとの往復書簡（1843年および1845年）に見る民族学および民族学博物館に関するフィリップ・フランツ・フォン・シーボルトの見解」では、民族誌博物館の効用として、民族誌コレクションは新たな輸入品に対する人々の関心を呼び起こすほか、芸術家や製造業者に優れた製品を再現させる気を起こさせるとして、中国からの輸入品がパリで与えた影響について

紹介している。リヒツフェルトの報告はシーボルトの民族学博物館構想に関するもので、石山禎一やゲンショレクの研究に続くものである。青山宏夫「シーボルトが手に入れた日本図と日本の地理情報」では、シーボルトが高橋景保から手に入れ、後に幕府に押収されるが、密かに写しとって持ち帰り、シーボルト日本図の原図の一つとなった日本図を、フォン・ブランデンシュタイン＝ツェッペリン家の所蔵する地図資料の検討を通じて確定することができたとしている。結果、この地図はカナ書き伊能特別小図の二次的な写しであり、シーボルトはこのカナ書き伊能特別小図の写しを基に日本図を刊行した。しかし、シーボルトが写したカナ書き伊能特別小図は伊能日本図をベースにしつつも、そこに長久保赤水の「改正日本輿地路程全図」や景保が編集した『地勢提要』などの地理情報を適宜加えて、高橋景保によって編集された日本地図であり、本来の伊能日本図には含まれない、独自の内容を持つものとなったとしている。

　第Ⅲ部の宮坂正英「書簡に見るシーボルトの死と長男アレクサンダー・フォン・シーボルトの日本における外交活動」では、ブランデンシュタイン家文書中に含まれる1866年10月から年末にかけて、アレクサンダーと父フィリップ、母ヘレーネとの間で交わされた書簡6点を翻訳紹介している。その中の1866年10月17日の父に宛てた書簡からは、難航する樺太の国境画定交渉をシーボルトの仲介により解決を図ることを幕府に提案したと推測されるとしている。これは、シーボルトが1854年プチャーチンの日本遠征の際千島、樺太の国境画定交渉を行うことを提案したことを念頭に置いたものとしている。そして、幕府側の窓口になっていたのが外国奉行朝比奈甲斐守昌広であることが明らかになったとしている。1866年11月15日の父に宛てた書簡からは、シーボルトがヨーロッパで日本研究と執筆を続ける上で、日本人の助けが必要であると考え、アレクサンダーが徳川昭武を代表とする遣欧使節に通訳官として参加する機会をとらえて、シーボルトのもとへ日本人を派遣しようと試みていることが窺えるとしている。いずれも大変興味深い内容で、今後研究すべき大きな課題であると思う。日高薫・平田由紀「アムステルダムにおけるシーボルト第二次コレクション展示について―新出の古写真資料にもとづく考察―」では、歴博のプロジェクトのその後の調査で見出された、フォン・ブランデンシュタイン＝ツェッペリン家に伝わる古写真を紹介。そこから、シーボルトの第二次コレクションの展示は、アムステルダムにおいても、ミュンヘンにおいても二部構成を採用しており、一つが貿易・産業的視点から見た日本の特産物と手わざの紹介、もう一つが、書籍や地図・絵画等による学術展示であったとしている。古写真による分析として興味深いものである。

　2019年には、『異文化を伝えた人々　19世紀在外日本コレクション研究の現在』（日高薫責任編集　国立歴史民俗博物館編　臨川書店）が出版された。これは、2017年（10月28日～29日）国立西洋美術館講堂で開催の国際シンポジウム「異文化を伝えた人々　19世紀在外日本コレクション研究の現在」の記録である。この中のいくつかを紹介したい。ルドルフ・エッフェルト（Rudolf Effert）「日本コレクションの委任―"新"王立キャビネットの収集に携わった3人の文官」では、3人のコレクターとしてブロムホフ（Jan Cock Blomhoff,

1779-1853)、フィッシャー (Johan Frederik van Overmeer Fisscher, 1800-1848)、シーボルトを挙げ、コレクションの内容を検討している。そして、13 年間に 3 つの主要なコレクションが日本から届いたことは注目に値するとし、その大半は日本の天明から文政期のタイムカプセルとしての役割を果たしているとしている。西洋の人々はこうしたコレクションを目の当たりにして、初めて、日本が高度に発達し、興味深い文化及び芸術を有する国だと感銘を受けたとしている。堅田智子「明治政府外交官アレクサンダー・フォン・シーボルトと「視覚による広報」の場としてのウィーン万博」では、アレクサンダーは戦略的かつインパクトのある「巨大ノ物」を用いた空間展示により、人々の目を日本的な文明へと釘付けにし、さらなる織物類や漆器などの工芸品の世界へ誘ったこと、こうした展示戦略の着想の原点には、父フィリップの日本コレクションがあり、ウィーン万博での日本展示は、非常に巧みだと高い評価をうけたこと、ウィーン万博が世紀末ウィーンでのジャポニスムの開花につながったとするのであれば、これもまた、アレクサンダーの視覚による広報の成果の一つであったと言えようとしている（図7）。

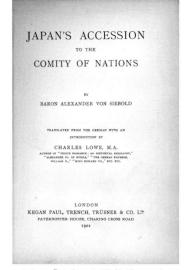

図7 『日本の国際礼譲への加入』（キーガン　ポール、トレンチ、トリュブナー社　1901 年）〈個人蔵〉 アレクサンダーが 1900 年に著した『日本の欧州国際法への加入』（ベルリン 玉井喜作）の独語より英語に翻訳したもの

なお、歴博主催以外のシンポジウムとして、2011 年には日独交流 150 年記念として「日独交流 150 周年　日独シーボルト・シンポジウム　シーボルトの知的遺産と日独ソリダリティー」（主催：日独シーボルト・シンポジウム実行委員会）が開催された（ドイツ文化会館 10 月 18 日～20 日）。プログラムの第二部の内容は、杏澤宣賢「日独交流 150 周年日独シーボルト・シンポジウム」（石山禎一編著『シーボルトの生涯をめぐる人びと』長崎文献社　2013 年）に収録されている。2016 年には、シーボルトの没後 150 年記念として「日独シーボルト・シンポジウム 2016 『シーボルトの知的遺産と日独協力の新しい道』」（主催：日独シーボルト・シンポジウム実行委員会）が開催された（ドイツ文化会館 10 月 10 日～12 日）。このシンポジウムの内容は、杏澤宣賢「〈日独シーボルト・シンポジウム 2016〉—「没後 150 年記念 シーボルトの知的遺産と日独協力の新しい道」に参加して—」（『洋学』24　2017 年）に収録されている。

■2020 年代以降

最後に、2020 年代の研究動向についてみていく。歴博では 2016 年度から新たなプロジェクトとして、「ヨーロッパにおける 19 世紀日本関係在外資料調査・活用—日本文化発信に向けた国際連携のモデル構築—」（2016～2021 年度）を開始した。これは、ウィーン世界博物館との共同研究プロジェクトで、同館が所蔵するハインリッヒ・フォン・シーボル

ト収集資料約5200点の調査を行うというものである。2020年、このプロジェクトに関連して、「明治の日本—ハインリッヒ・フォン・シーボルトの収集品から」展（2020年2月13日〜8月11日　ウィーン世界博物館）が開催された。この展覧会は、歴博とウィーン世界博物館が日本・オーストリア友好150周年を記念して企画したもので、展示図録『明治の日本　ハインリッヒ・フォン・シーボルトの収集品から』（日高薫、ベッティーナ・ツォルン編　世界博物館　ウィーン　2020年）［Japan zur Meiji-Zeit: Die Sammlung Heinrich von Siebold］（Hg. Kaori Hidaka und Bettina Zorn, Weltmuseum, Wien, 2020）が刊行された。

その「論考編」には、ハインリッヒに関する論文が収録されている。この中のいくつかを紹介したい。工藤雄一郎の「ハインリッヒ・フォン・シーボルトの考古資料と日本民族起源論—エドワード・モースとエドムント・ナウマンらとの関係—」では、1898年帝室ならびに王室自然史博物館（現在のウィーン世界博物館）に寄贈されたハインリッヒ・コレクションはヨーロッパにおける三大日本コレク

図8　「蝦夷島のアイヌ族に関する民族学的研究」（『民族学雑誌』ベルリン　P・パーライ　1881年）〈個人蔵〉ハインリッヒが最古の日本文化について記した論文

ションの一つであること、200点を超える考古資料の大多数は東京周辺の遺跡のものや、東京の知人や骨董屋から入手したものと考えられ、縄文時代の石鏃や石匙（さじ）などの小型の石器が中心であること、東京の大森貝塚と同じ出土品と思われる資料が含まれているとしている。また、ウィーン世界博物館にはドイツ人で東京大学理学部地質学教室初代教授となったナウマン（Edmund Naumann, 1854-1927）や、風景画家のフィッシャー（Ludwig Hans Fischer, 1848-1915）が収集した石器や土器も収蔵されていること、ナウマンが発見した大森と鶴見の貝塚を、ハインリッヒに自由に調査することを許すなど同じドイツ出身で年齢も近かった二人は親しい関係にあったとしている。黒川廣子の「ハインリッヒ・フォン・シーボルトの日本コレクションにおける金工品について」では、ウィーン世界博物館所蔵ハインリッヒ・コレクションには、村田整珉や木村渡雲など江戸時代の著名な鋳金家の力作のみならず、現代では作品に光が当たりにくい鋳金家の作品が含まれていることに意味を見出すことができるとしている。日本では金属類回収令が1941年から1945年にかけて発令された結果、金工品の多くが回収の対象となり、日本国内にはそれほど多くの金工の実作品が残されていない。このため、ハインリッヒ・コレクションのように戦前に国外に持ち出された作品はその回収（＝溶解）を免れたもので、金工研究には貴重な存在であるとしている。金工品の研究にとって、ハインリッヒ・コレクションは貴重な存在であることが分かる。歴博の新しいプロジェクトをきっかけとして、今後ハインリッヒ・コレクションの研究が本格的に行われることが期待される（図8）。

プロジェクト以外の研究に次のようなものがある。織田毅の「長崎通詞について―史料にみる阿蘭陀通詞の実態―」(『鳴滝紀要』30　2020年)では、中山家史料に拠りながら、オランダ通詞の中山作三郎が私的に副業(私商売)を行っていた実態を指摘。久留米在住の堀江茂七郎なる人物の依頼をうけ、中山が輸入品の仕入・転売を行っていたことを解明している。その上で、通詞を「通訳・蘭学者」という固定的な視点ではなく、その二面性も考慮する必要があるとしている。かつて、中村質も「オランダ通詞の私商売―楢林家『諸書留』を中心に―」(中村質『開国と近代化』吉川弘文館　1997年)で、オランダ通詞の楢林重兵衛が輸入品の蘭書や医薬品を江戸で転売し、その代金で江戸・上方の調度品を仕入れ、自用や輸入品の対貨(代り物)に供した事例を「諸書留」(香川大学神原文庫蔵)により紹介している。織田の論文は中村の研究に続くもので、通詞の私的経済活動に言及したものとして注目される。

　梶輝行「江戸滞在中のオランダ商館長ドゥ・ステュルレルとシーボルトの関係(1)―ドゥ・ステュルレル「江戸参府日記」に基づく諸考察を中心に―」(『鳴滝紀要』30)では、ドゥ・ステュルレル(Johann Willem de Stürler, 1777-1855)の「江戸参府日記」に拠りながら、貿易改善を求める商館長の嘆願書提出をめぐって次のように分析している。この大役をドゥ・ステュルレルに担わせた東インド総督府は、一方でシーボルトによる医療行為など幕府・日本人にとって親身で献身的な行為に取り組ませながら、貿易改善を強行にすすめようとした意図があったのではないかとしている。

　ドイツでは、『Acta Sieboldiana XI: Zwei Tagebücher der Reise nach Jedo im Jahr 1826 von Heinrich Bürger und Philipp Franz von Siebold』(Hg. Tokuhei Tagai, Harrassowitz Verlag, Wiesbaden, 2022)が出版された。本書は、ルール大学・ボーフム東アジア学部所蔵の1826年の江戸参府の際のシーボルトとビュルガーの日記を翻刻したもので、この刊行にも田賀井篤平が関与している。ビュルガーの日記は影印・翻刻共に初めての公開であり、二つの日記が対称になって示されていて内容の比較なども可能となっている。

　2021年、歴博とウィーン世界博物館が共同で推進するハインリッヒの収集資料に関する調査研究事業の成果をまとめたものとして、『異文化を伝えた人々Ⅱ　ハインリッヒ・フォン・シーボルトの蒐集資料』(日高薫、ベッティーナ・ツォルン責任編集　臨川書店)が出版された。ここにも、ハインリッヒに関する論文が多数収録されている。日高薫の「シーボルト兄弟による日本コレクションの形成と拡散―蜷川式胤との関係を中心に―」では、近年の研究によって、アレクサンダーとハインリッヒ兄弟がウィーン万博以降ヨーロッパ各地に日本関係資料を寄贈・売却した具体的な経緯が、明らかにされつつあるとしている。コペンハーゲン、ライプツィッヒ、ワイマール等に関しては、寄贈・売却先の貴族や博物館長と継続的にやり取りをしていた書簡等の史料がまとまって残されており、彼らの積極的な活動が窺われるとしている。ワイマール大公博物館のカール・ルーラント(Carl Ruland)とアレクサンダーとのやり取りからは、彼らが自らの趣味や興味で収集した資料を、一方的に寄贈したり売却したりしたわけではなく、相手の要望に対応しながら、資料提供の窓

口になっていたことが判明するとしている。そして、シーボルト兄弟は収集品の寄贈・売却と併行して、相互の産業・貿易振興のため、産地を視察したり特産品のサンプルの交換を話し合ったりして、東西の架け橋となっていたと指摘。また、蜷川式胤の活動についても同様であり、彼らが入手した日本資料はヨーロッパ諸国に日本を紹介するだけの一方向的なものではなく、相互の文化交流を担うものであり、彼らは収集した日本資料を、外交的に利用しつつ、文化や産業の発展に資するものと位置付けていたとしている。ものを通じての文化交流、ものを外交的に利用しているという指摘は興味深い。ヨハネス・ヴィーニンガー（Johannes Wieninger）の「ウィーン応用美術博物館所蔵のハインリッヒ・フォン・シーボルトによるコレクション」では、当館がハインリッヒのコレクションを入手するまでの経緯が述べられている。1905 年と 1907 年の裂見本の購入を推奨したモーリッツ・ドレガー（Moritz Dreger, 1868-1939）によれば、ハインリッヒは父フィリップのコレクションを引継ぎ所有していたこと、また、書物の一部についても父の蔵書印「von Siebold Jedo」が印記されていることから、2 つのコレクションが交じりあっているとしている。

　2010 年代にシーボルト事件に関係する研究は進展したが、20 年代にも大きな成果があった。梶輝行の「江戸滞在中のオランダ商館長ドゥ・ステュルレルとシーボルトの関係（2）―ドゥ・ステュルレル「江戸参府日記」に基づく諸考察を中心に―」（『鳴滝紀要』31 2021 年）は、シーボルト事件の真相究明として、オランダ商館長ドゥ・ステュルレルの「江戸参府日記」から、江戸滞在中に得られた内容をシーボルトの記録と比較しながら考察したものである。そして、大きなきっかけとなった出来事は、1828 年 2 月の間宮林蔵宛てシーボルト書簡の発送にあるが、事件発覚の原点は 1826 年 5 月 15 日（文政 9 年 4 月 9 日）江戸の長崎屋において幕府天文方兼書物奉行の高橋景保が商館長ドゥ・ステュルレルと随行医務官シーボルトの二人に、それぞれ個別に、「大日本沿海輿地全図」の伊能図を内覧し、オランダ本国（あるいはバタフィア）で彫刻開板（銅版画製作）による地図印刷の事業を、その後高橋が伊能の特別小図を内密に手渡して依頼したことにあるとした。内密ではありながらもオランダ商館長に正式に依頼し、学術的に高いレベルで交流関係にあるシーボルトに対してこの地図印刷事業の実務を託したものと推察している。オランダ商館長の日記とその分析から、これまでのシーボルト事件に対するものとは異なる新しい見解が示されたものとして大いに注目される。また、事件に関係する史料の翻訳も出版された。松方冬子、西澤美穂子、田中葉子、松井洋子編　日蘭交渉史研究会訳『19 世紀のオランダ商館　下　商館長メイランとシッテルスの日記』（東京大学出版会　2021 年）のメイランの1829 年 3 月 3 日の日記によれば、年番通詞たちも何が禁制品なのか知らなかったということ、そして 7 日に日本で禁じられている品物が記されたリストを受け取ったとある。史料上では、この時点でオランダ側は禁制品が何であるかを認識したということになる。中西啓が『洋学』5 で報告したことと併せて考えると、出島の門番は持ち出し禁止品が何であるかを理解した上で取り締まりに当たっていたが、通詞とオランダ商館長は禁制品が何であるかこの時初めて知ったということなのか。この点については、もう少し検討してみ

たいと思う。同年（2021年）には、青木歳幸、海原亮、沓澤宣賢、佐藤賢一、イサベル・田中・ファンダーレン、松方冬子編　洋学史学会監修『洋学史研究事典』(思文閣出版) prepared under the supervision of The Society for the Hisory of Western Learning in Japan［Encyclopedia for the Study of the History of Western Learning］が刊行された。本書は「研究篇」と「地域篇」から成り、フイリップ、アレクサンダー、ハインリッヒの他、高野長英や伊藤圭介などの門人達、鳴滝塾についても論究されており、これまでの研究成果が集約されたものになっている。

　2022年『異文化を伝えた人々Ⅲ　シーボルトの日本博物館』(ブルーノ・J・リヒツフェルト、ウド・バイライス、日髙薫責任編集　臨川書店) が出版された。本書は、歴博とミュンヘン五大博物館、ヴュルツブルクのシーボルト博物館、フォン・ブランデンシュタイン＝ツェッペリン家協力のもと共同で推進してきた、シーボルト収集資料に関する調査研究プロジェクトの成果をまとめたものである。同年ヴュルツブルクのシーボルト協会の出版物として、さらなる成果が論集として刊行されることになった。シーボルト協会編・発行『フィリップ・フランツ・フォン・シーボルト（1796–1866）―収集家そして日本研究者』(フォン・シーボルト協会編・Akamedon 発行　ヴュルツブルク　2022年)［Philipp Franz von Siebold (1796–1866) Sammler und Japanforscher］(Hg. von Siebold-Gesellschaft e. V., Akamedon Verlag, Würzburg, 2022) である。本書はその日本語版として出版されたものである。この中でウド・バイライス（Udo Beireis）は「フィリップ・フランツ・フォン・シーボルトの晩年（1865–1866）」を発表した。シーボルトの第二次コレクションが日本から持ち帰られ、アムステルダム（1863年）、ヴュルツブルク（1864年）、ミュンヘン（1866年）において展示され、その死後売却されるまでの経緯を詳細にたどっている。ブランデンシュタイン城の史料のみならず、シーボルトと親交のあったアルフォンス・ドーデ（Alphonse Daudet, 1840–97）の小説なども利用しつつ、丁寧に考察しており、今後シーボルト研究にとって基本的な文献となるものである。史料「モーリッツ・ヴァーグナーによるフィリップ・フランツ・フォン・シーボルトへの追悼文および死亡記事」は、ドイツの日刊紙『アルゲマイネ・ツァイトゥング別冊』(Allgemeine Zeitung) に掲載された追悼文及び死亡記事をリヒツフェルトとハンス・ビャーネ・トムセン（Hans Bjarne Thomsen）が協力して編集し、丁寧な註記を付したものである。同じ年、『海外で《日本》を展示すること　在外資料調査研究プロジェクト報告書』(大学共同利用機関法人　人間文化研究機構　国立歴史民俗博物館編集・発行　2022年) が刊行された。これは、歴博主催の「オンライン国際シンポジウム　新しいシーボルト研究への誘い―シーボルト（父）関連資料の基礎的な調査・研究・活用事業で考えたこと―」(2022年1月15日) の報告書である。この中の湯川史郎「越境的実践者としてのトラウツとシーボルト―総合的な視点を再獲得するための方法としての「Biographie」の可能性について」では次のように述べている。トラウツは、シーボルトの遺品の散逸を防ぎ現在ルール大学・ボーフムに収蔵されるシーボルトコレクションの母体を作ったこと、新版『日本』の校訂と出版によってシーボルト研究の一般的な基礎を築いたこと、呉の『シーボルト伝』

ドイツ語版を準備し、印刷メディアを通じてシーボルトの重要性を訴え続けたという点で、シーボルト研究の歴史において重要な役割を果たしたとしている。小林淳一の「異文化理解としての在外日本コレクション―パンデミックの後に」は、モース(Edward Sylvester Morse, 1838-1925)が収集したモースコレクションの調査研究を、30年以上にわたって行ってきた小林の報告である。この中で、「モース文書」の分析に若手とベテランの学芸員が判読と調査に参画していることを報告している。また、COVID-19がもたらした災禍パンデミックを人類が共有する遺産として位置づけ、シーボルトやモースのコレクションに感染症に関わる資料があれば、それをテーマとした巡回展を考えてはどうかという提言を行っている。学芸員として長く江戸東京博物館に勤務した小林ならではの提言であると思う。

また、同年シーボルト兄弟が深く関わったウィーン万博に関する論文集として、ペーター・パンツァー、沓澤宣賢、宮田奈奈編『1873年ウィーン万国博覧会【日墺からみた明治日本の姿】』(思文閣出版 2022年)が出版された。この中で堅田智子は「ウィーン万国博覧会後のジャポニスムをめぐって―「日本古美術展」とシーボルト兄弟寄贈日本コレクション」を発表。シーボルト兄弟によるウィーンの諸博物館への日本コレクションの寄贈の経過を概観し、次にハインリッヒ寄贈の日本コレクションの展示の実例として、1905年にオーストリア帝立王立美術産業博物館で開催された「古美術展」を取り上げ検証している。沓澤宣賢は「ウィーン万国博覧会と日本の参同―明治初期の技術伝習とシーボルト兄弟の活動を中心に」を発表。まず、明治政府がウィーン万博にどのような経緯で参加することになったのか、万博終了後シーボルト兄弟がヨーロッパの博物館に展示品を寄贈・売却することにどのように関わったのか、参加した人々によってその後新知識や技術がどのようにして導入されたのか、などについて検証している。

2023年『シーボルト書簡集成』(石山禎一、梶輝行編 八坂書房)が出版された。本書は、今日まで紹介されたシーボルトと日本の門人達との間で交信された書簡と、書簡に関係する史料を参考に付すと共に、これまで抄訳や部分未訳のある欧文書簡を改めて翻訳して紹介し、全部で313通の書簡を収録している。これは戦前の大鳥蘭三郎訳『シーボルト関係書翰集』に続くものである。これまで、『洋学』や『鳴滝紀要』などに多数の論文を発表している堅田智子は『アレクサンダー・フォン・シーボルトと明治日本の広報外交』(思文閣出版 2023年)を出版した。本書はフィリップ・フランツ・フォン・シーボルトの長男で、一般には日本政府の御雇い外国人として知られるアレクサンダーに関する研究書である。著者は、彼を明治政府のドイツ人外交官として評価し、その約40年にわたる日本とヨーロッパでの活動の実態を、日独双方の公文書、彼の日記や書簡、シーボルト家の末裔フォン・ブランデンシュタイン=ツェッペリン家所蔵の史料など、閲覧可能な史料の全てを駆使し著した、世界初の伝記的総合研究書である。財城真寿美「江戸・明治期の気象観測記録―シーボルト史料との出会い」(成蹊大学文学部学会編『歴史の蹊、史料の杜 史資料体験が開く日本史・世界史の扉―』風間書房 2023年)は、ルール大学・ボーフム図書館所蔵のシーボルト・コレクションの中の1819年から1828年までの「気象観測記録」を分析し

たものである。結果、当時の気候の特徴について、長崎地方気象台の平均値（1991〜2020年）と比較すると1825年と28年は冷夏傾向、冬については4年間を通じて寒冬傾向にあるとし、当時の気温が平均値より低い傾向にあることは、この時期まだ小氷期であったことが推測できるとしている。また、彼の手書きの記録を眺めると、気圧計や湿度計を手作りしていたことや、手書きの原稿をさらに清書していたこと、手先が器用で細やかなパーソナリティであったことが窺えることなど、シーボルトの人間性についても触れており、興味深い内容である[28]。歴史気象学の専門家によるこの論文は塚原東吾の研究に続くもので、前掲「シーボルト来航200年記念、国際シンポジウム 「出島での気象観測とその歴史的意義：環境史・東西交流史の観点から」」（塚原東吾、三上岳彦、太田淳、工藤璃輝、前田暉一郎編『長崎で考えた気候の歴史と環境』神戸STS叢書 22 神戸STS研究会 2023年）でも報告された[29]。

　史料に関する研究として、次のものがある。田賀井篤平、Morgaine Setzer-Mori「シーボルト筆の1828年9月27日付の業務引継の文書 A.自然科学─住友友聞から入手した銅標本─」（『鳴滝紀要』32 2023年）は、ルール大学・ボーフム東アジア学部付属図書館所蔵のシーボルト文書中の「これまで研究されてきた科学分野で、より詳細に研究すべきこと、もう一度徹底的に調査する価値があると思われると指摘された日本における私の科学的調査の現状の短い概要」の内、「A自然科学」を紹介している。Aは、動物学、植物学、鉱物学、物理学の項目に分かれており、シーボルトが日本で行った5年間の自然研究の総括と後任への指示が書かれたもので、シーボルト事件直前に記されたものとしても興味深い文書であるとしている。また、江戸参府の際住友友聞から入手したルール大学・ボーフム東アジア学部付属図書館銅標本についても考察している。

　2023年はシーボルトの来日200周年ということで、展示会やシンポジウムが多数開催された。主な展示会として「シーボルト来日200周年記念　大シーボルト展」（長崎歴史文化博物館　9月30日〜11月12日）が開催。シーボルトの来日200周年を記念して、6年間の日本滞在中、長崎や訪れた各地で、どのような景色に触れ、門人をはじめ様々な人々とどのように出会い交流を深めたのか、国内各地の門人や蘭学者、大名や通詞などシーボルトに関わった人々の資料や江戸参府の際に立ち寄った地域に残る関係資料を通して、シーボルトの「足跡」を辿るとしている。展示図録『シーボルト来日200周年記念　大シーボルト展』（長崎歴史文化博物館編 「シーボルト来日200周年記念　大シーボルト展」実行委員会発行　2023年）には、石山禎一「シーボルト研究の跡を顧みる」、梶輝行「シーボルトの来日と日本の総合的研究の取組み」の二つの論考が収録されている。シンポジウムは歴博の他、「日独シーボルト・シンポジウム2023」として「シーボルト来日200年記念『日独協力の新しい道─シーボルト研究の最新成果』」（主催：公益法人OAG・ドイツ東洋文化研究協会）

---

[28] 財城眞寿美は既に「日本気象観測の礎を築いたシーボルト」（「特集　シーボルトと日本の諸科学」『地理』8月号　古今書院　2016年）を発表しているが、本論はそれをより詳細に検証したものである。

[29] 註1を参照。

が開催された(ドイツ文化会館 11 月 13 日~14 日)。

以上が、大まかではあるが今日に至るまでの我が国および外国におけるシーボルト研究の主な動向である。

むすびにかえて

最後に今後のシーボルト研究の方向性について述べてみたい。これまで見てきたように、国内・外でのシーボルト研究はこの 100 年間盛んに行われていることが分かる。自然科学の分野での植物・動物・鉱物学研究、シーボルト事件に関する研究、書簡の翻訳を通じての人間関係、国内・外史料を活用した門人や通詞との関係、日本の開国に向けた活動、シーボルトの第二次来日時の外交活動など、先学の研究に続くものとして、また新たな視点からの研究が行われている様子が明らかになったと思う。中でも、熊本大学の故山口隆男博士の精力的な標本・資料研究の成果は大なるものである。そして、人間文化研究機構によるプロジェクト調査研究「シーボルト父子関係史料をはじめとする前近代(19 世紀)に日本で収集された資料についての基礎的調査研究」(2010~15 年度)、「ヨーロッパにおける 19 世紀日本関連在外資料調査・活用—日本文化発信にむけた国際連携モデル構築—」(2016~21 年度)による、調査研究の成果も大きいと言えよう。このプロジェクトによって明らかになった資料を画像付きデータベースとして歴博のウェブサイトを通じて公開することで、情報の共有化が図られたからである。また、文献資料についても翻刻・翻訳やデータベース化が進められており、これらは今後のシーボルト研究に貢献するところ大であるということが言えよう。

箭内健次は、かつて今後のシーボルトについて日本、ドイツ、オランダその他の諸国に存在する夥しい関係史料を基にした、国際的研究が求められると指摘した。さらに箭内は、シーボルトとはどんな人間なのか、彼の日本研究は何のために行われたのか、こうした視点に立った上でのシーボルトの総合的研究こそが必要であると述べている[30]。これまで、日本をはじめドイツやオランダなど諸外国にある史料を検討した結果、見えてきた彼の姿は、医師、日本研究者、植物学・動物学・鉱物学研究者、外交活動家に加えて、企業家、民族学研究者、そして晩年力を注いだ民族学博物館設立という実に多方面にわたる活動の実態である。そして、シーボルト(父)だけでなく、息子のアレクサンダーやハインリッヒ、娘のいねについても外交史、文化史、地域史などの観点から研究が行われており、研究の広がりを見せている。こうしたことから、箭内の挙げた課題に対し、多くの答えが示されたということが言えるのではなかろうか。

しかし、残された課題もある。それは織田毅の提案にあるように[31]、鳴滝塾の門人に関

---

30 註 13 を参照。
31 註 22 を参照。

する全国的調査である。そのためには、長崎の研究者・研究機関と地域の研究者・研究機関との交流を図る必要があろう。さらに、長年フォン・ブランデンシュタイン＝ツェッペリン家の文書の解読・翻刻・翻訳にあたっている宮坂正英の発言にあるように、こうした作業の後継者をどのようにして育成していくかという、非常に大きな問題がある。一方、小林淳一の報告にあるように、ベテランと若手が協力して、「モース文書」の解読に取り組んでいるという例が示されている。シーボルトの場合、ドイツ語やオランダ語に加えてラテン語という語学上のハードルはあるが、こうした世代を越えた交流に解決の鍵があるような気がする。

　今まで述べた様に、シーボルト研究は実に長い歴史があり、積み重ねてきた多くの成果がある。今後これまでの研究が引き継がれ、歴博のデータベースを活用し、次世代の研究者達によってシーボルト研究がさらに進展することを期待したい。

　付記：

　ここで紹介したシーボルトに関する研究の多くは、筆者のもとに送られた彼に関する研究書や研究誌、報告書や抜刷りなど数々の情報に基づくものである。こうした研究の成果物をお送りいただいた方々、そして彼に関する情報を提供下さった方々に改めて御礼を述べたい。最後に、今回こうした発表の機会を与えて下さった国立歴史民俗博物館の日高薫教授に心から感謝の意を伝えたいと思う。

長崎におけるシーボルト研究

織田　毅
（シーボルト記念館前館長）

はじめに

「棺を蓋いて事定まる」とは、シーボルトの様な人物をさすのであろうか。

2023年（令和5）に初来日から200周年をむかえた、ドイツ人医師・博物学者のフィリップ・フランツ・フォン・シーボルト（1796-1866）は、江戸時代の日本に西洋医学をつたえ、その著作によって日本の動植物をはじめ地理・歴史などの多くの情報を欧米にもたらした人物である。

1866年10月18日にドイツ・ミュンヘンで70年の生涯をとじたシーボルトは、そのまま忘れ去られることなく、約10年後にはすでに顕彰碑建立の活動が開始された。以来今日に至るまでシーボルト顕彰・記念行事が継続して行われている。

また、それらにあわせ、シーボルトの生涯や業績についての研究も進められ、多くの著作や論考が発表されていることはよく知られている。

本稿では、シーボルトが主な活動拠点とした長崎におけるシーボルト研究史の概略を述べ、あわせて今後の課題についてもふれてみたい。

1. 長崎におけるシーボルト顕彰・記念行事（明治～現在）

まず、シーボルトの顕彰・記念行事の歩み―特に長崎でのそれについて、時系列にみてみよう。

○1866年（慶応2）
　シーボルト、ミュンヘンで死去
○1879年（明治12）
　シーボルト記念碑（「施福多君記念碑」）建立（長崎市立山の長崎公園内）

1875年（明治8）、大隈重信・佐野常民らが中心となり、シーボルトの生地であるドイツ・ヴュルツブルクのシーボルト胸像建立のための寄付金を集めた際、その余剰金で建立された。大森惟中撰文、小曾根乾堂書。呉秀三は「漢文なれど、すらすらと平易にして、その字画はいとも端正なり」[1]とする（写真1）。

写真1　施福多君記念碑

写真2　建施君記念碑題名

なお、傍らには寄付者の名を記した碑（「建施君記念碑題名」）が建てられ、152人の個人及び6団体の名前が刻まれている（写真2）。寄付金額は1円で、寄付者にはキヨソネ作のシーボルト肖像画が贈られた。

「建施君碑題名」に刻まれた人の中には、シーボルトと交友があった黒田長溥（元福岡藩主）や門人の戸塚静海・伊藤圭介・伊東昇廸・三瀬諸淵の名前も見える（次表参照）。

〇1897年（明治30）
　「シーボルト先生之宅址碑」建立
　シーボルト生誕100年（1896年）の翌年、長崎県知事・大森鐘一の発議により、鳴滝のシーボルト旧宅跡に礎石を利用し建立された。西道仙撰文、江上瓊山書。

〇1924年（大正13）
　渡来百年記念式典、胸像建立
　本来の渡来100年は1923年であったが、関東大震災のため翌年に延期された。式典・講演会・展示会が開催され、宅跡には東京美術学校教授・水谷鐵也（みずのやてつや）作のシーボルト胸像が建立された（第二次世界大戦中に金属供出）。

〇1963年（昭和38）
　宅跡の整備、シーボルト胸像再建
　宅跡の整備を目指し結成された、シーボルト先生史跡保存会（会長：長崎大学長北村精一）により、胸像再建及び宅跡内整備が行われた。

〇1966年（昭和41）
　没後百年記念式典、記念資料展示会

〇1973年（昭和48）
　渡来150年記念行事、出島薬園碑建立

〇1989年（平成元）
　シーボルト記念館開館
　長崎市制施行100周年記念事業として、宅跡隣接地に記念館が開館した。

〇1996年（平成8）

1　呉秀三、岩生成一解説『シーボルト先生　その生涯及び功業3』（東洋文庫、平凡社、1968年）236頁。

「建施君記念碑題名」（記念碑寄付者名）

番号	氏名	番号	氏名	番号	氏名	番号	氏名
1	二品親王　有栖川熾仁	41	藤山種廣	81	杉村甚兵衛	121	龜井雋永
2	二品親王　東伏見嘉彰	42	相原重政	82	猪脇文禮	122	伴野　貢
3	三條實美	43	深川長右衛門	83	長與專齊	123	村松良粛
4	岩倉具視	44	野中亮助	84	山高信離	124	小川清齊
5	德川家達	45	石黒直寛	85	鹽山忠正	125	高安道純
6	黒田長溥	46	竹内　毅	86	山口伸賢	126	金田幸助
7	鍋島直大	47	吉田健康	87	前田獻吉	127	古澤基次
8	德川昭武	48	若井兼三郎	88	鶴田清次	128	日野則義
9	伊達宗城	49	東條一郎	89	中村靜洲	129	半田泰悅
10	秋月種樹	50	武谷裕之	90	斯波良平	130	谷　仲貞
11	大給　恒	51	町田久成	91	横川政利	131	原田瑤山
12	大隈重信	52	西　周	92	佐々木武綱	132	今岡　泰
13	寺島宗則	53	津田眞道	93	佐野恭平	133	茂田元生
14	佐野常民	54	大野規周	94	岡　松節	134	伊達有信
15	戸塚春山	55	久保弘道	95	松野養俊	135	匹田修菴
16	伊藤圭介	56	小野職愨	96	前田陵海	136	桑田衡平
17	伊東昇廸	57	田中房種	97	山鹿　麓	137	島野也八郎
18	戸塚文海	58	服部雷齋	98	佐藤金義	138	足立　寛
19	伊東方成	59	栗田萬次郎	99	三角有義	139	鈴木長兵衛
20	田中芳男	60	織田賢司	100	戸田壽昌	140	岩木金藏
21	早矢仕有的	61	織田信德	101	飯尾　憲	141	竹内東菴
22	大久保一翁	62	田代安定	102	三瀬諸淵	142	橋本　磐
23	渡邊洪基	63	小森頼信	103	山崎直胤	143	竹本自清
24	北島秀朝	64	小森常賀	104	宮内　廣	144	鈴木八十太郎
25	吉雄圭齋	65	坂田春雄	105	赤松則良	145	柳本研道
26	武田昌次	66	伊藤信夫	106	深町　亨	146	金井俊行
27	鏑木　融	67	澤太郎左衛門	107	國富仙太郎	147	原田謙吾
28	石井信義	68	緒方拙齋	108	引間恭介	148	守山吉通
29	鹽田　直	69	高橋正純	109	長屋恭平	149	木下志賀二
30	宮下愼堂	70	川本清一	110	田口秋桂	150	荒木千足
31	津田　仙	71	本山　漸	111	山川　饒	151	松田雅典
32	納富分次郎	72	田中精助	112	萩生　汀	152	三田村比左吉
33	平山成信	73	大石良乙	113	小倉左文	1	京都府醫師二十二名
34	近藤眞琴	74	寺西　積	114	石川良信	2	京都府上京醫師中
35	高　鋭一	75	緒方惟準	115	丹波修治	3	京都府療病院中十八名
36	高　良二	76	林　洞海	116	井口直樹	4	京都府舎密局有志中
37	緒方道平	77	古川正雄	117	二宮良逸	5	京都府合藥會社有志中
38	松尾儀助	78	富田淳久	118	森　玄道	6	長崎病院
39	三宅　秀	79	大澤昌督	119	藤野雪道		
40	和田收藏	80	岩本五兵衛	120	戸塚積齊		

※出典：『長崎市史　地誌編名勝舊蹟部』（清文堂出版、1967年復刻）149〜152頁。
※番号は碑に刻まれた順番をさす（碑面右上から左にかけ数段にわたり刻名）。

生誕200年記念行事
○2016年（平成28）
　没後150年記念行事
○2023年（令和5）
　シーボルト来日200周年記念行事

2. 長崎におけるシーボルト研究のあゆみ

　シーボルトゆかりの長崎において、顕彰・記念行事とあわせ研究も進められた。
　たとえば長崎の代表的な歴史研究団体である長崎史談会の機関誌『長崎談叢』には、創刊号から第100号まで計13本のシーボルトに関する論考が見いだせる（ただし、シーボルトをタイトルに含むもののみをあげた、（　）内が著者名）。

①第6輯（1930年）
　「シーボルトの長崎滞在、自安政六年至文久元年　シーボルトの長男 Alexander von Siebold 著 Ph. Fr. von Siebold's letzte Reise nach Japan, 1903」（小澤敏夫）
②第13輯（1933年）
　「シーボルト大著日本に掲ぐる温泉嶽の絵は谷文晁画く所の雲仙岳に拠りしものなる事の考証」（武藤長蔵）
③第15輯（1934年）
　「シーボルトと日本鯢魚（大山椒魚）」（國友鼎）
④同
　「寄合町諸事書上帳に現れたるシーボルトとお瀧さん」（中村定八）
⑤第16輯（1935年）
　「シイボルト先生と其門人（一）」（黒田源次）
⑥同
　「シーボルト資料展覧会を巡って」（中村重嘉）
⑦第17輯（1935年）
　「シイボルト先生と其門人（下）」（黒田源次）
⑧第39輯（1959年）
　「臨床医家としてのシーボルト」（正木慶文）
⑨第41輯（1963年）
　「シーボルトとシオドン」（小澤敏夫）
⑩同
　「出島三学者と日本植物」（外山三郎）
⑪第42輯（1964年）

「シーボルトとの劇的袂別」（小澤敏夫）
⑫第45輯（1966年）
「ケンペル、シーボルトの記念顕彰行事について」（野村正徳）
⑬第52輯（1971年）
「シーボルトと川原慶賀」（兼重護）

　これらの論考を発表年代別に分類すると、およそ三つに分けられる。
　まず、1930年代（①～⑦）である。これが最も多く、1935年（昭和10）にドイツ・ベルリンの日本学会が所蔵するシーボルト関係資料が日本に運ばれ、展示・紹介され、シーボルトの業績が見直された時期と重なる。
　次に、1960年代（⑧～⑫）である。これは鳴滝のシーボルト宅跡整備・胸像復元が行われた時期と一致する。長崎でのシーボルトへの関心が高まった影響と言える。
　そして、1970年代以降（⑬）である。1966年（昭和41）の没後百年記念行事の開催、シーボルトの絵師である川原慶賀等シーボルト周辺の人物の研究が深まった時期である。
　このように、『長崎談叢』掲載のシーボルト関係論考は、シーボルト関連行事と関連し執筆されたものであろう。
　ところで、長崎におけるシーボルト研究を語るうえで、古賀十二郎と中西啓の業績は見逃せない。

(1) 古賀十二郎（こがじゅうじろう）（1879-1954）

　長崎の歴史家・古賀十二郎は、1879年（明治12）長崎に生まれ、東京外国語学校を卒業後広島高等師範学校で英語を教授したのち帰郷し、長崎の歴史や文化に係る研究に邁進して多大な業績を残した。
　1919年（大正8）に始まった長崎市史編纂事業においては編纂主任をつとめ、自らも『長崎市史　風俗編』（長崎市役所、1925年）を執筆している。そのかたわら多くの資・史料を収集し、現在長崎歴史文化博物館（古賀文庫）や九州大学に所蔵されている。
　主な著作に、『西洋醫術傳來史』（日新書院、1932年（1972年形成社復刊））、『長崎繪畫全史』（北光書房、1944年）等がある。
　没後、その遺稿をもとに『長崎開港史』（古賀十二郎翁遺稿刊行会、1957年）、『丸山遊女と唐紅毛人』（長崎学会編・長崎文献社、1969年、新訂版1995年）、『長崎洋学史』（長崎学会編・長崎文献社、1966年）、『外来語集覧』（長崎外来語集覧刊行期成会、2000年）が刊行された。
　古賀のシーボルト関連の著作としては、『西洋醫術傳來史』及び『丸山遊女と唐紅毛人』があげられる。なお、『長崎市史　風俗編』や『長崎洋学史』にも、シーボルト関連の記述が多少みられる。
　このうち『西洋醫術傳來史』には「シーボルトの文政初度渡来」、「シーボルトの再渡来」、

「シーボルトの愛児楠本イネ及び門人三瀬周三」、「シーボルトと牛痘説法」の四篇が含まれる。いずれも国内外の文献・古文書・過去帳・墓碑・聞書き等の資・史料をもとに、シーボルトの医学史上の業績を明らかにしている。

また、『丸山遊女と唐紅毛人』では後編において、「附録二　ドクトル・フォン・シーボルトと遊女其扇附混血児お稲さん」（「まえがき、第一節文政初度来舶以前のシーボルト〜第二十節ケンペル・テュンベルグの記念碑」）でシーボルトについてふれている。『西洋醫術傳來史』と異なり、「シーボルトの日本に於ける生活の裏面に一道の光明を投げてみたい」（まえがき）との意図から、シーボルトだけではなく周辺の人物（楠本タキ・イネ他）やシーボルト事件についても詳述されている。

中でも注目すべきは、シーボルト関係書簡37通を翻刻・翻訳した「書翰集其一」「書翰集其二」である。古賀が当時ベルリン日本学会や楠本家等に所蔵されていたものを翻刻・翻訳したもので、現在原本が確認できないものもあり研究史上貴重な資料となっている（次表参照）。

戦前に同じくシーボルト関係書簡を翻刻・翻訳したものとしては、日独文化協会編『シーボルト關係書翰集』（郁文堂書店、1941年）があげられる。本書は、大鳥蘭三郎氏訳となっており、あて先や筆者ごとに分類され、原文翻刻と日本語訳が付されたもので、シーボルト研究の古典であるが、内容について『丸山遊女と唐紅毛人』と比較すると多少の違いがある。二書を比較すると、訳文の違いや、『シーボルト關係書翰集』にない書簡が『丸山遊女と唐紅毛人』に含まれることから、古賀は本書を参照することなく独自に翻訳を試みたと考えられる。また、古賀訳が原文を忠実に訳している書簡もみられる。

例えば、シーボルトが再来日した1859年（安政6）冬頃、シーボルトの住居内における何等かのトラブルをめぐり、娘・楠本イネとの間にいさかいが生じたらしく、シーボルトは同年11月頃にイネあて書簡を書き、解決をはかっている。その中に次のような文章がある。

　　—Zal UE in myn huis niet verder zich met huishoudelyke zaken bemoeien,
　　en daarentegen met het leerer van hollandsche taal-genees-heel-en Natuurkunde bezig,
　　Alexander leeren en my, by myne veele wetenschappelyke bezigheden, eene behulpzaam hand bieden.

大鳥訳では、「あなたは私の家でもう家事をやらない積りですか、それに反して和蘭語や和蘭医学、或いは和蘭自然科学等をする積りですか、アレキサンダーは勉強し、私も学問上の仕事で忙しいので助力をお願ひします」[2]である。

これに対し古賀訳では、「お前は、私の宅に於て、此上、家事に心配しないでしょう。そして、反対に阿蘭陀の語学、内外科医学、自然科学の教師と共にいそしみ、アレキサン

2　日独文化協会編『シーボルト關係書翰集』（郁文堂書店、1941年）21頁。

『丸山遊女と唐紅毛人』所収書簡リスト（計37通、其一：13、其二：24）

区分	番号	差出人	宛先	年紀	所蔵先	備考
其一	1	シーボルト	お滝さん	1830年	ベルリン日本協会	下書き、和文
其一	2	お滝さん	シーボルト	天保元年11月15日	ベルリン日本協会	蘭文（高良斎蘭訳）
其一	3	お滝さん	シーボルト	天保2年10月24日	ベルリン日本協会	和文（代筆）
其一	4	お滝さん	シーボルト	1831年10月26日	ベルリン日本協会	蘭文
其一	5	お滝さん・お稲さん	郭成章	1832年11月20日	ベルリン日本協会	蘭文
其一	6	美馬順三	マリア・アポロニア	1824年10月10日	ベルリン日本協会	蘭文
其一	7	高良斎	シーボルト		ベルリン日本協会	蘭文
其一	8	高良斎	シーボルト		ベルリン日本協会	蘭文
其一	9	高良斎	シーボルト	文政12年12月1日	ベルリン日本協会	蘭文
其一	10	高良斎	シーボルト	文政12年12月5日	ベルリン日本協会	蘭文
其一	11	シーボルト	二宮敬作	文政12年末？	高壮吉	蘭文、記念館寄託
其一	12	石井宗謙	シーボルト	1830年11月	ベルリン日本協会	蘭文、部分引用
其一	13	戸塚静海	シーボルト	1830年12月12日	ベルリン日本協会	蘭文、部分引用
其二	1	お稲さん	シーボルト	1859～1860？	ベルリン日本協会	蘭文、現在所在不明
其二	2	お稲さん	シーボルト	安政6年冬？	ベルリン日本協会	蘭文、三瀬周三代筆
其二	3	お滝さん	シーボルト	1859～1860？	ベルリン日本協会	蘭文、三瀬周三代筆、現在所在不明
其二	4	シーボルト	お稲さん	安政6年11月？	楠本家（13-2-2-⑬-9）	蘭文
其二	5	お稲さん	シーボルト	1860年2月8日	ベルリン日本学会	蘭文、三瀬周三代筆
其二	6	シーボルト	お稲さん		楠本家（13-2-2-⑬-1）	蘭文
其二	7	お稲さん	シーボルト	1860年5月1日	ベルリン日本学会	蘭文、現在所在不明
其二	8	お稲さん	シーボルト	1860年6月24日	楠本家（13-2-2-⑬-3）	蘭文
其二	9	シーボルト	お稲さん	1860年夏？	楠本家（13-2-2-⑬-5）	蘭文
其二	10	お稲さん	シーボルト	1860年盛夏？	ベルリン日本学会	蘭文、現在所在不明
其二	11	シーボルト	お稲さん	1860年7月15日	楠本家（13-2-2-⑬-11）	蘭文
其二	12	お滝さん	シーボルト	1860年8月29日	ベルリン日本学会	蘭文、三瀬周三代筆、現在所在不明
其二	13	三瀬周三	シーボルト	1860年9月24日	ベルリン日本協会	蘭文
其二	14	三瀬周三	シーボルト	1860年10月24日	ベルリン日本協会	蘭文
其二	15	お稲さん	シーボルト	1860年？	ベルリン日本学会	蘭文
其二	16	お滝さん	シーボルト		ベルリン日本学会	蘭文、三瀬周三代筆、現在所在不明
其二	17	シーボルト	お稲さん	1860年？	楠本家（13-2-2-⑬-7）	蘭文
其二	18	シーボルト	お稲さん		楠本家（13-2-2-⑬-12）	蘭文
其二	19	シーボルト	お稲さん	文久元年2月4日	楠本家（13-2-2-⑬-13）	蘭文
其二	20	シーボルト	お稲さん		楠本家（13-2-2-⑬-8）	蘭文
其二	21	森清五郎	シーボルト		楠本家（19-7-3）	蘭文、三瀬周三代筆？
其二	22	ポンペ	シーボルト	1860年？	楠本家（13-2-8）	蘭文
其二	23	ボードイン	三瀬周三	1867年5月13日	楠本家（13-2-7）	蘭文
其二	24	三瀬周三	矢本いね		楠本家（13-2-5）	和文

※所蔵先に「楠本家」とあるものは現在記念館所蔵（（ ）内は請求番号）。
※「其二」の書簡のうち、1・3・7・10・12・16番の書簡6通が、現在所在不明。
※『シーボルト關係書翰集』には、其二の1・3・5・7・10・12・16・21・23番の蘭文書簡は収録されていない。

デルに教え、私の色々の科学的研究に於て、私に助けの手を与ふるでしょう」[3]となっている。

　両者は全く異なる内容である。大鳥訳では、シーボルト宅で家事をせずオランダ語等を学ぶイネを責め、更なる援助を強いている、と解釈されるのだが、古賀訳では「これ以上彼の住居の家事をしないでいい」と述べ、イネが「オランダ語・西洋医学・科学について教師から（またはその学説について）学ぶ事、アレクサンダーに教授する事、シーボルト自身の研究に援助する事」を希望している。

　大鳥訳の影響は大きく、現在でもこの訳を根拠にした「シーボルトとイネの不仲説」が流布している。福井英俊氏は、「シーボルトからいね宛の書簡によれば、シーボルトの仲は、シーボルトの再渡来後時間がたつにつれ次第に疎遠になっている」[4]として、大鳥訳を引用する。

　しかし、原文を読む限り古賀訳が原文に近い。"Zal（will）"で始まる最初の文章についても、大鳥訳では「積りですか」と疑問文になっているが、原文に疑問符はなくあくまでも未来形の文章となっている。

　満足な辞書もなかった当時、おそらく独力で翻訳を行った古賀の語学力は高く評価されるべきであろう。

　このような古賀のシーボルト研究の端緒は、『長崎評論』第3号（1912年）に掲載した「施福多先生の疑獄の顛末（一）」であろうか。蘭方医・木村逸斎を祖父に持つ古賀は、早くから洋学に関心を向けていたと考えられる。

　その後、1919年（大正8）から始まった『長崎市史』編纂の必要性から資料収集を行っており、さらに『長崎市史　風俗編』の続編として『長崎市史　洋学編』の刊行も予定し原稿も執筆していた（『長崎洋学史』（全3冊、1966年）として刊行）。古賀が当時作成した次のような写本・ノート類が長崎歴史文化博物館に収蔵される。

・「施福多関係史料」（古賀十二郎撰、罫紙　墨書、請求番号シ13　111）
・「シーボルト関係史料集」（古賀十二郎編、ノート鉛筆書、請求番号シ13　303-3）
・「玉園雑綴13」（シーボルト関係　古賀十二郎著、ノートペン書、請求番号シ13　307　13）
・「ヘンリ・ホン・シーボルトより楠本於稲宛書翰」（古賀十二郎撰、罫紙墨書、請求番号シ173）
・「紅毛外科施福多一件　外科シーボルト一件」（古賀十二郎著、罫紙墨書、請求番号シ14　31）
・「雑録（古賀十二郎収集史料）」（古賀十二郎著、ノートペン書、請求番号シ19　201-2）

　また、東京帝国大学教授・呉秀三（精神医学者）のシーボルト伝記執筆にあたり、協力を求められたことも研究の理由のひとつとしてあげられる。古賀の祖父・木村逸斎と呉の祖父・箕作阮甫は、いずれも津山出身の蘭学者であり、両者もそのことは知っていたと思

3　古賀十二郎『丸山遊女と唐紅毛人　後編』（長崎学会編・長崎文献社、1995年新訂版）631頁。
4　福井英俊「楠本・米山家資料にみる楠本いねの足跡」『鳴滝紀要』創刊号（シーボルト記念館、1991年）266頁。

われる。特に古賀はこの祖父を非常に尊敬していた。古賀が歴史に興味を持ったのは、祖父の事を知りたいためだった、と福岡の歴史家・大熊浅次郎あての手紙に書いている[5]。私見だが、数か国語に通じていた古賀の語学の才能は祖父の遺伝ではなかろうか。

呉は、古賀の学識を高く評価していた。『シーボルト先生　其生涯及功業』(1926年)の「はしがき」には、次のような文章がある[6]。

> 古賀氏は、誰も知る長崎の学者にして、短躯ながらに精悍、博聞にして強記、語学に博く、識見に高く、人の眠るを起きて書を読み筆を揮い、四方を尋ね、古今を究め、殊に其郷土に関しては物毎に事毎に知り悉さざるはなく、狷介にして気魄あり、人を物の数とも思われぬ気色なれど、余が本書編輯のために行きて訪づぬるや、一見忽ち旧知の如く、その蘊蓄を傾けて教え授くるを憚らず、談話に文書に少なからぬ影響を本書編纂に与えしこと幾于なるを知らず

なお、呉が古賀を訪問した際、「羽織・袴姿の呉さんが古賀先生の机の横に正座し、古賀先生にむかい『呉でございます』と、畳に手をついて丁重に挨拶された。『帝国大学の教授が』てビックリしたばい」と、その場面を目撃した渡辺庫輔（郷土史家・古賀門人）がこう中西啓に語ったそうである（中西から筆者が聴取）。このエピソードは、呉がシーボルト渡来百年記念式典での講演のため来崎したときのものと考えられる。

(2) 中西 啓（あきら）(1923-2002)

中西啓は、1923年（大正12）、長崎市に生まれた。

中西家は旧佐賀藩士で、その先祖は京都からきて、「御歌書役」として鍋島家に仕えたのだという（中西談）。当主は代々「喜兵衛」と名乗ったらしく、『葉隠』には鍋島光茂時代に京都詰だった中西喜兵衛興明（1640-1705）の談話が収められている。1848年（嘉永元）、当時の当主であろう中西喜兵衛は、「宝蔵院流槍術心懸厚出精」として藩から褒賞をうけ銀5枚を賜っている。

中西の父・中西種信（1878-1938）は長崎医学専門学校を卒業後、日露戦争に軍医として出征、高島炭鉱病院長、長崎医学専門学校内科第一副部長をつとめた後、長崎市本古川町で開業した。「アララギ」の同人で、俳号を「朱人」といった。中西の一族には文芸の嗜みがある人が多く、中西の従弟に作家・梅崎春生がいる。

中西はその次男として、シーボルト初来日の100年後に生をうけた。

旧制長崎中学卒業後、久留米医学専門学校に入学したが病気療養のため退学。1950年（昭和25）長崎大学薬学部入学、翌年佐賀大学医進過程に転入学し、1953年（昭和28）長

5　大熊淺次郎「幕末福岡藩の偉材　金子才吉事績（下）其八」『筑紫史談』39号（筑紫史談会、1926年）。
6　呉秀三『シーボルト先生　その生涯及び功業1』（東洋文庫、平凡社、1967年）12頁。

崎大学医学部入学、1957年（昭和32）卒業した。その後、長崎原爆病院、長崎県立佐々療養所、国立療養所長崎病院等で内科医として勤務した[7]。

そのかたわら、医学史・俳諧史・長崎史の研究に生涯を打ち込むと共に、俳誌『太白』を主宰し、「萩置（はぎおき）」という俳号で晩年に至るまで旺盛な創作活動を続けた。

くしくもシーボルト渡来百年の年に生を受けた中西は、同じ医師としてシーボルトへ深い尊敬の念を抱き、シーボルトの調査・研究に全力を注いで、多くの著作を著している。

同時に、1962年（昭和37）以降のシーボルト記念行事（1966年（昭和41）の没後百年記念行事や1973年（昭和48）の渡来150年記念行事）にも積極的に関わり、記念館建設の際も建設準備委員として参加した。

中西の代表的な著作としては次のようなものがあげられる。

①「長崎医学の百年」

中西が長崎大学医学部在学中だった1956年（昭和31）、西洋医学発祥100年記念会開催にあたり、当時の北村学長から依頼を受け執筆したものである。学生だった中西は、夏季休暇などを利用して資料の発掘につとめ、この900頁に及ぶ大著を完成させたという。『長崎医学百年史』（長崎大学医学部）として1961年（昭和36）刊行。なお、1957年（昭和32）、「ポンペ小伝並びに長崎大学医学部沿革」及び「ポンペ先生を中心とする医学資料展示会目録」も執筆している。

②『シーボルト評伝』

「シーボルト先生史跡保存会」のもとめに応じて、中西が著したシーボルトの略伝。小著ながら簡潔・明快にシーボルトの生涯と功績を紹介している。1962年（昭和37）に初版がシーボルト宅跡保存基金管理委員会から刊行されてから6版を重ね広く読まれた。

③『エンゲルベルト・ケンペル、フィリップ・フランツ・フォン・シーボルト記念論文集』

ケンペル没後250年、シーボルト没後100年を記念して、1966年（昭和41）に東京で刊行された記念論文集（独逸亜細亜研究協会刊）。日独の研究者による論文が両国語で収録されている、中西はシーボルトの功績について簡潔にまとめた「シーボルトの町」を執筆している。

④『長崎のオランダ医たち』

長崎ゆかりのヨーロッパ出身の医師たち（アルメイダ、沢野忠庵、ケンペル、ツュンベリー、シーボルト、ポンペ、ボードウィン）7名の伝記をおさめる。1975年（昭和50）に岩波新書として刊行され、その後特装版が1993年（平成5）に出版。その際、シーボルトの項に2ページの加筆を行っている。

⑤『シーボルト前後―長崎医学史ノート―』

『長崎県医師会報』に1972年（昭和47）から1979年（同54）まで100回にわたり連載し

7　中西の履歴については、中西著『長崎醫學の跡』（三谷靖、1966年）の序文（三谷靖）による。なお、本書は第18回日本産婦人科学会総会開催にあたり案内誌として企画・発行されたものである。

たものを、一冊にまとめ出版 (長崎文献社、1989 年)。巻末に、シーボルト記念館所蔵の「麦酒醸造説」(三瀬諸淵訳) の翻刻・紹介文をおさめる。

⑥『新版　ニッポン医家列伝　日本近代医学のあけぼの』

『月刊 CRC ジャーナル』に「九州医家列伝」のタイトルで連載したものを、一冊にまとめ出版 (ピー・アンド・シー、1992 年)。旧著『長崎のオランダ医たち』が近世の外国人医師を対象としていたのに対し、近代以降の医学史と医師たちの活動について書いており、『長崎のオランダ医たち』の続編とも言える。

また、シーボルト記念館発行の研究誌『鳴滝紀要』にも、「『喬梁連累公案』について」(創刊号、1991 年)、「三瀬諸渕訳稿『国医論』(仮題)」(第 4 号、1994 年)、「鳴滝塾敷地の旧蔵者と地積」(第 6 号、1996 年)、「シーボルト事件判決時の法的根拠」(第 9 号、1999 年) 等の研究論文を執筆・発表している。

研究・執筆のほかにも、蘭学資料研究会理事や日本医史学会理事を長くつとめたほか、長崎県及び長崎市の文化財保護審議会委員として長崎の文化財保護行政に寄与した。また長崎県民表彰、地域文化功労文部大臣表彰 (1999 年)、長崎新聞文化章 (文化教育部門) (2000 年) も受賞している。

中西は、長身痩躯・博学多識・資性温和、辺幅を飾らない研究一途の人であった。また地位や年齢に関係なく誰にでも分け隔てなく、穏やかに接するのが常であった[8]。

「杉田玄白の肖像画にそっくり」と言われた容貌で、かつてヨーロッパに旅行した際、パリのメトロで現地人と間違われ道を尋ねられた、というエピソードがある。

中西の最大の趣味は読書で、自宅は膨大な量の書物であふれていた。英・独・中国語等外国語に通じていたため洋書も多かった。その数が余りに多いため整理ができず、同じ本を何度も購入していた程である。中でも、俳文学・歴史関係のものが大部分をしめ、貴重な古文書も含まれていた。1982 年 (昭和 57) の大水害で古川町にあった中西家は 1 階が水没し、多くの本が水に濡れるなど被害を被ったが、運よく水難を免れた一部は現在長崎歴史文化博物館に収蔵されている。

昔から長崎には、「長崎時間」という約束の時刻に拘束されない独自の慣習があり、中西も時折その例に漏れなかった。長崎新聞文化章の受賞祝賀会が開催された時、開始時間を過ぎても一向に会場に現れず、困惑した司会者が「主賓は現在行方不明となっております」と言った、というエピソードもある。

大変なメモ魔で、数冊の手帳を常に持ち歩き、小さな文字で几帳面に記録していた。

コーヒー好きの甘党で、長崎市内に行きつけの喫茶店が数軒あり、そこで読書のほか執筆を行う姿がしばしば見かけられた。また、長崎県立長崎図書館郷土課の事務室内には中

8　以下、中西についてのエピソード、中西の晩年の謦咳に接する機会を得た筆者が、中西から直接聴取し、あるいは実際に見聞したものである。

西専用の席があり、日曜の午後中西は決まってそこで調べ物や執筆をしていたため、その時間になると、面会や質問希望者が郷土課に門前市をなした。

シーボルトと同じく睡眠時間は短く、旅行に行くと誰よりも遅く就寝し、誰よりも早く起きて活動していた。

なお、1948年（昭和23）、古賀十二郎を顧問とし結成された「長崎学会」に参加し、長崎学会叢書全10冊のうち2冊（『去来と芭蕉俳論「軽み」の解明—「不玉宛論書」考説—』（1960年）、『長崎剳記、元成日記、元仲日記』（1964年））を執筆している。

入会時のことを中西はこう語っていた。ある時県立図書館で「楢林家系譜」を読んでいると、同館の永島正一氏（郷土史家、古賀門人）が来て「今、古賀先生が来られ、それを見たいと言われている」と言われ、資料を渡した。その後また永島氏が来て、「今度『長崎学会』ていう会のできたとさ。会費は無料のけん、おうちも入らんへ（会費は無料だから、あなたも入りませんか）」と勧誘されたとのことである（本人談）。

古賀の遺稿である『長崎開港史』の刊行会には、中西も名を連ねている[9]。中西は同書の序文を依頼するため京都の新村出宅を訪問しており、新村の蔵書の多さに目を見張ったという。その後本の刊行が遅れたため、督促の手紙が中西のもとに届いたという。

中西は、生前古賀のことを「古賀さん」と呼んでいた[10]。「英語の先生だったからね、真面目な人だった」と語った。

3. シーボルト記念館建設とシーボルト研究

長崎市が市制施行100周年を記念し、シーボルトの顕彰・学校教育社会教育・国際親善交流のための施設として設置。1989年（平成元）開館。外観は、オランダ・ライデン市にあるシーボルト旧宅（現・日本博物館シーボルトハウス）をもとにしている（写真3）。

常設・企画展示等を実施して市民や観光客の観覧に供するほか、学習会の開催や研究誌『鳴滝紀要』発行等を行っている。

収蔵資料は約4400点（うち国指定重要文化財（フィリップ・フランツ・フォン・シーボルト関係資料）44点、旧重要美術品10点）。

このうち国指定重要文化財については、①シーボルト関係資料、②楠本いね関係資料に大別される。

①シーボルト関係としては、「シーボルト書状」、「シーボルト処方箋」、「シーボルト名刺」、「ポンペ・ファン・メールデルフォールト書状」、眼球模型、革鞄、シーボルト妻子像螺鈿合子（写真4）、薬籠　薬瓶共、短銃等がある。

②楠本いね関係としては、「いね宮内省御用係関係書類」、「いね和蘭文請取状」、「ウェ

---

9 『長崎開港史』中、佐賀領内の港について「中西啓氏教示」との記述もある（同書51頁）。
10 筆者の個人的感想ではあるが、近年古賀を偶像化し常に「先生」と呼ぶ傾向が一部に見られるようである。

写真3　シーボルト記念館外観

ランド初歩蘭語文法書」、「福澤諭吉いね推薦状」、「いね産婆免許鑑札願」、「いね臍の緒書」、「いね遺言状」等がある。

旧重要美術品は、「ボードイン書状」のほか、「紙本墨書シーボルト免許状」「シーボルト書状」（いずれも寄託資料）等である。

その外には、近世長崎で代々阿蘭陀通詞をつとめた中山家旧蔵資料（中山文庫）があげられる[11]。同資料には、「川原慶賀筆中山作三郎肖像画」をはじめ、「風説書」、「外科シーボルト一件」等シーボルト事件関係資料、「阿蘭陀通詞勤方書留」等の阿蘭陀通詞関係資料、「長崎会所商売大意訳書」等長崎貿易関係資料、「長崎実録大成」等長崎史関係資料、名村元次郎事件関係資料等、近世日蘭交流史を知るうえで貴重なものである。

写真4　シーボルト妻子像螺鈿合子
長崎シーボルト記念館蔵

また、シーボルト門人（伊東昇廸、竹内玄同、森田千庵、日高凉台他）関係資料も所蔵している。

このうち伊東家から寄贈された「シーボルト旧蔵眼科手術器具」は1827年（文政10）にシーボルトが長崎遊学中の伊東に贈与したもので、一次渡来時の希少な資料の一つである（写真5）[12]。

11　中山家資料については、『シーボルト記念館資料目録（1）』（長崎市教育委員会、1989年）及び德永宏「シーボルト記念館所蔵資料」長崎県教育会『長崎奉行所関係文書調査報告書』（1997年）27〜29頁を参照。

写真5　シーボルト旧蔵眼科手術器具
　　　長崎シーボルト記念館蔵

　日高家から寄贈された日高涼台関係資料[13]も特筆すべきものである。日高涼台(1797-1868)は、新宮涼庭やシーボルトに西洋医学を学び、のち大坂や安芸国竹原で開業した。医業の傍ら詩文に親しみ、篠崎小竹や広瀬旭荘とも交友があった。資料点数は約1000点にのぼり、内容も医学に止まらず、博物学・物理学をはじめ、詩文（漢詩・和歌・俳句）等多彩な内容を含んでいる。中でも長崎遊学中の涼台が牛痘法の原書を部分訳した「種痘新書」は、シーボルト門下の牛痘法理解を知る上でも貴重である。今後の十分な研究及び活用が望まれる。
　さらに、記念館では次のような研究活動も行っている。

(1) 研究誌『鳴滝紀要』編集・発行

　フィリップ・フランツ・フォン・シーボルトや門人・関係者等に関する論文・資料紹介を掲載。国内唯一のシーボルト研究誌として、国内外から高い評価をうけており、シーボルト研究の最新の成果を知ることができるもので、1991年発行の創刊号から2024年現在まで33号を発行している。
　なお、最新号（33号）の掲載論文は、『夜談録』からのシーボルト研究、【資料紹介】山崎美成著・鍋島直孝補「夜談録　嘉永七甲寅　冬」（梶輝行）、史料紹介「失勃児杜験方集」（川原瑞穂、徳永宏）である。

(2) フォン・ブランデンシュタイン＝ツェッペリン家所蔵文書調査

　シーボルト子孫のフォン・ブランデンシュタイン＝ツェッペリン家所蔵文書について、1990年（平成2）に資料調査・撮影を行い、2001年（平成13）に資料目録を刊行した。また、宮坂正英氏他により『鳴滝紀要』に翻刻・翻訳が発表されている（「シーボルト書状翻刻と翻訳」第11号～22号、2001～2012年）。

12　山之内夘一「シーボルト記念館所蔵の眼科手術器具について―伊東昇廸がシーボルトから贈られた眼科内障機器―」『鳴滝紀要』第16号（シーボルト記念館、2006年）参照。

13　扇浦正義「日高家資料の寄贈報告」『鳴滝紀要』第19号（シーボルト記念館、2009年）参照。日高家資料を用いた論文としては、吉田忠「日高涼台『異邦産論』について」、扇浦正義「日高家資料の翻刻　文芸資料を中心に」『鳴滝紀要』第20号（同、2010年）及び拙稿「日高涼台研究序説―主に牛痘法普及における業績について―」『鳴滝紀要』第28号（同、2018年）参照。また、「種痘新書」については、青木歳幸編『史料・中部日本の種痘』（佐賀大学地域学歴史文化研究センター、2022年）に全文翻刻・紹介。

4. まとめと今後の課題

　長崎におけるシーボルト研究は、明治以降のシーボルト記念行事や市史編纂の動きと連動し行われてきた傾向がある。また、中央の研究者からの協力依頼から生じたというケースもあった。

　その中でも特筆すべきは、古賀十二郎と中西啓によるものである。両者はいずれも大学等研究機関に属する専門的な研究者ではなく、いわば「まちの歴史家」あるいは「歴史愛好家（dilettante（ディレッタント））」であったに過ぎないかもしれない。しかし、古文書、欧文資料や諸資料の読解により新たな知見を獲得し、実証的な手法で多くの著作・論文を公表し、日本におけるシーボルト研究の深化に寄与したことは疑いがない。

　そして、古賀・中西らのシーボルト研究は、長崎市によるシーボルト記念館の開設により引き継がれ、個人による研究からより組織的・専門的な研究へ変容し持続していると言えよう。

　今後は、外国語に通じた研究者の育成と、国外（ドイツ・オランダ等）の研究機関・研究者との連携も必要不可欠である。同時に、国内の史料調査も必須である。シーボルト自身の資料やコレクションの多くは海外に存在するが、門人資料等、その影響力を考えるうえで重要な資料は日本国内でも十分発掘可能である。

　一例をあげれば、フォン・ブランデンシュタイン＝ツェッペリン家所蔵文書の中に「T. S. Okabajasi（オカバヤシ）」なる人物が書いた手紙が2通収められている[14]。この人物については、幕末の土佐人・樋口真吉の日記（「愚荞筆記」）により明らかになった。樋口は文久2年10月3日から10日まで長崎に滞在し、7日に「鎌居田里正ノ二男岡林常之助」の訪問を受けた[15]。日記には、岡林はシーボルト（宅）の留守番をしており、シーボルトは現在上海にいる、と書かれている。この記述から「オカバヤシ」とは岡林常之助であり、鎌居田（現・高知県越知町鎌井田）の里正（庄屋）の二男で、シーボルトから西洋医学を学び、1862年（文久2年4月）のシーボルト離日後少なくとも半年間は鳴滝の住宅の管理を任されていたことがわかる。岡林はシーボルトの最後の門人の一人と言えるのではなかろうか。

　このような国内の日本語資料を使用しての、今後のシーボルト研究の可能性も指摘しておきたい。

　最後になるが、本稿を成すにあたり、ご理解ご協力いただいたシーボルト記念館館長徳

14　同家文書マイクロフィルム番号110880（封書か）、118882、110883。英・蘭の両語のものがそれぞれ1通ずつあり、いずれも短信である。

15　渋谷雅之『近世土佐の群像（7）樋口真吉日記（下）』（私家版、2013年）159頁。樋口は長崎滞在中「シイボルト宅ヲ叩」と鳴滝も訪問している（同書160頁）。なお、『維新日乗纂輯　第一』（1925年）にも樋口日記は収録されている。

永宏氏に感謝申し上げたい。

【参考文献】

・日独文化協会編『シーボルト關係書翰集』（郁文堂書店、1941年）
・越中哲也「長崎学の創立者　古賀十二郎先生小伝（一）（二）（三）」『長崎談叢』（長崎史談会）81・82輯（1994年）、83輯（1995年）
・藤本健太郎「『長崎市史』編纂事業と古賀十二郎」『長崎学』（長崎市長崎学研究所紀要）創刊号（2017年）
・石山禎一・梶輝行編訳『シーボルト書簡集成』（八坂書房、2023年）

シーボルト来日の背景を考える

―対外関係史研究の視点から―

木村直樹
（長崎大学）

はじめに

　本稿は、日本近世史研究の対外関係史の分野において、分厚い蓄積のあるシーボルトに焦点をあてて研究することが、現在もなお意義があるという点を、シーボルト来日の背景を概観することで述べていきたい。

　本稿筆者が日本の外交政策を中心に研究しているので、シーボルトの医師や博物学者としての役割ではない視角から考えてみたい。さらに日本や日本に関わる様々な諸国を包括的に述べることは限界もあることから、オランダと日本との関係から、1823年シーボルトの第1回目の来日の意義を、どう読み解き、今後どのような研究に結びつくのか、という視点から述べていきたい。

　シーボルトの幕末の2回目の来日については、書簡や日記が公刊されており、現在のマルチ言語を用いた複雑なプロセスを描く幕末外交史研究の中でも、シーボルトの視点から研究する意義は大いにあるということだけは、雑駁であるが指摘だけして、本稿では、1823年の第1回目の来日に焦点を当てたい[1]。

1. シーボルト研究の広がりの可能性　新たな翻訳史料・目録

　文献史学としてシーボルトに関わる研究をする上で重要なことは、言うまでもないことだが、実際に残された史料がいかに利用できるかということである。特に日本史学の場合、外国語文献を利用することには、研究者側の限界もあり、翻訳史料の存在は大きい。そのため、歴史学のある研究分野に広がりを見せるためには、そのテーマが、研究者が生きている時代に合ったテーマとして脚光をあびるか、あるいは発見や翻訳といった新たに利用しやすい史料が登場する環境が整った場合となる。

　シーボルトに関係する史料を考えてみよう。シーボルト研究は政治・経済・文化事象に関わる幅広い豊かなテーマを包摂し、いまなお日蘭関係史研究の柱の一つである。学術的な出版も含め、西暦2000年の日蘭友好400周年記念の際にも、様々な学術活動があった。

---

[1] なお、本稿では、年月日は基本的に西暦を用い、必要に応じて和暦も加える。

その中でもシーボルト研究は注目を浴びたテーマだった[2]。また、近年、大学共同利用機関法人 人間文化研究機構 国立歴史民俗博物館が主体となった欧州での包括的な調査の成果も続々とでてきている。さらに、シーボルト研究のムーブメントは、2023年の来日200周年まで、いくつかの重要な史料の存在や日本語の翻訳が登場している。それらをまずは紹介したい。

　第一は幕末に再来日したシーボルトの日記である。石山禎一・牧幸一訳『シーボルト日記―再来日時の幕末見聞記』（八坂書房、2005年）が上梓され、幕末のシーボルトの動静や政治的なスタンスが詳細に理解できるようになり、幕末研究に大きく貢献している。

　第二には、栗原福也訳『シーボルトの日本報告』（平凡社東洋文庫、2009年）になる。この史料ではオランダ側、特にアジアの拠点バタヴィア政庁に記録された第1回目のシーボルト来日の雇用条件や待遇や学術成果の帰属など、博物学者としてのシーボルトが同時に、オランダ東インド政庁の役人としての任務を負ったという彼のありようを文献的に裏付けている。

　第三は、国立歴史民俗博物館の長年の調査の結果である。日髙薫ほか『異文化を伝えた人々　Ⅰ～Ⅲ』（臨川書店、2019～2022年）として結実している。欧州各地に伝来している実に広範なシーボルト蒐集品の総合的把握が行われている。シーボルトが何を欧米社会に伝えようとしたのだろうか、あるいは、その蒐集過程がどのようなものであったのであろうか、シーボルトの日本における具体的な活動を学問だけではなく、その蒐集のプロセスなども含めて把握することが可能となった。

　そして四番目に、2021・2022年に東京大学出版会より松方冬子・西澤美穂子・田中葉子編『19世紀のオランダ商館　上・下』が日本語に翻訳され出版された。このオランダ商館の業務日誌が対象とする時期は、シーボルト事件やその後の日蘭関係が含まれている。商館長の視点から描かれており、オランダ側も含め、シーボルトをどのように、その段階でとらえていたのかが明らかとなる。なおシーボルトが来日する1823年分まではすでに雄松堂より日蘭学会編『長崎オランダ商館日記』全10巻（1989～1999年）として出版されている。

　さらに、第五として、直近の成果として、シーボルトの書簡を博捜した労作である石山禎一・梶輝行編『シーボルト書簡集成』が2023年に八坂書房より出版された。本書に収録された書簡のリストを一覧するだけでも、シーボルトの第1回目だけではなく、第2回目の来日にいたるまで、長期にわたる日本側とのやり取りが明らかとなっており、伏流水のようにシーボルトと日本との間に関係があったことがわかる。今後の研究の深化や論点の提供に大いに寄与することが期待される。

　以上、このほか、いろいろな史料報告もあるが、特に書籍となっている5点を取り上げ

2　レオナルド・ブリュッセイ、ウィレム・レメリンク、イフォ・スミッツ編『日蘭交流400年の歴史と展望』（日蘭学会、2000年）や記念シンポジウム実行委員会編『江戸時代の日本とオランダ：日蘭交流400年記念シンポジウム報告』（洋学史学会、2001年）など。

た。これらの出版によって、シーボルトを取り巻く環境や実際にシーボルトが関わった「モノ」の姿が明らかになりつつある。従来の研究が医師・博物学者としてのシーボルトの学問上の歴史的役割に重きがおかれてきたことに、さらなる知見を付け加える環境が整ったと言える。

2. シーボルト来日にいたる国際環境

次に、シーボルト来日の国際環境をどうとらえるか、ということに話を進めたい。

日本史研究のなかの近世対外関係史研究という分野において、シーボルトの個人の問題ではなく、なぜシーボルトが来日し、最終的にシーボルト事件が発生していったのか、シーボルトを取り巻く国際環境や、日本側の事情からとらえるという視点で考えたい。

まずは、シーボルト来日の20年余り前にもどって、オランダと日本の関係を整理してみたい。注目すべき点は二つある。

第一の視点は、オランダ側のシーボルト派遣の事情である。オランダは何をシーボルトに調べさせるのか、あるいはどのような成果を期待していたのか、何をもちかえることを期待していたのか、ということである。

第二は、日本側の事情である。シーボルトの学識や知見が、どのような点において、日本社会や日本の外交政策に必要とされたのか、その理由である。そこにはシーボルトと日本人学者との学問交流だけにとどまらない社会的背景が存在しているからである。

(1) 19世紀　日蘭関係の転換

まずオランダ側が19世紀になって日本調査を本格化させていく過程について概観してみたい。

18世紀末から19世紀初頭は日蘭関係が大きく転換した時期であった。その一因は、オランダ本国の体制が大きく変わったことによる。

日本に直接関係することとして挙げられるのは、1799年のオランダ東インド会社解散がある。同社は200年間近く日本との貿易を担当してきたが、フランス革命の結果により解散してしまった。そもそも、フランス革命が始まると、その余波はオランダにもおよび、1795年に親フランスの政治的立場をとるバタフィー共和国が成立する。同共和国の政権中枢は、自由貿易拡大を志向しており、ちょうど100年に一回の特権許可状の更新が控えていたオランダ東インド会社は、存続が認められなかったためである。しばらくは、株式や財産管理、後継組織への権限移行のための会社が存続するが、日本貿易には関与しない。

そのため、同社解散後、日蘭貿易は当面、バタヴィア政庁が直轄することとなった。ところが、本国はやがてナポレオン率いるフランスに併合されてしまい、実態としてフランスの傀儡政権が登場している。

一方で、バタフィー共和国が成立するまで、オランダ総督であったウィレム5世は、共

和国成立後イギリスに亡命し、当面の間イギリスにオランダの海外領土の管理を委任する条約を結んでしまった。フランスのライバルであるイギリスは、世界各地のオランダの植民地の接収に乗り出す国際的な大義名分ができた。

　このようなヨーロッパでの複雑な情勢下、オランダにとって最大の植民地インドネシアでは、1811 年イギリス軍の接収が本格化する前の約 10 年間、日本貿易を行うにも、本国の混乱の中で、派遣すべき自前の船がなかった。世界的なナポレオン戦争の拡大の中で本国から大型船が来航せず、結果的にアメリカやデンマークといったフランスとイギリスの争いに巻き込まれなかった中立国の船を、バタヴィア政庁はチャーター船として日本に派遣し、19 世紀初頭は細々と日本貿易を維持した。それは結果的にオランダ以外の欧米人に、長崎への航路や入港手続情報などが漏洩する事態となっている。

　このような状況で、1808 年にはイギリス軍艦フェートン号の長崎侵入事件が発生し、さらにイギリス軍によってインドネシアが占領されると、1813・14 年には、ラッフルズが計画した出島接収未遂事件が発生しているのである[3]。

(2) オランダ王国成立からシーボルト派遣へ

　そして、1815 年、ウィーン体制下でオランダが王国として成立することになる。初代国王となったウィレム 1 世は、父ウィレム 5 世とともにイギリスに亡命中の体験をもとに新たな国家を目指すことになる。

　日本貿易に関係する点では、1824 年にオランダ貿易会社（NHM、本社はアムステルダム）が設立され、日本貿易にオランダの産業省と外務省がかかわる時期が登場した。まさにシーボルトの来日はそれが試行された時代であった。もっともオランダ貿易会社は、その後は日本貿易から一度離れ、幕末に再び大きくかかわることとなる。

　初代国王ウィレム 1 世のもとでは、スリナムなど中南米、およびインドネシアの東インド領との関係強化が目指された。とくに一度イギリスに占領された東インド領の立て直しが急務であり、本国経済へ寄与するあり方が模索され、そのことこそがシーボルト来日の背景となったことは重要な論点である。また、欧州内でのライン地方への影響拡大を目指し、ウィーン体制下、新領土となったベルギーに対して、オランダ国益へ強く寄与することが求められた。この急速かつ強圧的な諸政策は、結果として各地で摩擦を生じさせた。東インド領ではジャワ戦争が勃発し、欧州ではベルギーの反乱と離反を招くこととなる。

　日本への関心が高まる中、オランダはインドネシアを中心とした東インド領の経営を強化していくが、シーボルトが来日中の 1824 年にはイギリスとオランダの間に協定が結ばれた。マレー半島はイギリス、ジャワ・スマトラはオランダと、東南アジア方面における勢力のすみ分けが行われ、オランダは東インド領経営をより強化することになる。その結

3　木村直樹「露米会社とイギリス東インド会社」石井・荒野・村井編『近世的世界の成熟　日本の対外関係 6』吉川弘文館、2010 年。

果が、1825〜30年、ジャワ戦争の勃発となる。オランダは中部ジャワの支配権を確立し、有名な強制栽培制度を導入する。

同時期、ヨーロッパでは1830年にベルギー独立革命がおこり、1839年までオランダとベルギーは戦闘状態となり、同年のロンドン条約でベルギーの独立を認めることとなる。

シーボルト事件の終わるころ、オランダにとって東インド領は重要な国家的な生命線となり、同時にオランダ外交は伝統的中立策を選択する。これは、一面では消極的外交ではあるが、植民地など現状維持することになる。

なお次のオランダにとっての大きな波は、日本の幕末〜明治初頭になる。ドイツ・イタリアの統一が進み、新たな大国となり、オランダの政治的地位が弱まり、ヨーロッパの地政学的状況が大きく変わる。

(3) シーボルトの学術活動前史

オランダの政治的・経済的関心が日本に向く中で、シーボルトの学術活動の前史を確認してみたい。

1727年に日本研究のバイブルというべきケンペル『日本誌』英語版が出版されてから半世紀がたち、18世紀の後半になって日本について広範な調査が欧州の学者たちによって行われるようになった。

著名な研究をあげると、まずは日本に対する植物を中心とした博物学的調査を行ったトゥーンバリー（1775-76年来日）があげられる。彼はスウェーデンのウプサラ大学の指導教員リンネの世界的な植物採集計画の下、東アジア方面の植物採集を担当し、その一環として出島に医者として赴任している。その次は、死後に出版が多く、3回にわたって出島商館長を勤めたティツィング（1779-1780、1781-1783、1784の各年商館長）があげられる。彼の著述は、武士の行動規範や江戸時代の政治体制を中心的に分析し、幕末の外交官たちにも熟読されている[4]。ただし、この二名の活動は、個々の研究に基づくものであった。

そして、シーボルトの先駆けとなるべき存在が、通常の日本商館員を経て商館長を勤めたブロムホフ（1809-13、1817-23年）である。彼の蒐集した文物は、ブロムホフ・コレクションとして今日まで伝来し、現代の出島復元整備事業に大いに貢献している。彼が日本で蒐集した、さまざまな市井の人々の生きようを示すコレクションや、記録した科学的データは、オランダ政府の依頼によるものである。18世紀までの日本研究と異なり、19世紀になって新たな日蘭関係が模索される中で、日本について総合的な知見を蓄積する重要性が、オランダ本国において、政府レベルで認識されるようになった第一歩と評価できるであろう。

---

4 木村直樹「ティツィングの日本史理解とその受容―馬場文耕の著作物を中心に―」同『幕藩制国家と東アジア世界』吉川弘文館、2009年。

3. シーボルト来日

(1) シーボルト来日の目的

　以上のような、オランダ王国自体が新たな日蘭関係を模索する中で、シーボルトが来日する。

　その際、シーボルト派遣には三つの大きな目的があった。そもそも、植民地経営と連関するシーボルトの来日は、オランダ政府の意向に基づくものであったことは、彼の契約に関する史料から確認することができる。

　シーボルトの来日直前、1823年5月20日付でインドネシア方面のオランダ植民地の最高意思決定機関であるバタヴィアのオランダ東インド植民地総督・評議会決議録にはシーボルトに対して本給以外に多額の研究費を支給することを決定したと記録されている。そこには次のように書かれている[5]。

> （前略）医師として日本へ赴任するフォン・シーボルトに対して、現在受け取っている俸給ならびに会食費に加えて、さらに月額100グルデンの報奨金を以下の明確な条件のもとに付加することを承認する。すわなち、博物学に関するすべての事物、別言すれば、同医師〔筆者注、シーボルトのこと〕が収集する事物および同医師が博物学のために行うすべての発見、それに伴うスケッチと記述は、政府のためにのみ行われるものであり、誠実に政府に引き渡されるものとする。（後略）

　このバタヴィア当局の決定からわかるように、シーボルトの派遣は国家の要請に基づくものであり、したがってシーボルトの学術的成果は、個人ではなくオランダ政府の所有するものであったのである。そのため、のちにオランダ政府とシーボルトが私費での購入であると主張した学術成果とを区別する際にもめることにもなった。

　日本派遣が決定されると、オランダがシーボルトに与えた使命は次の3点にまとめることができる。

　第一に、オランダ本国の政策の延長線上として、日本貿易の活性化あるいは植民地経営に寄与する日本の産物の確認である。これは新たな利益を生み出す貿易品や、あるいは植民地経済に寄与する何かの動植物、さらにその栽培・飼育のノウハウや、移植できる植物の調査であった。

　実際、シーボルトの大著『日本』では茶に関する記述が詳しくなされている。また、シーボルト自身も茶の木をインドネシアにもたらしている。現代に至るまで、インドネシアが茶葉の一定の生産量を誇ることを考えると、シーボルトと茶とは深い関係にあった。当時世界的な飲料としての地位を占めていた茶の栽培は、植民地経営にとって不可欠であった[6]。

5　栗原福也編訳『シーボルトの日本報告』平凡社、2009年、21・22頁。
6　J. MacLean, "Natural Science in Japan 1 Before 1830" *Annals of Science* Vo. 30-3（1973）.

1827年6月25日付でバタヴィアの中央農業委員会は出島のオランダ商館長に対し、茶樹・漆・櫨などの植物を輸送するよう依頼し、その目的は、「ジャワにおける農業の一部門にまで発展させることに是非とも成功することを目指して」と記されている[7]。しかも、「フォン・シーボルト博士により当地へ送られてきた茶樹の種子はすでに2000本から3000本の若木に育っているので、茶樹はこの地で非常によく生育するでしょう」と記され、来日間もないころからシーボルトによってジャワに茶の種が送られ、すでに一定の成果を出しており、バタヴィア当局による期待の高さがうかがわれる。

　第二は、日本の北方情勢の確認である。ロシアはカムチャッカ半島に到達し、千島列島を南下しつつあり、やがては太平洋や東シナ海にまで登場することが予想されるなかで、その航路上に位置する蝦夷地（北海道）やその周辺は、どのような状況になっているのか、地理学的な知見が必要とされた。単なる学術的関心ではなく、各国の海洋戦略に関わる案件であった。当時世界の沿岸部で測量が不十分なのは、南極と蝦夷地周辺だけとなりつつあった状況下で、なにがしかの北方情報を手に入れることは重要であり、実際シーボルトは北方情報を収集し、蝦夷地の地図や、現地の地理学的事情についての記述を行っている。

　第三は、日本の国家体制や社会についてその「特殊性」を、博物学者シーボルトの目を通して客観的に参与観察することである。これは、日本についてオランダの立場を説明する必要、すなわち欧州におけるオランダへの伏流水のような疑惑を晴らす必要があったとみられる。

　シーボルト来日から十五年さかのぼる1808年、長崎ではイギリス軍艦が侵入するフェートン号事件が起きている。当時イギリス海軍はフランスの傀儡政権であるポルトガルの拠点マカオの包囲作戦を展開中であったが、その際長崎港からオランダやフランスの艦艇が出撃し英国艦隊を後背から衝くことを英軍は懸念しており、フェートン号が威力偵察のため長崎へ送りこまれたのである。その際、フェートン号艦長ペリュー（東洋艦隊司令ペリューの子息）が、一連の事件の報告書をイギリス海軍に提出しているが、次のように書かれていた[8]。

> 長崎港は、あらゆる点から考えて、おそらく世界でもっとも素晴らしく、またもっとも安全な港の一つであろう。同港は、日本帝国を形成する巨大な鎖の一環である大きな島九州にある。日本帝国の中心部分は日本であり、そこには皇帝の居住地であり首都でもある江戸が位置している。そして長崎港は、多分記述されることのもっとも少なかった港の一つだろう。それは、外国人の排斥、あらゆる種類の外国製品やすべての改革の禁止の方向を恒常的に目指している日本人自身の政策に淵源しているのみではない。<u>また、オランダ人によっていつも守られてきた深い沈黙にも起因している。</u>

〔下線部筆者加筆〕

7　註5、227頁。
8　宮地正人「ナポレオン戦争とフェートン号事件」同『幕末維新期の社会的政治研究』岩波書店、1999年、17頁。史料は、イギリス公文書館　ADM1/181。

オランダは、自らの権益を守るために、日本に関する情報を秘匿しているという考えが、欧州では根強くあり、それは自由貿易が潮流となった19世紀初頭の欧米社会では相反する行為とみなされた証左と言える。オランダによって長崎への入港航路が隠蔽されていると報告書が述べたように、自由貿易体制が広がりつつある欧米社会にとって、オランダそのものが日本情報を独占し隠蔽しているという疑惑は幕末にいたるまで潜在的に存在しており、オランダとしてはシーボルトという科学者の視点から、日本の姿を明かにする必要があったと言える[9]。

(2) シーボルト来日前後の日本

そして、日本の対外関係をめぐって、シーボルト来日前後のオランダ以外の状況をみてみると、日本側も従来の枠組みを揺るがすような事件や状況になっていたことがわかる。

18世紀初頭には、ロシア使節レザノフが来航し、交渉が失敗したことから、蝦夷地ではレザノフの部下の襲撃、いわゆる文化露寇が発生し、幕府は軍事的な世界との格差を痛感することになる。

また、イギリスは、前述したフェートン号事件や、東インド領を占領したイギリス東インド会社のラッフルズによる出島接収未遂事件が発生している。

ここから、幕府をはじめ武士階級や知識人たちは、欧米に軍事的に対抗できる方策をさぐることになる。その前提として、西洋科学の導入を基盤とする軍事力の強化や、海外情報収集などがあげられる。

アジア関係については、1810・1825年に、薩摩藩が琉球経由で指定された中国産品を正式に国内流通させることが認められることが大きな意味を持つ。薩摩島津家と徳川家との婚姻関係を背景に、薩摩藩の財政を立て直す方策であったが、これによって長崎唐人貿易は衰退をしていく。競合製品が日本市場に出回るためである。

さらに、1810・20年代になると清朝の国力も減退の兆しをみせ、中国沿岸の治安が悪化する。そのために、日本に来航する唐船は、大型化しかつ乗組員には、警備のため戦闘員が多数含まれる。気性の荒いかれらは、長崎で犯罪を増加させ、1820年には市中にデモ行進を行い、武力鎮圧する事態となっている。このように、長崎唐人貿易も不安定化していく[10]。

また、欧米の船舶の日本近海への出現は、捕鯨の漁場としてジャパン・ラウンドが注目されることとなり、より拡大し、1825年には、それらを背景として、無二念打ち払い令

---

9 もっとも、シーボルト来日時の異国船打ち払い令を欧米へ通知するよう幕府に要請されたオランダが、しばらくそれをとどめておいたことが発覚するなど、オランダ自体の行為は欧米各国に理解されないものであり、幕末に至るまで常に疑惑は存在した。1867年に当時バタヴィアの役人であったファン・デル・シェイスによって出版された『世界貿易への日本の開国に関するオランダの努力―大部分未公開公文書から説明された』(邦題は小暮実徳訳『オランダ開国論』として雄松堂より2004年に出版)は、まさに、幕末に至るまでオランダに対する欧米各国の疑惑を払しょくしようという意図が見られる。
10 深瀬公一郎「19世紀における東アジア海域と唐人騒動」『長崎歴史文化博物館紀要』3、2008年。

が幕府によって出される。

　文化露寇をうけ、幕府が管理を強めていた蝦夷地は、1821年に松前藩にもどされ復領となっている。まさにシーボルト来日前後は、日本側でも様々な対外政策の再編が行われていることがわかる。

4. シーボルト事件　日本側がもとめたこと

　さていよいよシーボルト事件について検討すると、日本側の状況で、日本社会はシーボルトを受け入れることとなる。その中で積極的にシーボルトとの学術的な交流が行われたととらえる必要がある。

　18世紀後半以後、日本では医学の分野で蘭方医の存在が大きくなり、最新の知識を身に付けたシーボルトは、臨床医として日本の医学に大きな役割を果たした。また、本草学などの分野でも日本の学問が興隆し、医学以外の分野の学者も、博物学者としてのシーボルトとの交流を求めたことは、これまでの日本史研究の中で研究されてきた。

(1) 経度の計測

　本稿で注目したいのは、シーボルト事件にかかわった幕府天文方の存在である。幕府天文方は、本来は暦の作成などにあたるが、同時に科学知識を必要とすることから、19世紀になると、日本地図の作成や、外交文書をはじめ欧米語の翻訳を担当することになっていく。特に、日本の海防上、正確な沿岸地図の作成は喫緊の問題であった。

　周知のように伊能忠敬らによる日本全国の測量は幕府の後援のもと、着々と行われ、日本地図は作られつつあった。しかし、伊能の測量結果を地図に仕立てていく上で、どうしてもクリアしなければならない技術的課題があった。

　それは経度の修正方法である。地球をとりあえず球体としてとらえた場合、緯度は、太陽との角度から割と簡単に計測することができた。一度あたりの長さが同じだからである。

　ところが、経度は観測した場所によって、一度あたりの長さが異なるので、なんらかの形で修正値を使って補正しないと、正しい経度を導き出すことができなかった。

　欧米諸国では、18世紀の後半からこの問題が自覚化され、修正法が試みられてきた。

　シーボルトが来日したころ、解決する当時の主な方法として、月距法とクロノメーターを用いた計測の二つの方法があった[11]。

　月距法は、世界各地の観測データをもとにした英国水路部発行のデータ修正表を利用する方法である。オランダやバタヴィアでも同様に発行されていた（アルマナック　Almanac）。江戸幕府はすでに18世紀半ばより定期的にアルマナックを入手しようとしており、1810年以降の残された幕府（将軍名義）の注文にも毎年のように記載されていた[12]。とりわけ、

11　石橋悠人『経度の発見と大英帝国　改訂版』三重大学出版会、2011年。

シーボルト来日直前の1822年には「毎年持ち渡らなければならない」と指定され、重要なデータであった。しかし、幕府天文方は必ずしもうまく使いこなすことができていなかった。月距法は適切かつ迅速に観測と計算をすれば、クロノメーターよりも正確ではあるが、現実的には計算がかなり難しい事情もあった。

シーボルトが来日した頃の最新のやり方は、精密時計であるクロノメーターを用いた観測であった。シーボルトはこの機械を持参し、江戸参府の途中、立ち寄った主要都市やポイントで、特に滞在する場合は、綿密に計測している。幕府天文方にとっては、重要なデータであった。それ以外は、コンパスなどを用いて簡易に計測していたとみられる。

シーボルトは1826年の江戸参府にあたり、各地で計測をおこなっており、クロノメーターを用いたと明記している計測だけでも、次の地点があった[13]。

下関（2月24〜26日）・屋代島（3月4日）・田島〜弓削島（3月5日）・日比（3月7日）・室（3月7日）・大坂（3月15日・6月12日）・京都（3月19・21〜24日）・四日市〜弥富（3月28日）・小〔佐〕夜の中山（4月2日）・蒲原〜沼津（4月6日）・江戸（4月14〜16・25日）・兵庫沖（6月19日）・室沖（6月20日）・御手洗沖（6月25日）・上関（6月27日）・室津沖（6月28日）

これだけクロノメーターによる計測を行っていれば、天文方としては是非ともほしいデータであっただろう。

実際1828年2月3日に出島のシーボルトから、高橋景保に対して送られた書簡には

> （前略）一昨年、日本の主要都市をクロノメーターで観測して経度と緯度を記載して成果をまとめておりますので、貴方にもご覧いただきたいところです。この測量は貴方が測量した内容ともよく符号したものになっていることでしょう（後略）[14]

とあり、計測データの相互の照会を前提とする交流が行われていたことが確認できる。シーボルトもこのデータ表は完成させており、バタヴィア総督への成果報告のリストの中に「1826年、江戸への往復中のクロノメーターによる経度ならびに緯度の観測」という記述が確認される[15]。

(2)『世界周航記』の入手

さらに、幕府はロシア使節レザノフの船の艦長だったクルーゼンシュテルンの手記『世界周航記』を必要としていた。シーボルトはそのオランダ語版を持参していたのである。

なぜ、この1810年のロシア語版を皮切りに各国語版が出版されていた書籍を幕府は必

12　永積洋子『一八世紀の蘭書注文とその流布』（科学研究補助金報告書、基盤B、平成7〜9年、課題番号07451078）。
13　中井晶夫・斎藤信訳『シーボルト「日本」』第2・3巻（雄松堂、1978年）をもとに。
14　石山禎一・梶輝行編『シーボルト書簡集成』八坂書房、2023年、57頁。
15　註5、279頁。

要としていたのか、それは 1804 年のロシア使節レザノフの長崎来航にさかのぼる。

　1792 年のラクスマンの蝦夷地来航に始まる日ロの本格的な接触は、当初は将来の日ロ交易の可能性も秘めていた。ラクスマン来航時の老中松平定信は、長崎への入港許可証を渡すとともに、長崎での貿易に含みを持たせていた[16]。そのため、1804 年にロシア使節レザノフはこの信牌を持参して長崎に来航した。クルーゼンシュテルンはこの使節を乗せたナジェダ号の艦長であり、レザノフと日本側との交渉に立ち会っている。ところが幕府内での政治方針の違いから松平定信はすでに失脚し、蝦夷地の幕府による経営に積極的な松平信明政権となっており、信明政権はロシアとの今後の通商関係を不可とした。裏切られたと感じたレザノフは、その帰路部下たちに蝦夷地襲撃を命じ、それが 1806・07 年（文化 3・4）いわゆる文化露寇となったのである。レザノフはその帰路病死したため、クルーゼンシュテルンは艦長として帰国後、交渉の過程を含む手記を出版した。

　幕府としては、自分たちの外交的振る舞いが、欧米諸国においてどのように受け止められたのか、その事実を証言する同書は非常に重要な書物であったのである。そして、そのことを充分に理解していた高橋景保は、同書入手に動き出し、シーボルトからの入手を図ったのである。

　そして 1828 年（文政 11）に、シーボルト事件の一環の捜査として、高橋景保の家が家宅捜査された際、和暦 10 月 13 日（西暦 11 月 19 日）の押収品には、「クルーセンステルン紀行書　4 冊」と「同和解　16 冊」が含まれていた[17]。

　もちろん、この一連の高橋の行動がシーボルト事件の背景となったことは、幕府も承知であり、判決前に獄死した高橋の死後、改めて文政 13 年 3 月 26 日（1830 年 4 月 18 日）にすでに死者であった高橋景保へ判決を伝える幕府の申渡書の中で、高橋景保の動機を次のように認定している[18]。少々長い引用になるが核心部分を引用する。

> （前略）地誌并蘭書和解等之御用相勤罷在候ニ付、御用立候書籍取出差上候ハヽ、御為筋ニも可相成与、兼而心懸候由者申立候得共、去ル戌年江戸参府之阿蘭陀人外科シーホルト儀、魯西亜人著述之書籍・阿蘭陀人属国之新図所持致候趣、通詞吉雄忠次郎より及承、右書類手ニ入和解致し差上度一図ニ存込、懇望致し候得共、容易ニ不手放候間、忍候而度々旅宿江罷越、懇意を結ひ候上、右書類交易之儀申談候処、シーホルト儀、日本并蝦夷地宜図有之候ハヽ、取替可申旨申聞、右地図異国江相渡候儀者　御制禁ニ可有之哉与ハ存候得共、右にかゝハリ珍書取失ひ候も残念ニ存、下河辺林右衛門江申付、先年御用ニ而仕立候測量之日本并蝦夷之地図、地名等差略致し、新規ニ仕立させ、両度ニ差贈、右書籍貰請（以下略）

　ここから読み取れることは、地誌やオランダ語文献の翻訳を担当する高橋としては、常

16　藤田覚『近世後期政治史と対外関係』東京大学出版会、2005 年。
17　上原久『高橋景保の研究』講談社、1977 年、333 頁。
18　註 12、339・340 頁。

日頃役に立つ本を手に入れることは、幕府のためであると考えていた。ちょうどシーボルトが参府した時ロシア人の著述、すなわちクルーゼンシュテルンの『世界周航記』やインドネシア周辺の最新地図を持ってきていることを、オランダ通詞吉雄忠次郎経由で確認し、どうしても入手して翻訳を作ろうと高橋は考えた。そのためシーボルトの旅館に日参して申し受けようとしたが、なかなか応じず、最終的にシーボルトが日本と蝦夷地の地図を欲したため、海外へ流出することは国禁であることは承知していたが、どうしても入手したいと、部下の下河辺に命じて地名などを省略したバージョンの地図の写しをつくり、シーボルトに贈り、代わりに『世界周航記』を受け取った。

　シーボルトとしても、目的であった蝦夷地と日本の地図を入手している。かくして、シーボルトの江戸参府と彼が将来したデータや書籍は、日本の外交や軍事において非常に重要な意味をもっていたのである。シーボルトの来日と幕府天文方のテクノクラートたちとの交流は、学問的交流という意味ももつが、同時に日本の外交政策に直結する問題であり、シーボルト来日とその前後の幕府の対外政策をもう一度考える機会となる。言い換えれば、日蘭双方の強い望みを背景に、シーボルトと高橋の二名が、当事者として演じることになったとみることができる。

(3) シーボルト『日本』が明らかにした異国・異域

　シーボルトの来日を、その政治的外交的文脈から考える重要性を、少し長めに説明したが、それ以外にもシーボルトは、対外関係史の研究から見た場合、さらにいくつかの魅力的な論点を提供してくることから、いくつか説明をしたい。

　まずは、シーボルト事件において、蝦夷地情報をシーボルトは欲していたことは確認できる。そして、シーボルト『日本』では、日本側の情報を経由した日本以外の地域がどのように欧米社会に認識されたのかという点である。『日本』では、朝鮮・琉球・アイヌについても相当のページを割いて説明がされている。

　朝鮮については、シーボルトは朝鮮人に長崎で出会っており、そのスケッチが『日本』に示されている。当時毎年のように日本へ朝鮮人たちが漂流してきた。日本に漂着すると、長崎に一度送られ長崎奉行所で尋問を受けることになっていた。その際に収容されていたのが対馬藩長崎蔵屋敷であり、実は、出島とは海を隔てて100メートルもない対岸に一定の人数の朝鮮人が滞在していたのである。

　琉球やアイヌについての情報は、日本人からの情報がもととなっている。

　これら三つの地域の特徴は、もっぱら日本と中国清朝とのみ交流を行った人々である。そのため、欧米諸国にとっては謎の多い集団や国である。シーボルトによる紹介は、どのような意味をもったのか。例えば幕末の琉球へのイギリスやフランスの宣教師の到来やペリー来航にいたるまでの過程において検証されるべきことが多々あると言える。

おわりに

　本稿を雑駁にまとめると、日本の幕藩制国家にとって、1820年代の日本を取り巻く環境の変化によって、幕府自身も貿易制度も含め外交や海防政策の再編や修正を迫られている。その前提となるのは、太平洋の新たな国際状況、国際秩序の誕生であった。1780年代のアラスカや北米北西部でのラッコ皮争奪戦によるイギリスやロシア船の出現に始まり、ラッフルズやホーヘンドルプの自由貿易構想に基づく日本への接近があり、さらには1815年のオランダ王国の成立とアジア政策の強化があった。この40年ほどの日本をとりまく世界情勢の変化の中で、シーボルトは来日してきたのである。

　そして、日本の19世紀初頭の対外政策について、さまざまな個別の事件についての実証は進みつつも、世界史的文脈からみた蓄積は少なく、シーボルトを結節点としてとらえ、それぞれの日本と海外の背景を深く探ることは、この時代の対外関係の研究を活性化させることにつながり、それは当日の報告では触れなかったが、シーボルトの幕末の来日にいたる外交プロセスの解明へとつながっていくことは確実である。

　また、それ以外にもシーボルトのコレクションは、シーボルトを起点とした研究の可能性を大いに秘めていることも付け加えて本稿を終えたい。

　日本においてシーボルトは、実際のモノのやりとりやモノの値段を示したデータを残しており、細かい実際の1点ごとの貿易品がどのように実際に流通していたのかが、よくわかる。また、出島は異国人とのコンタクトゾーンとして制限されていたが、そこには遊女の出入りがなされ、シーボルトの情報は、ジェンダー史を世界史的にとらえるという視点にもつながる。

　さらに、オランダそのものが、当日の報告のように日本貿易を試行錯誤している。特に貿易にいろいろな問題を与えた、商館員たちが個人でおこなっている脇荷貿易は、いままで研究上で、個人レベルで処理する側面が多く、わからないことが多かった。ところが、シーボルトもそこに関与しており、かなり脇荷貿易の実態が見えてくる可能性が非常に高い。

　このように、シーボルトの行動やその背景を広い国際的な文脈で読み直すことで、なおシーボルト研究が私たちに与えてくれる論点が実に豊かであることを教えてくれる。

ブランデンシュタイン家所蔵シーボルト自筆草稿「日本への医学の導入と発展の歴史的概観」に表れる長崎におけるシーボルトの医学・科学教育に関する記述の検討

宮坂正英
(長崎純心大学)

はじめに

　シーボルトが来日の翌年である1824年（文政7）に長崎郊外の鳴滝に開設した学塾は、日本における西洋人による医学教育の始まりとして名高い。

　しかしながら、この学塾の実態やシーボルトが長崎でどのように医学教育を行ったかについては資料が極端に少なく、多くの謎が残されている。その大きな原因は1828年（文政11）に起こったシーボルトをめぐる疑獄事件、いわゆるシーボルト事件であろう。門人やオランダ通詞がこの事件に多数連座し処罰され、シーボルト自身も国外追放処分となったことで、シーボルトに協力した日本人は難を逃れるために多くの資料を廃棄もしくは隠匿したことは想像に難くない。

　シーボルト自身も長崎で行われた医学教育や実際に誰がどのような形でシーボルトに協力したかを具体的に記述すると当事者に類が及ぶことを危惧し、著作のなかに具体的な記述を避けていた。

　そうした中で、シーボルトの末裔であるフォン・ブランデンシュタイン＝ツェッペリン家が所蔵する自筆草稿の調査を行ううちに僅かながらではあるが、シーボルトが門人や鳴滝の学塾に関して記述した資料が新たに発見された。

　本稿では新たに発見されたシーボルト自身による記述と二人の近しい門人であった伊東昇迪及び高良斎の書き残した記録をつなぎ合わせることによって、シーボルトの長崎における医学教育や鳴滝の学塾の役割について考察を加えてみたい。

　資料の翻刻にあたって、翻刻文作成にご協力いただいたドイツ・シーボルト協会理事長ウド・バイライス氏、貴重なご教示をいただいたブランデンシュタイン城資料室アーキビストのヴィルヘルム・グラーフ・アーデルマン氏に感謝申し上げたい。

1. 対象資料

　対象資料は、2020年（令和2）に国立歴史民俗博物館が組織した共同研究の一環としてドイツ在住のシーボルトの末裔フォン・ブランデンシュタイン＝ツェッペリン家が所蔵するブランデンシュタイン家文書の調査中に発見された未刊の自筆草稿である[1]。題名が「日

本への医学の導入と発展の歴史的概観」(原題：Geschichtliche Übersicht der Einführung und Entwicklung der Arzneiwissenschaften in Japan) とされていることから、シーボルト自身が日本における医学の歴史的な発展をまとめて刊行しようと考えていたことが伺われる。今回扱うのは草稿の最終2ページである27、28ページに記述されたシーボルト自身が長崎で行っていた医学教育について言及した部分である。

なお草稿全体の翻訳は筆者の医学史、特に中国医学に関する知識が不足しているため、いまだに完成しておらず、今後の課題としたい。

2. 資料の概要

対象資料の概要は以下の通りである。
フォリオ版洋紙2つ折り　14枚
ページ数：28ページ、各ページ右半分に記述、左半分は訂正用でほとんど空白
使用言語：ドイツ語
作成年代：不明
作者：フィリップ・フランツ・フォン・シーボルト

草稿の作成年代は不明であるが、中国医学に関する記述の中にJohn Wilsonの"Medical note on China"(London, 1846)への言及が表れるので、1846年以降にまとめられたものと推定される。

なお、この清書稿以外にブランデンシュタイン家文書中に更に2点のほぼ同一内容の草稿が含まれることが確認されている[2]。しかしながら本稿の対象資料であるこの草稿が最も長く、完成度が高いので翻刻と翻訳を紹介する。

3. 該当箇所の翻刻ならびに翻訳

■　翻刻文A　27頁

Nota instruction mutuelle

Als erleuterdes Beispiel dient.

Die Zahl meiner Schüler auf Dezima überschritt gewöhnlich nicht die Zahl von zehn. Diese waren täglich um mich und arbeiteten mit mir und fur mich bei meinen wissenschaftlichen Untersuchungen mehrmalen in der Woche ertheilte ich ihnen in medicinischen und naturwissenschaftlichen Fächern, besuchte mit ihnen Kranke in der Stadt Nagasaki und machte von ihnen begleitet Excursionen in der Umgebung.

1　ブランデンシュタイン城シーボルト・アーカイヴ／Siebold-Archive Burg Brandenstein (SABB), Kasten IV, Fasz. e, 57
2　Bündel 2, Faz. g. 90 など。グラーフ・アーデルマン氏 (Wilhelm Graf Adelmann) のご教示による。

1/a

Geschichtliche Uebersicht
der Entstehung und Entwicklung
~~Ueber die Einführung~~ der Arzneiwissen-
schaften in Japan.

———

Aus Schina und Korai erhielten
die Japaner mit den Grundformen
ihrer Schrift Künste und Wissen-
schaften, und somit auch ihre ersten
medicinischen Kenntnisse. Bereits in
ältester Zeit wurde das Studium der
Medicin in Schina betrieben,
und wenn es auch nicht erwiesen
ist, daß sich medicinische Schriften
aus der Zeit *Hoang ti's* (starb
2637 v. Chr. Geb.) erhalten haben,
/Tradition von/   so bleibt es doch eine ausgemachte
Sache, daß die Medicin in China
bereits im ~~hohen~~ Alterthume einen
hohen Grad der Ausbildung erreicht
hatte, und zwar ohne Einfluß der
indischen Schule. Zwar sollen
nach Wilson's Zeugnisse die Werke
/Indische Werke von Medicin/   von *Charaka* und *Susruta* aus
/Atreyas,/   dem neunten oder zehnten Jahrhundert
v. Chr. Geb. stammen. Aber nirgends
findet man in den Schinesischen Jahr-
büchern aus dieser Zeit Erwähnung,
literarische Bezüge mit Indien; wohl
/zwar in/   später einige Jahrhunderte unseres
/in/   Zeitrechnung, wo die Einführung des Buddha-
/vorgeschichtlichen/   dienstes einen lebhaften Verkehr beider Länder
zur Folge hatte. Man öffne, sagt
der gelehrte *Hau tsi*, unsere Geschichts-
bücher und studire denn die Geschichte
der Medicin, wenn wir ihr Alter
erkennen und sehen, daß sie den Umwälzungen
von Jahrhundert zu Jahrhundert gefolgt
ist, und gleichen Schritt mit andern
Wissenschaften gehalten hat.

IV.57

A

本文 27 頁該当箇所、ブランデンシュタイン城シーボルト・アーカイヴ（SABB）

B

本文 28 頁該当箇所、ブランデンシュタイン城シーボルト・アーカイヴ（SABB）

Diese auserwahlten wenigen waren es, welche durch den Umgang mit mir aus meinem Munde Unterrichtet und Bildung empfingen. Aber jeder von ihnen hatte wiederum seine Schüler, und diese wiederum die ihrigen und die wechselseitigen Mittheilungen gingen so weit, daß in den sieben Jahren meines Aufenthaltes in Japan mehrere hundert Aerzte(man darf nicht sagen junge, denn es waren oft manner gesetzten Alters darunter,)aus meiner Schule hervorgingen, ohne daß ich den Leute anders als bei außerordentlichen Gelegenheiten, bei wichtigen Operationen oder auf meiner Villa(Narutaki)wo mir fremdlinge aus den entfernsteten Provinzen vorgestellte wurden-als meine Schuler und Anhänger. Dieser wechselseitige Unterricht erstreckte sich oft bis auf die Dienerschaft dieser Leute.

■ 翻訳文A　27頁
注目すべき事項
説明事例として以下が役立つ。
出島での私の門人は通常10人を超えることはなかった。彼らは毎日私の周りにいて、私とともに私の学術調査のために働いていた。週に数回私は彼らのために医学と自然科学分野の講義をおこない、彼らとともに長崎市中の病人の往診をし、彼らに案内されて長崎近郊まで小調査旅行をおこなった。選抜された少数の門人たちとは緊密な関係であったので、私の口頭での授業や教育を受けた。しかし彼らの全員が自分の門人をもっており、その門人たちもさらに門人をもっていたため、これらの人たちの相互間の意思疎通と情報交換によって、私の7年間の日本滞在中に数百人の医師たちが私の学校から輩出された（もっとも、その中には若いとはいえない者もいた。十分に年取った男性もその中に含まれていたからだ）。特別な機会である重要な手術の際や私のヴィラ（鳴滝）で、非常に遠隔の地からやって来た、私の全く知らない人を私の門人もしくは信奉者として紹介されるようなこともあった。このような相互間の教授がお互いを主従関係のようになるまで強く結びつけていた。

4. シーボルトの門人教育に関する言及と伊東昇迪筆『嵜陽日簿』にあらわれる出島での活動

　この記述から、シーボルトの周辺には通常10名を上回らない門人が出島に常駐し、シーボルトの日本調査の補助、市中への往診、長崎周辺の調査の際の同行などを行っていたことが分かる。
　周知のように出島オランダ商館に入場できる日本人は厳しく制限されており、西洋医学の習得を目的とする日本人が入場するには名目が必要であった。一つの名目は出島に常駐する日本人医師の助手として入場する者たちであったが、これは人数が限定されるもので、それ以外は出島を管理する出島乙名の許可とオランダ商館長の許可によって入場が可能になった者たちであった。

ではどのような日本人医師たちが出島で直接シーボルトに学んでいたのだろうか。シーボルトに直接師事した日本人医師たちの行動記録はほとんど残されていないが、唯一、奥州米沢藩出身の眼科医、伊東昇迪（救庵）（1804-1886 年・文化元-明治 16）が書き記した『嵩陽日簿』が残されている[3]。これによりシーボルトの近しい門人である昇迪の日頃の行動が分かる。

伊東昇迪は 1804 年（文化元）、米沢藩の医師伊東佑徳の子として生まれ、眼科修行のため 1824 年（文政 7）に江戸に出て、土生玄碩に師事した人物である。玄碩の勧めで江戸滞在中のシーボルト一行に同道して長崎に至り、1828 年（文政 11 年 1 月）まで滞在してシーボルトに直接師事した。

この日誌にシーボルトとのかかわりに関する箇所が散見されるので紹介する。

シーボルトとともに長崎に到着した昇迪はオランダ通詞吉雄忠次郎の学塾に入門し、語学、西洋事情、西洋医学の研鑽に励んだ[4]。

長崎到着後シーボルトが出島で研究施設として使用していた「花圃」と呼ばれる庭園脇の「遊戯場」へ出かけることはあったが、それ程頻度は高くなく、その理由としてシーボルト自身が多忙であることを挙げている。

文政 9 年 12 月 8 日の項に以下のように記している。

文政九年十二月
八日　青天　出島
今日牛豕殺害也　○シーボルト近親ノ人々ヲ自分ノ業ノ妨ニナル迚口説ト申ト云事ニテ諸人モ自ラ延引スル也、因テ予又長陽頃ヨリ月ニ二三度或四度位ヅヽ参リ、今日久振ニテ参リ候処、シーボルト申ニ、如何故ニ疎シ、予答何訳ナシト云、以来度々可参ト云、予難有承領シ戻ル[5]

これを見ると、長陽の頃、即ち 8 月頃から月に 2、3 度もしくは 4 回ほど出島に出かけてはいたが、この日シーボルトから何故もっと頻繁に訪ねてこないのかと問われ、これ以降出島に頻繁に入るようになったという。

シーボルトの記述のように、助手を務める門人たちはシーボルトと緊密な関係を築いていたため、シーボルトから週に数回口頭で翻訳指導などの教育を直接受けており、昇迪もこの頃から頻繁に出島に出入りし、助手を務めるかたわら直接教育を受ける門人の一人として加わった可能性が高い。

3　伊東昇迪の『嵩陽日簿』は 1999 年（平成 11）に金子三郎が『史料　昇迪伊東佑直の手記』（リーブ企画）で紹介しているが、本稿では藤本健太郎、織田毅「伊東昇迪「嵩陽日簿」―翻刻及び註解」（『鳴滝紀要』第 29 号、シーボルト記念館、2019 年）の翻刻文を使用した。以下本文中では『嵩陽日簿』と略す。
4　織田毅「資料紹介（1）伊東昇迪「西游雑記」」（『鳴滝紀要』第 30 号、シーボルト記念館、2020 年）、97 頁
5　『嵩陽日簿』66 頁

昇迪の具体的な役割は以下の記述から推測することができる。

文政十年閏六月
四日　(前略)　今日ヨリ又出島通可由シーボルトヨリ申参ル、大門緬道ニ付出入ノ医ノ弟子ニテ可参様シーボルトヨリ刻付日刻左ノ通
高良斎ニ鈴木周一、戸冢静海ニ伊東救庵、岡研介ニ石井宗鎌（謙）、松木雲徳ニ高野長英、中尾玉振ニ二宮敬作[6]

オランダ船入津に伴い、部外者の出島への入場が一時的に制限され、シーボルトの元へ通うことも停止させられた。これらの門人たちの出島通いが再開される際にシーボルトが指示した内容があらわれる。これを見ると、高良斎と鈴木周一、戸塚静海と伊東救庵（昇迪）、岡研介と石井宗謙、松本雲徳と高野長英、中尾玉振と二宮敬作の10名が二人ずつ組をつくり、輪番でシーボルトのもとを訪れ、シーボルトの助手を務めていたことが分かる。

シーボルトの門人について最も詳細に記した呉秀三の評伝『シーボルト先生其生涯及功業』[7]には門人として56名の名が挙げられているが、今回発見された資料から、シーボルトの多数の門人のなかで、中心的な役割を果たしていたのは10人余りで、これらの門人は出島でシーボルトの日本に関する調査研究や医療活動の補助をおこないながら直接教育を受けていたことが分かる。

さらに、これらの近しい門人が鳴滝で自分の門人や縁故者に対してシーボルトから学んだ知識を伝授し、またシーボルトが鳴滝で講義を行う際には通訳をして受講者に内容を伝えていたと推測される。

長崎に集まっていた多数の蘭学を学ぶ日本人医学者を取り巻く状況について、伊東昇迪は後年、自身の長崎遊学についてまとめた『西游雑記』で次のように述べている。

長嵜ヘ遊方ノ学生何百人ト云ヲ知ラサレトモ、阿蘭陀屋敷ヘ出入モナラス、両吉雄ノ門生等ハ時ニ行クト雖ヘトモ親炙スルコトハ出来ヌナリ、余ヤ幸ニ土生先生ノ庇蔭ヲ以テ却テシーホルトヨリ以来ハ別シテ親暱イタシ、シーホルトノ用事ヲモ弁シ呉ヨトノ事ニ付、高良哉等ト四人番替ニ花圃ニ詰タリ、此時余カ歓喜譬ヘン方ナシ、千里ノ遠ニ来テ他ノ書生ノ如ク出入モ十分ニナラサランニハ何ヲ聞ント欲シ何ヲ見ン欲メモ仕方モナキコトナルニ、数百人ノ内ヨリ四五人ノ者共トシーホルトニ親近スルヲ得ルコト、蓋シ天余カ劣拙ヲ憐ミ且ツ余素志ヲ遂サセント思ヒ給フテ此良縁ヲ借ス乎、必竟土生先生ノ庇蔭トイフトイヘトモ亦余天ノ寵霊ヲ得タルナリ、実是文政九年冬十二月ナリキ[8]

6　『崧陽日簿』81頁
7　呉秀三『シーボルト先生其生涯及功業』（名著刊行会、1979年復刻）「第70章　門人及び交友一。門下として直接教えを受けし人々」、659-763頁
8　織田毅、前掲書、112頁

西洋医学を修めようと長崎に集まる数百名にも及ぶ医学生の中でオランダ商館付医師に近づき、直接教育を受けられるのは僅かであった。吉雄幸載や吉雄権之助が主宰する学塾の門下生さえ、時々出島に入場することが許されても、シーボルトと親しく交流することは困難であった。ところが昇迪は恩師であり、シーボルトが江戸滞在中に近しく交流した眼科医、土生玄碩の推薦と庇護によりシーボルトから直接教えを受けることができたことに大変感謝している。

　またこの文中では高良斎らと四人で組をつくり、交替で出島のシーボルトの研究室である「花圃」に詰めたと記されている。

　このようにオランダ商館医から直接指導を受けられるのは僅かな人数の日本人医学者であったので、これらの人々と関係のある他の医学生は鳴滝の学塾に集まり、当時最新の医学知識を学んだものと推測される。

　シーボルトが対象資料の中で「しかし彼らの全員が自分の門人を持っており、その門人たちもさらに門人をもっていたため、これらの人たちの相互間の意思疎通と情報交換によって、私の7年間の日本滞在中に数百人の医師たちが私の学校から輩出された」と述べているのは、鳴滝にシーボルトが創設した学塾の果たした役割について証言したものと推測される。

　シーボルトは大学などの高等教育機関が未発達な日本においては門人、師弟間の「相互教授」(instruction mutuelle)が大変発達した国であると指摘している。相互教授とは師弟間のみならず、門人間においても知識、経験が豊富な者が後進の門人を教育する方法で、シーボルトはこのような教育が行われる鳴滝の学塾を「アテネウム」(学苑)と表現している。

　このようなことから、鳴滝の学塾はこの相互教育による最新医学の情報移転や知識共有の場であったと考えられる。

5．シーボルトが文中に記した文献と高良斎

　次に、シーボルトの医学教育がどのように行われていたか、その一端を示す資料を紹介する。

■　翻刻文B　28頁

In den Jahren 1824-29 wurden von meinen Schulern unter meiner Leitung übersetzt: Consbruch und Ebermaier Taschenbuch der medicinischen wissenschaften. Weller Augenheilkunde, Tittmann Chirurgie, Thunberg flora japonica; Von Hufelands Makrobiotik wurde bereits früher in Japanische Ubersetzt. Diess Buch fand eine allgemeine gute Aufnahme bei Volke, wo man die Lieblingsdevise hat: „Langes Leben, Ehre und Reichthum". In neuerer Zeit wurde Cheleus Chirugie ubersetzt und der Schiffs arzt uberbrachte im Jahre … dem Verfasser ein Exemplar zu Heidelberg.

■　翻訳文B　28頁

1824年から1829年の間に私の指導のもとで私の門人たちによって以下のものが翻訳された。コンスブルッフ、エバーマイヤー『医学ハンドブック』、ヴェラー『眼科学』、ティットマン『外科学』、ツュンベリー『日本植物誌』、フーフェラント『マクロ・ビオティック』は既に以前に和訳されている。この著作は「長寿、名誉と富」という最も愛するモットーをもつこの国民には一般的には広く受け入れられている。比較的新しい時代にはツェレウスの『外科学』が翻訳され、［オランダ船の］船医が＊＊［アキママ］年にハイデルベルク在住の著者のもとへその複製を届けた。

　シーボルトの門人に対する医学教育は、今日まで門人やシーボルトと接した日本人の記述から施術方や薬剤の処方など実践的なものしか知られていなかった。しかし本資料で、シーボルトが門人たちの西洋医学や植物学の洋書翻訳を通して理論的に指導していたことが分かった。
　また、シーボルトの直接指導の下、翻訳が行われた洋書の具体的な書籍名も判明した。これらの洋書は幕末に蘭学者によって翻訳され、流布したものが含まれているので今後の蘭学における書誌学的研究の手がかりになるのではないかと思われる。
　まず、文中に表れる以下の5点について若干の解説を加えてみたい。
①コンスブルッフ、エバーマイヤー（共著）『医学ハンドブック』（Consbruch und Ebermaier: „Taschenbuch der Medicinischen Wissenschaften")
②ヴェラー『眼科学』（Weller: „Augenheilkunde")
③ティットマン『外科学』（Tittmann: „Chirurgie")
④ツュンベリー『日本植物誌』（Thunberg: „flora japonica")
⑤フーフェラント『マクロ・ビオティック』（Hufeland: „Makrobiotik")

［解説］
①ゲオルク・ヴィルヘルム・コンスブルッフ（Georg Wilhelm Consbruch, 1764-1837）
　　ドイツの医師。一般開業医であったが、ハレ大学で博士号を取得しており、1789年にビレーフェルトに移住後、1800年から同市の医療評議会のメンバーとして活動していることから、指導的な立場にあった医師の一人であったと推測される[9]。
　　1802年からは医師で植物学者でもあったヨハン・クリストフ・エバーマイヤー（Johan Christoph Ebermaier, 1769-1825）との共著で『家庭医および従軍医のための総合事典』（原題：Allgemeine Encyklopädie für praktische Ärtzte und Wundärtzte）の刊行を開始した。この事典は実務者向けの医学事典で、10部門、全18巻の大規模な著作であった。この百科事典から、コンスブルッフはさらに、解剖学、生理学、薬理学、一般及び特殊病理学と治療

9　„Allgemeinen Deutsche Biographie"（ADB）, 1876, Consbruch の項参照。

法などに関してハンドブックを出版している。

　他にも内科書や小児科の書があり、高良斎以外に高野長英が『病学論』、『原病発徴』として翻訳している。

②カール・ハインリッヒ・ヴェラー（Carl Heinrich Weller, 1794-1854）

　ドイツ人眼科医。1819 年、若干 25 歳で眼病に関する教科書を出版したといわれる。シーボルトが『ヴェラーの眼科学』と記したのは、『人間の眼病　医師のための実践ハンドブック』（原題：Die Krankheiten des menschlichen Auges, ein practisches Handbuch für angehende Aerzte, 1819）と推測される。長崎に渡来したものは改訂された第 2 版（1822）であったのかもしれない。

③ヨハン・アウグスト・ティットマン（Johann August Tittmann, 1774-1840）

　ドイツ人医師。ドレスデンで開業の傍ら、外科医学校で講義を行い、この講義録をもとに 1800 年から 1802 年にかけて『外科学』（原題：Lehrbuch der Chirurgie zu Vorlesungen für das Dresdner Collegium Medico-Chirurgicum bestimmt）と題した教科書を出版[10]。後にオランダ人医師の手でオランダ語訳が 1817 年アムステルダムで出版され、日本に輸入された。いつ誰によって輸入されたかは不明。シーボルトの門人高良斎が眼科の部分を翻訳し、出版しようとしたことが知られている。

④カール・ペーター・ツュンベリー（Carl Peter Thunberg, 1743-1828）

　スウェーデン人植物学者、医学者。カール・リンネに師事し、植物学、医学を学ぶ。1775 年（安永 4）来日。翌年まで日本に滞在し日本調査を行う。1784 年、『日本植物誌』（Flora Japonica）を刊行。1779 年にスウェーデンに帰国後、母校ウプサラ大学の植物学教授に就任。1781 年に同大学学長に就任した。

　シーボルトは近しい門人として日本植物標本の整理にあたっていた伊藤圭介にツュンベリーの『日本植物誌』を贈呈した。これを元に圭介は『泰西本草名疏』を著し、リンネの分類法を日本に紹介したことが知られている。

⑤クリストフ・ヴィルヘルム・フーフェラント（Christoph Wilhelm Hufeland, 1762-1836）

　ドイツ人外科医師、イエナ大学、ベルリン大学教授を歴任。マクロ・ビオティックの提唱者としても名高い[11]。

　幕末に緒方洪庵が『医学全書』（オランダ語版）を重訳し、『扶氏経験遺訓』として出版。

10　同上、Tittmann の項目参照。
11　同上、Hufeland の項参照。

草稿中の記載は 1797 年に出版された „Makrobiotik; oder, Die Kunst das menschliche Leben zu verlängern" のことを指すと思われる。『蘭説養生録』と題してシーボルトから直接翻訳指導を受けた高野長英、岡研介が翻訳している。

6. 日本人医師のシーボルトの持つ医学知識および医療技術への関心

出島や鳴滝での門人の関心事の一つがシーボルトの持つ眼科に関する知識や技能であることは多くの資料が物語っている。

そのことはシーボルトが来日した翌年に国元の母親のアポロニアと伯父ヨーゼフ・ロッツに書き送った手紙に如実に表れている。

> 今や私は日本中で知られており、これまでアジアの国においていかなる医師も受けたことがないほどの尊敬と名誉を日本人の間で博しております。私の治療はとても名高く、医師としての幸運は当地においても私を見捨てません。いろいろ手術も致しましたが、とりわけ人工瞳を作って、10 年間盲目だったある貴人の視力を回復させました。これは非常に評判を呼びました[12]。

この手術は長年助手としてシーボルトに仕えた阿波徳島出身の眼科医高良斎により記録されたものと同じものを指すと思われる。

高良斎の末裔である高於菟、高壮吉両氏が 1939 年（昭和 14）に出版した評伝『高良斎』（以下評伝と略す）に以下のように記されている[13]。

> 崎陽の大通詞神代某は瞳子閉合すること二十八年余なり。吾シーボルト先生は、ベエールの術則に従ふて新たに瞳孔を開き、忽ち快視せるを、余傍観せり。［中略］シイーボルト先生の傍らに侍し、親しく此術を観るものは、余と先の湊長安、三間順造（美馬順三）三人のみ。実に皇国開闢以来未聞の神術なれば、秘匿せずして、遍く世の眼科者流に伝與し、不幸の盲者を救ふことを願ふ。此亦吾師の志なり。（瞳孔縮小手術の條）[14]

この白内障手術は、良斎が「皇国開闢以来未聞の神術」と表現するほど日本人医師たちにとっては画期的な手術であったと推測される。

---

12 宮坂正英、ベルント・ノイマン、石川光庸「フォン・ブランデンシュタイン家所蔵、1824、1825 年シーボルト関係書簡の翻刻並びに翻訳（1）」（『鳴滝紀要』第 16 号、シーボルト記念館、2006 年）、52 頁
13 高於菟、高壮吉『高良斎』（1939 年、非売品）
14 同上、97 頁

7. シーボルトが受けた眼科に関する医学教育

　高良斎や伊東昇迪のように特に眼科に関する専門知識を得ようと入門した人物が見受けられるが、高良斎の翻訳活動に触れる前に、シーボルトは眼科に関する知識をどのような教育環境の中で得ていたかについて簡単にまとめておきたい[15]。

　まず、ヴュルツブルク大学における眼科学の進展に寄与した人物として挙げなければならないのはシーボルトの祖父、カール・カスパール・フォン・シーボルト（Carl Caspar von Siebold, 1736-1807）であろう（以下カール・カスパールと略す）。「ドイツ近代外科学の祖」とも呼ばれるカール・カスパールがヴュルツブルクにおいて最初に白内障手術を実施したのは1766年であったといわれる。カール・カスパールは1760年から1763年にかけて公費でパリ、ルーヴァン、ロンドン、ライデンに留学し、各地で当時最先端の医療技術の習得にあたった。白内障手術はルーヴァンで行われていたものを見学し、修得したものであると推測されている。この時身に着けた技術を実施に移したものが1766年の手術であったと思われる[16]。

　その後カール・カスパールの手術が継続的に行われたことは、1792年に出版された彼の『外科日誌』（Chirurgische Tagebuch）に記録されている。この日誌には14件の白内障手術が記録されており、そのうち6件が成功、残りの8件のうち、4件は術後の眼球の全摘、4例が角膜創傷の不均質な治癒による視力の低下が見られ失敗であったことが報告されている[17]。

　これを見てもわかるように、白内障手術は当時まだ未完成な施術であったものの、視力を失った患者にとっては大きな福音となる手術であり、需要は高かったと推測される。

　この眼科の知識や技能を受け継ぎ、発展させたのがカール・カスパールの三男でヴュルツブルク大学の外科学教授を務めたヨーハン・バルトロメオス・フォン・シーボルト（Johann Bartholomäus von Siebold, 1774-1814）、通称バルテル・フォン・シーボルトであった（以下バルテルと略す）。外科医としての将来を嘱望されたバルテルはヴュルツブルク大学で医学の習得を開始したが、1797年にイエナ大学に留学し、専門教育はそこで行われた。学位を取得する前にヴュルツブルク近郊で起こったオーストリア軍とフランス革命軍との会戦の傷病者救護のためにヴュルツブルクに呼び戻され、ヴュルツブルク大学の解剖学およ

15　ヴュルツブルクにおける19世紀眼科学の歴史については
　　Franz Grehn, Gerd Geerling, Frank Krogmann und Micael Stolberg (Hrsg.): „Geschichte der Augenheilkunde in Würzburg", Pfaffenhofen, 2007.
　　Andreas Mettenleiter: „ACADEMIA SIEBOLDIANA Eine Würzburger Familien schreibt Medizingeschichte", Pfaffenhofen, 2010.
　　同: "Medizingeschichte des Juliusspitals Würzburg", Würzburg, 2001
　　Hans Körner: „Die Würzburger Siebold", Neustadt a. d. Aisch, 1967 を参照。
16　Franz Grehn ほか編、前掲書、33頁
17　同上、34頁

び外科学の員外教授に就任した。

　バルテルは就任早々から父親であるカール・カスパールの眼科手術に助手として立ち会い、白内障手術の技法を身に着け、さらに発展させていった。シーボルトの父で長兄であるクリストフの死去にともない後継者として解剖学および外科学の教授に就任したバルテルは大学における外科教育における眼科分野の拡張と独立を目指し、1802年から翌年にかけて医学部内に白内障手術に特化した眼科クリニックの設立を試みている[18]。

　このように眼科学、特に白内障治療の普及に精力的に取り組んだバルテルであったが、1814年診療に起因する発疹チフスの集団感染のため突然亡くなってしまった。来日した甥のフィリップ・フランツ・フォン・シーボルトがヴュルツブルク大学に入学するちょうど一年前のことであった。したがって、シーボルト自身は医学教育において叔父バルテルから直接指導を受けていない。

　シーボルトが外科学の直接指導を受けたのはバルテルの後継者の一人で1816年に医学部外科学正教授に就任したヨゼフ・カエタン・フォン・テクストア（Joseph Kajetan von Textor, 1782-1860）であった。テクストアは、バルテルが突然の死を迎えるまで続けていた眼科学の講義を継承し、正教授就任後も重要な科目の一つとして自ら講義を行っている。シーボルトはテクストアの理論及び臨床講義から白内障治療の知識や技能を得ていたことが推察される。

　このようにシーボルトは眼科治療、特に白内障手術に関しては大変豊富な知識を得られる恵まれた環境で医学教育を受けていた。このことが先述のシーボルトが国元に送った書簡の記述の背景にある。

8. 高良斎の翻訳とシーボルト

　シーボルトの眼科治療に高い関心を持ち、多くの著述を残した人物が高良斎である。

　高良斎（1799-1848年・寛政11-弘化3）は阿波徳島の眼科医で、高家は代々医業を営み、特に眼科を得意とする一族であった。1817年（文化14）叔父充国の勧めで長崎に遊学した。長崎ではオランダ通詞吉雄権之助の元で学び、語学や西洋医学の知識を深めた。吉雄権之助は当時のオランダ通詞の中で最もオランダ語の造詣が深く、権之助に師事したことでシーボルトに直接学んだ門人たちの中で最も翻訳を多く残した人物となった。

　良斎の長崎滞在は14年にも及び、シーボルトが来日した1823年（文政6）から国外追放処分により離日する1829年（文政12）まで常にシーボルトと接する最も近しい門人の一人であった。

　上述の評伝に良斎の著訳書41点の表題と簡単な解題が掲載されている。この中から、シーボルトが言及している5点の書籍のうちコンスブルッフとティットマンの書籍を良斎

18　同上、35頁

がどのように翻訳したかを検討してみたい[19]。

まずコンスブルッフの著書に関しては「著訳解題」の第1番目に
「1.『西医新書』　四十二巻
　　和蘭ゲーヴェ・コンスブルック著　一八二四年出版　　良斎訳」
という表題で掲載されている。この解題によると1827年（文政10）長崎に留学中に訳述されたという。シーボルトが草稿のなかで述べているように、良斎は出島に通い、シーボルトの助手を務めながら、直接翻訳指導を受けていた可能性が高い。

解題中に良斎自身の緒言が引用されており、コンスブルッフ著の書籍を良斎がなぜ翻訳し『西医新書』にまとめたか、その経緯と意図が述べられており興味深い。

この緒言によると、良斎がこの著書の翻訳を始めたのは1827年（文政10）であった。良斎がコンスブルッフの本格的な翻訳を始めたきっかけは以下のように述べられている。

> ［前略］　予崎港に遊び、西医シーボルト先生に従学すること茲に五年なり、丙戌の年、蘭船此書を齎し来る。先生之を予に授けて曰く、吾医法渾て此書中に在り。汝謹で之を読めと、予受て之を読み、先生に就て疑を質し、年所にして訳述の業を卒へたり、［後略］[20]

この記述から、良斎は丙戌年、すなわち1826年（文政9）に輸入されたこの著書を翌1827年（文政10）にシーボルト自身から勧められ翻訳した。シーボルトからはこの著書には自分の医学がすべて入っているので、よく読むようにと指示されたという。シーボルトがコンスブルッフの著書をいかに重要視していたか分かり興味深い。良斎は、この著書についてシーボルトの直接指導を受けながら年内中に訳し終えたという。従って、この時の翻訳が『西医新書』の原訳の一部になっていると推測される。

次に良斎が訳出し、まとめた眼科に関する著作である。

評伝の表題と解題の内容から、掲載されている41点の医学書中少なくとも7点が眼科治療に言及していると推測される。このなかで特に眼科治療に主眼が置かれた著作は『眼科便用』六巻、四冊であろう。

この著作は良斎の評伝出版に伴う高らの調査ではその存在が確認されていたようだが、その後戦災などで散逸し、現在では存在が確認されていない。高良斎の研究者、福島義一の調査によると、長崎に滞在中ドイツ人医師ティットマンの著した医学書を1817年にオランダ人ファン・デル・ホウトが蘭訳したものを手に入れ、この書籍から眼科に関係のある部分を訳出し、『喎蘭銀海秘録』にまとめたが、その後、他の多くの眼科書を反映させ、シーボルトの臨床講義や自らの診療経験を加味したものを『眼科必読』と題して著した。更にこれに校訂を加え、1842年（天保12）『眼科便用』と題して出版しようと試みた。し

19　ヴェラーの『眼科学』がどのように活用されたかは不詳。
20　高於菟、高壮吉、前掲書、116頁

かし幕府当局が国事犯であるシーボルトの名が掲載されていることを理由に出版を許可せず、シーボルトの名を削除すれば許可するとの提案も良斎は拒否したため刊行には至らなかったという[21]。

高らの評伝中にはこのほかにも眼科に関する著書として『西説眼科必読』四巻が掲載されているが、解題によると『眼科便用』と同様ティットマンの『外科学』を訳出した『喝蘭銀海秘録』を原本としたものであると指摘している。

ティットマンの『外科学』については良斎がシーボルトに宛てた以下の書簡にも表れる。この書簡はシーボルトの離日を間近に控え、多くの門人たちがシーボルトへ個人的な願い事を書き送った書簡のなかの一通である。

先年、シーボルト渡来200周年に当たり刊行された石山禎一、梶輝行氏共編の『シーボルト書簡集成』から引用する[22]。

67〈高良斎からシーボルトへ〉[1829推定]

　阿波の生徒　高良斎の願い

　後述の私の願いを聞いていただき、来年長崎へ送っていただけるなら幸甚に存じます。

　1. ラッサス（P. Lassus）の『外科病理学』。彼が著した仏語本をA・ファン・エルペクム（A. van Erpecum）が改訂翻訳した第一巻第二章。この本は私が昨年購入したのですが、私の生徒がその部分を紛失してしまったので、来年お送りいただきたく存じます。

　ティットマン（J. A. Tittman）。彼が著した改訂独逸本をファン・デル・ホウト（van der Hout）が増補翻訳した三巻だけを失くしてしまいました。

　2. 外科書。外科教科書、さらにティットマン著の外科教科書全巻をお送りいただきたくお願いいたします。

　3. 眼科全般にわたって記載の書、また性病、小児痘瘡などに関する書

　[後略][23]

この書簡は良斎が離日前のシーボルトに送った書簡のひとつで、文中にシーボルトが草稿のなかで言及しているティットマンの『外科学』があらわれる。さらに、この外科書全巻を送付するよう要望していることから、良斎が該当書籍を日本人医師向けの教科書として翻訳しようとしていたことが伺われる。

おわりに

本稿では新たに発見されたシーボルト自筆の日本医学史に関する草稿からシーボルトが

21　福島義一『高良斎とその時代』（思文閣出版、1996年）、159頁
22　石山禎一、梶輝行編『シーボルト書簡集成』（八坂書房、2023年）
23　同上、81頁

長崎で行っていた教育活動に関する記述部分を抽出して、日本側に残された門人の記録である伊東昇迪と高良斎の記録をつなぎ合わせ、シーボルトの長崎における門人教育、ひいては鳴滝の学塾の役割の一端を明らかにしようと試みた。

　鳴滝に創設された学塾は、シーボルトのみならず美馬順三、戸塚静海、岡研介、高良斎らシーボルトから直接指導を受けていた日本人医師らが指導者となり、全国から様々な伝手を頼り集まった日本人医師達に当時最新の西洋医学の知識と技術を伝える情報発信の場として大きな役割を担った。

　シーボルトはこのような状況を国元に手紙で次のように書き送っている。

　「私が作った教育機関から学問的教養の新しい光明と、それに伴うわれわれの繋がりが日本全土に次第に広がっています」[24]

　当然のことながら、シーボルトの伝えた最新医学は眼科にとどまらず、様々な関心を持つ医師たちが門を叩いている。シーボルトは、日本人医師たちは白内障、天然痘、梅毒等、日本人が直面している様々な困難をどう克服するかに関心を持っていると述べている。

　本稿では取り上げなかったが、天然痘ワクチンに関する新知識を求めてシーボルトのもとに集まった門人たちも多数見受けられる。これらのテーマについては今後の課題としたい。（了）

24　Hans Körner、前掲書、821頁

シーボルトに関わりのあるオランダ通詞

イサベル・田中・ファンダーレン
（東京大学史料編纂所共同研究員）

1. はじめに

　出島商館に滞在していたオランダ人にとって、公式の場、そして非公式の場での日本人とのあらゆる接触を手助けした「オランダ通詞」と呼ばれる日本人通訳者は不可欠な存在であった。これらの通詞はまた、シーボルトによる情報収集と、彼がヨーロッパに持ち帰った博物学標本や品々の収集にも大きな役割を果たした。一方、日本の事物に関する情報を提供することは、非常に危険な行為でもあった。そのことは、「シーボルト事件」からもうかがえる。この事件では、数人の情報提供者が解役となり、命を落とした者すらいた。シーボルトは、出島商館付き外科医として日本に派遣されたが、建国されたばかりのオランダ王国の経済の復活に寄与するために日蘭貿易に使えそうな天然資源や品物を調査する任務も負っていた。公式の立場では、上級通詞と関わりがあったが、非公式な通詞（内通詞小頭）の息子たちとの関わりもあった。彼らは、父親の職を継ぐ前に、オランダ人部屋の使用人として働いていた。こうした使用人の中には、江戸参府に随行する者もいた。江戸でシーボルトは、天文台に設置された外国語書籍の翻訳機関である蛮所和解御用詰めの通詞にも会った。

　シーボルトの日本研究と情報収集は、最も優秀な通詞の助けを借りて行われた。彼らは、シーボルトと、長崎に西洋科学を学びに来た日本の学者（医師）たちの仲介もした。これらの通詞はまた、鳴滝塾での講義の通訳も行った。そうすることにより、彼ら自身、医学の知識を身につけ、語学力を高めることができた。シーボルトの不在時には、出席している弟子の教授を引き受けることもあった。弟子が他の弟子の教師となるこの指導法は、当時ヨーロッパで流行していた「伝授教育」（*instruction mutuelle*、*wechselseitiger Unterricht*）という教育法に酷似している。シーボルトの教えを受けた弟子たちは、故郷に帰ると自分の弟子たちにその教えを伝え、さらにその弟子たちが新しく得た知識をまた別の弟子たちに伝えたため、シーボルトの教えはまたたく間に日本中に広まった。

　シーボルトは、数名の内通詞を含む一部の通詞と特に親密な関係になった。こうしたことが通詞たちの好意を育み、彼らは職業上の誓約である起請文を破ることになるにもかかわらず、進んでシーボルトの私的取引に関与し、情報を提供するようになった。そうした行為は、発覚した後、一部の日本人情報提供者に重大な事態を招いた。そこで当然生じる

のが、シーボルトは情報提供者を守るためにもっと慎重になることはできなかったのだろうか、という疑問である。

　オランダ通詞の役割に焦点を当てることによって、シーボルトの時代にヨーロッパの知識が日本にどう伝わり、また日本の知識がヨーロッパにどう伝わったかについて、よりバランスの取れた理解ができるようになる。また、シーボルトの科学的功績に対する称賛は、シーボルトだけでなく、彼に必要な情報を提供した人々にももっと向けられるべきであることが明確になる。

2. シーボルトの日本任務

　フィリップ・フランツ・フォン・シーボルト（Philipp Franz von Siebold, 1796-1866）は、1823年2月13日[1]にバタフィアに到着した。前年7月に、彼はオランダ領東インド植民地陸軍一等外科医少佐に任命されていた[2]。バタフィアで、出島商館付き外科医に任ぜられ（4月18日）、さらに博物学調査の任務も課せられた（5月20日）。

　8月12日に出島に到着してすぐ牛痘接種を実施し（失敗に終わった）、出島で、蘭学と西洋医学を学びに長崎に来てオランダ商館への出入りを許されていた医師たちへの医学指導を始めた[3]。また、市内で日本人患者を治療する許可を得たほか、植物採集のため長崎近郊まで調査に出かけることを許された。翌年、吉雄幸載（1788-1866）の医学塾と、楢林栄健（1801-1875）、楢林宗建（1803-1852）の医学塾で手術と治療を行うことも許された。同年に、シーボルトは鳴滝に屋敷を持つことができた。その屋敷は、治療と指導に使われたほか、窮乏している門人の宿泊施設としても使われた[4]。

　1825年以降は、バタフィアから研究を補佐するために派遣された薬剤師のH. ビュルゲル（Heinrich Bürger, 1806？-1858）と画家のC. H. デ・フィレネウフェ（Care Hubert de Villeneuve, 1800-1874）がシーボルトを手伝うようになった。

---

[1]　本稿の日付は、別途記載のない限り、すべて西暦で表示している。
[2]　シーボルトの日本任務について詳しくは、呉秀三『シーボルト先生　其生涯及功業』（吐鳳堂、1926年）（復刻：名著刊行会、1979年）（東洋文庫103、115、117号、平凡社、1967-1971年、附録なし）などを参照。他に、石山禎一『シーボルトの生涯をめぐる人々』（長崎文献社、2013年）、石山禎一他編『新・シーボルト研究』I、II（八坂書房、2003年）、梶輝行「シーボルトの来日と日本の総合的研究への取り組み」（『シーボルト来日200周年記念　大シーボルト展』長崎歴史文化博物館、2023年、145-153頁）、栗原福也編訳『シーボルトの日本報告』（東洋文庫784号、平凡社、2009年）も参照。
[3]　出島のオランダ商館長（*opperhoofden*）の公務日記に名前が記されている医師は、美馬順三、湊長安、山口行斉、高良斎、岡研介、二宮敬作、戸塚静海、吉雄幸載である。平井海蔵、石井宗謙、伊東玄朴、高野長英の名前は、日記には出てこない（*Dagregisters 1823-1830*、ハーグ市国立公文書館［NA］、日本商館文書［NFJ］、番号236-246、文書群番号1.04.21）。1823年から1833年の商館長日記の日本語訳は、松方冬子他編『一九世紀のオランダ商館』上下（東京大学出版会、2021年）を参照。
[4]　シーボルトの門人について詳しくは、呉（1926）、石山（2003、2013）、宮坂正英「シーボルトの日本研究とその支援者としての美馬順三ならびに吉雄権之助」（若木太一編『長崎東西文化交渉史の舞台―ポルトガル時代・オランダ時代―』勉誠出版、2013年、297-321頁）を参照。

シーボルトの弟子（シーボルトが文通していた数名の通詞と日本人学者を含む）の多くが動植物標本や、日本に関する情報を彼に提供した。1826年2月15日から7月7日まで、シーボルトは江戸参府に参加した。道中、数名が随行し、彼の研究と動植物標本の収集を手伝った[5]。川原慶賀（登与助）(1786?–1860年代)は画家として同行し、ビュルゲルは、シーボルトの秘書という名目で地質学的測定や気象学的測定を行った。江戸でシーボルトは、天文学者の高橋作左衛門（景保）(1785–1829)と知己を得た。高橋は後に、縮小された日本地図の写しをシーボルトに提供した。その地図が、シーボルト事件の中心となったのである。

高橋ら容疑者の取り調べは、1828年11月に江戸で始まり、翌月には長崎にも及んだ。数々の取り調べと家宅捜索を経て、シーボルトは1829年10月22日に日本からの永久追放処分（国禁）を受け、同年12月30日に出国した。

ヨーロッパに戻ると、シーボルトは研究成果を分冊として発表し（1832～51年）、最終的に『日本』(1852年)、『日本動物誌』(1833～50年)、『日本植物誌』(1835～70年)の出版に至った。彼は日本滞在中から、バタフィア総督への年次報告[6]やバタフィア王立学術協会に提出した論文[7]において、研究成果の一部を発表していた。日本語に関する初期の論文は、吉雄権之助[8]と思われる親しい通詞の助けなしには絶対に不可能であっただろう。

追放処分を受けたにもかかわらず、シーボルトは1859年8月に日本に戻ることができた。この2度目の滞在は1862年5月まで続き、その間にシーボルトは、通詞を含め最初の滞在時に知り合った人々と旧交を温めた[9]。

3. オランダ通詞の特徴

1641年にオランダ商館が平戸から出島に移されると、オランダ人付きの通詞職は日本人に限定されるようになった。彼らは長崎奉行によって雇用され、その給料の一部は、日蘭貿易の利益によって賄われた。仕事上オランダ人と関わる地役人として、彼らは日本当局が定める規則を遵守することを約束する職業上の誓いを立てることを義務付けられた[10]。

18世紀初めには通詞職は世襲制になっていたが、適当な息子がいない場合は、跡取り

5　呉(1926)、Ph. F. von Siebold, *Nippon: Archiv zur Beschreibung von Japan und dessen Neben- und Schutzländern*, 2 vols., Leyden: Bei dem Verfasser, 1852（シーボルトが記した1826年の参府日記も含む）を参照。*Nippon*の日本語訳については、岩生成一監修『シーボルト「日本」』（雄松堂書店、1977-1979年）を参照。*Nippon,*（…）, *herausgegeben von seinen Söhnen*, 2 vols., Würzburg, Leipzig: Verlag der k. u. k. Hofbuchhandlung von Leo Woerl, 1897も参照。シーボルトの参府日記の日本語訳については、斎藤信訳『江戸参府紀行』（東洋文庫87号、平凡社、1967年）を参照。

6　栗原(2009)を参照。

7　シーボルトの出版物について詳しくは、石山(2003、2013)を参照。

8　吉雄権之助については、後の第5章を参照。

9　最初の滞在時に知り合いになった通詞には、北村元助、森山多吉郎、名村八右衛門らがいた。シーボルトの2度目の日本滞在については、呉(1926)、石山禎一・牧幸一訳『シーボルト日記』（八坂書房、2005年）、石山禎一・梶輝行編『シーボルト書簡集成』（八坂書房、2023年）を参照。

を別の通詞職の家系から養子として迎えた。公認された家系は全部で35ほどあったが、事情により公認を失った家系もあれば、新たに通詞の家系に指定された家系もあった。

　通詞は大まかに、公式の場での通訳を担う本通詞と非公式な場で通訳を行う内通詞に分かれていた。本通詞はさらに職階によって、大通詞、小通詞、小通詞並、小通詞末席、稽古通詞に分かれていた。1695年以降、他の通詞の行動をチェックし、出島でのあらゆる事柄が適切に行われているかを監督する通詞目付（*dwarskijker*）という新たな職階が設けられた。毎年、大通詞1名と小通詞1名が長崎奉行とオランダ人との間の連絡を担当する年番通詞（*rapporteur*）に任命され、さらに2名が江戸参府の折にオランダ人に付き添う役目を担った。公式の翻訳を許されたのは、いわゆる通詞仲間（*Tolkencollege*）に所属する上級通詞のみで、翻訳した文書に署名し、自身の印を押印するか、単に「*het collegie*」と署名した。場合によっては、年番訳詞（*rapporteur-tolken*）の印を押すこともあった[11]。

　貿易の繁忙期に手を貸す内通詞の集団が占める割合が非常に大きくなったことを受け、1670年に、この中から12名が代表として選出され、内通詞小頭を務めることになった。彼らの息子は、オランダ人の家で家事全般を担う使用人を務めることができたため、オランダ人との日常的な交流を通じてオランダ語に精通するようになり、知識の双方向の伝達に大きな役割を果たした。彼らはまた、さまざまな私的取引に駆り出されることもよくあった[12]。

　同じような組織は、中国人貿易商に仕える通詞（唐通事）にも存在した[13]。

4. 公式の場においてシーボルトに関わった通詞

　公式の場においてシーボルトと関わりがあった通訳は、必要な場合に対応できるように出島の通詞部屋に昼夜交代で詰めていた大通詞と小通詞であった。その中には、年番通詞と通詞目付も含まれていた。これらの上級通詞はすべて、商館長日記[14]の中で大きく取り上げられており、シーボルト自身もその著作『日本』の中で言及している。

---

[10] オランダ通詞については、片桐一男『阿蘭陀通詞の研究』（吉川弘文館、1985年）、木村直樹『〈通訳〉たちの幕末維新』（吉川弘文館、2012年）、片桐一男『江戸時代の通訳官―オランダ通詞の語学と実務―』（吉川弘文館、2016年）（文庫版『阿蘭陀通詞』講談社、2021年）、織田毅「長崎通詞について―史料にみる阿蘭陀通詞の実態」（『鳴滝紀要』第30号、シーボルト記念館、2020年、89-96頁）、イサベル・田中・ファンダーレン「オランダ通詞」（『洋学史研究事典』所収項目、思文閣出版、2021年、27頁）などを参照。

[11] ほとんどの場合、*tolkencollege*という語は、出島詰めの上級通詞に使われたが、稽古通詞を含む本通詞全般を指して幅広い意味で使われることもあった。しかし、内通詞小頭もそれに当てはまっていたのかは明らかではない。「通詞仲間」という語も、両方の意味を持っていたように思われる。

[12] 内通詞に関する詳しい説明は、イサベル・田中・ファンダーレン「阿蘭陀通詞稲部市五郎について」（『長崎学』3号、長崎市長崎学研究所、2019年、101-118頁）、同著 "The tragic end of Siebold's informant the interpreter Inabe Ichigorō"（近日刊行予定 *New Perspectives on the Study of von Siebold*（仮題）所収、Amsterdam: Amsterdam University Press）を参照。

[13] 唐通事については、林陸朗『長崎唐通事：大通事林道栄とその周辺　増補版』（長崎文献社、2010年）などを参照。

4-1　1828 年の長崎の分限帳に記載されている通詞

　特定の年については、長崎地役人の名前がすべて記載されている現存する分限帳類を用いて、雇われていた通詞の一覧をまとめることが可能である。しかし、これらの分限帳の中には、内通詞については全員を名前で記載していないものもある。各家には、一定の数の役株しか割り当てられなかったため、記載されている稽古通詞の多くは、その父親が現役の間は無給だったが、給料以外の報酬を現物で受け取っていた。

　シーボルトが日本に滞在していた期間については、1824 年から 1828 年までのそのような分限帳が 3 帳現存している[15]。このうち最後の分限帳には、シーボルト事件の主犯である馬場為八郎、吉雄忠次郎、堀儀左衛門、稲部市五郎の名前がまだ記されていることから、この分限帳は 1828 年末に長崎での取り調べが始まる前のものであろう。次に現存する 1830 年の分限帳では、彼らの名前は線で消されている[16]。

　1828 年の分限帳には、大通詞目付として茂伝之進、目付助として西義十郎、大通詞として馬場為八郎、末永甚左衛門、加福新右衛門、大通詞助として石橋助十郎、大通詞見習として吉雄権之助［六二郎］、中山作三郎［武徳、得十郎］の名が記載されている。また、小通詞として岩瀬弥右衛門［弥十郎］、楢林栄左衛門、馬場圓次、今村猶四郎、小通詞助として茂土岐次郎と吉雄忠次郎の名が記されている。小通詞並として名が記載されているのは、西善右衛門、名村八太郎［茂三郎、元次郎］、森山源左衛門、名村三次郎［八十郎］、西吉太夫、植村作七郎、堀儀左衛門、立石秀太郎、末永七十郎、小川慶助、楢林鉄之助、志築龍太、堀専次郎、猪俣源三郎であり、小通詞末席として記載されているのは、本木茂吉郎［昌左衛門］、楢林榮三郎、岩瀬弥七郎、中山卯三郎、馬田作之助、稲部市五郎、西吉十郎、品川梅次郎、名村貞四郎［貞五郎、八右衛門］、西与一郎、横山源吾である。稽古通詞として記載されているのは、石橋助五郎、松村種三郎、吉雄作之亟、志築清太郎、塩谷家五郎、三島岳次郎、植村国太郎、加福常之助、荒木八之進、今村祥輔、横山新之助、楢林定之亟、森山栄之助、西慶太郎、稲部亀之助、荒木豊吉である。また、この分限帳には、松村直之助、田中利兵衛、磯田半三郎、川原平十郎ら 4 名の内通詞小頭は、名前入りで記載されている。さらに、有給の内通詞小頭見習 2 名と無給の内通詞小頭見習 2 名がこの分限帳に記載されているものの、具体的な名前は挙げられていない。おそらく、シーボルト事件との関連で裁きを受けた菊谷藤太、菊谷米蔵［藤市、藤平、幡崎鼎］と田中作之進であっただろうと思われる。2 人目の無給の内通詞小頭見習の身元は判明していない。1828 年の分限帳には、猪俣伝次右衛門（？-1826）、石橋助左衛門（1757-1837）、横山又次右衛門（1760？-1828）の名前は記されていない。これは彼らが、それより前に死亡したか

14　1824～1833 年の商館長日記に記されている上級通詞一覧は、松方（2021）下巻、付表 2、528-529 頁を参照。

15　「長崎諸役人帳」（1824 年頃）（長崎歴史文化博物館蔵）、「長崎諸役人名」（1824 年）（長崎歴史文化博物館蔵）、「分限帳」（1828 年）（長崎歴史文化博物館蔵）。

16　「長崎諸役人帳」（1830 年頃）（長崎歴史文化博物館蔵）。

引退しているためである。

　1826年の江戸参府に参加した内通詞兼使用人のうち数人が、1828年には本通詞に昇格していたことは興味深い。

　『日本』（1852）第2巻（元は1832年の分冊第3号）に掲載されている図XVには、本通詞6人の顔と彼らの名「SUKESAJEMON」「SAK'SABRO」「JASIRO」「SOSAJEMON」「JENOSKE」「TAMIFATSIRO」が記されている。そのうち4人は石橋助左衛門、中山作三郎、岩瀬弥十郎、馬場為八郎であることが分かっている。「Jenoske」と「Sosajemon」の身元は分かっていない。森山栄之助［多吉郎］と本木昌左衛門の可能性があるが、栄之助はシーボルトの滞在時にはまだ若い稽古通詞であり、昌左衛門は1832／33年まで茂吉郎の名で分限帳に記されている。彼の実父庄左衛門は、1822年には死去している。図VIIIとXは、デ・フィレネウフェの原画に基づく石橋助左衛門「ISIBASI SUKESAJEMON」（'Präsident des Dolmetscher-Kollegiums'）と名村三次郎「NAMURA SANZIRO」（1783？-1841）の肖像[17]である（図1～3）。

4-2　オランダ人部屋付きの内通詞小頭の息子たち

　商館長H. ドゥフ（Hendrik Doeff, 1733-1835）が後任に残した1818年の覚書によると[18]、商館長には、内通詞の息子である上級使用人（*opperdienaars*）3人と、下級使用人（*onderdienaars*）3人が配された。江戸参府の折には、下級使用人のうち一人が外科医の世話をし、もう一人が筆者（書記）の世話をした。ドゥフは、私事に関しても非常に信頼の置ける者として、特に下級使用人のToda［菊谷藤太］とGihatsi［儀八］を挙げている。ドゥフ商館長時代の使用人の最年長は、Araki Fatsnozin［荒木八之進］であり、日雇いの賃金、雇い船の賃料、日々の食費の勘定を担当していた。彼も、極めて正直とみなされていた。

　シーボルト自身も、これらの使用人を絶賛している。

　　「我々の従者（*Bedienten*）は、誠実で、忠実な人々であった。彼らは若いころから出島に出仕していた。彼らの内で年輩のものは、前商館長にも何度も参府に付き添ったため、旅行中すばらしく気転がきき、奉仕とか礼儀作法に関わるいっさいに通じていたし、また分かりやすいオランダ語を話したり書いたりした。」[19, 20]

　日本の文献では、これらの使用人は「阿蘭陀人部屋附き」と呼ばれている。しかし、こ

17　石橋助左衛門を描いたデ・フィレネウフェの原画は、長崎歴史文化博物館が所蔵している（『大シーボルト展』カタログ、長崎歴史文化博物館、2023年、図3-92を参照）。

18　"Stukken betreffende de inkomsten en uitgaven van de opperhoofden in Japan, alsmede enige concept-artikelen tot instruktie voor de opperhoofden in 1818" [Documents regarding the earnings and expenses of the *opperhoofden*, as well as several draft clauses for the instruction of the *opperhoofden* in 1818], Aanwinsten, 28 october 1965（NA. entry no. 2.21.054, coll. Doeff, no. 10）.

19　*Nippon* (1897), I, p. 53.

20　以降の引用文のほとんどは斎藤訳（1967）に基づき、多少訂正をしたものである。

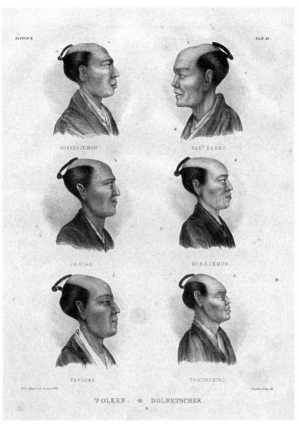

図1　本通詞の肖像、『日本（Nippon）』の分冊第3号（1832）　図XV
（九州大学附属図書館蔵）

図2　石橋助左衛門の肖像、同　図VIII
（九州大学附属図書館蔵）

図3　名村三次郎の肖像、同　図X
（九州大学附属図書館蔵）

れらの使用人のすべてが、通詞の家系の出身だったわけではない。さらに、出島のオランダ人の中には、日本人ではない奴隷身分の個人的な使用人を伴う者もいた。それらの使用人は、バタフィアから連れてこられた者たちで、「部屋附き」とは違って出島に宿泊することを認められた。

4-3　1826年の江戸参府付添い通詞[21]

1826年の江戸参府に参加した通詞は、大通詞の末永甚左衛門（1768-1835）、小通詞の岩瀬弥十郎（1771?-1848）であった[22]。弥十郎は、参府の仕来たりを把握させる目的で息子の岩瀬弥七郎（1804?-1873）を自費で同行させた。商館長のJ. W. デ・ステュルレル（1776-1855）の個人的な使用人として、内通詞の家系の出身である荒木豊吉、田中作之進、菊谷藤太、［菊谷］藤市／藤平［米蔵、幡崎鼎］の名前と、出自が明らかでない藤七、茂三郎、儀八の名前が記されている。道中のシーボルトの個人的な使用人（部屋付き）は源之助という人物だったが、彼の出自も明らかではない。本通詞の名村八太郎（?-1837）は使用人としてデ・ステュルレルに随行し、医師でありシーボルトの弟子である「Keitaro」という人物は、通詞の使用人として同行した[23]。この人物は、通詞の西慶太郎（1816-1878）であるとされている[24]。

特筆すべきは北村元助（1802-1868）で、江戸参府に参加した時はまだ通詞の書記（通詞筆者）であった。彼は1846年に内通詞に昇進し、1848年に稽古通詞の仲間入りをした。1867年には、小通詞目付に任命されている。植物学と動物学に関する知識を生かし、1849年以降バイテンゾルフ（インドネシア）とオランダの植物園に標本を提供したほか、シーボルトの王立園芸奨励協会のために種や球根、苗を提供した[25]。さらに、1856年からは幕府の（気候馴化）薬草園の「御薬園植附」方として、オランダと中国の商人から植物を取り寄せる役目を負った。この方面に対する彼の関心はおそらく、1826年の江戸参府の道中にシーボルトと彼の協力者が動植物学資料を収集するのを目の当たりにした時に芽生えたものと思われる[26]。

シーボルトは、内通詞について好意的に描写しているが、対照的に通詞全般に対する意

21　江戸参府付添い通詞の一覧は、片桐（1985）208-226頁、257-260頁を参照。
22　1826年の江戸参府付添い通詞については、Nippon (1897), I、呉（1926）、森永種夫編『犯科帳：長崎奉行所判決記録』第8冊（犯科帳刊行会編、1960年）31-34頁を参照。
23　Nippon (1897), I, p. 53.
24　呉（1926）136-137頁：「古賀十二郎による書簡に基づく」。
25　Gerard Thijsse et al., "The Royal Society for the Encouragement of Horticulture in the Netherlands: established by P. F. von Siebold and C. L. Blume in 1842"（西南学院大学『国際文化論集』第34巻第1号、2019年、47-70頁）を参照。
26　イサベル・田中・ファンダーレン「オランダ通詞系図：北村家」（『日蘭学会会誌』第53号、2005年、73-102頁）、同著「北村元助と動植物学への貢献（その一）」（『鳴滝紀要』第18号、シーボルト記念館、2008年、15-28頁）、同著「北村元助と動植物学への貢献（その二）」（『鳴滝紀要』第19号、シーボルト記念館、2009年、1-14頁）。

見は複雑であった。

「彼らは代々ヨーロッパ人との交際によって、長所も少なくないが、短所の方をずっと多く受け継いでいるので、彼らを本来の日本人と混同してはいけない。」[27]

彼はまた、江戸参府付添い通詞の欠点も鋭く観察していた[28]。

［末永甚左衛門は、］

「60歳に近く、高い教養若干の学問的知識をもっていた。彼はオランダ人との貿易には経験豊富で、貿易と関連した官僚式のめんどうな手続きにも通じていた。また日本流の事務処理にも優れた能力があり、賢明で悪知恵もあった。また追従に近いほど頭が低く、(…) その上物惜しみはしないが倹約家で、不遜という程ではないが (…)。出島にいる大部分の同僚と同じように、少年時代に通詞の生活に入り、外国の習慣に馴れていて、通詞式のオランダ語を上手に話したり書いたりした。」

［岩瀬弥十郎は、］

「60歳を超え、振舞いではよく甚左衛門に似ていた。(…) 自分の職務を理解しそれに忠実で、旧いしきたりを固く守った。彼は卑屈でなく礼儀正しく、同時に賢明だったが、ずるさを感じられた (…)。」

［彼の息子岩瀬弥七郎は、］

「多くの点で父親似であった。(…) 噂では善良な人間で、お世辞は父親と同じで、(…) 何事によらず「ヘィ」と答えた。彼の生活は規格外であり、女性を軽視しなかった。我々と一緒の時にいつも面白いことを考えていた。また、我々に対しては大変親切で、日常生活では重宝がられていた。(…)」

［名村八太郎は、］

「当時われわれと接していた日本人のうちで、もっとも才能に恵まれ練達した一人であったことは議論の余地はない。彼は母国語だけではなく、中国語やオランダ語にも造詣が深く、日本とその制度・風俗習慣にも明るく、大変話好きで、その上朗らかだった。彼の父は大通詞だったが、退職していた。したがって、父が存命していて国から給料をもらっている間は、息子の方は無給で勤めなければならない。八太郎は僅かな収入しかなかったが、相当な道楽者であったので、もっと必要としていた。信用は少なく、借金は多かった。数人のオランダの商館員と組んで投機をやり、それがいくらかの生計の資となった。彼自身がお金の価値を知らなかったが、お金のためであれば

27　*Nippon* (1897), I, p. 51.
28　以下の記述は、*Nippon* (1897), I, pp. 51-52 から引用した。なお、ここでは、通詞の身体的外見に関する詳細はすべて省略した。

なんでもやった。我々のところで雇われたことに対して非常に満足で、彼の都合に合えば誰にも利用してくれるようにした。」

名村八太郎に対するシーボルトの評価は、通詞とオランダ人が結託して裏で行っていた取引について貴重な洞察を与えてくれる。八太郎の場合、最終的にはこうした取引が身の破滅につながり、1837年に違法行為で獄門に処せられた[29]。

4-4　江戸の天文台詰め通詞

江戸では、オランダ宿であった長崎屋に滞在していたデ・ステュルレル商館長とシーボルトのもとを多くの学者や医師が訪れた。その中には、天文台の長であった天文方の高橋作左衛門がおり、彼らに数枚の日本地図を見せた。その中にはおそらく、地図作成者の伊能忠敬（1745-1818）によるものも含まれていたであろう。高橋の訪問に同行していたのが吉雄忠次郎（1788-1833）[30]である。忠次郎は、1823年から1826年まで洋書の翻訳者として天文台に詰めていた長崎の通詞で、その間、高橋による外国語の単語一覧の編集に協力した。忠次郎は1824年に、上陸したイギリス人船員の取り調べの通訳として現在の茨城県に位置する大津に派遣され、翌年にはイギリス人の歴史と国民性に関する翻訳を作成した。彼は、英語とロシア語の知識も持っていた。忠次郎は、吉雄耕牛（1724-1800）の甥の息子であり、そのつながりで耕牛の息子である吉雄権之助（1785-1831）と親しい関係にあった[31]。1826年夏、忠次郎は江戸を去り、その後任として猪俣伝次右衛門が着任することになっていた。しかし、伝次右衛門は江戸に向かう途中で自殺した（理由は不明）ため、息子の猪俣源三郎（1796-1829）が天文台で同じ役職に任ぜられた。源三郎は江戸滞在中の1829年10月9日、シーボルト事件で裁きを受ける前に死去した[32]。

長崎に戻った忠次郎は、シーボルトの最も信頼する助手の一人となり、シーボルト事件に深く関わった。シーボルトが彼を「私の学問の友」を呼んだのも当然と言えよう[33]。

29　八太郎（1830年に元次郎に改名）は最終的に、サフランの密貿易で摘発された。詳しくは、イサベル・田中・ファンダーレン「オランダ通詞系図：名村家」（『日蘭学会会誌』第55号、2007年、35-77頁）を参照。

30　天文台での忠次郎の前任者は、馬場佐十郎（1787-1822）である。忠次郎はおそらく1826年4月11日にシーボルトに会った江戸在住の通詞「Saisiro」（*Nippon* [1897], I, p. 183）と同一人物であると思われる。忠次郎について詳しくは、呉（1926）と片桐一男『シーボルト事件で罰せられた三通詞』（勉誠出版、2017年）を参照。

31　権之助は、父の耕牛が62歳の時に生まれており、それにちなんで当初は六二郎と呼ばれていた。

32　猪俣源三郎とその父伝次右衛門については、呉（1926）と原平三「シーボルト事件と和蘭通詞猪俣源三郎」（『日本医史学雑誌』1333号、1994年11月、249-255頁および1334号、1944年12月、284-292頁）を参照。

33　*Nippon*（1897）, I, p. XXI.

5. シーボルトの日本研究に協力した通詞

　シーボルトは来日後、J. コック＝ブロムホフ商館長（Jan Cock Blomhoff, 1779-1853）から、長崎に勉学に来ていた著名な日本人の医師のほか、最も熟達した通詞の紹介を受けた。彼ら通詞は、「これらの人々［医師］に徹底的に研究の鍵となるオランダ語の教授をした」[34]。そうした通詞には、吉雄権之助、稲部市五郎(1786-1840)、石橋助左衛門、楢林鉄之助(1800-1857)、茂土岐次郎（?-1834）、名村三次郎などがいた。彼らの多くは既に、前任の商館長 H. ドゥフによる蘭和辞典の編集に関わっていた[35]。ブロムホフ自身も日本滞在中、荒木豊吉と菊谷米蔵という2人の内通詞の協力を得て、ドゥフの蘭和辞典に基づいて蘭和対訳辞書の作成に取りかかっていた[36]。この2人も、シーボルトの非常に親しい協力者兼弟子となる。

　「学者の通詞」[37] である吉雄権之助の協力を得て、シーボルトは、言語研究を始めることができた。その研究は、前述した日本語に関する初期の出版物にもつながった[38]。1828年に、吉雄権之助と吉雄忠次郎は、シーボルトが個人で使用するための小さな和蘭辞書を作成するのも手伝った[39]。権之助の優れたオランダ語の知識は、当時既に定評があったが、彼は英語とフランス語にも堪能で、ドゥフの辞書などのほかに、英和辞書と仏和辞書の編集やさまざまな文法研究にも関わった。彼はまた、オランダ語塾を運営した。岡研介(1799-1839) や高良斎（1799-1846）、戸塚静海（1799-1876）、伊藤圭介（1803-1901）らは、このオランダ語塾で学んでから、シーボルトの講義に出席した。なお、美馬順三（1795-1825）や伊東玄朴（1801-1871）といった他の有名な弟子は、まず猪俣伝次右衛門の塾でオランダ語を学んでいる。

5-1　出島と鳴滝における医学伝習

　シーボルトは来日直後から、出島に入る許可を得ていた日本各地出身の医師を指導し、

34　*Nippon*（1897）, I, pp. 120-121.
35　ドゥフの辞典について詳しくは、松田清『洋学の書誌的研究』（臨川書店、1998年）73-101頁、Rudolf Effert, "The Dūfu Haruma: An Explosive Dictionary", in A. Beerens, M. Teeuwen (eds.), *Unchartered Waters: Intellectual Life in the Edo Period*, Leiden: CNWS Publications, 2012, pp. 197-220 などを参照。
36　これは *Hollandsch en Japansch Woordenboek*（Leiden University Library: UB 63）と呼ばれる。荒木については、沼田次郎「荒木豊吉という阿蘭陀通詞について」（『長崎市立博物館館報』第31号、1990年、1-9頁）を参照。菊谷米蔵については、後述の注65を参照。
37　*Nippon*（1897）, I, p. 112.
38　権之助について詳しくは、呉（1926）、宮坂（2013）、Sven Osterkamp, "Yoshio Gonnosuke and his comparative Dutch-Japanese syntax: glimpses at the unpublished second part of Siebold's "Epitome Linguae Japonicae"", *Berichte zur Wissenschaftsgeschichte*, no. 46/1（2023）, pp. 54-75 などを参照。
39　これは、「Wa Lan kotoba sjo」(Leiden University Library: UB 64) と呼ばれ、Ph. F. von Siebold, J. J. Hoffmann, *Catalogus librorum et manuscriptorum japonicorum a Ph. F. de Siebold collectorum*（…）, Leiden, Batavia: Beim Verfasser, 1845, p. 20 に326号として記載されている。（日本語訳は『シーボルト蒐集和書目録』八坂書房、2015年であり、64、89、136頁を参照。）

彼らはシーボルトの最も大切な弟子となった。長崎の医師であった吉雄幸載、楢林栄健、楢林宗建は、オランダ人の診察をする医師として出島に入ることを許されていた。診察中の通訳を務めた通詞には、ブロムホフから紹介された通詞のほか、江戸から戻った後の吉雄忠次郎もいた。彼らは、シーボルトが市内で患者を診察したり、これらの患者を吉雄と楢林それぞれの医学塾で治療したりする際にも同行した。

　長崎近辺での薬草採集に最もよく同行したのが、稲部市五郎[40]と茂伝之進（1768-1835）であった。伝之進について、シーボルトは次のように記している。

　「日本の友人の内に茂伝之進という人がいた。1776年にツンベリーの江戸参府旅行に同行した茂節右衛門［(1733-?)］の息子で、彼はこの有名な自然科学者を今なおはっきり覚えていた。彼は自分の庭にあるツンベリーが箱根から持って来たネズの木を私に見せてくれた。当時まだ若年であった彼はこの木を植える手伝いをした。伝之進は、父の友人であり師でもあるこのツンベリーに対し、感動的な尊敬の情を込めて、彼が同定した植物の収集物を家宝として保存していた。（…）。植物学に寄せる彼の愛着は父から受けついだものであった。彼の［通詞目付という］役職のため私に大いに役に立った。」[41]

　このネズ（杜松）の木から採集された標本は、ライデンにあるナツラリス自然史博物館の植物標本室と東京の牧野標本館で見ることができる[42]。最初の標本は1829年4月、2番目の標本は1861年1月15日に採集されている（図4・5）。シーボルトの『日本植物誌』に掲載されているこのネズ（学名：*Juniperus rigida*）の解説によると、1823年には既に高さ20フィート（約6メートル）に成長していたという[43]（図6）。バタフィアからの船が到着しなかったためにオランダの酒を切らしたドゥフ商館長に、伝之進は自分の庭の木から取ったジュニパーベリー（*jeneverbessen*）を加えた、自家蒸留したオランダの酒イェネーフェル（*jenever*）を提供した。1812年のことである。このときはジュニパーベリーの（あまりにも）強い樹脂臭を取り除くことができなかった[44]。これにヒントを得て、長崎近辺の諫早の蔵元が2019年に、ジュニパーの強い風味をザラメ砂糖でやわらげた「出島ジン　伝之進」

40　「最も厚く信用できる、長崎近辺で薬草を採集したすべての時に同行した忠実な仲間、稲部市五郎」（*Nippon*（1897）, I, p. XXII）。市五郎について詳しくは、呉（1926）、田中・ファンダーレン（2019）、同著近刊（Amsterdam University Press）を参照。

41　*Nippon*（1897）, I, p. 69.

42　ナツラリス自然史博物館 L0102750（HERB. LUGD. BAT. No. 901）、東京都立大学 牧野標本館標本番号 MAKS1798。加藤信重『牧野標本館所蔵のシーボルトコレクション』（思文閣出版、2003年）、同著『シーボルトが蒐集したシダ標本』（思文閣出版、2010年）を参照。

43　*Flora Japonica*（Textband II）1870, no. 127: JUNIPERUS RIGIDA, pp. 56-58, tab. 125.

44　Hendrik Doeff, *Herinneringen aan Japan*, Haarlem: De erven F. Bohn, 1833, p. 185 を参照。18世紀末、伝之進の屋敷は鳴滝の隣の桜馬場町に位置していた。原田博二「中西啓旧蔵「長崎諸役人寺社山伏」の作成年と阿蘭陀通詞の項の復元」（『長崎歴史文化博物館　研究紀要』創刊号、2006年、13-39頁）25頁を参照。ネズの木は、樹齢数百年にもなることもあるため、この木を探す価値はまだあるかもしれない。

図4　ネズの標本
（ナツラリス自然史博物館蔵）

図5　子ズムロ・杜松の標本
（東京都立大学牧野標本館蔵「牧野標本館シーボルトコレクションデータベース」）

図6　ネズ（『日本植物誌』）
（京都大学理学研究科生物科学図書室蔵）

というクラフト・ジンを開発した[45]。

　他のところでシーボルトは伝之進を「ヨーロッパ科学の保護者であり、我々と日本の学者の仲介をする［人物］」と呼んでいる[46]。実際、シーボルトは、伝之進から C. P. ツンベリー（Carl Peter Thunberg, 1743-1828）の家族に宛てた書簡の写しを保存したほどであった。その書簡の中で伝之進は、1825年にツンベリーから受け取った書簡と数冊の小冊子に対する感謝の念を表している[47]。植物標本と植物に関する情報を提供したその他の通詞には、中山作三郎（武徳）（1785-1844）[48]と馬場為八郎（1769-1838）がいた[49]。

　作三郎と伝之進の仲介により、シーボルトは1824年に鳴滝に屋敷を持つことができた。この場所が、指導を受け、手術に立ち会うために日本全国から訪れた数多くの医者の私塾の役割を果たしたのである。屋敷は、高野長英（1804-1850）などの門人の宿泊施設としても使われた。シーボルトの不在時には、彼の最も信頼する弟子であった美馬順三と岡研介

45　諫早の蔵元、杵の川。

46　*Nippon*（1897）, I, p. 121.

47　"Copij van eenen brief van den Heer Sige Dennosin, opperdwarskijker/spion bij de factorei Decima in Japan, aan de familie Thunberg te Upsal in Zweden"（大通詞目付（出島商館付きスパイ）茂伝之進からスウェーデン・ウプサラ市のツンベリー家宛ての書簡の写し）ブランデンシュタイン城シーボルト・アーカイヴ（SABB B13, Fa-B 312）。

48　作三郎について詳しくは、イサベル・田中・ファンダーレン「オランダ通詞系図：中山家」（『日蘭学会会誌』第50号、2002年、67-95頁）を参照。

49　作三郎が採取した標本：ナツラリス自然史博物館番号 L0170126, 0329117, 0327083（HERB. LUGD. BAT. No. 908）、東京都立大学　牧野標本館標本番号 MAKS0253。為八郎について詳しくは、呉（1926）と片桐（2017）を参照。為八郎の植物採集については、栗原（2009）134頁所収の1825年の報告を参照。

が、通詞の助けを借りて講義を行った。鳴滝塾の重要性について、シーボルト自身、次のように記している。

> 「この小さい地点から科学的教養の新しい光が少しずつ広まり、それとともに我々の結びつきが日本国中に行きわたった。この時以来我々があえて門人と呼ぶところの人々は、この地に彼らのヨーロッパ的教養のため最初の礎石を据え、我々の研究に対して多大の貢献をした。」[50]

語学の練習として、彼は門人数人に、決められたテーマについてオランダ語で学術論文を書かせたり、和書の翻訳をさせたりしたが、それは彼自身の日本研究の貴重な資料となった。通詞兼門人による現存資料には、吉雄権之助と吉雄忠次郎が記した日本の宗教、地理、時間測定、中国の歴史に関するものなどがある[51]。

5-2 伝授教育という教育法

シュリュヒテルン・エルムにあるブランデンシュタイン城シーボルト・アーカイヴ（SABB）に保管されているシーボルトの個人文書に、「日本における医学の成立と発展に関する歴史的概観」と題する原稿がある。その中でシーボルトは、「伝授教育」（*wechselseitiger Unterricht*、*instruction mutuelle*）と呼ばれる教育法に言及している。彼は、この方法は日本に元々あるものであり、日本におけるヨーロッパの知識の普及を後押しした要因の一つであったと述べている。この方法によれば、「偉大な師の生徒が同時に他の者の先生になり、師の口から直接伝わった言葉（教え）を直ちに──その都度生徒の能力に応じて──早くそして広く広める」のである[52]。

シーボルトは、日本ではこのような師弟関係的な指導が一般的であると書いているが、おそらく、職人の徒弟制度や親方制度、あるいは日本の伝統芸能の家元制度が念頭にあったのだろう。こうした制度では、師匠のいわゆる「直弟子」が後に自分の弟子を取り、師匠の教えをさらに伝えることになる。

シーボルトが『日本』の中で出版する予定だった「医学（*Medicin*）」の項目のための資料の中には、この「*instruction mutuelle*」に関するもう一つのメモがあり、その中で彼は、この伝授教育の例として鳴滝塾での教授法を挙げている。

> 「出島における私の弟子の人数は普段は十人の数を超えない。彼らは毎日私の身の回

---

50 *Nippon* (1897), I, p. 121.
51 ルール大学・ボーフム、東アジア研究学部所蔵、*Acta Sieboldiana*（シーボルト文書）番号 1.157.000、1.330.000、1.193.000、1.317.000、1.293.000。石山（2003）324-325 頁も参照。
52 'Geschichtlicher Uebersicht der Einführung und Entwicklung der Arzneiwissenschaften in Japan' (SABB B2, Fa-G 90). この文書の第一発見者は、宮坂正英である。2022 年 1 月 17 日付長崎新聞を参照。https://www.nagasaki-np.co.jp/kijis/?kijiid=855608241216454656 および https://www.nagasaki-np.co.jp/kijis/?kijiid=855612015612919808（2024 年 6 月閲覧）。

図7　伝授教育が導入されたパリの学校[54]。ジャン・アンリ・マルレ（1770-1847）によるリトグラフ（1820）（ルーアン国立教育博物館蔵）

りにいて、私とともに、また私のために私の学術的調査に働いてくれた。週に何度か彼らに医学と自然科学の科目を教えたり、長崎市内で患者を訪ねたり、[長崎]近辺に彼らとともにエクスカーションをした。これらの選抜された僅かな者は私との親交によって、直接に私の口から教えと教養を受けた。しかし、各人にはまた自分の弟子がいて、そしてその弟子もまた弟子がいたので、こういう「伝授教育」によって、私の七年間の日本滞在中に数百人の医者が私の学校から生まれた。特別な折々、重要な手術の時に、あるいは私の別荘（Villa）鳴滝で、私の生徒であり支持者であると[私に] 紹介された。」[53]

ここで彼が述べているのは、直接の弟子は10人足らずだったが、これらの弟子を通じて彼の日本滞在中に数百人の新しい弟子を育てることができ、彼らがこの「伝授教育」という教育法によって日本中に彼の教えを広めたということである。上記のように、シーボ

53　'Nota instruction mutuelle'（SABB K4, Fa-E 57）。
54　詳しくは、『Artkarel』、2023年7月30日付Karel Vereyken, "«Mutual Tuition» historical curiosity or promise of a better future?": https://artkarel.com/mutual-tuition-historical-curiosity-or-promise-of-a-better-future/（2024年6月閲覧）を参照。

ルトのいわゆる直弟子の中には、通詞も数人いた。

　この教授法は、18世紀末のイングランドで、初等教育を低コストで一般庶子に広める手段として生まれた。一人の教師が、あらゆる年齢の大勢の子どもたちの中から最もレベルの高い生徒を直接指導し、その生徒たちは教師の教えを他の生徒たちに、各自のレベルに応じて伝えていく（図7）。この方法はまず、1814年に、ナポレオン戦争後に教師不足が深刻だったフランスに伝わったが、他のヨーロッパ諸国や米国でも採用され、1840年頃まで流行した。

6. 非公式の場においてシーボルトに関わった通詞

　一部の通詞とは、シーボルトは非常に親密な関係を築いた。そのため彼らは進んでシーボルトの個人取引を助けたり、秘密裏に情報や品々を提供したりした。

6-1　シーボルトの個人取引を助けた通詞

　ブランデンシュタイン城に保管されている1825年から1829年までの個人的な勘定帳から、シーボルトが行った個人取引を垣間見ることができる[55]。これらの勘定帳には、関係者の名前のほか、取引の内容や金額も記されている。よく見ると、日本人の大半は、通詞の家系の者（多くの内通詞を含む）であり、稲部市五郎、森山金・源左衛門、荒木豊吉、中山作三郎［武徳］、末永甚左衛門、名村三次郎、吉雄権之助、吉雄忠次郎、今村猶四郎、菊谷藤太、松村直之助、立石秀太郎、堀専次郎などの名が残されている。

　シーボルトは、彼らに品物を託して、日本研究とコレクションに必要な絵画類や和本、大工道具、貨幣などと交換してもらった。彼はまた、娘のお稲の養育費として、いくばくかの金を預けて利子を得られるようにしていた。最終的には、シーボルトはこの金の一部を転用し、稲部市五郎の子どもへの贈物とした[56]。したがって、これらの勘定帳は、シーボルトの個人取引が私利のためではなく、科学や利他的な目的のために行われたことも物語っている。

6-2　シーボルトと文通した通詞

　シーボルトは日本滞在中、これらの親しい通詞数人と文通していた。最初の日本滞在中の文通相手は、茂伝之進、吉雄権之助、稲部市五郎、中山卯三郎とその父作三郎、荒木豊吉、松村直之助、石橋助左衛門とその息子助十郎であった。書簡の主な内容は、書物や薬の入手依頼、個人的な近況報告である。最近になって、シーボルトと交わされた書簡集が新たに出版されたが、そこからは、彼らのやりとりの親密さが見てとれる[57]。たとえば、

55　詳しくは、松井洋子「シーボルトの勘定帳：出島における経済活動を探る」（人間文化研究機構 国立歴史民俗博物館編『シーボルトが紹介したかった日本』2015年、147-156頁）を参照。
56　松井（2015）153頁。

シーボルトの日本滞在最後の日に荒木豊吉が書いた別れの手紙があるが、「常に［先生］を思うことを忘れません。これからも幸せでありますように」と締めくくられている（図8）[58]。

2度目の滞在中、シーボルトは楢林栄左衛門（1830-1860）、名村八右衛門（1802?-1859）、北村元助から書簡を受け取っているが、動物や鳥の贈物に添えられた元助の数通の短信を除けば、これらはどちらかというと公的な性格のものであった。なお、栄左衛門が後の方で送った書簡は、体調の悪化に関する詳しい記述で占められている。

6-3　シーボルト事件に巻き込まれた通詞

シーボルト事件に関して注目すべき点の一つは、非常に多くの日本人が関与し、その不正行為について有罪となったことである。この数は江戸と長崎で60人を超え、その中には有名な幕府の役人や医師のほか、15人以上の通詞も含まれていた[59]。しかし、そうした通詞の中には江戸参府付添い通詞もおり、彼らは主に、シーボルトに会いに来た患者やその他の訪問者が彼に禁制品を差し出したときに監視を怠った、あるいは荷物を調べる際に不注意であったかどで罪を問われた。これらの通詞には、末永甚左衛門、岩瀬弥右衛門、名村八太郎、岩瀬弥七郎、荒木豊吉、田中作之進、菊谷藤太、北村元助がいた。

主犯格は、日本地図やその他の禁制品を運ぶのに関与した通詞、あるいはシーボルトと高橋作左衛門との間を取り次いだ人々である。彼らの関与の詳細は不明のままだが、次のようにまとめられる[60]。

吉雄忠次郎は、天文台での任を終えて1826年夏に長崎に戻った際、高橋からシーボルトに贈られた蝦夷と樺太の地図を持ち帰った[61]。1827年前半には、伊能忠敬の地図の縮小版が長崎に送られた。その間、天文台で忠次郎の後任に就いた猪俣源三郎は、堀儀左衛門

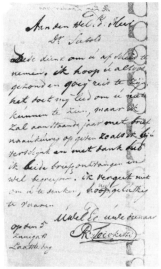

図8　荒木豊吉がシーボルトに宛てた別れの手紙、1829年12月5日付［和暦］
（ルール大学・ボーフム蔵）

57　最新の書簡集は、石山・梶（2023）を参照。
58　ルール大学・ボーフム所蔵 *Acta Sieboldiana* 番号 1.428.000, no. 5。この書簡の日本語訳と解説は、石山・梶（2023）77-79頁を参照。この手紙は、「Ik vergeet niet om u te denken, hoop uw gelukkig te vaaren.」と締めくくられている。この文章の最後の部分は、文字通り「良い船旅になりますように」と解釈するのではなく、比喩的な意味で解釈すべきと筆者は考える。
59　呉（1926）、『犯科帳』（1960）、石井良助編『御仕置例類集　天保類集』第1冊（名著出版、1973年）、片桐（2017）などを参照。
60　上記出版物に基づく。
61　*Nippon*（1897）, I, p. XXII も参照。

(1793？-1856）に、高橋からシーボルトに宛てた書簡の取次を依頼していた。その書簡には、問題の地図が長崎に発送されたことが書かれていた。地図が到着すると、馬場為八郎は稲部市五郎に、その地図を長崎市内でシーボルトに届けるように頼んだ。その後、市五郎はシーボルトが高橋から借りていた琉球王国の地図と気圧計の測定結果を入れた包みを江戸に送った。この包みは源三郎宛てで、彼から高橋へと取り次がれることになっていた。運んだのは、二宮敬作である。翌年、吉雄権之助は、オランダからの将軍献上品に同行して江戸に向かう際に、忠次郎から包みを高橋に渡すように頼まれたが、その中身も元の送り主であるシーボルトの名前も知らなかった。その帰りに権之助は、高橋から忠次郎に宛てた2通の書簡を運んだが、これもシーボルトに宛てて書かれたものとは知らずに馬場為八郎に届け、為八郎はこれらの書簡を忠次郎に手渡した。権之助はまた、源三郎の依頼で、同じ折に高橋からシーボルトへの贈物を運んだようである[62]。最後に、1827年に江戸から送られた伊能図の写しは、同じく源三郎の依頼で伊東玄朴によって運ばれた可能性が高い[63]。

内通詞の菊谷藤市／藤平（1807？-1842）の罪は、比較すると軽微だったが、やはり「禁制品」が関係していた。デ・ステュルレル商館長の使用人として1826年の江戸参府に参加した彼は、デ・ステュルレルが徳川家の家紋である葵紋が入った羽織を所有していることを聞きつけた上官の末永甚左衛門から、この件を調べるように命じられた。長崎に戻った後、藤平はようやく羽織を回収し、それを水野平兵衛という江戸参府検使に渡した。平兵衛は、この非常に不利な証拠を隠滅するために燃やしてしまった。シーボルトが秘蔵していた「葵紋黒繻子の単物」も同じく処分されることになった。藤平はシーボルトには、「Jonizo」（米蔵）の名で知られていた。

主犯格の名前を見ると、シーボルトの親しい門人か、彼の門人である伊東玄朴と深いつながりのある人物で占められていることが目につく。玄朴は、シーボルトの門下に入る前は猪俣伝次右衛門の弟子であり、源三郎の妹をめとっていた。一方、源三郎の最初の妻は偶然にも、馬場為八郎の娘であった。為八郎自身は、天文台の初代通詞を務めた馬場佐十郎の養父である。

6-4　シーボルト事件に巻き込まれた通詞のその後の様子

取り調べを受けた通詞の中には、50日から100日の「押し込め」（軟禁）や「急度叱り」（激しい叱責）などの軽い処罰で済んだ者もいた。江戸参府付添い通詞のうち解任されたのは、道中の責任者であった末永甚左衛門ただ一人であった。

一方、主犯格の大半はそれほど幸運には恵まれなかった。彼らの場合、処罰は息子である馬場円次と稲部亀之助にも及び、二人は「役儀取り放ち」となり、親類へ引き渡された。

62　呉（1926）77-78頁（＝1829年の商館長日記付録23、NFJ、番号244）。
63　玄朴の役割の詳細については、西留泉「伊東玄朴の改名とシーボルト事件」（『洋学』第26号、洋学史学会、2019年、29-47頁）と田中・ファンダーレン（2019）などを参照。

為八郎、忠次郎、市五郎は長崎払いとなり、遠方の藩の預かりで永牢に処せられ、幽閉されたまま死去した[64]。堀儀左衛門は解任された上で押し込めに処せられ、源三郎は取調中に亡くなった。権之助は最終的に叱りで済み、伊東玄朴は関与した事実を完全に隠蔽することができた。

　菊谷藤市／藤平は、異色の運命をたどった。裁きが下される前に、彼は町預から脱走し、長崎から姿を消した。それにより、「永尋」（逃亡犯）と宣告された。彼は名を幡崎鼎に変え、江戸で洋学の塾を開き、最終的には水戸藩に仕えて洋学や海防に関する資料の翻訳を行った。オランダ語に精通していたことから、1830年代には有力な蘭学者の良き師として高く評価されるようになった。1837年に造船に関する洋書を購入するために主君の命を受け長崎に派遣された折に再び捕らえられ、別の遠方の藩の預かりとなり、そこで早世した。しかし、拘束されてから亡くなるまでの間、シーボルトから学んだ医学に関する貴重な知識を助言した[65]。

　シーボルト自身は、何度も取り調べを受けた後、日本からの永久追放処分である国禁を言い渡された。取り調べの中で彼は、記憶喪失を装って協力者の関与の詳細を隠そうとした。

　日本を去るにあたり、シーボルトはデ・フィレネウフェに身辺の整理や金銭管理を託しており、デ・フィレネウフェはそれらの事柄について几帳面に定期的な報告を送った。1830年3月10日付の文書では、シーボルトの指示に従ってシーボルトの日本人の友人（*zijne vrienden*）に贈物を配ったことを報告している。その中には、とりわけ親しくしていた通詞の友人たちや、市五郎と忠次郎の妻たちも含まれていた[66]。1831年2月に書かれた別の書簡には、シーボルト事件に巻き込まれた日本人のその後の境遇についての報告と、極刑に値する重罪犯として扱われ、幽閉先に送られる途上にあった為八郎、忠次郎、市五郎との気まずい対面についての描写が含まれている[67]。

7. 日本における情報収集の危険性

　結局、シーボルトは、日本を去る際に多くの収集品と研究資料を持ち出し、ヨーロッパに戻ってから学術研究を続けることができた。一方、日本人情報提供者の多くは重い処罰を受けた。シーボルト事件の結果として、多くの優秀な通詞が解任されたために、熟達した通詞が不足し、洋学に対する日本当局の疑いの目と統制が強まった。したがって、重要

64　片桐（2017）、田中・ファンダーレン（2019）、同著近刊（Amsterdam University Press）。
65　呉（1926）、織田毅「〈オランダ通詞研究ノートIII〉オランダ通詞菊谷藤太と幡崎鼎」（『鳴滝紀要』第26号、シーボルト記念館、2016年、113-118頁）などを参照。［菊谷］藤市／藤平［米蔵、幡崎鼎］については、『長崎学』第9号（2025年）、同第10号（2026年）で取り上げる。
66　SABB B17, Fa-A 72.
67　SABB B17, Fa-A 67. 詳細については、片桐（2017）、田中・ファンダーレン（2019）、同著近刊（Amsterdam University Press）を参照。

な疑問が残る。これほど多くの有能な通詞がシーボルトに協力することで我が身を大きな危険にさらすことをいとわなかったのはなぜだろうか。

7-1　通詞たちの好意

　シーボルトに協力しようという意欲が極めて強かった要因として、以下が考えられる。通詞たちは、彼のカリスマ性、日本の事物を熱心に学ぶ姿勢、そして自分自身の（西洋科学の）知識を分かち合おうとする熱意に心を打たれて、シーボルトから学べると考え、役に立てることをうれしく思うようになったのかもしれない。これらの通詞の多くは比較的若く、影響を受けやすかったことを考えると、なおさらである。彼らの多くはまた、地位が低かったため、当局の監視の目を逃れやすかった。その上、彼らは、同じく日本地図が含まれていた E. ケンペル（Engelbert Kaempfer, 1651-1716）による『日本誌』[68]のような重要な著作物の輸入が全く問題にならないのを見て、普段の警戒心を緩め、時勢を見誤るとともに、彼らの職業上の誓約がもたらす結果を甘く見たのかもしれない。師に対する恩返しの意味を込めた感謝の念や縁者に対する恩情も大きな役割を果たした可能性がある[69]。

7-2　通詞の起請文

　通詞は、就任時に職業上の誓いである起請文を立てることが義務付けられており、列挙された日本の神々の名にかけて、常に正しい行いをし、私的な取引を行ったりオランダ人に機密情報を漏らしたりといった行為を慎むことを、血判をもって誓った（図9・10）[70]。

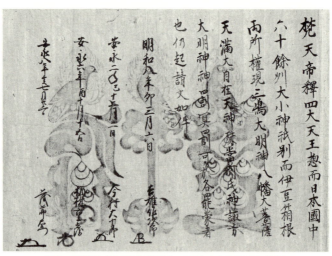

図9　阿蘭陀小通詞助起請文（長崎歴史文化博物館蔵）

図10　血の跡が残る起請文（図9の部分、同）

通常の状況であれば、この誓約はどちらかというと形式的なものであり、当局が使うのはあくまでも、規範を破った役人を罰するための最後の手段としてだった。しかし、過去のいくつかの事例が示すように、全くの脅しにすぎなかったわけではない[71]。

　シーボルトは、起請文についてよく知っていた。彼は多くの関連資料を収集しており、当初は『日本』の「刑法と刑罰」に関する項の付録として起請文の全文の写しを挿入する予定だった。「日本の友人」から手に入れたオランダ語の原本[72]とドイツ語の翻訳は今も、ブランデンシュタイン城に保管されている彼の個人文書の中にあり[73]、他にもさまざまな文化における血の誓いの習慣に関する数冊の本の抜粋や、血を採取する方法についての詳細なメモ[74]が残されている（図11～13）。シーボルトはまた、ケンペルの『日本誌』から、起請文の日本語テキストとその翻訳の写しを取っていた[75]。しかし、彼の友人であった通詞と同様、知ってか知らずか、科学の名の下に誓いの力を軽視することを選び、そうすることによって彼の情報提供者を非常に難しい立場に追いやったのである。

図11　起請文のオランダ語原本（ルール大学・ボーフム蔵）

図12　起請文のドイツ語翻訳（ブランデンシュタイン城シーボルト・アーカイヴ蔵）

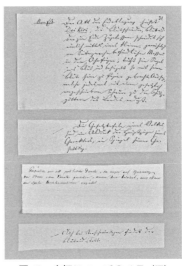

図13　血切についてのメモ（同）

68　E. Kaempfer, *History of Japan*, 2 vols., J. G. Scheuchzer (transl.), London: Printed for the translator, 1727.

69　シーボルトの情報提供者が進んで協力したことについて詳しくは、筆者の近刊論文（Amsterdam University Press）を参照。

70　完全な文書の写真は、カタログ『大シーボルト展』(2023) 図3-91を参照。

71　起請文について詳しくは、筆者の近刊論文（Amsterdam University Press）を参照。

72　ルール大学・ボーフム所蔵 *Acta Sieboldiana* 番号 1.166.016。全文は、筆者の近刊論文（Amsterdam University Press）を参照。

73　SABB K2, Fa-2B3 19.

74　SABB B2, Fa-D 39.

75　Kaempfer (1727), pp. 268-271 および SABB B2, Fa-D 39、SABB B2, Fa-A 1 も参照。

8. おわりに

　シーボルトはもともと、出島商館付き外科医として、また日本の博物学調査を行うために来日した。教育活動と日本人患者の治療を通じ、彼は、日本研究に必要な情報や標本、品々をより多く入手することができた。

　出島での最初の弟子は、ごく少数の日本人医師と、シーボルトの直弟子にもなった数人の通詞であった。鳴滝塾では、こうした最初の弟子と通詞が他の弟子の教師となり、その弟子たちが故郷に帰ってさらに自分の弟子を取ることで、シーボルトの教えを日本中に広めた。

　この種の教育は、「伝授教育」という教育法を思わせるものであり、比較的短期間のうちに、最初の師であるシーボルトに忠実な大勢の弟子からなる人脈が出来上がった。これはまた、いわゆる「シーボルト事件」に非常に多くの日本人が関わり得たのはなぜかという問いに対する答えの一つでもある。

　シーボルトと最も親しかった通詞兼弟子、たとえば遠方の藩で幽閉された吉雄忠次郎、稲部市五郎、菊谷米蔵（藤市／藤平、幡崎鼎）は、幽閉の中でも、その地の患者の役に立つ医学的な助言をすることができた[76]。そうすることにより、彼らは、弟子が教師となってシーボルトの教えをさらに広める良い例ともなったのである。富岡市にある市五郎の墓への道を示す「稲部先生の墓」と刻まれた案内標識が、すべてを物語っている（図14）。

（和田翻訳室　訳）

図14　富岡市金剛院前の
「稲部先生」墓地案内石標

76　呉（1926）、片桐（2017）、田中・ファンダーレン（2019）。

シーボルトの外科手術と門人による新展開

青木歳幸
(佐賀大学)

はじめに

　シーボルトの外科手術の実際を示す記録が、「メイストンシーボルト直伝方治療方写取・外療即医按扣」(以下「治療方」と略記)と「シーボルト治療日記」(以下「治療日記」と略記)の二つであり、呉秀三旧蔵で天理大学附属天理図書館に所蔵されている。この記録については、黒田源次[1]、大鳥蘭三郎[2]、古賀十二郎[3]、中野操[4]、町田良一[5]各氏の研究があった。ただ、記録者の宮原良碩について研究がなかったので、青木歳幸が二つの日記の内容とそれを記録した信濃国の農民出身医師宮原良碩の背景と活動を報告した[6]。またこの外科手術記録は、天理大学善本叢書において影印本で復刻されている[7]。シーボルト研究の新たな集大成である『新・シーボルト研究』の杏沢宣賢編「シーボルトの医学関係史・資料について」において、この二つの史料について紹介した[8]。また石山禎一・宮崎克則『シーボルト年表』は、シーボルトの生涯にわたる詳細年表で大変有益であり、本書にはシーボルトの外科手術について「〇6月21日(5/27)吉雄幸載宅に出向き、患者三人を診察する(熊本細川臣野口律兵衛の忰、頭部腫瘍手術、当時12歳ほか)助手ビュルゲル同伴」と記載されている[9]。

　本稿では、一つには信濃国農民宮原良碩の記したこの二つの史料の内容分析により、シーボルトの外科手術の実際を紹介し、門人への影響、外科学の新展開を考察する。もう一つには、シーボルトが実施した天然痘予防法である牛痘接種が門人らにどのように影響

1　黒田源次「シーボルト先生と其門人」(『長崎談叢』第17輯、1935年)。
2　大鳥蘭三郎「シーボルトと日本における西洋医学」(日独文化協会編『シーボルト研究』、1938年)。
3　古賀十二郎『西洋医術伝来史』(形成社、1972年)。
4　中野操「シーボルトの治療日記　上・下」(『日本醫事新報』2193・2194号、1966年)。
5　町田良一「信州から出品されたシーボルト資料」(『信濃』I-4-8、1935年)に昭和10年のシーボルト展にこの史料が呉秀三長男呉茂一氏より出品されたことが記されている。
6　青木歳幸「シーボルト治療方と蘭医宮原良碩」(『信濃』Ⅲ-37-11、1985年)、同「蘭医宮原良碩とその周辺―村医師の形成をめぐる一考察―」(『実学史研究』Ⅴ、思文閣出版、1986年)があり、以上を改稿して同「農民出身蘭方医宮原良碩と地方医界」(『在村蘭学の研究』思文閣出版、1998年)に収録した。
7　天理図書館善本叢書和書之部編集委員会編『天理図書館善本叢書第八〇巻　洋学者稿本集』(天理大学出版部、1986年)に影印と佐藤昌介解題がある。
8　杏沢宣賢編「シーボルトの医学関係史・資料について」(『新・シーボルト研究』八坂書房、2003年)。
9　石山禎一・宮崎克則『シーボルト年表』(八坂書房、2014年)48頁。1827年(文政10)の項。

して、どのように我が国で成功し、伝播したかを整理して紹介する。

なお、本稿は、令和5年（2023）10月14日に開催された「シーボルト来日200周年記念シンポジウム」（於出島メッセ長崎）での講演「シーボルト門人の多彩な活動」を、本論集のために再編改稿したものであることを予めお断りしておきたい。

1. シーボルトの外科手術

1-1　シーボルトの外科手術記録

　文政9年（1826）信濃国松代藩領上山田村（現千曲市）の村役人の長男宮原浜重、のち宮原良碩は、蘭学修業のため長崎へ出発し、長崎通詞で医師吉雄幸載の蘭学塾青囊堂へ内塾生（住み込みの学生）となり、蘭学修業を始めた。

　文政10年5月に、シーボルトが吉雄幸載塾へ来て外科手術を実施した。良碩はこの外科手術を書き留めた。無記載の冊子の表紙をめくると、「文政十亥中夏十有三日ヨリ崎陽青囊堂塾ニテメイストンシイボルト直伝方治療方写取　外療即医按扣　信陽月都宮山堂主人」と記されている。崎陽青囊堂塾は長崎椛島町の吉雄幸載塾のこと、信陽月都とは信濃国の月の名所である更級郡（現千曲市）のことで、宮山堂は宮原良碩の号をいう。「治療方」には5例の手術が記載されている。朱字での薬品名日本語解説は（　）で表示した。

　第1例は、5月13日の吉雄幸載のいとこで19歳の猪熊仙輔の陰囊水腫手術である。シーボルトは患部を管が銀の針で刺し、水を抜いた後、ロードウエイン（阿蘭の赤酒）5勺ばかりと水2、3勺を合した水薬で浸し、カスガイ膏を貼った。内服薬としてサルヘイトル（硝石）2戔と水90目の煎じ薬を一日一夜服用させた。ロードウエインなきときは酢を代わりに用いてもよいとシーボルトが指示している。5月16日に大便の通じが悪いので、良碩の兄弟子の井上有季（明石藩医）が大便の投下剤をつくり便通させている。

　次に、5月18日に吉雄老先生による長崎稲佐村のお岩の咽頭部腫瘍治療の紙が挟んであるが、これは吉雄幸載による治療なのでシーボルトの外科手術例からは外しておく。お岩は歳20有余で、気管の外に顎頭のような腫れ物が出来て破れ、痛みが酷いので吉雄幸載の治療をうけた。主方は「破口テキスヲ貼外ハクリツキヲ以貼之」というものであった。

　第2例は、5月13日の肥後国熊本臣西浜正蔵の痔瘻治療で、シーボルトが刀を入れ治療しようとしたが、膿のため、刀が入れがたいので、治療法を吉雄幸載に伝えた。その方は「サルヘートル（硝石）二匁、ヲンデルソヲト（芒硝）四匁、ラハル（大黄）一匁、ワートル（水）九十六匁、右煎沸三、四度、冷定毎半時服二匕、点眼散薬、アセイン（明礬）一分、ソイクル（砂糖）三分、右極研末用小刀捎鈔之為度以羽管吹納眼中」というもので、5月27日にシーボルトとビルゲルが青囊堂に出療している。

　第3例は、5月13日の崎陽平戸町人西浜正三郎、60歳余の咽喉発痛治療で、咽喉が腐乱気味で声が出ない状態であった。シーボルトは青囊堂での診察後、吉雄幸載に内薬之主方を伝えた。その主方は「ブラークウエインステエン（吐酒石）四ゲレインヲ六リン五毛

ト云、カンプル（ママ）（章脳）十五ゲレインヲ二分四リント云　ホウニング（蜂蜜）二オンスヲ十六戔ト云、右三品交合毎日一小匕宛一日ニ三度服ス」とあり、咽喉腐爛の含薬には「キイナ（蘭薬也、薬テンニ有ル）一ヲンスを八戔ト云、アロエスコハン（蘆会、コハンノ事）一ダラクマヲ一戔ト云、ワートル（水）　一ポンドヲ九十六戔ト云　右センジテ毎日三度位咽喉ノ中ニ含薬也」というものであった。

　第4例は、長崎浜ノ田町河内屋九郎右衛門、50有余歳の咽喉発腫治療。シーボルトは青嚢堂で彼を診察し、「用刀咽侯（喉）之カンクルナル処ヲ切リ、発血大ニシテ洗血」した。その後の処方は通詞稲部市五郎を通じて伝えられた。それは「アセイン（酢）凡二十目、メルリス（蜜）凡三十目、ワートル（冷水）凡九十目、咽喉含薬一日ニ五、六度」、服薬は「キイナキイナ八戔、水三合入壱五勺煎一日温服」、散薬は「ヲクリカンキリ五分、一日五分宛白湯ニテ用、又ハ前ノキナキナニテモヨシ」という処方であった。良碩はこれを吉雄幸載より口伝され、5月15日に写している。

　第5例は5月27日の肥後国熊本細川臣野口律兵衛少年、12歳の頭部腫瘍除去手術で、シーボルトと助手のビルゲルが青嚢堂塾に出張して執刀した（図1・2）。「初腫物イ墨ニテスシ（筋）ヲヒキ、二ニハ以刀割刀ノ形如図、三ニ前ノ図ノ如クノ割タル皮ヲヒロケ、四ニハヒライタ内ち前ノ如ノ瘤如図ノ者ニテカキアケル」「五ニスポンチヲ以疵ヲワートルニテ洗シアトヌウコトハ針、六ニハカスカイ膏ヲ貼、七ニハカラホツシヲ以テ疵口ニ貼、八ニハヲシモメンヲ上ニ貼、九ニハ巻木綿ニテ巻、前之図ノ如、十ニハ病人療スル処ノ座スル処ノカイ子セル、十一ニハ治療スミニテ後ハ」と手術経過を記している。

　主方は「○ラウダニウ十滴廿七日夜三度ニ服、サルヘートル二戔、水九十六文目ニテ煎服、此夜血熱少年病人出去トモ外疵口トモニ無痛ミ、病人ノイキヲイ清々タリ、食事等ハ平日ノ如ク、小水ノ通甚吉シ」とあり、手術は成功したかに見えた。良碩は続いて、各処方や、金瘡のカケヌイ法や、当日の見学者を記録している。

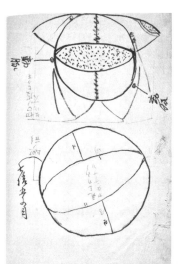 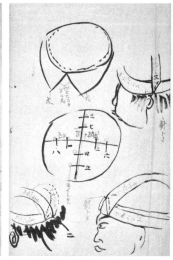

図1　頭部切開の図　　図2　頭部切開縫合の図
「メイストンシーボルト直伝方治療方写取・外療即医按扣」
天理大学附属天理図書館蔵（図1〜3）

1-2　手術見学者たち

野口少年の外科手術は、シーボルトの外科手術を学ぶ重要な機会で、長崎の蘭学諸塾からも見学者が訪れた。シーボルトの鳴滝塾からは「文政十亥五月廿七日　シイホルト出療之節参候諸生之人数　（戸塚）静海、（岡）研介、（中尾）玉振、（松木）雲徳、（鈴木）周一、（二宮）敬作、（髙野）長央(英)、（石井）宗謙、（伊東）救庵　已上九人」とあり、戸塚静海、岡研介、髙野長英、伊東救庵らも見学に来ていた（図3）。

図3　鳴滝塾からの見学者

さらに、長崎にある蘭学塾からも次々と門人らが見学に来た。

	豊後人 ハカタ町 日野鼎哉	大村町 楢林栄建	当番九人 日高涼台
メイストル 権之介 塾	佐一	与一	宗庵
	周吉	留吉	孝伯
	玄昱	震之介	良吉
	元甫	貞四郎	栄介
	専次郎	栄左衛門	新作
	圭哉	齋	宗謙
	周延	退庵	三宅
	数馬	平馬	外ニ内門弟 十二人

幸載塾

　勘十　菊治　百馬　陸平　藤平　玄周

　有季　玄林　幸林　良碩　元民　玄三　道休

鳴滝塾から9人のほか、吉雄権之介・日野鼎哉塾9人、楢林栄建塾9人、日高涼台塾8人と内門弟12人、吉雄幸載塾13人の少なくとも60人が見学に来ていた。

良碩は見学者とは別に吉雄幸載の内塾生17人を別記している。

吉雄幸載先生塾　藩明石　井上有李(季)、豊後　田原文迪(大)、山和　石川玄林、防州　川邨(長崎)文甫、筑前　黒山斎宮、萩家中　豊田幸林、筑後　生島元民、長崎　松下菊二、同姉山勘二、明石在　森岡圭斎、阿波　清水篤斎、土佐　佐藤文哉、彦根　中根玄庵、賀州　角田部郎、藩州在(播)　吉田達中、越中富山　畑玄周、内塾生十七人　月都　宮原良碩

彼らが地域に戻ってからの軌跡を追うことで、シーボルト以後の蘭学の全国的展開が豊かに描き出されるだろう。

良碩は、ここで「文政十亥中夏十有三日ヨリノ扣　崎陽青嚢堂　幸載吉雄先生門弟　信陽月都宮山堂主人　宮原良碩惟親写之」と記録し、いったん「治療方」の筆を一区切りして、次に「青嚢堂医按附」を合冊して3例を挙げている。

第1例は肥前国大邑之在阿波屋栄介23歳の梅毒治療。「キナキナ　ブクリョウ、カンゾウ散薬兼ヲクリカンキリ　ラハル　咽喉ニ貼スルハメルリス　アロイン　足腐レタル処ハメウリヌス　カロクワートル　鼻ニキナキナ　カミルレ　アルタア　右五品調薬ヲ投治療ハ日々腐レタル処ヲスホイトニテ洗之コト」で、6月25日より塾生が交代で治療にあたった。

第2例は文政11年（1828）肥前国神浦末次郎の梅毒治療、病状は酷く「去年中ヨリ鼻中ヘサハリ鼻前落ちて肉無シ」の状態だった。6月25日に六物剤やスワフル剤などを投薬した。

第3例は文政11年（1828）9月9日の大村領浦島沖で難破した肥後国天草郡石本勝之丞持船実徳丸若者仙蔵、25歳の左足膝骨チガイで、9月18日までの田舎医の治療の効果なく吉雄幸載のもとにやってきた。吉雄幸載は唐館へ出張診療だったので塾生の奥村源吾と豊川道休の二人が治療し、9月27日までに全快した。治療法はサルヘートル（硝石）を投薬し、巻木綿を日々換えるなどの治療であった。すでにサルヘートルなどのシーボルトの外科薬方が吉雄塾門弟などへ活用されていた。

良碩は、このあと華岡青洲が喉癬や咽喉症の処方として甘草や桔梗、山帰来などを用いていることを記し、最後に「文政丁亥歳中夏従於崎山客館　信陽月都宮山堂主人　宮原良碩写之　施薬院外科処　吉雄幸載先生塾」と記して、「治療方」の記述を終えた。

1-3　「治療日記」

もう一つの「治療日記」には、第5例の野口律兵衛少年の手術とその後の経過が詳しく記されている。手術の経過は次のように描かれている。なお合字の〆はシテ、ヿはコト、䒳はトキに改めた。

　　○先ヅ瘤ノ左ニ随テ後面ヨリ半月様ニ一直線ノ切痕ヲツク、深サ次皮ヨリ肉様膜ニ至ル、而シテ又右ニソウテ半月様ニ切開クコト左ノ方ニ同ジ、但シ刀痕ノ前後、図4入る　此如ニテ真中ノノコシタル、次皮ノ真中ハ幅一寸二分許リ○ソレヲ左右ノ半月様刀痕ノ外ニ横サマニ真中ヲ切リ開クコト深サ肉様膜ニ至リ、上ハ半月様刀痕ヨリ下ハ薄常頭平面ニ至ルコト、

　　図5入る　aノ譜ノ如シ、而シテ刀ヲ以テ次皮ヲ剥キデ前後左右ニ放チ垂レシメ周囲ヲヨク割キ刀ヲ意ヲ用テ深ク切コミ、而シテ漸々ニ底

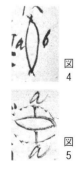

「シーボルト治療日記」
天理大学附属天理図書館蔵（図4〜8）

ニ刀ヲマワシ、底ヲ肉様膜ト瘤トヲ区内シテ取去リテ四方ヨリ垂レ置キタル皮ヲ覆ヒ縫コト繃帯金瘡ノ如クス、 図6入る 絲十ケ所ナリ
○切り開ク時ニ動脈ノ大管凡ソ三四条アリキ皆諸生ヲシテ指ニテヲサヘ止メシシテ冷水ヲ以テ頻々清浄ニ浣條シテ血ヲ止メシム
○始メ切開クトキ 図7入る 此四刀痕ニハ尖芒刀ヲ用ヒ皮ヲ剥キ垂レシムトキ及ビ病ヲ底ヨリ切リアグルトキ、圓ルキ刀ヲ用ユ 図8入る 如此
○サテ皮ヲ縫ヒ畢ツテヲシコロシ膏ヲ木綿ニノセタルモノヲ幅五、六分、長サ五、六寸ニシテ十文字トス、其間ニ横十文字ニ貼ス、都合六枚也、其上ニヲシコロシ膏五寸角許リニシテ覆ヒ繃帯ヲ施シテ止ム

図6

図7
図8 

　これで手術は終わり、少年は痛みを我慢してさすが武士の子と良碩は感心した。シーボルトは硝石2匁、1ポンドの水を服薬せしめるよう指示して出島に帰った。
　5月28日の朝は元気だった。経過良好に見えたが、7ツ時（午後4時頃）より、熱がでて激痛がするようになった。ラウダニュームなどの鎮痛剤を与えたが、ますます痛みが激しくなった。5月29日の深夜になって四肢が痙攣し、曲がって、呼吸困難となった。当直の岡研介、中尾玉振らがラウダニュームや硼砂精などを投与するが、いかんともしがたく、通詞の稲部市五郎と岡研介らで出島へ出かけた。出島は夜間出入り禁止なので、宿直の中山市五郎がシーボルトに患者の容態を伝えた。シーボルトは「ジキターリス四匁、水半ポンド」にカロメル（甘汞、下剤）を加えた薬方や、頭部の冷やし方を伝えた。
　29日朝になっても、病勢は猖獗をきわめ、患者の手足の冷えを防ぐため、熱湯を帛に浸してあたためた。
　6月1日早朝に石井宗謙が出島に行って、シーボルトに容態を告げたところ、ジギタリスの服用や疵口を蜀葵汁で洗浄することなどを指示した。前夜徹夜したのは、中尾玉振、周吉、豊田幸林、玄三、松下菊二の5人、良吉と宮本元甫は四更（午前2時頃）帰り、二宮敬作と石井宗謙は起きたり寝たりした。午後2時頃、二宮敬作がシーボルトに薬方を聞いてきた。前方のごとくせよとのことであった。夕方、周一が出島にでかけた。「初更、米汁ヲ与フルコト、法ノ如クス、二更後ニジキターリスヲ半茶匕余用ユ、又、水蛭ヲ貼スルコト八条ナリ、脈細数如前」の記事で、この記録は終わる。2枚白紙後に「文政丁亥夏五月廿七日ゟ六月一日迄日記　病人死、扣之　信陽月都医司於崎陽客館扣之」とあり、患者は6月1日に亡くなった。以上が、「治療日記」に記載されたシーボルト野口少年頭部腫瘍除去手術の全容であった。
　シーボルトの野口少年への頭部腫瘍除去手術は少年の死をもって終わったが、シーボルトによって初めて本格的な臨床外科手術が始まった意義は大きかった。

1-4　吉雄塾からシーボルト塾への入門

　良碩が「治療方」や「治療日記」を記した文政10年(1827)5月末からおよそ一ヶ月後、水戸出身医師本間玄調(棗軒)と叔父玄俊が長崎に到着した。玄調は華岡青洲のもとで修業後、玄俊は大坂の眼科医三井玄孺方での眼科修業後、蘭学を学ぶべく一緒に長崎に向かったのだった。玄調や玄俊が郷里の医師本間道偉に送った複数の書翰には、吉雄塾への入門、シーボルトへの入門、シーボルトの外科手術等の詳細な記録があるので3通紹介する。玄調は長崎在塾中の同年8月5日に郷里の養父本間道偉に次のような書翰を送った。〔　〕内は割字。

> (1) 七月朔日、肥前長崎に著仕候、早速楊又四郎〔今は改名又一郎〕及久松熊十郎方を相尋申候処、至て親切に世話致呉候故、早速に吉雄幸載並に吉雄権之助方へ随身仕、和蘭の論説法術を肆業仕候、彼家も音に聞申候通り、奇術妙法夥度、格別の益に相成り申候。且又蘭館に罷在候蘭医悉以勃児都方へも度々罷出、其肝胆を探、其術を親炙いたし、不得寸暇罷在候[10]

　吉雄権之助は耕牛の晩年の子で名は永保、尚貞、如淵と号した。玄調は、楊又四郎と久松熊十郎という斡旋人の世話によって、吉雄幸載と吉雄権之助両塾の門人となり、さらに蘭館のシーボルトへもしばしば訪れて、西洋医学を学んだのであった。

　次に、差出日付を欠いているが玄俊より道偉宛て書翰にも、吉雄塾入門の経緯とシーボルトの外科手術や医薬についての評価が記されている。

> (2) 七月朔日到著仕候。翌日楊又四郎訪申候處、他行いたし面会不仕候故、菊池を相尋、吉雄耕作の世子吉雄幸載え入門之儀相願、同十七日入門相調申候。斯以勃児都え直には随身仕候様には相成兼候事故、吉雄の門弟と名目を称、斯以勃児都へ入門仕候様に相成申候。尤も不肖事は、東都土生同社仕候伊藤救庵と申生斯以勃児(都)(東)に随身罷在候。此人を相頼無事相調申候。其後楊又一郎に面会仕候処、此人稀にて心切の人にて、一切引取世話いたし呉申候。長崎旅宿の義は旅人宿を申を町番所に訴、滞留相成候事にて、六ケ敷被存候。其上三家人民七儀の人民は謾りに滞留相成兼候。此は唐物貿易の義によって如此のよし。右の段々御座候故、豊後の産と偽り居り申し候。吉雄え寄宿仕候積りに御座候処、九月祭礼前にて取込のよしにて被断候間、鍛冶屋町上村吉兵衛と申候商家へ、飯料一日鐚百文宛にて二人共に旅宿仕候。
> (中略)先日斯以勃児都内障の治術を診察仕候へども、又秀効の物に御座候。蘭は極折の学、分利の術とて、経脈心経の利を精く分解し、外用の剤も治効御座候。只内服剤は淡薄の物のみにて、信用しがたく被存候。仍是眼科内置外用の術を初学罷在候。一体蘭者雑家に御座候て、諸患共に治療仕候に御座候。当時肥後一夫頭発の瘤の切断

10　3通とも森銑三「本間玄調」(『森銑三著作集　第五巻』中央公論社、1971年) 215-235頁に所収。

も高手なる事にて治解仕候。眼疾の因は、精涙、筋脈、血精より発申候。其他に不在物に御座候。其内筋脈牽引より発者数多に御座候。

　　婦人凝血眼にて疼痛御座候上に盲をなす症、是経脈の索引にて、経脈を緩和するの剤を投用全快仕候。経脈は六筋を云なり。内障の術腫々御座候へども、先横針を専一と仕候。玄俊

　シーボルトへの直接入門は難しかった。吉雄家の門弟ということでシーボルトへの入門を果たせたとある。仲介をしてくれた伊東救庵は野口律兵衛少年の腫瘍除去手術に名前があり、昇迪（祐直）ともいう。江戸で土生玄碩と杉田立卿の門に入って眼科を修め、ついで長崎でシーボルトの鳴滝塾門弟として3年間、内科・外科を修めて帰郷し、米沢藩医として活躍した[11]。玄俊は野口律兵衛少年手術についても言及しているが、治解したと述べている。師事しているシーボルトの手術失敗は書きにくかったかもしれない。玄俊は眼科について詳しく学んでいることがよくわかる。

　玄調らは9月上旬に長崎を出発して帰途についた。途中、京都に立ち寄り、10月10日付で道偉宛書翰を発している。シーボルトの医薬についての記事は以下の通り。

　（3）シイボルト治脚気腫満呼吸促迫に利不利欲衝心者方、蜊（オクリカンキリ）蛄一銭、硝石五分、右三味為細末分為四貼従其軽重、一日一貼或二貼、以蘿服汁送下、此方頗妙方に御座候故申上候。シーボルト兎角にヲクリカンキリを用候。癖嚢抔へも一味を白湯にて用候。亦カロメル〔即甘汞也〕を何病へも用候。梅毒は勿論、天刑、労瘵、瘟疫等迄も、カロメルにて治候とて申事に御座候。先達御尋の吐酒石は、蘭名ブルード、ウエインステーン、是酒石とて、葡萄酒に溜たる粕の石の如くに成したるへ、鉐（アンチモニ）石を加へて製煉いたし候もの、即吐薬に御座候。十月十日　玄調

　シーボルトの薬方でカロメルやオクリカンキリが常用されていたことを指摘している。改めてみれば、本間玄調も本間玄俊も呉秀三『シーボルト先生3　その生涯及び功業』のシーボルト門人には名前がないが[12]、直接教えをうけた門人として加えられるべき人物と考えられよう。

2．シーボルト門人の外科手術

2-1　外科の名手戸塚静海

　鳴滝塾門人見学者のなかでも外科手術に秀でたのが戸塚静海である。シーボルト事件後も長崎にとどまり門人らのリーダーとなり、天保2年（1831）に郷里掛川に戻り、翌天保

11　北条元一『米沢藩医史私撰』（米沢市医師会、1992年）467-474頁。
12　呉秀三『シーボルト先生3　その生涯及び功業』（東洋文庫117、平凡社、1968年）。

3年に江戸茅場町に外科塾を開いた[13]。名声高く、戸塚塾での外科手術には、他蘭方医塾からも見学者が絶えなかった。天保12年（1841）4月13日に、人見七兵衛なる人物の陰茎切断手術を実施している。同じく江戸のシーボルト門人伊東玄朴の象先堂に修業に来ていた金武良哲は日記に次のように記している。

　　　　四月十三日　晴天　人見七兵衛　陰茎ヲ切断ス　其法半切リ通シ、動脈ヲ結ビ、残り半分ヲ切通ス、主刀ハ戸塚先生ナリ　其ノ手ギハ頗ル上出来[14]

　良哲は戸塚静海の手際のよいことに感心している。静海は、長崎でのシーボルトの外科手術のように、江戸の蘭方医や門人らに臨床外科手術を公開して技術を伝習していたのだった。

　佐藤泰然の親戚で旗本伊奈家家臣山内豊城は、いつのころからか右の睾丸が大きくなって、嘉永元年（1848）には鳶の子ほどにもなった。佐藤泰然らに相談したところ、切除するしかないという説明をうけ、覚悟を決めて手術をうけることになった[15]。

　泰然は当時最高の外科チームを結成した。嘉永2年（1849）10月4日、執刀するのはシーボルト門人戸塚静海、泰然同門で娘婿の林洞海、泰然門人の三宅艮斎らであった。伊東玄朴や大槻俊斎が蘭書に基づく指示や手術の順番確認を行い、竹内玄同は薬係を担当した。玄朴の門人2人が足押さえ役、洞海の門人2人が周りについた。

　三宅艮斎が睾丸の脇から入刀し、切り開き始めた。麻酔なしだったが、痛みはそれほど感じなかった。そのうちに睾丸摘出手術は無事終わり、豊城はその後20年以上も存命した。戸塚静海の外科塾は、蘭方医たちの研修の場となっていった。

2-2　牛痘種痘普及におけるシーボルト門人の活動

　シーボルトは牛痘種痘を実施するため牛痘漿を持参した。退任するオランダ商館長ブロムホフは1823年11月15日（文政6年10月13日）、オランダ領東インド総督ならびに財務局長に宛てて「シーボルトらがもたらした牛痘苗および博物学の調査資料に関する一般報告書」を送った[16]。ブロムホフは何度も牛痘接種を試みていたが失敗していた。

　シーボルトは、文政9年（1826）に江戸参府中に種痘を実施している。3月17日、幕府の医師へ天然痘と種痘について説明し、3月21日に2人の子どもへ種痘を実施した[17]が失敗した。

　シーボルトの牛痘法については、髙野長英が「牛痘接法」において次のように説明して

13　土屋重朗『静岡県の医史と医家伝』（戸田書店、1973年）。
14　青木歳幸『伊東玄朴』（佐賀県立佐賀城本丸歴史館、2014年）38頁。原文は池田正亮『金武良哲』（池田正亮、1984年）206頁。
15　森銑三「山内豊城の玉とりの日記」（『森銑三著作集　第五巻』中央公論社、1971年）236-243頁。
16　栗山福也『シーボルトの日本報告』（東洋文庫784、平凡社、2009年）26-28頁。
17　石山禎一・宮崎克則『シーボルト年表』（八坂書房、2014年）38頁。

いる。

> 種液ヲ貯フルノ法、先ツ玻璃板二枚ヲ取リ其中央ヲ少シク凹ニシ磨シ、種液ヲ木綿或ハ撤糸ニ浸シ此凹ナル處ニ入レ、板ヲ合シ其合際ニ瀝青・膠漆等ヲ塗リ、密閉シテ外気ヲシテ、此板内ニ通セサラシメ、用ニ臨ンデ取リ出シ、合際ヲ破開シ、「ランセット」或は披針ノ尖鋒ニ此液ヲ染メ痘接ス。
> 接スルノ法、臑上ヲ針ヲ以テ刺スル事三処、形チ鼎ノ足ノ如シ、其中間相隔ル事三指半径ヲ法トス、若シ四処ニ接セント欲セハ、方形ニ描キ、其稜角アル処ニ針ヲ下スヘシ
> （「牛痘接法」[18]）

シーボルトは、二枚のガラス板の凹部に牛痘漿を潰した木綿などをいれ、密閉して持参したのであろう。この方法は、幕末期の笠原良策の種痘道具のなかに、凹部のある二枚のガラス板が残されていることなどから、標準の牛痘漿の貯えかたであったとみられる。なお、接種は上腕三箇所に鼎の足のように施すのがシーボルトの接種法であったようである。

シーボルトの牛痘接種は善感しなかったが、蘭方医たちにジェンナー式牛痘入手を切望させることになる。

2-3 伊東玄朴と佐賀藩の牛痘導入

天然痘は、いったん罹患して治癒した者は二度と天然痘に罹らないということは経験的に知られていた。そのため天然痘予防法として、まず中国の『医宗金鑑』に載る中国式人痘法が知られ、それを改良した人痘法が、秋月藩の緒方春朔によって広められた。

春朔は、治癒した人の痘痂を細末にして、鼻から呼吸に合わせて人体に吸いこませて、弱毒性の天然痘に罹らせようとする早苗種法を考案し、寛政元年（1789）に初めて秋月藩内の農民の子らに接種して成功した。以後、おおむね1100人に接種して失敗がなかったと『種痘必順弁』で述べている[19]。

一方で、腕に人痘を接種する腕種人痘法は、トルコからヨーロッパへ伝来し、ジェンナー以前のイギリスでも安定して広まっていた。日本へは、オランダ商館医ケルレルによって寛政5年（1793）に長崎での6人の子どもへの接種で実施され、翌年のケルレルと蘭方医大槻玄沢との江戸での対談記録『西賓対晤』に記録された。

この対談の14年後の文化5年（1808）、大槻玄沢の初孫である大槻一郎が天然痘で死亡した。玄沢はその死を悼み、60歳を迎えた文化14年（1817）に『接痘編』を還暦記念の会で知人に配った。ここに『瘍医新書』（玄沢訳ハイステル外科書）にある接腕豆法（腕種人痘法）を紹介している。

宮城県図書館に大槻玄沢の二男である磐渓の日記「始有盧日記」が所蔵されている[20]。

---

18 髙野長英「牛痘接法」（高野長英全集刊行会編『髙野長英全集 第1巻』第一書房、1978年）、青木歳幸「牛痘伝来前史」（『天然痘との闘い―九州の種痘―』岩田書院、2018年）。
19 富田英壽『種痘の祖緒方春朔』（西日本新聞社、2005年）。

この日記に磐渓娘である春への人痘種痘に関する記事がある。天保11年（1840）11月10日に伊東玄朴友人で竹内玄同（シーボルト門人）が往診し、12月8日に磐渓は竹内玄同に人痘による種痘を依頼した。12月20日に玄同は、春の右腕に種痘を施した。最初は軽い熱が出ていたが、翌年の正月になって善感した証拠の発疹も出て、1月13日に無事結痂が出て終了した。

　伊東玄朴は磐渓家族の次女、二男、三男に対し、腕種人痘法での人痘接種を施し成功した。玄朴の人痘法での名手ぶりは、佐賀藩主鍋島直正の知るところとなった。弘化3年（1846）に天然痘が大流行した。鍋島直正のもとへ、親戚の伊達宇和島藩から前藩主娘正姫への人痘接種依頼が来た。直正は玄朴を派遣した。

　弘化4年（1847）2月7日夕、江戸宇和島藩邸で正姫への接種が行われ、見事に成功した。宇和島藩主伊達宗城は直正に対して「同人（玄朴）申すごとく万端滞りなく相済み、実に感心せしめ候、余程熟達候事にて生涯の安心候」と、玄朴の手際のよさと技量の高さに感謝の意を述べた[21]。

　そのことを伝えた直正に、伊東玄朴は牛痘法がよりよい天然痘予防法であることを述べ、牛痘の導入を進言した。すでに弘化3年（1846）に藩医牧春堂が『引痘新法全書』で、藩内に牛痘法が優れていることを紹介していた。

　鍋島直正は玄朴の建言をうけて、長崎詰佐賀藩医楢林宗建へ牛痘入手の内命（密かな命令）を与えた。楢林宗建もシーボルト門人であった。内命をうけた楢林宗建はさっそくオランダ商館長レフィスゾーンへ直正の内命を伝えて、翌年来日予定のモーニッケに牛痘苗を持参させることに成功した。佐賀藩は長崎警備をしていたので、警備に必要な品ということであれば、公式な幕府交易品とは別に「のぞきもの」として、直接、オランダ商館から物資の輸入ができる特権を有していた。

　翌嘉永元年（1848）、モーニッケが牛痘漿（膿）を持参して来日した。宗建は自分の子どもや通詞の子2人を連れて出島で、モーニッケから接種を受けた。が、3人とも発疹がでず、失敗に終わった。モーニッケは長い旅で牛痘漿が腐敗していたのだろうと言う。宗建は、我が国では人痘痂を細末にして人痘法で善感していることをモーニッケに紹介し、牛痘痂の持参を提案した。

　モーニッケも同意し、翌嘉永2年（1849）6月23日に、バタビアからスタート・ドルトレヒト号が到着し、牛痘痂がもたらされた。モーニッケが6月26日に宗建子建三郎ら3人の子に接種したところ、建三郎のみに腕に発疹ができ善感した。その建三郎の腕にできた発疹の漿から痘苗を採取し、長崎通詞の子らへ接種すると次々と善感し、こうして長崎通詞の子から長崎市内での子供らへの牛痘による種痘が開始された[22]。

20　宮城県図書館「始有盧日記（シウロ　ニッキ）」（天保11年10月1日至12年12月16日）、『青柳・今泉・大槻・養賢堂文庫和漢書目録（大槻文庫）』564（請求記号 KO289／シ1）。
21　青木歳幸『伊東玄朴』（佐賀県立佐賀城本丸歴史館、2014年）。
22　青木歳幸「佐賀藩の種痘」（『天然痘との闘い―九州の種痘』岩田書院、2018年）。

鍋島直正は、楢林宗建を佐賀城下へ呼び、藩医の子や多久領主子などへ接種した後、最も良い痘苗を8月22日に藩医大石良英が藩主子淳一郎（のちの直大）へ接種し、善感した。こうして佐賀城下から領内へ種痘が広がり、かつ江戸へ痘苗が運ばれ、11月11日に藩主娘貢姫へ伊東玄朴が接種し、18日に善感が確認された。玄朴は友人桑田立斎、大槻俊斎らに分苗し、佐賀藩主の友人薩摩藩主島津斉彬らへの分苗も行い、江戸での種痘が広がった。

　楢林宗建は長崎で種痘の普及をすすめ、同年10月には、江戸のシーボルト門人である戸塚静海や、京都の兄でシーボルト門人楢林栄建に牛痘を送っている[23]。

　長崎の唐通詞頴川四郎八が、京都のシーボルト門人日野鼎哉に痘痂を送り、善感した痘苗が福井の笠原良策や大坂の緒方洪庵らに分苗された。良策は村次伝苗法などで、福井藩領内への種痘を普及させ、洪庵は嘉永3年（1850）3月頃までに51カ所の分苗所を設置し、普及を促進した[24]。シーボルト門人のネットワークが、牛痘種痘の全国的展開の重要な鍵を握っていた。

おわりに

　以上、シーボルトの外科手術と門人の活動を、外科術と牛痘種痘の普及に絞って紹介した。シーボルト来日以降、門人らによって天保年間を中心に、全国各地に蘭学塾が叢生した。シーボルトによってもたらされた我が国臨床外科医学は、戸塚静海らによって各地で蘭方医の外科手術が行われるようになり、我が国外科学の新段階に至った。シーボルトの牛痘接種実験により、門人らに牛痘入手への期待感をさらに高め、佐賀藩が最初に導入に成功した結果、シーボルト門人らのネットワークを軸として、数年のうちに我が国各地に伝播したのだった。シーボルトの研究が諸自然科学、とくに我が国博物学に与えた影響も大きいのだが、また別の機会に紹介することとして本稿を終える。

23　『楢林家系図及累世履歴』（長崎歴史文化博物館蔵）。
24　緒方洪庵没後150年記念『大阪の除痘館　改訂・増補・第2版』（緒方洪庵記念財団除痘館記念資料室、2013年）。

ヴィルヘルム・ハイネが描いた日本の絵

—シーボルトからの借用—

ブルーノ・J・リヒツフェルト
（ミュンヘン五大陸博物館前副館長）

1. ヴィルヘルム・ハイネ

ヴィルヘルム・ハイネ（Wilhelm Heine, 1827-1885）[1]は1827年、王室宮廷劇場の俳優の息子としてドレスデンで生まれた。1843年からは大学で建築学を学んだが、やがてドレスデン・ゼンパー歌劇場の舞台装置画家になることを志し、当時オペラ界の中心地であったパリなどで作曲家リヒャルト・ヴァーグナー（Richard Wagner, 1813-1883）、劇場建築家ゴットフリート・ゼンパー（Gottfried Semper, 1803-1879）の影響を受けつつ装飾画に習熟した。1848年、重大な事故のため予定を早めてパリから戻り、ドレスデンの王室宮廷歌劇場で舞台画家の職を得た。

1849年、ハイネはヴァーグナー、ゼンパー、ミハイル・バクーニン（Michail Bakunin）とともに革命的な5月蜂起に参加したが、これが失敗に終わると北アメリカ合衆国へ逃れた。そしてブロードウェイで美術学校を開いた。さらに中央アメリカを旅した後、1852年にはマシュー・C・ペリー（Matthew C. Perry, 1794-1858）提督による日本遠征隊（1852-1854）に画家として加わった。この遠征のあいだ日本で描きためた絵画を発表すると、これが好評を博し、1856年には自らの旅行記をドイツ語で著した。1855年にアメリカの市民権を取得し、1858年に結婚した。

ハイネは1859年、プロイセン政府もまたフリードリヒ・ツー・オイレンブルク伯爵（Friedrich Graf zu Eulenburg, 1815-1881）が率いる使節をシャム・清国・日本へ派遣し、これらの国とプロイセン及び他のドイツ諸国との条約締結を計画していることを知り、この計画への参加を希望した。プロイセン東アジア遠征（1860-1862）といわれるこの企図におい

---

[1] ヴィルヘルム・ハイネの詳細な伝記は Andrea Hirner, *Wilhelm Heine. Ein weltreisender Maler zwischen Dresden, Japan und Amerika* (Radebeul: Edition Reintzsch, 2009) を参照。他に Andrea Hirner, „Das Leben und die Reisen des Wilhelm Heine", in: *Streifzüge durchs alte Japan. Philipp Franz von Siebold, Wilhelm Heine*, hg. Markus Mergenthaler (Dettelbach: Verlag J.H. Röll, 2013), 74-99、及び Sebastian Dobson & Sven Saaler, *Unter den Augen des Preußen-Adlers. Lithographien, Zeichnungen und Photographien der Teilnehmer der Eulenburg-Expedition in Japan, 1860-61; Under Eagle Eyes. Lithographs, Drawings & Photographs from the Prussian Expedition to Japan, 1860-61;『プロイセン・ドイツが観た幕末日本　オイレンブルク遠征団が残した版画、素描、写真』* (München: IUDICIUM Verlag, 2011), 77-90, 125-150, 166-185, 255-315 を参照。

て、ハイネはスケッチ画家兼写真撮影監督者として随行員の一人となった。

ハイネは公式行事とは別に江戸市内や周辺に出かけるなどして日本滞在を十分に楽しんだ。しかし遠征隊の画家であるアルベルト・ベルク（Albert Berg, 1825-1884）とは最初から折り合いが悪かった[2]。また、他の遠征隊員、例えば高名な地理学者フェルディナント・フォン・リヒトホーフェン（Ferdinand von Richthofen, 1833-1905）もハイネには冷たかった[3]。

日本を離れてからのハイネは、天津と北京に滞在した後の 1861 年に遠征隊と別れて、南北戦争（1861-1865）に参加するため直接アメリカへ向かった。戦争の後はアメリカのリヴァプール駐在領事を務めるなどした。1871 年にドイツ帝国が創建されると、娘とともにドレスデンに帰郷し、その後はわずかな時期を除きケッチェンブローダ（Kötschenbroda（現在はラーデボイル（Radebeul）市内の一地域））で生涯を過ごした。

ハイネは自らの日本への旅について多くの著書や新聞記事を発表した。だがドイツ帰国後のハイネは、オイレンブルク遠征隊の公式編纂記録に彼のスケッチではなく彼のライバルであるベルクの絵図ばかりが掲載されていたことを知り腹立たしかったにちがいない。そこでハイネは、ペリー提督の遠征とプロイセン東アジア遠征での自らの経験をまとめた全紙二つ折り判（フォリオ判）の大型画集をドレスデンで編集しようと考えた。この画集は、ドイツの一般市民に日本を紹介しようとする、彼の長年にわたる努力を示す記念碑的な作品となるはずだった。

ところがハイネはこの新たな出版物の準備中に卒中の発作に襲われてしまった。そのため彼の旧知の画家仲間に助力を求めた。その画家仲間とは、ミューリヒ兄弟（メノ／メンノ・ミューリヒ（Meno/Menno Mühlig, 1823-1873）とベルンハルト（ベンノ）・ミューリヒ（Bernhard (Benno) Mühlig, 1829-1910））、エドムント・"グイド"・ハマー（Edmond „Guido" Hammer, 1821-1898）、そしてルートヴィヒ・アルブレヒト・シュスター（Ludwig Albrecht Schuster, 1824-1905）であった。今日では無名の画家たちだが、当時は名の知れた歴史画家や動物画家であった。画家たちは、ハイネが示す手本――ハイネ自身によるスケッチ、写真、「日本人の原画」――や図版解説の文章に基づき、大きな判型に合わせて各々のタイトルに対応する油絵の大半を描いた。画集のタイトルは『日本―その国土と住民を知るために（Japan. Beiträge zur Kenntnis des Landes und seiner Bewohner）』〔本稿では『日本（Japan）』とも表記する〕とされ、1873年から 1875 年までのあいだに数回にわたり配本された[4]。宗教、歴史、民族誌、自然史、「風景」すなわち、例えば鎌倉などの名勝、の 5 つの区分で構成され、それらの場面を描

---

2 Dobson & Saaler, *Unter den Augen des Preußen-Adlers,* 133-146 を参照。ペリー日本遠征の公式記録の第 1 巻序文には、ハイネは「スケッチ画家（Zeichner）」と明確に記されており、ベルクが「画家（Maler）」とされていたのとは異なる（Anonymus [A. Berg]: *Die Preußische Expedition nach Ost-Asien. Nach amtlichen Quellen* (Berlin: Verlag der Königlichen Geheimen Ober-Hofbuchdruckerei [R. v. Decker], 1864), Bd. 1, XIII)。

3 Dobson & Saaler, *Unter den Augen des Preußen-Adlers,* 140, 142f., 146 を参照。

4 Wilhelm Heine, *Japan. Beiträge zur Kenntnis des Landes und seiner Bewohner,* Berlin (Paul Bette) 1873-1875. Reprint: Andrea Hirner & Bruno J. Richtsfeld (Hg.), *Wilhelm Heine, Japan. Beiträge zur Kenntnis des Landes und seiner Bewohner* (Dettelbach: Verlag J.H. Röll, 2019).

写する各々10枚の図版がまとめられた。そのうちハイネ自身は「風景編」の10枚中の6枚と「八幡社祭礼」(「宗教編」1図)だけを描いたにすぎなかった。それでいて、ミュンヘン五大陸博物館が1888年から保管している油絵の実物の裏面には、ほぼ一貫して「W. ハイネと…(図版での表記と同じ画家名)」と示されている[5]。ハイネはこれらの油絵の著作権を得ていたのかもしれない[6]。彼が油絵をすべて自分で所有し続けたこと、しかも1883年にミュンヘンのガラス宮で開かれた国際美術展において一連のこの日本絵画のうちの3点を自らの名前で出展したことは、そうであれば説明がつくのではないか。だが、これら油絵3点の作者はハイネではなく、ルートヴィヒ・アルベルト・シュスターなのである[7]。しかもハイネは、当時のミュンヘン王立民族学博物館が展示していたシーボルト・コレクションを補完するものとして、油絵すべてをこの博物館へ売却しようとしたのである[8]。

　先に記した大判画集の制作にあたっては、灰色トーンで油絵を描くグリザイユと呼ばれる技法を用い、その描いた絵を写真撮影しなければならなかった。当時の写真術では色の違いを捕捉できないため、こうした技術が必要とされていた。写真の焼付けを厚紙のページの上に貼りつけ、各々の写真の絵の解説文をハイネが加えた。その写真図版がある厚紙のページでは、その図版の縁がさらに厚い枠のようになり、その下に絵図のタイトル、そのタイトルに対応する日本語、画家名、及び絵図が範にとった手本(「日本人の原画により」、「日本人のスケッチにより」、「写真により」、「ハイネのスケッチにより」、など)を表記した[9]。ハイネはその後、大きなフォリオ判では多くの読者には価格的に手が出ないと考えて「廉価版」を1880年に自費出版したが、そこには以上のような図版ページ下部の表記は見当たらない[10]。

　この大判画集出版にあたって制作された油絵42枚、ハイネ自身が所持していた大判画集、それにハイネの最後の絵画作品——別の出版のために制作された「江戸」の風景——は、1888年1月、ハイネの娘婿であるエトガー・ハンフシュテンクル(Edgar Hanfstaengl、

5　Bruno J. Richtsfeld, „Wilhelm Heines Japan-Gemälde im Staatlichen Museum für Völkerkunde München," *Münchner Beiträge zur Völkerkunde* 13 (2009): 221, 222–228 (Spalte „Maler"), 229f.、及び Richtsfeld, „Impressionen aus Japan," in: *Streifzüge durchs alte Japan. Philipp Franz von Siebold, Wilhelm Heine,* hg. Markus Mergenthaler (Dettelbach: Verlag J.H. Röll, 2013), 100–117 を参照。

6　1875年6月25日付でハイネがヴァーグナーへ宛てた書簡には次のようにある:「…というのも、私は最高のものを得るために随分と支払ったのですから」(Richtsfeld, *Wilhelm Heines Japan-Gemälde,* 215.)

7　Richtsfeld, *Wilhelm Heines Japan-Gemälde,* 234f.

8　1875年6月25日付でハイネがヴァーグナーへ宛てた書簡を参照。(Richtsfeld, *Wilhelm Heines Japan-Gemälde,* 215.)

9　デジタル化画像は Digitalisierte Sammlungen der Staatsbibliothek zu Berlin Werkansicht: Japan: Beiträge zur Kenntniss des Landes und seiner Bewohner (PPN663975484 - {4} - fulltext-endless) (staatsbibliothek-berlin. de)、あるいは、Japan: Beiträge zur Kenntniss des Landes und seiner Bewohner - Deutsche Digitale Bibliothek (deutsche-digitale-bibliothek. de) [22.07.2024]

10　この「廉価版」の新たな書名は*Japan. Beiträge zur Kenntnis des Landes und seiner Bewohner in Wort und Bild Dresden* (Im Selbstverlag des Verfassers. In Commission bei Woldemar Urban in Leipzig)。同書のデジタル画像は http://www.oag.jp/digitale-bibliothek/sonstige-buecher/、あるいは、https://oag.jp/img/1873/04/Wilhelm-Heine-Japan-Beitraege-zur-Kenntnis-des-Landes-und-seiner-Bewohner.pdf [22.07.2024]。

1842-1910）氏からミュンヘン王立民族学博物館（現在のミュンヘン五大陸博物館）へ寄贈された。残る油絵8枚の行方は不明である[11]。

　なお、ハイネの文学作品すべてに関して、人名辞典『アルゲマイネ・ドイチェ・ビオグラフィー』で彼の伝記を叙述したヴィクトア・ハンチュ（Victor Hantzsch）は、ハイネが1851年からその翌年にかけての旅について記した彼の処女作品について、次のように的確な評価を加えている。「ハイネの最初のこの著作は彼が後年出版したものと比較して厳密な学問的な要求を満たしているとはいえない。とはいえ、その伸びやかで淦渕とした筆遣いは際立っている。自然の美は芸術家の視線で観察され、その観察のままに書き留められている。好意あふれる愛情とまさにドイツ的な温和さの息吹が作品全体に注ぎ込まれている」[12]。

2. ハイネによる『日本（Japan）』の絵図が手本としたシーボルトの『日本（Nippon）』及び『日本動物誌』の図版

　ハイネによる大判画集の絵図が範にとった手本を確かめるのは容易な作業ではない。例えば、フォン・オイレンブルク伯爵はすでに1861年7月3日付のある書簡の中で、ハイネの仕事ぶりについて「彼は写真術について何も知らない。彼の本来の仕事であるスケッチ画の作品も私は一つも見たことがない」と記している一方で[13]、遠征隊の写真家たちの監督者であると自覚していたハイネは、大判画集の図版ページの表記では、絵図はオイレンブルク遠征隊で撮影された写真やハイネ自らによるスケッチ、それに「日本人の原画」を手本としたものである、としている[14]。「日本人の原画」とは、名所図会の木版画、あるいは広重の一連の東海道や富士山の色刷り版画などが考えられそうである。『日本（Japan）』とは別にハイネが描いた大パノラマの油絵「江戸の風景」の例だが、実際に、セバスティアン・ドブソン（Sebastian Dobson）は名所図会の中にある版画2枚にこの絵図の手本を見出した[15]。さらにドブソンは、大判画集にある絵図の中には実は写真を手本としたものがいくつもある、と指摘した[16]。

11　所蔵番号（フォリオ判）は88.39-88.82。デジタル画像はミュンヘン五大陸博物館のホームページで公開されている „Provenienzforschung — Projekte. Inventare": SMV-22 („Katalog VII des K. Ethnographischen Museums München 88.1 — 91.107"）。加えて Richtsfeld, *Wilhelm Heines Japan-Gemälde* を参照。

12　Victor Hantzsch, Heine. Peter Bernhard Wilhelm H., in *Allgemeine Deutsche Biographie*（Leipzig: Duncler & Humblot, 1905), Bd. 50, 136.

13　Dobson & Saaler, *Unter den Augen des Preußen-Adlers*, 258; vgl. ebda.: 140-146.

14　Dobson & Saaler, *Unter den Augen des Preußen-Adlers*, 166, 170. このフォン・オイレンブルク伯爵の発言と比較すれば、以下に記すフェルディナント・フォン・リヒトホーフェンの評価はいくぶん寛大である：「H（ハイネ）の添景は人々の日々の暮らしや活動など描いているだけだが、それによって驚くほど豊かな感受性と生き生きとした物の見方が生まれる」。とはいえ、リヒトホーフェンはアルベルト・ベルクの優越を認めていた（Dobson & Saaler, *Unter den Augen des Preußen-Adlers,* 142f. 同書140も参照）。

15　この油絵については Richtsfeld, *Wilhelm Heines Japan-Gemälde,* 217-220, Richtsfeld, „Impressionen aus Japan", 102-105, 113, 及び Dobson & Saaler, *Unter den Augen des Preußen-Adlers,* 178-180 を参照。

筆者は、五大陸博物館で最後に担当した展覧会（2021年）を準備している最中に、「自然史編」で描かれている数々の動物の絵図は図版ページに表記されているとおりの「日本人の原画」によるものではなく、フィリップ・フランツ・フォン・シーボルト（Philipp Franz von Siebold, 1796-1866）の『日本動物誌』からの流用だということに気づいた[17]。

　さらに調べを進めていくと、ハイネの作品が「日本人の原画」に範を取ることはむしろ稀であり、ハイネは彼の同業の画家たち、特にシーボルトの『日本（Nippon）』[18]の中の図版や、あるいは彼と同時期のヨーロッパでの日本に関する出版物までをも大いに参考とし、それらを多少なりとも忠実に模写したうえで適当な背景の前に配置させていた、ということが判明した。当時、まだ出版されたばかりのエーメ・アンベール（Aimé Humber）による『日本図絵（Le Japon illustré）』2巻本[19]の中の挿絵もまたハイネの発想の源泉になったと推測される（本稿末尾の付記を参照）。ハイネと彼の画家仲間の分担は次のとおりである。図版ページの表記にしたがえば、ハイネは7枚だけを自ら描き、ハイネのスケッチと下絵に基づいてベルンハルト・ミューリヒが「歴史編」、「民族編」、「風景編」の7枚を描いた。グイド・ハマーは「自然史編」の5枚を描いた。もっとも、油絵の裏面には——先に述べたように——こうした図版ページのような表記がなく、図版ページで名が挙げられた画家とともにハイネが制作者として加えられている[20]。1880年に出された廉価版には、図版に付されていた表記自体がそもそもない。

　すでに述べたとおり、セバスティアン・ドブソンとスヴェン・ザーラ（Sven Saaler）は編書『プロイセン・ドイツが観た幕末日本』の中で、絵図の手本として撮影写真が用いられた例をいくつも指摘した。確かにそうした指摘のとおり、「B（ベルンハルト）・ミューリヒが何枚かの写真に基づいて」描いた、と図版ページで表記されている「出島のオランダ

16　Dobson & Saaler, *Unter den Augen des Preußen-Adlers,* 173-175 und 176f.（Abb. VI-56-VI-64）, 271f., 281-283 und Hirner, „Das Leben und die Reisen des Wilhelm Heine", in Mergenthaler, *Streifzüge durchs alte Japan,* 96f. 写真に対するハイネの考え方については Dobson & Saaler, *Unter den Augen des Preußen-Adlers,* 140f. を参照。

17　Werlich（Hg.）& Richtsfeld（Autor）, *Sehnsucht Japan. Reiseerinnerungen des Malers Wilhelm Heine. Eine Ausstellung des Museums Fünf Kontinente, München, anlässlich des 160. Jubiläums Deutsch-Japanischer Freundschaft*（München: Museum Fünf Kontinente, 2021）, Abschnitt Naturgeschichtliches 1, 2, 3, 5, 8［Broschüre ohne Seitenzählung］. 本稿後段の「自然史編」の絵図についての対比（151頁）を参照。

18　Philipp Franz von Siebold, *Nippon. Archiv zur Beschreibung von Japan und dessen Neben- und Schutzländern Jezo mit den südlichen Kurilen, Sachalin, Korea und den Liukiu-Inseln,* 2. Aufl., 2 Bde., herausgegeben von seinen Söhnen（Würzburg, Leipzig: Verlag der K. u. K. Hofbuchhandlung von Leo Woerl, 1897）; Philipp Franz von Siebold, *Nippon. Archiv zur Beschreibung von Japan. Vollständiger Neudruck der Urausgabe zur Erinnerung an Philipp Franz von Siebolds erstes Wirken in Japan 1823-1830. In zwei Text- und zwei Tafelbänden. Dazu ein neuer Ergänzungs- und Indexband von Dr. F. M. Trautz. Herausgegeben vom Japaninstitut Berlin*（Berlin, Wien, Zürich: Verlag Ernst Wasmuth AG., 1930）.

19　Aimé Humbert, *Le Japon illustré,* 2 Bde.（Paris: Librairie de L. Hachette, 1870）; Bd. 1, https://gallica.bnf.fr/ark:/12148/bpt6k6580682j; Bd. 2, https://gallica.bnf.fr/ark:/12148/bpt6k6579162k. エーメ・アンベール・ドロス（Aimé Humbert-Droz, 1819-1900）はスイスの政治家。初代の駐日スイス公使（1863-64）。

20　Richtsfeld, *Wilhelm Heines Japan-Gemälde,* 222-228 を参照。

人」(「歴史編」10 図)（図 1）は、プロイセン東アジア遠征の写真家アウグスト・ザハトラー（August Sachtler, 1839–1873）の写真を手本としたものであろう。同時に、その公式記録にあるアルベルト・ベルクによる挿絵(図2)[21]が模写されたことも見て取れる。ハイネとミューリヒの絵図に描かれている人物たちは、彼らの芸術家的空想によって描き加えられたのである[22]。

アルベルト・ベルクからの拝借は、ベルンハルト・ミューリヒが「日本人の原画に基づいて」描いた、と画集で表記された「大阪落城」(「歴史編」8 図)（図 3）においても確認できる。この表記とは異なり、ハイネとミューリヒは、アルベルト・ベルクが描いた江戸城の城壁にある橋（図 4）を写し取り、その場所でヨーロッパの騎士を模したサムライたちを劇的に戦わせた、ということが容易に見て取れよう[23]。さらに、同じく劇的な戦いの場面を扱った別の絵図でも、構図的に他からの流用が考えられそうなものがある。13 世紀の蒙古襲来をモチーフとした「タタール人の敗北」(「歴史編」3 図)がそれで、これと比較しうるものがエーメ・アンベールの『日本図絵』の中の挿絵に見つかるのである（第1巻229 頁）。ハイネの画集での表記によれば、この絵は「日本人の原画から」のハイネのスケッチを参考としてルートヴィヒ・アルブレヒト・シュスターが油絵を描いた、とされている。

フィリップ・フランツ・フォン・シーボルトの『日本 (Nippon)』に掲載されている図版を眺めると、ハイネの『日本 (Japan)』と比較可能なものが何点も見つかる。

図 5a 及び図 5b は、メンノ・ミューリヒが「日本人の原画により」描いた、とハイネの画集で表記されている「水神祭」(「宗教編」3 図) である。しかし、すでにアンドレア・ヒルナー (Andrea Hirner) が確認したように、実際にはシーボルト『日本 (Nippon)』の中にある図版（図 6）から直接模写されたものであり、そこにペリーによる遠征の公式記録の挿絵とされたハイネによる「下田の住吉神社」の木々や建物が合体されたのであった[24]。これに呼応して、ハイネによるこの絵図の解説文では、この水神祭の描写は「下田のある小さな神社の周辺」のものである、とされている[25]。

「盆会」と題された別の絵図 (「宗教編」7 図)（図 7a, b）も、先ほどと同じように、シーボルト『日本 (Nippon)』の中にある図版（図 8）の正確な模写である。この絵でも、舟の担ぎ手たちは先ほどの「水神祭」の場合と同じように、適当な背景——ここでは祭りのにぎやかな情景——の前に配置された。

21　Anonymus［A. Berg］1866, *Die Preußische Expedition nach Ost-Asien. Nach amtlichen Quellen.* Bd. 2 (Berlin: Verlag der Königlichen Geheimen Ober-Hofbuchdruckerei [R. v. Decker]).

22　Dobson & Saaler, *Unter den Augen des Preußen-Adlers,* 169 (Abb. VI-47), 297 (Abb. VII-45)、及び Mergenthaler, *Streifzüge durchs alte Japan,* 31, 97 を参照。

23　ベルクのスケッチに関しては Dobson & Saaler, *Unter den Augen des Preußen-Adlers,* 160, Abb. VI-22, VI-23 を参照。この江戸城の橋については Anonymus［A. Berg］, *Die Preußische Expedition,* Bd. 1, 289 で短く触れられている。アレクサンダー・フォン・シーボルト (Alexander von Siebold) の書簡にある江戸城への短い言及も参照 (Vera Schmidt, Hg., *Korrespondenz Alexander von Siebolds in den Archiven des japanischen Außenministeriums und der Tōkyō-Universität 1859–1985,* Veröffentlichungen des Ostasien-Instituts der Ruhr-Universität Bochum 33, Acta Sieboldiana 9 [Wiesbaden: Harrassowitz Verlag, 2000], 85, Brief 4.0012: 27.6.1861)。

図1 「出島のオランダ人」。ハイネ『日本(Japan)』「歴史編」10図。(写真 ニコライ・ケストナー(Nicolai Kästner))

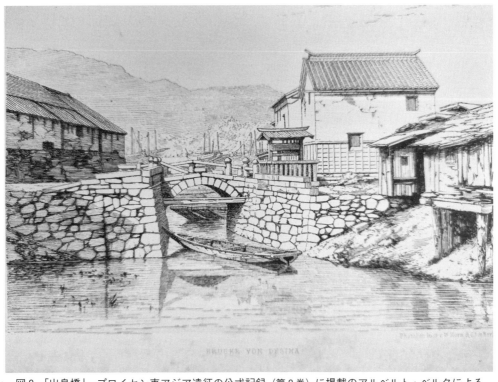

図2 「出島橋」。プロイセン東アジア遠征の公式記録(第2巻)に掲載のアルベルト・ベルクによる挿絵。(写真 著者)

図3 「大阪落城」。ハイネ『日本（Japan）』「歴史編」8図の原画（MFK 88.56）。（写真　ニコライ・ケストナー）

図4 「江戸城の門」。プロイセン東アジア遠征の公式記録（第1巻）に掲載のアルベルト・ベルクによる挿絵。（写真　著者）

図5a 「水神祭」。ハイネ『日本（Japan）』「宗教編」3図の原画（MFK 88.43）。（写真　ニコライ・ケストナー）

図5b 同図版。（写真　ニコライ・ケストナー）

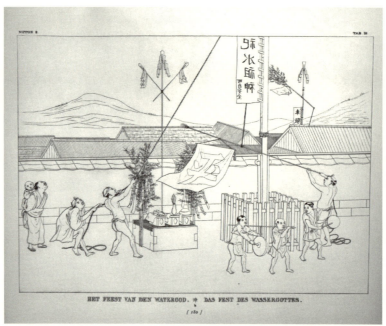

図6 「水神神社の祭礼」。シーボルト『日本（Nippon）』の図版（Siebold, *Nippon*（1930）, Tafelband I, Teil II, Tab. XI [180]）。（写真　著者）

　同じように次の「絵踏」（「宗教編」10図）（図9）も、シーボルト『日本（Nippon）』の中でモチーフを共通とする図版(図10)が基となっている。この油絵はベルンハルト・ミューリヒが日本人の原画により描いたとされているが、『日本（Nippon）』にある図版と比較すると、作品の舞台が簡素な広間へと移され、かつ画面が左右反転している。このように人物や場面の左右反転を用いた構図は、『日本（Nippon）』からの流用においていくつか見られる。『日本（Nippon）』では着座している女性たちの前に小さな台があり、儀式の長たる男性の左に火鉢があるが、ハイネ『日本（Japan）』にもこの２つが描かれていることがわかる。もっとも、『日本（Japan）』では儀式の長の脇にやや小さく描かれている。

24　Hirner, „Das Leben und die Reisen des Wilhelm Heine," 95; Francis L. Hawks, *Narrative of the Expedition of an American Squadron to the China Seas and Japan, performed in the years 1852, 1853, and 1854, under the Command of Commodore M. C. Perry, United States Navy, by order of the Government of the United States.* Compiled by the original notes and journals of Commodore Perry and his officers, at his request and under his supervision by Francis L. Hawks D. D. L.L. D. with numerous illustrations. Published by order of the Congress of the United States.（Washington, DC: Beverley Tucker, Senate Printer, 1856）, Lithographie nach Heine gegenüber S. 411. 後者に関して、同じく 1856 年に出版された New York: D. Appleton & Co., London: Trubner & Co.はこの挿絵を欠いている。ここで触れた祭礼に関しては Siebold *Nippon*（1897）, Bd. 2, 104 und *Nippon*（1930）, Textband 2, 764 を参照。

25　Heine, *Japan*, „Religiöses" 3. 他に Hirner, Kommentar zu „Religiöses", 3, in Hirner & Richtsfeld, *Wilhelm Heine, Japan,* a.a.O.及び Richtsfeld, Kommentar zu „Religiöses", 3, in Werlich & Richtsfeld, *Sehnsucht Japan*, a.a.O.を参照。

図7a 「盆会」。ハイネ『日本(Japan)』「宗教編」7図の原画(MFK 88.47)。(写真　ニコライ・ケストナー)

図7b　同図版。(写真　ニコライ・ケストナー)

ヴィルヘルム・ハイネが描いた日本の絵　133

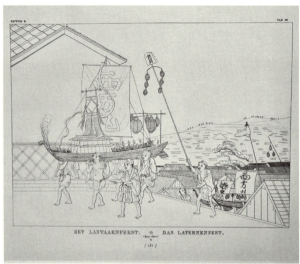

図8 「盆灯籠」。シーボルト『日本(Nippon)』の図版(Siebold, *Nippon* (1930), Tafelband I, Teil II, Tab. XII [181])。(写真 著者)

図9 「絵踏」。ハイネ『日本(Japan)』「宗教編」10図の原画(MFK 88.50)。(写真 ニコライ・ケストナー)

図10 「絵踏」。シーボルト『日本(Nippon)』の図版(Siebold, *Nippon* (1930), Tafelband I, Teil II, Tab. XV [182])。(写真 著者)

「ポルトガル人の来日」(「歴史編」4図)(図11a、b)は、画集の表記では「日本人の原画により」ベルンハルト・ミューリヒが描いた、とされているものの、明らかにシーボルト『日本(Nippon)』の中の図版のいくつかを合体したものである。幻想的ではあっても史実からは程遠い印象の——例えば、婦人がこうした公式の場に列することはなかろう[26]——この絵図のモチーフは、フェルナン・メンデス・ピント(Fernão Mendes Pinto, 1510頃–1583)とフランシスコ(ハイネ及びシーボルトの表記では Diego)・ゼイモト(Francisco Zeimoto)による"豊後王"の宮殿での謁見とされているものである。この時、ピントはマスケット銃の使い方を説明し、「王の娘と宮廷婦人たちからこの上なく温かく迎えられ、土産として沢

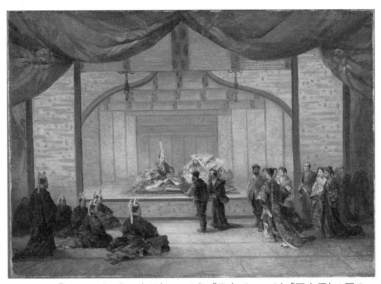

図11a 「ポルトガル人の来日」。ハイネ『日本 (Japan)』「歴史編」4図の原画 (MFK 88.53)。(写真　ニコライ・ケストナー)

図11b 同図版。(写真　ニコライ・ケストナー)

山の絹の着物と扇子を贈られた」(ハイネによる「歴史編」4図の解説文から)[27]。

　"豊後王"の描写 (図12) は、扇を持つ手が右手から左手へと換えられているものの、明らかに『日本 (Nippon)』の中の図版「帝」(図13) に由来している[28]。

　"王"の夫人の姿 (図14) もまた、『日本 (Nippon)』の中にある図版「后」[29] (図15) からのものである。そこにさらに空想が加わり、「后」の髪は"王妃"では頭巾へと再解釈さ

図12 "豊後王"。図11aの部分図。
図13 「帝」。シーボルト『日本（Nippon）』の図版。(Siebold, *Nippon* (1930), Tafelband I, Teil II, Tab. X [126])。(写真 著者)

れている。王とその夫人とされる二人には、いずれも先述の左右反転が施されている。

　高貴なこの夫妻の姿には、併せてシーボルト『日本（Nippon）』の中の別の図版（図16）の影響があるのかもしれない。シーボルトのその図版では、折り目を直角にして立てられた屏風の表に、沢山の円い形の模様を散りばめた幾筋にも連なる雲紋が施されているが、ミューリヒとハイネの油絵のほうでは、"王"と"王妃"が着座する"舞台"の周囲の何枚もの襖の表面、及び舞台上空にある驢馬の背のような曲線上部の壁の表面に、これに

26　ピントは豊後の"王"、"王妃"及びその子らと食事をともにしたことを書いているが、それは私的領域においてであって公式の場ではない（Fernão Mendes Pinto, *Wunderliche und merkwürdige Reisen des Fernão Mendez Pinto*. Mit einem Nachwort von Horst Lothar Teweleit. [(Ost-) Berlin: Rütten & Loening, 1976], 574f.）。"王"への公式な謁見では、女性の参列者のことは触れられていない（580f.）。さらには江戸城の西丸下での拝謁についてのシーボルトの叙述も参考となる。「女性たちは引戸の向こう側に着座していたが、襖の薄い紙には小さな穴が開いており、中にいる異人たちをそこから見ることができたので——ちょうどピントと彼の従者たちがそうであったように——まるで「見世物小屋」の見世物のようであった。女性たちは異人の持ち物を自分たちの部屋のほうに運ばせて、それを興味深く眺めていた」（Siebold, *Nippon* [1897], Bd. 1, 193）。

27　Heine, *Japan*, Text zum Abschnitt „Geschichte", 4; vgl. Hirner & Richtsfeld, *Wilhelm Heine, Japan ebda.* この描写は史実とは認められない。Hirner, Anmerkung zu „Geschichte", 4 in Hirner & Richtsfeld, *Wilhelm Heine, Japan,* 19 も併せて参照。ピントとゼイモトが同じ時期に種子島で滞在したとされる記録については *Nippon* (1897), Bd. 1, 241–243, 327, 及び *Nippon* (1930), Textband 1, 13f.（mit 198, Anm. 1 und 2）, 38–41, 109, 362 を参照。とはいえ、ピント自身は4度にわたる種子島及び九州での滞在のうち、九州ではゼイモトのことや火縄銃を紹介したことに触れていない（Pinto, *Wunderliche und merkwürdige Reisen,* 380–387, 557–566, 572–582）。

28　他にアンベール『日本図絵』にある「ミカド」を参照（Humbert, *Le Japon illustré,* Bd. 1, 192）。

29　后とは、帝の第二位の妻に対する一般的な称号である。E. Papinot, *Dictionaire d'histoire et de géographie du Japon. Illustré de 300 gravures, de plusieurs cartes, et suivi de 18 appendices.* (Tōkyō: Librairie Sansaisha, Yokohama, Shanghai, Hongkong, Singapore: Kelly & Walsh Ltd., 1905), 326 を参照。

図14　図11aの部分図。
図15　「后」。シーボルト『日本（Nippon）』の図版（Siebold, *Nippon*（1930）, Tafelband I, Teil II, Tab. XI [127]）。（写真　著者）

図16　「公家の宮廷服」。シーボルト『日本（Nippon）』の図版（Siebold, *Nippon*（1930）, Tafelband I, Teil II, Tab. XVI [132]）。（写真　著者）

倣った雲紋が描かれている。このことは、この2枚の絵図の関係性をますます強く推測させる[30]。

　ハイネの描写では、ピントないしゼイモトは通訳者とともに高貴な夫妻の前に立ち、鉄砲の仕組みを説明している（図17）。その通訳者らしき隣の日本人従者[31]の描写には——わずかに身を左によじらせるその姿からすると——、『日本（Nippon）』の中の「武家の礼服」の右側の人物の影響がみられよう。このことは全体的な印象からも言えようが、加え

図17　図11aの部分図。
図18　「武家の礼服」。シーボルト『日本 (Nippon)』の図版 (Siebold, *Nippon* (1930), Tafelband I, Teil II, Tab. XX [136])。（写真　著者）

て、ミューリヒの絵図では通訳者の衣服の柄、及び二刀を差す位置がこのシーボルトの図版に倣っていることからしても、大いにありえよう（図18）。

　この絵図における『日本 (Nippon)』からの流用は、以下に述べる別の2名の人物において特に明らかである。まず宮廷婦人（図19）だが、ミューリヒの描く絵画では"王女"であることが表現されているらしいこの女性が、『日本 (Nippon)』の中の「将軍の御台所」（図20）に倣っていることは容易に看取される。それでいて扇子を持つ手が左手から右手に換えられていることもはっきりと見て取れる。

　次に、その"王女"に目をやりながら腰を反らしている、ピントないしゼイモトとおぼしきポルトガル人である（図19、21）。同じような姿勢で——射手を凝視するために腰は一段と反っているが——立っている髭の男が、『日本 (Nippon)』の中にも見出せる（図22）。シーボルトの図版は『北斎漫画』にある木版画（六編二十五丁）に倣ったもので、そこでの男はハイネ『日本 (Japan)』と同じ衣服を着ている。『日本 (Nippon)』の図版のタイトルはハイネ『日本 (Japan)』と同じ「ムラーシュクシヤとクリスターモウタ」という2名の

30　雲が波打つような形で上方へ引き上げられた幕を伴う、この舞台装置的な——実際の日本にはそぐわない、緞帳が引き上げられた劇場の舞台を思わせる——添景だが、これと同じ形が「神宮祭礼」（「宗教編」2図）及び「頼朝」（「歴史編」1図）の2枚の絵にも見つかる。これら2枚の図版では、ベルンハルト・ミューリヒが「日本人の原画」ないしハイネのスケッチに基づいて描いた、と表記されている。こうした添景は、ピントが"豊後王"への最後の謁見を次のように書いたことから考え出されたのかもしれない。「王宮に着くと、王が我々を迎える機会のためにわざわざ造らせた台座の上にいるのが見えた」(*Wunderliche und merkwürdige Reisen*, 580)。他に、アンベール『日本図絵』にある、将軍の間の似たような装飾を参照 (Humbert, *Le Japon illustré*, Bd. 1, 191, Abb. 121: *Distribution d'argent au peuple par ordre du Siogoun*)。あるいは、この織布らしき文様は、例えばシーボルト『日本 (Nippon)』で描かれている、垂れ下がる織布に、誤解を伴いながら影響を受けたのかもしれない (Siebold, *Nippon* (1930), Tafelband I, Abt.II, [164], II, Tab. X [126: „Mikado" s. oben Abb.13], Tafelband II, Abt. V [303])。

31　アンベール『日本図絵』の中にある、宮廷服をまとった通訳者の挿絵を参照 (Humber, *Le Japon illustré*, Bd. 1, 203 und Bd. 2, 391)。ハイネとミューリヒの描写では通訳者の被り物が欠落している。

図19　図11aの部分図。
図20　「将軍の御台所」。シーボルト『日本（Nippon）』の図版（Siebold, *Nippon* (1930), Tafelband I, Teil II, Tab. XIX [135]）。（写真　著者）

図21　図11aの部分図。
図22　「ムラーシュクシヤとクリスターモウタ」。シーボルト『日本（Nippon）』の図版。(Siebold, *Nippon* (1930), Tafelband I, Teil II, Tab. III [7]])。（写真　著者）

日本人の名である（図22）[32]。だが、このうちの前者ムラーシュクシヤは、ハイネが説明するところのフランシスコ・ゼイモトではなく、アントニオ・ダ・モータ（Antonio da Mota）とされている[33]。モータは1543年、フランシスコ・ゼイモト、アントニオ・ペショート（Antonio

---

32 『北斎漫画』ではこの2つの名が欠落している版も多い。シーボルト『日本（Nippon）』及びハイネ『日本（Japan）』では、「ムラーシュクシヤ」はピントの日本名とされている。

ヴィルヘルム・ハイネが描いた日本の絵　139

図23　図11aの部分図。
図24　「公家の宮廷服」。シーボルト『日本 (Nippon)』の図版 (Siebold, *Nippon* (1930), Tafelband I, Teil II, Tab. XV [131])。(写真　著者)

Peixoto) とともに種子島に上陸し、西洋人として初めて来日した人物である。ピントはこの上陸者に含まれていなかった。

　廷臣たちの描写にも同じような相似に気づかされる。左手に着座している高官たち (図23) は、『日本 (Nippon)』で「公家の宮廷服」と題された図版の中の人物たち (図24) と、少なくとも部分的には似ている。高官たちのうち両方の絵図で最も右下にいる者は、特にそうである。

　「鷹狩」と題された絵図 (「民族編」2図) は、「日本人の原画により」メンノ・ミューリヒが描いた、とされているが、シーボルト『日本 (Nippon)』の図版の正確な模写である (図25a、b、26)。ハイネが付した解説文では、将軍源頼朝 (1147–1199) の時代の狩の様子とされている。絵図の右下端の天幕からその様子を眺めているのが源頼朝である。

　次は、婚礼の様子を描いた絵図で、ベルンハルト・ミューリヒが (「日本人の原画により」) 描いた、と表記されているものである (「民族編」5図) (図27)。これはシーボルト『日本 (Nippon)』の中の図版の忠実な模写に結びつくものではない。しかしながら、『日本 (Nippon)』の似たような図版 (図28、30) や、あるいはまたアンベール『日本図絵』の中のこれに対応する挿絵 (第2巻125頁の図71) の影響が見られる。『日本 (Nippon)』の図版における輪郭の描き方は川原慶賀のある絵図に基づいており、アンベール『日本図絵』の挿絵は「日本人の原画に基づいてクレポンが」作画したものである[34]。

　ミューリヒの油絵ではまったく唐突に背景の壁面に3枚の仏画が掛けられている (図29)。これはシーボルト『日本 (Nippon)』に掲載されている善光寺式阿弥陀三尊、すなわち阿弥陀如来、観音菩薩、及び勢至菩薩の3像であろう (図30)。『日本 (Nippon)』の絵図には、

---

[33]　Hirner, Anmerkung zu „Geschichte", 4, in Hirner & Richtsfeld, *Wilhelm Heine, Japan,* 19b.
[34]　Humbert, Bd. 2, 422. アンベール『日本図絵』の挿絵が手本とした日本人の原画については Marc-Olivier Gonseth, Julien Glauser, Grégoire Mayor, and Audrey Doyen, eds., *Imagine Japan* (Neuchâtel: Musée d'ethnographie, 2015), 188f. を参照。

図25a 「鷹狩」。ハイネ『日本（Japan）』「民族編」2図の原画（MFK 88.60）。（写真　ニコライ・ケストナー）

図25b 同図版。（写真　ニコライ・ケストナー）

図26 「鷹狩り」。シーボルト『日本 (Nippon)』の図版 (Siebold, *Nippon* (1930), Tafelband I, Teil II, Tab. V [202])。(写真　著者)

 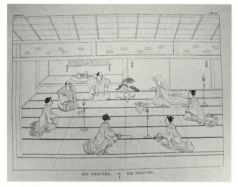

図27 「婚礼」。ハイネ『日本 (Japan)』「民族編」5図の原画 (MFK 88.62)。(写真　ニコライ・ケストナー)

図28 「結婚式」。シーボルト『日本 (Nippon)』の図版 (Siebold, *Nippon* (1930), Tafelband I, Teil II, Tab. III [156])。(写真　著者)

図29　図27の部分図。仏教的な絵柄の掛物。
図30　シーボルト『日本（Nippon）』に掲載の善光寺式阿弥陀三尊（Siebold, *Nippon*（1930），Tafelband II, Teil V, Tab. I ［247］）。（写真　著者）

床の間にある掛け軸の下端だけが見える（Tafelband I, Abt. II［156］前掲図28）。アンベール『日本図絵』の婚礼の場面では、この絵図と同じように、新婚夫妻の後方にある床の間に3幅の掛物があり、そこには招福の神々である恵比寿、福禄寿、及び布袋の像が描かれている。

「祐泰の処刑」と題された絵図（「歴史編」2図）（図31）もまた、ルートヴィヒ・アルブレヒト・シュスターが「日本人の原画により」描いた、と表記されている。しかしこの絵図の中の射手や右手の木立は、似た木々（図32）や射手（図32、33）を含むシーボルト『日本（Nippon）』の図版2枚から、少なくとも発想を得て、それらを手本として合体させたもののように思われる。『日本（Nippon）』における図33の射手の描写は『北斎漫画』（六編三丁）からのものである。もちろん、ハイネは同じこの北斎漫画をもとに描いたとも考えられるが、それならばハイネがまさにシーボルトと同じモチーフを選んだことが注目される。

ハイネによる絵の題材の自由奔放な扱い、及びその際のシーボルトからの流用に関するもう一つの例が、「八幡社祭礼」と題された絵図である（「宗教編」1図）（図34）。ハイネが自ら描いたこの絵は、下田八幡神社における曲がりくねった行列を扱ったものである。彼は、ペリー提督と一緒の旅において実際にこの行列を見物し、この時までに何枚かの絵図とこの神社をモチーフとして描いていた。したがって、神社までの道とその周辺の地理は正確に知っていたはずである。ところが、ハイネは「劇的な」表現を優先させて、これに変更を加えた。実際にこの絵のように人々が練り歩くことはあり得ない。ハイネはこれより以前、赤羽〔外国人接遇所〕へ向かって列をなして進むプロイセン人たちを大きく湾曲させS字形に配置して立体的効果を狙い、大勢の人々を画面の中に取り込むようにした絵図を制作したことがあった[35]。

図31 「祐泰の処刑」。ハイネ『日本（Japan）』「歴史編」2図。原画は所在不詳。（写真　ニコライ・ケストナー）

図32 「狩り」の部分図。シーボルト『日本（Nippon）』の図版（Siebold, *Nippon* (1930), Tafelband II, Teil VI, Tab. I, Nr. 2 [326]）。（写真　著者）

図33 「武術の稽古」の部分図。シーボルト『日本（Nippon）』に掲載の図版（Siebold, *Nippon*（1930）, Tafelband I, Teil II, Tab. XXI, Nr. 6 [70]）。（写真　著者）

　さらにこの八幡神社の祭礼の場合、ハイネは、周囲一帯を蛇行しながら鳥居へと練り歩く氏子たちの様子を表現した、『日本（Nippon）』の中の似たような描写（図35）にも影響を受けたと推測される[36]。しかもハイネは行列の個々の人物や情景も模写し、それらを自由に合体させて新しい「行列」を作り出した。そうしたことから、ハイネの画集の図版からは、獅子舞の踊り手やそれに続く騎乗の人々、肩に低い台〔案〕をかつぐ人々、さらには鳳凰を戴いた輿（神輿）を見て取ることができる[37]。

　ハイネは、神社から画面手前に向かって曲がりくねった道を描く。参道は鳥居と小さな橋があるところで途切れ、画面奥の木立の合い間に見える神社の建物から90度の角度で折れ曲がって門の外に出る。ところが実際には、当時、また現在もなお、後方にある神社の建物から絵で描かれている小さな橋まで、道は真っすぐなのである。現在の下田の市街

35　Dobson & Saaler, *Unter den Augen des Preußen-Adlers,* 143（Abb. VI-09）. 他に、アンベール『日本図絵』の中の、京都における天皇の似たような行列の挿絵を参照（Humbert, *Le Japon illustré*, Bd. 1, 197, Abb. 125）。
36　他に、八幡神社に関する短いシーボルトの叙述を参照（*Nippon*（1930）, Textband II, 763）。
37　他に、アンベール『日本図絵』の中に、これと似た行列の描写がある（Humbert, *Le Japon illustré*, Bd. 1, 196, 197, Abb.: *La grande procession du Daïri à Kioto. Dessin de Émile Bayard d'après une peinture japonais*）。

図34 「八幡社祭礼」。ハイネ『日本（Japan）』「宗教編」1図。
　　　原画は所在不詳。（写真　ニコライ・ケストナー）

地図を見てもこれがわかるし（図36）、当時の地図と比較しても道の形に変わりがないことは明らかである[38]。

　鳥居と橋を取り込んだこの描写は、ハイネがペリー日本遠征に随行した後にすでに発表した絵図をそのまま引き継いだものであった。現在、彼のこの絵図が橋の脇に掲示されてある（図37）[39]。

　さらに細部を観察すると、シーボルト『日本（Nippon）』にある図版からの流用が明ら

38　例えば、次の下田の市街地図を参照(Hawks, *Narrative of the Expedition,* Ausgabe New York: D. Appleton & Co., London: Trubner & Co. (1856), 479)。この地図は Washington DC: Beverley Tucker, Senate Printer (1856) には掲載されていない。

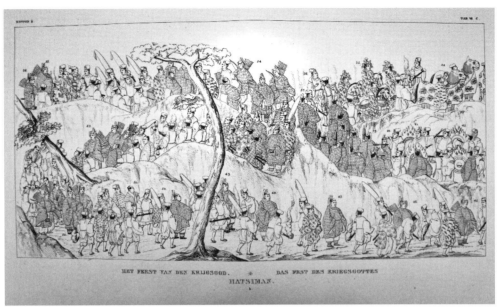

図35 シーボルト『日本 (Nippon)』に掲載の連作「八幡宮のお祭」からの一枚 (Siebod, *Nippon*, (1930), Tafelband I, Teil II, Tab. VII C [173])。このように大きく湾曲した行列の描き方は、同書にある一連の6枚の絵すべてに見られる。(Tab. VII A-F [171-176])。(写真 著者)

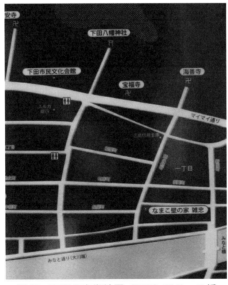

図36 下田の市街地図（部分）には、八幡神社の位置及び神社への進入路が示されている（下田の観光案内板）。(写真 著者、2016年)

図37　ペリー日本遠征の際にハイネが描いた八幡神社の参橋にある彼の絵図。右上：左斜めから眺めた橋。左下：正面から眺めた橋。下田八幡神社の本殿。（写真　著者、2016年）。

図38　図34の部分図。

図39　図35の部分図。

図40 図34の部分図。

図41 シーボルト『日本（Nippon）』からの図版の部分図（Siebold, *Nippon*（1930）, Tafelband I, Teil II, Tab. VII D）。

図42a、b シーボルト『日本（Nippon）』からの部分図（Siebold, *Nippon*（1930）, Tafelband I, Teil II, Tab. VII D）。

かになる。

　ハイネの構図では、獅子役の2名が手綱をとる者を伴って行列を先導している（図38）。これと似た描写が『日本（Nippon）』の中に見出せる（図39）。どちらの絵図でも、騎乗する者たちとその手綱をとる者たちの姿が後に続いている（図34、35、38、39）。

　「鳳凰」を頂上に戴いた「神輿」や、神紋入りの横木をかつぐ者、肩に台〔案〕をかついで行列に加わる者もまたシーボルト『日本（Nippon）』に倣うように描かれている（図40-42a、b）。

　質素な漁村であった19世紀中頃の下田でこうした豪奢な行列が普通に催されていたのか、またハイネによる描画は実際の観察に基づいたものなのか。それらは相当に疑わしいことであろう。しかも、彼の旅行記には彼が下田の祭礼を訪れたことは触れられていない[40]。

　特に、「何の紛れもなく」一目瞭然なのは、フィリップ・フランツ・フォン・シーボル

39　他に Hawks, *Narrative of the Expedition,* Lithographie nach Heine gegenüber S. 403（„Bridge of cut stone & entrance to a temple"）、sowie 406（„Temple of Hat-chi-man-ya-chü-ro"）を参照。このハイネの絵図は New York: D. Appleton & Co., London: Trubner & Co. には掲載されていない。

40　ハイネの下田滞在については Wilhelm Heine, *Reise um die Erde nach Japan an Bord der Expeditions-Escadre unter Commodore M. C. Perry in den Jahren 1853, 1854 und 1855, unternommen im Auftrage der Regierung der Vereinigten Staaten. Deutsche Original-Ausgabe*（Leipzig: Hermann Costenobe; New York: Carl F. Günther, 1856）, Bd. 2: 29-49, 76-81 を参照。

トによる『日本動物誌　鳥類』からの模写である。これは複写そのものと言える。『日本動物誌　哺乳類』からは野犬と猟犬の描写が倣われている。画集の表記によれば、これらすべては当時著名であった動物画家グイド・ハマーがハイネのスケッチ、または「日本人の原画」に基づいて描いた、とされている。しかしこの一連の表記がすべて誤りであることは歴然としている[41]。

　そうしたシーボルトからの流用の様子を実際の絵図を示しながら明らかにしていくことは、この論考に与えられた紙幅からすればいささか無謀すぎるであろう。ハイネによる大判画集『日本（Japan）』のデジタル化画像は、日本動物誌と同じく、インターネットを通じてアクセス可能である[42]。そこでここでは表形式で両者の対応関係を指摘することで、関心のある読者が多大な手間をかけずとも両者が酷似する様子を確認できるようにしたい。

　一方で、同じ「自然史編」の中に収められている狐と雉の絵図に関しては、グイド・ハマーは実際の標本を基にしてこれらを描いたのかもしれない。ハイネはこの画集の図版解説で、また、これとは別に旅行記の中でも、自ら下田郊外で狩猟に赴き、そこでこれらの鳥獣を自分で仕留めたか、または猟師から贈られたことを書いている[43]。

41　Werlich (Hg.) & Richtsfeld (Autor), *Sehnsucht Japan: Abschnitt Naturgeschichtliches* 1, 2, 3, 5, 8 [Broschüre ohne Seitenzählung] も併せて参照。シーボルトはハイネが日本へ旅立つ際に、後日改めて『日本動物誌』の一部を送付することを書簡で申し出た。このことは、シュルヒテルン郊外にあるブランデンシュタイン城が保管する2つの書簡下書き、すなわち 1852 年 10 月 22 日付の下書き（「…もし私の日本動物誌が船内の図書室にあれば、特にその中の甲殻類と爬虫類は経費が高くつくために色付きで出版できなかったものですので、それらの動物を生捕りにして写生し、それをもとに私の図版に色付けしていくことができるでしょう。この本の甲殻類と爬虫類はきわめて精確ですので、これは有効でよい方法でしょう。甲殻類と爬虫類のモノクロの図版を喜んで香港にお送りします。ニューヨークを発つ前に貴兄のお考えをお知らせください。…」）、及び 1853 年 4 月 24 日付の下書き（「…日本動物誌の図版を貴兄の香港の住所まで船で送るよう、オランダにいる私の事務責任者に依頼しておきました。香港に着いたらすぐに私にご連絡ください。…」）に記録されている。1855 年 3 月 13 日、アルゲマイネ・ツァイトゥンク紙は、日本を開国させるにあたってのオランダ及びロシアの役割に関するシーボルトの見解に反対する記事を掲載したが、その中でハイネは、シーボルトが提案したこの本は自分へ届かなかった、と述べている（S. 3596a）。書簡下書き 2 通の翻刻の恵与、及び上の新聞記事について示唆をいただいたことに、ヴィルヘルム・グラーフ・アーデルマン氏へ感謝申し上げたい。

42　『日本動物誌』のデジタル化画像は https://www.biodiversitylibrary.org/bibliography/124951 など、あるいは Fauna Japonica - Wikispecies (wikimedia.org)。ハイネ『日本 ― その国土と住民を知るために』のデジタル化画像は Japan: Beiträge zur Kenntniss des Landes und seiner Bewohner - Deutsche Digitale Bibliothek (deutsche-digitale-bibliothek.de)。

43　Heine, Japan: Text zu Abschnitt „Naturgeschichtliches", Bilder 4, 6, 7 sowie Heine, *Reise um die Erde nach Japan,* Bd. 2, 45–47, 74f.

W. ハイネ『日本（Japan）』「自然史編」	Ph. F. v. シーボルト『日本動物誌』
	第4巻鳥類
1. 鷲と鶴	Tab. XXXIX, LXIX, LXX, LXXI, LXXIII, LXXIV, LXXV
2. 鷹	Tab. I, II, III, V, VI（ハイネでは左右反転）, VII
3. 鷲	Tab. IV: Kopf
8. フクロウ	Tab. VIII（ハイネでは左右反転）, IX, X
	第5巻哺乳類
5. 犬	野犬と猟犬（Tab. 10）

3．総括

　ハイネは、日本が開国する決定的な瞬間に立ち会った証人であり、目撃者であった。そしてその日本の姿を北米やドイツの一般の人々へ伝えようとした。彼の著作物からは、彼が日本に興奮を覚え、その興奮を読者と分かち合いたかったことが感じられる。ハイネによる『日本―その国土と住民を知るために』の豪華本及び廉価版において彼自身が描いた、あるいは彼が別の画家に委ねて描かせた油絵において、それらが範をとったものを無頓着に、または事実に反して表記したことからすれば、彼を「ペテン師」とかそれに近い言葉で呼びうるかもしれない。1871年からのドイツ帝国の法律によれば——法律の専門家ではない筆者が判断しうる限り——彼は様々な剽窃の罪を犯しており、しかもシーボルトに関しては死後30年までとされる著作権がまだ有効であった[44]。ハイネは、本稿で触れたシーボルトによる著書2冊その他が自分の手本である、と記すのを極力避け、先述のとおり多くの場合、彼が日本で見出した材料などが自分の絵図の手本であるとした。確かに、

44　知的財産の保護は1871年のドイツ帝国憲法（Deutsches Reichsgesetzblatt Band 1871、1871年4月16日制定、1871年4月20日公布）第4条第6項によって連邦の所管事項とされた（https://www.verfassung-deutschland.de/1918/verfassung-1871）。さらには「著作、作画、作曲、劇作に関する著作権法」（Bundesgesetzblatt des Norddeutschen Bundes Band 1870, Nr. 19, Seite 339–353; 1870年6月11日制定、1870年6月20日公布、https://wikisource.org/wiki/Gesetz,-betreffend-das-Urheberrecht-an-Schriftwerken,-Abbildungen,-musikalischen-Kompositionen-und-dramatischen-Werken）及び「造形美術に関する著作権法」（Deutsches Reichsgesetzblatt Band 1876, Nr. 2, Seite 4–8; 1876年1月9日制定、1876年1月18日公布、https://wikisource.org/wiki/Gesetz,-betreffend-das-Urheberrecht-an-Werken-der-bildenden-Künste［12.05.2024］）による。現在の著作権法の考え方に関しては、例えばAndrijana Kojic: Urheberrechtを参照。特に美術作品に関しては https://magazin.art-and-law.de/urheberrecht-darf-ich-kunstwerke-als-vorlage benutzen/［12.05.2024］.

このこと自体はシーボルトにもあてはまる。画家・川原慶賀（1786-1860 以降）が彼のために描いたものを、あるいはシーボルト自身が日本で系立てて収集した木版画や名所図会などを、自分の著書の図版のために用いたからである。しかしハイネの場合には、これらと同じことはあてはまらない。フィリップ・フランツ・フォン・シーボルトの息子たち兄弟がハイネの作品にどれだけ注目していたか、筆者にはわからない。数多くの図版からなる手頃な判型の最初の『日本（Nippon）』2 巻本（1897 年）を出版した息子たちであったが、どうやらハイネが犯した剽窃は見過ごしたようである。それほど二人は父親が残した作品に熱中していた。

父シーボルトはこの自分のライバルのやり方を快く思っていなかったに違いなかろう。初めの頃、ハイネはシーボルトと文通をしていた。だが時とともに当初の驚嘆は反感、敵意、そしてライバル意識へと変わっていった。シーボルトは、ハイネの初期の旅行記の中にある民族誌的な図版を信頼性に欠けるとして何度も批判し、科学的な研究のためにも現地で教育を受けた者が仕上げた正確で信頼に足る素材に基づいたものとするよう要求した。そもそもシーボルトは 1852 年 10 月 22 日付の書簡で、ペリー提督とともに旅立とうとする青年ハイネに対して、画家として、また――シーボルトはそう考えていたのだが――写真家として、日本でどのような風景に、事物に、人間類型に、そして動物に特に注意を向けるべきかということを伝え、それらの対象を忠実に描写するよう促していたのである[45]。この助言に対してハイネは、少なくとも彼の大判画集『日本（Japan）』においてはあまりにも大らかな解釈を与えてしまった。

今日の我々もまた、歴史的な絵図の信頼性、歴史写真の信頼性、あるいはそれらの成立条件や典拠・由来の確実性、そして歴史研究や民族誌・民族学研究にあたってのそれらの証明能力という問題に向き合っている。

筆者が本稿で提示した十分に根拠のある疑念をまとめよう。ヴィルヘルム・ハイネは時代の目撃者・証人ではあったが、彼が彼の大判画集『日本（Japan）』で記した図版の由来表記が、「風景編」を除いて事実と異なっていたことからすれば、彼はこの画集とそれに続く廉価版において、信頼に足る江戸時代後期の伝統的な日本の姿をほんのわずかしか後世に残さなかったのではないか。ハイネによる絵図のうち、彼が現地で自ら書き留めたスケッチや絵に由来するものはごく一部にすぎなかったし、「歴史編」における時代描写の場合でも、彼が日本に従来あった材料から描き出したものはごく一部であった。ハイネが残した写真でさえ、絵図を描くためにわざわざあつらえたものであって、実像をそのまま捉えたのではないかもしれない。あまつさえ、ハイネはヨーロッパですでに出版され入手可能であった素材を利用して、程度の差はあれ忠実にこれらを模写したり、部分的には新たに、時にはきわめて自由に再構成したり、あるいは絵図の作品舞台と題材を自らの発想

45　ブランデンシュタイン城シーボルト・アーカイヴ（SABB）、Kasten VII, Fasz. i, 117。この書簡下書きについて示唆をいただいたことに、グラーフ・アーデルマン氏へ謝意を表する。

を加えて創り出した。その際、対象物に忠実であろうとする努力は、想像力豊かで雰囲気に満ちた作画への意欲に道を譲って放棄された。ハイネは事実とは異なる表記によって、彼が手本としたものを秘匿するか、あるいはベールに包みながら、自分は事実に基づいたものを提示しているのだとほのめかしていたのであった。

　こうした一方で、ハイネに酌量の余地を与えてよいかもしれないと思えるのは、彼もまた日本を自分たちと同じランクの民族共同体の一員として迎え入れようと努めた、という点である。これは当時、「エキゾチックな」民族にとって自明のことではなかった。確かに、その際にハイネがとった手法が、フィリップ・フランツ・フォン・シーボルトほどに学問的、専門職業的だとは到底言えなかったにせよ、ハイネの時代から遠く時を隔てた私たちからすれば、彼の善意を認めてよいかもしれない。詐欺まがいで過剰な自己誇示の行為が数々あったにせよ、ハイネは自らが無意味の中にさまようことに抗い、しかも卒中の発作後は健康と精神面の問題に向きあわなければならなかったことさえあった、ということを考え合わせてみれば、彼には次の言葉があてはまるようにも思える。ジョヴァンニ・ボッカッチョ（Giovanni Boccaccio）が詩人ダンテ・アリギエーリ（Dante Alighieri）の伝記と賛辞を捧げた書の中で自分自身の才能の乏しさを弁明した言葉である——"ma chi fa quel che sa, più non gli è richiesto"（だが自分にできるだけのことをなした人には、それ以上を求めないでおこうではないか！）[46]。

付記

アンベール『日本図絵』とハイネ『日本（Japan）』のモチーフの対比

　ハイネによる大判画集『日本（Japan）』は、その中にエーメ・アンベールの『日本図絵』2巻本の図版からの模写そのものが確認できるというわけではない。しかしながら、両者では作品舞台と題材が相似しているものが非常に多い。これらが偶然の一致であって、そこには影響や流用は考えられない、とするのは難しい。アンベール『日本図絵』の挿絵が範をとった日本人の版画や絵図、写真については、マルク＝オリヴィエ・ゴンセト（Marc-Olivier Gonseth）の著書、とりわけ『Imagine Japan』、あるいはグレゴワール・マヨール（Grégoire Mayor）／谷昭佳による『Japan in Early Photographs』が参考となる[47]。

46　Giovanni Boccaccio, *Trattatello in laude di Dante*（Milan: Garzanti, 1995）, Kap. XXVII（-Wikisource, https://it.wikisource.org/wiki/Trattatello in laude di Dante/XXVII）; Paolo Baldan, ed., *Giovanni Boccaccio, Vita di Dante*, Scrivere le Vite 3（Bergamo: Moretti & Vitali Editori, 2001）, 108, 109（206）; Giovanni Boccaccio, *Das Büchlein zum Lob Dantes,* übs. and eingeleitet von Moritz Rauchhaus, 2. Auf.（Berlin: Verlag Das Kulturelle Gedächtnis GmbH, 2021）, 100（Kap. 25）.

ハイネと彼の画家仲間が油絵の作品舞台と題材を発想するにあたっては、アンベールの著書の以下の挿絵が参考にされた可能性がある。

　ハイネ『日本（Japan）』の中の、何点かの描写を寄せ集めた図版である「裁判」（「民族編」9図、「日本人の原画によるB・ミューリヒ（の作画）」と画集では表記）のうちの左下と中央下の絵は、アンベール『日本図絵』の中にある挿絵「la question（尋問）」、「parricide condamné à la crucifinion et conduite au lieu du supplice（磔を言い渡されて刑場にひかれる親殺しの犯人）」、及び「le meutrier Seidji conduit en procession dansles rues de Yokohama（殺人犯セイジを先頭に横浜の街を練り歩く）」の3枚と相似する（第1巻383頁の図233及び389頁の図235、第2巻389頁の図214）。同じように、挿絵画家クレポン（L. Crépon）による挿絵「Seppuku（切腹）」は、ハイネの画集の絵図の中心となる描写と共通点を有する（前掲、379頁）。ミューリヒとハイネの絵図は、クレポンとは異なり、切腹する者の羽織〔裃〕を通例に反する暗い色で描いている[48]。

　同じく何点かの描写を寄せ集めた図版「葬式」（「民族編」6図）もまた、その細部の描写はアンベールの以下の挿絵と相似する。「日本人の原画によるB. ミューリヒ（の作画）」と画集で記されている、中央下の葬式の描写はアンベール『日本図絵』の挿絵「la sortie d'un convoi funèbre（葬列の退出）」（第2巻28頁の図15）と似ているし、右下にあるエタの遺体の火葬の絵も挿絵「la fin du Paria（追放者の終焉）」（第2巻137頁の図79）と似ている。

　「祭り」（「宗教編」9図）と題された図版（「日本人の原画によるB. ミューリヒ（の作画）」と画集では表記）にある遊女の列は、『日本図絵』の中にある、傘持ちなどの従者を従えた遊女たちの描写と似ている（第2巻189頁の図110）。また、アンベールによる「Matsouri de Sannoô（山王祭り）」と題された3枚の挿絵（第2巻の図107-109）には白い象、及び人が乗った伊勢エビが描かれているが、これはミューリヒの絵図にもみられる。ハイネの解説文は、アンベール『日本図絵』の中にある、明神と神武天皇を祀る江戸の祭りについての叙述（第2巻182-189頁）の要約であり、その一部はまさに直訳である。

　「稲荷祭礼」（「宗教編」4図）の図版（「日本人の原画によるB. ミューリヒの（作画）」と画集では表記）では、「王子稲荷に集まって踊る一団」が描かれているが、これは『日本図絵』

47　Gonseth u.a., *Imagine Japan*, 81-172, 174-228; Grégoire Mayor & Akiyoshi Tani, eds., *Japan in Early Photographs. The Aimé Humbert Collection at the Museum of Ethnography*（Neuchâtel: MEN Musée d'ethnographie de Neuchâtel; Stuttgart: Arnoldsche Art Publishers, 2018）.

48　シーボルトによれば、切腹は喪服に倣った、色褪せのない麻の上着（羽織・原文ママ）と白い「肌着」をつけて執り行われた（*Nippon* [1897], Bd. 1, 420）。このクレポンの絵は、『日本図絵』から切り離されてインターネットで閲覧できる。例えば、ドイツ語版ウィキペディアで "Seppuku" と入力して検索。

の中にある、これと似た描写（第 2 巻 201 頁の図 115）に影響を受けたものである（アンベールの挿絵では囃子は右手に位置するが、ハイネ『日本（Japan）』では左手に位置する）。同様に、"狐遊び"[49] の描写（ハイネの図版「稲荷祭礼」では右下）も、これと似たものが『日本図絵』の中にある（第 2 巻 299 頁の図 165）。ハイネの図版の中の、額に篝火をともす狐たち（左下）も、『日本図絵』の挿絵と似ている（第 2 巻 301 頁の図 166）。両方の絵がそれぞれ別個に、あるいはいずれか片方の絵が、1857 年頃に世に出た歌川広重の版画『名所江戸百景』シリーズの一つである「王子装束ゑの木大晦日の狐火」から着想された可能性もある。もっとも、「稲荷祭礼」のコラージュの中の他の絵にも『日本図絵』との相似が見られる点からすると、ハイネの画集が広重の版画を直接拝借したというのはあたらないかもしれない。ハイネによる解説文は、その解説文に対応するアンベールの叙述（第 2 巻 300-304 頁）からの直訳であったり、あるいはその要約であったりすることからしても、ハイネの画集のこの絵図がアンベール『日本図絵』からの流用であることは、さらに明らかである。ハイネは「絵図の素材は、一部が日本人の原画によるもので、一部は私が 1860 年に王子で撮影したものだが、ベルンハルト・ミューリヒ氏はそれらを趣味よく組み合わせて彼独自の作品とした」と記しているが、実のところ、この絵図は要するに「趣味のよい組み合わせ」にすぎない。

（和田翻訳室　訳）

49　狐拳のこと。藤八拳とも呼ばれる。

日本政府が守りたかった「アレクサンダー・フォン・シーボルト文書」

― 外務省外交史料館、東京大学総合図書館所蔵史料にみる遺稿の譲渡と分割 ―

堅田智子
(関西学院大学)

はじめに

1924年(大正13)4月27日、長崎市鳴滝のフィリップ・フランツ・フォン・シーボルト(Philipp Franz von Siebold, 1796-1866)旧宅跡で、「シーボルト渡来百年記念式」が挙行された。式典の開催は関東大震災によって当初の計画から一年遅れたが、駐日オランダ公使、駐日ドイツ代理大使、内務省書記官、文部大臣秘書官、東京帝国大学、京都帝国大学、九州帝国大学総長ら国内外から400名が参加し、盛会のうちに終わった[1]。

長崎歴史文化博物館には現在、「シーボルト渡来百年記念会祝文」19点が所蔵されているが、とりわけ目を引くのが外務大臣松井慶四郎の祝辞である[2](図1)。松井は祝辞の大半を「長子『アレキサンドル・フオン・ジーボルト』氏」、すなわちアレクサンダー・フォン・シーボルト(Alexander von Siebold, 1846-1911)の外交官としての功労に対する称賛に割いており、祝辞そのものがあたかもアレクサンダーに宛てられたようにも見える。

松井が祝辞をしたためていた頃、外務省はシーボルト家にまつわる二つの外交案件を抱えていた。一つは「各国祝祭典及記念会関係雑件　独人『フィリップ、フランツ、フォン、シーボルト』渡来百年記念ヲ長崎ニ於テ開催ノ件」[3]すなわちシーボルト渡来百年記念式、もう一つは本稿で取り上げるアレクサンダーの遺稿譲渡に関する「元外務省顧問独逸人故『シーボルト』男遺稿関係一件」[4]である。外務大臣小村寿太郎が「明治維新後ニ於ケル外国ノ帝国ニ対スル外交政略裏面ノ消息」を知る重要な一次史料と位置づけ、アレクサンダーの死後すぐさま、遺稿譲渡にむけ交渉を進めるよう、駐独大使珍田捨巳に命じた[5]。

アレクサンダーの遺稿は、シーボルト家から日本側にどのような経緯で譲渡され、外務

1　1924年4月28日付「文化の恩人シーボルト氏渡来百年記念式」『東洋日の出新聞』2面。シーボルト渡来百年記念式について、沓澤宣賢「シーボルト渡来百年記念祭に関する一考察――外務省外交史料館所蔵史料を中心に――」『鳴滝紀要』第6号、長崎シーボルト記念館、1996年、127-153頁。
2　1924年4月27日付シーボルト渡来百年記念式外務大臣松井慶四郎祝辞(長崎歴史文化博物館所蔵「シーボルト渡来百年記念会祝文」〔オリジナル番号：14 168-2〕)
3　「各国祝祭典及記念会関係雑件　独人『フィリップ、フランツ、フォン、シーボルト』渡来百年記念ヲ長崎ニ於テ開催ノ件」(「各国祝祭典及記念会関係雑件」と略す)(6.4.6.4-4)(外務省外交史料館)
4　JACAR(アジア歴史資料センター)Ref. B13080931100「元外務省顧問独逸人故『シーボルト』男遺稿関係一件」(N-2-3-1-2)(外務省外交史料館)

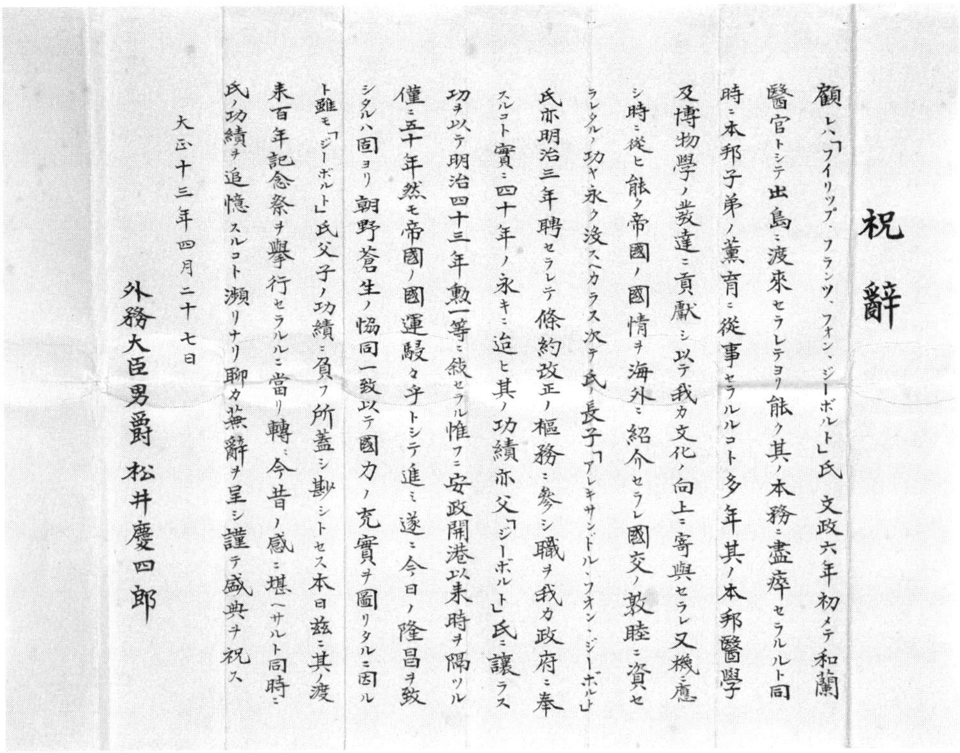
祝辭

顧レハ「フイリップ、フランツ、フォン、ジーボルト」氏　文政六年初メテ和蘭醫官トシテ出島ニ渡來セラレテヨリ能ク其ノ本務ニ盡瘁セラルルト同時ニ本邦子弟ノ薫育ニ從事セラルルコト多年其ノ本邦醫學及博物學ノ發達ニ貢獻シ以テ我カ文化ノ向上ニ寄與セラレ又機ニ應シ時ニ從ヒ能ク帝國ノ國情ヲ海外ニ紹介セラレ國交ノ敦睦ニ資セラレタルノ功ヤ永ク沒スヘカラス次テ氏ノ長子「アレキサンドル、フォン、ジーボルト」氏亦明治三年聘セラレテ條約改正ノ樞務ニ參シ職ヲ我カ政府ニ奉スルコト實ニ四十年ノ永キニ迨ヒ其ノ功績亦父「ジーボルト」氏ニ讓ラス功ヲ以テ明治四十三年勲一等ニ敍セラル惟フニ安政開港以来時ヲ隔ツル僅ニ五十年然モ帝國ノ國運駸々乎トシテ進ミ遂ニ今日ノ隆昌ヲ致シタルハ固ヨリ朝野蒼生ノ協同一致以テ國力ノ充實ヲ圖リタルニ因ルト雖モ「ジーボルト」氏父子ノ功績ニ負フ所蓋シ尠シトセス本日茲ニ其ノ渡来百年記念祭ヲ擧行セラルルニ當リ轉タ今昔ノ感ニ堪ヘサルト同時ニ氏ノ功績ヲ追憶スルコト頻リナリ聊カ蕪辭ヲ呈シ謹テ盛典ヲ祝ス

大正十三年四月二十七日

外務大臣男爵　松井慶四郎

図1　シーボルト渡来百年記念式外務大臣松井慶四郎祝辞
（長崎歴史文化博物館所蔵「シーボルト渡来百年記念会祝文」〔オリジナル番号：14 168-2〕）

省外交史料館と東京大学総合図書館（1963年、附属図書館から改称）に分けて所蔵されるに至ったのか。本稿では外務省外交史料館の簿冊と東京大学総合図書館の館史資料を紐解きながら、遺稿の譲渡と分割の過程を明らかにしていく。

フィリップ・フランツ・フォン・シーボルト生誕200年にあたる1996年（平成8）、東京都江戸東京博物館、国立民族学博物館で特別展「生誕200年記念　シーボルト父子のみた日本」が開催され、これを機に、シーボルト研究はようやくシーボルト父子研究へと拡大しつつある。本稿での試みは、日本国内のシーボルト父子関係資料の活用に向けた基盤構築の一助となるが、シーボルト父子没後の日独両国におけるシーボルト家顕彰事業からシーボルト家と日本とのかかわりを考究することで、シーボルト家研究やシーボルト家史の発展にもつながる[6]。

5　1911年4月15日付駐独大使珍田捨巳発小村寿太郎宛機密送公信第7号（「元外務省顧問独逸人故『シーボルト』男遺稿関係一件／分割1」JACAR Ref. B13080931400、元外務省顧問独逸人故『シーボルト』男遺稿関係一件（N-2-3-1-2）〔外務省外交史料館〕〔105-106画像〕）

1.「アレクサンダー・フォン・シーボルト文書」とは

(1)「アレクサンダー・フォン・シーボルト文書」の現在

　現在、シーボルト家から日本に有償譲渡された遺稿群「アレクサンダー・フォン・シーボルト文書」は外務省外交史料館に「シーボルト関係文書」として、東京大学総合図書館に「シーボルト文書」として所蔵されている。外務省外交史料館所蔵「シーボルト関係文書」は、「書簡草稿」7件と「来信」31件で構成される。史料目録詳細には旧蔵者が「Alexander G. G. von Siebold」であり、「寄贈」による受け入れと示されている[7]。一方、東京大学総合図書館所蔵「シーボルト文書」は貴重図書とされ、「Briefe/Alexander Freiherr von Siebold」(アレクサンダー・フォン・シーボルト書簡集) として全53件、「Tagebücher/Alexander Freiherr von Siebold」(アレクサンダー・フォン・シーボルト日記) として全43件で構成される。なお、東京大学OPACには、史料受け入れの経緯にかかわる情報は記されていない[8]。

　「アレクサンダー・フォン・シーボルト文書」を構成する書簡等の細目を記した史料目録は、① 1923年1月から約2カ月かけて在ベルリン日本大使館で作成された「故ジーボルト男遺稿目録」(「大使館目録」)、② 1924年秋頃に作成された東京大学総合図書館所蔵「東大総合図書館シーボルト文書目録」(「東大目録」)[9]、③ 1973年作成の東京大学法学部近代立法過程研究会による『Alexander G. G. von Siebold関係文書仮目録』(『法学部仮目録』)[10]、④ 1991年に刊行されたルール大学・ボーフム東アジア学部シーボルト・アーカイヴ (Siebold-Archiv der Fakutät für Ostasienwissenschaften der Ruhr-Universität Bochum)による *Kopierbücher und Briefsammlung des Alexander von Siebold: Ein Verzeichnis* (『アレクサンダー・フォン・シーボルト複写草稿本・書簡群目録』〔『ボーフム目録』〕)[11] の4点である。「アレクサンダー・フォン・シーボルト文書」の全体像を把握するのに最も有用な史料目録は、後述する目録作成の経緯をふまえると「東大目録」である。

　目録のうち唯一、日本語で記載された『法学部仮目録』は、書簡草稿であれば、主たる受信者の氏名と合計点数がフォルダごとに記載されているだけの簡素なもので、史料一点

6　フィリップ・フランツ・フォン・シーボルト、アレクサンダー・フォン・シーボルト、ハインリッヒ・フォン・シーボルト (Heinrich von Siebold, 1852-1908) 以外のシーボルト家系譜について、Hans Körner, *Die Würzburger Siebold: Eine Gelehrtenfamilie des 18. und 19. Jahrhunderts*. In: Gerhard Geßner (Hg.), *Deutsche Familienarchiv: Ein genealogisches Sammelwerk*, Neustadt an der Aisch: Verlag Degener & Co., Inhaber Gerhard Geßner, 1967, S. 549ff.

7　外務省外交史料館所蔵「シーボルト関係文書」の史料目録詳細は、外務省外交史料館所蔵史料検索システム (https://www.da.mofa.go.jp/DAS/meta/default) より閲覧できる。

8　東京大学総合図書館所蔵「シーボルト文書」の所蔵状況は、東京大学OPAC (https://opac.dl.itc.u-tokyo.ac.jp/opac/opac_search/?lang=0) より閲覧できる。

9　「東大総合図書館シーボルト文書目録」(東京大学総合図書館請求記号：A300 : 1544)

10　東京大学法学部近代立法過程研究会編『Alexander G. G. von Siebold関係文書仮目録』東京大学法学部近代立法過程研究会、1973年。

11　Vera Schmidt und Edeltraud Wollowski (Hrsg.), *Kopierbücher und Briefsammlung des Alexander von Siebold: Ein Verzeichnis*. Wiesbaden: Harrassowitz Verlag 1991.

ずつの情報が記載されているわけではない。『法学部仮目録』を作成した東京大学法学部近代立法過程研究会は、1967年度から1969年度の3年間にわたる科研費機関研究「近代日本における立法過程とその政治的文化的背景——大正期における再編成を中心として」の交付をうけ、東京大学法学部内に発足した組織で、石井良助や丸山眞男が代表を務めた。「近代日本の法律史、政治史関係資料の調査収集」を目的とし、「たまたま調査の過程で有力資料が発見された場合には、積極的にこれを収集」する方針があった[12]。研究会のメンバーが総合図書館で「シーボルト文書」を偶然発見し、調査対象としたのだろう。

筆者の調査により、近代立法過程研究会と外務省が共同で「アレクサンダー・フォン・シーボルト文書」をマイクロフィルム化したことが判明した[13]。研究会は外務省所蔵分と併せ、「アレクサンダー・フォン・シーボルト文書」のマイクロフィルムを作成すると、印刷して87冊の「引伸ばし製本」としたのである[14]。おそらく研究会は、「シーボルト文書」の来歴をある程度把握し、遺稿全体の復元を目指したのだろう。『法学部仮目録』では引伸ばし製本87分冊にしたがい、No. 1からNo. 87に分類しておおよその史料情報が記されている。したがって、東大総合図書館所蔵「シーボルト文書」で用いられているNo. 1からNo. 52とothersからなる巻次番号とは一致しない。

『ボーフム目録』には、ルール大学ボーフムシーボルト・アーカイヴによる1981年の遺稿調査とマイクロフィルム化作業の経緯、調査時点での外務省外交史料館および東京大学総合図書館所蔵の史料点数について詳述されている[15]。これによれば、日本に寄贈された遺稿は、日記（1866年、1869年、1877年～1911年）、書簡約2100通、その他文書約170通であり、このうち外務省外交史料館に書簡約1400通とその他文書約170通、東京大学総合図書館に書簡約700通が所蔵されているという（図2）。「大使館目録」と「東大目録」には史料点数の記載はなく、史料一点ずつの情報が記された詳細目録も現時点で未作成であることから、本稿では『ボーフム目録』の史料点数に則し、論を進めていく。

---

12 東京大学法学部近代立法過程研究会「近代立法過程研究会収集資料紹介（1）『近代立法過程研究会』収集資料について」東京大学大学院法学政治学研究科編『國家學會雑誌』第83巻第11・12号、国家学会、1971年、852-853頁。

13 マイクロフィルム撮影に関する外務省記録は、特定歴史公文書として利用制限の対象である。したがって、現時点で外務省と近代立法過程研究会による遺稿のマイクロフィルム化の過程をこれ以上、明らかにすることは難しい。

14 東京大学法学部近代立法過程研究会「附録・近代立法過程研究会収集文書一覧（昭和48年6月現在）」『國家學會雑誌』第86巻第7・8号、1973年、550頁。「引伸ばし製本」は現在、東京大学大学院法学政治学研究科附属近代日本法政史料センター原資料部に所蔵されている。『法学部仮目録』が作成された当時、東京大学法学部では明治新聞雑誌文庫所蔵の新聞雑誌資料に、近代立法過程研究会が収集した資料をあわせ、「近代日本法政史料館」を設立することが企図されていた（同「近代立法過程研究会収集資料紹介（1）」852頁）。

15 Schmidt, *Verzeichnis*, S. IXff.

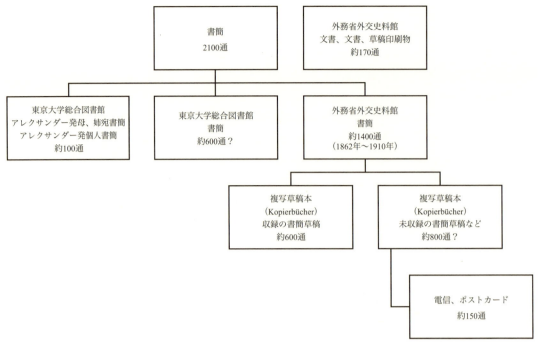

図2　外務省外交史料館、東京大学総合図書館所蔵「アレクサンダー・フォン・シーボルト文書」の内訳
（筆者作成）

(2)　遺稿譲渡にむけた外務省・宮内省とシーボルト家間での交渉

　1911年1月23日、アレクサンダーは療養先のイタリア・ジェノヴァ近郊のペッリで、65年の生涯を閉じた。アレクサンダーの訃報はすぐさまベルリン日本公使館から外務省本省へと伝えられ、日独両国で報じられた。また、同年2月21日、ベルリンでは和独会主催による追悼式典が開かれ、駐独大使珍田捨巳、元東京帝国大学史学科講師ルートヴィヒ・リース（Ludwig Riess, 1861-1928）らが弔辞を捧げた[16]。

　アレクサンダーの遺稿譲渡について遺族と交渉を進めるよう、外務大臣小村寿太郎が珍田に打診したのは、アレクサンダーの死から約3カ月後の1911年4月15日のことだった[17]。駐独大使が珍田から杉村虎一に交代したためか、シーボルト家との接触に時間を要し、小村の命令から約2年後の1913年（大正2）4月、アレクサンダーの遺品をアレクサンダー・フォン・ブランデンシュタイン＝ツェッペリン（Alexander von Brandenstein-Zeppelin, 1881-1949）とヘレーネ・フォン・ウルム＝ツー＝エアバッハ（Helene von Ulm zu Erbach, 1848-1927）が所有していると外務大臣牧野伸顕に報告された（図3、図4）[18]。牧野宛の公電にはシーボルト家が売却を希望する「書類目録」が添付されたが、これこそ日本に初めて提示

16　拙著『アレクサンダー・フォン・シーボルトと明治日本の広報外交』思文閣出版、2023年、406-407頁。
17　前掲1911年4月15日付駐独大使珍田捨巳発小村寿太郎宛機密送公信第7号。

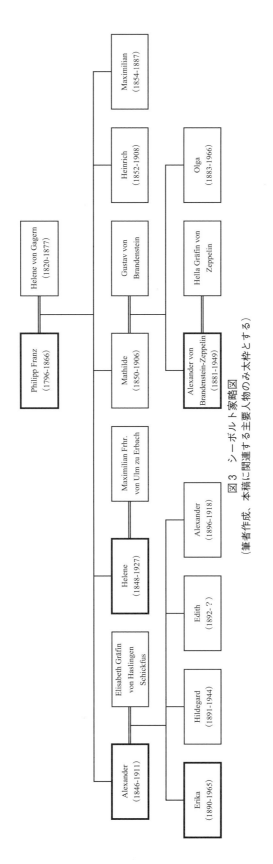

図3 シーボルト家略図
(筆者作成、本稿に関連する主要人物のみ大枠とする)

図4　シーボルト家家族写真
後列左：アレクサンダー・フォン・シーボルト、後列中央：ヘレーネ・フォン・ウルム＝ツー＝エア
バッハ、前列左：エーリカ・フォン・エアハルト＝シーボルト、前列中央：アレクサンダー・フォン・
シーボルト（長男）（ブランデンシュタイン城シーボルト・アーカイヴ所蔵）

された「アレクサンダー・フォン・シーボルト文書」の目録である（図5）。「書類目録」に記載はないが、シーボルト家はアレクサンダーの遺稿に蔵書を加え、2万マルクで日本に売却することを希望した。しかし、蔵書の多くは日本で出版されたものであり、あえて購入するほどの価値はないと判断され、外務省は遺稿の購入も併せて保留とした。また、シーボルト家が提示した売却価格2万マルクは、アレクサンダーの功労への恩賞という側面があるにしても、生前より再三にわたって恩賜金を支払い、恩義も伝えていたことから、過分な額とされた。

　こうした外務省ルートによるシーボルト家への接触とは別に、宮内省・東京帝国大学ルートも存在した。1921年、宮内省臨時帝室編修局副総裁金子堅太郎が帝大教授三上参次に対し、アレクサンダー関係史料の入手を試みるよう命じたのである。三上はリースに協力を求めたが、結局、シーボルト家との接触には至らなかった[19]。

　停滞した譲渡交渉を打開したのは、アレクサンダーの長女エーリカ・フォン・エアハル

18　1913年4月12日付駐独大使杉村虎一発外務大臣牧野伸顕宛公信第75号「故シーボルト男ノ遺稿ニ関スル件」（JACAR Ref. B13080931400〔108-114画像〕）

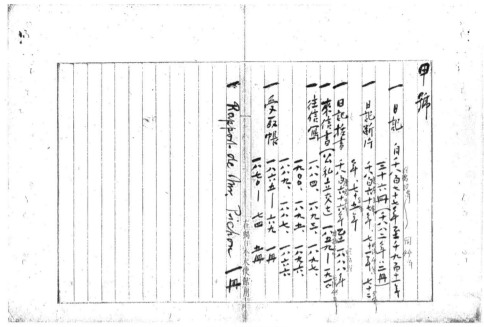

図5 「書類目録」
(「元外務省顧問独逸人故「シーボルト」男遺稿関係一件／分割1」JACAR Ref. B13080931400、元外務省顧問独逸人故「シーボルト」男遺稿関係一件（N-2-3-1-2）〔外務省外交史料館〕〔111画像目〕)

ト＝シーボルト（Erika von Erhardt-Siebold, 1890-1965）が駐独大使日置益に宛てた1921年11月20日付書簡である[20]。エーリカは日置に、アレクサンダーとフィリップ・フランツ・フォン・シーボルト父子の遺稿と蔵書を日本に託したいとの意思を明確に伝え、アレクサンダーの遺稿見本として条約改正に関する書簡や日記の抜粋を添えた。シーボルト家が態度を軟化させ、具体的な売却希望額を示すことなく、シーボルト父子の遺稿・遺品の譲渡を希望した背景には、アレクサンダーの長男であり、エーリカの弟にあたるアレクサンダー・フォン・シーボルト（Alexander Philipp Franz Heinrich von Siebold, 1896-1918）が第一次世界大戦で戦死し、シーボルト家の直系男子が途絶えたことがある。彼は祖父、父、叔父が身を捧げた日本を訪ね、その足跡を辿りたいと夢見ており、子供の頃から熱心に日本語や日本の文化を学び続けていたという。しかし、アレクサンダーが戦死した今、シーボルト家で「古き伝統」を継ぐ者はもはやおらず、シーボルト家がいかに日本を理解し、愛し

19　1922年6月22日付駐独大使日置益発外務大臣内田康哉宛本公信第85号「故ジーボルト男遺稿入手ニ關スル件」（同〔120画像目〕）（東京大学総合図書館所蔵「II-5　シーボルト遺稿ニ関スル件　大正13〜14」〔「II-5　シーボルト遺稿ニ関スル件」と略す〕）三上参次「序」呉秀三『シーボルト先生　其生涯及功業』吐鳳堂書店、1926年。
20　1921年11月20日付エーリカ・フォン・エアハルト＝シーボルト発駐独大使日置益宛書簡（JACAR Ref. B13080931400〔137画像目〕）（「II-5　シーボルト遺稿ニ関スル件」）

ていたかを後世に伝えるためにも、シーボルト父子の遺稿と蔵書を日本政府に託したいとのエーリカの切実な思いが書簡には記されていたのである。翌年6月22日に、さらにエーリカはベルリン日本大使館を訪れ、遺稿と蔵書の譲渡の意思を直接伝えた[21]。

エーリカの働きかけは、日本側での外務省ルートと宮内省・帝大ルートの統合をもたらした。1923年1月24日付臨時帝室編修局総裁金子堅太郎発外務大臣内田康哉宛第19号「故『ジーボルド』男遺稿等寄贈ニ關スル件」では、遺族の譲渡希望をうけ、「法制經濟等」に関するものが多数あるアレクサンダーの遺稿を帝大で引き受け、相当の謝礼金を支払うとすでに帝大から内諾を得ていると報告された[22]。これに続く同日付金子発帝大総長古在由直宛第20号「故『ジーボルド』男遺稿等寄贈ニ關スル件」では、帝大での遺稿引き受け決定までの過程に言及がある[23]。注目すべきは、大学での研究に資するとして、金子が帝大に引き受けを求めたのは、エーリカの意に反してアレクサンダーの遺稿に限定されたこと、金子が文学部長の三上に内々に相談し、三上は法学部長山田三良と協議して遺稿の引き受けをすでに決め、第20号書簡をもって帝大総長に一連の経緯が事後報告されたことである。

金子は枢密院書記官だった1889年7月から翌年6月まで、議院制度の調査のため欧米諸国を歴訪し、帰国後、首相山県有朋と宮内大臣土方久元に建言書「國史編纂局ヲ設クルノ議」を提出した[24]。金子の渡欧は、起草・制定にかかわった大日本帝国憲法を欧米諸国の政治家や法律家に広報し、忌憚ない意見を得るという目的もあったが、彼らから得た最も有益な勧告は「國史編纂」の一点であった。歴史編纂の重要性を認識した金子は、文部省の維新史史料編纂会、宮内省の臨時帝室編修局に発足時からかかわったが、官の立場を利用し、各方面への働きかけを通じた効率的かつ広範な史料蒐集に大きな役割をはたしたと評価される[25]。金子がアレクサンダー関係史料の入手を画策したのは、1920年5月に策定された「明治天皇紀編修綱領」第6条に基づき、「内政ニ関聯シテ外勢ヲ叙録」するためと思われる[26]。金子自身が1922年4月に臨時帝室編修局総裁に就任したこともまた、

21　1922年6月22日付駐独大使日置益発外務大臣内田康哉宛本公信第85号「故ジーボルド男遺稿入手ニ關スル件」（JACAR Ref. B13080931400〔120-137画像〕）（「II-5　シーボルト遺稿ニ関スル件」）

22　1923年1月24日付臨時帝室編修局総裁金子堅太郎発外務大臣内田康哉宛第19号「故『ジーボルド』男遺稿等寄贈ニ關スル件」（「II-5　シーボルト遺稿ニ関スル件」）

23　1923年1月24日付臨時帝室編修局総裁金子堅太郎発東京帝国大学総長古在由直宛第20号「故『ジーボルド』男遺稿等寄贈ニ關スル件」（「II-5　シーボルト遺稿ニ関スル件」）

24　「國史編纂局ヲ設クルノ議」高瀬暢彦編『金子堅太郎著作集』第3集、日本大学精神文化研究所、1997年、31-36頁。

25　堀口修「『明治天皇紀』編修と金子堅太郎」『日本歴史』第661号、吉川弘文館、2003年、15頁。金子と歴史編纂について、堀口修「維新史料編纂会と臨時編修局の合併問題と協定書の成立過程について——特に井上馨と金子堅太郎の動向を中心として——」『日本大学精神文化研究所紀要』第36集、日本大学精神文化研究所、2005年、1-56頁。同「『明治天皇紀』編修と近現代の歴史学」『明治聖徳記念学会紀要』復刊第43号、明治聖徳記念学会、2006年、182-202頁。松村正義『金子堅太郎』ミネルヴァ書房、2014年、234-250頁。

26　堀口「『明治天皇紀』編修と近現代の歴史学」188頁。

遺稿譲渡交渉の停滞を打開する契機だったといえよう。そして、金子が頼った三上は、帝大臨時編年史編纂掛、帝大文科大学史料編纂掛で史料編纂に携わり、のちに金子の下で臨時帝室編修局編修官長として『明治天皇紀』の編纂に携わった人物でもあった[27]。

(3) シーボルト家にとってのシーボルト父子遺品

金子は譲渡交渉開始時の方針を変更せず、エーリカの意に反し、アレクサンダーの遺稿のみを譲渡対象とした。それでは、エーリカが寄贈したいと願ったフィリップ・フランツの遺稿やシーボルト父子の蔵書はその後、どうなったのか。

東京大学総合図書館館史資料「Ⅱ-5　シーボルト遺稿ニ関スル件　大正13～14」には、1924年8月14日に帝大附属図書館内で作成された、フィリップ・フランツの遺稿と蔵書からなる「シーボルト遺物」の購入や受け入れの妥当性を検討した手書きのメモがある[28]。これは前月、外務大臣幣原喜重郎から帝大総長古在に宛てた通総普通公信第330号で、エーリカから提示された遺稿目録を精査し、入手希望の有無や売買価格について、帝大側の見解が求められたことに由来する[29]。メモには、「シーボルト遺物」は学術用というよりもむしろ記念用の性質を有していることから、帝大よりも帝国図書館や長崎県立図書館、あるいは東洋文庫での所蔵が適当だが、そもそも目録のみでは価値判断は不可能とある。また、博物に関する遺物について帝大理学部の意見を聴取したが、不要と判断されたという。1925年7月、古在は幣原からの照会への返答として、「シーボルト遺物」は「本學ニ於テ直接ノ必要無」しとして、シーボルト渡来百年記念式を主催した長崎の「ジーボルド記念會」と交渉するよう提案した[30]。

長崎市では1923年4月より、本格的にシーボルト渡来百年記念式の準備が開始された[31]。1923年5月12日に外務大臣内田から駐独大使日置に宛てられた電信第35号には、記念式の具体的な計画とともに、目下、アレクサンダーがフィリップ・フランツの子息なのか調査中との記述がある[32]。アレクサンダーがフィリップ・フランツの長男であり、条約改正交渉に多大なる貢献をした人物と判明したのは翌月だった[33]。しかし、1921年11月にエーリカから遺稿と蔵書の寄贈を打診された日置、そしてベルリン日本大使館は、シーボ

27　高橋勝浩「資料翻刻　宮内庁書陵部所蔵三上参次『御進講案』追補──三上参次略年譜・主要著作目録・主要人名索引──」『國學院大學日本文化研究所紀要』第97輯、2006年、325-362頁。
28　1924年8月14日付東京帝国大学附属図書館作成メモ（「Ⅱ-5　シーボルト遺稿ニ関スル件」）
29　1924年7月16日付外務大臣幣原喜重郎発東京帝国大学総長古在由直宛通総普通公信第330号「『フィリップ、フォン、シーボルド』博士遺稿賣却方申出ノ件」（同）
30　1925年7月2日付東京帝国大学総長古在由直発外務大臣幣原喜重郎宛第161号（「元外務省顧問独逸人故『シーボルト』男遺稿関係一件／分割3」JACAR Ref. B13080931600〔262画像目〕）（「Ⅱ-5　シーボルト遺稿ニ関スル件」）
31　1923年4月22日付シーボルト先生渡来百年記念會作成「シーボルト先生渡来百年記念會趣意書並會則案」（「各国祭典及記念会関係雑件」）
32　1923年5月12日付外務大臣内田康哉発駐独大使日置益宛電信第35号「蘭医『シーボルド』氏日本上陸百年紀念祭ニ関スル件」（同）。拙著、5頁。

ルト父子の関係について、当然のことながら遺族であるエーリカから直接、情報を得ていた。なぜ、外務省本省、外務大臣、駐独大使の間でシーボルト父子に関する認識の齟齬が生じたか定かではないが、電信第35号を機に、外務省はシーボルト渡来百年記念式とアレクサンダーの遺稿譲渡という二つの外交案件を関連づけて対処するようになったのである。

　一方、シーボルト家側でも、シーボルト渡来百年記念式の開催をうけ、シーボルト父子に関わる遺品の寄贈をめぐる新たな動きが見られた。1923年5月、フィリップ・フランツの子女で唯一、存命していたヘレーネがシーボルト渡来百年記念式の計画をオランダから聞き、自身の所有するフィリップ・フランツの遺品を提供したいと申し出たのである[34]。そして、ベルリン日本大使館と外務省が仲介し、ヘレーネから長崎市にフィリップ・フランツ着用の礼服一式、肖像画、写真、著書などが記念品として寄贈されることとなった。内田は、すでに譲渡が決定していたエーリカ所蔵のアレクサンダーの遺稿とフィリップ・フランツの遺品は、ヘレーネ所蔵のフィリップ・フランツ遺品とは「別個ノモノ」、「全然別物ナリ」と完全に切り分け、ヘレーネとの交渉に傾注していった[35]。

　さて、1913年に早々に価値が低いと判断されたアレクサンダーの蔵書はその後、どうなったのか。1923年1月25日付日置発内田宛公信第20号には、別添として日本語による「ジーボルト男爵日本蔵書目録一部」がある[36]。ベルリン日本大使館では目下、ドイツ語、英語に精通した同館に勤務するドイツ人によって遺稿目録の作成が進められており、「故ジーボルト男遺稿目録」（「大使館目録」）として同年3月10日、日置から内田に送付された[37]。「ジーボルト男爵日本蔵書目録」も「大使館目録」の作成と並行して、ベルリン日本大使館内で作成されたのだろう。

　ところで長崎大学附属図書館経済学部分館には、貴重資料としてシーボルト渡来百年記念式の発起人を務めた長崎高等商業学校教授武藤長蔵の旧蔵資料である武藤文庫がある。武藤文庫には、ローマ字表記で和書の情報が列記された *Japonica aus dem Besitz des Freiherrn Alexander von Siebold* と題したアレクサンダーの蔵書目録があり[38]、これは先の「ジーボルト男爵日本蔵書目録」と同内容である。目録の前書きには、アレクサンダーの蔵書の

33　1923年6月5日記録係接受「記」（同）

34　1923年5月16日付駐独大使日置益発外務大臣内田康哉宛電信第114号（「各国祝祭典及記念会関係雑件」）

35　1923年6月20日付外務大臣内田康哉発駐独大使日置益宛電信第53号「蘭醫『シーボルド』氏百年記念祭ニ関スル件」、1923年7月27日付駐独大使日置益発外務大臣内田康哉宛電信第168号（同）

36　1923年1月25日付駐独大使日置益発外務大臣内田康哉宛本公信第20号「故ジーボルト男遺稿ニ關スル客年六月二十二日附本公第八五號附屬書ニ関スル件」（「II-5　シーボルト遺稿ニ関スル件」）

37　1923年3月10日付駐独大使日置益発外務大臣内田康哉宛通総公信第56号「故ジーボルト男遺稿ニ関スル件」（「元外務省顧問独逸人故『シーボルド』男遺稿関係一件／分割2」JACAR Ref. B13080931500〔168画像目〕）

38　長崎大学附属図書館経済学部分館武藤文庫所蔵 *Japonica aus dem Besitz des Freiherrn Alexander von Siebold.*（資料番号：000-M105）

一部がベルリン日本研究所（Japaninstitut）、ミッテルビベラッハ城とブランデンシュタイン城のシーボルト・アーカイヴにあるとの記述も見られることから、フィリップ・フランツ関係資料がエーリカからベルリン日本研究所に寄贈された1928年以降に作成された目録と推定される[39]。管見の限り、これ以降のアレクサンダーの旧蔵書の行方を知る手がかりは見つかっていない。

2. 日本政府が守りたかった「アレクサンダー・フォン・シーボルト文書」

(1) 遺稿譲渡の主導権をめぐって

1923年1月24日付臨時帝室編修局総裁金子堅太郎発外務大臣内田康哉宛第19号「故『ジーボルト』男遺稿等寄贈ニ關スル件」により、帝大が遺稿を引き受け、相当額の謝礼金を支払うとの内諾を得たと報告された[40]。しかし、「東京大学法学部百年史稿」によれば、1922年10月3日の法学部教授会で遺稿の「引受方法交渉の決定」がなされ、1923年2月に「故ジーボルト遺稿等の寄贈の申し出があった」という[41]。すなわち、外務省は法学部教授会での決定を追認し、帝大総長も学内での動きや法学部教授会での決定を学外の金子を通じて知ったことになる。

金子の仲介により、一旦は遺稿譲渡の主導権を帝大が握った。しかし、1923年3月10日、駐独大使日置益から外務大臣内田に「故ジーボルト男遺稿目録一括」（「大使館目録」）が送付され、状況は一変した[42]。「大使館目録」の作成にあたり、ベルリン日本大使館内で遺稿の内容が精査され、外交機密に関わる文書が多く存在することが判明したためである。当初、臨時帝室編修局と帝大の協議により、帝大が一括して遺稿を購入することが妥当と考えられ、外務省・帝大間でも合意に達していた[43]。しかし、外務省で保管すべき遺稿も存在することから、謝礼金の一部を外務省が負担し、外務省と帝大で分割して遺稿を

---

39 目録の前書きのページには、「グスタフ・フォック書店」と日本語で記された判が押されている。フィリップ・フランツに関心を寄せていた武藤は、同書店で目録を入手したのだろう。
　武藤のフィリップ・フランツへの関心について、武藤琦一郎「父の友人であったトラウツ博士とボクサー博士の想い出」『長崎談叢』第61輯、長崎史談会、1978年、35-48頁。谷澤毅『武藤長蔵』長崎文献社、2020年、40頁。武藤文庫について、谷澤、前掲書、63-72頁。フィリップ・フランツ関係資料とベルリン日本研究所について、杳澤宣賢「シーボルト関係文献について──『ヤーパン・インスティチュート』所蔵までの経緯を中心に──」『東海大学文明研究所紀要』東海大学、1989年、124-142頁。

40 前掲1923年1月24日付臨時帝室編修局総裁金子堅太郎発外務大臣内田康哉宛第19号。

41 東京大学百年史法学部編集委員会編「東京大学法学部百年史稿（9）」『國家學會雑誌』第94巻第1・2号、1981年、132頁。

42 前掲1923年3月10日付駐独大使日置益発外務大臣内田康哉宛通総公信第56号。

43 1923年3月15日付外務次官田中都吉発東京帝国大学総長古在由直宛通総機密公信第6号「『ジーボルト』遺稿寄贈ニ對スル謝禮金ニ關スル件」（「Ⅱ-5　シーボルト遺稿ニ関スル件」）、1923年8月28日付外務省作成高裁案「故『ジーボルト』男ノ遺稿入手ニ関スル件」（JACAR Ref. B13080931500〔175-191画像〕）

受け入れたいとの外務省の意思が帝大総長古在由直に示された[44]。これ以後、外務省が遺稿譲渡の主導権を握り、帝大は外務省の方針に全面的に従わざるを得なくなったのである。

帝大から外務省に主導権が移ったもう一つの要因に、シーボルト渡来百年記念式がある。1923 年 6 月 6 日、外務次官田中都吉から古在に宛てた機密電信第 19 号では、10 月に開催予定の記念式に間に合うようアレクサンダーの遺稿もすべて日本に発送したいとの日置の計画が伝えられた[45]。記念式をめぐっては、駐日オランダ公使と駐日ドイツ代理大使の外交席次に端を発し、主賓をどちらにするかや祝辞の有無について、両国が威信をかけて対峙する事態に発展していた[46]。外務省は不干渉の方針を定め、外務大臣松井慶四郎は記念式を欠席し、アレクサンダーの 40 年にもわたる日本政府への貢献と功績を鑑みて、記念式に花輪一輪を贈ることで決着をみた[47]。こうした外務省の姿勢は、記念式に対する消極的態度への変化とされるが[48]、小村寿太郎が日本の近代外交の裏面史を知る一級史料と位置づけたアレクサンダーの遺稿入手を目前に、外務省が記念式への不干渉方針を維持しつつも花輪一輪を贈ることで遺族に最大限の配慮を示し、記念式と切り離して遺稿譲渡を穏便に進めようとしたのではないだろうか。

(2) 遅延したシーボルト家への謝礼金支払い

外務省はシーボルト渡来百年記念式への対応に一区切りつけ、アレクサンダーの遺稿受け入れおよび謝礼金の分担について、いよいよ本格的に帝大と協議を開始した。1923 年 8 月 28 日付外務省作成高裁案「故『ジーボルト』男ノ遺稿入手ニ関スル件」では、外交関係の史料がみだりに公開され、国益を損しないよう、「帝國ノ外交ニ關スルモノハ一括本省ニ於テ引受ケ法制其他純學術的史料ハ東京帝國大學ニ於テ引受ケシムル事」とし、遺稿は外務省と帝大が分割して引き取るとの方針が示された[49]。また、遺稿の謝礼金は、外務省が機密費より 5000 円を全額負担してエーリカに支払うが、遺稿到着後に帝大と協議し、帝大に遺稿の一部を分与した後、帝大から外務省に評価額 1000 円以内を支払うとされた。なお、外務省が提示した 5000 円は、遺稿の内容から査定された評価額ではなく、アレクサンダーの日本に対する功労、信念、ドイツでの遺族の境遇を斟酌して算出されたもので

---

44 前掲 1923 年 3 月 15 日付外務次官田中都吉発東京帝国大学総長古在由直宛通総機密公信第 6 号。
45 1923 年 6 月 6 日付外務次官田中都吉発東京帝国大学総長古在由直宛通総機密公信第 19 号『『ジーボルド』遺稿寄贈ニ對スル謝礼禮金ニ關スル件」(「Ⅱ–5 シーボルト遺稿ニ関スル件」)
46 鈴木登「シーボルト渡来百年祭の憶い出」渡来百五十年記念シーボルト顕彰会編『渡来百五十年記念シーボルト顕彰会誌』渡来百五十年記念シーボルト顕彰会、1973 年、1–4 頁。杳澤「シーボルト渡来百年記念祭に関する一考察」136–137 頁。
47 1923 年 6 月 19 日付外務大臣内田康哉発駐独大使日置益宛電信通総普通公信第 37 号「蘭醫『ジーボルド』氏渡来百年記念祭ニ関スル件」、1923 年 6 月 21 日記録係接受「高裁案 我国醫學ノ開祖『ジーボルド』渡来百年祭へ花輪寄贈方ノ件」、1923 年 8 月 16 日付長崎県知事平塚廣義発外務次官田中都吉宛書簡 (写し)(「各国祝祭典及記念会関係雑件」)
48 杳澤「シーボルト渡来百年記念祭に関する一考察」138 頁。
49 前掲 1923 年 8 月 28 日付外務省作成高裁案。

ある。

　高裁案は承認されたが、外務省は一貫して遺稿を購入したのではなく「入手」し、遺族に「報酬」、「謝礼金」を支払うとの立場を崩さなかった。関東大震災の発生によるシーボルト渡来百年記念式の延期もあり、実際に遺稿の入った木箱一箱がベルリンから発送されたのは、1924年3月21日であり、同年7月20日にハンブルクを経由して横浜に到着した[50]。しかし、遺稿が日本に到着したものの、謝礼金の支払いにはさらに時間を要した。1925年1月、駐独大使本多熊太郎から外務大臣幣原に宛て、「遺族ハ目下窮状ニアリ一日モ早ク」謝礼金の支払いを希望しているため、至急対応するよう依頼があった[51]。同年7月、幣原から本多に謝礼金として6000円を電送するとの返答があり、同年8月27日になってようやくエーリカに6000円（英貨509ポンド7シリング6ペンス）が支払われた[52]。1923年8月時点での計画から1000円の増額と、外務省4000円と帝大2000円の負担へと変更があったが[53]、明言はないものの、これはエーリカの困窮と謝礼金支払いの遅延に加え、到着した遺稿を精査したところ、想定以上の史料的価値を見出したことを考慮したためだろう。

(3)　外務省が守りたかった「アレクサンダー・フォン・シーボルト」文書

　さて、外務省と帝大は遺稿をいつ、どのように分割し、両機関に収蔵されるに至ったのか。外務省外交史料館所蔵の簿冊「各国祝祭典及記念会関係雑件　独人『フィリップ、フランツ、フォン、シーボルト』渡来百年記念ヲ長崎ニ於テ開催ノ件」、「元外務省顧問独逸人故『シーボルト』男遺稿関係一件」には、遺稿譲渡までの過程に関する史料は収められているが、日本に到着した遺稿の行方を知る手がかりはない。管見の限り、日本到着後の遺稿の取り扱い、とりわけ実際の遺稿の分割状況が分かる唯一の史料群こそ、東京大学総合図書館館史資料「Ⅱ-5　シーボルト遺稿ニ関スル件　大正13～14」である。

　「Ⅱ-5　シーボルト遺稿ニ関スル件　大正13～14」の中に、1924年11月3日付外務次官松平恒雄発帝大総長古在宛通総普通公信第456号「故『ジーボルト』男遺稿ニ關スル件」がある[54]。これによれば、前年8月17日付通総機密公信第28号での主旨にしたがい、「目

50　1924年4月22日付外務次官松平恒雄発東京帝国大学総長宛通総機密公信第8号「『ジーボルト』遺稿寄贈ニ関スル件」（JACAR Ref. B13080931500〔198画像目〕）、1924年3月27日付駐独臨時代理大使大野守衛発外務大臣松井慶四郎宛通総公信第78号「ジーボルト男遺稿送付ノ件」（「Ⅱ-5　シーボルト遺稿ニ関スル件」）、1924年8月27日付川長運送株式会社作成支出動議、領収証（JACAR Ref. B13080931600〔237画像目〕）

51　1925年1月20日付駐独大使本多熊太郎発外務大臣幣原喜重郎宛電信本第14号「『アレキサンダー・フォン・シーボルト』遺稿謝禮ノ件」（JACAR Ref. B13080931600〔260画像目〕）

52　年月日不明駐独大使本多熊太郎宛第80号電信写し（同〔273画像目〕）、1925年9月30日付在独臨時代理大使伊藤述史発外務大臣幣原喜重郎宛本公信第175号「『ジーボルト』男遺稿謝禮金領収書送付ノ件」（同〔277画像目〕）

53　1925年7月29日付外務次官本間？発駐独大使日置益宛電信「ジーボルト男遺稿ニ関スル件」（同〔267-268画像〕）

録中赤鉛筆ヲ以テ記號シタル分」は外務省が引き受け、それ以外の遺稿について協議が必要な可能性もあるが、帝大にはあらかじめ便宜を図ってほしいという。なお公信第456号は、総長、法学部長、文学部長、会計課長、史料編纂掛事務主任、書記官に回覧され、各人の印や署名も残され、文学部印とともに「至急回覧ヲ要ス」とのメモもある。また、別添とされた「外務省轉送 ジーボルド男遺稿目録」(図6)の表紙のみ残されている。

「外務省轉送 ジーボルド男遺稿目録」は現在、「東大総合図書館シーボルト文書目録」(「東大目録」)として館史資料とは別置され、東京大学総合図書館に所蔵されていることが筆者の調査で判明した。「東大目録」の表紙を開くと、シーボルト家から日本に遺稿が譲渡された時点で整理済みだった全52冊の書類ファイル番号とともに、各書類ファイルの標題が列記された2枚の紙が貼られている(図7)。時期は不明だが、総合図書館館員によ

図6 「外務省轉送 ジーボルド男遺稿目録」
(東京大学総合図書館所蔵「Ⅱ-5 シーボルト遺稿ニ関スル件 大正13〜14」／筆者撮影)

る鉛筆書きの書き込みもある。注目すべきは「ナンバのあとのGは外務省保管分と推定すべきか？→Yes」という記述であり、たしかにG番号が付された書類ファイルは総合図書館に現存せず、東大OPACでも欠番とされているのである。

実のところ、外務省が書類ファイル単位で遺稿を抜き取り、Gが付された10冊分(No. 12、14、22、23、28、30、31、37、40、43)を所蔵しているという単純な話ではない。たとえば「東大目録」の書類ファイルNo. 2「Received 1870」を見ると、黒鉛筆と赤鉛筆でのチェックが混在し、黒鉛筆でチェックされた書簡は総合図書館、赤鉛筆でチェックされた書簡は外務省外交史料館に現存する(図8、図9)。つまり、書類ファイルごとに総合図書館に移管されたものもあれば、一つの書類ファイルが外務省外交史料館と総合図書館に事実上分割されてもいるのである。

1925年6月17日付外務省通商局第一課作成「高裁案 故『ジーボルト』男ノ遺稿入手ニ関スル件」によれば、帝大は遺稿を受け入れるのであれば、附属図書館で「『ジーボルト』文庫トシテ著書及遺稿ヲ一纏ニ所有」したいと希望したため、遺稿全体の所有権は帝大に委ねられ、遺稿のうち「條約改正ニ関係アル重要文書及帝国外交ノ機密ニ渉ル文書」は外務省が保管し、「帝国大学ノ研究ニ必要ナル場合」は閲覧できるとされた[55]。しかし実際は公信第456号にしたがい、外務省が「大使館目録」と日本に到着した遺稿原本を一

---

54 1924年11月3日付外務次官松平恒雄発東京帝国大学総長古在由直宛通總普通公信第456号「故『ジーボルト』男遺稿ニ關スル件」(「Ⅱ-5 シーボルト遺稿ニ関スル件」)。

55 1925年6月17日付外務省通商局第一課作成「高裁案 故『ジーボルト』男ノ遺稿入手ニ関スル件」(JACAR Ref. B13080931600〔243-245画像〕)。

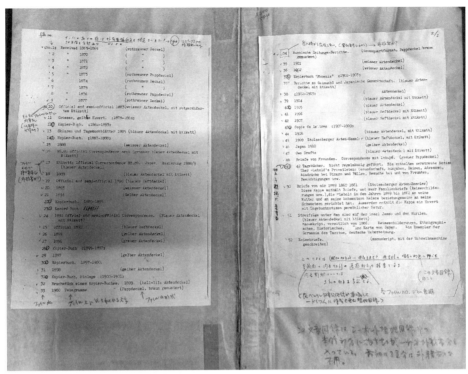

図7 「東大目録」にある書類ファイルメモ
(東京大学総合図書館所蔵「東大総合図書館シーボルト文書目録」)

点ずつ精査し、「條約改正ニ関係アル重要文書及帝国外交ノ機密ニ渉ル文書」と判断したものをより分けていく、実に緻密で骨の折れる作業が行われたのである。

　1924年7月に横浜に到着した遺稿がその後、どこで管理されたか判然としない。1926年3月10日に外務省通商局第一課長朝岡健から帝大附属図書館長姉崎正治に宛てた「ジーボルト博士遺稿入　木箱一個」の借用書が作成されたが、これは1926年当時、附属図書館の設備が不完全であったため、外務省通商局に遺稿の保管を依頼していたためである[56]。附属図書館は関東大震災で全焼し、ロックフェラー財団による寄付を財源に、1925年1月には新図書館の新築工事が始まった。新図書館の完成は1928年12月であり、姉崎のいうように1926年時点では附属図書館が遺稿を受け入れることは不可能だったため[57]、外務省通商局に遺稿を「貸与」する形で保管を依頼したのだろう。

　1934年(昭和9)2月8日、姉崎は借用書を根拠に、外務省通商局に遺稿の返還を求めたが、なぜ、新図書館の開館にあわせ、帝大はすぐさま遺稿を引き取らなかったのか。換言すればなぜ、帝大は突如、1934年2月になって遺稿の返還を求めたのか。これは、エー

56　1926年3月10日付外務省通商局第一課長朝岡健発東京帝国大学附属図書館長姉崎正治宛借用書(同〔292画像目〕)1926年3月10日付東京帝国大学附属図書館長姉崎正治発外務省通商局長宛書簡(同〔290-291画像〕)
57　東京帝国大学編『東京帝国大学五十年史』下冊、東京帝国大学、1932年、1116-1128頁。

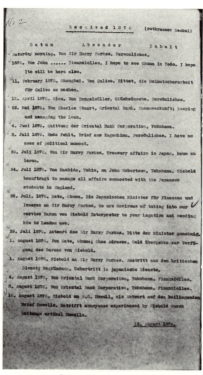

図8 「東大目録」No. 2（全体）
（同／筆者撮影、明度を調整）

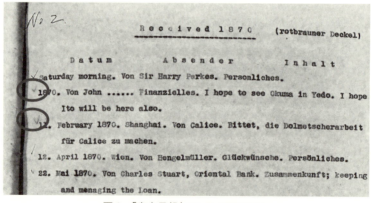

図9 「東大目録」No. 2（部分拡大）
（同／筆者撮影、明度を調整し、赤鉛筆部分を丸で囲む）

リカが所有し、アレクサンダーの遺稿とともに日本に譲渡しようとしたフィリップ・フランツの遺稿など関係資料が、1928年にベルリン日本研究所に寄贈され、1934年5月、1年間の予定で帝大附属図書館に貸し出されたことに起因すると考えられる。1934年10月には、ベルリン日本研究所所蔵フィリップ・フランツ関係資料が附属図書館内に開室された「シーボルト文献研究室」に収められ、全資料の写真撮影（フォトスタット）と入澤達吉、新村出、黒田源次、金田一京助、板沢武雄、大久保利謙らによって研究・調査が進められた[58]。研究成果は、東京科学博物館（現国立科学博物館）で開催された日独文化協会、日本医史学会、東京科学博物館主催「シーボルト資料展覧会」（1935年4月）で一般に広く公開され、『シーボルト研究』（1938年）も刊行された[59]。こうした日本へのフィリップ・フランツ関係資料の「里帰り」を目前に、帝大は手つかずのまま、すっかり忘れ去られていたアレクサンダーの遺稿の返還を外務省に求めたのではないだろうか。1935年3月、外務省文書課課長寺嶋廣文は帝大附属図書館館長高柳賢三に対し、1934年2月の遺稿返還の依頼以降、アレクサンダーの遺稿の整理を行い、外交関係のものを抽出する作業を進めていたが、このたび完了したと通知した[60]。また、遺稿のうち外交に関わる往復書簡は外務省で保存し、それ以外の書簡や日記42巻を附属図書館に送付すること、日記の中にも外交機密に関わる記述も少なからずあるため、将来的に日記そのものまたは内容の一部を公刊、あるいは利用する場合は、あらかじめ外務省の承諾を求めてほしいとの意向も示された。

　ここで、日本到着後の遺稿の行方を整理しよう。横浜に到着した木箱は、外務省通商局に送られ、そこで「大使館目録」をもとに約3カ月間、整理作業が進められた。そして、1924年11月、外務省が必要と判断した史料に赤鉛筆でチェックがなされた「東大目録」が作成された。この時点で外務省と帝大が保管すべき史料のより分けをおおよそ終えていたが、帝大附属図書館の受け入れ体制が整わず、外務省通商局での保管が続いた。しかし、フィリップ・フランツ関係資料の「里帰り」にむけた準備を進める過程で、帝大は遺稿が外務省通商局に保管されたままであることに気づき、1934年2月に遺稿の返還を求めた。返還にむけて外務省も再度、遺稿の状況を確認したところ、史料の整理・抽出作業が不十分であったことに気づき、急遽、追加での作業を要し、1935年3月、ようやく遺稿を帝大に返還できる状況が完全に整ったのである。

　外務省から帝大に返還された遺稿は、「シーボルト文書」として附属図書館に収蔵された。そして、附属図書館館員によって史料の有無が確認され、附属図書館が受け入れた史

58　拙著、17頁。ベルリン日本研究所所蔵フィリップ・フランツ関係資料の複写資料(フォトスタット版)について、大井剛「東洋文庫蔵旧ベルリン日本学会シーボルト文献複製の存在様態」『東洋文庫書報』第41号、東洋文庫、2010年、1-22頁。

59　『シーボルト資料展覧會出品目録』1935年。日獨文化協會編『シーボルト研究』名著刊行会、1979年。

60　1935年3月2日付外務省文書課課長寺嶋廣文発東京帝国大学附属図書館長高柳賢三宛文普通公信第128号「シーボルト博士遺稿ニ關スル件」（JACAR Ref. B13080931600〔295-296画像〕）

料について「東大目録」に黒鉛筆でチェックが入れられたのだろう。しかし、遺稿の本格的な整理・調査はなされないまま、ふたたび附属図書館内でその存在は忘れ去られてしまった。そして東京大学法学部近代立法過程研究会が、「たまたま調査の過程」で総合図書館に眠る遺稿を「有力資料」として発見し、1973 年、『法学部仮目録』の作成に至ったのである。

おわりに

　小村寿太郎と金子堅太郎が入手を切望した「アレクサンダー・フォン・シーボルト文書」は、宮内省臨時帝室編修局の協力の下、外務省と東京帝国大学が手を携え、シーボルト家と譲渡にむけた交渉が進められた。遺稿の譲渡交渉開始から外務省と帝大に遺稿が収蔵されるまで 20 年以上を費やした要因は、日本政府とシーボルト家との間での譲渡対象となる史料の範囲の確定、外務省と帝大との間での遺稿に対する謝礼金の負担額や遺稿分与の確定が難航していたところに、関東大震災が重なったことにある。時間の経過とともに、外務省では次第にアレクサンダーの存在を知る者も少なくなった。外務省のみならず帝大でも、遺稿への興味・関心は次第に薄れていったと思われる。

　日本政府が長期化してもなお、遺稿を入手しようとしたのは、小村が日本の近代外交の裏面史を知る一級史料と位置づけたからであり、「アレクサンダー・フォン・シーボルト文書」が外交史研究に資するのは自明だったからだ。加えて、近代国家として「國史編纂」が不可欠と認識していた金子も、明治日本を知る一級史料と見なし、史料蒐集の対象としたのだろう。「アレクサンダー・フォン・シーボルト文書」は、明治末期から大正期にかけて、外交に限らず国益に大いに資すると評価され、日本政府はこれを何としても守り抜かなければならなかった。「アレクサンダー・フォン・シーボルト文書」の受け入れとの直接のかかわりを見出すことはできなかったが、1922 年（大正 11）10 月に遺稿受け入れを決定した帝大法学部には、吉野作造が在職していた。吉野は 2 年後、宮武外骨、尾佐竹猛らとともに「明治初期以来の社会万物の事相を研究し、これを我が国民史の資料として発表すること」を目的とした明治文化研究会を結成した[61]。金子の「國史編纂」が官による歴史編纂であれば、明治文化研究会の「国民史」は民による歴史編纂である。1926 年 9 月に帝大内に明治新聞雑誌文庫が開設されたが、明治文化研究会、帝大法学部との関わりも深い。幕末、明治の日本を懐古する大正期ならではの風潮の中、明治維新以来、日本が築き上げたものが関東大震災によって一瞬で失われた時、より一層、明治を意識せずにはいられなかっただろう。そうした中で、帝大あるいは帝大法学部が「アレクサンダー・フォン・シーボルト文書」をどのように捉えていたのか、東京大学大学史や東京大学法学部史

61　明治文化研究会について、堅田剛『明治文化研究会と明治憲法――宮武外骨・尾佐竹猛・吉野作造――』御茶の水書房、2008 年。

 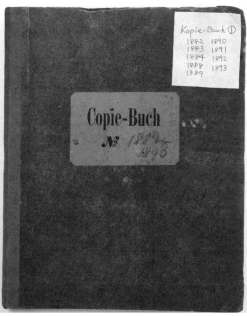

図10　外務省外交史料館所蔵 Kopie-Buch
左：マイクロフィルム、右：原史料
（「外交書簡草稿（Kopie-Buch）1」〔史料管理番号：415-000001〕／右は筆者撮影）

の枠組みの中でも今後、改めて考究していきたい。

　また、「アレクサンダー・フォン・シーボルト文書」はシーボルト家顕彰事業とともに、幾度となく脚光を浴びたが、いつも一過性に終わった。顕彰事業は、日独友好というイメージ形成と発信に一役買い、外務省による広報文化外交（パブリック・ディプロマシー）の一事例と見なせる。顕彰事業と遺稿譲渡が同一線上にあり、明治日本の広報外交を担ったアレクサンダーの遺稿そのものが広報文化外交に寄与したことは単なる偶然だろうか。筆者による調査も、期せずしてフィリップ・フランツ・フォン・シーボルト来日200年にあたる2023年であったことは、「アレクサンダー・フォン・シーボルト文書」の辿った数奇な運命に導かれたからかもしれない。

　外務省が「條約改正ニ関係アル重要文書及帝国外交ノ機密ニ渉ル文書」を「アレクサンダー・フォン・シーボルト文書」から抜き取り、一部の遺稿を守ろうとしたことで、結果的に遺稿全体の把握は困難になった。本稿でも指摘したように、1970年頃に東京大学法学部近代立法過程研究会の呼びかけによるマイクロフィルム化を通じ、外務省所蔵の「シーボルト関係文書」と東大総合図書館所蔵の「シーボルト文書」がふたたび「アレクサンダー・フォン・シーボルト文書」として統合されようとした。だがこの時も、外務省内で「シーボルト関係文書」が調査された痕跡はない。外務省外交史料館の開館は1971年4月であり、「シーボルト関係文書」も「シーボルト文書」と同様に、所蔵機関の事情

にも翻弄されたのかもしれない。

　皮肉なことに、繰り返し忘れ去られたからこそ、日記（1866年、1869年、1877年～1911年）、書簡約2100通、その他文書約170通という膨大な量であっても散逸せず、日本到着当時のままの状態が保たれている。しかしながら、外務省外交史料館、東京大学総合図書館とも史料の詳細目録を作成してはいない。外務省が有益と判断し、書類ファイルから史料を抜き取ったことで、事実上、書類ファイルが分割・解体されたことさえ、筆者による調査が行われるまで明らかになっていなかったのである。分割前の「アレクサンダー・フォン・シーボルト文書」を正確に復元するためには、「東大目録」をもとに、両機関に所蔵されている原史料を一点ずつ確認していく作業が不可欠である。

　「アレクサンダー・フォン・シーボルト文書」を半永久的に保存・管理・公開し、広く研究利用に供するためにも、史料の高精細デジタル撮影が急務である。たとえば外務省外交史料館のマイクロフィルムでは、表紙にある「Copie-Buch」という表題の下に青鉛筆で書き込まれた年代、赤鉛筆で縦書きされた「第十二号」、すなわち「東大目録」にある「12 G」という外務省に移管されたことを示す重要な情報を読み取れない（図10）。史料保存を優先させ、原史料の利用を制限するにしても、マイクロフィルムが原史料閲覧の代替手段となり得ないのなら本末転倒である。ただし、マイクロフィルムも参照することで、マイクロフィルム撮影当時の遺稿の状況を確認でき、万が一、この約半世紀で史料が失われていた場合でも、マイクロフィルムから復元可能である。

　本稿では、アレクサンダーの遺稿がどのような経緯でシーボルト家から日本に譲渡され、外務省外交史料館と東京大学総合図書館に分かれて所蔵されているのか、史料の来歴を明らかにすることに主眼を置いた。両機関が所蔵する原史料の詳細や、遺稿が分割されたことで複雑化した「大使館目録」、「東大目録」、『法学部仮目録』の関係性については別稿に改める。史料の保存・管理・公開にむけ、「アレクサンダー・フォン・シーボルト文書」の全体像をさらに明らかにし、可能な限り日本到着時の状態に復元した先に、ようやく「アレクサンダー・フォン・シーボルト文書」の史料的価値を再評価できるのではないだろうか。

　本稿執筆に関わる調査では、東京大学教授石原あえか氏、東京大学総合図書館中村美里氏、東京大学大学院法学政治学研究科附属近代日本法政史料センター原資料部助教松本洵氏、外務省外交史料館史料管理・閲覧室スタッフの皆さまにご協力・ご助言をいただいた。末筆ながら、ここに感謝の意を表す。

　本研究は、JSPS科研費・若手研究「世紀転換期における日本イメージの対独発信：広報文化外交と戦時国際法の利用」（課題番号：20K13165　研究代表者：堅田智子）の助成をうけたものである。

シーボルト父子の「もの資料」調査と日本展示の復元
―国立歴史民俗博物館のプロジェクトが目指したもの―

日高　薫
（国立歴史民俗博物館）

国立歴史民俗博物館によるシーボルト父子関係資料の調査

　国立歴史民俗博物館（以後、歴博と略す）は長年にわたり、シーボルト父子関係資料[1]の調査研究と活用に関する事業を推進してきた。この研究は、2007年、長崎純心大学の宮坂正英氏を研究代表者としたプロジェクトに、久留島浩前館長をはじめとする歴博の研究者らが加わり、文献資料と「もの資料」とをリンクさせる研究を着手したことに始まる[2]。この時点で、（1）シーボルト父子蒐集資料と文献資料の結合、（2）蒐集資料の体系的な調査と高画質画像撮影、（3）フィリップ・フランツ・フォン・シーボルトの博物館構想関係史料の抽出と解読、（4）シーボルトによる日本展示の復元、という中心課題が設定された[3]。そしてこれら四つの柱は、2010年度に発足し、その後15年間（2024年度時点）にわたって継続中である人間文化研究機構および歴博による在外資料調査プロジェクト[4]を貫く、基本的な調査研究課題として受け継がれていくこととなる。

1　フィリップ・フランツ・フォン・シーボルト（Philipp Franz Balthasar von Siebold, 1796-1866）および長男アレクサンダー・フォン・シーボルト（Alexander George Gustav von Siebold, 1846-1911）、次男ハインリッヒ・フォン・シーボルト（Heinrich Philipp von Siebold, 1852-1908）、その他シーボルト家に関わる資料（もの資料および文献資料）。以後、「シーボルト」とのみ記述する際は、「シーボルト父子関係資料」「シーボルト研究」など広義で用いる場合を除き、原則として父フィリップ・フランツを指すこととする。

2　福武学術文化振興財団研究助成「フォン・ブランデンシュタイン家所蔵シーボルト関係資料群の体系的整理と資料保存に関する基礎的研究」（研究代表者：宮坂正英、2007年度）、科学研究費補助金・基盤研究（B）「シーボルトが紹介しようとした日本」の復元的研究（研究代表者：宮坂正英、2008-2011年度）。

3　宮坂正英「ブランデンシュタイン家所蔵シーボルト関係文書調査研究の経緯と課題」（オンラインシンポジウム「新しいシーボルト研究への誘い―シーボルト（父）関連資料の基礎的な調査・研究・活用事業で考えたこと―」報告）『海外で《日本》を展示すること　在外資料調査研究プロジェクト報告書』国立歴史民俗博物館編集・発行、2020年、310頁。

4　人間文化研究機構　日本関連在外資料調査研究　研究課題A「シーボルト父子関係資料をはじめとする前近代（19世紀）に日本で蒐集された資料についての基本的調査研究」（総括責任者：久留島浩→日高薫、2010-2015年度）、人間文化研究機構ネットワーク型基幹研究プロジェクト「日本関連在外資料調査研究・活用」「ヨーロッパにおける19世紀日本関連在外資料調査・活用―日本文化発信にむけた国際連携のモデル構築―」（研究代表者：日高薫、2016-2021年度）、人間文化研究機構共創先導プロジェクト（共創促進研究）日本関連在外資料調査研究「外交と日本コレクション―19世紀在外日本資料の世界史的文脈による研究と現地およびオンライン空間における活用」（研究代表者：日高薫、2022-2027年度）。

歴博の在外資料調査プロジェクトは、広く19世紀に形成された在外の日本コレクションを対象としており、調査地域もドイツ・オランダ・オーストリアのほかアメリカ・イギリス・スイス等に及ぶが、このプロジェクトの中核におかれたのが、シーボルト父子関係資料の調査研究である。さまざまな機関や個人のもとに所蔵されるシーボルト関係資料のうち、以下の三つの所蔵先のコレクションを重点的な調査研究対象とした。

①シーボルトが幕末の二度目の来日の際に蒐集して持ち帰ったミュンヘン五大陸博物館所蔵の民族学的コレクション（2009〜2015年度）
②ドイツのシーボルトの子孫の家に伝わった膨大なシーボルト父子関係文書（2007〜2024年度・継続中）[5]
③シーボルトの次男ハインリッヒ・フォン・シーボルトが蒐集したウィーン世界博物館所蔵の民族学的コレクション（2016年度〜2024年度・継続中）

さらにこれらの調査と併行して、ライデン民族学博物館所蔵のシーボルト第一次コレクションや[6]、各地に点在するシーボルト父子関係資料の副次的調査[7]も進めている。

　ところで、このプロジェクトにおける筆者自身の個人的な役割は、「もの資料」の調査研究の責任者として、各分野の専門家による現地調査を計画的に実施し、データベース化をすすめることである。さらに、専門家たちによって新たな意義づけを与えられたコレクションを研究資源や展示資源として活用するための各種事業を企画・推進する役割も担った[8]。また、美術史の研究者として、とくに、専門である漆工芸品の調査研究を担当している。本稿においては、このような自身の経験に基づきつつ、主に「もの資料」研究の観点から、これまでの歴博の活動を振り返るとともに、今後のシーボルト研究の可能性について私見を述べたい。

---

5 シーボルトの末裔であるフォン・ブランデンシュタイン＝ツェッペリン家に伝わる膨大なシーボルト父子関係文書のデータベース化は、「もの資料」調査とともに、プロジェクトのもう一つの重要な事業として継続的に進行中であり、随時「データベースれきはく《シーボルト父子関係資料データベース》」にて公開・更新をおこなっている。（https://www.rekihaku.ac.jp/up-cgi/login.pl?p=param/pfvs/db_param）
6 ライデンの第一次コレクションに関しては、民族学博物館の所蔵品のうちいずれがシーボルトの蒐集品であるかが必ずしも明確でないまま、蓋然性の高い資料がシーボルト由来とされてきた事情がある。そこで、プロジェクトでは、長崎出島オランダ商館の荷倉役、商館長を歴任し、シーボルトに先立って日本の物品を蒐集したヤン・コック＝ブロムホフ（Jan Cock Blomhoff, 1779-1853）直筆の蒐集目録を翻刻・翻訳し、ライデン民族学博物館の所蔵資料と対照することによって、蒐集時期が近く似通った性格を有するため混同されやすいシーボルト蒐集資料とブロムホフの蒐集資料とを識別するための資料を提供した。松井洋子、マティ・フォラー責任編集、人間文化研究機構、国立歴史民俗博物館、ライデン国立民族学博物館編『ライデン国立民族学博物館蔵　ブロムホフ蒐集目録―ブロムホフの見せたかった日本』臨川書店、2016年。
7 ライデン大学図書館、ヴュルツブルク（シーボルト博物館・フランケン博物館・ヴュルツブルク市公文書館・バイエルン州立ヴュルツブルク公文書館・ヴュルツブルク大学文書館および中央図書館・ヴュルツブルク司教区文書館）、ゲルマン国立博物館図書館（ニュルンベルク）、ワイマールクラシック財団、イエナ大学ほか。

悉皆調査の重要性

　ミュンヘンとウィーンのシーボルト・コレクションは、いずれも5000点を超える大規模なコレクションである。これまで部分的に研究、展示等に活用されたことはあったが、日本側の研究者による本格的な調査がおこなわれたことはなく、その全体像や個々の資料の位置づけについては研究の余地を多く残す資料群であったといえる。歴博が基本方針としたのは、個人レベルの選択的な調査や、展覧会準備を前提とした一時的調査の枠を越えた総合的・体系的な調査を実施するということである。これは、「つまみ食い」や「宝探し」の調査をしないということでもあり、「悉皆調査」、すなわち、すべての資料を調査することを基本姿勢とした。また、調査によって得られた各々の資料に関するデータは可能な限りデジタル画像付きで公開し、資料情報の共有化を図ることを原則とした[10]。さらに、共有化の推進のために、各所蔵機関が個別に作成した既存のデータベースをできうる限り統合したり、包括的なシーボルト研究を進めるための国際的な協力体制を確立したりすることも目標とされた[11]。

　自然科学から人文科学の幅広い分野にわたるシーボルト父子のコレクション研究は、

8　プロジェクトが実施した具体的な事業や成果については、以下の総括を参照されたい。日高薫「在外日本資料の調査から活用へ　国立歴史民俗博物館の研究プロジェクトがめざしてきたもの」「参考資料」『海外で《日本》を展示すること　在外資料調査研究プロジェクト報告書』国立歴史民俗博物館編集・発行、2020年、3-32頁・33-46頁（計3報告書）。日高薫「シーボルトが伝えようとした日本像を求めて―国際連携による在外資料調査とその活用―」ブルーノ・J・リヒツフェルト、ウド・バイライス、日高薫責任編集、ヴュルツブルク・シーボルト博物館、国立歴史民俗博物館編『異文化を伝えた人々Ⅲ　シーボルトの日本博物館』臨川書店、2022年、7-22頁。

　五大陸博物館との協働プロジェクトについては、以下のウェブ・マガジンの論文も参照のこと。Kaori Hidaka, Bruno J. Richtsfeld, 'Revisiting Siebold's Japan Museum in Munich: Research cooperation between the National Museum of Japanese History (Sakura, Chiba Prefecture, Japan) and the "Museum Five Continents", Munich', *ExpoTime!*, December 2017/January 2018, Verlag Dr. Christian Müller-Straten, 2018, pp. 5-11.

9　ミュンヘンのコレクションは、五大陸博物館の常設展示に活用されていたほか、過去には以下の企画展ですでに紹介されていた。「シーボルト父子のみた日本　生誕200年記念」（国立民族学博物館、東京都江戸東京博物館、林原美術館、1996年）。「川が育んだ日本の伝統文化展Ⅱ　日本の心と形（[シーボルト・コレクション展]シーボルトの眼―江戸後期の日本）」（国立ミュンヘン民族学博物館、岐阜県美術館、2004-2005年）。

　ウィーンのコレクションも、常設展示に一部が活用されていた。展覧会としては、アルフレッド・ヤナタによる「Das Profil Japans」（Museum für Völkerkunde, Wien、1965年）、「シーボルト父子のみた日本」（1996年）、およびヨハネス・ヴィーニンガー、ベッティーナ・ツォルンらによる「Japan Yesterday, Spuren und Objekte der Siebold-Reisen」（ウィーン応用美術博物館MAK、1997年）がある。また、ハインリッヒ・フォン・シーボルト研究としては、以下の書籍が多くの情報を提供している。Josef Kreiner (Hg.), *Die Japansammlungen Philipp Franz und Heinrich von Siebolds: begleitheft zum Katalog der Siebold-Ausstellung 1996* (Miscellanea 121), Deutsches Institut für Japanstudien, 1996. ヨーゼフ・クライナー編『小シーボルトと日本の考古・民族学の黎明』同成社、2011年。

10　全資料の調査成果は、「データベースれきはく《シーボルト父子関係資料データベース》」として公開中である。（https://www.rekihaku.ac.jp/up-cgi/login.pl?p=param/pfvs/db_param）

並々ならぬ熱意をもって持続的に調査を重ねてきた先学の努力に支えられて、多くの実りをもたらしてきた。しかし、シーボルト・コレクションは、オランダやドイツ・オーストリア・イギリスなどの複数の所蔵者のもとに分散して保管されているため、研究者が利用しやすい状況とは言いがたい。これらの資料が有する数々の情報を後世の研究者のために整理し、重複調査を減らすことによって所蔵者側の負担も軽減するという理念のもと、調査・撮影とアーカイブ化、さらには展示公開などの活用事業が進められた。このように、当初歴博が目指したのは、基本的に、きわめてオーソドックスな手法によるアーカイブ事業であったが、調査研究が進展するにつれ、それ以上の成果を得られたと感じている。

プロジェクトを遂行していく過程で改めて強く意識するに至ったのは、第一に、悉皆調査の重要性と可能性である。

たとえば、コレクションの漆器に注目してみよう。ミュンヘンのシーボルト・コレクションは、総数で約3500件、細かく数えれば6000点を数えるが、このうち、漆塗りの工芸品は約550件と、その数量において他のジャンルを圧している。多様な品目、技法、産地にわたる漆器のすべてを調査した結果、蒔絵や螺鈿で豪華に装飾された高級品から、ある程度富裕な人々が用いる中級品、さらには日常使いの漆器や、海外輸出用、土産物的な廉価な漆器にいたるまで、幅広い品質の漆工芸品が蒐集されていることがわかった[12]。「玉石混淆」という言葉があるが、美術史的な価値基準で判断すると、シーボルトのコレクションはまさに玉石混淆のコレクションということになるのかもしれない。

例えば、黒漆地に金蒔絵で縁起の良い菊折枝と七宝花菱繋ぎ文様を表す薬箪笥（S424）（図1）は、卓越した工芸技術と明快なデザイン性が融合した「優品」といえるもので、多くの漆器の中でも一際目を引く。「玉石混淆」のまさに「玉（宝石）」に相当するものである。シーボルト自身もコレクション解説「日本博物館の概要と解説」[13]の中で、「特筆に値する」ものとしてとり上げ、「金の装飾や銀の彫金金具を付けた黒い薬箱」と解説している[14]。作者の飯塚桃葉は、江戸時代の中期から後期にかけて活躍した著名な蒔絵師で、徳島藩の蜂須賀家の御用をつとめたことで知られる。シーボルトの日記やコレクション解説によると、彼はこのような高品質の漆工芸品を蒐集するために、名家に伝来する漆器を譲り受けたり、アンティークを買い求めたりしたという[15]。コレクションには、このほか伊達家の家紋である「竹に雀」と「竪三引両」とを表した道具箱（S1066a）（図2）もみられ、後述する長男アレクサンダーによる目録で「大名の侍医の外科治療器具をおさめた箱」と

11　国際的な連携は、個々の所蔵者・所蔵機関との協議のほか、日本・オランダ・ドイツ等のシーボルト研究者や関係者を中心に運営される国際シーボルトコレクション会議を通じた対話によって深化した。

12　日髙薫「シーボルト・コレクションの漆器」国立歴史民俗博物館編、国際シンポジウム報告書『シーボルトが紹介したかった日本―欧米における日本関連コレクションを使った日本研究・日本展示を進めるために―』人間文化研究機構、2015年、181-188頁。日髙薫「シーボルトが注目した日本の漆工芸―2回目の訪日時のコレクションを中心に」『よみがえれ！ シーボルトの日本博物館』（展覧会図録）青幻舎、2016年、219-227頁。

図1 破れ花菱七宝繋に菊枝散蒔絵箪笥
ミュンヘン五大陸博物館蔵

図2 竹雀に竪三引両紋道具箱 ミュンヘン五大陸博物館蔵

説明されるものに相当するが、こちらも特別な経路で入手されたものであろう。

　一方で、同様に松に鶴という吉祥モティーフを表す朱塗りの盆（S461c）（図3）は、幕末から明治期（19世紀）にかけてしばしば認められる普及品の漆器である。蒔絵技法によって装飾が加えられ

図3 鶴に若松蒔絵盆 ミュンヘン五大陸博物館蔵

---

13 ブランデンシュタイン城シーボルト・アーカイブに「Ph. F. von Siebold」の署名付きの自筆草稿がある。Uebersicht und Bemerkungen zu von Siebold's Japanischem Museum. Siebold-Archiv Burg Brandenstein, Kasten V, Fasz. e, 90.
　　また活字版に二種類あり、1872年頃に同一表題による小冊子がフランクフルトのC. ノイマン印刷所から発行されているほか（Philipp Franz von Siebold, *Uebersicht und Bemerkungen zu von Siebold's Japanischem Museum*. Frankfurt a. M.: C. Naumann's Druckerei, 45 S.）、ミュンヘン王立民族誌博物館から発行された『民族誌博物館カタログ—ミュンヘン王立民族誌博物館』（*Katalog des Ethnographischen Museum* [sic, s]. Königlich-Ethnographisches Museum München, München: Straub, 92 S.）の11-48頁にも掲載される。詳細は、以下の解題を参照のこと。
　　福岡万里子「解題—シーボルト日本博物館の概要と解説：欧文原本・翻刻・翻訳」『シーボルト日本博物館の概要と解説：欧文原本・翻刻・翻訳』大学共同利用機関法人 人間文化研究機構 国立歴史民俗博物館編集・発行、2018年。
14 「日本博物館の概要と解説」（前掲註13）の「漆器」の項、34頁（福岡万里子翻訳、175頁、原文はブルーノ・リヒツフェルト翻刻、129頁）。引用部分は筆者による翻訳。
15 同上、33頁。「収集者は従って、最良で最も美しくまた最も珍しい漆器を集めるという課題を自らに課したのであり、そして彼の江戸における滞在と地位は、そういった珍しく見事な品々、帝国の有力者や富豪たちの芸術・贅沢・便利の作品を数百も獲得する手段への機会を提供した。」（128頁、174頁）。

るものの、その品質は前述の薬箪笥とは大きく異なる。蒔絵で用いる金粉や銀粉はそれだけで高価な素材であるが、盆の装飾においては、通常の蒔絵に使用される蒔絵粉より粒子が極端に細かい「消粉（けしふん）」と呼ばれる廉価な材料が用いられており、その製作工程も通常より遙かに簡略なものである。この種の漆器は、材料費が大幅に抑えられており、製作にもさほど手間がかからないため、ちょっとした土産品として手の届く価格帯であったと推測される。玉石混淆の「石」にあたるものといってよいだろう。

　美術コレクションの中に、この類いの漆器が多く含まれている場合、これらを蒐集した人は、優れた審美眼をもつコレクターではなかったと見なされることが一般的である。実際、ミュンヘンのシーボルト・コレクションも、残念ながら、従来低い評価を与えられることが少なくなかったようである。例えば、1887年から1907年にかけてミュンヘンの王立民族誌コレクションの第二代館長を務めたマックス・ブッフナー（Max Buchner, 1846-1921）は、シーボルトのコレクションを主に美的観点から評価して、「価値と質の面で劣っている点を数で補おうと考えた」コレクションと批判していた[16]。

　しかし、これらシーボルト・コレクション中の漆器は、本当に「石ころ」にすぎないだろうか。

　見方を変えてみよう。シーボルトが高級品ばかりでなく普及品の漆器を蒐集したことによって、私たちは、幕末期の日本の技術や文化の、頂点から裾野までの全体像を知ることができる。日本を訪れた外国人たちは、漆という珍しい塗料が、この国の権力者から庶民まで幅広い人々の暮らしを多面的に彩ってきたことを、驚きをもって記しており[17]、シーボルトも、前掲の「日本博物館の概要と解説」等において、各種の材料や変化に富む製作技法、職人たちの卓越した技術力に注目し、細かい記録を残している[18]。そして「約300点から成る〔これら漆器の〕コレクションは、様々な側面から観察し評価できる。最も簡単なものから最も完璧なものまで。」の記述のように、あらゆる色、素材、技術を用いた漆工品を集めたことが随所に記されている[19]。彼は、民族学的観点、そして学問的見地から、日本における漆工技術や生活文化における漆工芸の実態を示すすべてを、意識的に

16　ブルーノ・リヒツフェルト「ミュンヘン国立民族学博物館所蔵の二番目のシーボルト・コレクション」『シーボルト父子のみた日本　生誕200年記念』（展覧会図録）、国立民族学博物館・東京都江戸東京博物館、1996年、184-189頁、202-204頁。

17　例えば、シーボルトより遙かに早い1690年から1692年にかけて、長崎オランダ商館付きの外科医として日本を訪れたエンゲルベルト・ケンペル（Engelbert Kämpfer, 1651-1716）は、著作『日本誌』の中で、折にふれて、住宅や什器に塗られた漆の美しさについてとりあげる。なかでも、『廻国奇観』中の有名な「鎖国論」においては、「日本の住宅、机、家具に塗られた漆の艶の良さに驚かぬ者はまずおるまい。シナ人、トンキン人の勤勉さと努力を以てするも、漆細工に関しては、日本の完璧な作業には及び得ず、その艶の出し方や漆の被せ方には何とも言えぬ味わいがある。」と日本の漆文化を絶賛する。「ケンペル著 Amoenitatum Exoticarum "廻国奇観" 中にある日本に関する諸論文（ラテン語による記述からの翻訳）」エンゲルベルト・ケンペル著、今井正編訳『日本誌』霞ヶ関出版株式会社、1989年所収。

18　「日本博物館の概要と解説」（前掲註13）の「漆器」の項、32頁（128頁、174頁）。

19　同上、33頁（128頁、174頁）。

蒐集しようとしたと考えられるのである。
　その姿勢は、現存するシーボルト・コレクション中の漆器群の特徴からも明確に見てとれる。シーボルトが、漆を用いた多彩な技法と表現、その多彩な利用例のサンプルを集めようとしたことは明らかで、ライデン民族学博物館の第一次コレクションには、製作用具としての筬や刷毛、さらには塗料としての漆そのものも含まれる[20]。製作地という観点からは、東北地方で製作された会津絵の特徴を示す漆絵の椀（S534v）や小鉢皿（S535）（図4）、奈良県の特産である吉野塗（S1675）（図5）、長崎の青貝細工（S428）（図6）、箱根等で製作された寄木象嵌の漆器（S256）（図7）、各地で発達した変わり塗の技法を用いた漆器（S425）（図8）など、当時の日本国内における主要な産地の典型的な漆器が見られ、江戸時代を通じて発展した漆器産業の実例として貴重である。シーボルトが来日した頃より製作時期の遡る漆器が認められる一方で、緑色の漆を塗った椀（S537）（図9）の例のように、当時の流行を反映するものもある。また、少数ながら含まれる琉球（S459a）（図10）や中国製の漆器は、日本国内で広く流通し受容された歴史をもつ、日本文化にとっては欠かせない漆器である。このようにシーボルト・コレクションの漆器は、美術的価値においては、愛好家によるコレクションほど「名品」揃いではないが、圧倒的な数量と多様性を有する点で他に例がなく、高く評価されるべきコレクションと位置づけられる。江戸時代後期、まだ漆の文化が日本のすみずみに生きていた時代、その頃に日本を訪れたシーボルトだからこそ、なし得た蒐集であったといえるだろう。
　そもそもシーボルト・コレクションのように蒐集時期が明確な在外資料には、タイムカプセルとしての価値がある。日本国内ではありふれたものであるが故に失われてしまったものが、海外には残されている例にしばしば遭遇する。1996年に開催された展覧会「シーボルト父子のみた日本」は、そうした意味で、シーボルト父子のコレクションの特長を存分に活用した展覧会だったといえよう。730点という圧倒的な量の資料の展示によって、19世紀の日本を追体験できる点で画期的であった。タイムカプセルとしてのコレクションは、全体を見渡せてこそ意義があり、シーボルト・コレクションに代表される大規模コレクションは、悉皆調査によって初めてその真価が顕わになるといってよいかもしれない。
　歴博チームがミュンヘンの調査を完了するまでには、およそ6年の年月を要したが、五大陸博物館学芸員のブルーノ・リヒツフェルト氏と協力し合いながら調査を完遂したことにより、このコレクションの再評価に貢献することができた。シーボルトのコレクションと言えば、一回目の来日時のライデン民族学博物館所蔵のものが有名で、ミュンヘンのコレクションについては、従来顧みられることがなかったが、彼の蒐集意図や博物館構想は、両者を合わせた全体像を把握して初めて明らかになる。日本の専門家たちが個々の資料を精査し、新たに価値付けを行った成果を、後述するように、日本における巡回展、さらに五大陸博物館における展覧会へと反映させ、日本国内のみならず、ドイツやヨーロッパの

---

20 「シーボルト父子のみた日本」展（1996年、前掲註9）出品番号440–447。

図4 松竹梅漆絵小鉢皿　ミュンヘン五大陸博物館蔵

図5 吉野塗蓋付椀　ミュンヘン五大陸博物館蔵

図6 花鳥螺鈿小簞笥　ミュンヘン五大陸博物館蔵

図7 寄木象嵌漆塗盆　ミュンヘン五大陸博物館蔵

図8 緑変わり塗小箪笥　ミュンヘン五大陸博物館蔵

図9 藻魚蒔絵大平椀　ミュンヘン五大陸博物館蔵

図10 岩牡丹沈金桶　ミュンヘン五大陸博物館蔵

人々に本格的に紹介したことにより、シーボルトの多面的な活動への理解を深めるための素材を提示することができたと自負している。

シーボルトの日本博物館の復元[21]

　ところで、五大陸博物館には、シーボルトの死後、長男アレクサンダー・フォン・シーボルトによって作成された、同時代のコレクション目録（図11）が残されている。この古いリストこそが、長年続いた五大陸博物館と歴博との国際共同研究の鍵となる史料であり、単なるアーカイブ事業を超えたシーボルト研究の新しい局面へと私たちを導いてくれた。

　本目録の重要性は、シーボルトの「第二次コレクションの総目録」であると同時に、シーボルト自身が手がけた日本展示の「展示目録」でもある点である。ここには、1866年、ミュンヘンでおこなわれた日本展示の出品番号とともに、展示場の部屋の区分と、展示ケースの区分までもが記されている。つまり、シーボルトが蒐集した各々の資料が、19世紀の展示会場のどの部屋にどのような順番で並べられていたかを伝えているのである。さらに、アルファベットの「S」で始まる目録の番号は、ミュンヘンの民族学博物館、すなわち現在の五大陸博物館の受け入れ番号と一致しているため、五大陸博物館の資料を番号順に並べていくと、そのままシーボルトの「日本博物館」を再現できることになる。

　そこで私たちは、シーボルトの展示を実際に展覧会の会場に再現して、現代の展示の中に甦らせようと考えた。2016年から国内5会場を巡回した「よみがえれ！ シーボルトの日本博物館」展[22]は、単にミュンヘンの資料を日本に里帰りさせて紹介するだけではなく、シーボルト自身が企画した19世紀の展示を、現代の博物館の展示室に甦らせることにより、博物館理論家、そして実践家としてのシーボルト像に光を当てることを目指したのである。

　シーボルトが日本研究の成果を、著書の出版のみならず、博物館展示を通じて行おうとしていたことについては、あまり注目されてこなかった。一度目の来日後わずか3ヶ月になるかならないかの1823年（文政6）頃、彼はすでに博物館の設立構想を温めていたことが明らかである[23]。そして博物館設立のための建議書を、バイエルン国王ルードヴィッヒⅠ世（Ludwig I, 在位 1825-1848）や、オランダ国王ウィレムⅠ世（Willem I, 在位 1815-1840）、フランスの地理学者エドメ＝フランソワ・ジョマール（Edme-François Jomard, 1777-1862）などに送り、民族学博物館の必要性を訴え、独自の分類基準に従った計画案を練りあげて

21　日高薫「シーボルトの日本博物館を復元する―国立歴史民俗博物館による巡回展示の意味するもの―」国立歴史民俗博物館編、国際シンポジウム報告書『シーボルト・コレクションから考える』国立歴史民俗博物館、2018年、101-110頁。日高薫「在外日本資料の調査から活用へ」2020年（前掲註8）。

22　国立歴史民俗博物館企画展示「よみがえれ！ シーボルトの日本博物館 (Revisiting Siebold's Japan Museum)」主催：人間文化研究機構・国立歴史民俗博物館・朝日新聞社、会場：国立歴史民俗博物館、2016年7月12日～9月4日。その後、2017年にかけて東京都江戸東京博物館、長崎歴史文化博物館、名古屋市博物館、国立民族学博物館を巡回。

23　1823年11月18日付シーボルトの叔父、ヴュルツブルク大学教授アダム・エリアス・フォン・シーボルト宛書簡。石山禎一編著『シーボルトの日本研究』吉川弘文館、1997年、10-11頁。W. R. ファン・グーリック「フォン・シーボルトとそのコレクション」『川原慶賀展　鎖国の窓を開く：出島の絵師』西武美術館、1980年。

図11 「民族誌博物館　シーボルトによる日本コレクションの目録」　ミュンヘン五大陸博物館蔵

いった[24]。そして日本を離れたあと、実際に自身の手で、オランダとドイツの4つの都市において展覧会を開催した[25]。

　シーボルトが生きた19世紀という時代は、近代的な博物館の黎明期にあたる。また、ヨーロッパでは、異文化への関心が広く市民のあいだでも高まり、学問としての「民族学」がその形を整えつつあった。シーボルトによるコレクションの展示は、初めての本格的な日本展示であると同時に、世界の民族学博物館の先駆をなすものであったともいえる[26]。シーボルトは、異文化は、概念を表すことばや二次元的な図解を中心とした書物だけではなく、それらの文化が生み出したさまざまな「もの」を目の当たりにすることによってこそ正しく理解される、という信念をもっていたと推測される。彼の先見性、博物館計画の

24　前掲註16、石山禎一編著書（前掲註23）。石山禎一・小林淳一「シーボルト・コレクションの形成と日本博物館構想」『よみがえれ！　シーボルトの日本博物館』（展覧会図録、前掲註12）、205-210頁・211-218頁。ブルーノ・リヒツフェルト「ミュンヘン五大陸博物館のシーボルト・コレクション」（同上図録）184-189頁・190-195頁。

25　シーボルトはオランダ帰国後の1832年に、まず、ライデンの自宅で第一次コレクションを展示し、幕末の再来日（1859-1862年）のあと、第二次コレクションを、アムステルダム（1863年、アムステルダム産業振興会館）、次に生まれ故郷のヴュルツブルク（1864-1865年、公立マックス職業学校）、そして最後にミュンヘン（1866年、王立庭園に面した北部ギャラリー棟）で展示している。

26　民族学博物館の黎明期における博物館理論家としてのシーボルトの意義に関しては、ブルーノ・リヒツフェルト氏の以下の論文等を参照のこと。その他の参考文献は、同論文末尾に記載されている。
　　Bruno J. Richtsfeld, 'Das Siebold'sche Museum' in Muenchen', *Philipp Franz von Siebold*（*1796-1866*）— *Sammler und Japanforscher*, AKAMEDON VERLAG, 2022, pp. 83-100.
　　ブルーノ・J・リヒツフェルト「ミュンヘンの『シーボルト博物館』―フィリップ・フランツ・フォン・シーボルトの博物館に対する情熱―」ブルーノ・J・リヒツフェルト、ウド・バイライス、日高薫責任編集、ヴュルツブルク・シーボルト博物館、国立歴史民俗博物館編『異文化を伝えた人々Ⅲ　シーボルトの日本博物館』臨川書店、2022年（前掲註8）、51-75頁（上記論文の日本語版）。

学問性は、当時から高く評価された。

　私たちは、石山禎一氏の先駆的な研究[27]を手がかりに、関連する文献資料を丁寧に読み解くことにより、シーボルトがどのような意図で日本資料を蒐集し、ひとつひとつをどのように把握し、分類していたのかを探った[28]。また、展示風景を紹介した雑誌記事のイラストや、古い写真を分析し、具体的な展示の実態を解明することに努めた[29]。「もの資料」と文献資料とをリンクさせ、「もの」の背後にあるコンテクストを導き出そうとしたのである。

　展示復元は、アレクサンダーによるコレクション目録に忠実に基づいておこなわれたが、150年前の展覧会を、そのまま正確に再現できたかというと、実際はそう簡単ではなかった。

　そもそも目録には1566点もの資料が記載されているが、私たちが巡回展のために五大陸博物館から借用したのは300点ほどに過ぎない。19世紀のミュンヘンに存在したシーボルト日本博物館の壮大さには驚くばかりであるが、コレクション全体の数量や多彩さを実感してもらえるよう、会場内に大画面のタッチスクリーンを設置して、デジタルアーカイヴを操作しながら展示されていない資料についても自由に画像を閲覧できるような工夫を施した。

　さらに、アレクサンダーが作成した目録は、展示の順番やグルーピングを示してはいるものの、展示場となった王宮庭園に面したギャラリー棟（図12）に関しては、ケースの配置図はおろか建物の平面図も見いだされておらず情報に乏しい。目録によって知られるシーボルト自身による分類についても、分類名が記載されていないものや、分類の階層が明瞭でないものがあるなど、シーボルトによる全体の展示構成には不明な点が多い。そこで現時点の研究では完全に明らかにできていないことを、展示において、いかにわかりやすく伝えるかということが課題となった。

　慎重に議論を重ねた末に私たちが出した結論は、今回の展示では、あえてアレクサンダーの目録による復元的な展示にこだわり、未だ中途段階である研究の経過を含めて観覧者に提示しようという基本方針だった。結果として、些か研究的側面の強い実験的な展示となったが、展示資料の点数の多さや多彩さ、19世紀という現代の生活と連続性のある時代の日常用具への郷愁に加えて、これまで馴染みの少なかったシーボルト事件以降の

27　石山禎一編著『シーボルトの日本研究』吉川弘文館、1997年（前掲註23）。
28　国立歴史民俗博物館編『五大陸博物館所蔵シーボルト・コレクション関係史料集成』国立歴史民俗博物館、2016年。国立歴史民俗博物館編、ブルーノ・リヒツフェルト、福岡万里子、堅田智子著『シーボルト日本博物館の概要と解説―欧文原本・翻刻・翻訳』国立歴史民俗博物館発行、2018年（前掲註13）。
29　『よみがえれ！　シーボルトの日本博物館』（前掲註12）、48-49頁・60-65頁。日髙薫・平田由紀「アムステルダムにおけるシーボルトの第二次コレクション展示について―新出の古写真にもとづく考察―」国立歴史民俗博物館編、国際シンポジウム報告書『シーボルト・コレクションから考える』（前掲註21）、137-148頁。

図12　ミュンヘンの王宮庭園 Hofgarten に面したギャラリー棟（再建後）

シーボルトの事跡、とくにシーボルトの博物館構想および実践という新しい側面に焦点を当てた展示に対する観覧者の反応は概して良好であったといえる。

さて、国内巡回展の2年後の2019年10月、「日本を集める Collecting Japan」展[30]が五大陸博物館でオープンした（図13）。150年前の展示をミュンヘンの地に甦らせることは、プロジェクトの悲願でもあった。ミュンヘンのシーボルト・コレクションは、彼の死後の1868年に、王立民族誌コレクションの学芸員モーリッツ・ヴァーグナー（Moritz Wagner, 1813-1887）によってその他のコレクションと統合され、ミュンヘン民族学博物館の前身が創設される。つまり、五大陸博物館のもととなったのが、ほかならぬシーボルトの「日本博物館」だったからである。

「日本を集める」展は、日本における巡回展「よみがえれ！ シーボルトの日本博物館」をもとに再構成されたものであり、凱旋展示に相当する。ドイツの観覧者のための配慮や展示室等の事情により若干の変更点はあったが、展覧会のテーマや出品資料は日本におけるものとほぼ同じであり、日本側の各分野の専門家たちが選び出した出品候補資料の中から、五大陸博物館学芸員のブルーノ・リヒツフェルト氏が一部選び直して最終的な出品資料を決定した。その結果、資料の保存状態や大きさなどが理由で日本へ貸し出すことができなかったいくつかの重要な資料についても、ミュンヘン展では展示できることになった。

同一の展示がいくつもの会場を巡回する際に、それぞれの会場（美術館・博物館等）の個

30　「Collecting Japan. Philipp Franz von Siebolds Vision vom Fernen Osten（日本を集める—シーボルトが紹介した遠い東の国）」展、主催：ミュンヘン五大陸博物館・人間文化研究機構 国立歴史民俗博物館、会場：ミュンヘン五大陸博物館、2019年10月11日〜2020年9月13日。

図13　ミュンヘン五大陸博物館における「Collecting Japan」展

別の事情により微調整が加えられたり、展示の一部が変更されたりすることは珍しくない。シーボルト展巡回においてとりわけ興味深かったのは、展示復元という最重要課題を達成するために、企画展が徐々に成長と呼んでも良いような変化を遂げていったことである。2016年7月に歴博においてオープンした企画展示に始まった国内4会場におけるそれぞれの展示では、各開催館による展示方法や技術の改善によって、より当時に近い再現が可能となった。そして2019年のミュンヘンの展示においては、リヒツフェルト氏によるアレクサンダー目録の再検討によって、シーボルト自身によるコレクションの分類に関する研究がさらに深化し、内容の面でも充実度が高まった[31]。

　「展示する」ということは、資料の組み合わせや配列によって、それらの関係性を示し、資料群によってメッセージを伝えることである。過去の展示を復元的に考察することはすなわち、展示を構築した人物や時代、民族の思想や意識、文化を追跡することでもある。五大陸博物館のシーボルト・コレクションの研究を通じて私たちが学んだことは、広く、在外の日本資料の調査研究に応用できる方法といえるだろう。外国人によって見いだされ

31　Museum Fünf Kontinente（Hg.）, *Collecting Japan. Philipp Franz von Siebolds Vision vom Fernen Osten*, Museum Fünf Kontinente, Munich, 2019（展覧会解説書・ドイツ語版）。Museum Fünf Kontinente（ed.）, *Collecting Japan. Philipp Franz von Siebold's Vision of the Far East*, Museum Fünf Kontinente, Munich, 2019（展覧会解説書・英語版）。国立歴史民俗博物館編、青柳正俊訳『日本を集める―シーボルトが紹介した遠い東の国』国立歴史民俗博物館、2020年（展覧会解説書・日本語版）。

た「もの」たちが、蒐集され、海を渡って移動し、今度は異なる文化のもとで役割を与えられ、新たな物語を紡ぎ始める・・・。在外資料調査の意義は、海外に眠っていた貴重な資料を見いだし、日本からの眼で再評価することだけではない。むしろそれらが日本をどのように離れたのか、そのあとどのような旅を続けたのか、そのことによって生まれる歴史に注目することこそが、在外資料研究の醍醐味といえるだろう。膨大なシーボルト・コレクションの研究にもまだまだ展開の余地があると実感している。

One Hundred Years of Siebold Research

One Hundred Years of Siebold Research:
Reflecting on Past Studies and Future Prospects

Kutsuzawa Nobukata
(Tokai University)

Introduction

In October 2023, three symposiums were held in Nagasaki to commemorate the two-hundredth anniversary of the arrival in Japan of Philipp Franz von Siebold (1796–1866).[1] In 1896, a centennial celebration of Siebold's birth was held in Tokyo, and that same year, Kure Shūzō 呉秀三 published a biography of him. If we take this as the starting point, the field of Siebold studies in Japan has existed for 128 years. This long history is evidenced by a voluminous amount of literature: according to Ishiyama Yoshikazu 石山禎一,[2] 1,235 papers were published about him between 1873 and 2013.

In this article, I will follow the view of Yanai Kenji 箭内健次, a Siebold researcher, who divided the history of Siebold studies in Japan and abroad into three phases and analyzed their contents, and will begin by examining the characteristics of each phase.[3] The first phase spans from 1896 to 1926, when Kure Shūzō's *Shīboruto-sensei: Sono shōgai oyobi kōgyō* シーボルト先生 其生涯及功業 and other works were written. The second phase covers the period from 1934 to 1945, when Siebold-related documents were brought to the Japan Institute in Berlin, and publications such as *Shīboruto kenkyū* シーボルト研究 were produced as a result of research on them. The third phase, from 1960 to 1985, saw the reprinting of *Nippon* by Kōdansha, and the publication of

---

1 "Shīboruto rainichi 200 nen kinen shinpojiumu" シーボルト来日 200 年記念シンポジウム, Date: 14 October, Venue: Dejima Messe Nagasaki, Organizer: Nagasaki City; "Shīboruto rainichi 200 nen kinen kokusai shinpojiumu" シーボルト来日 200 年記念国際シンポジウム, Date: 15 October, Venue: Nagasaki Museum of History and Culture, Organizers: National Museum of Japanese History, Nagasaki City, Cooperation: Nagasaki Museum of History and Culture; "Shīboruto raikō 200 nen kinen, kokusai shinpojiumu 'Dejima de no kisō kansoku to sono rekishikiteki igi: Kankyōshi, tōzai kōryūshi no kanten kara'" シーボルト来航 200 年記念、国際シンポジウム「出島での気象観測とその歴史的意義：環境史・東西交流史の観点から」, Date: 28 October, Venue: Dejima Messe Nagasaki, Organizers: Association of Japanese Geographers' Study Group for the History of Climate and Disasters.

2 Ishiyama Yoshikazu, "Shīboruto ni genkyū shita zasshi ronbun oyobi kankei bunken" シーボルトに言及した雑誌論文および関係文献, pp. 236–287, in *Shīboruto no shōgai o meguru hitobito* シーボルトの生涯をめぐる人びと, Nagasaki Bunkensha, 2013, pp. 236–287. This also includes "Shīboruto chosaku kankei" シーボルト著作関係, "Gaikoku ni okeru Shīboruto kenkyū kankei bunken" 外国におけるシーボルト研究関係文献, "Shīboruto chosaku no hōyakubon" シーボルト著作の邦訳本, and "Shīboruto o taishō ni shita tankōbon" シーボルトを対象にした単行本, which are useful when going through the history of research on Siebold.

Shīboruto 'Nihon' no kenkyū to kaisetsu シーボルト『日本』の研究と解説 (superv. by Iwao Seiichi 岩生成一, Ogata Tomio 緒方富雄, Ōkubo Toshiaki 大久保利謙, Saitō Makoto 斎藤信, and Yanai Kenji) by Kōdansha in 1977.

While Yanai defines the third phase as ending in 1985 (the year he published this periodization), recently Matsui Yōko 松井洋子 has, based on an examination of the research of each period, proposed a fourth phase beginning in the 1980s, when overseas surveys became more active.[4] Following Matsui's proposal, I will define the 1980s to 2009 as the fourth phase. The end year is based on the fact that from 2010, the National Museum of Japanese History (hereafter NMJH) initiated a project to advance the sharing of research information through symposiums and reports, as well as the public release of materials with images, with the aim of facilitating the use of these resources by the next generation of researchers.[5] Consequently, I will consider 2010 and beyond as the fifth phase and examine the research content of this period as well. While I have already reviewed the history of research on Siebold,[6] in this paper, I would like to reflect on the developments in the field—now over a hundred years old—by introducing key works and trends from each phase, while also discussing future prospects.

Research Developments of the First Phase (1896–1926)

Siebold studies in Japan began in 1896 with a centennial celebration of Siebold's birth (Shīboruto tanjō hyakunen kinensai シーボルト誕生百年記念祭), initiated by Sano Tsunetami 佐野常民, Itō Keisuke 伊藤圭介, Taguchi Kazuyoshi 田口和美, Sugi Kōji 杉亨二, and others, and held at the Seiyōken 精養軒 restaurant in Ueno 上野,[7] as well as Kure Shūzō publication *Shīboruto: Sono shōgai oyobi kōgyō* (Tohōdō/Eirandō,

---

3   Yanai Kenji, "1934–35 nen Shīboruto bunken no kita koro: Shōwa shoki Shīboruto kenkyū no kaiko" 1934〜5年シーボルト文献の来た頃―昭和初期シーボルト研究の回顧, pp. 1–20, in *Ph. Fr. von Siebold kenkyū ronshū: Shīboruto kenkyū 3・4 gō* Ph. Fr. von Siebold 研究論集―シーボルト研究 3・4 号―, Hōsei Daigaku Fon Shīboruto Kenkyūkai, 1985.

4   Matsui Yōko, "Shīboruto ni kansuru shiryō" シーボルトに関する資料, in *Rekishi to chiri: Nihonshi no kenkyū* 歴史と地理 日本史の研究, Yamakawa Shuppan, 2016, pp. 25–31.

5   Hidaka Kaori 日髙薫, "Shīboruto ga tsutaeyō to shita Nihonzō o motomete: Kokusai renkei ni yoru zaigai shiryō chōsa to sono katsuyō" シーボルトが伝えようとした日本像を求めて―国際連携による在外資料調査とその活用, in *Ibunka o tsutaeta hitobito III* 異文化を伝えた人々III, ed. Bruno J. Richtsfeld/Burūno J. Rihitsuferuto ブルーノ・J・リヒツフェルト et al., Rinsen Shoten, 2022. This provides a detailed account of international conferences, symposiums, reports, and publications held as part of NMJH's projects.

6   Kutsuzawa Nobukata 沓澤宣賢, "Shīboruto kenkyūshi gaikan: Waga kuni oyobi gaikoku ni okeru kenkyū no ato o kaeriminagara" シーボルト研究史概観―我が国および外国における研究の跡を顧みながら, *Kikan Nihon shisōshi* 季刊日本思想史 55 (1999); "Shīboruto kenkyūshi gaikan: Saikin no kenkyū dōkō o chūshin ni" シーボルト研究史概観―最近の研究動向を中心に, in *Shin Shīboruto kenkyū II: Shakai・bunka・geijutsu hen* 新シーボルト研究 II 社会・文化・芸術篇, ed. Ishiyama Yoshikazu et al., Yasaka Shobō, 2003; "Shīboruto kenkyū no genzai: Arekusandā to Hanirihhi ni kansuru kenkyū dōkō mo fumaete" シーボルト研究の現在―アレクサンダーとハインリッヒに関する研究動向もふまえて, *Yōgaku* 洋学 21 (2013).

1896; Fig. 1). This was the first comprehensive monograph on Siebold in Japan, laying the foundation for future research. In the same year, Siebold's son Alexander von Siebold (1846–1911) also wrote a memoir about his father, *Denkwürdigkeiten aus dem Leben und Wirken von Ph. Fr. von Siebold zur Feier seines hundertjährigen Geburtstags, zusammengestellt von seinem ältesten sohne* (L. Woerl Verlag, Würzburg, 1896). The following year, Alexander and Heinrich von Siebold (1852–1908) published the second edition of *Nippon. Archiv zur Beschreibung von Japan* (Würzburg, Leipzig, 1897), a simplified version of the original *Nippon*, with fewer illustrations and a smaller format (Fig. 2). However, Siebold's diary of his journey to Edo appears in its complete form (with the latter half, chapters three to twelve, being added).[8] The second edition also included Alexander's *Philipp Franz von Siebold: Eine biographische Skizze*. Furthermore, in 1909, Heinrich published *Ph. Fr. von Siebold: Der Erforscher Japans: sein Leben und Wirken, Nach der Japanischen Denkschrift des Dr. S. Kure dargestllt* (L. Woerl Verlag, Leipzig, 1909), drawing from Kure's work.

One of the commemorative events of this period was the centennial anniversary of Siebold's arrival in Japan, held in Nagasaki. It was planned for 1923 but was postponed due to the Great Kanto Earthquake, eventually taking place the following year at Siebold's former residence in Narutaki 鳴滝, now a designated historic site. Numerous guests from Japan and abroad attended the commemorative ceremony.[9] In 1924, a commemorative collection of articles (*Shīboruto torai hyakunen kinen ronbunshū* シーボルト渡来百年記念論文集, Shīboruto Sensei Torai Hyakunen Kinenkai) was published, along with a commemorative exhibition at the Nagasaki Prefectural Library, where Siebold's ceremonial attire and sword, donated by his eldest daughter, Freifrau Helene von Ulm zu Erbach (1848–1927), were displayed.[10]

In 1926, as part of the centennial project, Kure Shūzō published *Shīboruto-sensei: Sono shōgai oyobi kōgyō* (Tōhōdō), which included a supplementary volume containing historical sources. These include documents compiled by Dutch interpreter Nakayama Sakusaburō 中山作三郎, such as those of the Nakayama 中山 family; materials from the University of Tokyo that are the source of the bakumatsu period collection of diplomatic documents *Zoku tsūshin zenran* 続通信全覧, providing insight into diplomatic activities during Siebold's second visit to Japan; as well as Dutch records about Dejima

---

7   Katō Nobushige 加藤僖重, "Shīboruto seitan hyakunensai ni sanka shita hitotachi" シーボルト生誕百年祭に参加した人達, *Dokkyo Daigaku kyōyō shogaku kenkyū* 獨協大学教養諸学研究 26 (1991), pp. 14–24.

8   Fujita Kiroku 藤田喜六, "*NIPPON* no shoshigakuteki kentō" *NIPPON* の書誌学的検討, pp. 27–28, in *Shīboruto "Nippon" no kenkyū to kaisetsu* シーボルト『日本』の研究と解説, ed. Iwao Seiichi et al., Kōdansha, 1977.

9   Kutsuzawa Nobukata, "Shiiboruto torai hyakunen kinensai ni kansuru ichi kōsatsu: Gaimushō gaikō shiryōkan shozō shiryō o chūshin ni" シーボルト渡来百年記念祭に関する一考察——外務省外交史料館所蔵史料を中心に——, *Narutaki kiyo* 鳴滝紀要 6 (1996).

10 *Shīboruto sensei torai hyakunen kinen tenrankai shuppin mokuroku* シーボルト先生渡来百年記念展覧会出品目録, Shīboruto Sensei Torai Hyakunen Kinenkai, 1924.

Fig. 1 Kure Shūzō's *Shīboruto sono shōgai oyobi kōgyō* (Tohōdō/Eirandō, 1896). Private Collection. A biography commissioned by Sano Tsunetami 佐野常民 to commemorate the one-hundredth anniversary of Siebold's birth.

Fig. 2 *Nippon*. Private Collection. First volume of a miniature reproduction of the second edition published by Biblio Verlag in 1969.

and Java held by the Dutch National Archives Kure's extensive research, drawing on these historical documents, remains highly regarded today.

Research Developments of the Second Phase (1934–1945)

The second phase is notable for the lending of Siebold documents from the Japan Institute in Berlin to the Japan-Germany Cultural Association (Nichidoku Bunka Kyōkai 日独文化協会) in Tokyo in 1934 and an exhibition in 1935 (entitled "Shīboruto shiryō tenrankai" シーボルト資料展覧会) at the Tokyo Museum of Nature and Science (Tōkyō Kagaku Hakubutsukan 東京科学博物館)[11] and research that utilized them. These documents, donated to the Japan Institute by Siebold's granddaughter, Baroness Erika von Erhardt-Siebold (1890–1965), included Siebold's letters, diaries, manuscripts, and manuscript drafts.[12] In June of the same year, the "Siebold Documents Research Room" (Shīboruto bunken kenkyūshitsu シーボルト文献研究室) was established at Tokyo Imperial University, led by Professor Emeritus Irisawa Tatsukichi 入澤達吉 from the

---

11 The exhibition was divided into two sections: the first part primarily displayed documents from the Japan Institute collection, while the second part exhibited domestic items. *Shīboruto shiryō tenrankai shuppin mokuroku* シーボルト資料展覧会出品目録, Nichidoku Bunka Kyōkai, 1935.

12 Information on the background of Alexander's eldest daughter Erika is included in Hans Körner/Hansu Kerunā ハンス・ケルナー, *Shīboruto fushi den*, trans. Takeuchi Seiichi 竹内精一, Sōzōsha, 1974, p. 257.

Faculty of Medicine, with contributions from scholars such as Itazawa Takeo 板沢武雄, Kindaichi Kyōsuke 金田一京助, and Ogata Tomio.[13] The results of this research were published in *Shīboruto kenkyū* (Iwanami Shoten, 1938). It includes a significant study, drawing from the Japan Institute materials, on how Dutch-language essays by students of Siebold's Narutaki Juku 鳴滝塾 were utilized in Siebold's *Nippon*. It was authored by Ogata Tomio, Ōtori Ranzaburō 大鳥蘭三郎, Ōkubo Toshiaki, and Yanai Kenji. Another important contribution, written by Yanai and Ashida Koreto 蘆田伊人, is an in-depth study of the maps included in *Nippon* (Japan, Ezo 蝦夷, and Karafuto 樺太). Further research is needed to explore why these documents were loaned from Germany.

Before these exhibitions and research in Japan, in Germany, based on these documents, the third edition of *Nippon* (*Nippon Archiv zur Beschreibung von Japan. Vollständiger Neudruck der Urausgabe zur Erinnerung an Philipp Franz von Siebold's erstes Wirken in Japan 1823 bis 1830. In zwei Text- und zwei Tafelbänden, dazu ein neuer Ergänzungs- und Indexband*) was published by the Japan Institute in Berlin (E. Wasmuth Verlag, Berlin, 1930–31) under the editorship of Friedrich Maxmilian Trautz (1877–1952). Other research on Siebold's documents includes that of Kuroda Genji 黒田源次, who published "Shīboruto no bunkyū gan'nen no nikki ni tsuite" シーボルトの文久元年の日記に就いて (*Nichidoku bunka kōenshū* 日独文化講演集 9 [1935]), revealing the existence of three volumes of Siebold's diaries in Dutch, German, and a Dutch-German hybrid from his second visit to Japan in 1861.[14] Additionally, 143 Siebold-related letters, primarily held by the Japan Institute and including letters from Japan, were reprinted with translations by Ōtori Ranzaburō as *Shīboruto kankeishokanshū* シーボルト関係書翰集 (Nichidoku Bunka Kyōkai, 1941). In 1944, the Siebold Committee of the German Cultural Research Institute in Kyoto (Doitsu Bunka Kenkyūsho 独逸文化研究所) published *Jīboruto ronkō* ジーボルト論攷 (Siebold-Archiv), in which Trautz presented an article on Siebold the Japan scholar and cultural policy maker. The book was published as part of academic advancement efforts based on a Japan-Germany cultural agreement, but due to the intensification of the war, it seems that

---

13 Events during this period are detailed in Yanai Kenji's above-cited "1934–5 nen Shīboruto bunken no kita koro" in Ph. Fr. von Siebold Kenkyū ronshū: Shīboruto Kenkyū 3.4 gō, Hōsei Daigaku Fon Shīboruto Kenkyūkai, 1985. and "Shīboruto Bunken Kenkyūshitsu to ichinen yūhan" シーボルト文献研究室と一年有半, in *Shīboruto to Nihon no kaikoku, Kindai-ka* シーボルトと日本の開国 近代化, ed. Yanai Kenji and Miyazaki Michio, Zoku Gunsho Ruijū Kanseikai, 1997.

14 Kanokogi Toshinori 鹿子木敏範, together with Gregor Paul, transcribed Siebold's 1861 German diary, discovered at University Bochum, and published it as "Filippu Furantsu fon Shīboruto 1861-nen no nikki: Honbun to kaisetsu" フィリップ・フランツ・フォン・シーボルト 1861 年の日記 本文と解説 (German title: "Ein Beitrage zur Geschichte der Medizin: Phillip Franz von Siebolds Tagebuch aus dem Jahre 1861, Text und Kommentar"), *Kumamoto Daigaku Taishitsu Igaku Kenkyūjo hōkoku* 熊本大学体質医学研究所報告 31 (3) (1981). He also presented parts of its content in "Yōroppa ni okeru Shīboruto shin shiryō" ヨーロッパにおけるシーボルト新資料, *Kagaku ishi shiryō kenkyū* 科学医学資料研究 118 (1984).

only this volume was published.[15] Such prewar and wartime developments show how Siebold research progressed as Japan and Germany's political ties strengthened.

Research Developments of the Third Phase (1960–1970s)

Post-war Siebold research resumed with the publication of Itazawa Takeo's *Shīboruto* シーボルト (Yoshikawa Kōbunkan, 1960) as part of a series of biographical works (*Jinbutsu sōsho* 人物叢書). Itazawa had been involved in the study of the Siebold documents from a historical perspective. His book combines documents he collected during his studies at the Dutch National Archives while in the Netherlands (1927–29), written in an accessible biographical style. In Germany, Hans Körner published *Die Würzburger Siebold: Eine Gelehrtenfamilie des 18. und 19. Jahrhunderts* (Johan Ambrosius Barth Verlag Leipzig, 1967), which thoroughly explored historical sources from Siebold's library held by the Zeppelin family (which at the time was in the possession of Siebold's second daughter, Mathilde Apollonia von Brandenstein [1850–1906]), as well as other materials in Germany and Austria. This book is one of the most outstanding works in European Siebold research. Around this time, Japanese researchers began conducting surveys of Siebold collections abroad. Nakamura Hiroshi 中村拓 revealed in an article ("Ōbeijin ni shiraretaru Edo jidai no jissoku Nihon zu" 欧米人に知られたる江戸時代の実測日本図, *Chigaku zasshi* 地学雑誌 78: 1 [1969]) that the maps of Japan's northern areas Siebold had brought back to Europe (including ones of Ezo and Karafuto by Mogami Tokunai 最上徳内) were housed in the Leiden University Library.

In 1973, which marked the 150th anniversary of Siebold's arrival in Japan, the Siebold 150th Anniversary Commemorative Society (Shīboruto Torai 150 Kinen Kenshōkai シーボルト渡来150年記念顕彰会) was formed in Nagasaki, and the seventy-fourth annual meeting of the Japanese Society for the History of Medicine (Nihon Ishi Gakkai 日本医史学会) was held at Nagasaki University's School of Medicine. Numerous presentations from this conference (published in *Nihon ishigaku zasshi* 日本医史学雑誌 20: 1 [1974]), attempted to shed light on the physician Siebold while drawing from past research achievements. A significant event for Siebold research in the 1970s was the reprinting of *Nippon* (fourth edition; *Nippon Archiv zur Beschreibung*

---

15 Kurushima Hiroshi 久留島浩 describes this 1938 agreement, made on the second anniversary of the Anti-Comintern Pact, as having the intention of strengthening cultural relations while mutually respecting Japan's unique spirit and Germany's ethnic and national life as their respective essences. Initially, the Ministry of Foreign Affairs' Cultural Projects Department (Bunka Jigyōbu 文化事業部) led the effort to promote Japan's international cultural activities after withdrawing from the League of Nations. However, after the department's abolition in December 1940, the cultural activities took on an increasingly political nature, such as excluding Jewish and anti-Nazi teachers from universities. Kurushima Hiroshi, "Nichi-Doku bunka kyōtei" 日独文化協定, p. 150, in *Kikakuten Doitsu to Nihon o musubu mono: Nichi-Doku shūkō 150-nen no rekishi* 企画展 ドイツと日本を結ぶもの―日独修好150年の歴史―, ed. Kokuritsu Rekishi Minzoku Hakubutsukan 国立歴史民俗博物館, Rekishi Minzoku Hakubutsukan Shinkōkai, 2015.

von Japan. Vollständiger Neudruck der Urausgabe zur Erinnerung an Philipp Franz von Siebolds erstes Wirken in Japan 1823 bis 1830. In zwei Text-und zwei Tafelbänden mit einem Ergänzungsband, Hg. Japanisch-Hollandischen Institut) by Kōdansha in 1975). It included both the first edition (superv. Japan-Netherlands Institute [Nichiran Gakkai 日蘭学会]) and the third edition (Trautz's edition). This was followed by *Shīboruto "Nihon" no kenkyū to kaisetsu* (superv. by Iwao Seiichi et al.) from Kōdansha in 1977.

Two years earlier, Nakanishi Akira 中西啓 published a monograph on Dutch doctors in Nagasaki during the Edo period (*Nagasaki no Oranda-i tachi* 長崎のオランダ医たち; Iwanami Shoten), which explained Siebold's achievements and influence in Japan as a physician attached to the Dutch trading post. Uehara Hisashi 上原久 examined the Siebold Incident (Shīboruto jiken シーボルト事件) by focusing on Takahashi Kageyasu 高橋景保 and using unpublished historical materials (such as "Hokuso yuigon" 北叟遺言 and "Banbushi" 蛮蕪子) to analyze the circumstances from discovery to verdict (*Takahashi Kageyasu no kenkyū* 高橋景保の研究, Kōdansha, 1977).

During this period, the sections on Philipp, Alexander, and Heinrich from Körner's book were translated by Takeuchi Seiichi 竹内精一 and published as *Shīboruto fushi den* シーボルト父子伝 (Sōzōsha, 1974). The significance of translating the sections concerning these three individuals who had deep ties with Japan cannot be overstated. Additionally, a full Japanese translation of *Nippon* was published in nine volumes as *Shīboruto "Nihon"* シーボルト『日本』 (superv. Iwao Seiichi; Yūseidō Shuppan, 1977–79). One of the obstacles to Siebold research had been the language barrier, but that issue was resolved with the publication of this work.

In the 1970s, the surveys of Siebold collections in Japan and abroad as well as research using them began to be carried out in earnest. One notable example is a study of Siebold's zoological works in the Netherlands, resulting in *Shīboruto to Nihon dōbutsushi: Nihon dōbutsushi no reimei* シーボルトと日本動物誌—日本動物誌の黎明 (Gakujutsu Shuppankai, 1970) by L. B. Holthuis and Sakai Tsune 酒井恒. This book introduced fifty-three previously unpublished illustrations of crustaceans by Kawahara Keiga 川原慶賀, which were not included in *Fauna Japonica*, held by the National Museum of Natural History, Leiden, and discussed the contributions of Siebold's assistant, Heinrich Bürger (1804–58), to Japanese zoology. Another important work is Funakoshi Akio's 船越昭生 article that, following Nakamura Hiroshi's research, compared northern maps from the Siebold collection at Leiden University with the maps held by the National Archives of Japan ("Shīboruto shiryō Karafuto zu ni kansuru jakkan no kentō" シーボルト資料カラフト図に関する若干の検討, *Nara Joshi Daigaku chirigaku kenkyū hōkoku* 奈良女子大学地理学研究報告 1 [1979]). Numata Jirō 沼田次郎 also contributed to Siebold research, revealing that the Siebold documents previously held by the Japan Institute were now housed at Ruhr University Bochum, Germany ("Nishi Doitsu ni genzon suru Shīboruto kankei bunken ni tsuite" 西ドイツに現存するシーボ

ルト関係文献について, in *Kinsei no yōgaku to kaigai kōshō* 近世の洋学と海外交渉, ed. Iwao Seiichi, Gannandō Shoten, 1979). Additionally, Doi Masatami 土井正民 examined an unpublished manuscript on Japanese minerals from the Siebold collection, which had received little attention by then. Doi suggested that this manuscript, which was displayed at the Tokyo Museum of Nature and Science in 1935, might have been written by Heinrich Bürger ("Waga kuni no 19 seiki ni okeru kindai chigaku shisō no denpa to sono hōga" わが国の 19 世紀における近代地学思想の伝播とその萌芽, *Hiroshima Daigaku chigaku kenkyū hōkoku* 広島大学地学研究報告 21 [1978]).

During this period, several papers on Siebold were published in Europe as well. In the Netherlands, John MacLean's "Philipp Franz von Siebold and the Opening of Japan 1843–1866" (in *Philipp Franz von Siebold. A Contribution to the Study of the Historical Relations between Japan and the Netherlands*, Ed. The Netherlands Association for Japanese Studies, Leiden 1978) examined Siebold's diplomatic activities in Japan based on his reports sent from Japan to the Minister of Colonies, including secret records from the Ministry of Colonies held by the Dutch National Archires. This paper was later translated by Yokoyama Yoshinori 横山伊徳 ("Shīboruto to Nihon no kaikoku 1843–1866" シーボルトと日本の開国 1843–1866, in *Bakumatsu ishin ronshū 7: Bakumatsu ishin to gaikō* 幕末維新論集 7 幕末維新と外交, Yoshikawa Kōbunkan, 2001). In the UK, Yu-Ying Brown published "The Von Siebold Collection from Tokugawa Japan I, II" (*The British Library Journal* 1, 2 [1975, 1976]), which explored Japanese books collected by Siebold and held by the British Library. Brown reported that this collection comprises mainly books Siebold acquired during his second visit to Japan and was purchased from Siebold's son Alexander in 1867 for £1,100.

Research Developments of the Fourth Phase (1980–2009)

Since the fourth phase is long, I will divide it into two periods: 1980–1990s and 2000–2009.

■1980–1990s

One of the significant events in the 1980s was the establishment of the Von Siebold Research Group (Fon Shīboruto Kenkyūkai フォン・シーボルト研究会) at Hōsei University in 1980 as part of the university's centennial anniversary project. The purpose was to conduct surveys and research on domestic and international historical materials related to Siebold and his contributions to Japan's modernization. The group held research presentation meetings and published a research journal (*Shīboruto kenkyū* シーボルト研究). In 1986, the 190th anniversary of Siebold's birth, the group held an international symposium on Siebold and Japan's modernization (PH. FR. VON Shīboruto to Nihon no kindaika PH. FR. VON シーボルトと日本の近代化), inviting researchers from overseas. Körner gave a special lecture, titled "Siebold's Contribution to the Modernization of Japan and to the Picture of Japan in Europe." The proceedings were published some years later (*Hōsei Daigaku dai 11-kai kokusai shinpojiumu: PH. FR. VON Shīboruto to Nihon no kindaika* 法政大学第11回国際シンポジウム PH. FR. VON シーボルトと日本の近代化, Hōsei Daigaku, 1992). In 1989, as part of the one hundredth anniversary of the inauguration of Nagasaki city's municipal administration, the Siebold Memorial Museum was opened adjacent to Narutaki Juku, and in 1991, the research journal *Narutaki kiyō* 鳴滝紀要 began publication.

During this period, research based on surveys of Siebold collections abroad flourished. Following in the footsteps of the studies by Nakamura Hiroshi and Funakoshi Akio, I clarified which of the originals of the maps included in *Nippon* are found in Leiden University's Siebold collection ("Raiden ni okeru Shīboruto shūshū chizu ni tsuite" ライデンに於けるシーボルト蒐集地図について, *Tōkai Daigaku kiyō Bungakubu* 東海大学紀要 文学部 33, 1980). Ishiyama Yoshikazu 石山禎一, together with Ema Kumiko 江間久美子, translated materials discovered at the State Museum of Ethnology in Munich (currently the Five Continents Museum), publishing an 1866 catalog of Japanese plants cultivated in Leiden's acclimatization garden, including their sale prices, and noting that this catalog offers a glimpse into Siebold's side as an entrepreneur ("1866 Leiden kikō junkōen no Nihon shokubutsu mokuroku (sono ichi)/(sono ni)" 1866年ライデン気候馴化園の日本植物目録 (その一)・(その二), *Nichiran Gakkai kaishi* 日蘭学会会誌 10: 1, 10: 2, 1985/86). Ōmori Minoru 大森實 published the findings of his study of the Netherlands' national herbarium specimens gifted to Siebold by Itō Keisuke ("Itō Keisuke kara Shīboruto ni okurareta rōyō hyōhon ni tsuite" 伊藤圭介からシーボルトに贈られた腊葉標本について (I) (II), *Shīboruto kenkyū* 2, 3, 4, 1983–85).

Research using Siebold documents found in Japan also progressed during this period. I published an article utilizing photostat historical materials, donated to Tōyō Bunko, that had been created from the Siebold documents loaned by the Japan Institute. Using Siebold's 1861 German-language diary, currently housed at Ruhr University Bochum, and other sources, I examined Siebold's diplomatic activities in Nagasaki, Yokohama, and Edo during his second visit to Japan ("Shīboruto dainiji rainichiji no gaikōteki katsudō ni tsuite" シーボルト第二次来日時の外交的活動について, *Tōkai Daigaku kiyō Bungakubu* 41, 1984). Nagao Masanori 長尾正憲, also relying on photostat materials from Tōyō Bunko (Siebold's 1861 Dutch-language diary), examined the academic training at the Akabane Reception Center (Akabane Setsugūsho 赤羽接遇所) in "Shīboruto Bunkyū gan'nen ranbun nikki ni tsuite no ichikōsatsu: Fukuzawa Yukichi no toō to no kanren toshite" シーボルト文久元年蘭文日記についての一考察―福沢諭吉の渡欧との関連として (*Nichiran Gakkaikaishi* 日蘭学会会誌, 10: 1). This paper was later republished alongside a full translation of the Dutch-language diary in *Fukuzawa Yukichi no kenkyū* 福沢屋諭吉の研究 (Shibunkaku Shuppan, 1988). Nagao's and my work followed in the footsteps of the work of Kuroda Genji. Additionally, using the Tōyō Bunko photostat Siebold documents, I wrote "Tōzenji jiken ni miru

Shīboruto no gaikōteki katsudō ni tsuite" 東禅寺事件にみるシーボルトの外交的活動について (in *Sakoku Nihon to kokusai kōryū* 鎖国日本と国際交流, ed. Yanai Kenji, Yoshikawa Kōbunkan, 1988). This paper analyzed how Siebold's article on the 1861 Tōzenji Incident (Tōzenji jiken 東禅寺事件; the temple Tōzenji in Takanawa 高輪, serving as the temporary British legation, was attacked by masterless samurai from Mito 水戸) came to be written and why it was published in the newspaper *Kölnische Zeitung* (307). Siebold then returned to the Netherlands. Yokoyama Yoshinori, examining the circumstances, argued that Siebold's recall to the Netherlands in 1862 was due to a contradiction between the stances of the Dutch government and Siebold. The former had shifted its East Asian diplomatic policy from aligning with Russia to aligning with Britain, while Siebold himself had deepened his pro-Russian stance ("Shīboruto dainikai rainichi" シーボルト第二回来日, *Yōgakushi tsūshin* 洋学史通信 9 [1997]). Though it is a brief outline, this analysis, based on the monthly reports sent by Jan Karel de Witt (1819–84), the Dutch consul-general, to his home government ("Dutch-Japanese Relations during the Bakumatsu Period: The Monthly Report of J. K. de Witt," *Journal of the Japan-Netherlands Institute* 5 [1993]), contains fascinating insights. Mukai Akira 向井晃 examined the book catalog Siebold brought with him during his second visit to Japan in his article "Hakusai yōsho mokuroku no kōsatsu: Shīboruto saitorai-ji no shōrai zōsho mokuroku" 舶載洋書目録の考察—シーボルト再渡来時の将来蔵書目録 (Sakoku Nihon to kokusai kōryū). Mukai Compared it with the Japanese translation of the catalog created by his son Alexander to analyze the sources of information for Siebold's research on Japan, which was the purpose of his second visit, and research on botany (Figs. 3, 4).

Studies of Siebold's activities in the medical field during this period include my paper "Shīboruto to Nihon igaku: 'Shīboruto kenpōroku' o megutte no ichi kōsatsu" シーボルトと日本医学—「矢以勃児杜験方録」をめぐっての一考察 (*Nichiran Gakkaikaishi* 8: 1 [1983]), and Aoki Toshiyuki's 青木歳幸 *Shīboruto chiryōhō to ran i Miyahara Ryōseki* シーボルト治療方と蘭医宮原良碩 (*Shinano* 信濃 III 7: 11 [1985]). My paper compared the "Shīboruto kenpōroku" (Fig. 5) copied by Murakami Gensui 村上玄水, a doctor from Nakatsu 中津 in Buzen 豊前, with other manuscripts, analyzing the characteristics of Siebold's medical practices and their dissemination.[16] This paper was later included in *Shin Shīboruto kenkyū I: Shizen Kagaku, igaku hen* 新・シーボルト研究 I 自然科学・医学篇 (ed. Ishiyama Yoshikazu, Kutsuzawa Nobukata, Miyasaka Masahide 宮坂正英, and Mukai Akira, Yasaka Shobō, 2003). Aoki's paper introduced documents on Siebold's treatment methods and his treatment diary, highlighting the significance of these as Japan's first clinical medical records. It also discussed

---

16 For details on Murakami Gensui, see Kawashima Mahito 川嶋眞人, "Murakami Gensui no jintai kaibō ni tsuite" 村上玄水の人体解剖について, in *Rangaku no izumi koko ni waku: Buzen, Nakatsu igakushi sanpo* 蘭学の泉ここに湧く―豊前・中津医学史散歩―, Nishi Nihon Rinshō Igaku Kenkyūjo, 1992, pp. 1–34.

Fig. 3 French catalogue of books Siebold brought on his second visit to conduct research on Japan. Published by the Dutch printing office on Deshima in 1862.

Fig. 4 Siebold, Alexander Freiherrn von., *Ph. Fr. Von Siebold's Letzte Reise Nach Japan 1859–1862* (Berlin: Kisak Tamai, 1903. A collection of writings that appeared serially in the magazine *Ost-Asien*, revised and compiled into a single volume. It details Philipp's activities during his second visit to Japan.)

how the Dutch physician Miyahara Ryōseki 宮原良碩, who wrote these records, provides a glimpse into the local spread of Dutch studies (*rangaku* 蘭学). This paper was later included in *Zaison rangaku no kenkyū* 在村蘭学の研究 (Shibunkaku Shuppan, 1998). Ishida Sumio 石田純郎, in his *Rangaku no haikei* 蘭学の背景 (Shibunkaku Shuppan, 1988), examined the curriculum at the University of Würzburg's medical school, where Siebold studied between 1815 and 1820, and revealed that anthropology, veterinary medicine, and botany were part of the regular course of study. This is a significant study using materials available at German universities.

Nagazumi Yōko 永積洋子 published three papers on Siebold.[17] In her article "Tsūshō no kuni kara tsūshin no kuni e" 通商の国から通信の国へ (*Nihon rekishi* 日本歴史 458 [1986]), she drew from Dutch sources, such as documents from the Ministry of the Colonies and Ministry of Internal Affairs, housed in the Dutch National Archives, to reveal the following: while Siebold's advice did not lead to the decision to send a Dutch mission to Japan to deliver King Willem II's (1792–1849) recommendation that Japan open itself to the world, Siebold did write the letter, select the gifts, and offer advice about instructions that should be given to the trading post director and the commander. In other words, he took care of the entire production of the mission. Additionally, she noted that Siebold offered an accurate analysis of the letter of response

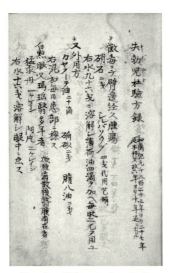

Fig. 5 *Shīboruto kenpōroku* (no date). Private Collection. Copy of clinical lecture notes of Siebold's students describing his treatments.

from the shogunate elders (*rōjū* 老中)—he highlighted that it granted trade renewal privileges only to the Netherlands, excluding all other European maritime nations, and was important as a diplomatic credentials. Combined with her other two papers, Nagazumi's work is noteworthy for addressing Siebold's various roles (Japanologist, botanist, diplomat) using historical sources from overseas.

There were negotiations between Siebold's granddaughter Baroness Erika von Erhard and the Japanese side regarding the transfer of the Siebold documents now housed at Ruhr University Bochum. This history can be found in the Ministry of Foreign Affairs of Japan documents held at the Ministry of Foreign Affairs Diplomatic Archives (under the record "Moto Gaimushō komon Doitsu-jin ko 'Shīboruto'-dan ikō kankei ikken" 元外務省顧問独逸人故「シーボルト」男遺稿関係一件). I summarized this history in "Shīboruto kankei bunken ni tsuite: Yāpan insutichūto shozō made no ikisatsu o chūshin ni" シーボルト関係文献について—「ヤーパン・インスティチュート」所蔵までの経緯を中心に (*Tōkai Daigaku Bunmei Kenkyūjo kiyō* 東海大学文明研究所紀要 9 [1989]), with reference to this Japanese source and a book, discussed below, by Eberhard Friese (1940–2004) of Ruhr University Bochum.

In Europe, research on Siebold's collection and activities was actively conducted during this period. In Germany, Friese published a book based on the Siebold documents held by Ruhr University Bochum, previously held by the Japan Institute, titled *Philipp Franz von Siebold als früher Exponent der Ostasienwissenschaften, Ein Beitrag zur Orientalismusdiskussion und zur Geschichte der europäisch-japanischen Begegnung* (Dr. N. Brockmeyer Verlag, Bochum 1983). This work explored the structure and significance of Siebold's writings on Japan, introduced his ethnographic and other scien-

---

17 The other two papers are as follows: "Doitsujin Shīboruto to Oranda no gakkai" ドイツ人シーボルトとオランダの学会, *Shisō* 思想 697 (1982), which notes that the author learned from MacLean's paper about numerous Siebold-related documents from the Ministry of the Colonies and Ministry of Internal Affairs housed at the Dutch National Archives. It reveals that Siebold was viewed as a foreign researcher in the Netherlands, there were constant suspicions that the items he collected at Dutch expense were being sent to Germany and published there, and that the Siebold Incident did not have a significant impact on his collection. This paper was later included in *Shin Shīboruto kenkyū II: Shakai, bunka, geijutsu hen*. The second paper, "Shokubutsugakusha to shite no Shīboruto" 植物学者としてのシーボルト, *Shīboruto kenkyū* シーボルト研究 1 (1982), examines Siebold's collecting of plants, focusing on the establishment of the Dejima botanical garden and the transfer of useful Japanese plants, especially tea, to Java and the Netherlands, based on documents from the Dutch National Archives.

tific collections and the content of his personal documents, provided an overview of the history of the Siebold collection at the Japan Institute in Berlin, and portrayed Siebold as a nineteenth-century encyclopedist and orientalist. It can be seen as a continuation of Siebold research in Germany following in Körner's footsteps. Additionally, Wolfgang Genschorek authored a critical biography of Siebold, *Im Land der aufgehenden Sonne: Das Leben des Japanforschers Philipp Franz von Siebold* (Brockhaus Verlag, Leipzig 1988), which depicted Siebold not only as a physician and scholar but also as someone with an international perspective who was active in a wide range of fields, including politics, economics, and diplomacy. The book also touched on Siebold's vision for an ethnological museum, stating that Siebold prioritized its construction with the intention of advancing national interests in colonial and trade policy. This was the first study to analyze Siebold's ethnological research in connection with politics and economics. The book was translated into Japanese by Maiwa Keiko 眞岩啓子, a German literature scholar, and published as *Hyōden Shīboruto: Hi izuru kuni ni miserarete* 評伝シーボルト―日出づる国に魅せられて (Kōdansha, 1993). It is an easy-to-understand translation that accurately captures the historical background of Siebold's time.

As for Dutch research, Herman J. Moeshart's paper, "Von Siebold's Second Visit to Japan, Some Critical Notes" (*Shīboruto kenkyū* シーボルト研究 5 [1988]), used sources from the Dutch National Archives, such as the Ministry of the Colonies documents and the archive of the Dutch Consulate in Yokohama, to argue that Siebold, who was friendly toward Russia, offered advice to Japan that included a dangerous suggestion to cede northern land to Russia in the event of conflicts with Britain or France as to find a reliable ally.

Ōsawa Masumi 大沢眞澄 presented a survey and analysis of Siebold collections in the Netherlands, reporting on the Japanese minerals, rocks, pharmaceuticals, and archaeological materials that Siebold collected ("Shīboruto shūshū no Nihonsan kōbutsu, ganshō oyobi yakubutsu-rui hyōhon narabi ni kōko shiryō" シーボルト収集の日本産鉱物・岩石および薬物類標本ならびに考古資料, *Nichiran Gakkai tsūshin* 日蘭学会通信 36 [1987]). He noted that the mineral specimens, housed at the National Museum of Geology and Mineralogy of the Netherlands, Leiden (currently the National Museum of Natural History of the Netherlands, Leiden), were collected during Siebold's first visit to Japan, sorted by his assistant Heinrich Bürger, and match the content of his manuscript on Japanese mineralogy. This paper was later significantly expanded and included in *Shin Shīboruto kenkyū I: Shizen kagaku・igaku hen* (ed. Ishiyama Yoshikazu et al., Yasaka Shobō, 2003). In 1988, an exhibition on Siebold and Japan was held to commemorate 380 years of Japanese-Dutch relations ("Shīboruto to Nihon" シーボルトと日本, Tokyo National Museum, Kyoto National Museum, Nagoya City Museum, 29 March–31 July). The exhibition featured important works and documents from Siebold collections held by institutions such as the National Museum of Ethnology, Leiden.

In the 1990s, there was a flurry of research using Siebold-related archives outside Japan. Particularly notable were studies in the field of natural sciences. For his paper "Nishi Doitsu Rūru Daigaku (Bohhumu) ni genzon suru Shīboruto kankei monjo-chū no Nihon no chishitsugaku-teki chōsa, kenkyū ni tsuite" 西ドイツ・ルール大学 (ボッフム) に現存するシーボルト関係文書中の日本の地質学的調査・研究について (*Nichiran Gakkaikaishi* 15: 1 [1990]), Tsukahara Tōgo 塚原東吾 conducted research on manuscripts related to minerals within the Siebold collection at Ruhr University Bochum and revealed that many of these were written by Heinrich Bürger. This work further deepened the research of Doi Masatami and Osawa Masumi. Yamaguchi Takao 山口隆男 conducted a survey of the Siebold collections at the National Museum of Natural History, Leiden, and the State Herbarium (today, the National Herbarium of the Netherlands in Leiden). Beginning in the 1980s, he had been presenting the results of his research, which initially focused on crustaceans, birds, and fish, but by the 1990s, expanded to plants. His research results were reported in both English and Japanese, accompanied by many illustrations. Notable works include *Shīboruto to Nihon no hakubutsugaku kōkakurui* シーボルトと日本の博物学甲殻類 (Nihon Kōkakurui Gakkai, 1993), "Shīboruto to Nihon no dōbutsugaku" シーボルトと日本の動物学 (*Narutaki kiyō* 6 [1996]), and "Kawahara Keiga to Nihon no shizenshi kenkyū I: Shīboruto, Byūgeru to 'Fauna Yaponika gyorui-hen'" 川原慶賀と日本の自然史研究―Iシーボルト、ビュルガーと「ファウナ・ヤポニカ魚類編」(*CALANUS* 12, 1997). One of Yamaguchi's collaborators, Katō Nobushige 加藤僖重, conducted research on the Siebold collection housed at the Makino Herbarium, part of the Faculty of Science at Tokyo Metropolitan University. The collection included plant specimens created by Heinrich Bürger, Mizutani Sukeroku 水谷助六, Ōkōchi Zonshin 大河内存真, and Itō Keisuke. Katō presented his findings in three parts ("Makino hyōhonkan shozō no Shīboruto korekushon-chū ni aru Nihonjin sakusei hyōhon" 牧野標本館所蔵のシーボルト・コレクション中にある日本人作成標本 [1], [2], [3]. *Dokkyō Daigaku kyōyō shogaku kenkyū* 独協大学教養諸学研究 30: 1, 2; 31: 1 [1995–96]). This research of Yamaguchi and Katō built on the work of Ōmori Minoru.

Based on the Siebold documents housed at the Bavarian State Library, Ishiyama Yoshikazu authored "Minzokugaku hakubutsukan no kōyō to sono setsuritsu no jūyōsei ni kansuru oboegaki: Furansu Ōritsu Toshokan-buchō Jomāru ni ateta shokan" 民族学博物館の効用とその設立の重要性に関する覚え書き―フランス王立図書館部長ジョマールに宛てた書翰 (*Narutaki kiyō* 6). This work introduced and translated a pamphlet written by Siebold, in which he expressed his strong desire for the establishment of an ethnological museum in France. Such studies by Genschorek and Ishiyama helped shed light on Siebold's lesser-known role as an ethnologist and museum visionary.

A rough overview of the contents of the Siebold documents held by von Brandenstein-Zeppelin family, descendants of Siebold, was provided by Constantin von Brandenstein-Zeppelin in a paper ("Burandenshutain-jō no 'san-nin no Nihon Shīboruto' no isan: Mitterubiberahha oyobi Burandenshutain bunko no seiritsu to sono naiyō" ブランデンシュタイン城の「三人の日本シーボルト」の遺産―ミッテルビベラッハ及びブランデンシュタイン文庫の成立とその内容, *Narutaki kiyō* 1 [1991]) with an accompanying appendix summarizing the Siebold items in the Brandenstein family's possession. Miyasaka Masahide, who translated both, also used these Brandenstein family Siebold documents for his own research (such as "Burandenshutain-ke shiryō ni mirareru Shīboruto jiken ni kansuru nikki ni tsuite" ブランデンシュタイン家資料に見られるシーボルト事件に関する日記, *Narutaki kiyō* 3 [1993] and "Shīboruto to Roshia no tai-Nichi kaikoku seisaku: Burandenshutain-ke shiryō chōsa hōkoku" シーボルトとロシアの対日開国政策―ブランデンシュタイン家文書調査報告 [1], [2], [3], *Narutaki kiyō* 4, 5, 7 [1994, 1995, 1997]). These, made possible by the microfilming of the Brandenstein family documents by the Siebold Memorial Museum in 1991, include transcriptions and translations with detailed commentary and analysis. The diary introduced in Miyasaka's 1993 article offers insights into Siebold's thoughts on the causes of the Siebold Incident and his actions surrounding it, and the draft Russo-Japanese Treaty of Trade and Navigation introduced in the three articles that followed sheds light on how Siebold tried to play a role in Russia's Opening policy toward Japan, making these important contributions to the field.

The Siebold Incident is also examined in a paper by Kaji Teruyuki 梶輝行, "Ransen Korunerisu Hautoman-gō to Shīboruto jiken" 蘭船コルネリスハウトマン号とシーボルト事件 (*Narutaki kiyō* 6). He analyzed the official and special diaries of Germain Felix Meylan (1785–1831), the trading post director, held at the Dutch National Archives. Kaji clarified that the Siebold Incident arose out of not the cargo of the stranded Dutch ship, but rather a letter from Siebold, received by Mamiya Rinzō 間宮林蔵, which was delivered to the shogunate. This challenged the prevailing theory about the incident that had been in place since Kure Shūzō's research. Later, Kaji's paper was included in *Shin Shīboruto kenkyū II: Shakai, bunka, geijutsu hen* 新・シーボルト研究 II 社会・文化・芸術篇 (ed. Ishiyama Yoshikazu et al., Yasaka Shobō, 2003). Katagiri Kazuo 片桐一男 also examined the incident in one of his books (*Oranda yado Ebiyasan no kenkyū* 阿蘭陀宿海老屋の研究, Shibunkaku Shuppan, 1998). In a section on the incident, he compared the "Tenmongata chizu fūkaijō no utsushi" 天文方地図封廻状之写, presented to the Dutch lodging facility Ebiya 海老屋 in Kyoto, with other documents related to the Siebold Incident. Noting the document's title, Katagiri points out that at the time, the core of the incident was seen as map smuggling.

A study of Siebold's activities as a physician was presented by Miyazaki Masao 宮崎正夫 in his papers "Shīboruto no shohō-shū" シーボルトの処方集 (1), (2) (*Yakushigaku zasshi* 薬史学雑誌 30: 2 [1995]; 31: 1 [1996]). Miyazaki analyzed Siebold's prescriptions held at the Siebold Memorial Museum in Nagasaki and the Ōzu

City Museum in Ehime Prefecture. His analysis showed that many of Siebold's extant prescriptions were written during his second visit to Japan and that the medicine preparations he prescribed reflect a deep knowledge of pharmacology and pharmacy. This research was later summarized as "Shīboruto no shohōsen: Ishi to shite no Shīboruto" シーボルトの処方箋―医師としてのシーボルト (in *Tosogare no Tokugawa Japan: Shīboruto fushi no mita Nihon* 黄昏のトクガワ・ジャパン シーボルト父子の見た日本, ed. Josef Kreiner/Yōzefu Kurainā ヨーゼフ・クライナー, Nihon Hōsō Shuppan Kyōkai, 1998).

Research on Siebold's activities during his second visit to Japan includes Yasuda Kōichi's 保田孝一 *Bunkyū gan-nen no tai-Ro gaikō to Shīboruto* 文久元年の対露外交とシーボルト (Okayama Daigaku Kibi Yōgaku Shiryō Kenkyūkai, 1995). This book used materials from the Russian State Naval Archive in St. Petersburg, such as the logbook of Vice Admiral Ivan Fedrovich Likhachov (1826–1907), commander of the Russian East Asian fleet, and letters from Siebold to Likhachov, to investigate Siebold's involvement in Russo-Japanese diplomacy in the late Edo period. The book also includes a historical sources section, featuring the original text of letters from Likhachov to Siebold, along with translations, making it a valuable historical sourcebook.

In 1997, four books on Siebold were published. Miyazaki Michio's 宮崎道生 *Shīboruto to sakoku, kaikoku Nihon* シーボルトと鎖国・開国日本 (Shibunkaku Shuppan) summarized previous research results. The appendix featured an outline of the Siebold collections in Europe, such as the one at Ruhr University Bochum, as well as a document from von Brandenstein-Zeppelin family collection believed to have been shown to Emperor Napoleon III of France, titled "Projet de société internationale pour l'exploitation industrielle et commerciale du Japon." Ishiyama Yoshikazu's *Shīboruto no Nihon kenkyū* シーボルトの日本研究 (Yoshikawa Kōbunkan) brought together his previously published research, while newly incorporating unreleased materials from Europe. It highlighted Siebold's role as an ethnologist and entrepreneur. Ōmori Minoru's 大森實 *Shirarezaru Shīboruto: Nihon shokubutsu hyōhon o megutte* 知られざるシーボルト―日本植物標本をめぐって― (Kōfūsha Shuppan) compiled previous findings and discussed Siebold's business of cultivating and selling Japanese plants and how Japan's traditional herbology, through the efforts of figures like Itō Keisuke 伊藤圭介, contributed to nineteenth-century Western botany.

The edited volume *Shīboruto to Nihon no kaikoku, kindaika* シーボルトと日本の開国・近代化 (Zoku Gunsho Ruijū Kanseikai), edited by Yanai Kenji and Miyazaki Michio, was published to commemorate the two-hundredth anniversary of Siebold's birth. Kurihara Fukuya 栗原福也 contributed a paper titled "Fon Shīboruto rainichi no kadai to haikei" フォン・シーボルト来日の課題と背景, in which he analyzed Siebold's mission to Japan, using the colonial affairs documents photocopied by the University of Tokyo Historiographical Institute and now held by the Dutch National Archives of the Netherlands. Kurihara concluded that Siebold was not originally tasked with conducting a comprehensive survey of Japan; rather, his personal desire and ambitions in natural history, with support from the Dutch governor-general, led him from natural history research in Japan to the comprehensive study of Japan. In his paper "Roshia no Nihon kaikoku kōshō to Shīboruto" ロシアの日本開国交渉とシーボルト, Yasuda Kōichi further developed themes from the aforementioned *Bunkyū gannen no tai-Ro gaikō to Shīboruto*, as well as "Shīboruto to Roshia: Hakken sareta shokan kara" シーボルトとロシア—発見された書簡から (in *Shīboruto kyūzō Nihon shokubutsu zu fu korekushon* (*wabon kaisetsu*) シーボルト旧蔵日本植物図譜コレクション (和文解説), Maruzen, 1994). Using materials from the Russian Naval Archives, Yasuda demonstrated that the letter from the Russian Chancellor to the shogunate's elders, brought by Efim Vasil'evich Putiatin (1804–83), was written based on Siebold's advice. He also showed that the draft of the Russo-Japanese Treaty of Trade and Navigation was crafted with Siebold's input, thus shedding light on Siebold's significant role in Russia's negotiations with Japan. Miyasaka Masahide, in his article "Shīboruto to Perī no Amerika Nihon ensei kantai: Burandenshutain-ke monjo o chūshin ni" シーボルトとペリーのアメリカ日本遠征艦隊—ブランデンシュタイン家文書を中心に (*Narutaki kiyō* 7 [1997]), introduced correspondence found in the Siebold documents held by the Brandenstein family. These included letters between Siebold and German artist Berhard Wilhelm Heine (1827–85), who had accompanied Matthew Perry's fleet, as well as letters exchanged with Bayard Taylor (1825–78), a *New York Tribune* correspondent. Miyasaka pointed out that information on the composition of America's fleet, received from Taylor, was passed from Siebold to Baron Meyendorff, the Russian envoy to Prussia, and noted evidence in the letters from Siebold to Heine that Siebold sought to hinder American actions that could obstruct Russia's negotiations with Japan.

Another significant study that emerged from research related to the 200th anniversary of Siebold's birth was Kobayashi Jun'ichi's 小林淳一 "Shīboruto to Kawahara Keiga: 'Jinbutsugachō' o megutte シーボルトと川原慶賀—「人物画帳」をめぐって (*Narutaki kiyō* 7). Kobayashi's study, which was prepared for the exhibition *Shīboruto fushi no mita Nihon* シーボルト父子のみた日本 (organized by Josef Kreiner, director of the German Institute for Japanese Studies), examined Kawahara Keiga's "Jinbutsu gachō" 人物画帳, discovered at the State Museum of Ethnology in Munich, and how it was utilized in Siebold's *Nippon*. Later, Kobayashi expanded this research into a publication that included detailed commentary on 109 drawings, titled *Edo jidai jinbutsu gachō: Shīboruto no okakae eshi Kawahara Keiga no egaita shomin no sugata* 江戸時代人物画帳 シーボルトのお抱え絵師・川原慶賀の描いた庶民の姿 (Asahi Shinbunsha, 2016).[18]

As for publications outside of Japan, Kure's German translation, done with the cooperation of Trautz, of his own monograph, *Philipp Franz von Siebold: Leben und Werk* (Hg. Hartmut Walravens, Deutsches Institut für Japanstudien der Philipp-Franz von Siebold Stiftung, Band 17/1, 17/2, Iudicium Verlag GmbH, München, 1996), was published. The fact that Kure's book was translated into German, in the year of Siebold's two-hundredth birthday, marked a significant development in making Siebold research accessible to international scholars. Meanwhile, in the Netherlands, Hermen Beukers authored *The Mission of Hippocrates in Japan: The Contribution of Philipp Franz von Siebold* (N. V. Organon-Oss The Netherlands, 1997), written in both English and Japanese (Japanese title: *Hipokuratesu Nihon tokushi: Firippu Furanzu Fon Shīboruto no kōseki* ヒポクラテス日本特使 フィリップ・フランツ・フォン・シーボルトの功績). The book examined Siebold's medical achievements in Japan using sources such as his Latin clinical diary.

In 1996, the Society for the History of Western Learning in Japan (Yōgaku-shi Gakkai 洋学史学会) held a symposium marking Siebold's two-hundredth birthday on 7 December in Nagasaki ("Shinpojiumu Shīboruto tanjō 200 nen kinen: Nagasaki to Shīboruto no sho mondai" シンポジウム シーボルト生誕200年記念—長崎とシーボルトの諸問題). Proceedings were published in *Yōgaku* 洋学 5 (1997). In this issue, Nakanishi Akira reported on the Siebold Incident, noting that the items Siebold attempted to export were all included in a prohibited items list mentioned in the "On yakuba saki aratamekata no taii/Dejima omotemon tsutomegaki" 御役場先改方の大意／出嶋表門勤書 (undated), and that the legal grounds for the incident were based on regulations of the Nagasaki Magistrate's Office in the *Nagasaki hankachō* 長崎犯科帳. That same year, the "Siebold Memorial International Medical Symposium" (Japanese title: "Shīboruto tanjō 200 nen kinen kokusai igaku shinpojiumu" シーボルト生誕200年記念国際医学シンポジウム) was held at Nagasaki University's Commemoration Hall of the School of Medicine from 26 to 28 September. The symposium presentations and subsequent research findings were published in *Philipp Franz von Siebold and His Era: Prerequisites, Developments, Consequences and Perspectives* (Eds. A. Thiede, Y. Hiki, and G. Keil, Springer Verlag, Berlin, 2000). Although many papers focused on medical topics, some also discussed Siebold's cultural influence and diplomatic activities. Additionally, an exhibition featuring around seven hundred items collected in Japan by Philipp Siebold and his sons Alexander and Heinrich was held at various venues, including the Hayashibara Museum of Art, the Edo-Tokyo Museum, and the National Museum of Ethnology, from 10 February to 19 November 1996 ("Shīboruto fushi no mita Nihon"). The findings from this exhibition were included in *Tasogare no Tokugawa Japan: Shīboruto fushi no mita Nihon*.

■2000–2009

The year 2000 marked the four-hundredth anniversary of Japanese-Dutch relations,

---

18 Another illustrated album of Keiga's paintings, edited by Shimotsuma Midori 下妻みどり, *Kawahara Keiga no "Nihon" gachō: Shīboruto no eshi ga kaku saijiki* 川原慶賀の「日本」画帳 シーボルトの絵師が描く歳時記 (Genshobō, 2016), was also published. It contains over two hundred illustrations, primarily from Keiga's works preserved at the National Museum of Ethnology in Leiden, depicting the lives of Nagasaki's common people and the stages of human life.

and various exhibitions were held at museums and memorial halls in both Japan and the Netherlands to commemorate this milestone. The Ibaraki Nature Museum held an exhibition ("Shīboruto no aishita Nihon no shizen: Ajisai, sanshōuo, kemurisuishō" シーボルトの愛した日本の自然—紫陽花・山椒魚・煙水晶) featuring a rubbing of butterbur (*Petasites japonicus subsp. Giganteus*) made into a hanging scroll that is now in the collection of the National Museum of Ethnology in Leiden. It was a gift from Udagawa Yōan 宇田川榕庵, a finding presented by Obata Kazuo 小幡和男 in his paper "Udagawa Yōan ga Shīboruto ni okutta Akita-buki no takuhon" 宇田川榕庵がシーボルトに贈ったアキタブキの拓本 (*Ibaraki-ken Shizen Hakubutsukan Kenkyū hōkoku* 茨城県自然博物館研究報告 4 [2001]). This paper was later included in *Shin Shīboruto kenkyū I: Shizen kagaku・igaku hen* (ed. Ishiyama Yoshikazu et al., Yasaka Shobō, 2003). Another important work on the interactions between Siebold and Udagawa Yōan is *Shīboruto to Udagawa Yōan: Edo rangaku kōyū-ki* シーボルトと宇田川榕庵—江戸蘭学交遊記 (Heibonsha Shinsho, 2002) by Takahashi Terukazu 高橋輝和, which compiles the results of his research on this subject. In terms of Siebold's botanical research, two notable publications are Ishiyama Yoshikazu's *Shīboruto: Nihon no shokubutsu ni kaketa shōgai* シーボルト—日本の植物に賭けた生涯 (Ribun Shuppan, 2000), and Ōba Hideaki's 大場秀章 *Hana no otoko Shīboruto* 花の男シーボルト (Bungei Shunjū, 2001). Ishiyama's book highlights Siebold not only as the editor and publisher of *Flora Japonica* but also as an entrepreneur who popularized Japanese plants in Europe through a mail-order business. Ōba's research, meanwhile, focused on Siebold's role as a plant hunter and his contributions to horticulture, emphasizing his significance beyond Japanese botanical research. During this period, Yamaguchi Takao continued his research with vigor, co-authoring numerous studies with Baba Keiji 馬場敬次, such as "Shīboruto to Byūgeru ga shūshū shita kōkakurui hyōhon (kaitei-ban)" シーボルトとビュルゲルが収集した甲殻類標本 (改訂版) (*CALANUS* Special Issue 4 [2003]) and "Shīboruto wa dono yō ni shokubutsu hyōhon o shūshū shita ka: Hyōhon chōsa ni yotte hanmei shita koto" シーボルトはどのようにして植物標本を収集したか—標本調査によって判明したこと (*CALANUS* Special Issue 5 [2003]). These studies were based on surveys conducted at the "Oriental Manuscripts Collection" room of Leiden University Library and the National Museum of Natural History in Leiden. Detailed specimen catalogs were attached to the latter paper. These are valuable resources for research on Siebold's collected specimens[19].

In 2003, Kaneshige Mamoru's 兼重護 *Shīboruto to machieshi Keiga: Nihon gaka ga deatta seiō* シーボルトと町絵師慶賀 日本画家が出会った西欧 (Nagasaki Shinbunsha) explored Kawahara Keiga's dual role as Siebold's artist and a town painter (*machi*

---

19 Back issues of *CALANUS* (the bulletin of the Aitsu Marine Biological Station at Kumamoto University), where Yamaguchi Takao's research papers were published, are now conveniently accessible through Kumamoto University's institutional repository.

eshi 町絵師) in Nagasaki. This book, written in an accessible style, also includes a catalog of Keiga's surviving works in Japan, making it a valuable reference. Another study on Keiga is Harada Hiroji's 原田博二 "Raiden Kokuritsu Minzokugaku Hakubutsukan-zō Kawahara Keiga hitsu 'Hito no isshōzu' ni tsuite: Shīboruto korekokushon o chūshin ni" ライデン国立民族学博物館蔵川原慶賀筆『人の一生図』について―シーボルトコレクションを中心にして― (*Nagasaki Rekishi Bunka Hakubutsukan Kenkyū kiyō* 4 [2009]), which focused on the painting "Hito no isshōzu" 人の一生図 in the Leiden National Museum of Ethnology. Harada's research revealed that the setting of the painting is Nagasaki and suggested that multiple artists contributed to the work, thus arguing that Keiga likely did not act as the project's leader. His detailed and thorough analysis also highlighted that the varying depictions of people's ages and the changing architectural styles throughout the painting indicate that it does not consistently follow the life of one individual, but rather represents scenes assembled by theme.

In the Netherlands, Siebold's former residence at Rapenburg 19 in Leiden was transformed into the Japanmuseum SieboldHuis, which opened in 2000 to commemorate the fourth hundredth anniversary of Japanese-Dutch relations.

In 2000, Arlette Kouwenhoven and Matthi Forrer co-authored *Siebold and Japan: His Life and Work* (Hotei Publishing, Leiden, 2000). The thought-provoking book introduced many Dutch sources, providing a clear explanation of the government's decision to repurchase Siebold's ethnographic collection for 60,000 guilders, as well as the process leading to the establishment of an ethnological museum based on his collection. Two volumes of collected papers on Siebold, *Shin Shīboruto kenkyū I: Shizen Kagaku, igaku hen* and *Shin Shīboruto kenkyū II: Shakai, bunka, geijutsu hen*, edited by Ishiyama Yoshikazu and others, were published in 2003. These volumes were planned to commemorate the 180th anniversary of Siebold's arrival in Japan and consist of previously published articles organized into categories such as natural science, medicine, society, culture, and art.

Several studies have focused on Siebold's activities in relation to the opening of Japan. Edgar Franz's *Philipp Franz von Siebold and Russian Policy and Action on Opening Japan to the West in the Middle of the Nineteenth Century* (Iudicium Verlag GmbH, München, 2005) examined how Siebold influenced Russia's actions regarding the opening of Japan, based on materials from the Russian State Naval Archives in St. Petersburg and von Brandenstein-Zeppelin family archives. Herbert Plutschow's *Philipp Franz von Siebold and the Opening of Japan: A Re-Evaluation* (Global Oriental, 2007) utilized sources such as von Brandenstein family's historical sources, the Ministry of the Colonies documents held at the Dutch National Archives and materials included in Kure Shūzō's works, to explore Siebold's activities during his first visit to Japan, his role in the opening of Japan, and his activities during his second visit, while also touching on his daughter Ine いね and his sons Alexander and Heinrich. Kogure Minori

小暮実徳 published *National Prestige and Economic Interest: Dutch Diplomacy toward Japan 1850–1863* (Shark Publishing BV, Maastricht, 2008) in the Netherlands, which examined Siebold's involvement in Dutch policy toward Japan using documents from the Ministry of the Colonies and Ministry of Foreign Affairs. This book was later published in Japan with additions and revisions as *Bakumatsu-ki no Oranda tai-Nichi gaikōseisaku: "Kokka-teki meisei to jitsueki" e no chōsen* 幕末期のオランダ対日外交政策「国家的名声と実益」への挑戦 (Sairyūsha, 2015).

Katō Nobushige's *Makino hyōhonkan shozō no Shīboruto korekushon* 牧野標本館所蔵のシーボルトコレクション (Shibunkaku Shuppan, 2003) investigated botanical specimens once owned by Siebold's descendants and sold to the Russian botanist Carl Johann Maximowicz (1827–91), specifically those later sent from the Komarov Botanical Institute in Russia to the Makino Herbarium at Tokyo Metropolitan University. Yamaguchi Takao continued his energetic research into Siebold's animal and plant specimens brought back to the Netherlands, publishing "Shīboruto・Byūgeru shūshū no kōkakurui to gyorui no hyōhon" シーボルト・ビュルゲル収集の甲殻類と魚類の標本 (*CALANUS* Special Issue 4, 2003).

M. J. P. van Oijen authored "Orando no Raiden Kokuritsu Shizenshi Hakubutsukan ni shūzō sareru Shīboruto no Nihonsan gyorui korekushon shoshi" オランダのライデン国立自然史博物館に収蔵されるシーボルトの日本産魚類コレクション小史 (English title: A Short History of the Siebold Collection of Japanese Fishes in the National Museum of Natural History, Leiden, The Netherlands; trans. Hiraoka Ryūji 平岡隆二), which appeared in *Shīboruto no suizokukan* シーボルトの水族館 (Nagasaki Rekishi Bunka Hakubutsukan, 2007). In this paper, van Oijen explained the significance of the fish specimens collected by Siebold and Bürger between 1823 and 1834, which are held at the museum in both taxidermy and alcohol-preserved forms, alongside watercolor paintings by Japanese artist Kawahara Keiga that capture the original colors of the fish. Van Oijen noted that these specimens provide insight into Japanese people's lives and natural environment in the early nineteenth century. These specimens became the foundation for the fish section of *Fauna Japonica*, the first-ever study of Japanese fish, describing 165 new species.

Regarding the Siebold Incident, Katagiri Kazuo published an article titled "Jiken no hottan to natta Shīboruto no tegami: Oranda tsūji Nakayama Sakuzaburō ga tebikaeta Shīboruto no tegami to Takami Senseki no tegami-kikae" 事件の発端となったシーボルトの手紙―阿蘭陀通詞中山作三郎が手控えたシーボルトの手紙と鷹見泉石の手紙控え (*Yōgakushi kenkyū* 洋学史研究 22 [2005]). In this paper, Katagiri used documents from the Siebold Memorial Museum in Nagasaki ("Shosetsu nukigaki" 諸説抜書, Nakayama Family Archives) and the Koga Historical Museum ("Tegami-hikae" 手紙控え, Takami Family Archives) to demonstrate that the letter which triggered the Siebold Incident was sent to two people in Edo, one of whom was Mamiya Rinzō, and the other likely being Takami Senseki 鷹見泉石.

As for translated source materials, Kurihara Fukuya published *Shīboruto no Nihon hōkoku* シーボルトの日本報告 (Heibonsha, 2009), which translated all of Siebold's reports sent to the Dutch governor-general in Batavia during his first stay in Japan. This book is based on documents from the Dutch National Archives and the National Archives of Indonesia. It also includes translations of related documents such as excerpts from the resolutions of the Dutch East Indies governor-general, providing a complete picture of Siebold as seen in official documents. In the commentary, Kurihara also discussed Siebold's personal trade, highlighting its substantial profits. In addition, a translation of Siebold's diary from his second visit to Japan was published. *Shīboruto nikki: Sairai-ji no bakumatsu kenbun-ki* シーボルト日記―再来日時の幕末見聞記― (trans. Ishiyama Yoshikazu and Maki Kōichi 牧 幸一, Yasaka Shobō, 2005) is a translation of Siebold's second visit diary (German-language) from the archives of Ruhr University's East Asian institute Bochum, covering 324 days from 1 January 1861 to 2 January 1862. It clearly describes daily events, both public and private, covering the lives of people in changing times, as well as animals, plants, and even the realm of ethnography. This publication also follows in the footsteps of Kuroda Genji and others.

During this period, a symposium organized by the Japan-Germany Siebold Symposium Executive Committee (Nichidoku Shīboruto Shinpojiumu Jikkō Iinkai 日独シーボルト・シンポジウム実行委員会), was held from 1 to 3 March 2006 at the Goethe-Institut Japan ("Dai 1-kai Shīboruto shinpojiumu: Shīboruto no zentaizō o saguru sono gendai-teki igi" 第１回シーボルト・シンポジウム―シーボルトの全体像を探る その現代的意義―). In 2007, a symposium commemorating the hundredth anniversary of Heinrich von Siebold's death was held as part of the annual conference of the Society for the History of Western Learning in Japan on 8 December at the Taitō Ward Lifelong Learning Center (Taitōku Shōgai Gakushū Sentā 台東区生涯学習センター). Proceedings were published in *Yōgaku* 17 (2008). Again in 2008, an international symposium on Heinrich, *Sho Shīboruto no gyōseki: Nihon no minzokugakutekitenkyū to Nihonkenkyū ni okeru Korekusyon no Yakuwari* 小シーボルトの業績―日本の民族学的研究と日本研究におけるコレクションの役割 was held at Hōsei University's Ichigaya Campus (1–2 March) Later, based on the presentations at this symposium and with the addition of other papers, *Shō Shīboruto to Nihon no kōko, minzokugaku no reimei* 小シーボルトと日本の考古・民族学の黎明 edited by J. Kreiner (Dōseisha, 2011) was published.

Research Developments of the Fifth Period (2010–2020 and Beyond)

In 2010, NMJH launched a project for basic research entitled "Study of the Siebold Family Collection and Other Materials Collected in Japan and Taken Overseas in the Nineteenth Century" ("Shīboruto fushi kankeishiryō o hajime to suru zenkindai (19 seiki) ni Nihon de shūshū sareta shiryō ni tsuite no kihonteki chōsa kenkyū シーボ

ルト父子関係史料をはじめとする前近代 (19 世紀) に日本で収集された資料についての基本的調査研究; 2010–2015 academic years). While the surveys of Siebold-related documents had already been initiated by Miyasaka Masahide at Nagasaki Junshin University before 2010, the NMJH-led research team had teken over this research and engaged in a project on Siebold's collection as part of the larger effort led by the National Institutes for the Humanities to survey and research overseas materials related to Japan. Unlike previous researches conducted by individuals using Grants-in-Aid for Scientific Research or personal research budgets to go to overseas museums or archives, this project involved NMJH signing memorandums of academic cooperation with foreign academic institutions. Thus, I have designated the post-2010 period as the fifth phase, and will now examine the trends of the 2010s and 2020s.

Fig. 6 *Yakunō shiki* 薬能識 (Shōendō, Tenpō 天保 7 [1836]). Private Collection. A simple compendium of Dutch-style internal medicines authored by Siebold's pupil Kō Ryōsai.

■2010–2019

In 2010, a biographical work titled *Kenperu to Shīboruto: "Sakoku" Nihon o katatta ikokujintachi* ケンペルとシーボルト―「鎖国」日本を語った異国人たち (Yamakawa Shuppansha), written by Matsui Yōko 松井洋子, was published. It discussed not only Siebold but also Engelbert Kaempfer (1651–1716) and Carl Peter Thunberg (1743–1828) —foreigners who, as the book's subtitle indicates, narrated a Japan that was closed off to the world. The section on Siebold is concise and easy to understand, drawing on previous research results, and concludes that Siebold was a thoroughly independent individual unbound by any single country. In terms of Siebold's contributions to medicine, Aoki Toshiyuki's 青木歳幸 *Edo jidai no igaku* 江戸時代の医学 (Yoshikawa Kōbunkan, 2012) contained a chapter on Siebold and the fields he taught at Narutaki Juku, discussing how his time in Japan influenced the country's medical world and detailing the activities of his pupils, such as Totsuka Seikai 戸塚静海, Takano Chōei 高野長英, Itō Genboku 伊東玄朴, and Kō Ryōsai 高良斎 (Fig. 6). Additionally, in *Dejima no igaku* 出島の医学 (Nagasaki Bunkensha, 2012), Aikawa Tadaomi 相川忠臣 highlighted Siebold's outstanding reputation for ophthalmic surgery and noted that Siebold, recognizing the importance of Japan's unique obstetrics practices, helped publish Mima Junzō's 美馬順三 paper *Nippon sanka mondō* 日本産科問答 in a German obstetrics journal edited by Siebold's uncle Elias von Siebold (1775–1828).

Several studies on Siebold's mineral and plant specimens have been conducted. Tagai Tokuhei 田賀井篤平, along with Miyawaki Ritsurō 宮脇律郎, Monma Kōichi 門馬綱一, and Mikouchi Takeshi 三河内岳, co-authored the paper "Shīboruto to kōbutsugaku" シーボルトと鉱物学, included in Ōba Hideaki's book on Siebold the naturalist (*Nachurarisuto Shīboruto: Nihon no tayō na shizen o sekai ni tsutaeta pionia* ナチュラリストシーボルト 日本の多様な自然を世界に伝えたパイオニア, Uzzu Puresu, 2016). This paper explained that Siebold had instructed Heinrich Bürger not only to collect mineral specimens but also to prepare a manuscript on Japanese mineralogy. A document believed to be this manuscript remains in Siebold's collection at Ruhr University Bochum. It contains descriptions of Japan's geography, geological overview, mineral deposits such as copper, significant mountain ranges, and mineral spring analyses—all written in Bürger's handwriting. The manuscript also includes Siebold's handwritten table of contents and annotations on mineral production sites. Unfortunately, the manuscript was never published. This finding appears to answer Doi Masamichi's question about whether Bürger wrote this manuscript. Tagai published Bürger's manuscript, along with a detailed commentary, as *Acta Sieboldiana X: Siebold's "De Mineralogia Japonica"* (Eds. Tokuhei Tagai and Lothar Schröpfer, Harrassowitz Verlag, Wiesbaden, 2016). In 2016, Endō Shoji 遠藤正治, Katō Nobushige, Torii Yumiko 鳥井裕美子, and Matsuda Kiyoshi 松田清 published "Shīboruto hen 'Nihon shokubutsu mokuroku' kaiteikō ni tsuite (jō)" シーボルト編「日本植物目録」改訂稿について（上）(*Narutaki kiyō* 26 [2016]), where they fully analyzed and introduced Siebold's revised manuscript of *Enumeratio Plantarum Japonicarum* (held by Ruhr University Bochum's Library of the Faculty of East Asian Studies). Through the analysis of a letter Siebold wrote to his friend Kaku Sukeyuki 賀来佐之, discovered at the Kanda University of International Studies Library, and the catalogue of Japanese plants recorded by Sukeyuki and Itō Keisuke, they confirmed that Sukeyuki had a close relationship with Siebold. Siebold highly valued Sukeyuki's knowledge and abilities and considered him indispensable for Japanese botanical research. However, Siebold did not explicitly mention Sukeyuki's name as a research collaborator.

Since 1991, Miyasaka Masahide has been transcribing and translating Siebold's letters and drafts from von Brandenstein-Zeppelin family collection and presenting new findings in *Narutaki kiyō*. In 2012, together with Bernd Neumann and Ishikawa Mitsunobu 石川光庸, he published "Burandenshutain-ke shozō Shīboruto kankei shokan no honkoku/hon'yaku ni yotte erareta shinchiken ni tsuite" ブランデンシュタイン家所蔵シーボルト関連書簡の翻刻・翻訳によって得られた新知見について (*Narutaki kiyō* 22, 2012). Through these letters, Miyasaka revealed aspects of Siebold's personality, his relationships with superiors and friends, his ambitions, his career advancement pursued with great enthusiasm, his longing for fame, his lifestyle, his commercial activities, his thoughts on money, and his not always smooth relationships with his family. These insights, Miyasaka said, not only supplement but also correct the foundational works of Kure Shūzō and Körner from various perspectives. He concluded by expressing hope that young researchers would continue this transcription and translation work, making the Siebold letters available as basic research materials. I find this paper quite interesting for its handling of Siebold the human, and also consider the latter statement a weighty challenge. Additionally, in "Myunhen Gotairiku Hakubutsukan shozō 'Narutaki no kaoku mokei' ni kansuru Shīboruto jihitsu no kijutsu ni tsuite" ミュンヘン五大陸博物館所蔵「鳴滝の家屋模型」に関するシーボルト自筆の記述について (*Narutaki kiyō* 28 [2018]), Miyasaka noted that as a result of a comprehensive survey of Siebold-related materials in von Brandenstein-Zeppelin family collection, conducted as part of NMJH's project "Study of the Siebold Family Collection and Other Materials Collected in Japan and Taken Overseas in the Nineteenth Century," Siebold's description of the model of his Narutaki house was discovered in an overview and commentary on Siebold's Japanese museum ("Übersicht und Bemerkungen zu von Siebolds Japanischen Museum") and it was confirmed that a model held by the museum was, as had been suggested by Bruno J. Richsfeld (deputy director of the Five Continents Museum, indeed of Siebold's house in Narutaki. Based on various sources, Miyasaka holds that Siebold had the model made of his Narutaki house before renovation into a school for medicine and natural science (Narutaki Juku) and then brought it back to Europe.

In his paper "Shīboruto korekushon no rekishiteki igi to Tekijuku no yakuwari: Shīboruto-zō no tenkan to, shiryō no aratana 'tsukaimichi'" シーボルト・コレクションの歴史的意義と適塾の役割 シーボルト像の転換と、史料の新な「使い道」 (*Tekijuku* 適塾 46 [2013]), based on a lecture, Tsukahara Tōgo focused on meteorological observation records from 1825 (held at Ruhr University Bochum). He discussed how these records are extremely valuable for historical meteorology and reported that, based on this data from Siebold, an international interdisciplinary project comprised of meteorologists and historians (history of science) from Japan, the Netherlands, and the United Kingdom had been launched to reconstruct early modern meteorological conditions. He noted that this is an example of history being revived in the present to address the contemporary issue of global warming.

Several studies have been published regarding the Siebold Incident. in their joint paper "Tsukurareta 'Shīboruto jiken': 'Taifū,' 'zashō,' 'kiinseihin hakkaku' no musubitsuki" 創られた「シーボルト事件」—「台風」・「座礁」・「禁制品発覚」の結びつき (*Seinan Gakuin Daigaku kokusai bunka ronshū* 26: 1 [2011]), Ebihara Atsuko 海老原温子 and Miyazaki Katsunori 宮崎克則 followed Kaji's theory while reexamining Japanese sources, such as the "Nakamura Heizaemon nikki" 中村平左衛門日記 (the diary of the headman of Ogura Domain) and the "Kōmōko zatsusen" 紅毛庫雑撰 (compiled by Koga Jūjirō 古賀十二郎 from the diary of guard of the Chinese residential area gate Kurata 倉田), ultimately rejecting the theory that the discovery of contraband cargo sparked the Siebold Incident. In "Shīboruto jiken to bakumatsu no kokugaku" シーボルト事件と幕末の国学 (in *Nagasaki tōzai bunka kōshōshi no butai: Porutogaru jidai, Oranda jidai* 長崎東西文化交渉史の舞台 ポルトガル時代・オランダ時代, ed. Wakaki Taichi 若木太一, Bensei Shuppan, 2013), Kira Fumiaki 吉良史明 explored the connection between the formation of the theory that maps were found in the cargo of the ship that ran aground due to a typhoon, as recorded in Nakajima Hirotari's 中島

広足 *Kabashima rōfūki* 樺島浪風記, and the involvement of Aoki Nagafumi 青木永章 (the chief priest of Suwa Jinja 諏訪神社,) and *kokugaku* 国学 scholar Tachibana Moribe 橘守部. Kira argued that Hirotari's theory, as stated in his afterword, was influenced by Nagafumi and Moribe's view of Japan's history as that of a divine nation. In short, Kira suggests that Hirotari's account was deeply affected by *kokugaku* thought of the late Edo period.[20] Moreover, in chapter four of *Nihon kinsei no rekishi 5: Kaikoku zen'ya no sekai* 日本近世の歴史 5 開国前夜の世界 (Yoshikawa Kōbunkan, 2013), Yokoyama Yoshinori addressed the Siebold Incident and discussed the alleged discord between Mamiya Rinzō and Takahashi Kageyasu over academic findings related to northern geography. Yokoyama stated the following. If we assume there had been a conflict between the two, it may have stemmed from their differing stances: Mamiya, aligned with finance magistrates (*kanjō bugyō* 勘定奉行) Muragaki Jyōkō 村垣定行 and Tōyama Kagemichi 遠山景晋, devoted his efforts to the expulsion order, while Kageyasu had envisioned an alternative policy for handling foreign ships. Yokoyama suggests that more attention should be paid to these differing views, as such discrepancies could have amplified Mamiya's animosity towards Kageyasu. Yokoyama suggestion that the underlying cause of the Siebold Incident was the "On-sight Expulsion Order" (*muninen uchiharai-rei* 無二念打払令), a new interpretation, is fascinating.

Katagiri Kazuo, who has published numerous papers on the Siebold Incident, authored *Shīboruto jiken de bassareta san tsūji* シーボルト事件で罰せられた三通詞 (Bensei Shuppan, 2017). The book examined the aftermath of the Siebold Incident for the three Dutch interpreters who were punished and placed under house arrest in various daimyo households—Baba Tamehachirō 馬場為八郎, Yoshio Chūjirō 吉雄忠次郎, and Inabe Ichigorō 稲部市五郎—and whether they had an influence on *rangaku* in their respective regions. Based on local materials, Katagiri found that the three interpreters, who were sent to the domains of Kameda 亀田 and Yonezawa Shinden 米沢新田 in Dewa 出羽 province and Nanokaichi 七日市 in Kōzuke 上野 province, were treated with respect by the locals. Additionally, he found that by the time the president of the Gunma Medical Association (Gunma-ken Ishikai 群馬県医師会) petitioned for Inabe's pardon in the Taishō era (1912–1926), all charges against the three interpreters had been nullified by the general amnesty of Meiji 1 (1868). Isabel Tanaka-van Daalen's paper "Oranda tsūji Inabe Ichigorō ni tsuite" 阿蘭陀通詞稲部市五郎について (*Nagasaki-shi Nagasakigaku Kenkyūsho kiyō Nagasakigaku* 長崎市長崎学研究所紀要長崎学 3 [2019]) delved into the life of Inabe Ichigorō, one of the interpreters punished in the Siebold Incident, discussing how Inabe, who had taught Dutch to students at Siebold's academy, became "one of Siebold's closest and most trusted" aides. She also

---

20 This paper reexamines a previously published work by Kira: "Nakajima Hirotari 'Kabashima rōfūki' no hen'yō: Bakumatsu kokugakusha no bungei to shisō" 中島広足『樺島浪風記』の変容―幕末国学者の文芸と思想―, *Kokugo kokubun* 國語國文 80: 4, Chūō Tosho Shuppansha (2011).

highlighted that Inabe had received goods intended for resale in connection with Siebold's private trade, with the interest and profits to be used for the education expenses of Siebold's daughter Ine, and that even after being sent to Nanokaichi, Inabe did not waste the Western knowledge he had inherited from Siebold, teaching it to others through his guards.[21]

As for studies on Siebold's pupils, Orita Takeshi 織田毅 published "Shīboruto to Ōita no monjin-tachi" シーボルトと大分の門人たち (*Shiryōkan kenkyū kiyō* 史料館研究紀要 21 [2016]). Orita noted the scarcity of sources on the exact number of pupils Siebold directly or indirectly taught in medicine and natural history (Kure Shūzō says fifty-three, while Koga Jūjirō says thirty-three from Siebold's first visit). Nevertheless, Orita examined several people who were certainly Siebold's pupils—Kaku Sukeyuki, Hino Katsutami 日野葛民, Kudō Kendō 工藤謙同, and Sano Hakuyō 佐野博洋—focusing on their relationship with Siebold, their activities in Nagasaki, and their accomplishments.[22] If this kind of survey-research were conducted nationally, the number of pupils Siebold taught might become clearer. Research on Siebold's daughter, Ine, includes two papers by Orita: "Bakumatsu ishinki ni okeru Kusumoto Ine" 幕末維新期における楠本いね (*Narutaki kiyō* 25 [2015]) and "Meijiki ni okeru Kusumoto Ine" 明治期における楠本いね (*Narutaki kiyō* 26). The former examined Ine's activities from the Bunsei years (1818–1830) to the early Meiji period, based on letters and her handwritten CV, revealing that she had aspired to study medicine from a young age and did so under leading doctors of the time—such as Ishii Sōken 石井宗謙, Ninomiya Keisaku 二宮敬作, Siebold, and Johannes Lijdius Catharinus Pompe van Meerdervoort (1829–1908). By acquiring the latest medical knowledge and gaining experience, she became an excellent physician whose skills were highly regarded by her teacher Pompe and domain physicians. Specializing mainly in obstetrics and surgery, Nakanishi Akira hailed her as "the first Western-trained obstetrician in Japan." The latter paper analyzed Ine's activities from opening a practice in Tokyo in 1870 until she died in 1903. Orita argued that Ine had been a Western physician who had received the highest level of education

---

21 Fujimoto Kentarō 藤本健太郎, "Oranda kotsūji masseki Inabe Ichigoro byōshi ni tsuki shigai gokenbun toriatsukai hikae" 阿蘭陀小通詞末席稲部市五郎病死ニ付死骸御検分取扱控, *Nagasaki-shi Nagasakigaku Kenkyūsho kiyō Nagasakigaku* 3 (2019), introduces materials related to Inabe Ichigoro. It consists of a transcription of "Oranda kotsūji masseki Inabe Ichigoro byōshi ni tsuki shigai gokenbun toriatsukai hikae," acquired by the Nagasaki City Institute of Nagasaki Studies (Nagasaki-shi Nagasakigaku Kenkyūsho) in 2017, and the appendix "Inabe Ichigoro kanren shiryō (ranbuhen)" 稲部市五郎関連史料 (蘭文編).

22 Orita Takeshi, "Shīboruto to Sano Hakuyō" シーボルトと佐野博洋, *Narutaki kiyō* 25 (2015) examines Sano Hakuyō, a doctor from Kitsuki 杵築 Domain in Bungo 豊後 who later became a domain physician. Based on epitaph evidence, it reveals that he studied under Siebold in Nagasaki in Bunsei 9 (1826) and returned home in Bunsei 12 (1829). In Man'en 1 (1860), after Siebold's return to Japan, Hakuyō was ordered by the domain lord to go to Nagasaki and learn about cholera treatment from Siebold. Notably, the author suggests that there were probably many people who similarly learned from Siebold, and that investigating the activities of these students could help elucidate Siebold's influence on the development of Western studies in Japan.

available during the bakumatsu period; that after the Meiji Restoration, she opened a practice in Tokyo, likely in search of new opportunities; and that her appointment as a court physician in 1873 marked the peak of her career, after which she gradually distanced herself from full-fledged medical practice.

Regarding the interactions between Siebold and daimyo, Miyazaki Katsunori, examined the details of the interactions between Siebold and the Fukuoka domain lord Kuroda Narikiyo 黒田斉清 on the fifth day of the third month of Bunsei 11 (1828) at Dejima, in his paper "Bunsei 11 (1828) -nen, Dejima de atta Shīboruto to Fukuoka hanshu Kuroda Narikiyo" 文政 11 (1828) 年、出島で会ったシーボルトと福岡藩主黒田斉清 (*Seinan Gakuin Daigaku Hakubutsukan kenkyū kiyō* 西南学院大学博物館研究紀要 4 [2016]). Miyazaki drew on sources such as the Dutch factory journal of Germain Felix Meylan, Abe Ryūhei's 安部龍平 *Kamon zassai* 下問雑載, and the *Zatsujisōsho* 雑事叢書 held by the Nagasaki Museum of History and Culture. Furthermore, he analyzed how their interactions were used in rumors surrounding the Siebold Incident, which occurred approximately six months later, drawing on the *Kyūkishū* 旧稀集 and other sources. Miyazaki argued that the claim that Siebold was a Russian was rooted in the words of Narikiyo, and even though the Dutch shipwreck and the confiscation of Siebold's contraband were separate events, they were often spoken of together as part of a narrative, continued to be told to this day, that links a typhoon, the shipwreck, and the discovery of contraband, reinforcing Japan's image as a "divine country." Miyazaki's paper builds on Kira Fumiaki's research.

As for research on Siebold's *Nippon*, Miyazaki Katsunori published "Shīboruto 'Nippon' no genga, shitae, zuban" シーボルト『NIPPON』の原画・下絵・図版 (*Kyūshū Daigaku Sōgō Kenkyū Hakubutsukan kenkyū hōkoku* 九州大学総合研究博物館研究報告 9 [2011]). In this paper, Miyazaki compared the original drawings and sketches for *Nippon* from von Brandenstein-Zeppelin family collection with the illustrations included in *Nippon* to examine the changes made and the intentions behind those changes. This research was later expanded and compiled into *Shīboruto "NIPPON" no shoshigaku kenkyū* シーボルト『NIPPON』の書誌学研究 (Karansha, 2017). Another related study is by Forrer Kuniko/Forā Kuniko フォラー邦子, titled "Shīboruto 'NIPPON' shuppan kenkyū josetsu: Raiden no Shīboruto shoten" シーボルト『NIPPON』出版研究序説—ライデンのシーボルト書店 (*Narutaki kiyō* 26). In this paper, Forrer provided an overview of Siebold's printing and publishing office that he established at his residence in Leiden for the publication of *Nippon*, and discussed the background leading to its establishment, emphasizing that the publication of *Nippon* is not only significant in the context of Japanese language studies but also serves as a "monument" in the history of Japan-Netherlands diplomatic relations and Dutch overseas expansion.

Research on old photographs in von Brandenstein-Zeppelin family collection includes my "Burandenshutain-Tsepperin-ke shozō Shīboruto kankei koshashin ni tsuite" ブランデンシュタイン＝ツェッペリン家所蔵シーボルト関係古写真について

(*Nichidoku bunkakōryūshi kenkyū* 日独文化交流史研究 12 [2011]). This paper introduces a photograph of Fujiyama Harukazu 藤山治一 that was given to Siebold's eldest daughter, Baroness von Ulm-Erbach, found among the family's old photographs. The inscription on the back of the photograph reveals contact between the Baroness and Fujiyama, which the papers shows to be connected to Fujiyama's writing of the article "Franz von Siebold" (*Von West Nach Ost* Nr. 2, 1892). This can be seen as further supporting the findings in Hans-Joachim Knaup's paper "Fujiyama Harukazu no Shīboruto-ron: Atarashii bunka dentatsu no kanōsei o motomete" 藤山治一のシーボルト論―新しい文化伝達の可能性を求めて (*Keio Gijuku Daigaku hiyoshi kiyō doitsugo gaku, bungaku* 慶應義塾大学日吉紀要ドイツ語学・文学 26 [1998]).[23] Regarding late Edo period diplomacy, my "Nichiro Washin Jōyaku o meguru ichikōsatsu: Shīboruto no kakawari o chūshin ni" 日露和親条約をめぐる一考察―シーボルトの関わりを中心に (*Shakai kankyō ronkyū: Hito, shakai, shizen* 社会環境論究―人・社会・自然― 6 [2014]) examines a draft treaty on shipping and trade between Russia and Japan (Entwurf eines Tractats für Schifffahrt und Handelsverkehr von Seiten Russland mit Japan, 1853 [no month or day given]) discovered in the Dutch National Archives and thought to have been submitted by Siebold to the Dutch Minister of the Colonies. While this draft treaty doesn't include a border demarcation clause, a draft of a letter from the Russian chancellor to the shogunate elders prepared by Siebold in St. Petersburg the same year does, which I argue was a trump card for Siebold. My paper follows in the footsteps of the research of Miyasaka Masahide and Yasuda Kōichi.

Regarding Kure Shūzō, Japan's leading Siebold researcher, Miyasaka Masahide authored "Kure Shūzō no Shīboruto kenkyū" 呉秀三のシーボルト研究 (in *Nichidoku kōryū 150-nen no kiseki* 日独交流150年の軌跡, Yūshōdō Shoten, 2013). In this work, Miyasaka traces how Kure became interested in Siebold during the early days of Siebold research and later completed his major work *Shīboruto-sensei: Sono shōgai oyobi kōgyō*. He notes that in addition to interactions with Siebold's sons Alexander and Heinrich, Kure also received cooperation from Koga Jūjirō, the founder of Nagasaki studies.[24] Miyasaka highlights that Koga's cooperation with Kure is important in understanding the network behind Kure's Siebold research. He also notes that Kure included brief biographies and historical materials about over one hundred Japanese individuals who had interacted with Siebold, arguing that through these efforts, Kure aimed to demonstrate how significant Siebold's visit to Japan was in the spread of Western science and culture in the country.[25]

In terms of chronologies related to Siebold, Ishiyama Yoshikazu and Miyazaki

---

23 For a biographical summary of Fujiyama Harukazu, see Uemura Naomi 上村直己, "Doitsugo gakusha Fujiyama Harukazu no shōgai to gyōseki" ドイツ語学者 藤山治一の生涯と業績, in *Meiji-ki Doitsugo gakusha no kenkyū* 明治期ドイツ語学者の研究, Taga Shuppan, 2001.

24 For details on Koga Jūjirō, see Nakajima Motoki 中嶋幹起, *Koga Jūjirō: Nagasaki-gaku no kakuritsu ni sasageta shōgai* 古賀十二郎 長崎学の確立にささげた生涯, Nagasaki Bunkensha, 2007.

Katsunori compiled *Shīboruto no shōgai to sono gyōseki kankei nenpyō* シーボルトの生涯とその業績関係年表 I-IV (*Seinan Gakuin Daigaku kokusai bunka ronshū* 西南学院大学国際文化論集 26: 1–27: 2 [2011–2013]), which not only records Siebold's activities with citations but also includes exhibitions, lectures, and symposiums related to him up to 2013. This work was later published as *Shīboruto nenpyō: Shōgai to sono gyōseki* シーボルト年表 生涯とその業績 (Yasaka Shobō, 2014).

Regarding Kawahara Keiga's painting fees, Nofuji Tae 野藤妙 revealed that (Keiga's fees were relatively high) by classifying the works listed in Keiga's notes to Siebold found in the Siebold-related materials at Ruhr University Bochum by price, in "Kawahara Keiga ga Shīboruto ni utta e no nedan" 川原慶賀がシーボルトに売った絵の値段 (*Yōgaku* 21 [2014]). Nofuji suggests that Siebold was able to purchase these expensive works thanks to not only his research funds from the Dutch government (42,972 guilders over six years) but also substantial profits from private trade.

From here, I'd like to look at the results of the survey and research projects of the National Museum of Japanese History.[26]

In 2015, the report *Shīboruto ga shōkai shitakatta Nihon: Ōbei ni okeru Nihon kankei korekushon o tsukatta Nihon kenkyū, Nihon tenji o susumeru tame ni* シーボルトが紹介したかった日本—欧米における日本関係コレクションを使った日本研究・

---

25 Additionally, Miyasaka Masahide published "Shīboruto kenkyū no sōshisha Kure Shūzō" シーボルト研究の創始者呉秀三, *Narutaki kiyō* 24 (2014). This paper discusses how Kure Shūzō became interested in Siebold during the early days of Siebold research and completed his major work *Shīboruto sensei sono shōgai oyobi kōgyō*, which became the foundation for later Siebold research. It mentions that Kure's father, Kure Kōseki 呉黄石, studied Dutch medicine under Itō Genboku 伊東玄朴 in Edo, that Kure interacted with the Siebold brothers, and that Trautz and others continued the editing of the German version of Siebold's biography, which was eventually completed. After Trautz's death, this manuscript was donated to Bonn University and kept at its institute of Japanese studies. Through the efforts of Josef Kreiner, who was the director, it was published in 1996, the two-hundredth anniversary of Siebold's birth, by the Philipp Franz von Siebold Foundation - German Institute for Japanese Studies.

26 In 2014, *Shīboruto Nihon shoseki korekushon genzon shomokuroku to kenkyū* シーボルト日本書籍コレクション現存書目録と研究, ed. Ninbun Kenkyū Kikō Kokubungaku Kenkyū Shiryōkan 人間文化研究機構国文学研究資料館, was published by Bensei Shuppan. This publication is the result of a five-year research project carried out from 2010 to 2014 as part of the National Institute of Japanese Literature-led joint research project "Oranda-koku Raiden denrai no Buronhofo, Fuesseru, Shīboruto shūshū Nihon shoseki no chōsa kenkyū" オランダ国ライデン伝来のブロンホフ、フイッセル、シーボルト蒐集日本書籍の調査研究. The project's origins lie in a survey of Siebold's collection of Japanese classical books that began in 2008, which then merged with the aforementioned NMJH project "Study of the Siebold Family Collection and Other Materials Collected in Japan and Taken Overseas in the Nineteenth Century." The catalogue section includes an inventory of Siebold's Japanese book collection from his first stay by holding institution (Leiden University Library, National Museum of Ethnology in Leiden, etc.). The articles section includes Suzuki Jun's 鈴木淳 article on that collection ("Sōron: Shīboruto Nihon shoseki korekushon kō" 【総論】シーボルト日本書籍コレクション考) and Machi Senjurō's 町泉寿郎 article on early modern Japanese medicine and Siebold ("Shūshū bunken, kibutsu kara miru Shīboruto to kinsei Nihon no igaku: Raiden shozō no shinkyu shiryō o chūshin ni" 収集文献・器物から見るシーボルトと近世日本の医学—ライデン所蔵の鍼灸資料を中心に).

日本展示を進めるために— (ed. Kokuritsu Rekishi Minzoku Hakubutsukan 国立歴史民俗博物館, Daigaku Kyōdō Riyō Kikan Hōjin Ningen Bunka Kenkyū Kikō 大学共同利用機関法人 人間文化研究機構) was published. This is the report of an international symposium held at Ruhr University (Bochum) the previous year (11–12 February). I would like to introduce some parts of this report. In Matsui Yōko's "Shīboruto no kanjōchō: Dejima ni okeru keizai katsudō o saguru" シーボルトの勘定帳：出島における経済活動を探る, she analyzes Siebold's personal documents, left at Ruhr University Bochum and Brandenstein Castle, including the account ledger of Ten Brink & Co. from 1824 to 1830, noting that it includes information on his personal trade, which is scarce. She concludes that while Siebold's economic activities did not go as he had planned, he was still able to benefit from private trade during his tenure, which enabled him to engage in his extensive collection efforts, into which he "poured all his financial resources." Additionally, Matsui notes that individuals like the Dutch interpreters Inaba Ichigorō and Yoshio Chūjirō were frequently around Siebold, assisting in forming his collection and acquiring various goods from him, which they likely sold or traded privately. In this way, Matsui elucidates the reality of Siebold's private trade, the importance of which was previously highlighted by Kurihara Fukuya and Miyasaka Masahide and also discussed in Nofuji Tae's paper. In "Myunhen Kokuritsu Minzokugaku Hakubutsukan shozō Shīboruto korekushon no tōjiki" ミュンヘン国立民族学博物館所蔵シーボルト・コレクションの陶磁器, Sakuraba Miki 櫻庭美咲 points out that Siebold's collection contains no utensils related to the tea ceremony. This absence reflects the transitional nature of the collection, formed during the very last years of the bakumatsu period before the collapse of samurai society, blending characteristics of Edo period collections with those from the modern era. In "Shīboruto korekushon no shikki ni tsuite" シーボルト・コレクションの漆器について, Hidaka Kaori 日高薫 worked to document the lacquerware collected by Siebold held at the National Museum of Ethnology, Leiden and the National Museum of Ethnology, Munich. Hidaka mentions that the catalogue compiled by Alexander Siebold indicates that the large and small lacquer trays, "Ume taka maki-e bon" 梅鷹蒔絵盆 and "Take kame maki-e bon" 竹亀蒔絵盆, were presented to Siebold by the shogunate. However, from our perspective today, these lacquer items are not considered particularly outstanding. Nevertheless, as gifts from the shogunate to Siebold, a foreigner, they provide valuable insight into the shogunate's assessment of him. Interestingly, Hidaka, a lacquerware expert, notes that the quality of a gift reflects the giver's evaluation of the recipient, an observation that remains relevant today.

In 2016, the exhibition "Yomigaere! Shīboruto no Nihon hakubutsukan" よみがえれ！シーボルトの日本博物館展 was held (NMJH, Edo-Tokyo Museum, Nagasaki Museum of History and Culture, Nagoya City Museum, National Museum of Ethnology, July 2016 to October 2017). This exhibition focused on the Japanese exhibits Siebold conducted in Europe, based on new findings from a comprehensive six-year investigation into materials related to Siebold. In particular, it reconstructed the final Japanese exhibition held in Munich just before his death, using the catalogue left by his eldest son Alexander, offering insight into Siebold's image of Japan.[27] In the same year, the *Gotairiku Hakubutsukan shozo Shīboruto korekushon kankeishiryō shūsei* 五大陸博物館所蔵シーボルト・コレクション関係史料集成 (ed. Kokuritsu Rekishi Minzoku Hakubutsukan, Kokuritsu Rekishi Minzoku Hakubutsukan, 2016) was published. This work translated historical documents related to the Siebold collection held by the Five Continents Museum. Part 1 focused on the exhibition in Amsterdam and includes Matthi Forrer's commentary "1863 kaisai 'Shīboruto dainiji hōnichi korekushon' kanshō tebiki e no joron" 1863年開催「シーボルト第二次訪日コレクション」鑑賞手引きへの序論 and a Japanese translation of a guide to items collected by Siebold and exhibited in Amsterdam ("Philip Franz von Siebold, Handleidung bei het Bezigtigen der Versameling van Voorwerpen van Wetenschap, Kunst en Nijverheid en Voortbrengselen van het Rijk JAPAN bejeengebracht, gedurende de Jaren 1859 tot 1862, door Jhr. Ph. F. von Siebold, en Tentoongesteld in het lokaal der Vereeniging voor Volksvlijt te Amsterdam"). Part 2 covers the exhibition in Munich, with Bruno J. Lichtsfeld's commentary "Myunhen ni okeru Gotairiku Hakubutsukan no Shīboruto korekushon ni kansuru monjo" ミュンヘンにおける五大陸博物館のシーボルト・コレクションに関する文書, Japanese translations of a letter from Siebold to King Ludwig II, and a catalogue by Alexander of his father's collection in the Five Continents Museum. These provide clues to understanding Siebold's exhibitions in museums and the process by which Siebold's collection was sold to the King of Bavaria, making them valuable resources.

In 2018, the book *Shīboruto Nihon hakubutsukan no gaiyō to kaisetsu: Ōbun genpon, honkoku, hon'yaku* シーボルト日本博物館の概要と解説―欧文原本・翻刻・翻訳― (ed. and pub. Daigaku Kyōdō Riyō Kikan Hōjin Ningen Bunka Kenkyū Kikō Kokuritsu Rekishi Minzoku Hakubutsukan Nihon Kanren Zaigai Shiryō Chōsa Kenkyū Katsuyō Jigyō "Yōroppa ni Okeru 19-seiki Nihon Kanren Zaigai Shiryō Chōsa, Katsuyō: Nihon Bunka Hasshin ni Muketa Kokusai Renkei no Moderu Kōchiku" 大学共同利用機関法人人間文化研究機構国立歴史民俗博物館日本関連在外資料調査研究・活用事業「ヨーロッパにおける19世紀日本関連在外資料調査・活用―日本文化

---

27 The exhibition catalog *Yomigaere! Shīboruto no Nihon hakubutsukan* よみがえれ！シーボルトの日本博物館 (superv. Kokuritsu Rekishi Minzoku Hakubutsukan, Seigensha, 2016), includes Ishiyama Yoshikazu and Kobayashi Jun'ichi's 小林淳一 article on Siebold's Japanese collection and vision for a Japan museum ("Shīboruto korekushon no keisei to Nihon hakubutsukan kōsō" シーボルト・コレクションの形成と日本博物館構想) and Matthias Forrer's article on items Siebold collected in Munich ("Myunhen no Shīboruto korekushon: 'Shinkyū' (daiichiji, dainiji shūshūhin) no genzai" ミュンヘンのシーボルト・コレクション―「新旧」(第一次・第二次収集品) の現在). Related to Forrer's paper, Sakuraba Miki ("Shīboruto cho 'NIPPON' zuhan ni keisai sareta kōgeihin ni tsuite" シーボルト著『NIPPON』図版に掲載された工芸品について, *Kanda Gaigo Daigaku Nihon Kenkyūjo kiyō* 神田外語大学日本研究所紀要 13 [2021]) has revealed that the craft collection at the Five Continents Museum in Munich, previously thought to be from Siebold's second visit to Japan, includes items featured in *Nippon* illustrations.

発信にむけた国際連携のモデル構築─」). This book includes images of the original German manuscript and a transcription and translation of *Uebersicht und Bemerkungen zu von Siebold's Japanischen Museum* housed in the Siebold Archives at Brandenstein Castle. It provides an overview and explanations of Siebold's Japanese collection, which he primarily gathered during his second visit to Japan in the late Edo period (July 1859 to July 1862). The collection is categorized into woodblocks, paintings, coins, Japanese raw materials, various crafts, and so on, with descriptions of the collection's features, significance, and representative works. I believe this is a valuable resource for understanding Siebold's vision for a museum.

In 2018, *Shīboruto korekushon kara kangaeru* シーボルト・コレクションから考える (ed. Kokuritsu Rekishi Minzoku Hakubutsukan, Daigaku Kyōdō Riyō Kikan Hōjin Ningen Bunka Kenkyū Kikō Kokuritsu Rekishi Minzoku Hakubutsukan) was published. This book consists of the reports (Part 1) from the international symposium *Siebold korekushon kara kangaeru* シーボルト・コレクションから考える, held during the special exhibition *Yomigaere! Siebold no Nihon Hakubutsukan* (30 July 2016, NMJH), the reports (Part 2) by the members of the 10th "Kokusai Shīboruto korekushon kaigi" 第10回国際シーボルトコレクション会議 held in Nagasaki to commemorate the 150th anniversary of Siebold's death (20–22 October 2016, Nagasaki Museum of History and Culture and Nagasaki Brick Hall), and research reports (Part 3) that resulted from further studies. I would like to introduce some of these papers. In Part 1, Harada Hiroji's "Shīboruto korekushon ni okeru Nagasaki kankei shiryō" 長崎関係資料 is based on findings from a survey that revealed the existence of lending bookstores such as Akase-Mise 赤瀬店 in Enokizu-machi 榎津町, Yorozu Kasi? 萬貸? (?＝illegible character) in Hikiji-machi 引地町, and Nuiya 逢屋 in Sakaya-machi 酒屋町. The paper shed light on the distribution of books in Nagasaki during the late Edo period. Additionally, he confirmed that the ownership seals in books like *Rongo ryakukai* 論語略解 by Shigeta Gentai 重田玄泰 and *Sōmoku sodategusa* 草木育種 by Iwasaki Kan'en 岩崎灌園 belonged to a town physician from Sakaya-machi named Kasado Junsetsu 笠戸順節, who provided these books, as well as memorial tablets (*ihai* 位牌) made by creators of Buddhist images (*busshi* 仏師) in Sakaya-machi, to Siebold. Furthermore, he made clear that images previously unidentified at the Five Continents Museum are portraits of Ingen 隠元, Mokuan 木庵, and Tesshin 鉄心 and found that these portraits (a set of three scrolls) were held at Shōfukuji's 聖福寺 sub-temple, Shikyūan 四休庵. Harada revealed that the portraits were sold off due to financial difficulties at the sub-temple during the late Edo period, eventually entering Siebold's collection. Such findings are the result of the author's in-depth knowledge of Nagasaki's history. In "Edome Furansowa Jomāru to no ōfuku shokan (1843 nen oyobi 1845 nen) ni miru minzokugaku oyobi minzokugaku hakubutsukan ni kansuru Firippu Furantsu Fon Shīboruto no kenkai エドメ＝フランソワ・ジョマールとの往復書簡 (1843年および1845年) に見る民族学および民族学博物館に関するフィリップ・フランツ・フォン・シー

ボルトの見解, Bruno J. Lichsfeld highlighted the impact of ethnographic museums, noting that ethnographic collections not only arose interest in newly imported items but also inspired artists and manufacturers to recreate superior products, as demonstrated by the influence of Chinese imports in Paris. Lichsfeld's paper follows in the footsteps of the research of Ishiyama Yoshikazu and Wolfgang Genschorek on Siebold's vision for an ethnographic museum. In "Siebold ga te ni ireta Nihonzu to Nihon no chiri jōhō" シーボルトが手に入れた日本図と日本の地理情報, Aoyama Hiroo 青山宏夫 examined the maps in von Brandenstein-Zeppelin family archives. He identified one of the maps Siebold used to create a map of Japan. It is a copy, secretly made and taken home by Siebold, of a map he obtained from Takahashi Kageyasu that the shogunate would eventually confiscate. In other words, the map Aoyama identified is a secondary copy of the "Kana-gaki Inō tokubetsu shōzu" カナ書き伊能特別小図, and Siebold used this copy as a base for publishing his map of Japan. However, the "Kana-gaki Inō tokubetsu shōzu" copied by Siebold, while based on the Inō map of Japan, incorporated additional geographical information from sources such as Nagakubo Sekisui's 長久保赤水 *Kaisei Nihon yochi rotei zenzu* 改正日本輿地路程全図 and Kageyasu's *Chisei teiyō* 地勢提要, making it a map with unique content not found in Inō's original version.

In Part 3, Miyasaka Masahide's "Shokan ni miru Shīboruto no shi to chōnan Arekusandā fon Shīboruto no Nihon ni okeru gaikō katsudō" 書簡に見るシーボルトの死と長男アレクサンダー・フォン・シーボルトの日本における外交活動 introduced and translated six letters exchanged between Alexander, his father Philipp, and his mother Helene from October to the end of 1866, contained in von Brandenstein-Zeppelin family documents. Based on Alexander's letter to his father on 17 October 1866, Miyasaka suggested that Alexander proposed to the shogunate that the ongoing difficult negotiations over the Karafuto border should be resolved with Siebold's mediation. He likely made this proposal with Siebold's 1854 suggestion to handle the Chishima 千島 and Karafuto border negotiations during Putyatin's Japanese expedition in mind. Furthermore, Miyasaka revealed that the shogunate's point of contact in these negotiations was Asahina Kai-no-kami Masahiro 朝比奈甲斐守昌広, a foreign magistrate (*gaikoku bugyō* 外国奉行). From the letter Alexander wrote to his father on 15 November 1866, Miyasaka notes that Alexander, through his role as interpreter in the Tokugawa Akitake 徳川昭武-led Japanese delegation to Europe, sought to send Japanese people to Siebold, who needed their assistance to continue his research and writing on Japan in Europe. This content is highly interesting and presents important topics for future research. Hidaka Kaori and Hirata Yuki's 平田由紀 "Amusuterudamu ni okeru Shīboruto dainiji korekushon tenji ni tsuite: Shinshutsu no koshashin shiryō ni motozuku kōsatsu" アムステルダムにおけるシーボルト第二次コレクション展示について―新出の古写真資料にもとづく考察― introduced old photographs passed down in von Brandenstein-Zeppelin family, discovered during a survey during NMJH's "Insights

Into Japan-related Overseas Artifacts and Documents" project. These photos reveal that Siebold's second collection exhibitions in Amsterdam and Munich adopted a two-part structure, showcasing Japan's specialties and craftsmanship from a trade and industrial perspective and presenting academic materials such as books, maps, and paintings. This is a quite interesting analysis based on old photographs.

In 2019, *Ibunka o tsutaeta hitobito 19-seiki zaigai Nihon korekushon kenkyū no genzai* 異文化を伝えた人々19世紀在外日本コレクション研究の現在 (ed. Hidaka Kaori and Kokuritsu Rekishi Minzoku Hakubutsukan, Rinsen Shoten) was published. This book is a record of an international symposium, with the same title, held at the auditorium of the National Museum of Western Art from 28–29 October 2017. I would like to introduce some of its content. In Rudolf Effert's "Nihon korekushon no nin'i: 'Shin' ōritsu kyabinetto no shūshū ni kakawatta 3-nin no bunkan" 日本コレクションの委任—"新"王立キャビネットの収集に携わった3人の文官, he examines the collections of three collectors: Jan Cock Blomhoff (1779–1853), Johan Frederik van Overmeer Fisscher (1800–1848), and Philipp Franz Balthasar von Siebold. He notes that it is remarkable that three major collections arrived from Japan over thirteen years, with most serving as a time capsule of Japan's culture from the Tenmei (1781–1789) to Bunsei years periods. Seeing these collections, Westerners were for the first time impressed by Japan as a country with a highly developed and interesting culture and arts. Katada Satoko's "Meiji seifu gaikōkan Arekusandā fon Shīboruto to 'shikaku ni yoru kōhō' no ba toshite no Wīn banpakui" 明治政府外交官アレクサンダー・フォン・シーボルトと「視覚による広報」の場としてのウィーン万博 discusses how Alexander, with spatial displays that used strategic and impactful massive objects, brought people's attention to Japanese civilization and invited them into a world of textiles, lacquerware, and other crafts. She suggests that the inspiration for this exhibition strategy lay in his father Philipp's Japanese collection and notes that the Japanese exhibition at the Vienna World's Exposition was highly praised for its sophistication. If this exhibition led to the blossoming of *Japonisme* in fin-de-siècle Vienna, it can be considered, Katada says, another one of the results of Alexander's visual publicity efforts. (Fig. 7)

Additionally, apart from the symposiums hosted by NMJH, in 2011, the "Nichidoku kōryū 150-shūnen Nichidoku Shīboruto shinpojiumu: Shīboruto no chiteki isan to Nichidoku soridaritī" 日独交流150周年 日独シーボルト・シンポジウム シーボル

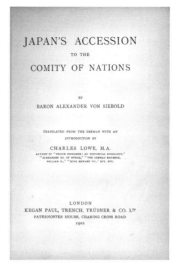

Fig. 7 *Japan's Accession to the Comity Of Nations* (K. Paul, Trench, Trübner, London, 1901). Private Collection. An English translation of Alexander von Siebold's *Der Eintritt Japans in das europäische Völkerrecht* (Kisak Tamai, Berlin, 1900).

トの知的遺産と日独ソリダリティー (organized by the Nichidoku Shīboruto Shinpojiumu Jikkō Iinkai 日独シーボルト・シンポジウム実行委員会) was held in commemoration of the 150th anniversary of Japan-Germany relations (at the Goethe-Institut Japan, 18–20 October). The content of the second part of the program is covered in my "Nichidoku kōryū 150-shūnen Nichidoku Shīboruto shinpojiumu" 日独交流 150 周年 日独シーボルト・シンポジウム (in *Shīboruto no shōgai o meguru hitobito* シーボルトの生涯をめぐる人びと, ed. Ishiyama Yoshikazu, Nagasaki Bunkensha, 2013). In 2016, the *Nichidoku Shīboruto shinpojiumu 2016: Shīboruto no chiteki isan to Nichidoku kyōryoku no atarashii michi* 日独シーボルト・シンポジウム 2016『シーボルトの知的遺産と日独協力の新しい道』(organized by the Nichidoku Shīboruto Shinpojiumu Jikkō Iinkai) was held to commemorate the 150th anniversary of Shīboruto's death (at the Goethe-Institut Japan, 10–12 October). The content of this symposium is covered in my "Nichidoku Shīboruto shimpojiumu 2016: 'Botsugo 150-nen kinen Shīboruto no chiteki isan to Nichidoku kyōryoku no atarashii michi' sanka shite"〈日独シーボルト・シンポジウム 2016〉—「没後 150 年記念シーボルトの知的遺産と日独協力の新しい道」に参加して— (*Yōgaku* 24 [2017]).

■2020 and Beyond

Lastly, let us look at the research trends of the 2020s. In 2016, NMJH began a new project titled "Insights Into Japan-related Overseas Artifact and Documents of the 19th-century in Europe through Research and Use: Developing the Foundation for International Collaboration in Transmitting Japanese Culture" (2016–2021 fiscal years) as a collaborative research initiative with the Weltmuseum Wien. This project involved investigating approximately 5,200 items collected by Heinrich von Siebold and housed at the museum. In connection with this project, an exhibition of those items was held ("Meiji no Nihon: Hainrihhi fon Shīboruto no shūshūhin kara" 明治の日本—ハインリッヒ・フォン・シーボルトの収集品から (13 February — 11 August 2020, Weltmuseum Wien) in 2020. This exhibition was organized by NMJH and the Weltmuseum Wien to commemorate the 150th anniversary of Japan-Austria relations, and the exhibition catalogue *Japan zur Meiji-Zeit: Die Sammlung Heinrich von Siebold* (Japanese title: *Meiji no Nihon: Hainrihhi fon Shīboruto no shūshūhin kara*, Hg. Kaori Hidaka und Bettina Zorn, Weltmuseum Wien, 2020) was published.

The catalogue includes papers related to Heinrich, and I would like to introduce a few of them. One by Kudō Yūichirō 工藤雄一郎 ("Hainrihhi fon Shīboruto no kōko shiryō to Nihon minzoku kigenron: Edowādo Mōsu to Edomundo Nauman ra to no kankei" ハインリッヒ・フォン・シーボルトの考古資料と日本民族起源論—エドワード・モースとエドムント・ナウマンらとの関係—) states that Heinrich's collection, donated in 1898 to the Imperial and Royal Court Museum of Natural History (now Weltmuseum Wien), is one of the three major collections of Japan-related items in Europe. Most of its two hundred-plus archaeological artifacts are believed to have come from sites around Tokyo or were acquired from acquaintances and antique dealers therein, with small stone implements such as Jōmon period arrowheads and stone spoons (*ishisaji* 石匙) being the main items. The collection also contains materials believed to be from the same finds as those from the Ōmori 大森 shell mound in Tokyo. Furthermore, Kudō notes that Weltmuseum Wien holds stone tools and pottery collected by Edward Nauman (1854–1927), the first professor of geology at the University of Tokyo, and Ludwig Hans Fischer (1848–1915), a landscape painter. The paper highlights the close relationship between Naumann and Heinrich, both Germans of similar age. Naumann allowed Heinrich to freely investigate the shell mounds at Ōmori and Tsurumi 鶴見 that he had discovered. Kurokawa Hiroko's 黒川廣子 "Hainrihhi fon Shīboruto no Nihon korekushon ni okeru kinkōhin ni tsuite" ハインリッヒ・フォン・シーボルトの日本コレクションにおける金工品について, mentions that Heinrich's collection in Weltmuseum Wien includes not only masterpieces by well-known Edo period metalworkers such as Murata Seimin 村田整珉 and Kimura Toun 木村渡雲 but also works by those who receive less attention today. As a result of the wartime requisition of metal from 1941 to 1945, not many metalwork pieces remain in Japan. Therefore, works taken abroad before the war, like those in Heinrich's collection, were spared from being melted down and are valuable for the study of metalworking. We can expect that this project at NMJH will lead to research on the Heinrich collection being carried out in earnest. (Fig. 8)

Fig. 8 "Ethnologische Studien über die Aino auf der Insel Yesso," *Zeitschrift für Ethnologie*, 1881. Private Collection. An article by Heinrich on early culture in Japan.

Research outside the project includes the following. Orita Takeshi, in "Nagasaki tsūji ni tsuite: Shiryō ni miru Oranda tsūji no jittai" 長崎通詞について―史料にみる阿蘭陀通詞の実態― (*Narutaki kiyō* 30 [2020]), noted that the Nakayama family documents reveal that Nakayama Sakusaburō, a Dutch interpreter from the Nakayama family, engaged in a private side business (personal trade). Orita made clear that Nakayama, acting on a request from a person named Horie Moshichirō 堀江茂七郎, who resided in Kurume 久留米, was involved in purchasing and reselling imported goods. Oda emphasized the need to consider this dual nature of interpreters, not just the fixed view of them as "translators and Dutch studies scholars." Some years ago, Nakamura Tadashi 中村質 discussed personal trade conducted by Dutch interpreters, focusing on the Narabayashi 楢林 family's "Shokakitome" 諸書留 (held in the Kanbara Bunko 神原文庫 at Kagawa University), in his work "Oranda tsūji no shishōbai: Narabayashi-ke Shokakitome o chūshin ni" オランダ通詞の私商売―楢林家『諸書留』を中心に― (in *Kaikoku to kindaika* 開国と近代化, Yoshikawa Kōbunkan, 1997). Nakamura introduced the case where Narabayashi Jūbē 楢林重兵衛, a Dutch interpreter, resold imported Dutch books and medicines in Edo and used the proceeds to buy goods from Edo and Kamigata 上方 for personal use and as barter for imported goods. Orita's paper, following in the footsteps of Nakamura's research, is notable for touching on the private economic activities of interpreters.

Kaji's Teruyuki paper, "Edo taizai-chū no Oranda shōkanchō du Suturyureru to Shīboruto no kankei (1): Du Sutururerun 'Edo sanpu nikki' ni motozuku shokōsatsu o chūshin ni" 江戸滞在中のオランダ商館長ドゥ・ステュルレルとシーボルトの関係 (1) —ドゥ・ステュルレル「江戸参府日記」に基づく諸考察を中心に— (*Narutaki kiyō* 30), analyzes the role of Johann Willem de Stürler (1777–1855) as described in his diary of his journey to Edo, focusing on his submission of a petition for trade improvements as the Dutch factory head. The paper suggests that while the Dutch East India governor-general's office entrusted de Stürler with this critical task, they may have also had the intention of forcing the improvement of trade, all while having him get involved in acts of kindness and service to the shogunate and the Japanese, such as Siebold's medical services.

In Germany, *Acta Sieboldiana XI: Zwei Tagebücher der Reise nach Jedo im Jahr 1826 von Heinrich Bürger und Philipp Franz von Siebold* (Hg. Tokuhei Tagai, Harrassowitz Verlag, Wiesbaden, 2022) was published. This book contains transcriptions of diaries by Siebold and Bürger during their 1826 journey to Edo, held by the Faculty of East Asian Studies at Ruhr University Bochum. Tagai Tokuhei was involved in the publication of this work as well. This is the first time Bürger's diary has been released either as a facsimile or a transcription, and the two diaries are displayed side by side, allowing for comparisons of their content.

In 2021, *Ibunka o tsutaeta hitobito II: Hainrihhi fon Shīboruto no shūshū shiryō* 異文化を伝えた人々Ⅱ ハインリッヒ・フォン・シーボルトの蒐集資料 (ed. Hidaka Kaori and Bettina Zorn, Rinsen Shoten), summarizing the research results from the collaborative investigation of Heinrich's collected materials conducted by the NMJH and Weltmuseum Wien, was published. This volume also contains numerous papers related to Heinrich. Hidaka Kaori noted in her "Shīboruto kyōdai ni yoru Nihon korekushon no keisei to kakusan: Ninagawa Noritane to no kankei o chūshin ni" シーボルト兄弟による日本コレクションの形成と拡散—蜷川式胤との関係を中心に— that recent research has been revealing specific details about the donations and sales of Japanese-related materials that Alexander and Heinrich Siebold made in various parts of Europe following the Vienna Expo. Correspondence and other archival materials remain from their ongoing exchanges with nobles and museum directors in Copenhagen, Leipzig, Weimar, and other cities, providing insight into their active efforts. Furthermore, Hidaka said, the interactions between Alexander and Carl Ruland, curator of the Grand Ducal Museum in Weimar, reveal that the brothers were not simply donating or selling the materials they had collected based on personal interest; rather, they were responding to the needs and requests of recipients. The paper emphasized that the Siebold brothers, in addition to donating or selling collected materials, acted as intermediaries between East and West, promoting industry and trade by inspecting production areas and discussing the exchange of product samples. The same can be said for the activities of Ninagawa Noritane 蜷川式胤. The Japanese materials he acquired did not simply serve as a unidirectional introduction of Japan to European countries but were part of a mutual cultural exchange. While using the Japanese materials they collected diplomatically, the Siebold brothers positioned such materials as contributing to the development of culture and industry. The observation that these materials were used for cultural exchange and as diplomatic tools is fascinating. In "Wīn ōyō bijutsu hakubutsukan shozō no Hainrihhi fon Shīboruto ni yoru korekushon" ウィーン応用美術博物館所蔵のハインリッヒ・フォン・シーボルトによるコレクション, Johannes Wieninger described how the Museum of Applied Arts in Vienna came to acquire Heinrich's collection. Moritz Dreger (1868–1939), who recommended the purchase of textile samples in 1905 and 1907, noted that Heinrich had taken over his father Philipp's collection. He also pointed out that some of the books bear Philipp's personal stamp, "von Siebold Jedo," indicating that the two collections were mixed.

In the 2010s, research on the Siebold Incident progressed, but significant achievements were also made in the 2020s. In "Edo taizai-chū no Oranda shōkanchō du Sutururu to Shīboruto no kankei (2): du Sutururu 'Edo sanpu nikki' ni motozuku shokōsatsu o chūshin ni" 江戸滞在中のオランダ商館長ドゥ・ステュルレルとシーボルトの関係 (2) ―ドゥ・ステュルレル「江戸参府日記」に基づく諸考察を中心に― (*Narutaki kiyō* 31 [2021]), Kaji Teruyuki uses de Stürler's diary of his trip to Edo to investigate the truth of the Siebold Incident by comparing the details recorded during de Stürler's stay in Edo with Siebold's own accounts. Kaji points out that the incident's major turning point was the dispatch of Siebold's letter to Mamiya Rinzō in February 1828. However, the root cause dates back to 15 May 1826 (the ninth day of the fourth month of Bunsei 9) at Nagasakiya 長崎屋 in Edo, when Takahashi Kageyasu, both the shogunate's astronomer and a magistrate of books, privately showed the "Dai Nihon enkai yochi zenzu" 大日本沿海輿地全図 Inō map to both de Stürler, the Dutch factory head, and Siebold, the attending physician. Takahashi later confidentially handed over Inō's "Tokubetsu shōzū" 特別小図 to Siebold and requested that it be engraved and printed in the Netherlands (or Batavia) using copperplate printing techniques. Kaji speculates that although the request was confidential, it was formally made to de Stürler, the factory head, while Siebold, due to his academic distinctions and relationship with Takahashi connections, was tasked with managing the actual printing project. The analysis of de Stürler's diary offers a new perspective on the Siebold Incident that differs from previous interpretations and deserves our attention. Translations of historical documents related to the incident have also been published. In *19 seiki no Oranda shōkan ge: Shōkanchō Meiran to Shitterusu no nikki* 19世紀のオランダ商館 下 商館

長メイランとシッテルスの日記 (ed. Matsukata Fuyuko 松方冬子, Nishizawa Mihoko 西澤美穂子, Tanaka Yōko 田中葉子, and Matsui Yōko, trans. Nichiran Kōshōshi Kenkyūkai 日蘭交渉史研究会, Tōkyō Daigaku Shuppankai, 2021), Meijlan's diary entry from 3 March 1829 notes that even the interpreters on duty for the year did not know what items were prohibited. It further mentions that, a list of items banned in Japan was received on the 7th. This suggests that at that point, the Dutch became aware of what constituted contraband. Considered alongside Nakanishi Akira's paper in *Yōgaku* 5, should we conclude that while the gatekeepers at Dejima understood the items that were prohibited for export and monitored accordingly, the interpreters and Dutch factory heads learned what was considered contraband only at this time? I plan to further investigate this issue. In the same year (2021), *Yōgakushi kenkyū jiten* 洋学史研究事典 (English title: *Encyclopedia for the Study of the History of Western Learning*; superv. Yōgakushi Gakkai 洋学史学会 [Society for the History of Western Learning in Japan], ed. Aoki Toshiyuki, Umihara Ryō 海原亮, Kutsuzawa Nobukata, Satō Ken'ichi 佐藤賢一, Isabel Tanaka Van Dalen, and Matsukata Fuyuko 松方冬子, Shinbukaku Shuppan) was published. It is divided into research and regions. In addition to Philipp, Alexander, and Heinrich, the book also discusses students such as Takano Chōei, Itō Keisuke, and Narutaki Juku, and brings together the results of scholarship to date.

In 2022, *Ibunka o tsutaeta hitobito III: Shīboruto no Nihon hakubutsukan* 異文化を伝えた人々Ⅲ シーボルトの日本博物館 (ed. Bruno J. Richtsfeld, Udo Beireis, and Hidaka Kaori, Rinsen Shoten) was published. This book summarizes the results of a collaborative research project on Siebold's collected materials, jointly carried out by NMJH, the Five Continents Museum in Munich, the Siebold Museum in Würzburg, and von Brandenstein-Zeppelin family. This was the Japanese version of the volume of papers published in the same year in the Siebold-Gesellschaft's series (*Philipp Franz von Siebold (1796–1866) Sammler und Japanforscher*, Hg. von Siebold-Gesellschaft e. V., Akamedon Verlag, Würzburug, 2022). In it, Udo Beireis presents "Firippu Furantsu fon Shīboruto no bannen (1865–1866)" フィリップ・フランツ・フォン・シーボルトの晩年 (1865–1866) (in the German edition: "Philipp Franz von Siebolds letzte Jahre (1865–1866)"), tracing in detail the process by which Siebold's second collection was brought back from Japan and displayed in Amsterdam (1863), Würzburg (1864), and Munich (1866), until it was sold after his death. Beireis's careful analysis draws not only on materials from Brandenstein Castle but also on novels by Alphonse Daudet (1840–97), who had a close relationship with Siebold. This work is an essential reference for future Siebold studies. An obituary by Moritz Wagner for Philipp Franz von Siebold, originally published in the German daily *Allgemeine Zeitung*, also appears. It was edited by Richtsfeld and Hans Bjarne Thomsen and includes detailed annotations. That same year, *Kaigai de "Nihon" o tenji suru koto: Zaigai shiryō chōsa kenkyū purojekuto hōkokusho* 海外で《日本》を展示すること 在外資料調査研究プロジェ

クト報告書 (ed. Kokuritsu Rekishi Minzoku Hakubutsukan, Kokuritsu Rekishi Minzoku Hakubutsukan 2022) was published. This was the report of an online international symposium on lessons learned from surveying, researching, and using Siebold-related materials ("Atarashī Shīboruto kenkyū e no sasoi: Shīboruto (chichi) kanren shiryō no kisoteki na chōsa, kenkyū, katsuyō jigyō de kangaeta koto," 新しいシーボルト研究への誘い―シーボルト (父) 関連資料の基礎的な調査・研究・活用事業で考えたこと; 15 January 2022, hosted by NMJH). In his contribution, "Ekkyo-teki jissen-sha toshite no Torautsu to Shīboruto: Sōgō-teki na shiten o sai kakutoku suru tame no hōhō toshite no 'Biographie' no kanōsei ni tsuite" 越境的実践者としてのトラウツとシーボルト―総合的な視点を再獲得するための方法としての「Biographie」の可能性について, Yukawa Shirō 湯川史郎 noted that Trautz played a critical role in preventing Siebold's belongings from being scattered, forming the basis of the Siebold collection now housed at Ruhr University Bochum. Trautz also laid the general foundations of Siebold research by editing and publishing the new edition of *Nippon*, prepared the German edition of Kure's *Shīboruto-den*, and continually emphasized Siebold's importance through print media. Yukawa stated that Trautz played an important role in the history of Siebold research in these respects. In "Ibunka rikai toshite no zaigai Nihon korekushon: Pandemikku no ato ni" 異文化理解としての在外日本コレクション―パンデミックの後に, Kobayashi Jun'ichi 小林淳一 reported on his more than thirty years of research into the collection of Edward Sylvester Morse (1838–1925), highlighting the involvement of both early career and veteran curators in the reading and research of the Morse Documents. In this paper, Kobayashi, who worked as a curator at the Edo-Tokyo Museum for many years, positioned the COVID-19 pandemic as part of humanity's shared heritage and proposed that if materials related to infectious diseases exist in the collections of Siebold or Morse, a traveling exhibition on the topic should be considered.

Also in the same year, 1873-nen *Wīn bankoku hakurankai: Nichi-ō kara mita Meiji Nihon no sugata* 1873年ウィーン万国博覧会【日墺からみた明治日本の姿】 (ed. by Peter Panzer/Pētā Pantsuā ペーター・パンツァー, Kutsuzawa Nobukata, and Miyata Nana 宮田奈奈, Shibunkaku Shuppan, 2022), a collection of papers related to the Vienna Expo, in which the Siebold brothers were deeply involved, was published. In this volume, Katada Satoko presented an overview of the process by which the Siebold brothers donated Japanese collections to various museums in Vienna ("Wīn bankoku hakurankai-go no Japonisumu o megutte: 'Nihon kobijutsuten' to Shīboruto kyōdai kizō Nihon korekushon" ウィーン万国博覧会後のジャポニスムをめぐって―「日本古美術展」とシーボルト兄弟寄贈日本コレクション). She also examined an exhibition of ancient art held at the Imperial-Royal Austrian Museum of Art and Industry in 1905, as an example of the displaying of Heinrich's donated Japan-related collection. My paper included therein examined how the Meiji government came to participate in the Vienna Expo, how the Siebold brothers were involved in the donation and sales of exhibits to European museums after the expo, and how the knowledge and technology introduced by the participants were subsequently adopted ("Wīn bankoku hakurankai to Nihon no santō: Meiji shoki no gijutsu denshū to Shīboruto kyōdai no katsudō o chūshin ni" ウィーン万国博覧会と日本の参同—明治初期の技術伝習とシーボルト兄弟の活動を中心に).

In 2023, *Shīboruto shokan shūsei* シーボルト書簡集成 (ed. Ishiyama Yoshikazu and Kaji Teruyuki, Yasaka Shobō) was published. This book included the known letters exchanged between Siebold and his Japanese pupils as well as related historical materials. It also offered newly translated versions of previously excerpted or partially untranslated Western-language letters, collecting a total of 313 letters. This volume followed the prewar *Shīboruto kankei shokan-shū* シーボルト関係書翰集, translated by Ōtori Ranzaburō. Katada Satoko, who has many papers in *Yōgaku* and *Narutaki kiyō*, published *Arekusandā fon Shīboruto to Meiji Nihon no kōhō gaikō* アレクサンダー・フォン・シーボルトと明治日本の広報外交 (Shibunkaku Shuppan, 2023). This book was a study of Alexander, the eldest son of Philipp Franz von Siebold, known as a foreign advisor to the Japanese government. The author evaluated him as a German diplomat of the Meiji government and detailed his activities in Japan and Europe over approximately forty years, utilizing both Japanese and German official documents, his diaries and letters, and materials from von Brandenstein-Zeppelin family, making this the world's first comprehensive biographical study of Alexander. "Edo Meiji-ki no kishō kansoku kiroku: Shīboruto shiryō to no deai" 江戸・明治期の気象観測記録—シーボルト史料との出会い by Zaiki Masumi 財城真寿美 (in *Rekishi no kei, shiryō no mori: Shiryō taiken ga hiraku Nihonshi, sekaishi no tobira* 歴史の蹊、史料の杜 史料体験が開く日本史・世界史の扉, ed. Seikei Daigaku Bungakubu Gakkai 成蹊大学文学部学会, Kazama Shobō, 2023), analyzed meteorological observation records spanning 1819 to 1828 from Siebold's collected items held at the Ruhr University Bochum Library. This study found that, when compared to the average values of the Nagasaki Meteorological Observatory from 1991 to 2020, the summers of 1825 and 1828 exhibited a tendency toward being cooler, and the winters during the four-year period tended towards being colder, suggesting that the Little Ice Age might have been continuing. The article also touched on Siebold the person, noting his handmade barometers and hygrometers, as well as his meticulous drafting of handwritten records, reflecting a dexterity and detail-oriented personality.[28] This paper, by a specialist in historical meteorology, builds on the research of Tsukahara Tōgo and was also presented at the Nagasaki symposium marking the two-hundredth anniversary of Siebold's arrival in Japan[29] ("Dejima de no kishō kansoku to sono rekishiteki igi" 出島での気象観測とその

---

28 Zaiki Masumi had previously published "Nihon kishō kansoku no ishizue o kizuita Shīboruto" 日本気象観測の礎を築いたシーボルト in the special feature "Shīboruto to Nihon no shokagaku" シーボルトと日本の諸科学 found in the August 2017 issue of *Chiri* 地理. This new paper is a more detailed examination of the topic.

歴史的意義, in *Nagasaki de kangaeta kikō no rekishi to kankyō* 長崎で考えた気候の歴史と環境, ed. Tsukahara Tōgo, Mikami Takehiko 三上岳彦, Ōta Atsushi 太田淳, Kudō Riki 工藤璃輝, and Maeda Kiichirō 前田暉一郎, Kobe STS Kenkyūkai, 2023).

As for research related to historical documents, there is the following. Tagai Tokuhei and Morgaine Setzer-Mori's "Shīboruto hitsu no 1828-nen 9-gatsu 27-nichi zuke no gyōmu hikitsugi no bunsho A, shizenshigaku: Sumitomo Tomohiro kara nyūshu shita dōhyōhon" シーボルト筆の1828年9月27日付の業務引継ぎの文書A、自然科学—住友友聞から入手した銅標本— (*Narutaki kiyō* 32 [2023]) introduced a section on the natural sciences found in a short overview Siebold wrote on his scientific investigations in Japan, now part of the Siebold documents held at the Faculty of East Asian Studies Library, Ruhr University Bochum. This section is divided into zoology, botany, mineralogy, and physics. It summarizes Siebold's five years of natural science research in Japan and includes instructions for his successor, making it a particularly intriguing document written just before the Siebold Incident. The paper also examined the copper specimen that Siebold obtained from Sumitomo Tomohiro during his journey to Edo, which is now also held at the Faculty of East Asian Studies Library at Ruhr University Bochum.

In 2023, marking the two-hundredth anniversary of Siebold's arrival in Japan, numerous exhibitions and symposiums were held. One of the major exhibitions was the *Shīboruto rainichi 200-nen kinen dai-Shīboruto ten* シーボルト来日200周年記念 大シーボルト展 (Nagasaki Museum of History and Culture, 30 September — 12 November). Commemorating the anniversary of Siebold's arrival in Japan, this exhibition traced Siebold's footsteps through materials related to the people who were involved with him, such as his students across the country, *rangaku* scholars, daimyo, and interpreters, as well as documents from the regions he visited on his way to Edo. The exhibition explored the scenery Siebold encountered in Nagasaki and other places he visited during his six years in Japan, the people he met, and the deep relationships he developed with various individuals, including his students. The exhibition catalog, *Shīboruto rainichi 200-nen kinen dai-Shīboruto ten* シーボルト来日200周年記念 大シーボルト展 (ed. Nagasaki Rekishiki Bunka Hakubutsukan, Shīboruto Rainichi 200-nen Kinen Dai-Shīboruto Ten Jikkō Iinkai シーボルト来日200周年記念 大シーボルト展実行委員会, 2023), includes both Ishiyama Yoshikazu's "Shīboruto kenkyū no ato o kaerimiru" シーボルト研究の跡を顧みる and Kaji Teruyuki's "Shīboruto no rainichi to Nihon no sōgō-teki kenkyū no torikumi" シーボルトの来日と日本の総合的研究の取組み. As for symposiums, in addition to the NMJH one, "Nichi-Doku kyōryoku no atarashī michi: Shīboruto kenkyū no saishin seika" 日独協力の新しい道—シーボルト研究の最新成果 (hosted by the OAG) was held at the Doitsu Bunka Kaikan ドイツ文化会館 from 13-14 November.

---

29 See footnote 1.

Conclusion

In closing, I would like to offer some thoughts on the future direction of Siebold studies. As we have seen, research on Siebold, both in Japan and abroad, has been actively pursued over the past one hundred years. These studies are wide-ranging. They include botany, zoology, and mineralogy; the Siebold Incident; his relationships as seen in translated letters; his connections with students and interpreters as seen in domestic and foreign materials; his activities for Japan's opening to the world, and his diplomatic work during his second visit to the country. These studies build on previous research while also being conducted from new perspectives. Notably, the results of the late Dr. Yamaguchi Takao's energetic research on specimens and materials at Kumamoto University have been particularly significant. Additionally, the results of two project-based research initiatives conducted by the National Institutes for the Humanities (NIHU) should be highlighted: "Study of the Siebold Family Collection and Other Materials Collected in Japan and Taken Overseas in the Nineteenth Century" (2010–2015 academic years) and "Insights Into Japan-related Overseas Artifacts and Documents of the 19th-century in Europe through Research and Use: Developing the Foundation for International Collaboration in Transmitting Japanese Culture" (2016–2021 academic years). These initiatives aimed to disseminate information by making uncovered materials publicly available through an image database on the NMJH website. Also, their advancements in transcribing, translating, and developing databases for textual materials promise to significantly benefit future studies on Siebold.

Yanai Kenji once pointed out that future Siebold research would require international collaboration based on the vast amount of related materials in Japan, Germany, the Netherlands, and other countries. Moreover, Yanai emphasized the necessity of a comprehensive study of Siebold, asking who Siebold was as a person and what the purpose of his research on Japan was.[30] Through the examination of materials held in Japan and abroad, including Germany, the Netherlands, we have come to understand Siebold not only as a physician, Japanologist, botanist, zoologist, mineralogist, and diplomat, but also as an entrepreneur, ethnologist, and a person who devoted his later years to establishing an ethnological museum. In addition, research has expanded to cover not only Siebold the father but also his sons Alexander and Heinrich and daughter Ine from the perspectives of diplomatic, cultural, and regional history. In this sense, it could be said that many answers have been provided to the questions Yanai raised.

However, there are still unresolved issues. As Orita Takeshi has proposed,[31] a nationwide survey on students from Siebold's Narutaki Juku is needed. For this, it will be necessary to work toward collaboration between Nagasaki researchers/institutions and

---

30 See footnote 13.
31 See footnote 22.

local ones throughout Japan. Additionally, as Miyasaka Masahide, who has long been involved in deciphering, transcribing, and translating von Brandenstein-Zeppelin family documents, mentioned, there is the significant issue of cultivating successors to continue this work. On the other hand, as Kobayashi Jun'ichi's report showed, there is the case of veteran and early-career scholars working together to decipher the Morse documents. In the case of Siebold, there are linguistic barriers, such as German, Dutch, and Latin, but I believe that the solution lies in intergenerational exchange.

As mentioned, Siebold research has a long history, and many achievements have accumulated over the years. I hope that the research conducted thus far will continue to be carried forward, that the NMJH database will be utilized, and that Siebold research will further advance through the efforts of the next generation of researchers.

Postscript

Many of the Siebold-related studies introduced here are based on numerous sources of information, including research books, academic journals, reports, and offprints sent to me. I would like to express my gratitude again to those who sent these research materials and those who provided information about Siebold. Finally, I would like to extend my heartfelt thanks to Professor Hidaka Kaori of the NMJH for providing this opportunity to present this paper.

(Translated by Dylan Luers Toda)

Siebold Research in Nagasaki

Orita Takeshi
(Former director of the Siebold Memorial Museum)

Introduction

Does the saying "One's legacy is determined only after the coffin is closed" apply to someone like Siebold?

In 2023, which marks the two-hundredth anniversary of his first visit to Japan, Philipp Franz von Siebold (1796–1866), German physician and naturalist, is remembered as the person who introduced Western medicine to Japan during the Edo period (1603–1868). His publications also brought significant information about Japanese flora, fauna, geography, and history to the West.

After Siebold passed away in Munich on 18 October 1866, his legacy was not forgotten. Just ten years later, efforts to erect a memorial monument began. Since then, commemorative events honoring Siebold have continued to be held up to the present day.

Moreover, research on Siebold's life and achievements has been conducted in tandem with these commemorations, resulting in numerous books and academic articles.

In this paper, I will provide an overview of the history of Siebold research in Nagasaki, where he was primarily active, and touch on future research directions.

1. Siebold Commemorative Events in Nagasaki (From the Meiji Period to the Present)

First, let us chronologically review the history of Siebold commemorative events —particularly those held in Nagasaki.

Keiō 2 (1866)
Siebold passed away in Munich.
1879
The Siebold Memorial Monument (Shīboruto-kun kinenhi 施福多君記念碑, Fig. 1) was erected in Nagasaki Park, located in Tateyama 立山, Nagasaki City.

The monument was built using surplus funds raised by Ōkuma Shigenobu 大隈重信 and Sano Tsunetami 佐野常民, among others, who had collected donations in 1875 to erect a bust of Siebold in his hometown of Würzburg. The inscription was selected

Fig. 1   Siebold Memorial Monument

Fig. 2   Stone listing the names of donors

by Ōmori Ichū 大森帷中, and the calligraphy was done by Kosone Kendō 小曾根乾堂. Kure Shūzō 呉秀三 praised the monument, stating, "Although written in classical Chinese, the text is fluent, and the characters are exceptionally elegant."[1]

Next to the monument stands another stone inscribed with the names of the donors ("Ken Shikun kinenhi daimyō" 建施君記念碑題名). The names of 152 individuals and six groups are engraved on it (Fig. 2). Each donor contributed one yen and was given a portrait of Siebold painted by Edoardo Chiossone.

Among the names inscribed are those of Nagahiro Kuroda 黒田長溥 (former head of the Fukuoka Domain), who was a friend of Siebold, as well as his pupils, including Totsuka Seikai 戸塚静海, Itō Keisuke 伊藤圭介, Itō Shōteki 伊東昇廸, and Mise Morofuchi 三瀬諸淵 (see table on page 243).

1897

A monument marking the site of Siebold's house was erected.

In 1897, to commemorate the one-hundredth anniversary of Siebold's 1896 birth, Governor of Nagasaki Prefecture Ōmori Shōichi 大森鐘一 proposed the erection of a monument at the site of Siebold's former residence in Narutaki using a foundation stone. The inscription was selected by Nishi Dōsen 西道仙, and the calligraphy was done by Egami Keizan 江上瓊山.

1924

Centennial commemoration ceremony and bust erection.

Although the original plan was to commemorate the centennial of Siebold's arrival in 1923, the event was postponed to the following year due to the Great Kantō Earthquake. A ceremony, lecture, and exhibition were held, and a bust of Siebold, created by Mizunoya Tetsuya 水谷鐵也, professor at the Tokyo School of Fine Arts (Tōkyō Bijutsu Gakkō 東京美術学校), was erected at the site of his former residence. (The bust

---

1   Kure Shūzō, *Shīboruto sensei: Sono shōgai oyobi kōgyō 3* シーボルト先生3──その生涯及び功業, Heibonsha, 1968, p. 236.

was later requisitioned for metal during World War II).

1963

Renovation of the residence site and re-erection of the Siebold bust.

The Siebold-sensei Historic Site Preservation Society (Shīboruto-sensei Shiseki Hozonkai シーボルト先生史跡保存会, Chairman: President of Nagasaki University Kitamura Seiichi 北村精一), formed to renovate the former residence site, rebuilt the bust and renovated the interior of the residence site.

1966

Centennial commemoration ceremony of the death of Siebold and its commemorative exhibition of Siebold's materials.

1973

150th anniversary commemoration of Siebold's arrival in Japan; Establishment of the Dejima Medicine Garden Monument (Dejima Yakuenhi 出島薬園碑).

1989

Opening of the Siebold Memorial Museum.

As part of the project celebrating the one-hundredth anniversary of the incorporation of Nagasaki as a city, the museum was opened adjacent to the site of Siebold's former residence.

1996

Event for the two hundredth anniversary of Siebold's birth.

2016

150th anniversary commemoration of Siebold's death.

2023

200th anniversary commemoration of Siebold's arrival in Japan.

2. The Development of Siebold Research in Nagasaki

Research on Siebold has been carried out in Nagasaki alongside commemorative events and memorials, reflecting the city's deep connection to him.

For example, the journal *Nagasaki dansō* 長崎談叢, published by the Nagasaki History Association (Nagasaki Shidankai 長崎史談会), one of Nagasaki's most prominent historical research organizations, has featured a total of thirteen articles on Siebold from its first issue to its one-hundredth issue. (Only those with Siebold in the title are

Names on the Donor Stone

番号	氏名	番号	氏名	番号	氏名	番号	氏名
1	二品親王　有栖川熾仁	41	藤山種廣	81	杉村甚兵衛	121	龜井雋永
2	二品親王　東伏見嘉彰	42	相原重政	82	猪脇文禮	122	伴野　貢
3	三條實美	43	深川長右衛門	83	長與專齋	123	村松良粛
4	岩倉具視	44	野中亮助	84	山高信離	124	小川清齊
5	德川家達	45	石黑直寬	85	鹽山忠正	125	高安道純
6	黑田長溥	46	竹内　毅	86	山口伸賢	126	金田幸助
7	鍋島直大	47	吉田健康	87	前田獻吉	127	古澤基次
8	德川昭武	48	若井兼三郎	88	鶴田清次	128	日野則義
9	伊達宗城	49	東條一郎	89	中村靜洲	129	半田泰悅
10	秋月種樹	50	武谷裕之	90	斯波良平	130	谷　仲貞
11	大給　恒	51	町田久成	91	横川政利	131	原田瑤山
12	大隈重信	52	西　周	92	佐々木武綱	132	今岡　泰
13	寺島宗則	53	津田眞道	93	佐野恭平	133	茂田元生
14	佐野常民	54	大野規周	94	岡　松節	134	伊達有信
15	戶塚春山	55	久保弘道	95	松野養俊	135	匹田修菴
16	伊藤圭介	56	小野職愨	96	前田陵海	136	桑田衡平
17	伊東昇廸	57	田中房種	97	山鹿　麓	137	島野也八郎
18	戶塚文海	58	服部雷齋	98	佐藤金義	138	足立　寬
19	伊東方成	59	栗田萬次郎	99	三角有義	139	鈴木長兵衛
20	田中芳男	60	織田賢司	100	戶田壽昌	140	岩木金藏
21	早矢仕有的	61	織田信德	101	飯尾　憲	141	竹内東菴
22	大久保一翁	62	田代安定	102	三瀨諸淵	142	橋本　磐
23	渡邊洪基	63	小森賴信	103	山崎直胤	143	竹本自清
24	北島秀朝	64	小森常賀	104	宮内　廣	144	鈴木八十太郎
25	吉雄圭齋	65	坂田春雄	105	赤松則良	145	柳本研道
26	武田昌次	66	伊藤信夫	106	深町　亨	146	金井俊行
27	鏑木　融	67	澤太郎左衛門	107	國富仙太郎	147	原田謙吾
28	石井信義	68	緒方拙齋	108	引間恭介	148	守山吉通
29	鹽田　直	69	高橋正純	109	長屋恭平	149	木下志賀二
30	宮下愼堂	70	川本清一	110	田口秋桂	150	荒木千足
31	津田　仙	71	本山　漸	111	山川　饒	151	松田雅典
32	納富分次郎	72	田中精助	112	萩生　汀	152	三田村比左吉
33	平山成信	73	大石良乙	113	小倉左文	1	京都府醫師二十二名
34	近藤眞琴	74	寺西　積	114	石川良信	2	京都府上京醫師中
35	高　鋭一	75	緒方惟準	115	丹波修治	3	京都府療病院中十八名
36	高　良二	76	林　洞海	116	井口直樹	4	京都府舍密局有志中
37	緒方道平	77	古川正雄	117	二宮良逸	5	京都府合藥會社有志中
38	松尾儀助	78	富田淳久	118	森　玄道	6	長崎病院
39	三宅　秀	79	大澤昌督	119	藤野雪道		
40	和田收藏	80	岩本五兵衛	120	戶塚積齊		

Source: *Nagasakishi-shi chishi-hen meishō-hen tōbu* 長崎市史 地誌編名勝篇頭部. Seibundō Shuppan 清文堂出版, 1967 facsimile edition, pp. 149–152.
Numbers refer indicate the order of engraving (the names are inscribed on multiple lines from the upper right to the left of the monument face).

listed, and the author's name is in parentheses).

1. No. 6 (1930)
"Shīboruto no Nagasaki taizai, Ansei roku nen yori Bunkyū gannen ni itaru Shīboruto no chōnan Alexander von Siebold-cho Ph. Fr. von Siebold's letzte Reise nach Japan, 1903" シーボルトの長崎滞在、自安政六年至文久元年 シーボルトの長男 Alexander von Siebold 著 Ph. Fr. von Siebold's letzte Reise nach Japan, 1903 [Siebold's stay in Nagasaki: From Ansei 6 to Bunkyū 1, based on Ph. Fr. von Siebold's Letzte Reise nach Japan, 1903, written by his eldest son Alexander von Siebold] (Ozawa Toshio 小澤敏夫)

2. No. 13 (1933)
"Shīboruto taicho Nihon ni kakaguru onsen-dake no e wa Tani Bunchō no egaku tokoro no Unzendake ni yorishi mono naru koto no kōshō" シーボルト大著日本に掲ぐる温泉嶽の絵は谷文晁画く所の雲仙岳に拠りしものなる事の考証 [An investigation of the painting of Mt. Unzen in Siebold's great work *Nippon* being based on Tani Bunchō's painting of the mountain] (Mutō Chōzō 武藤長蔵)

3. No. 15 (1934)
"Shīboruto to Nihon sanshōuo (Ōsanshōuo)" シーボルトと日本鯢魚 (大山椒魚) [Siebold and the Japanese Giant Salamander (Ōsanshōuo)] (Kunimoto Kanae 國友鼎)

4. No. 15 (1934) "Yoriai-machi shoji kakiagechō ni arawaretaru Shīboruto to Otaki-san" 寄合町諸事書上帳に現れたるシーボルトとお瀧さん [Siebold and Otaki-san as seen in the Yoriai-chō's written records] (Nakamura Jōhachi 中村定八)

5. No. 16 (1935)
"Shīboruto sensei to sono monjin (ichi)" シイボルト先生と其門人 (一) [Siebold-sensei and his pupils (part 1)] (Kuroda Genji 黒田源次)

6. No. 16 (1935) "Shīboruto shiryō tenrankai o megutte" シーボルト資料展覧会を巡って [On the Siebold materials exhibition] (Nakamura Shigeyoshi 中村重嘉)

7. No. 17 (1935)
"Shīboruto sensei to sono monjin (ge)" シイボルト先生と其門人 (下) [Siebold-sensei and his pupils (part 2)] (Kuroda Genji)

8. No. 39 (1959)
"Rinshō ika to shite no Shīboruto" 臨床医家としてのシーボルト [Siebold as a clinician] (Masaki Yoshifumi 正木慶文)

9. No. 41 (1963)
Shīboruto to Shiodon シーボルトとシオドン [Siebold and Shio] (Ozawa

Toshio)
10. No. 41 (1963) "Dejima san gakusha to Nihon shokubutsu" 出島三学者と日本植物 [The three scholars of Dejima and Japanese flora] (Toyama Saburō 外山三郎)
11. No. 42 (1964)
"Shīboruto to no gekiteki beibetsu" シーボルトとの劇的袂別 [The dramatic separation from Siebold] (Ozawa Toshio)
12. No. 45 (1966)
"Kenperu, Shīboruto no kinen kenshō gyōji ni tsuite" ケンペル、シーボルトの記念顕彰行事について [Commemorative events for Engelbert Kaempfer and Siebold] (Nomura Masanori 野村正徳)
13. No. 52 (1971)
"Shīboruto to Kawahara Keiga" シーボルトと川原慶賀 [Siebold and Kawahara Keiga] (Kaneshige Mamoru 兼重護)

These articles can be divided into three periods based on publication dates.

The first period is the 1930s (articles 1–7), with the highest number of publications. This coincides with the transportation and exhibition of Siebold-related materials from the Japan Institute in Berlin, Germany, to Japan in 1935, which renewed interest in Siebold's achievements.

The second period is the 1960s (articles 8–12). This period corresponds to the renovation of Siebold's former residence in Narutaki and the restoration of his bust, reflecting a heightened interest in Siebold in Nagasaki.

The third period is from the 1970s onward (articles 13). This period saw deepened research on figures associated with Siebold, such as his painter Kawahara Keiga 川原慶賀, in conjunction with the events held in 1966 marking one hundred years since Siebold's death.

In this way, the Siebold-related articles published in *Nagasaki Dansō* were likely written in connection with Siebold-related events.

The achievements of Koga Jūjirō 古賀十二郎 and Nakanishi Akira 中西啓 should not be overlooked when discussing Siebold studies in Nagasaki.

(1) Koga Jūjirō (1879–1954)

The Nagasaki historian Koga Jūjirō was born in Nagasaki in 1879. After graduating from Tokyo School of Foreign Languages (Tōkyō Gaikokugo Gakkō 東京外国語学校), he taught English at Hiroshima Higher Normal School (Hiroshima Kōtō Shihan Gakkō 広島高等師範学校) before returning to his hometown, where he dedicated himself to research on the history and culture of Nagasaki, leaving a substantial legacy of scholarship.

Koga served as chief editor for the Nagasaki City History Compilation Project

(Nagasakishi hensan jigyō 長崎市史編纂事業), which began in 1919, and he also himself authored one of its books on the customs of the city (*Nagasaki shishi: Fūzoku-hen* 長崎市史 風俗編, 1925). In addition to his own writings, he amassed a vast collection of resources and materials, which are now housed at the Nagasaki Museum of History and Culture (Koga Bunko 古賀文庫) and Kyushu University.

His major works are on the transmission of Western medicine to Japan (*Seiyō ijutsu denrai-shi* 西洋醫術傳來史, Nisshin Shoin, 1932; republished by Keiseisha in 1972) and the history of Nagasaki painting (*Nagasaki kaiga zenshi* 長崎繪畫全史, Hokkō Shobō, 1944).

Based on his manuscripts, after his death works were published on the opening of the port of Nagasaki (*Nagasaki kaikōshi* 長崎開港史, Koga Jūjirō Ō Isō Kankōkai, 1957), Maruyama brothels and foreigners (*Maruyama yūjo to tōkōmōjin* 丸山遊女と唐紅毛人, ed. Nagasaki Gakkai 長崎学会, Nagasaki Bunkensha, 1969; new edition in 1995), the history of Western learning in Nagasaki (*Nagasaki yōgakushi* 長崎洋学史, ed. Nagasaki Gakkai 長崎学会, Nagasaki Bunkensha, 1966), and Japanese words of overseas origin *Gairaigo shūran* 外来語集覧 (Nagasaki Gairaigo Shūran Kankō Kiseikai, 2000).

Koga's Siebold-related works include *Seiyō ijutsu denrai-shi* and *Maruyama yūjo to tōkōmōjin*. Additionally, *Nagasaki shishi: Fūzoku-hen* and *Nagasaki yōgakushi* also reference Siebold.

Seiyō ijutsu denrai-shi includes four such parts: one on Siebold's first time in Japan, on his second time in Japan, on his child Kusumoto Ine 楠本イネ and pupil Mise Shūzō 三瀬周三, and on cowpox vaccination. Each essay draws on various sources, including domestic and foreign texts, archival documents, death registries, tombstone inscriptions, and oral histories, to elucidate Siebold's achievements in medical history.

The second part of *Maruyama yūjo to tōkōmōjin* includes an appendix on Siebold, his courtesan, and their child Ine. Unlike *Seiyō ijutsu denrai-shi*, this work aims to shed light on the lesser-known aspects of Siebold's life in Japan, as stated in the foreword: "I would like to cast a ray of light on the hidden side of Siebold's life in Japan." As such, it not only details Siebold's life, but also discusses figures surrounding him, such as Kusumoto Taki 楠本タキ and Ine, as well as the Siebold Incident (*Shīboruto jiken* シーボルト事件).

One particularly noteworthy aspect of *Maruyama yūjo to tōkōmōjin* is its inclusion of two collections of transcriptions and translations of a total of thirty-seven Siebold-related letters. Koga based his work on materials then housed at the Japan Institute in Berlin and the Kusumoto family, some of which are now missing, making this an invaluable resource for Siebold research (see table on page 249).

Another example of the transcription and translation of Siebold-related letters prior to World War II is *Shīboruto kankei shokan-shū* シーボルト關係書翰集 (ed. Nichidoku Bunka Kyōkai 日独文化協会, Ikubundō Shoten, 1941). This work, translated by Ōtori Ranzaburō 大鳥蘭三郎, categorizes the letters by addressee and author, providing both the transcriptions of the originals and Japanese translations. While it is a classic of Siebold research, its content differs slightly from that of *Maruyama yūjo to tōkōmōjin*. Comparing the two works reveals differences in translation, and there are letters included in *Maruyama yūjo to tōkōmōjin* that are not present in *Shīboruto kankei shokan-shū*. This suggests that Koga did not refer to the latter work when producing his translations but attempted his own independent translations. There are also instances where Koga's translation is more faithful to the original text.

For example, a letter from Siebold to his daughter Ine, written around November 1859 (Ansei 6), during his second stay in Japan, appears to address a dispute that had arisen between them over some trouble at his residence:

—Zal UE in myn huis niet verder zich met huishoudelyke zaken bemoeien, en daarentegen met het leerer van hollandsche taal-genees-heel-en Natuurkunde bezig, Alexander leeren en my, by myne veele wetenschappelyke bezigheden, eene behulpzaam hand bieden.

Ōtori's Japanese translation can be translated as follows into English: "Are you no longer going to handle the housework at my home? Instead, are you going to engage in studying Dutch language, medicine, or natural sciences? Alexander should study, and I, too, am busy with academic work, so I ask for your help."[2]

In contrast, Koga's Japanese translation, rendered into English, reads: "You won't have to worry any further about housework in my house. Rather, you'll likely devote yourself to studying with teachers of the Dutch language, internal and external medicine, and natural sciences; teach Alexander; and lend me a helping hand in my various scientific studies."[3]

The two translations are fundamentally different. Ōtori's translation seems to criticize Ine for neglecting household affairs and compels her to provide more assistance, while Koga's translation suggests that Siebold was encouraging her not to worry about household chores any longer and to focus instead on studying and assisting him in his research.

Ōtori's translation has had a significant influence. This translation has perpetuated the notion of a strained relationship between Siebold and Ine. Fukui Hidetoshi 福井英俊, for example, references Ōtori's translation, stating, "According to correspondence from Siebold to Ine, the relationship between Siebold and Ine gradually grew distant after his second arrival in Japan."[4]

---

2   Nichidokubunka Kyōkai, ed., *Shīboruto kankei shokan-shū*, Ikubundō Shoten, 1941, p. 21.
3   Koga Jūjirō, *Maruyama yūjo to tōkōmōjin kōhen* 丸山遊女と唐紅毛人 後編, ed. Nagasaki Gakkai 長崎学会, Nagasaki Bunkensha, 1995 new and revised edition, p. 631.
4   Fukui Hidetoshi, "Kusumoto-Yoneyama-ke shiryō ni miru Kusumoto Ine no ashiato" 楠本・米山家資料にみる楠本いねの足跡, *Narutaki kiyō* 鳴滝紀要 1 (1991), p. 266.

However, based on a close reading of the original text, it is clear that Koga's translation is more faithful to the original. This can be seen even in the first sentence, which starts with *zal* (will). Ōtori translates it as a question, "Are you," but the original text does not contain a question mark and is actually written in the future tense.

Given the limited access to dictionaries and resources at the time, Koga's language abilities should be highly regarded.

The origins of Koga's Siebold research can perhaps be traced back to his article on the Siebold Incident, "Shīboruto sensei no gigoku no tenmatsu (Ichi)" 施福多先生の疑獄の顛末 (一) (*Nagasaki hyōron* 長崎評論 3 [1912]). Koga, whose grandfather was the Dutch medicine physician Kimura Issai 木村逸斎, seems to have been interested in Western studies from an early age.

Later, he began collecting materials in response to the need to compile the aforementioned history of the city of Nagasaki, work that began in 1919. He also planned to publish a follow-up to *Nagasaki shishi: Fūzoku-hen* that covered Western learning (*Nagasaki shishi: Yōgaku-hen* 長崎市史 洋学編) and had completed a manuscript for it (eventually published as *Nagasaki yōgakushi* in three volumes in 1966). The following manuscripts and notes created by Koga at the time are housed at the Nagasaki Museum of History and Culture.

- "Shīboruto kankei shiryō" 施福多関係史料 (compiled by Koga Jūjirō, manuscript on ruled paper in ink, call number: Shi シ 13 111)
- "Shīboruto kankei shiryō-shū" シーボルト関係史料集 (compiled by Koga Jūjirō, notebook in pencil, call number: Shi シ 13 303–3)
- "Gyokuen zattetsu 13" 玉園雑綴 13 (Shīboruto kankei, Koga Jūjirō, notebook in pen, call number: Shi シ 13 307 13)
- "Henri hon Shīboruto yori Kusumoto O-Ine ate shokan" ヘンリ・ホン・シーボルトより楠本於稲宛書翰 (compiled by Koga Jūjirō, manuscript on ruled paper in ink, call number: Shi シ 173)
- "Kōmō geka Shīboruto ikken: Geka Shīboruto ikken 紅毛外科施福多一件 外科シーボルト一件 (by Koga Jūjirō, manuscript on ruled paper in ink, call number: Shi シ 14 31)
- "Zatsuroku (Koga Jūjirō shūshū shiryō)" 雑録 (古賀十二郎収集史料) (notebook in pen, call number: Shi シ 19 201–2)

Another reason for Koga's research was his collaboration with Kure Shūzō (a psychiatrist), a professor at Tokyo Imperial University, who sought Koga's assistance in writing Siebold's biography. Koga's grandfather, Kimura Issai, and Kure's grandfather, Mitsukuri Genpo 箕作阮甫, were Dutch learning scholars from Tsuyama 津山, a fact likely known to both men. Koga, in particular, held his grandfather in high esteem. In a letter to Ōkuma Asajirō 大熊浅次郎, a historian from Fukuoka, Koga wrote that his interest in history stemmed from a desire to learn about his grandfather.[5] I suppose Koga's multilingual abilities may have been inherited from his grandfather.

List of Letters Included in *Maruyama yūjo to tōkōmōjin*
(Total: 37 letters, 13 from Section 1, 24 from Section 2)

Category	No.	Sender	Recipient	Date	Repository	Remarks
1	1	Siebold	Otaki-san お滝さん	1830	Japan Institute Berlin	Draft, Japanese text
1	2	Otaki-san	Siebold	the fifteenth day of the eleventh month of Tenpō 天保 1	Japan Institute Berlin	Dutch text (translated by Kō Ryōsai 高良斎蘭)
1	3	Otaki-san	Siebold	the twenty-fourth day of the tenth month of Tenpō 2	Japan Institute Berlin	Japanese text (written on behalf of Otaki-san)
1	4	Otaki-san	Siebold	26 October 1831	Japan Institute Berlin	Dutch text
1	5	Otaki-san & Oine-san	Guo Cheng-zhang 郭成章	20 November 1832	Japan Institute Berlin	Dutch text
1	6	Mima Junzō 美馬順三	Maria Apollonia	10 October 1824	Japan Institute Berlin	Dutch text
1	7	Kō Ryōsai	Siebold	—	Japan Institute Berlin	Dutch text
1	8	Kō Ryōsai	Siebold	—	Japan Institute Berlin	Dutch text
1	9	Kō Ryōsai	Siebold	the first day of the twelfth month of Bunsei 文政 12	Japan Institute Berlin	Dutch text
1	10	Kō Ryōsai	Siebold	the fifth day of the twelfth month of Bunsei 12	Japan Institute Berlin	Dutch text
1	11	Siebold	Ninomiya Keisaku	end of Bunsei 12?	Kō Sōkichi 高壮吉	Dutch text, entrusted to the Siebold Memorial Museum
1	12	Ishii Sōken 石井宗謙	Siebold	November 1830	Japan Institute Berlin	Dutch text, partially quoted
1	13	Totsuka Seikai	Siebold	12 December 1830	Japan Institute Berlin	Dutch text, partially quoted
2	1	Oine-san	Siebold	1859–1860?	Japan Institute Berlin	Dutch text, current whereabouts unknown
2	2	Oine-san	Siebold	winter of Ansei 安政 6?	Japan Institute Berlin	Dutch text, written on behalf of Oine-san by Mise Shūzō
2	3	Otaki-san	Siebold	1859–1860?	Japan Institute Berlin	Dutch text, written on behalf of Otaki-san by Mise Shūzō, current whereabouts unknown
2	4	Siebold	Oine-san	the eleventh month of Ansei 6?	Kusumoto Family (13–2–2–⑬–9)	Dutch text

---

5 Ōkuma Asajirō, "Bakumatsu Fukuoka-han no isai: Kaneko Saikichi jiseki (ge) Sono hachi" 幕末福岡藩の偉材 金子才吉事績 (下) 其八, *Tsukushi shidan* 筑紫史談 39 (1926).

2	5	Oine-san	Siebold	8 February 1860	Japan Institute Berlin	Dutch text, written on behalf of Oine-san by Mise Shūzō
2	6	Siebold	Oine-san	—	Kusumoto Family (13–2–2–⑬–1)	Dutch text
2	7	Oine-san	Siebold	1 May 1860	Japan Institute Berlin	Dutch text, current whereabouts unknown
2	8	Oine-san	Siebold	24 June 1860	Kusumoto Family (13–2–2–⑬–3)	Dutch text
2	9	Siebold	Oine-san	summer 1860?	Kusumoto Family (13–2–2–⑬–5)	Personal letter
2	10	Oine-san	Siebold	midsummer 1860?	Japan Institute Berlin	Dutch text, current whereabouts unknown
2	11	Siebold	Oine-san	15 July 1860	Kusumoto Family (13–2–2–⑬–11)	Dutch text
2	12	Otaki-san	Siebold	29 August 1860	Japan Institute Berlin	Dutch text, written on behalf of Otaki-san by Mise Shūzō, current whereabouts unknown
2	13	Mise Shūzō	Siebold	24 September 1860	Japan Institute Berlin	Dutch text
2	14	Mise Shūzō	Siebold	24 October 1860	Japan Institute Berlin	Dutch text
2	15	Oine-san	Siebold	1860?	Japan Institute Berlin	Dutch text
2	16	Otaki-san	Siebold	—	Japan Institute Berlin	Dutch text, written on behalf of Otaki-san by Mise Shūzō, current whereabouts unknown
2	17	Siebold	Oine-san	1860?	Kusumoto Family (13–2–2–⑬–7)	Dutch text
2	18	Siebold	Oine-san	—	Kusumoto Family (13–2–2–⑬–12)	Dutch text
2	19	Siebold	Oine-san	the fourth day of the second month of Bunkyū 文久 1	Kusumoto Family (13–2–2–⑬–13)	Dutch text
2	20	Siebold	Oine-san	—	Kusumoto Family (13–2–2–⑬–8)	Dutch text
2	21	Mori Seigorō 森清五郎	Siebold	—	Kusumoto Family (19–7–3)	Dutch text, written on behalf of Mori Seigorō by Mise Shūzō?
2	22	Pompe	Siebold	1860?	Kusumoto Family (13–2–8)	Dutch text
2	23	Baudin	Mise Shūzō	13 May 1867	Kusumoto Family (13–2–7)	Dutch text
2	24	Mise Shūzō	Kusumoto Ine 矢本いね	—	Kusumoto Family (13–2–5)	Japanese text

Letters with "Kusumoto Family" listed as the repository are currently housed at the Siebold Memorial Museum (the numbers in parentheses indicate the call numbers).
Six letters from Category 2 (numbers 1, 3, 7, 10, 12, and 16) are currently missing.
The Dutch-language letters numbered 1, 3, 5, 7, 10, 12, 16, 21, and 23 in Category 2 are not included in the collection of Siebold's correspondence.

Kure held Koga's knowledge in high regard. In the foreword to *Shīboruto sensei: Sono shōgai oyobi kōgyō* シーボルト先生 其生涯及功業 (1926), he wrote the following:[6]

> Koga, known by all as the scholar of Nagasaki, is a man of short stature but great vigor, widely read and blessed with a prodigious memory, deeply learned in languages, and possessed of excellent discernment. He would rise early, before others had awoken, to read and write, investigate matters near and far, and explore both the past and present. With regard to his hometown, there is nothing he does not know. Though he has an aloof and indomitable spirit and often gives the impression of being indifferent to others, when I visited him to compile this book, he received me as an old friend and generously shared his abundant knowledge, significantly influencing the compilation of this work.

Kure's deep respect for Koga is further demonstrated in an episode relayed by Koga's pupil, the local historian Watanabe Kurasuke 渡辺庫輔, to Nakanishi Akira, who recounted it to me. During one of Kure's visits to Nagasaki, Watanabe recalled witnessing Kure, dressed in a formal *haori* 羽織 and *hakama* 袴姿, kneeling next to Koga's desk and introducing himself with a deep bow while placing his hands on the tatami. Watanabe noted, "I was surprised to see a professor from the Imperial University bowing so politely to him." This likely occurred when Kure visited Nagasaki to lecture at the centennial commemoration of Siebold's arrival in Japan.

(2) Nakanishi Akira (1923–2002)

Nakanishi Akira was born in Nagasaki City in 1923.

The Nakanishi family were former retainers of the Saga 佐賀 Domain, and their ancestors, having come from Kyoto, served the Nabeshima 鍋島 family as poetry officials (*outa kakiyaku* 御歌書役; according to Nakanishi). The family heads were traditionally called "Kihei" 喜兵衛 and *Hagakure* 葉隠 records the conversation of Nakanishi Kihei Okiaki 中西喜兵衛興明 (1640–1705), who was posted in Kyoto during the reign of Nabeshima Mitsushige 鍋島光茂. In Kaei 嘉永 1 (1848), Nakanishi Kihei, probably the family head, was awarded five silver coins as a reward from the domain for his expertise in the Hōzōin 宝蔵院-style of spear fighting (*sōjutsu* 槍術).

Nakanishi's father, Nakanishi Tanenobu 中西種信 (1878–1938), graduated from the Nagasaki Medical School (Nagasaki Igaku Senmon Gakkō 長崎医学専門学校) and served as a military doctor in the Russo-Japanese War. He later became the director of Takashima Coal Mine Hospital (Takashima Tankō Byōin 高島炭鉱病院) and then the first Vice Director of the Department of Internal Medicine (Naika 内科) at Nagasaki

---

6 Kure Shūzō, *Shīboruto sensei: Sono shōgai oyobi kōgyō 1*, Heibonsha, 1967, p. 12.

Medical School before opening his own practice in Nagasaki's Motofurukawamachi 本古川町. He was also a member of the Araragi アララギ poetry group and used the haiku pen name "Shujin" 朱人. The Nakanishi family had a strong literary tradition, and Nakanishi's cousin was the novelist Umezaki Haruo 梅崎春生.

Nakanishi, born as the second son, graduated from Nagasaki Middle School (Nagasaki Chūgaku 長崎中学) and then entered Kurume Medical School (Kurume Igaku Senmon Gakkō 久留米医学専門学校) but had to withdraw due to illness. In 1950, he entered the Department of Pharmacy at Nagasaki University but transferred to the medical preparatory course at Saga University the following year. In 1953, he enrolled in the Nagasaki University School of Medicine, from which he graduated in 1957. He then worked as an internist at Nagasaki Genbaku Hospital, Nagasaki Prefectural Saza Sanatorium (Nagasaki Kenritsu Saza Ryōyōsho 長崎県立佐々療養所), and what is now NHO Nagasaki National Hospital, among other medical institutions.[7]

Alongside his medical career, Nakanishi dedicated his life to studying medical, haiku poetry, and local history. He served as the organizer of the haiku magazine *Taihaku* 太白 and continued his prolific creative activities under the pen name "Hagioki" 萩置 until his final years.

Born in the year of the centennial of Siebold's arrival in Japan, Nakanishi, as a fellow physician, held a deep respect for Siebold and devoted himself to researching Siebold, producing many works.

At the same time, he was actively involved in Siebold memorial events from 1962 onwards (including the one-hundredth anniversary of Siebold's death in 1966 and the 150th anniversary of his arrival in 1973) and participated as a preparatory committee member for the construction of the memorial museum.

Some of Nakanishi's major works include:

1. "Nagasaki igaku no hyakunen" 長崎医学の百年 [One hundred years of Nagasaki Medicine]
   In 1956, while still a student at Nagasaki University's School of Medicine, Nakanishi was commissioned by then-President Kitamura to write this work for an event marking the one-hundredth anniversary of the introduction of Western medicine in Nagasaki. Nakanishi spent his summer vacations uncovering materials and ultimately completed this extensive 900-page book, which was published in 1961 as *Nagasaki igaku hyakunen-shi* 長崎医学百年史. In 1957, he also wrote *Ponpe shōden narabi ni Nagasaki Daigaku Igakubu enkaku* ポンペ小伝並びに長崎大学医学部沿革 (A

---

7   This information on Nakanishi's career is based on the foreword written by Mitani Yasushi 三谷靖 in Nakanishi's 1966 work, *Nagasaki igaku no ato* 長崎醫學の跡. This book was planned and published as a guidebook for the 18th Annual Meeting of the Japan Society of Obstetrics and Gynecology (Nihon Sanka Fujin Kagakukai 日本産科婦人科学会).

brief biography of Pompe and the history of Nagasaki University's school of medicine) and *Pompe sensei o chūshin to suru igaku shiryō tenrankai mokuroku* ポンペ先生を中心とする医学資料展示会目録 (Catalog of the medical materials exhibition centered on Dr. Pompe).

2. *Shīboruto hyōden* シーボルト評伝 [A critical biography of Siebold]
Written at the request of the Siebold-sensei Historic Site Preservation Society, this concise yet clear and informative biography of Siebold's life and achievements was widely read, going through six editions after its first publication in 1962.

3. *Kenperu, Shīboruto kinen ronbun-shū* ケンペル、シーボルト記念論文集 [Commemorative articles on Kaempfer and Siebold]
Published in Tokyo in 1966 by the German-Asia Research Association (Doitsu Ajia Kenkyū Kyōkai 独逸亜細亜研究協会) to commemorate the 250th anniversary of Kaempfer's death and the 100th anniversary of Siebold's death, this volume includes articles in Japanese and German by scholars from Japan and Germany. Nakanishi contributed an article succinctly summarizing Siebold's contributions ("Shīboruto no machi" シーボルトの町).

4. *Nagasaki no Oranda-i-tachi* 長崎のオランダ医たち [Dutch doctors in Nagasaki]
This book presents biographies of seven European doctors connected to Nagasaki—Almeida, Sawano Chūan 沢野忠庵 (Cristóvão Ferreira), Kaempfer, Thunberg, Siebold, Pompe, and Bauduin—and was published in 1975 as part of the Iwanami Shinsho 岩波新書 series. A special edition was later published in 1993, with a two-page addition to the section on Siebold.

5. *Shīboruto zengo: Nagasaki igakushi nōto* シーボルト前後—長崎医学史ノート [Before and after Siebold: Notes on the medical history of Nagasaki]
This 1989 work is a compilation of a series of one hundred articles that ran in *Nagasaki-ken ishikai hō* 長崎県医師会報 from 1972 to 1979. It was published by Nagasaki Bunkensha and includes a transcription of and introduction to a treatise on brewing beer ("Bakushu jōzōsetsu" 麦酒醸造説, trans. by Mise Morobuchi) in the collection of the Siebold Memorial Museum.

6. *Shinpan Nippon ika retsuden: Nihon kindai igaku no akebono* 新版 ニッポン医家列伝 日本近代医学のあけぼの [Revised biographies of Japanese physicians: The dawn of modern Japanese medicine]
This book is a compilation of a series titled "Kyūshū ika retsuden" 九州医家列伝 that Nakanishi wrote for the *Gekkan CRC Jānaru* 月刊CRCジャーナル. Published as a single volume in 1992 by Pī Ando Shī, it serves as a sequel to *Nagasaki no Oranda-i-tachi*, covering the history of medicine

and the activities of physicians from the modern period onward.

In addition, Nakanishi published numerous research papers in *Narutaki kiyō* 鳴滝紀要, the academic journal published by the Siebold Memorial Museum, such as "Kyōryō renrui kōan ni tsuite"『喬梁連累公案』について (1), "Mise Morofuchi yakukō 'Kokui ron' (kadai)" 三瀬諸渕訳稿『国医論』(仮題) (4), "Narutaki-juku shikichi no kyūzōsha to chiseki" 鳴滝塾敷地の旧蔵者と地積 (6), and "Shīboruto jiken hanketsu-ji no hōteki konkyo" シーボルト事件判決時の法的根拠 (9).

In addition to his research and writing, Nakanishi served as a director of the Society for the Study of Dutch Materials (Rangaku Shiryō Kenkyūkai 蘭学資料研究会) and the Japanese Society for the History of Medicine (Nihon Ishigaku-kai 日本医史学会) and contributed to the preservation of Nagasaki's cultural heritage as a member of the cultural property protection councils (Bunkazai Hogo Shingikai 文化財保護審議会) for Nagasaki Prefecture and Nagasaki City. He was also awarded the Nagasaki Prefectural Citizens' Award (Nagasaki kenmin hyōshō 長崎県民表彰), the Minister of Education, Culture, Sports, Science and Technology's Local Cultural Achievement Award (Chiiki bunka kōrō monbu daijin hyōshō 地域文化功労文部大臣表彰) (both in 1999), and the Nagasaki Shinbun Culture Prize (Cultural and Educational Division) (Nagasaki shinbun bunkashō [bunka kyōiku bumon] 長崎新聞文化章 (文化教育部門)) (in 2000).

Nakanishi Akira was known for his tall, slender build, broad learning, and gentle disposition. He was modest and straightforward in his scholarly pursuits and always kind and respectful to everyone, regardless of status or age.[8]

People often remarked that he bore a striking resemblance to Sugita Genpaku 杉田玄白, a famous Dutch studies scholar. When he once traveled to Europe, he was mistaken for a local and asked for directions on the Paris Metro, highlighting how well he blended into the environment.

Reading was Nakanishi's greatest passion, and his house was filled with an overwhelming number of books. Fluent in English, German, and Chinese, Nakanishi owned many foreign-language books. He had so many books that he could not organize them properly and sometimes ended up buying the same ones multiple times. Most of his collection consisted of works on poetry and history, including valuable old manuscripts. During a major flood in 1982, the first floor of Nakanishi's house in Furukawamachi 古川町 was submerged, and many of his books were damaged. However, some that were fortunately spared are now housed at the Nagasaki Museum of History and Culture.

Nagasaki has a long-standing tradition known as "Nagasaki time," which refers to a unique custom of being unconstrained by set schedules. Nakanishi sometimes followed this custom. During the ceremony for the Nagasaki Shinbun Culture Prize, the

---

8   The following are anecdotes about Nakanishi that I heard directly from him or observed during my own interactions with him in his later years.

event could not begin because Nakanishi had not arrived. The bewildered emcee even joked, "Our guest of honor has currently gone missing."

Nakanishi was an avid note-taker, always carrying several notebooks in which he meticulously recorded information in small, precise handwriting.

He was also a lover of sweets and coffee, and he frequented several cafés in Nagasaki City, where he could often be seen reading or writing. Nakanishi had a designated seat in the local studies section of the Nagasaki Prefectural Library, where he spent his Sunday afternoons conducting research and writing. At that time, visitors seeking meetings or advice would gather at the library's local studies section, turning it into a bustling hub of activity.

Like Siebold, Nakanishi needed very little sleep. Whenever he traveled, he would go to bed later than anyone else and wake up earlier than anyone to start his day.

In 1948, Nakanishi joined the Nagasaki Society (Nagasaki Gakkai), which was established with Koga Jūjirō as its advisor. Nakanishi contributed to two volumes of its ten-volume series: *Kyorai to Bashō hairon "Karumi" no kaimei—" Fugyoku ateronsho" kōsetsu* 去来と芭蕉俳論「軽み」の解明—「不玉宛論書」考説— (The uncovering of Kyorai and Bashō's poetry theory of "lightness": An analysis of the "Letter to Fugyoku") and *Nagasaki tōki, Motonari nikki, Motonaka nikki* 長崎剳記、元成日記、元仲日記 (Records of Nagasaki, the diary of Motonari, the diary of Motonaka).

Nakanishi recounted his joining the Nagasaki Society to me as follows: "One day, I was reading *Narabayashi kakeifu* 楢林家系譜 at the Prefectural Library when Nagashima Shōichi 永島正一 [a local historian and a pupil of Koga] came up to me and said, 'Koga-sensei is here and would like to see it.' So, I handed it over. Later, Nagashima returned and said, 'There's a new group called the Nagasaki Society. There are no membership fees, so why don't you join?'"

Nakanishi also served as a publication committee member for Koga's posthumous work *Nagasaki kaikōshi*.[9] During this time, he visited Shinmura Izuru's 新村出 home in Kyoto to request a foreword for the book. Nakanishi said he was astounded by the sheer size of Shinmura's book collection. Because of delays in publishing, Nakanishi later received a stern letter of reminder from Shinmura.

During his lifetime, Nakanishi referred to Koga as "Koga-san,"[10] remarking, "Well, he was an English teacher, a very earnest man."

3. The Establishment of the Siebold Memorial Museum and Siebold Research

The Siebold Memorial Museum was established by Nagasaki City to celebrate the

---

[9] The final published work includes an acknowledgment of "Nakanishi Akira's guidance" in relation to information on ports within the Saga Domain (p. 51).

[10] This is my personal opinion, but in recent years, there seems to be a tendency in some circles to idolize Koga and always refer to him as *sensei*.

Photo 3 Siebold Memorial Museum exterior

one-hundredth anniversary of its incorporation as a city. It was built to honor Siebold's legacy, as well as to serve as an educational facility for schools and the public and to promote international cultural exchange. The museum opened in 1989. Its exterior design is modeled after Siebold's former residence in Leiden (currently the Japan Museum SieboldHuis).

In addition to the permanent and special exhibitions that are open to the public and tourists, the museum hosts educational events and publishes its own research journal, *Narutaki kiyō*.

Photo 4 Lacquerware box with mother-of-pearl featuring images of Siebold's wife and children

The museum houses a collection of approximately 4,400 items, including forty-four nationally designated Important Cultural Properties and ten former Important Art Objects.

The nationally designated Important Cultural Properties are categorized into two groups: a) Siebold-related materials and b) Kusumoto Ine-related materials.

    a) Siebold-related materials include Siebold's letters, prescriptions, a business card, Pompe van Meerdervoort correspondence, an eye model, a leather bag, a lacquerware box with mother-of-pearl inlays featuring images of Siebold's wife and children, a medicine chest with bottles, and a pistol.

    b) Kusumoto Ine-related materials include documents related to her work for the Imperial Household Ministry, Dutch-language receipts, a beginner's

Photo 5 Ophthalmic surgical instruments owned by Siebold

Dutch grammar book by Weiland, a letter of recommendation from Fukuzawa Yukichi 福澤諭吉, a midwife license application, a document related to her umbilical cord, and her will.

Former Important Art Objects include letters from Bauduin, Siebold's license written in ink on paper, and Siebold's letters (all materials deposited from other institutions).

The museum also holds materials that were formerly owned by the Nakayama 中山 family (Nakayama bunko 中山文庫), who served for generations as Dutch interpreters in Nagasaki.[11] The Nakayama family collection includes a portrait of Nakayama Sakuzaburō 中山作三郎 by Kawahara Keiga, documents related to the Siebold Incident, records of Dutch-language interpretation, materials related to Nagasaki trade, materials on Nagasaki's history, and materials related to the Namura Motojirō Incident (*Namura Motojirō jiken* 名村元次郎事件). These items are valuable resources for studying the history of Japan-Netherlands relations during the early modern period.

The museum also houses materials related to Siebold's pupils (Itō Shōteki, Takenouchi Gendō 竹内玄同, Morita Sen'an 森田千庵, Hidaka Ryōdai 日高凉台, and others).

The set of Siebold's ophthalmological surgical instruments donated by the Itō family is one of the rare materials from Siebold's first stay in Japan, given to Itō during his studies in Nagasaki in Bunsei 10 (1827).[12]

Another significant donation is the materials related to Hidaka Ryōdai (1797–1868),[13] which were provided by the Hidaka family. Hidaka studied Western medicine under Shingū Ryōtei 新宮凉庭 and Siebold, and later practiced in Osaka and Takehara 竹原, Aki 安芸 Province. While working as a physician, he also produced in poetry and prose, maintaining friendships with Shinozaki Shōchiku 篠崎小竹 and Hirose Gyokusō 広瀬旭荘. The collection consists of approximately one-thousand items, covering not only medical subjects but also natural science, physics, Chinese poetry, waka, and haiku, making it a valuable resource for research. Notably, his partial translation of a Western

---

11 For more information on the Nakayama family materials, see *Shīboruto kinenkan shiryō mokuroku* (1) シーボルト記念館資料目録 (1), Nagasakishi Kyōiku Iinkai, 1989, and Tokunaga Hiroshi 徳永宏, "Shīboruto kinenkan shozō shiryō" シーボルト記念館所蔵資料, in *Nagasaki Bugyōsho kankei monjo chōsa hōkokusho* 長崎奉行所関係文書調査報告書, ed. Nagasakiken Kyōikukai 長崎県教育会, 1997,, pp. 27–29.

12 For more information on these surgical instruments, see Yamanouchi Uichi 山之内卯一, "Shīboruto kinenkan shozō no ganka shujutsu kigu ni tsuite: Itō Shōteki ga Shīboruto kara okurareta ganka naishō kikai" シーボルト記念館所蔵の眼科手術器具について―伊東昇廸がシーボルトから贈られた眼科内障機器, *Narutaki kiyō* 16 (2006).

text on cowpox vaccination, titled *Shutō shinsho* 種痘新書, is essential for understanding Siebold pupils' grasp of cowpox vaccination techniques. Further research and utilization of this collection is desirable.

The museum also engages in various research activities:

(1) Editing and publishing the research journal *Narutaki kiyō*

The research journal *Narutaki kiyō* focuses on Siebold, his pupils, and related figures. It is the only academic journal in Japan dedicated to Siebold research and has been highly regarded both domestically and internationally for showcasing the latest findings. Since its launch in 1991, thirty-three issues have been published.

Issue thirty-three includes Kaji Teruyuki 梶輝行, "Yamazaki Yoshishige 'Yadanroku' shūsai no 'Shīboruto' kijutsu kara no ichikōsatsu" 山崎美成『夜談録』収載の「シーボルト」記述からの一考察 (A study based on descriptions of Siebold in *Yadanroku* by Yamazaki Yoshishige) and Tokunaga Hiroshi & Kawahara Miuzuho 川原瑞穂, "Shiryō shōkai: Shīboruto kenpōshū" 史料紹介「失勃児杜験方集」(Introducing a book recording Siebold's prescriptions).

(2) Survey of the von Brandenstein Family Documents

In 1990, the von Brandenstein family documents, owned by Siebold's descendants, were surveyed and photographed. In 2001, a catalog was published. Transcriptions and translations of these letters by Miyasaka Masahide and others can be found in *Narutaki kiyō*, issues 11 through 22.

4. Conclusion and Future Research Directions

Since the Meiji period (1868–1912), Siebold research in Nagasaki has often been intertwined with the city's commemorative events and history compilation projects. It has also benefited from collaboration with researchers from the Tokyo area.

Particularly noteworthy are the contributions of Koga Jūjirō and Nakanishi Akira. Although neither was a professional researcher affiliated with a university or research institution and could be considered "town historians" or 'history dilettantes,' they gained new insights through their interpretation of archival documents, European

---

13 See Ōgiura Masayoshi 扇浦正義 "Hidaka-ke shiryō no kizō hōkoku" 日高家資料の寄贈報告, *Narutaki kiyō* 19 (2009). For studies using the Hidaka family materials, see Yoshida Tadashi 吉田忠, "Hidaka Ryōdai 'Ihōsan ron' ni tsuite" 日高凉台『異邦産論』について, *Narutaki kiyō* 20 (2010); Ōgiura Masayoshi 扇浦正義, "Hidaka-ke shiryō no honkoku: Bungei shiryō o chūshin ni" 日高家資料の翻刻 文芸資料を中心に, *Narutaki kiyō* 20 (2010); as well as my article "Hidaka Ryōdai kenkyū josetsu: Omo ni gyūtōhō fukyū ni okeru gyōseki ni tsuite" 日高凉台研究序説―主に牛痘法普及における業績について, *Narutaki kiyō* 28 (2018). Regarding *Shutō shinsho*, see Aoki Toshiyuki 青木歳幸, ed., *Shiryō: Chūbu Nihon no shutō* 史料・中部日本の種痘 (Saga Daigaku Chiikigaku Rekishi Bunka Kenkyū Sentā, 2022), which provides a full transcription and an introduction.

sources, and various other materials, publishing numerous empirical works and papers that undeniably contributed to the advancement of Siebold research in Japan.

Their research has been carried on through the establishment of the Siebold Memorial Museum by Nagasaki City, transitioning from personal research to more organizational and specialized research activities.

Moving forward, it will be essential to nurture researchers proficient in foreign languages and to strengthen collaboration with research institutions and scholars overseas (e. g., in Germany and the Netherlands). At the same time, domestic research on historical materials is indispensable. While many of Siebold's own materials and collections are housed abroad, valuable resources that illustrate his influence—such as materials related to his pupils—may still waiting to be uncovered within Japan.

For instance, the von Brandenstein family documents contain two letters written by an individual named "T. S. Okabayashi."[14] This person was identified through the diary of Tosa 土佐 native Higuchi Shinkichi 樋口真吉. According to the diary, Higuchi stayed in Nagasaki from the third day to the tenth day of the tenth month of Bunkyū 2 (1862) and was visited on the seventh day by "Okabayashi Tsunenosuke 岡林常之助, the second son of the village head of Kamaida 鎌居田 [present-day Ochi 越知 Town, Kōchi Prefecture]."[15] The diary mentions that Okabayashi was in charge of Siebold's residence while Siebold was in Shanghai. Okabayashi studied Western medicine under Siebold and managed Siebold's residence in Narutaki for at least six months after Siebold's departure from Japan in the fourth month of Bunkyū 2. Okabayashi may have been one of Siebold's last pupils.

I would like to point out the potential for future Siebold research using domestic Japanese-language materials like these.

In closing, I would like to express my gratitude to Tokunaga Hiroshi, the director of the Siebold Memorial Museum, for his understanding and cooperation in preparing this paper.

Bibliography

Nichidoku Bunka Kyōkai 日独文化協会, ed. *Shīboruto kankei shokan shū* シーボルト關係書翰集. Ikubundō Shoten 郁文堂書店, 1941.

Etchū Tetsuya 越中哲也. "Nagasakigaku no sōritsusha Koga Jūjirō sensei shōden (1)

---

14 The von Brandenstein family documents microfilm numbers 110880 (envelope?), 118882, and 110883. One letter each in English and Dutch, both being brief.

15 For further information, see Shibuya Masayuki 渋谷雅之, *Kinsei Tosa no gunzō (7): Higuchi Shinkichi nikki (ge)* 近世土佐の群像 (7) 樋口真吉日記 (下), Self-published, 2013, p. 159. Higuchi also visited Siebold's residence and Narutaki during his stay in Nagasaki, as noted on p. 160. The diary is also included in *Ishin nichijō sanshū: Daiichi* 維新日乗纂輯 第一, 1925.

(2) (3)" 長崎学の創立者 古賀十二郎先生小伝 (一) (二) (三). *Nagasaki dansō* 長崎談叢 81–82 (1994), 83 (1995).

Fujimoto Kentarō 藤本健太郎. "'Nagasakishi-shi' hensan jigyō to Koga Jūjirō"『長崎市史』編纂事業と古賀十二郎. *Nagasakigaku* 長崎学 1 (2017).

Ishiyama Yoshikazu 石山禎一 and Kaji Teruyuki 梶輝行, eds. and trans. *Shīboruto shokan shūsei* シーボルト書簡集成. Yasaka Shobō, 2023.

(Translated by Dylan Luers Toda)

The Background of Siebold's Arrival in Japan:
From the Perspective of Foreign Relations History Research

Kimura Naoki
(Nagasaki University)

Introduction

This paper demonstrates that focusing on Siebold, extensively studied in the context of Japan's early modern foreign relations, remains important today. I will discuss this by providing an overview of the background of Siebold's arrival in Japan.

As I primarily research Japanese foreign policy, I would like to consider this from a perspective other than Siebold's role as a physician or naturalist. Furthermore, as it is not possible here to cover all of the countries with which Japan had relations, I would like to explore how we can interpret the significance of Siebold's first arrival in Japan in 1823 from the perspective of Dutch-Japanese relations and how this might lead to future research.

As for Siebold's second visit to Japan at the end of the Edo period (1603–1868), his letters and diaries have been published, and here I will just note the significant value of research from a Siebold perspective within the context of current scholarship on late Edo period diplomacy, which depicts complex processes using multiple languages. This paper will focus on his first arrival in 1823.[1]

1. The Potential for Expanding Siebold Research: New Translated Materials and Catalogues

In conducting text-based historical research on Siebold, how historical materials can be utilized is important. Especially in the case of Japanese historical studies, researchers are limited in their abilities to use foreign language texts, so the existence of translated historical materials is important. Therefore, for a certain topic of historical research to expand, either the topic must be spotlighted as one that fits the era in which the researchers live or an environment must be in place where new, easily usable sources emerge through discoveries or translations.

Let us consider the historical sources related to Siebold. Siebold research encompasses a wide range of rich political, economic, and cultural topics and remains one of

---

[1] In this paper, dates will primarily be given in the Western calendar, with Japanese dates added when necessary.

the pillars of Dutch-Japanese relations scholarship. Including academic publications, various scholarly activities took place during the four hundredth anniversary of friendship between Japan and the Netherlands in 2000. Among these, Siebold research attracted attention.[2] Moreover, in recent years, the results of comprehensive surveys in Europe led by the National Museum of Japanese History have been released one after another. Furthermore, the momentum of Siebold research led to several important historical sources and Japanese translations appearing in the time leading up to the two-hundredth anniversary of his arrival in Japan in 2023.

The first is Siebold's diary from his second visit to Japan at the end of the Edo period. The publication of Ishiyama Yoshikazu 石山禎一 and Maki Kōichi's 牧幸一 Siebold diary translation *Shīboruto nikki: Sairai-Nichi ji no bakumatsu kenbunki* シーボルト日記―再来日時の幕末見聞記 (Yasaka Shobō, 2005) has greatly contributed to late Edo period research by providing a detailed understanding of Siebold's movements and political stance during this period.

The second is Kurihara Fukuya's 栗原福也 translation *Shīboruto no Nihon hōkoku* シーボルトの日本報告 (Heibonsha Tōyō Bunko, 2009). These reports by Siebold on Japan share information on the employment conditions, benefits, ownership of research findings, and so on during Siebold's first visit to Japan as recorded by the Dutch side, especially the Batavian government (its hub in Asia). They provide documentary evidence of Siebold's role as a naturalist and official Dutch East Indies government official.

The third is the result of years of research by the National Museum of Japanese History, part of the National Institutes for the Humanities. This has culminated in Hidaka Kaori 日高薫 et al.'s three-volume *Ibunka o tsutaeta hitobito* 異文化を伝えた人々 (Rinsen Shoten, 2019–2022). This book offers a comprehensive understanding of the extensive Siebold collections passed down in various parts of Europe and enables us to understand his specific activities in Japan, including not only his scholarship (what he aimed to convey to Western society) but also his collection process.

Fourth, in 2021 and 2022, Matsukata Fuyuko 松方冬子, Nishizawa Mihoko 西澤美穂子, and Tanaka Yōko's 田中葉子 two-volume translation *19-seiki no Oranda shōkan* 19世紀のオランダ商館 was published (Tōkyō Daigaku Shuppankai). The period covered by this Dutch trading post's work log includes the Siebold Incident (*Shīboruto jiken* シーボルト事件) and subsequent Dutch-Japanese relations. It is described from the perspective of the trading post heads and reveals how Siebold was perceived by the Dutch side and others at that stage. The portion up to 1823, when Siebold arrived in

---

2 For example, Leonard Blussé/Reonarudo Buryussei, Willem Remmelink/Viremu Remerinku & Ivo Smits/Ofo Sumittsu, *Nichi-Ran kōryū 400-nen no rekishi to tenbō* 日蘭交流400年の歴史と展望 (Nichi-Ran Gakkai, 2000) and Kinen Shinpojiumu Jikkō Iinkai 記念シンポジウム実行委員会, ed., *Edo jidai no Nihon to Oranda: Nichi-Ran kōryū 400-nen kinen shinpojiumu hōkoku* 江戸時代の日本とオランダ：日蘭交流400年記念シンポジウム報告, Yōgakushi Gakkai, 2001.

Japan, has already been published as Nichi-Ran Gakkai 日蘭学会, ed., *Nagasaki Oranda shōkan nikki* 長崎オランダ商館日記 in ten volumes (Yūshōdō, 1989–1999).

Fifth, the most recent achievement, is Ishiyama Yoshikazu and Kaji Teruyuki's 梶輝行 *Shīboruto shokanshūsei* シーボルト書簡集成 (Yasaka Shobō, 2023). Just by looking at the list of letters included therein, it becomes clear that there was a long-term exchange between Siebold and the Japanese side, not only for his first visit but also leading up to his second visit, revealing that there was a relationship between Siebold and Japan like an underground stream. This is expected to greatly deepen research and provide new discussion topics.

While there are various other reports on historical sources, I have highlighted these five works published as books. Through these publications, the environment surrounding Siebold and the actual artifacts that Siebold was involved with are becoming clearer. An environment has been established where further insights can be added to existing research, which until now has largely emphasized Siebold's historical role in academic fields as a physician and naturalist.

2. The International Environment Leading to Siebold's Arrival in Japan

Next, I will discuss how we should understand the international environment surrounding Siebold's arrival in Japan.

From the perspective of the international environment surrounding Siebold and the circumstances on the Japanese side, I want to consider not Siebold the individual, but instead why Siebold came to Japan and why the Siebold Incident eventually occurred. I will do so while drawing from historical scholarship on Japan's early modern foreign relations.

First, I will review the relationship between the Netherlands and Japan by going back more than twenty years before Siebold's arrival. There are two points to note.

The first point concerns the context of Siebold's mission from the Dutch perspective. What were the Dutch hoping for Siebold to investigate, what outcomes were they anticipating, and what were they expecting him to return with?

The second is the circumstances on the Japanese side. In what aspects were Siebold's knowledge and insights needed by Japanese society and Japanese foreign policy? There is a social background that goes beyond just academic exchanges between Siebold and Japanese scholars.

(1) The Transformation of Dutch-Japanese Relations in the Nineteenth Century

First, I will provide an overview of how the Netherlands began to intensify its surveys of Japan in the nineteenth century.

The late eighteenth to early nineteenth century was a period of significant transformation in Dutch-Japanese relations. One reason for this was the major changes happening in the Netherlands itself.

The 1799 dissolution of the Dutch East India Company was a significant event directly linked to Japan. This enterprise managed trade relations with Japan for almost two centuries but was dissolved due to the aftermath of the French Revolution. The impact of the French Revolution reached the Netherlands, where the pro-French Batavian Republic was established in 1795. The administration sought to broaden free trade because the Dutch East India Company had failed to secure the renewal of its century-long exclusive charter. A temporary entity was created to handle the transition of assets, properties, and responsibilities to succeeding bodies, but it was not involved in Japanese trade.

Therefore, after the dissolution of the company, Dutch-Japanese trade was initially directly controlled by the Batavian government. However, the Netherlands was soon annexed by a Napoleon-led France, and what was, for all intents and purposes, a puppet government of France emerged.

On the other hand, William V, who had been the *stadtholder* of the Netherlands until the establishment of the Batavian Republic, fled to Britain after its establishment and signed a treaty temporarily entrusting the management of Dutch overseas territories to Britain. Britain, France's rival, now had an international justification to begin seizing Dutch colonies worldwide.

With these complex circumstances in Europe in the background, in Indonesia, the largest colony of the Netherlands, there were no ships for trade with Japan amid the confusion at home. This situation lasted approximately a decade until the British forces began their seizure in 1811. During the global escalation of the Napoleonic Wars, no large vessels arrived from the Netherlands. Subsequently, the Batavian administration chartered ships from neutral countries like the US and Denmark, which were not involved in the Franco-British conflict. This way, they managed to maintain minimal trade relations with Japan in the early nineteenth century. As a consequence of all this, information about the route to Nagasaki and port entry procedures unintentionally reached Westerners beyond the Dutch.

Under these circumstances, the British warship *Phaeton* intruded into Nagasaki in 1808, and after Indonesia was occupied by British forces, there was an unsuccessful attempt by Stamford Raffles to seize Deshima in 1813–14.[3]

(2) From the Establishment of the Kingdom of the Netherlands to Siebold's Dispatch

Then, in 1815, the Netherlands was established as a kingdom after the Congress of

---

3 Kimura Naoki 木村直樹, "Ro-Bei kaisha to Igirisu Higashi Indo Kaisha" 露米会社とイギリス東インド会社, in *Kinsei-teki sekai no seijuku Nihon no taigai kankei 6* 近世的世界の成熟　日本の対外関係 6, ed. Ishii 石井, Arano 荒野 & Murai 村井, Yoshikawa Kōbunkan, 2010.

Vienna. William I, who became the first king, aimed to create a new nation with his father, William V, based on his experiences in exile in Britain.

As for trade with Japan, the Dutch Trading Company (NHM, headquartered in Amsterdam) was established in 1824, and a period emerged when the Ministry of Industry and Ministry of Foreign Affairs became involved in Japanese trade. This was the period of Siebold's visit to Japan. The Dutch Trading Company would later withdraw for a time and then become heavily involved again at the end of the Edo period.

Under the first king, William I, efforts were made to strengthen relations with Suriname and other parts of Central and South America, as well as the East Indies in Indonesia. In particular, it was urgent to rebuild the East Indies territories that Britain had once occupied, and ways to contribute to the Netherlands' economy were sought—an important point in the background of Siebold's visit to Japan. Also, aiming to expand its influence in the Rhine region within Europe, the Netherlands demanded that Belgium, which had become its new territory after the Congress of Vienna, contribute to Dutch national interests. These rapid and forceful policies resulted in friction in various places. In the East Indies, the Java War broke out, and in Europe, it led to the rebellion and secession of Belgium.

As interest in Japan increased, the Netherlands strengthened its management of the Dutch East Indies, centered on Indonesia, and in 1824, while Siebold was in Japan, an agreement was reached with Britain. The Malay Peninsula was allocated to Britain, and Java and Sumatra to the Netherlands, dividing their spheres of influence in Southeast Asia. The Netherlands would then further strengthen its management of the East Indies. This resulted in the outbreak of the Java War from 1825 to 1830. The Netherlands established control over central Java and introduced the famous forced cultivation system.

During the same period, the Belgian Revolution occurred in Europe in 1830, and the Netherlands and Belgium were at war until 1839, when the Treaty of London recognized the latter's independence.

Around the time the Siebold Incident drew to a close, the East Indies territories had become an important national lifeline for the Netherlands, and at the same time, the country opted for traditional neutrality in diplomacy. In one aspect, this was passive diplomacy, but it meant maintaining the status quo, including colonies.

The next big wave for the Netherlands came at the end of the Edo period to the early Meiji period (1868–1912). Germany and Italy were unifying and becoming new great powers, weakening the political position of the Netherlands and greatly changing the geopolitical situation in Europe.

(3) The Prehistory of Siebold's Academic Activities

Here, I will review the prehistory of Siebold's academic activities as Dutch political and economic interests turned to Japan.

Half a century after the 1727 publication of the English-language version of

Kaempfer's *The History of Japan*, the bible of Japanese studies, wide-ranging surveys of the country began to be conducted by European scholars.

To mention some prominent researchers: first is Carl Peter Thunberg, who visited Japan between 1775 and 1776. His work primarily involved conducting botanical surveys in Japan, focusing on plant species. Under the international plant collection initiative of his mentor Linnaeus from Uppsala University in Sweden, Thunberg was entrusted with collecting plant specimens from East Asia. In line with this responsibility, he was assigned as a doctor in Deshima. Next is Isaac Titsingh, who served as the head of the Deshima trading post in 1779–1780, 1781–1783, and in 1784. Titsingh had numerous publications posthumously. His writings focused on analyzing the samurai code of conduct and the political structure of the Edo period and were widely read by diplomats in the period's later years.[4] However, Thunberg and Titsingh's activities were for individual research purposes.

Then, there is Jan Cock Blomhoff (1809–13, 1817–23), a precursor to Siebold, serving as the director of the trading post after being regular staff. The artifacts he collected have been passed down to this day as the Blomhoff Collection and have greatly contributed to the current Deshima restoration project. The items he collected in Japan, showing the lives of various ordinary people, and the scientific data he recorded were at the request of the Dutch government. In this way, unlike Japanese research up to the eighteenth century, in the nineteenth century, as a new form of Dutch-Japanese relations was being sought, the Netherlands began to recognize the importance of accumulating comprehensive knowledge about Japan.

3. Siebold Coming to Japan

(1) Purpose

Siebold arrived in Japan as the Kingdom of the Netherlands itself was seeking a form of new Dutch-Japanese relations.

Siebold's mission had three primary goals. His visit to Japan, intricately linked to colonial administration, was driven by the intentions of the Dutch government, a fact that can be corroborated by historical documents pertaining to his contract.

Just before Siebold's arrival, the 20 May 1823 minutes of the Governor-General and Council of the Dutch East Indies in Batavia, the highest decision-making body for the Dutch colonial territories in Indonesia and the surrounding areas, record the decision to provide Siebold with a large amount of research funds in addition to his basic salary. It states as follows:[5]

---

4 Kimura Naoki, "Tittsingu no Nihonshi rikai to sono juyō: Baba Bunkō no chosaku-butsu o chūshin ni" ティツィングの日本史理解とその受容―馬場文耕の著作物を中心に―, in *Bakuhan-sei kokka to Higashi Ajia sekai* 幕藩制国家と東アジア世界, Yoshikawa Kōbunkan, 2009.

5 Kurihara Fukuya, ed. and trans., *Shīboruto no Nihon hōkoku*, Heibonsha, 2009.

> . . . It is approved to add a monthly bonus of 100 guilders to von Siebold, who is going to Japan as a physician, in addition to the salary and meal expenses he is currently receiving, under the following clear conditions. Namely, all matters related to natural history, in other words, all items collected by the said physician and all discoveries made by the said physician for natural history, along with accompanying sketches and descriptions, are to be done only for the government and are to be faithfully handed over to the government. . . .

As evident from the decision of the Batavian authorities, Siebold's assignment was at the behest of the state, hence his scholarly contributions were considered property of the Dutch government, not Siebold himself. Consequently, disputes arose between Siebold and the government over distinguishing the fruits of academic work that Siebold claimed he had bought with his own money.

When the decision was made to dispatch him to Japan, the mission given to Siebold by the Netherlands can be summarized in the following three points.

The first was an extension of Dutch policy: to review Japanese products that would contribute to revitalizing trade with Japan and/or colonial management. These were new profitable trade goods, animals, and plants that would contribute to the colonial economy. This included cultivation and breeding know-how and plants that could be transplanted.

In fact, Siebold's famous work *Nippon* provides an in-depth discussion on tea. Siebold himself was also instrumental in introducing tea plants to Indonesia. Given Indonesia's consistent tea production until today, it is clear that Siebold had a profound connection with tea. The cultivation of this plant, which was a globally popular beverage at the time, was crucial for the success of colonial management.[6] Indeed, a letter dated 25 June 1827 from the Central Agricultural Committee in Batavia urged the director of the Dutch trading post in Deshima to transport a variety of plants like tea, lacquer, and wax trees. The letter emphasized the aim to "unfailingly develop these plants as an agriculture sector in Java."[7] Furthermore, the letter expressed high hopes, stating that "the tea tree seeds sent here by Dr. von Siebold [shortly after his arrival in Japan] have already grown into 2000 to 3000 saplings, indicating that tea trees will likely thrive extremely well in this region."

Second was to review the situation to the north of Japan. Russia had reached the Kamchatka Peninsula and was moving south through the Kuril Islands (Chishima Rettō 千島列島), and it was expected that they would soon appear in the Pacific Ocean and the East China Sea. In this context, geographical knowledge was needed about Ezo 蝦

---

6   J. MacLean, "Natural Science in Japan 1 Before 1830," *Annals of Science* 30: 3 (1973).
7   Note 5, p. 227.

夷 (Hokkaido) and its surroundings, which were located on this route. This was not just academic interest but a matter related to the maritime strategies of various countries. At a time when the only coastal areas in the world that remained insufficiently surveyed were Antarctica and the area around Ezo, it was important for him to obtain some information about the northern area, and in fact, Siebold collected information about it, creating maps of Ezo and writing descriptions of the local geographical circumstances.

Third was for Siebold himself, a naturalist, to objectively observe and participate in the "uniqueness" of Japan's state system and society. This seems to have been necessary to explain the Dutch position regarding Japan, that is, to clear up the undercurrent of suspicion towards the Netherlands in Europe.

Going back fifteen years before Siebold's arrival, in 1808, the British warship HMS *Phaeton* intruded into Nagasaki's harbor. At that time, the British Navy was conducting a siege operation against Macau, a stronghold of Portugal, which was a puppet regime of France, but the British were concerned that Dutch or French vessels might sortie from Nagasaki port and strike the British fleet from behind, so the ship was sent to Nagasaki for a show of force reconnaissance. On this occasion, the *Phaeton*'s Captain Pellew (son of Admiral Pellew of the East Indies Fleet) submitted a report of the series of incidents to the British Navy, which stated as follows:[8]

> Nagasakiie harbour on the Island of Kiusiu [,] a large island belonging to the immense chain forming the Empire of Japan [,] the principal of which is Nemphon on which is situated Edo [,] the residence of the Empire and the Capital, is perhaps one of the finest and safest harbours in the world considered in all points of view and one which has been probably the least described. This arises not only from the Policy of the Japanese themselves which is constantly directed towards the exclusion of foreigners and the prohibition of all kinds of Foreign Manufactures or innovation of any kind *but also now the great silence always maintained by the Dutch* . . . (emphasis added by author)

There was a strong belief in Europe that the Netherlands was concealing information about Japan to protect its own rights and interests, and this was seen as contradictory behavior in Western society in the early nineteenth century, where free trade was becoming the trend. As the report stated that the Dutch were concealing the route to enter Nagasaki port, the suspicion that the Netherlands itself was monopolizing and

---

[8] Miyaji Masato 宮地正人, "Naporeon sensō to Fētongō jiken" ナポレオン戦争とフェートン号事件, in *Bakumatsu ishinki no shakai-teki seiji kenkyū* 幕末維新期の社会的政治研究, Iwanami Shoten, 1999, p. 17. The document is from the British National Archives ADM1/181.

concealing information about Japan latently existed until the end of the Edo period for Western society, where a free trade was now actually spreading. It seems that the Netherlands needed to reveal Japan from the perspective of Siebold as a scientist.[9]

(2) Japan Before and After Siebold's Arrival

The Netherlands aside, looking at the situation surrounding Japan's foreign relations around the time of Siebold's arrival, we can see that events and situations were occurring that would shake the existing framework on the Japanese side as well.

During the early nineteenth century, Russian envoy Nikolai Rezanov made his visit. However, after unsuccessful negotiations, his subordinates attacked Ezo, leading to what is known as the Khvostov Incident. This event caused the shogunate to deeply realize the disparity between its military capabilities and the rest of the world.

As for Britain, the Phaeton Incident mentioned earlier and the unsuccessful attempt to seize Deshima by Raffles of the British East India Company, which had occupied the Dutch East Indies, occurred.

From then on, the shogunate, warriors, and intellectuals all started exploring strategies to militarily compete with the West. Enhancing military strength through adopting Western science and gathering information from abroad were cited as foundational prerequisites.

As for Asian relations, it was significant that the Satsuma 薩摩 domain was officially allowed to distribute specified Chinese products via Ryukyu within Japan in 1810 and 1825. This was a measure to rebuild the domain's finances, based on the marriage relationship between the Shimazu family of Satsuma and the Tokugawa family, but led to the decline of Nagasaki trade with China because competing products began to circulate in the Japanese market.

Furthermore, in the 1810s and 1820s, the Qing dynasty in China also began to show signs of decline, and the security of the Chinese coast deteriorated. As a result, the Chinese ships coming to Japan became larger and included many combatants among the crew for security. These rough-tempered individuals increased crime in Nagasaki, and in 1820, they marched in demonstration in the city, leading to a situation that required armed suppression. In this way, Nagasaki Chinese trade also became unstable.[10]

---

9   However, the actions of the Netherlands itself were not understood by Western countries (with suspicions continuing to exist until the end of the Edo period). For example, when the Tokugawa shogunate requested the Netherlands to notify the West of its Edict to Repel Foreign Vessels (*Ikokusen uchiharai rei* 異国船打ち払い令) issued when Siebold arrived in Japan, it was discovered that the Netherlands refrained from doing so for some time. Jacobus Anne van der Chijs's work on the country's efforts to open Japan, *Neêrlands streven tot openstelling van Japan voor den wereldhandel* from 1867 (published in Japan as *Oranda kaikokuron* オランダ開国論, translated by Kogure Minori 小暮実徳, from Yūshōdō in 2004), intended to dispel the suspicions of Western countries towards that had existed up through the end of the Edo period.

Also, the appearance of Western ships in the seas near Japan expanded as the West took note of the Japan Grounds for whaling, and in 1825, with these developments in the background, the shogunate issued the "On-sight Expulsion Order" (*muninen uchiharai-rei* 無二念打ち払い令).

The Ezo region, which the shogunate had strengthened its control over after the Khvostov Incident, was returned to the Matsumae 松前 domain in 1821. It can be seen that just around the time of Siebold's arrival, foreign policy was also being reconfigured on the Japanese side.

4. The Siebold Incident: What Japan Sought

Let us turn to the Siebold Incident. Siebold was welcomed by Japan under the country's specific circumstances. We must understand that this set the stage for robust academic interactions with him.

Since the latter half of the eighteenth century, the presence of Dutch-style doctors had grown in the field of medicine in Japan, and Siebold, who possessed the latest knowledge, played a significant role in Japanese medicine as a clinical doctor. Also, the flourishing of Japanese studies such as herbology led to exchanges with Siebold the naturalist. This has been studied in existing research on Japanese history.

(1) Measurement of Longitude

Here, I want to focus on the existence of the shogunate's Office of Astronomy (Tenmongata 天文方), which was involved in the Siebold Incident. It was originally in charge of creating calendars, but at the same time, because doing so required scientific knowledge, it came to be in charge of creating maps of Japan and translating Western-language writings, including diplomatic documents, in the nineteenth century. In particular, the creation of accurate coastal maps was an urgent issue for Japan's coastal defense.

As is well known, the nationwide survey by Inō Tadataka 伊能忠敬 and others was steadily carried out under the patronage of the shogunate, and maps of Japan were being created. However, a technical challenge had to be cleared to turn Inō's survey results into maps: the method of correcting longitude. If we consider the Earth as a sphere, latitude can be measured relatively easily based on the angle with the sun. This is because the length per degree is the same.

However, for longitude, the length per degree differs depending on the place of observation, so some form of correction value had to be used to derive the correct longitude. This problem had been recognized in Western countries since the latter half of

---

10 Fukase Kōichirō 深瀬公一郎, "19-seiki ni okeru Higashi Ajia kaiiki to tōjin sōdō" 19世紀における東アジア海域と唐人騒動, *Nagasaki Rekishi Bunka Hakubutsukan kiyō* 長崎歴史文化博物館紀要 3, 2008.

the eighteenth century, and attempts at correction methods had been made. Around the time Siebold came to Japan, there were two main methods to solve this: the lunar distance method and measurement using chronometers.[11]

The lunar distance method involved using correction data tables issued by the British Hydrographic Office based on observational data from around the world. Similar tables were also issued in the Netherlands and Batavia, referred to as almanacs. The Edo shogunate had been trying to regularly obtain these almanacs since the mid-eighteenth century, and they were listed almost every year in shogunate orders (issued in the name of the shogun) that remain from 1810 and later.[12] In 1822, just before Siebold's arrival in Japan, it was specified that The Nautical Almanac "must be brought every year," indicating their significance as data. However, the shogunate's Office of Astronomy was not always successful in utilizing them effectively. While the lunar distance method was more accurate than chronometers if observed properly and quickly, in reality, the calculations were quite difficult.

The newest method when Siebold came to Japan was measurement using a chronometer, a precision clock. Siebold brought this machine and meticulously measured major cities and points he stopped at on his way to Edo, especially when staying for some time. This was important data for the shogunate's Office of Astronomy. Otherwise, it seems that Siebold took simple measurements using a compass and other tools.

For Siebold's journey to Edo in 1826, he conducted measurements at various places, and he explicitly notes that he used a chronometer in the following places:[13]

> Shimonoseki 下関 (24–26 February), Yashirojima 屋代島 (4 March), Tajima 田島 to Yugejima 弓削島 (5 March), Hibi 日比 (7 March), Muro 室 (7 March), Osaka (15 March, 12 June), Kyoto (19, 21–24 March), Yokkaichi 四日市 to Yatomi 弥富 (28 March), Sayonochu Mountain 小【佐】夜の中山 (2 April), Kambara 蒲原 to Numazu 沼津 (6 April), Edo (14–16, 25 April), Off the coast of Hyogo (19 June), Off the coast of Muro (20 June), Off the coast of Mitarai 御手洗 (25 June), Kaminoseki 上関 (27 June), Off the coast of Murotsu 室津 (28 June).

The Office of Astronomy probably appreciated having such extensive data collected using a chronometer. In fact, in a letter sent from Siebold in Deshima to Takahashi Kageyasu 高橋景保 on 3 February 1828, states, ". . . The year before last, I made

---

11 Ishibashi Yūjin 石橋悠人, *Keido no hakken to Daiei teikoku kaiteiban* 経度の発見と大英帝国 改訂版, Mie Daigaku Shuppankai, 2011.
12 Nagazumi Yōko 永積洋子, "18-seiki no Ransho chūmon to sono fukyū" 一八世紀の蘭書注文とその流布 (Grant-in-Aid for Scientific Research [B] Report, 1995–2009, No. 07451078).
13 Based on Nakai Akio 中井晶夫 & Saitō Makoto 斎藤信, trans., *Shīboruto "Nihon"* シーボルト「日本」 vols. 2 and 3, Yūshōdō, 1978.

chronometric observations of major cities in Japan and compiled the results with longitude and latitude, which I would like you to see. I am sure that this survey will be in good agreement with what you have surveyed. . . ."[14]

It is evident that Siebold was contacting Kageyasu so they could cross-reference each other's measurement data. Siebold also completed this data table, and the list of results reported to the governor-general of Batavia mentions observations of longitude and latitude by chronometer during Siebold's trip to and from Edo in 1826.[15]

(2) Obtaining *A Voyage Round the World*

Furthermore, the shogunate needed Krusenstern's memoir *Reise um die Welt in den Jahren 1803, 1804, 1805 und 1806 auf Befehl Seiner Kaiserl*, initially published in Russian in 1810 and subsequently in various other languages. Siebold brought the Dutch version of this book. Why did the shogunate need it? The answer dates back to the 1804 visit of the Russian envoy Rezanov to Nagasaki on a ship of which Krusenstern was the captain.

The full-scale contact between Japan and Russia, which began with Adam Laxman's arrival in Ezo in 1792, initially held the possibility of Japan-Russia trade. When Laxman arrived, the shogunate elder (*rōjū* 老中) Matsudaira Sadanobu 松平定信 gave him a permit to enter Nagasaki port, hinting at the possibility of trade.[16] Therefore, in 1804, the Russian envoy Rezanov arrived in Nagasaki with these credentials. Krusenstern was the captain of the *Nadezhda*, which carried Rezanov, and he was present at the negotiations between him and the Japanese side. However, due to internal political differences within the shogunate, Matsudaira Sadanobu had already fallen from power, and it had become the Matsudaira Nobuakira 松平信明 administration, which advocated for the shogunate's management of Ezo. The Nobuakira administration thus rejected future trade relations with Russia. Feeling betrayed, Rezanov ordered his subordinates to attack Ezo on his way home, which became the so-called Khvostov Incident of 1806–07. Rezanov died of illness on his way back, so Krusenstern, as the captain, published his memoir, including details of the negotiation process, after returning to his country.

For the shogunate, this book was crucial as it bore witness to how their diplomatic actions were interpreted by Western nations. Fully aware of its significance, Takahashi Kageyasu sought to procure it, specifically from Siebold. In the course of the 1828 Siebold Incident investigation, Takahashi Kageyasu's residence was searched. On the thirteenth day of the tenth month according to the Japanese calendar (19 November in

---

14 *Shīboruto shokanshūsei* シーボルト書簡集成, p. 57.
15 Note 5, p. 279.
16 Fujita Satoshi 藤田覚, *Kinsei kōki seijishi to taigai kankei* 近世後期政治史と対外関係, Tōkyō Daigaku Shuppankai, 2005.

the Western calendar), among the confiscated items were "four volumes of Krusenstern's travel book" and "sixteen volumes of its Japanese translation."[17]

Of course, the shogunate was aware that these actions were in the background to the Siebold Incident, and in the shogunate's verdict on the twenty-sixth day of the third month of Bunsei 13 (18 April 1830) to Takahashi Kageyasu, who had already died in prison, they recognized his motives as follows. While rather long, the key part is as follows:[18]

> . . . As he had been in charge of duties related to geography books and the translation of Dutch books, he had long been aware that if he could obtain and present books useful for the shogun's duties, it would benefit the shogun as well. When he heard from the interpreter Yoshio Chūjirō 吉雄忠次郎 that the Dutch surgeon Siebold, who had come to Edo in the past year of the dog (戌年), had brought books authored by Russians and a new map of Dutch colonies, he became eager to obtain these materials and translate them into Japanese. Although he earnestly requested these books, they were not easily given. Therefore, he secretly visited Siebold's lodging many times, formed a close relationship, and then discussed an exchange with regard to these books. Siebold said he would exchange them if there are good maps of Japan and Ezo. Although [Takahashi] knew it was forbidden for such maps to go to a foreign country, he felt it would be regrettable to not be able to obtain the rare books. As a result, he ordered Shimokawabe Rin'uemon 下河辺林右衛門 to remake the survey maps of Japan and Ezo that had been created the previous year at the order of the shogunate, abbreviating the place names. He sent these maps in two batches and, in return, received those books. . . .

We can see that Takahashi, who was in charge of geography and Dutch book translations, thought that obtaining books useful in his daily work would benefit the shogunate. Just when Siebold came to Edo, he confirmed through the Dutch interpreter Yoshio Chūjirō that Siebold had brought a work by a Russian, namely Krusenstern's *Reise um die Welt*, and the latest map of the area around Indonesia, and Takahashi thought he must obtain them and make translations. For this purpose, he visited Siebold's inn daily to request them, but Siebold did not readily agree. Finally, when Siebold desired maps of Japan and Ezo, although Takahashi was aware that allowing such maps to leak overseas was prohibited by national law, he was so desperate to obtain the book and map that he ordered his subordinate Shimogawabe to create copies of maps with place names omitted, and sent them to Siebold, receiving the book in ex-

---

17   Uehara Hisashi 上原久, *Takahashi Kageyasu no kenkyū* 高橋景保の研究 p. 333 (Kōdansha, 1977).
18   Note 12, pp. 339–40.

change.

For his part, Siebold obtained the maps of Ezo and Japan, which was his objective. Thus, Siebold's journey to Edo and the data and books he brought had a very important meaning for Japan's diplomacy and military affairs. The exchange between Siebold and the technocrats of the shogunate's Office of Astronomy had academic significance, but at the same time, it was directly linked to Japan's foreign policy and provided an opportunity to reconsider Siebold's arrival in Japan and the shogunate's foreign policy at the time. In other words, it can be seen that Siebold and Takahashi, as the parties involved, acted with the strong wishes of both Japan and the Netherlands in the background.

(3) Foreign Lands Revealed by Siebold's *Nippon*

I have elaborated on the importance of analyzing Siebold's arrival in Japan within its political and diplomatic context. However, focusing on Siebold also presents a number of fascinating points when viewed from the lens of foreign relations history research. I would like to discuss a few.

First, it is clear that Siebold desired information about Ezo in the Siebold Incident. And in Siebold's *Nippon*, we can see how places other than Japan, as mediated through Japanese information, were perceived by Western society. Therein, considerable pages are devoted to explaining Korea, Ryukyu, and the Ainu.

Siebold met Koreans in Nagasaki, and sketches of them are found in the book. At that time, Koreans drifted ashore to Japan almost every year. When this happened, they were sent to Nagasaki once and interrogated at the Nagasaki Magistrate's Office, while being held in the Nagasaki business office (*kurayashiki* 蔵屋敷) of the Tsushima 対馬 domain. In other words, a number of Koreans were staying less than 100 meters away from Deshima, with only water separating them.

Siebold's information about Ryukyu and the Ainu was from Japanese people. These three areas only interacted with Japan and Qing China. Therefore, Western countries found them mysterious. There is much to be examined regarding the significance of Siebold presenting information on them in terms of, for example, the process leading up to the arrival of British and French missionaries in Ryukyu and Perry's arrival in Japan at the end of the Edo period.

Conclusion

In summary, the 1820s brought about environmental changes that compelled the Japanese shogunate and its domain-based ruling system to restructure and modify its diplomatic and coastal defense strategies, including its trade policies. This was predicated on the emergence of a new international scenario and order in the Pacific. This shift began with the appearance of British and Russian vessels during the fur boom in

Alaska and North America's northwest in the 1780s. This was followed by Raffles and Hogendorp approaching Japan, driven by ideas about free trade, the establishment in 1815 of the Kingdom of Netherlands, and the bolstering of its Asia policy. Amid these global changes that spanned approximately forty years, Siebold found his way to Japan.

While empirical research on individual incidents related to Japan's foreign policy at the beginning of the nineteenth century has been progressing, a body of scholarship framed in terms of world history has not really appeared. The study of Siebold as a nodal point and the deep exploration of his background in Japan and abroad will surely stimulate the study of foreign relations in this period, leading to the elucidation of a topic not covered in this paper: the diplomatic process culminating in Siebold's arrival at the end of the Edo period.

I would like to end by highlighting that Siebold collections hold tremendous potential for sparking new research initiatives that use him as a starting point. In Japan, Siebold left data showing the actual exchange of goods and their prices, providing us with a detailed understanding of how individual trade items were actually distributed. Also, while Deshima was restricted as a contact zone with foreigners, sexual service providers came and went, and Siebold's information leads to understanding gender history from the perspective of world history.

Furthermore, as I have discussed, the Dutch themselves were experimenting with trade with Japan. The private trade conducted by individual members of the Dutch trading post, which caused various trade problems, has largely remained unexplored in research, as it was handled at an individual level. However, since Siebold was also involved in this, we will likely be able to shed light on what was actually going on.

Thus, rereading Siebold's actions and their context in a broader international context shows that Siebold research can indeed raise a wealth of issues.

(Translated by Dylan Luers Toda)

Siebold's Nagasaki Medical and Scientific Education in His "Historical Overview of the Introduction and Development of Medicine in Japan"

Miyasaka Masahide
(Nagasaki Junshin Catholic University)

Introduction

The school that Siebold established in Bunsei 文政 7 (1824), the year after he arrived in Japan, in Narutaki 鳴滝 on the outskirts of Nagasaki, is renowned as the site of the beginning of Westerner-led Western medical education in Japan. However, there is very little material on this school and how Siebold conducted medical education in Nagasaki, leaving many mysteries unsolved. The main reason for this is likely the incident surrounding Siebold that occurred in Bunsei 11 (1828), known as the Siebold Incident (*Shīboruto jiken* シーボルト事件). A large number of pupils and Dutch interpreters were implicated and punished, and Siebold himself was expelled from the country. It is not hard to imagine that many Japanese who cooperated with Siebold disposed of or concealed materials to escape trouble. Siebold himself avoided specifics in his writings, fearing that details about medical education in Nagasaki and who actually collaborated with him and in what ways would implicate the parties involved.

Under these circumstances, while surveying the handwritten manuscripts owned by the Brandenstein-Zeppelin family, Siebold's descendants discovered a new document in which Siebold wrote, albeit a small amount, about his pupils and the school in Narutaki. In this paper, I will consider Siebold's medical education in Nagasaki and the role of the school in Narutaki by piecing together these newly discovered descriptions and records left by two of his close pupils, Itō Shōteki 伊東昇迪 and Kō Ryōsai 高良斎.

I would like to express my gratitude to Udo Beireis, Chair of the Siebold Society (Siebold-Gesellschaft) in Germany, for his cooperation, and to Wilhelm Graf Adelmann, Archivist of the Brandenstein Castle Archives, for his valuable advice, when I was creating the transcription.

1. The Manuscript

This paper focuses on an unpublished handwritten manuscript discovered during a survey of the documents owned by Siebold's descendants, the von Brandenstein family in Germany, as part of a collaborative research project organized by the National Museum of Japanese History in 2020.[1] As the title is *Geschichtliche Übersicht der Einführung und Entwicklung der Arzneiwissenschaften in Japan* ("Historical overview of the introduction and development of medicine in Japan"), Siebold himself probably intended to compile and publish a work on the subject. I will consider the section on pages 27 and 28, the final two pages of the manuscript, which mentions the medical education Siebold provided in Nagasaki.

It should be noted that my translation of the entire manuscript is not yet complete due to my lack of knowledge regarding medical history, especially Chinese medicine. This remains a task for the future.

2. Overview of the Manuscript

Below is an overview of the manuscript.
Folded Western paper in folio format, 14 sheets
Number of pages: 28. Writing on the right half of each page. The left half is mostly blank for corrections.
Language: German
Date of creation: Unknown
Author: Philipp Franz von Siebold

The manuscript's date of creation is unknown, but as there is a reference to John Wilson's *Medical Notes on China* (London, 1846) in its description of Chinese medicine, we can assume that it was put together after 1846. In addition to this fair copy, there are two more drafts of almost the same content in the Brandenstein family documents.[2] However, this manuscript is the longest and most complete, so I have decided to present its transcription and translation.

3. Transcription and Translation

■ Transcription A (Page 27)
Nota instruction mutuelle
Als erleuterdes Beispiel dient.
Die Zahl meiner Schüler auf Dezima überschritt gewöhnlich nicht die Zahl von zehn. Diese waren täglich um mich und und fur mich bei meinen wissenschaftlichen Untersuchungen mehrmalen in der Woche erteilte ich ihnen in medicinischen und naturwissenschaftlichen Fächern, besuchte mit ihnen Kranke in der Stadt Nagasaki und machte von ihnen begleitet Excursionen in der Umgebung.

Diese auserwahlten wenigen waren es, welche durch den Umgang mit mir aus meinem Munde Unterrichtet und Bildung empfingen. Aber jeder von ihnen hatte wiederum seine Schüler, und diese wiederum die ihrigen und die wechselseitigen Mittheilungen

---

1 Siebold-Archive Burg Brandenstein (SABB), box 2, fac. e. 90.
2 According to Wilhelm Graf Adelmann.

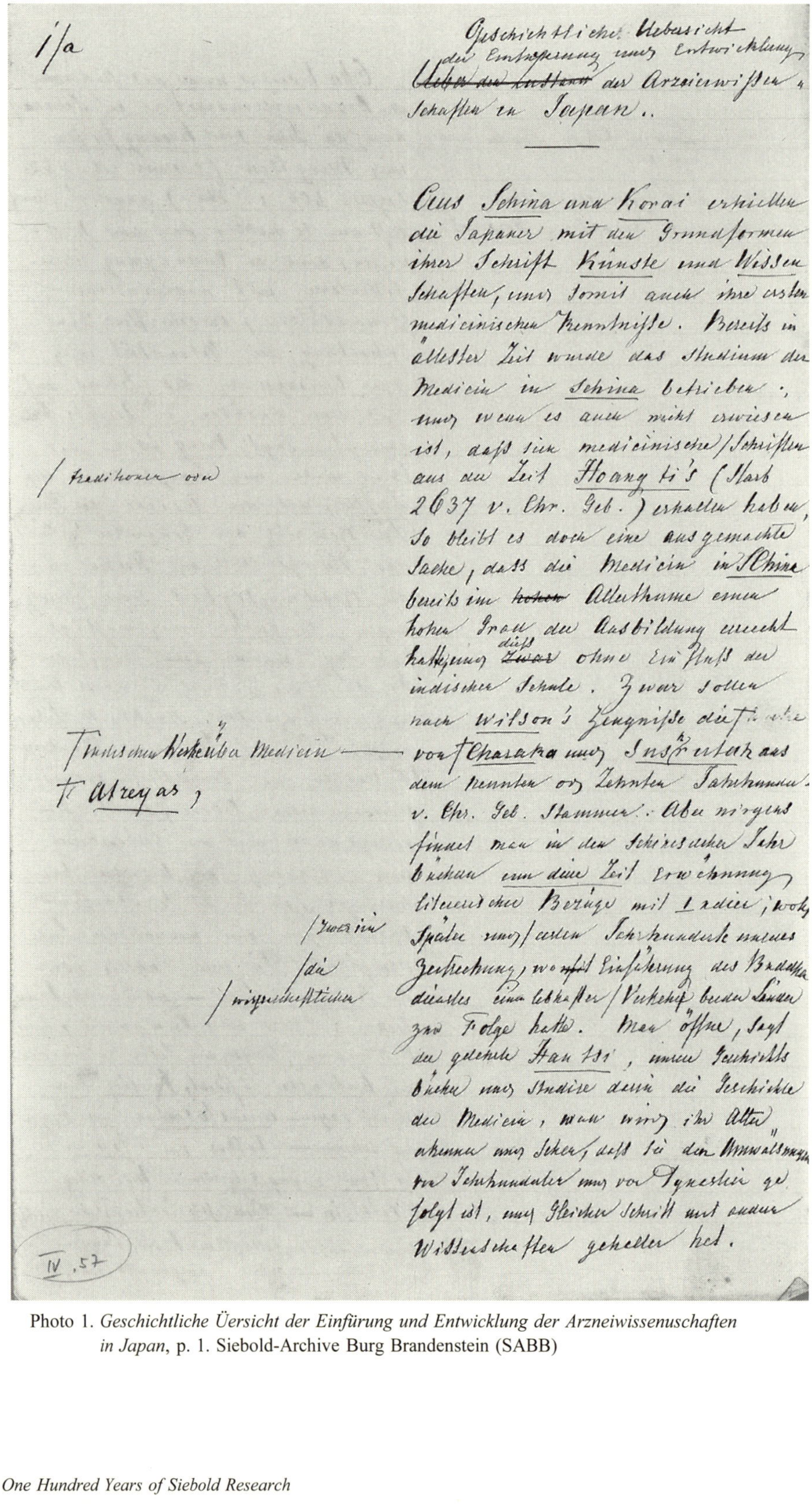
I/a

Geschichtliche Uebersicht
der Entstehung und Entwicklung
~~Ueber den Zustand~~ der Arzneiwissen-
schaften in Japan.

Aus Schina und Korai erhielten die Japaner mit den Grundformen ihrer Schrift Künste und Wissenschaften, und somit auch ihre ersten medicinischen Kenntnisse. Bereits in ältester Zeit wurde das Studium der Medicin in Schina betrieben, und wenn es auch nicht erwiesen ist, dass sein medicinische/Schriften aus der Zeit Hoang ti's (starb 2637 v. Chr. Geb.) erhalten haben, so bleibt es doch eine ausgemachte Sache, dass die Medicin in Schina bereits im ~~hohen~~ Alterthume einen hohen Grad der Ausbildung erreicht hatte und dies ~~zwar~~ ohne Einfluss der indischen Schule. Zwar sollen nach Wilson's Zeugnisse die [illegible] von Charaka und Susrutah aus dem neunten oder Zehnten Jahrhundert v. Chr. Geb. stammen. Aber nirgends findet man in den Schinesischen Lehrbüchern um diese Zeit Erwähnung literarischer Bezüge mit Indien, wohl später im ersten Jahrhundert unserer Zeitrechnung, wo ~~erst~~ Einführung des Buddhismus dieses einen lebhaften Verkehr beider Länder zur Folge hatte. Man öffne, sagt der gelehrte Han tsi, unsere Geschichtsbücher und studire darin die Geschichte der Medicin, man wird ihr Alter erkennen und sehen, dass sie den Umwälzungen von Jahrhunderten und von Dynastien gefolgt ist, und gleichen Schritt mit andern Wissenschaften gehalten hat.

/ traditionell oder

Indischen Werke über Medicin —
Atreyas,

/ zwar in
/ die
/ wissenschaftlichen

IV, 57

Photo 1. *Geschichtliche Üersicht der Einfürung und Entwicklung der Arzneiwissenuschaften in Japan*, p. 1. Siebold-Archive Burg Brandenstein (SABB)

A

Nota instruction mutuelle   Als erleuterndes Beispiel dient.
                                  Die Zahl meiner Schüler auf Dezima über-
                                  schritt gewöhnlich nicht die Zahl von
                                  Zehn. Diese waren täglich um mich
                                  und arbeiteten mit mir und für mich
                                  bei meiner wissenschaftlichen Untersuchung.
                                  Mehrmals in der Woche ertheilte ich ihnen
                                  in medicinischen und naturwissenschaft-
                                  lichen Fächern, besuchte mit ihnen
                                  Kranke in der Stadt Nagasaki und
                                  machte von ihnen begleitet Excursionen
                                  in der Umgegend. Nur auserwählte
                                  Wenigen waren es, welche durch den
                                  Umgang mit mir und aus meinem
                                  mündl. Unterricht und Bildung empfingen.
                                  Aber jeder von ihnen hatte wiederum seine
                                  Schüler, und diese wiederum die ihrigen
                                  und diese wechselseitigen Mittheilungen
                                  giengen so weit, daß in den sieben
                                  Jahren meines Aufenthaltes in Japan
                                  mehrere hundert Aerzte (und daß nicht sage
                                  junge, denn es waren oft mannen gesetzter
                                  Alters darunter,) aus meiner Schule hervor-
                                  giengen, ohne daß ich diese Leute ansah
                                  als bei außerordentlichen Gelegenheiten,
                                  bei wichtigen Operationen oder auf meiner
                                  Villa (*Narutaki*) wo man fremdartige
                                  aus den entferntesten Provinzen vorgestellt
                                  wurden — als meine Schüler und Anhänger.
                                  Dieser wechselseitige Unterricht erstreckte sich
                                  oft bis auf die Dienerschaft dieser Leute

p. 27   Siebold-Archive Burg Brandenstein (SABB)

B

Anmerkung   In den Jahren 1824–29 wurden von
              meinen Schülern unter meiner Leitung
              übersetzt: Consbruch und Ebermaier
              Taschenbuch der medicinischen Wissen-
              schaften. *Wellers Augenheilkunde*,
              Tittmann Chirurgie, *Thunberg*
              flora Japonica; Von *Hufelands*
              Makrobiotik wurde bereits früher
              ins Japanische übersetzt. Das Buch
              fand eine allgemein gute Aufnahme bei
              Volke, wo man die Lieblingsdevise hat:
              „Langes Leben, Ehre und Reichthum."
              In neuerer Zeit wurde *Chelius Chirurgie*
              übersetzt und der Schrifft erst
              überbracht im Jahre   dem Ver-
              fasser ein Exemplar in Heidelberg

p. 28   Siebold-Archive Burg Brandenstein (SABB)

gingen so weit, daß in den sieben Jahren meines Aufenthaltes in Japan mehrere hundert Aerzte (man darf nicht sagen junge, denn es waren oft manner gesetzten Alters darunter,) aus meiner Schule hervorgingen, ohne daß ich den Leute anders als bei außerordentlichen Gelegenheiten, bei wichtigen Operationen oder auf meiner Villa (Narutaki) wo mir fremdlinge aus den entferntesten Provinzen vorgestellte wurden - als meine Schuler und Anhänger. Dieser wechselseitige Unterricht erstreckte sich oft bis auf die Dienerschaft dieser Leute.

■ Translation A (Page 27)

Notable points

The following serves as an explanatory example.

The number of my pupils on Dejima usually did not exceed ten. They were around me daily and worked with me and for me in my academic investigations. Several times a week, I gave them lectures in medical and natural science fields, visited patients in Nagasaki city with them, and went on excursions to the surrounding areas guided by them. These select few who kept me company received instruction and education from me. However, all of them had their own pupils, and those pupils had pupils of their own, so through mutual sharing of knowledge among these people, during my seven-year stay in Japan, hundreds of doctors were produced from my school. (However, it cannot be said that they were all young, as there were also sufficiently aged men among them.) On special occasions such as important operations or at my villa (Narutaki), I was sometimes introduced to completely unfamiliar people from very remote provinces as my pupils or followers. This mutual instruction strongly bound us together, almost like a master-servant relationship.

4. References to Siebold's Education for His Pupils and Activities on Dejima Appearing in Itō Shōteki's *Kiyō nichibo*

From the above description, it can be seen that no more than ten pupils were usually on Dejima 出島 around Siebold, assisting with his Japan surveys and accompanying him on visits to patients in Nagasaki and on surveys around it.

As is well known, Japanese people who could enter the Dutch trading post on Dejima were strictly limited, and Japanese who aimed to learn Western medicine needed a nominal reason to enter. One such reason was to be an assistant to the Japanese doctors stationed on Dejima, but there was a limit on the number of people who could do so. Apart from this, entry was possible for those who obtained permission from the Dejima Otona 出島乙名 who managed Dejima or the head of the trading post.

So, what kind of Japanese doctors were learning directly from Siebold on Dejima? There are almost no records of the doings of Japanese doctors who studied directly under Siebold. The only one that remains is *Kiyō nichibo* 崎陽日簿, a diary written by Itō Shōteki (Kyūan 救庵), an ophthalmologist from Yonezawa 米沢 Domain in Ōshū 奥州,

who lived from Bunka 文化 1 (1804) to 1886.³ It reveals the daily activities of Shōteki, one of Siebold's close pupils.

Itō Shōteki was born in Bunka 1 (1804) as the son of Itō Yūtoku 伊東佑徳, a doctor of the Yonezawa Domain. He went to Edo in Bunsei 7 (1824) for ophthalmology training and studied under Habu Genseki 土生玄碩. On Genseki's recommendation, while staying in Edo he accompanied Siebold's party to Nagasaki and remained until the first month of Bunsei 11 (1828), studying directly under Siebold.

There are several mentions of interactions with Siebold in this diary, which I will introduce.

Shōteki, after arriving in Nagasaki with Siebold, entered the school of Dutch interpreter Yoshio Chūjirō 吉雄忠次郎 and devoted himself to studying language, Western affairs, and Western medicine.⁴ After arriving in Nagasaki, Siebold would sometimes, but not that often, go to a "place for amusement" located next to the garden called "Kaho" 花圃 that he was using as a research facility on Dejima. However, this was infrequent, and Shōteki cites Siebold's busyness as the reason for this.

On the eighth day of the twelfth month of Bunsei 9, he records the following:

> Twelfth month of Bunsei 9
> Eighth day, Clear sky, Dejima
> Today is the day of cow and pig slaughter ○ Siebold says that people close to him are hindering his work, so everyone is postponing their visits voluntarily. Therefore, I have been visiting two or three times, or up to four times a month since around the eighth month, and today I visited after a long time. Siebold asked why I was so infrequent, I answered there was no particular reason, and he said I should come more often from now on. I gratefully accepted and returned.⁵

From this, we can see that he had been visiting Dejima two or three times, or up to four times a month since around the eighth month, but on this day, Siebold asked why he didn't visit more frequently, and from then on, he started to enter Dejima more often.

As Siebold described, the pupils who served as assistants had built a close rela-

---

3 Itō Shōteki's *Kiyō nichibō* was introduced by Kaneko Saburō 金子三郎 in *Shiryō: Shōteki Itō Yūchoku no shuki* 史料 昇迪伊東佑直の手記 (Rību Kikaku, 1999), but the present paper uses the transcription from Fujimoto Kentarō 藤本健太郎 and Orita Takeshi 織田毅's "Itō Shōteki 'Kiyō nichibō': Honkoku oyobi chūkai" 伊東昇迪「嵩陽日簿」―翻刻及び註解, *Narutaki kiyō* 鳴滝紀要, 29 (2019). Hereafter referred to as *Kiyō nichibō*.

4 Orita Takeshi, "Shiryō shōkai (1) Itō Shōteki 'Seiyū zakki'" 資料紹介 (1) 伊東昇迪『西游雑記』, *Narutaki kiyō* 30 (2020), p. 97.

5 *Kiyō nichibō*, p. 66.

tionship with him, so they received direct education such as oral translation guidance from him several times a week. It is highly likely that from around this time Shōteki also became one of the pupils who directly received an education while serving as an assistant, frequently visiting Dejima.

Shōteki's specific role can be inferred from the following description:

> Sixth intercalary month of the Bunsei 10
> Fourth day ... From today, Siebold said people can go to Dejima again. Siebold specified as follows the date and time to come as doctor pupils who use the main gate:
> Suzuki Shūichi 鈴木周一 and Kō Ryōsai, Itō Kyūan and Totsuka Seikai 戸塚静海, Ishii Sōken 石井宗謙 and Oka Kenkai 岡研介, Takano Chōei 高野長英 and Matsuki Untoku 松木雲徳, Ninomiya Keisaku 二宮敬作 and Nakao Gyōkushin 中尾玉振[6]

With the arrival of a Dutch ship, the entry of outsiders to Dejima was temporarily restricted, and visits to Siebold were also stopped. This shows the instructions Siebold gave when these pupils' visits to Dejima were resumed. From this, we can see that ten people—Kō Ryōsai and Suzuki Shūichi, Totsuka Seikai and Itō Kyūan (Shōteki), Oka Kenkai and Ishii Sōken, Matsumoto Untoku and Takano Chōei, Nakao Gyōkushin and Ninomiya Keisaku—formed pairs and visited Siebold in rotation, serving as Siebold's assistants.

In Kure Shūzō's 呉秀三 biography *Shīboruto sensei sono shōgai oyobi kōgyō* シーボルト先生其生涯及功業,[7] which provides the most detailed account of Siebold's pupils, fifty-six names are listed. However, from this newly discovered manuscript, it becomes clear that about ten of them played a central role, and that they received direct education while assisting Siebold's Japan surveys and research and his medical activities on Dejima.

Furthermore, these close pupils probably taught the knowledge they learned from Siebold to their own pupils and relatives in Narutaki, and when Siebold gave lectures in Narutaki, interpreted, conveying the content to attendees.

Itō Shōteki, in his later work *Seiyū zakki* 西游雑記 summarizing his studies in Nagasaki, described the situation surrounding the many Japanese medical professionals engaged in Dutch learning in Nagasaki as follows:

> I don't know how many hundreds of students there were in Nagasaki, but they couldn't enter the Dutch residential area, and even the pupils of both

---

6 *Kiyō nichibō*, p. 81.
7 Kure Shūzō, *Shīboruto sensei sono shōgai oyobi kōgyō*, Meicho Kankōkai, 1979, ch. 70, pp. 659–763.

Yoshios could only go occasionally, but they couldn't get close. I was fortunate to be under the tutelage of Habu-sensei, and from Siebold onwards became particularly close, and as he asked me to help with his errands, I was stationed at the Kaho with Kō Ryōsai and others, taking turns among four people. At this time, my joy was beyond compare. Having come from far, far away, if I had been unable to come and go freely like other students, no matter what I wanted to hear or see, it would have been pointless. However, among the hundreds of people present, I am one of the four or five who have had the chance to get close to Siebold. Perhaps Heaven has shown mercy toward my inadequacies and desires to see me fulfill my long-standing wish by providing me with this favorable encounter. Although one could say it was ultimately thanks to Habu-sensei, I also believe it was a blessing bestowed upon me by Heaven. This occurred in the winter, the twelfth month, of Bunsei 9.[8]

Among the hundreds of medical students who gathered in Nagasaki to study Western medicine, few could approach the Dutch trading post doctor and receive a direct education. Even the students of the schools run by Yoshio Kōsai 吉雄幸載 and Yoshio Gonnosuke 吉雄権之助 were only allowed to enter Dejima occasionally, and it was difficult for them to interact closely with Siebold. However, Shōteki was able to be directly taught by Siebold thanks to the recommendation and tutelage of his mentor, the ophthalmologist Habu Genseki 土生玄碩, who had closely interacted with Siebold during the latter's stay in Edo. Shōteki expresses great gratitude for this opportunity.

Also, in the text, he mentions that he took turns in a group of four, consisting of Kō Ryōsai and others, going to Siebold's research room "Kaho" on Dejima.

As only a small number of Japanese medical professionals could receive direct guidance from the Dutch trading post doctor, the other medical students associated with them probably gathered at the school in Narutaki to learn the latest medical knowledge of the time.

Siebold apparently testifies to the role played by his school there in the previously-quoted passage: "However, all of them had their own pupils, and those pupils had pupils of their own, so through mutual sharing of knowledge among these people, during my seven-year stay in Japan, hundreds of doctors were produced from my school."

Siebold points out that Japan, where higher education institutions such as universities were underdeveloped, was a country where "mutual instruction" (*instruction mutuelle*) between teacher and pupil, and among pupils, was highly developed. Those with more knowledge and experience educated those with less. Siebold refers to his Narutaki

---

8 Orita Takeshi, op. cit., p. 112.

school where such education took place as an "atheneum."

In this way, it appears that the Narutaki school was a place for transferring the latest medical information and sharing knowledge through mutual education.

5. Kō Ryōsai and Texts Mentioned by Siebold

Next, I would like to introduce a passage that shows us part of the medical education conducted by Siebold.

■ Transcription B (Page 28)

In den Jahren 1824–29 wurden von meinen Schulern unter meiner Leitung übersetzt: Consbruch und Ebermaier Taschenbuch der medicinischen wissenschaften. Weller Augenheilkunde, Tittmann Chirurgie, Thunberg flora japonica; Von Hufelands Makrobiotik wurde bereits früher in Japanische Ubersetzt. Diess Buch fand eine allgemeine gute Aufnahme bei Volke, wo man die Lieblingsdevise hat: „Langes Leben, Ehre und Reichthum". In neuerer Zeit wurde Cheleus Chirugie ubersetzt und der Schiffs arzt uberbrachte im Jahre . . . dem Verfasser ein Exemplar zu Heidelberg.

■ Translation B (Page 28)

From 1824 to 1829, the following were translated by my students under my direction: Consbruch and Ebermaier's *Taschenbuch der medicinischen wissenschaften*, Weller's *Augenheilkunde*, Tittmann's *Chirurgie*, Thunberg's *Flora japonica*; von Hufelands' *Makrobiotik* had already been translated into Japanese earlier. This book was generally well-received by the people, who have the favorite motto: "Long life, honor, and wealth". In more recent times, Chelius' *Surgery* was translated, and in the year [blank], the [Dutch] ship's doctor delivered a copy to me in Heidelberg.

The medical education Siebold provided to his pupils has only been known in terms of what was actually done, such as surgical methods and drug prescriptions, based on the descriptions by his pupils and Japanese who had contact with Siebold. However, this manuscript reveals that Siebold provided theoretical instruction to his pupils through the translation of Western medical and botanical books.

This manuscript also indicates the specific titles of the Western books that were translated under Siebold's direct guidance. As these books include ones translated and circulated by Dutch studies scholars at the end of the Edo period, they may provide clues for future bibliographical research in Dutch studies.

First, I would like to add some explanatory information about the five books in the text.

(1) Consbruch und Ebermaier Taschenbuch der Medicinischen Wissenschaften (Consbruch and Ebermaier's *Handbook of Medical Sciences*)

(2) Weller Augenheilkunde (Weller's *Ophthalmology*)

(3) Tittmann Chirurgie (Tittmann's *Surgery*)

(4) Thunberg Flora Japonica (Thunberg's *Flora Japonica*)

(5) von Hufelands Makrobiotik (von Hufeland's *Macrobiotics*)

Explanatory Information

(1) Georg Wilhelm Consbruch (1764–1837) was a German physician. Although he was a general practitioner, he obtained a doctorate from the University of Halle, and after moving to Bielefeld in 1789, he was active as a member of the city's medical council from 1800, suggesting that he took on leadership and instruction roles.[9]

From 1802, he began publishing the *Allgemeine Encyklopädie für praktische Ärtzte und Wundärtzte* (Comprehensive encyclopedia for general practitioners and military surgeons) in collaboration with Johann Christoph Ebermaier (1769–1825), a physician and botanist. This encyclopedia was a massive publication for practitioners, consisting of ten sections and eighteen volumes in total. From this encyclopedia, Consbruch further published handbooks on anatomy, physiology, pharmacology, general and special pathology and therapeutics.

He also had books on internal medicine and pediatrics, translated by not only Kō Ryōsai but also Takano Chōei. *Byōgakuron* 病学論 and *Genbyō hatsu chō* 原病発徴 are the latter's translations.

(2) Carl Heinrich Weller (1794–1854) was a German ophthalmologist. It is said that he published a textbook on eye diseases in 1819 at the young age of twenty-five.

The Weller's *Augenheilkunde* that Siebold referred to is presumed to be *Die Krankheiten des menschlichen Auges, ein practisches Handbuch für angehende Aerzte* (The diseases of the human eye, a practical handbook for aspiring physicians, 1819). The one that arrived in Nagasaki might have been the revised 2nd edition (1822).

(3) Johann August Tittmann (1774–1840) was a German physician who, while practicing in Dresden, gave lectures at a surgical medical school and published a textbook titled *Lehrbuch der Chirurgie zu Vorlesungen für das Dresdner Collegium Medico-Chirurgicum bestimmt* (Textbook of surgery intended for lectures for the Dresden Collegium Medico Chirurgicum) based on these lecture notes from 1800 to 1802.[10] Later, a Dutch translation was published in Amsterdam in 1817 by a Dutch physician and imported to Japan. It is unknown when and by whom it was imported. Kō Ryōsai, a pupil of Siebold, translated the ophthalmology section and attempted to publish it.

(4) Carl Peter Thunberg (1743–1828) was a Swedish botanist and physician. He studied botany and medicine under Carl Linnaeus. He came to Japan in An'ei 安永 4

---

9   See the Consbruch entry in "Allgemeinen Deutsche Biographie" (ADB), 1876.

10 Entry on Tittmann, ibid.

(1775) and stayed until the following year, conducting surveys of aspects of the country. In 1784, he published *Flora Japonica*. After returning to Sweden in 1779, he became a professor of botany at his alma mater, Uppsala University, of which he became president in 1781.

    Siebold presented Thunberg's *Flora Japonica* to his close pupil Itō Keisuke 伊藤圭介, who was working on organizing Japanese plant specimens for him. Based on this, Keisuke authored *Taisei honzō meiso* 泰西本草名疏, introducing Linnaean taxonomy to Japan.

(5) Christoph Wilhelm Hufeland (1762–1836) was a German surgeon and professor at the University of Jena and the University of Berlin. He is also famous as a proponent of macrobiotics.[11] At the end of the Edo period, Ogata Kōan 緒方洪庵 re-translated *Vollständige Darstellung der medicinischen Kräfte* (based on its Dutch version) and published it as *Fushi keiken ikun* 扶氏経験遺訓. "Von Hufelands' *Makrobiotik*" probably refers to *Makrobiotik; oder, Die Kunst das menschliche Leben zu verlängern* (1797). It was translated as *Ransetsu yōjō roku* 蘭説養生録 by Takano Chōei and Oka Kenkai while receiving direct translation guidance from Siebold.

6. Japanese Physicians' Interest in Siebold's Medical Knowledge and Treatment Techniques

Many documents indicate that one of the pupils' interests at Dejima and Narutaki was Siebold's knowledge and skills in ophthalmology. This is clearly reflected in a letter Siebold wrote to his mother Apollonia and his uncle Joseph Lotz in the year following his arrival in Japan:

> I am now known throughout Japan and have gained respect and honor among the Japanese that no physician has ever received in an Asian country. My treatments are very famous, and my fortune as a physician does not abandon me here either. I have performed various surgeries, but in particular, I created an artificial pupil and restored the eyesight of a nobleman who had been blind for ten years. This was very well received.[12]

This surgery appears to refer to the one also recorded by Kō Ryōsai, an ophthalmologist from Tokushima 徳島 in Awa 阿波 who served as Siebold's assistant for many years. It is described as follows in the critical biography *Kō Ryōsai* (below, "critical bi-

---

11 Entry on Hufeland, ibid.

12 Miyasaka Masahide 宮坂正英, Bernd Neumann/Berundo Noiman ベルント・ノイマン, and Ishikawa Mitsunobu 石川光庸, "Fon Burandenshutain ke shozō, 1824, 1825-nen Shīboruto kankei shokan no honkoku narabini hon'yaku (1)" フォン・ブランデンシュタイン家所蔵、1824、1825 年シーボルト関係書簡の翻刻並びに翻訳 (1), *Narutaki kiyō* 16 (2006), p. 52

ography") published in 1939 by Kō Oto 高於菟 and Kō Sōkichi 高壯吉, descendants of Kō Ryōsai:[13]

> The pupil of the great interpreter in Nagasaki named Kōjiro 神代 had been closed for over twenty-eight years. My teacher Siebold, following Beer's surgical method, opened his pupil, and he immediately regained clear vision, which I observed.... Those who stood by Siebold's side and closely watched this surgery were only me and the aforementioned Minato Chōan 湊長安 and Mima Junzō 三間順造 [美馬順三]. As this is truly a remarkable technique unheard of since the founding of our imperial country, I wish not to keep it secret but to pass it on to all ophthalmologists in the world to save misfortunate blind people. This is also my teacher's wish. (Section on pupil contraction surgery)[14]

This cataract surgery must have been a groundbreaking operation for Japanese physicians, as Kō Ryōsai describes it as a "remarkable technique unheard of since the founding of our imperial country".

7. Siebold's Education in Ophthalmology

There are individuals like Kō Ryōsai and Itō Shōteki who became Siebold's pupils specifically to gain specialized knowledge in ophthalmology. Before touching on Kō Ryōsai's translation activities, I would like to briefly summarize the kind of educational environment in which Siebold gained his ophthalmological knowledge.[15]

First, we must mention Siebold's grandfather, Carl Caspar von Siebold (1736–1807; below, Carl Caspar), who contributed to the development of ophthalmology at the University of Würzburg. This "father of modern German surgery" is said to have performed the first cataract surgery in Würzburg in 1766. He studied abroad at public expense in Paris, Leuven, London, and Leiden from 1760 to 1763, where he worked on acquiring the most advanced medical techniques. He probably observed and learned cataract surgery as it was being performed in Leuven at the time and then carried it out himself in Würzburg in 1766.[16]

---

13 Kō Oto and Kō Sōkichi, *Kō Ryōsai*, 1939, Non-commercial work.
14 Ibid., p. 97.
15 For the history of ophthalmology in Würzburg in the 19th century, refer to the following:
Franz Grehn, Gerd Geerling, Frank Krogmann, and Micael Stolberg, eds., *Geschichte der Augenheilkunde in Würzburg*, Pfaffenhofen, 2007; Andreas Mettenleiter, *ACADEMIA SIEBOLDIANA Eine Würzburger Familien schreibt Medizingeschichte*, Pfaffenhofen, 2010;
Andreas Mettenleiter, *Medizingeschichte des Juliusspitals Würzburg*, Würzburg, 2001;
and Hans Körner, *Die Würzburger Siebold*, Neustadt a. d. Aisch, 1967.

Carl Caspar's ongoing surgical practice is documented in his journal *Chirurgische Tagebuch*, published in 1792. It records fourteen cataract surgeries, six successful and eight unsuccessful. Of the latter, four resulted in total removal of the eyeball post-surgery, and four resulted in reduced vision due to uneven healing of the corneal wound.[17]

As can be seen, although cataract surgery was not yet a perfected procedure, it still was probably a beacon of hope for patients who had lost their sight, resulting in high demand.

Johann Bartholomäus von Siebold (1774–1814; commonly known as Barthel von Siebold, below, Barthel), Carl Caspar's third son and professor of surgery at the University of Würzburg, inherited and developed such ophthalmologic knowledge and skills. Expected to have a future as a surgeon, he began his medical studies at the University of Würzburg, but in 1797, he studied abroad at the University of Jena, where his specialized education took place. Before obtaining his degree, he was called back to Würzburg to care for the wounded in the fighting between the Austrian army and the French revolutionary army near Würzburg, and was appointed as a professor extraordinarius (*außerordentlicher Professor*) of anatomy and surgery at the University of Würzburg.

Soon after his appointment, Barthel began assisting his father Carl Caspar in eye surgeries, where he learned and further developed cataract surgery techniques. Barthel succeeded his brother (Siebold's father) Christoph as professor of anatomy and surgery following Christoph's death. Aiming to expand and establish ophthalmology as an independent field in surgical education at the university, he tried establishing an ophthalmology clinic specializing in cataract surgery within the medical school in 1802 and 1803.[18]

Barthel, working energetically to spread ophthalmology, especially cataract treatment, suddenly passed away in 1814 due to a cluster outbreak of epidemic typhus related to medical treatment. This was just one year before his nephew Philipp Franz von Siebold entered the University of Würzburg, meaning that Siebold himself did not receive direct instruction from his uncle Barthel during his medical education.

Joseph Kajetan von Textor (1782–1860), one of Barthel's successors who was appointed as a full professor of surgery in the medical department in 1816, was the one who directly instructed Siebold in surgery. Textor took over the ophthalmology course that Barthel had been teaching until his sudden death, and continued to teach it even after his appointment as full professor, considering it a key subject. Siebold probably acquired cataract treatment knowledge and skills from Textor's theoretical and clinical lectures.

---

16   Gehn et al., ed., op. cit., p. 33.
17   Ibid., p. 34.
18   Ibid., p. 35.

Thus, Siebold received his medical education in a favorable environment where he acquired a wealth of knowledge about ophthalmology, especially cataract surgery. This is the background to the above-quoted statement in the letter Siebold sent home.

8. Kō Ryōsai's Translations and Siebold

Kō Ryōsai, who lived from Kansei 寛政 11 (1799) to Kōka 弘化 3 (1848), was an ophthalmologist from Tokushima in Awa and highly interested in Siebold's ophthalmological treatment. He produced many books. The Kō family had been practicing medicine for generations and was particularly skilled in ophthalmology. In Bunka 14 (1817), at the recommendation of his uncle Mitsukuni 充国, he went to study in Nagasaki. He did so under the Dutch interpreter Yoshio Gonnosuke, deepening his knowledge of the Dutch language and Western medicine. Yoshio Gonnosuke was the most proficient in Dutch among the Dutch interpreters at the time, and thanks to studying under Gonnosuke, Ryōsai translated more texts than any of Siebold's other direct pupils.

Kō Ryōsai stayed in Nagasaki for fourteen years, and he was one of Siebold's closest pupils, always in contact from Siebold's arrival in Bunsei 6 (1823) to his forced departure in Bunsei 12 (1829).

The aforementioned critical biography lists the titles and brief annotations of forty-one books authored and/or translated by Kō Ryōsai. Of these, I would like to examine how Kō Ryōsai translated the ones by Consbruch and Tittmann, two of the five books mentioned by Siebold.[19]

In the critical biography's annotations regarding Consbruch's books, we first find the following:

1.
> *Seii shinsho* 西医新書, 42 volumes
> Dutch [translation], authored by G. W. Consbruch, published in 1824, translated by Kō Ryōsai. According to the annotation, Ryōsai translated this work while studying in Nagasaki in Bunsei 10. It is highly likely that, as Siebold mentions in his manuscript, Ryōsai was visiting Dejima, serving as Siebold's assistant, and receiving direct translation guidance.

In the annotation, Ryōsai's own preface is quoted, which interestingly describes the circumstances of and intention behind him translating Consbruch's book as *Seii shinsho*. According to this preface, Ryōsai began translating this book in Bunsei 10 (1827). The reason for is described as follows:

> . . . I have been studying under Siebold-sensei in Nagasaki for five years

---

19 It is unclear how Weller's *Augenheilkunde* was utilized.

now. In the thirty-fifth year of the sexagenary cycle, a Dutch ship brought this book. Sensei gave it to me and said, "All my medical methods are in this book. Read it carefully." I received it and read it, asked him about my questions, and completed the translation work in a year. . . .[20]

We can see that Siebold recommended this book, brought to Japan in Bunsei 9 (1826), to Kō Ryōsai, who then translated it the following year. Siebold told him that all of his medical knowledge was included in this book and said Ryōsai should read it carefully. It is interesting to see how highly Siebold valued it. Ryōsai says he finished translating within the year while receiving guidance from Siebold. We can, therefore, presume that this translation became part of the base translation of *Seii shinsho*.

Next, let us turn to works on ophthalmology that Kō Ryōsai translated and compiled.

Judging from the titles and contents of the annotations in the critical biography, at least seven out of the forty-one medical books listed most likely touch on ophthalmological treatment. Among these, the work that most focuses on the subject is probably *Ganka ben'yō* 眼科便用 (six volumes in four books).

Although the existence of this work appears to have been confirmed by the Kō family when working on Ryōsai's critical biography, it was later lost due to war damage, etc. According to a survey by Fukushima Giichi 福島義一, a researcher of Kō Ryōsai, while staying in Nagasaki, Ryōsai obtained van der Hout's 1817 Dutch translation of a medical book authored by the German physician Tittmann. He translated the parts related to ophthalmology from it and compiled them into *Ōran ginkai hiroku* 喎蘭銀海秘録. Later, he brought in information from many other ophthalmology books, added Siebold's clinical lectures and his own clinical experiences, and authored a work titled *Ganka hitsudoku* 眼科必読. He then revised it and attempted to publish it under the title *Ganka ben'yō* 眼科便用 in Tenpō 天保 12 (1842). However, the shogunate authorities did not permit its publication because the name of Siebold, a state criminal, was included. Ryōsai rejected their proposal to allow publication if it was deleted.[21]

In addition to this, the critical biography also lists *Seisetsu ganka hitsudoku* 西説眼科必読 (four volumes) as a book on ophthalmology, but according to the annotation, like *Ganka ben'yō* it is based on *Ōran ginkai hiroku*, which, as mentioned above, includes translations from Tittmann's *Chirurgie*.

Tittmann's *Chirurgie* also appears in the following letter from Ryōsai to Siebold, one of many letters pupils sent to Siebold with personal requests as his departure from Japan approached.

I quote from the *Shīboruto shokan shūsei* シーボルト書簡集成, compiled by Ishi-

---

20 Kō and Kō, op. cit. p. 116.
21 Fukushima Giichi, *Kō Ryōsai to sono jidai* 高良斎とその時代, Shibunkaku Shuppan, 1996, p. 159.

yama Yoshikazu 石山禎一 and Kaji Teruyuki 梶輝行, which was published recently on the two-hundredth anniversary of Siebold's arrival in Japan.[22]

> 67 <From Kō Ryōsai to Siebold> [1829?]
> A Request from Kō Ryōsai, student from Awa
> I would be most grateful if you could consider my requests below and send them to Nagasaki next year.
> 1. [P.] Lassus's *Surgical Pathology*. The first chapter of the second volume, which A. van Erpecum revised and translated from the French original. I purchased this book last year, but my student lost that part, so I would like you to send it next year.
> [J. A.] Tittmann. I have lost only the three volumes of the revised German original that van der Hout supplemented and translated.
> 2. Surgery books. I would like to request that you send surgical textbooks, and also all volumes of Tittmann's surgical textbook.
> 3. Books covering general ophthalmology, as well as books on venereal diseases, smallpox in children, etc. . . .[23]

This is one of the letters sent by Ryōsai to Siebold before he departed from Japan, and Tittmann's *Chirurgie*, which Siebold mentions in his manuscript, appears in the text. Furthermore, the fact that he requests all volumes to be sent reflects that he was trying to translate it as a textbook for Japanese physicians.

Conclusion

In this paper, I focused on the descriptions of Siebold's educational activities in Nagasaki from his newly discovered handwritten manuscript on the history of Japanese medicine. Attempting to uncover information on Siebold's education of his pupils in Nagasaki and the role of the school in Narutaki, I examine it in conjunction with the records remaining in Japan of two close pupils, Itō Shōteki and Kō Ryōsai.

The school in Narutaki played a significant role as a place for disseminating information, where not only Siebold but also Japanese physicians who received direct instruction from him (such as Mima Junzō, Totsuka Seikai, Oka Kenkai, and Kō Ryōsai) became instructors and conveyed the latest Western medical knowledge and techniques to Japanese physicians who gathered from all over the country through various connections.

---

22 Ishiyama Yoshikazu and Kaji Teruyuki, eds., *Shīboruto shokan shūsei* シーボルト書簡集成, Yasaka Shobō, 2023.
23 Ibid., p. 81.

Siebold described this situation in a letter home as follows: "The institution I created is gradually spreading a new ray of academic enlightenment, and with it, our connections, throughout Japan."[24]

Naturally, the latest in medicine that Siebold conveyed was not limited to ophthalmology, and Japanese physicians with various interests knocked on his door. Siebold states that they were interested in how to overcome difficulties facing Japanese people, such as cataracts, smallpox, and syphilis.

Although not covered in this paper, many pupils gathered under Siebold seeking new knowledge about smallpox vaccines. I plan to explore such topics in my future research.

(Translated by Dylan Luers Toda)

---

24 Hans Körner, op. cit., p. 821.

Philipp Franz von Siebold and the Japanese Interpreters (*Oranda Tsūji*)

Isabel Tanaka-Van Daalen
(Associate Researcher, Historiographical Institute, The University of Tokyo)

1. Introduction

The Dutchmen staying at the trading post on Deshima would have been completely helpless without the *Oranda tsūji*, the Japanese interpreters who facilitated all their official, as well as private, contacts in Japan. These interpreters also played a large role in the information and natural history specimens and artifacts that Philipp Franz von Siebold (1796–1866) gathered and brought back to Europe. At the same time, providing information on things Japanese could be a very dangerous act, as can be inferred from the "Siebold Affair," as a result of which several informants were dismissed from their posts or even lost their lives.

Siebold was sent to Japan as a medical doctor to attend to the Dutchmen on Deshima; but he was also assigned to do research on natural resources and materials that could be employed in the Dutch-Japanese trade, with the aim of contributing to the economic revival of the newly established Kingdom of the Netherlands. In his official capacity, he associated with the higher-ranked interpreters; but he also interacted with sons of the private interpreters (*naitsūji kogashira*) who worked as day servants in Dutchmen's homes before succeeding their fathers as private interpreters. A few of these servants went along on the court journey to Edo, where Siebold also met the interpreter assigned to the Office for the Translation of Foreign Books (Bansho Wagegoyō) within the Astronomical Bureau (Tenmondai).

In his research and information gathering, Siebold was assisted by outstanding interpreters, who also mediated between him and the Japanese scholars (doctors) who had come to Nagasaki to be taught Western sciences. These men also interpreted during the lessons given at Narutaki Academy (Narutaki Juku). By doing so, they acquired medical knowledge and better language proficiency themselves. In Siebold's absence, some of them even took over the task of instructing students. This method of teaching, in which pupils become teachers of yet other pupils, bears striking similarities to the method of *instruction mutuelle* or *wechselseitiger Unterricht*, which was popular in Europe at the time. As Siebold's original students transmitted his teachings to their own pupils upon returning to their hometown, and as these pupils further conveyed the new knowledge to yet other students, Siebold's teachings quickly spread all over Japan.

Siebold became particularly close with some interpreters, including several private interpreters. This goodwill on the part of the interpreters facilitated their willingness to get involved in Siebold's private trade dealings and to furnish him with information, despite this being a violation of their professional oath (*kishōmon*). Once found out, their actions had grave consequences for a few of the Japanese informants, which finally leads us to the obvious question of whether Siebold could have been more prudent to protect his sources.

By focusing on the role of the Japanese interpreters, we are able to get a more balanced idea about the ways Western knowledge was transmitted to Japan and vice versa in Siebold's time. It also makes clear that the credit Siebold has received for his scientific accomplishments should be more equally divided with the people who supplied him with the necessary information.

2. Siebold's Assignment

Siebold arrived in Batavia on 13 February 1823[1] after having been appointed army surgeon major first class health officer of the Dutch East Indies in July of the previous year.[2] In Batavia, he received the assignment of acting physician on Deshima (18 April) and the additional commission to conduct natural history research (20 May).

After arriving on Deshima on 12 August, he immediately performed cowpox vaccinations (which failed) and began medical instruction of a few doctors who had come to Nagasaki to be educated in "Dutch studies" and Western medicine and who had obtained access to the Dutch trading post.[3] He also received permission to treat Japanese patients in the city. Furthermore, he was allowed to go on field trips in the vicinity of Nagasaki to collect botanical specimens. The following year, he was also allowed to perform operations and treat patients at the medical academies of Yoshio Kōsai (1788–

---

[1] All dates in this article, with a few exceptions, are given according to the Western calendar.

[2] For details about Siebold's assignment in Japan, see, for example, Kure Shūzō, *Shīboruto-sensei: Sono shōgai oyobi kōgyō* (Tokyo: Tohōdō Shoten, 1926; reprint, Tokyo: Meicho Kankōkai, 1979). Citations refer to the 1979 edition. The Japanese translation (without supplements) is published in the Tōyō Bunko series, nos. 103, 115, and 117 (Tokyo: Heibonsha, 1967–1971). See also Ishiyama Yoshikazu, *Shīboruto no shōgai o meguru hitobito* (Nagasaki: Nagasaki Bunkensha, 2013); Ishiyama Yoshikazu, ed., *Shin-Shīboruto kenkyū*, 2 vols. (Tokyo: Yasaka Shobō, 2003); Kaji Teruyuki, "Shīboruto no rainichi to Nihon no sōgōteki kenkyū e no torikumi," in *200th Anniversary of Philipp Franz Siebold's Arrival in Japan: The Great Siebold Exhibition*, ed. Nagasaki Museum of History and Culture (Nagasaki: Nagasaki Museum of History and Culture, 2023), 145–153; and Kurihara Fukuya, trans., *Shīboruto no Nihon hōkoku*, Tōyō Bunko 784 (Tokyo: Heibonsha, 2009).

[3] The doctors named in the official diaries kept by the Dutch heads (*opperhoofden*) of the Deshima trading post are Mima Junzō, Minato Chōan, Yamaguchi Kōsai, Kō Rōsai, Oka Kenkai, Ninomiya Keisaku, Totsuka Seikai, and Yoshio Kōsai. Hirai Kaizō, Ishii Sōken, Itō Genboku, and Takano Chōei are not mentioned in the diaries. (*Dagregisters 1823–1830*, National Archives, The Hague, Nederlandse Faktorij in Japan Archive, nos. 236–246, entry no. 1.04.21). For Japanese translations of the diaries between 1823 and 1833, see Matsukata Fuyuko et al., *Jūkyū-seiki no Oranda shōkan*, 2 vols. (Tokyo: Tōkyō Daigaku Shuppankai, 2021).

1866) and of Narabayashi Eiken (1801–1875) and Narabayashi Sōken (1803–1852). In that same year, Siebold succeeded in procuring a house in Narutaki, which he used also for medical treatment and instruction as well as for accommodation for pupils in need.[4]

From 1825, Siebold was assisted by apothecary Heinrich Bürger (1806?–1858) and the painter Carl Hubert de Villeneuve (1800–1874), who were sent from Batavia to help with his research.

Many of Siebold's students, including several interpreters and Japanese scholars with whom he was in direct correspondence, supplied him with botanical and zoological specimens as well as information on Japan. In 1826, between 15 February and 7 July, he made the court journey to Edo, accompanied by several people who assisted him during the trip with his research and specimen collection.[5] Kawahara Keiga (Toyosuke) (1786?–1860s) came along as painter, while Bürger, under the pretext of being Siebold's secretary, made geological and meteorological measurements.

In Edo, Siebold made the acquaintance of astronomer Takahashi Sakuzaemon (Kageyasu) (1785–1829), who later furnished him with smaller-scale copies of geographical maps of Japan. These were the documents at the center of the Siebold Affair in 1828. Interrogations of Takahashi and other suspects commenced in Edo in November 1828, spreading to Nagasaki in the following month. After numerous interrogations and house searches, Siebold finally received the sentence of permanent banishment from Japan (*kokkin*) on 22 October 1829 and left the country on 30 December of that same year.

Back in Europe, he began to disclose his research results, culminating in *Nippon* (1852), initially published in serial form between 1832 and 1851; *Fauna Japonica* (1833–1850); and *Flora Japonica* (1835–1870). While still in Japan, he had already presented some of his findings in yearly reports to the governor-general of the Dutch East Indies in Batavia[6] and in articles submitted to the Royal Batavian Society for Arts and Sciences.[7] An early article on the Japanese language would definitively not have been possible without the help of a close interpreter, presumably Yoshio Gonnosuke

---

4   For details on Siebold's pupils, see Kure, *Shīboruto-sensei*; Ishiyama, *Shin-Shīboruto kenkyū*, and "Shīboruto no shōgai"; and Miyasaka Masahide, "Shīboruto no Nihon kenkyū to sono shiensha to shite no Mima Junzō to Yoshio Gonnosuke," in *Nagasaki tōzai bunka kōshō-shi no butai: Porutogaru jidai, Oranda jidai*, ed. Wakaki Taiichi (Kyoto: Bensei Shuppan, 2013), 297–321.

5   See Kure, *Shīboruto-sensei*; and Philipp Franz von Siebold, *Nippon: Archiv zur Beschreibung Japan und dessen Neben- und Schutzländern*, 2 vols. (Leyden: Bei dem Verfasser, 1852) (also includes Siebold's diary of the 1826 court journey). See also abridged version: Philipp Franz von Siebold, *Nippon [. . .]*, 2 vols., published by his sons (Würzburg and Leipzig: Verlag der K. u. K. Hofbuchhandlung von Leo Woerl, 1897). For a Japanese translation of *Nippon*, see Iwao Seiichi, ed., *Shīboruto Nippon*, 6 vols. (Tokyo: Yūshōdō Shoten, 1977–1979). For a Japanese translation of Siebold's court journey diary, see Saitō Makoto, trans., *Edo sanpu kikō*, Tōyō Bunko 87 (Tokyo: Heibonsha, 1967).

6   See Kurihara, *Shīboruto no Nihon hōkoku*.

7   For details about Siebold's publications, see Ishiyama, *Shin-Shīboruto kenkyū* and "Shīboruto no shōgai."

(1785–1831).⁸

Notwithstanding his earlier expulsion from Japan, he was able to return to the country in August 1859. During this second stay, which lasted until May 1862, he caught up with some of the acquaintances he had made during his first sojourn, including a few interpreters.⁹

3. Characteristics of the Japanese Interpreters (*Oranda Tsūji*)

After the Dutch trading post was transferred from Hirado to Deshima in 1641, the post of interpreter for the Dutch became restricted to Japanese only. The interpreters were employed by the Nagasaki government, and part of their salary was derived from the profits of the Dutch-Japanese trade. As city officials (*jiyakunin*) working with the Dutch, they were obliged to take a professional oath promising to adhere to the regulations set by the Japanese authorities.¹⁰

By the beginning of the eighteenth century, the post of interpreter had become hereditary. When an interpreter family had no suitable sons, a successor would be adopted from another interpreter family. In all, there were around thirty-five recognized interpreter families; various circumstances led to some of these families losing their accreditation and others becoming newly designated.

The interpreters were roughly divided into official interpreters (*hontsūji*) and private interpreters (*naitsūji*). Members of the first group were subdivided according to rank, senior (*ōtsūji*), junior (*kotsūji*), vice-junior (*kotsūji nami*), and provisional junior (*kotsūji masseki*) interpreters, as well as apprentices (*keiko tsūji*). From 1695, a new rank of inspector (*tsūji metsuke*; *dwarskijker*) was established; this individual oversaw the other interpreters and ensured that everything on Deshima was properly carried out. Each year, one senior and one junior interpreter were appointed as rapporteurs (*nenban tsūji*) in charge of communication between the Nagasaki governor and the Dutch; two others were nominated to accompany the Dutch on the court journey. Only the higher-ranked interpreters, assembled in the Tolkencollege (Board of Interpreters; *tsūji nakama*), were allowed to execute official translations, which interpreters signed and

---

8 For Yoshio Gonnosuke, see see section 5 of this article.

9 Among the interpreter acquaintances from his first stay were Kitamura Motosuke, Moriyama Takichirō, and Namura Hachiemon. For Siebold's second sojourn in Japan, see Kure, *Shīboruto-sensei*; Ishiyama Yoshikazu and Maki Kōichi, trans., *Shīboruto nikki* (Tokyo: Yasaka Shobō, 2005); and Ishiyama Yoshikazu and Kaji Teruyuki, eds., *Shīboruto shokan shūsei* (Tokyo: Yasaka Shobō, 2023).

10 On the *Oranda tsūji*, see, for example, Katagiri Kazuo, *Oranda tsūji no kenkyū* (Tokyo: Yoshikawa Kōbunkan, 1985); Kimura Naoki, *Tsūyaku-tachi no Bakumatsu ishin* (Tokyo: Yoshikawa Kōbunkan, 2012); Katagiri Kazuo, *Edo jidai no tsūyakukan: Oranda tsūji no gogaku to jitsumu* (Tokyo: Yoshikawa Kōbunkan, 2016; paperback, under the title *Oranda tsūji*, Tokyo: Kōdansha, 2021); Orita Takeshi, "Nagasaki no tsūji ni tsuite: Shiryō ni miru Oranda tsūji no jittai," *Narutaki kiyō*, no. 30 (2020): 89–96; and Isabel Tanaka-Van Daalen, "*Oranda tsūji*," lemma in the *Yōgakushi kenkyū jiten* (Kyoto: Shibunkaku Shuppan, 2021), 27.

stamped with their own seals, or just signed with "*het collegie*"; they also sometimes stamped the seal of the *nenban yakushi* (*rapporteur-tolken*).[11]

By 1670, the group of private interpreters (*naitsūji*) who had stepped in during the busy trade season had grown to such proportions that twelve interpreters were elected from this group to serve as representatives (*naitsūji kogashira*). Their sons, who could be appointed as personal servants to the Dutchmen in charge of all kinds of household duties, became very proficient in the Dutch language through their daily associations and played a large role in the transmission of knowledge in both directions. These men were frequently assigned for various private dealings.[12]

A similar organization existed for the interpreters servicing the Chinese traders (*Tōtsūji*).[13]

4. Siebold's Official Involvement with the Interpreters

The interpreters with whom Siebold had official contact were the senior and junior interpreters who resided in the interpreter house on Deshima in rotating day and night shifts, standing by in case their services were needed. Among them were also the rapporteurs and the inspector. All these higher-ranked interpreters feature prominently in the official diaries kept by the *opperhoofden*,[14] the heads of the Dutch trading post, and are mentioned by Siebold himself in his work *Nippon*.

4–1. The Interpreters on the Nagasaki City Payroll (*Bungenchō*) in 1828

For certain years, it is possible to compile lists of the employed interpreters by referring to a few extant payrolls that list the names of all the Nagasaki officials. However, some of these payrolls do not mention all the private interpreters by name. As every family was only allotted a certain number of posts (*kabu*), many of the listed apprentices were unsalaried (*mukyū*), as they were not eligible to be paid while their fathers were in active service, although they would receive other emoluments in kind.

For the period of Siebold's sojourn in Japan, three such payrolls are still available,

---

11 In most cases, the word *tolkencollege* is used for the higher-ranked interpreters on duty on Deshima, but it can also have a broader meaning of all the official interpreters, including the apprentices. However, it is not clear if the *naitsūji kogashira* are also included in that case. The word *tsūji nakama* seems also to have both meanings.

12 For a more detailed description of the private interpreters, see Isabel Tanaka-Van Daalen, "Oranda tsūji Inabe Ichigorō ni tsuite," *Nagasakigaku*, no. 3 (2019): 101–118; and Isabel Tanaka-Van Daalen, "The Tragic End of Siebold's Informant the Interpreter Inabe Ichigorō," in the forthcoming publication *New Perspectives on the Study of Siebold* (provisional title) (Amsterdam: Amsterdam University Press).

13 For the *Tōtsūji*, see, for example, Hayashi Rokurō, *Nagasaki Tōtsūji: Otsūji Hayashi Dōei to sono shūhen*, zōhoban (Nagasaki: Nagasaki Bunkensha, 2010).

14 For a list of the higher-ranked interpreters featuring in the diaries of 1824–1833, see Matsukata, *Jūkyūseiki no Oranda shōkan*, vol. 2, appendix 2, 528–529.

dating from 1824 to 1828.[15] The last payroll includes the names of the main culprits in the Siebold Affair, Baba Tamehachirō, Yoshio Chūjirō, Hori Gizaemon, and Inabe Ichigorō, so this list must date from before the interrogations in Nagasaki started at the end of 1828. On the next extant payroll of 1830, their names are crossed out.[16]

The payroll of 1828 lists the following names: Shige Dennoshin as inspector and Nishi Gijūrō as assistant (*tsūji metsuke-suke*); Baba Tamehachirō, Suenaga Jinzaemon, and Kafuku Shin'emon as senior interpreters; Ishibashi Sukejūrō as assistant senior interpreter; and Yoshio Gonnosuke and Nakayama Sakusaburō (Butoku, Tokujūrō) as senior interpreter trainees (*ōtsūji minarai*). Also listed are the names of Iwase Yaemon (Yajūrō), Narabayashi Eizaemon, Baba Enji, and Imamura Naoshirō as junior interpreters; and Shige Tokijirō and Yoshio Chūjirō as assistant junior interpreters. The vice-junior interpreters were Nishi Zen'emon, Namura Hachitarō (Mosaburō, Motojirō), Moriyama Genzaemon, Namura Sanjirō (Hachijūrō), Nishi Kichidayū, Uemura Sakushichirō, Hori Gizaemon, Tateishi Shūtarō, Suenaga Shichijūrō, Ogawa Keisuke, Narabayashi Tetsunosuke, Shizuki Ryūta, Hori Senjirō, and Inomata Genzaburō; and the provisional junior interpreters were Motoki Mokichirō (Shōzaemon), Narabayashi Eisaburō, Iwase Yashichirō, Nakayama Usaburō, Bada Sakunosuke, Inabe Ichigorō, Nishi Kichijūrō, Shinagawa Umejirō, Namura Sadashirō (Sadagorō, Hachiemon), Nishi Yoichirō, and Yokoyama Gengo. The apprentices are recorded as Ishibashi Sukegorō, Matsumura Tanesaburō, Yoshio Sakunojō, Shizuki Seitarō, Shioya Iegorō, Mishima Kichijirō, Uemura Kunitarō, Kafuku Tsunenosuke, Araki Hachinoshin, Imamura Shōsuke, Yokoyama Shinnosuke, Narabayashi Sadanojō, Moriyama Einosuke, Nishi Keitarō, Inabe Kamenosuke, and Araki Toyokichi. This list specifies four private interpreters by name: Matsumura Naonosuke, Tanaka Rihei, Isota Hansaburō, and Kawahara Heijūrō. Two salaried and two unsalaried trainees also feature on this list but are unnamed. Most likely they were Kikuya Tōta, Kikuya Yonezō (Tōichi/Tōhei, also Hatazaki Kanae), and Tanaka Sakunoshin, who received verdicts in connection with the Siebold Affair. The identity of the second unsalaried trainee is unclear. Absent from the 1828 payroll are Inomata Denjiemon (?–1826), Ishibashi Sukezaemon (1757–1837), and Yokoyama Matajiemon (1760?–1828) because they had died or stepped down.

It is interesting to note that by 1828 a few of the private interpreter-servants who had participated in the court journey of 1826, had advanced to the rank of official interpreter.

Siebold's *Nippon* shows the faces of six of the official interpreters and gives their surnames as "SUKESAJEMON, SAK'SABRO, JASIRO, SOSAJEMON, JENOSKE, AND TAMIFATSIRO" (fig. 1). Four of these can be identified as Ishibashi Su-

---

15 See *Nagasaki shoyakuninchō* (ca. 1824), *Nagasaki shoyakuninmei* (1824), and *Bungenchō* (1828), all held at the Nagasaki Museum of History and Culture.
16 *Nagasaki shoyakuninchō* (ca. 1830), Nagasaki Museum of History and Culture.

kezaemon, Nakayama Sakusaburō, Iwase Yajūrō, and Baba Tamehachirō. The identities of Jenoske and Sosajemon are not clear. They could be Moriyama Einosuke (Takichirō) and Motoki Shōzaemon, but this is not certain. Einosuke was still a young apprentice in Siebold's time. Shōzaemon appeared under the name of Mokichirō on the payrolls until 1832–1833; his father, also called Shōzaemon, had already died in 1822. Plates 8 and 10 are, according to the captions, portraits of "ISIBASI SUKESAJEMON" ("*Präsident des Dolmetscher-Kollegiums*") after an original painting by De Villeneuve and of "NAMURA SANZIRO" (Sanjirō) (1783?–1841)[17] (figs. 2, 3).

4–2. The Sons of the Private Interpreters (*Naitsūji Kogashira*) in Dutch Employment

According to an 1818 memorial that Hendrik Doeff (1733–1835) left to a potential successor as *opperhoofd*,[18] the head of the Dutch trading post was furnished with three senior servants (*opperdienaars*), who were the sons of private interpreters, as well as with five junior servants (*onderdienaars*), of whom one attended to the doctor and another, to the scribe (secretary) during the court journey. Doeff specifically singles out the junior servants "Toda" (Kikuya Tōta) and "Gihatsi" (Gihachi) as very trustworthy, even in private affairs. In Doeff's time, the oldest servant was "Araki Fatsnozin" (Hachinoshin), in charge of keeping and settling the accounts of the day laborers' wages, of the fees for hired ships and daily food expenses. He was deemed very honest as well.

Siebold himself was also full of praise for these servants:

> Our servants were faithful and loyal persons. They had served on Dejima from their youth onwards and the older ones amongst them, who had frequently accompanied previous heads of the trading post on this trip, possessed a remarkable knowledge about the travel and everything related to service and etiquette. They also spoke and wrote an understandable Dutch.[19]

In Japanese documents, these servants were called *Orandajinbeya tsuki* ("persons attached to the rooms of the Dutch"). However, not all of these servants were from interpreter families. Moreover, some of the Dutchmen on Deshima were also attended by personal non-Japanese servants of slave status. These servants had been brought from Batavia, and contrary to the Japanese servants, they were allowed to stay on Deshima

---

17 De Villeneuve's original painting of Ishibashi Sukezaemon is in the possession of the Nagasaki Museum of History and Culture. See that museum's catalogue *Great Siebold Exhibition*, ill. 3–92.

18 "Stukken betreffende de inkomsten en uitgaven van de opperhoofden in Japan, alsmede enige concept-artikelen tot instruktie voor de opperhoofden in 1818" (Documents regarding the earnings and expenses of the *opperhoofden*, as well as several draft clauses for the instruction of the *opperhoofden* in 1818), Aanwinsten, 28 October 1965, National Archives, The Hague, entry no. 2.21.054, coll. Doeff, no. 10.

19 Siebold, *Nippon* (1897), vol. 1, 53.

Fig. 1 Portraits of six official interpreters. Siebold, *Nippon*, part 3 (1832) of the original serialized edition, plate 15. Kyushu University Library, Fukuoka.

Fig. 2 Portrait of Ishibashi Sukezaemon. Siebold, *Nippon*, part 3 (1832) of the original serialized edition, plate 8. Kyushu University Library, Fukuoka.

Fig. 3 Portrait of Namura Sanjirō. Siebold, *Nippon*, part 3 (1832) of the original serialized edition, plate 10. Kyushu University Library, Fukuoka.

overnight.

4–3. The Interpreters Accompanying the Dutch on the 1826 Court Journey to Edo[20]

The interpreters who took part in the court journey of 1826 were senior interpreter Suenaga Jinzaemon (1768–1835) and junior interpreter Iwase Yajūrō (1771?–1848).[21] Yajūrō took his son Iwase Yashichirō (1804?–1873) with him at his own expense to acquaint him with the logistics of the journey. As personal servants to *opperhoofd* Johan Willem de Sturler (1776–1855) we find the names of Araki Toyokichi, Tanaka Sakunoshin, Kikuya Tōta, and [Kikuya] Tōichi/Tōhei, who were from private interpreter background, and those of Tōshichi, Mosaburō, and Gihachi of unspecified origin. Siebold's personal servant (*heyatsuki*) on the journey was Gennosuke, but his background is not clear either. The official interpreter Namura Hachitarō (?–1837) accompanied De Sturler as servant, while a certain Keitaro, a doctor and pupil of Siebold, came along as servant to the interpreters.[22] This person has sometimes been identified as the interpreter Nishi Keitarō (1816–1878).[23]

Special mention should be made of Kitamura Motosuke (1802–1868), who participated in the court journey when he was still a scribe to the interpreters (*tsūji hissha*). He was to be promoted to private interpreter in 1846 and joined the ranks of apprentice in 1848. In 1867, he was even appointed to junior interpreter-inspector (*kotsūji metsuke*). His knowledge of botany and zoology was instrumental from 1849 onwards in providing specimens for the botanical gardens in Buitenzorg (Indonesia) and the Netherlands, as well as supplying Siebold with seeds, bulbs, and seedlings for his Royal Society for the Encouragement of Horticulture in the Netherlands.[24] Moreover, from 1856, he was in charge of ordering plants from the Dutch and Chinese traders as a "planter" of the shogunal medical herb garden (*oyakuen uetsuke kata*). It is very likely that his interest started to bud while witnessing Siebold and his collaborators collect botanical and zoological materials during the court journey in 1826.[25]

Whereas Siebold's description of the private interpreters was favorable, his opinion about the interpreters in general was quite mixed:

---

20 For a list of all the court journey interpreters, see Katagiri, *Oranda tsūji no kenkyū*, 208–226, 257–260.
21 For the interpreters of the 1826 court journey, see Siebold, *Nippon* (1897), vol. 1; Kure, *Shīboruto-sensei*; and Morinaga Taneo, ed., *Hankachō: Nagasaki bugyōsho hanketsu kiroku*, vol. 8 (Nagasaki: Hankachō Kankōkai, 1960), 31–34.
22 Siebold, *Nippon* (1897), vol. 1, 53.
23 Kure, *Shīboruto-sensei*, 136–137: based on communications by Koga Jūjirō.
24 See Gerard Thijsse et al., "The Royal Society for the Encouragement of Horticulture in the Netherlands: established by P. F. von Siebold and C. L. Blume in 1842," *Seinan Journal of Cultures* 34, no. 1 (2019): 47–70.
25 Isabel Tanaka-Van Daalen, "Oranda tsūji keizu: Kitamura-ke," *Nichiran gakkai kaishi*, no. 53 (2005): 73–102; and Isabel Tanaka-Van Daalen, "Kitamura Motosuke to dōshokubutsu-gaku e no kōken (sono ichi, sono ni)," *Narutaki kiyō*, no. 18 (2008): 15–28; no. 19 (2009): 1–14.

Because of their association with the Europeans for generations, they have adopted many good but rather more bad things and therefore cannot be confused with real Japanese, who are raised and formed by their national manners without the influence of foreigners.[26]

He also had a very sharp eye for the shortcomings of the interpreters accompanying the Dutch on the court journey.[27]

[Jinzaemon was] at the end of his fifties and a cultured person with some scientific education and with ample experience in the trade relations with the Dutch; even more so in its misuses. He was skillful in handling Japanese affairs, clever, and even cunning. He was frugal without being stingy. . . . He started as an interpreter as a boy, like most of his colleagues on Deshima, and was well-versed in foreign customs. He spoke and wrote an intelligible interpreter-Dutch.

[Yajūrō was] well over sixty and in his manners quite similar to Jinzaemon. . . . He was good in his job, very attentive, and strict in the maintenance of the old traditions. He was polite, almost servile, but was also cunning and crafty, which was hidden behind a mask of honesty.

[His son Yashichirō was] in many respects like his father. . . . One would call him a good person, who was equal to his father in making compliments, confirming everything with a "*he*." He was unruly in his lifestyle, not despising the female sex, and was always coming up with funny ideas when he was in our company. Towards us, he was very obliging and helpful in daily life.

[Namura Hachitarō was], without doubt, one of the most talented and useful Japanese we interacted with. He possessed a thorough knowledge of his mother tongue but also of Chinese and Dutch as well as an understanding of his country, its constitution, customs, and manners. He was very talkative and cheerful. His father was senior interpreter but not in active service. Because the son has to serve unpaid as long his father lives and receives a salary from the state, Hachitarō only had a small income, which he needed even more because he was a rather frivolous fellow. He had little credit but a lot of debts. Only small trade dealings with some Dutchmen provided him with the means

---

26 Siebold, *Nippon* (1897), vol. 1, 51.
27 The following descriptions are from Siebold, *Nippon* (1897), vol. 1, 51–52. All details on the interpreter's physical appearance are omitted here.

of living. He did not know the worth of money himself but would do everything for money notwithstanding. He was very content with his position with us and made himself available to everyone when it suited him.

Siebold's assessment of Namura Hachitarō gives us a rare insight into the normally hidden dealings of the interpreters in league with the Dutchmen. In Hachitarō's case, these interactions finally proved to be fatal, and he was beheaded for illegal activities in 1837.[28]

4–4. The Interpreters Stationed at the Astronomical Bureau (Tenmondai) in Edo

While in Edo, many Japanese scholars and doctors came to visit *opperhoofd* De Sturler and Siebold at the Dutch inn, the Nagasakiya. Among them was shogunal astronomer and head of the Astronomical Bureau Takahashi Sakuzaemon, who showed them several Japanese maps, presumably some by cartographer Inō Tadataka (1745–1818). On these visits, he also brought with him Yoshio Chūjirō (1788–1833),[29] the Nagasaki interpreter who served as a translator of Western books at the Astronomical Bureau from 1823 until 1826 and who during that period assisted Takahashi in compiling a vocabulary of foreign words. In 1824, Chūjirō was sent to Otsu in present-day Ibaraki Prefecture to interpret during interrogations of English crew members who had come ashore; and in the following year, he produced a translation of a work on the history and national character of the English. He had knowledge of both English and Russian. Chūjirō was the son of Yoshio Kōgyū's (1724–1800) nephew and as such was close with Kōgyū's son Gonnosuke.[30] In the summer of 1826, Chūjirō left Edo and was to be replaced by Inomata Denjiemon, who (for unknown reasons) committed suicide on his way to the capital. Inomata's son Gensaburō (1796–1829) was thereupon assigned to the same post at the Astronomical Bureau. Gensaburō died in Edo on 9 October 1829 before he could be indicted in the Siebold Affair.[31]

Back in Nagasaki, Chūjirō became one of Siebold's most trusted assistants and was heavily involved in the Siebold Affair. Not without reason, Siebold called him "my learned friend."[32]

---

28 Hachitarō, renamed Motojirō in 1830, was finally prosecuted for private trade in saffron. For details, see Isabel Tanaka-Van Daalen, "Oranda tsūji keizu: Namura-ke," *Nichiran gakkai kaishi*, no. 55 (2007): 35–77.

29 Chūjirō had become the successor to Baba Sajūrō (1787–1822) at the Tenmondai. Chūjirō is probably also the interpreter "Saisiro" residing in Edo, who met Siebold on 11 April 1826. (Siebold, *Nippon* [1897], vol. 1, 183). For details on Chūjirō, see, Kure, *Shīboruto-sensei*; and Katagiri Kazuo, *Shīboruto jiken de basserareta san tsūji* (Tokyo: Bensei Shuppan, 2017).

30 Gonnosuke was born when his father, Kōgyū, was sixty-two and was therefore initially called Rokujirō.

31 For Inomata Gensaburō and his father Denjiemon, see Kure, *Shīboruto-sensei*; and Hara Heizō, "Shīboruto jiken to Oranda tsūji Inomata Gensaburō," *Nihon ishigaku zasshi*, no. 1333 (November 1944): 249–255; no. 1334 (December 1944): 284–292.

32 Siebold, *Nippon* (1897), vol. 1, 21.

5. The Interpreters Who Assisted Siebold in His Research on Japan

When Siebold came to Japan, he was introduced by *opperhoofd* Jan Cock Blomhoff (1779–1853) to the most prominent Japanese doctors who had come to Nagasaki for study and to the most accomplished interpreters, "who would teach them [the doctors] Dutch, which would be the key for their thorough investigations."[33] The interpreters included Yoshio Gonnosuke, Inabe Ichigorō (1786–1840), Ishibashi Sukezaemon, Narabayashi Tetsunosuke (1800–1857), Shige Tokijirō (?–1834), and Namura Sanjirō, among others. Many of them had already been involved in compiling the Dutch-Japanese dictionary by former *opperhoofd* Hendrik Doeff.[34] While in Japan, Blomhoff himself had started to create a Dutch-Japanese dictionary, based on Doeff's, with the help of two private interpreters, Araki Toyokichi and Kikuya Yonezō.[35] These two would also become very close collaborators and pupils of Siebold.

With the help of the "scholarly interpreter"[36] Yoshio Gonnosuke, Siebold was able to start his linguistic studies, which also led to his early publication about the Japanese language, mentioned before.[37] In 1828, he and Yoshio Chūjirō would also help Siebold in making a small dictionary for his personal use.[38] Gonnosuke's superb knowledge of Dutch was already an established fact in his own time, but he was also proficient in English and French, and besides Doeff's dictionary he was also involved in many linguistic research efforts, including the compilation of English-Japanese and French-Japanese dictionaries and various works on grammar. He also ran a Dutch language academy, in which several students such as Oka Kenkai (1799–1839), Kō Ryōsai (1799–1846), Totsuka Seikai (1799–1876), and Itō Keisuke (1803–1901) had been enrolled before they attended the lessons by Siebold. Other prominent pupils, such as Mima Junzō (1795–1825) and Itō Genboku (1801–1871), had learned Dutch first at the academy of Inomata Denjiemon.

---

33 Siebold, *Nippon* (1897), vol. 1, 120–121.

34 For details on Doeff's dictionary, see, for example, Matsuda Kiyoshi, *Yōgaku no shoshiteki kenkyū* (Kyoto: Rinsen Shoten, 1998), 73–101; and Rudolf Effert, "The Dūfu Haruma: An Explosive Dictionary," in *Unchartered Waters: Intellectual Life in the Edo Period*, ed. Anna Beerens and Mark Teeuwen (Leiden: CNWS Publications 2012), 197–220.

35 This is the *Hollandsch en Japansch Woordenboek* (Leiden University Library: UB 63). On Araki, see Numata Jirō, "Araki Toyokichi to iu Oranda tsūji ni tsuite," *Nagasaki Shiritsu Hakubutsukan kanpō*, no. 31 (1990): 1–9. For Kikuya Yonezō, see note 64 below.

36 Siebold, *Nippon* (1897), vol. 1, 112.

37 For details on Gonnosuke, see, for example, Kure, *Shīboruto-sensei*; Miyasaka, "Shīboruto no Nihon kenkyū"; and Sven Osterkamp, "Yoshio Gonnosuke and his Comparative Dutch-Japanese Syntax: Glimpses at the Unpublished Second Part of Siebold's *Epitome Linguae Japonicae*," *Berichte zur Wissenschaftsgeschichte* 46, no. 1 (2023): 54–75.

38 This is the "Wa Lan kotoba sjo," listed as no. 326 in Philipp Franz Siebold and J. J. Hoffmann, *Catalogus librorum et manuscriptorum japonicorum a Ph. F. de Siebold collectorum* [⋯] (Leiden and Batavia: Beim Verfasser, 1845), 20; Japanese translation: *Shīboruto shūshū washo mokuroku* (Tokyo: Yasaka Shobō, 2015), 64, 89, 136; Leiden University Library: UB 64.

5–1. Medical Training on Deshima and in Narutaki

Right from the start, Siebold tutored a number of doctors from all over Japan who had received permission to enter Deshima; these men would become his most valued pupils. The Nagasaki doctors Yoshio Kōsai, Narabayashi Eiken, and Narabayashi Sōken were allowed on the island as doctors attending to the Dutchmen. The interpreters during these sessions were the same ones who had been introduced by Blomhoff as well as Yoshio Chūjirō after his return from Edo. They also accompanied Siebold when he consulted patients in the city and provided treatment at Yoshio's and Narabayashi's respective medical academies.

On field trips to collect (medical) herbs in the vicinity of Nagasaki, Siebold's foremost companions were Inabe Ichigorō[39] and Shige Dennoshin (1768–1835). About Dennoshin, Siebold wrote the following:

> Among our Japanese friends was a certain Sige Dennozin, son of Sige Setsujemon [Setsuemon; 1733–?], who accompanied Thunberg on the journey to Edo in 1776. Dennozin still recounted vividly the famous naturalist. He often showed me the juniper tree in his garden which Thunberg had brought from the Hakone mountains and which he [Dennoshin] had helped to plant when he was a youngster. He kept a collection by Thunberg of certain plants as a family treasure with touching affection towards the friend and teacher of his father. . . . He had inherited the love for botany from his father, and on my botanical excursions in the vicinity of Nagasaki, this honorable man often accompanied me. Owing to his official influence [as a *tsūji metsuke*], he served me to the utmost.[40]

Specimens taken from this juniper tree can be found in the Siebold collections preserved in the herbaria of the Leiden Naturalis Biodiversity Center and the Makino Herbarium of Tokyo Metropolitan University.[41] The first specimen was collected in April 1829 and the second on 15 January 1861 (figs. 4, 5). According to the description of this *Juniperus rigida* in Siebold's *Flora Japonica*, this tree had already grown as high as twenty feet in 1823 (fig. 6).[42] In 1812, when *opperhoofd* Doeff was out of

---

39 "My faithful companion on all my excursions in the neighborhood of Nagasaki and my closest confidant, Inabe Isiguro" (Siebold, *Nippon* [1897], vol. 1, 23). For details on Ichigorō, see Kure, *Shīboruto-sensei*; and Tanaka-Van Daalen, "Oranda tsūji Inabe Ichigorō ni tsuite" and forthcoming publication (Amsterdam University Press).

40 Siebold, *Nippon* (1897), vol. 1, 69.

41 Naturalis Biodiversity Center, L0102750 (HERB. LUGD. BAT. no. 901); and Makino Herbarium no. MAKS1798. See Katō Nobushige, *Makino Hyōhonkan shozō no Shīboruto korekushon* (Kyoto: Shibunkaku Shuppan, 2003); and Katō Nobushige, *Shīboruto shūshū shita shida hyōhon* (Kyoto: Shibunkaku Shuppan, 2010).

Fig. 4 *Juniperus rigida* specimen. Naturalis Biodiversity Center, Leiden.

Fig. 5 *Nezu muro* (*Juniperus rigida*) specimen. Makino Herbarium, Tokyo Metropolitan University.

Fig. 6 *Juniperus rigida* in Siebold's *Flora Japonica* (1870). Library of Biological Science, Kyoto University.

Dutch liquor because the ships from Batavia had not arrived, it was Dennoshin who furnished him with *jenever*, a Dutch juniper-flavored liquor, which he had distilled himself, adding juniper berries (*jeneverbessen*) from the tree in his own garden. However, he was not able to eliminate the (too) strong resinous flavor of the berries.[43] This anecdote prompted a sake distiller in Isahaya (near Nagasaki) in 2019 to develop a craft gin called "Dejima Gin: Dennosin 1812" with a strong juniper taste softened with coarse sugar.[44]

Elsewhere Siebold called Dennoshin "the protector of European studies and intermediary between us and the Japanese scholars."[45] He even kept a copy of a letter from Dennoshin to the family of Carl Peter Thunberg (1743–1828), in which the interpreter expressed his gratitude for a letter and a few booklets received in 1825 from Thunberg.[46] Other interpreters who provided botanical specimens and information on plants

---

42   *Flora Japonica* (1870), text vol. 2, no. 127: JUNIPERUS RIGIDA, 56–58, plate 125.

43   See Hendrik Doeff, *Herinneringen aan Japan* (Haarlem: De erven F. Bohn, 1833), 185. At the end of the eighteenth century, Dennoshin's house was situated in the Sakuraba city quarter next to Narutaki. See Harada Hiroji, "Nakanishi kyūzō 'Nagasaki Shoyakunin Jisha Yamabushi' no sakusei-nen to Oranda tsūji no kō no fukugen," *Nagasaki Rekishi Bunka Hakubutsukan kenkyū kiyō*, no. 1 (2006): 25. As juniper trees can live several hundreds of years, it may still be worthwhile to look for this specific tree.

44   Kinokawa Sake Brewery, Isahaya.

45   Siebold, *Nippon* (1897), vol. 1, 121.

46   "Copij van eenen brief van den Heer Sige Dennosin, opperdwarskijker/spion bij de factorei Decima in Japan, aan de familie Thunberg te Upsal in Zweden," Siebold-Archive Burg Brandenstein, SABB B13-Fa-B 312. Hereafter, citations of Siebold-Archive documents are indicated by collection number (starting with "SABB").

were Nakayama Sakusaburō (Butoku) (1785–1844)[47] and Baba Tamehachirō (1769–1838).[48]

Through the mediation of Sakusaburō and Dennoshin, Siebold was able to procure an estate in Narutaki in 1824, which served as a private academy for numerous doctors who came from all over Japan to receive instruction and attend surgeries. The house was also used as accommodation for students such as Takano Chōei (1804–1850). In Siebold's absence, the lessons there were undertaken by his most trusted pupils Mima Junzō and Oka Kenkai with help of the interpreters. On the significance of the Narutaki Academy, Siebold himself wrote the following:

> From this small place, a beam of new light of scientific knowledge gradually expanded all over Japan, together with our connections [there]. It is here that the persons whom we can call our students from now on, have laid the foundations for their European education and have contributed to our investigations.[49]

As a language exercise, he had a few of his pupils write scientific treatises in Dutch about prescribed subjects or translate Japanese books, which served as valuable data for his own research. Extant examples of works by his interpreter-students include those written by Yoshio Gonnosuke and Yoshio Chūjirō on the topics of Japanese religion, geography, and time calculations as well as Chinese history.[50]

5–2. The *Instruction Mutuelle/Wechselseitiger Unterricht* Teaching Method

In a manuscript titled "Historical Overview of the Introduction and Development of Medical Science in Japan," preserved among Siebold's private papers in Burg Brandenstein in Schlüchtern-Elm, he refers to a certain teaching method called "mutual tuition" (*wechselseitiger Unterricht*, or *instruction mutuelle* in French). He mentions that this method had long existed in Japan and that it was one of the circumstances that facilitated the dissemination of European knowledge in the country. According to this method, "pupils of a great master become at the same time teachers of others and quickly and widely spread the word (the teachings) of the master, according to the

---

47 For details on Sakusaburō, see Isabel Tanaka-Van Daalen, "Oranda tsūji keizu: Nakayama-ke," *Nichiran gakkai kaishi*, no. 50 (2002): 67–95.

48 Specimens collected by Sakusaburō: Naturalis Biodiversity Center, nos. L 0170126, 0329117, and 0327083; HERB. LUGD. BAT. no. 908; and Makino Herbarium no. MAKS 0253. For details on Tamehachirō, see Kure, *Shīboruto-sensei*; and Katagiri, *Shīboruto jiken de basserareta san tsūji*; for his botanical activities, see the 1825 report in Kurihara, *Shīboruto no Nihon hōkoku*, 134.

49 Siebold, *Nippon* (1897), vol. 1, 121.

50 Acta Sieboldiana [The Siebold Archive], Faculty of East Asian Studies, Ruhr University, Bochum, nos. 1.157.000, 1.330.000, 1.193.000, 1.317.000 and 1.293.000. See also Ishiyama, *Shin-Shīboruto kenkyū*, 324–325.

level of the students."[51]

Siebold was probably thinking about the master-apprentice training system (*totei seido*, *oyakata seido*) in the case of craftsmen or the *iemoto* system in case of the traditional Japanese arts when he wrote that this hierarchical type of instruction was common in Japan. Within these systems, the direct pupils (*jikideshi*) of a master would later take on their own students and further transmit the master's teachings.

Among materials for the lemma "Medical Science" (*Medicin*), which Siebold had planned to publish in *Nippon*, is another memo concerning this *instruction mutuelle*. In it, he specifically gives the teaching method applied at Narutaki Academy as an example of this mutual tuition:

> The number of my students on Dezima normally does not exceed ten people, who were daily surrounding me and working with me or for me on my scientific research. Several days during the week, I tutored them in medicine and natural sciences, visited with them patients in the city of Nagasaki, and made excursions together in its vicinity. This small number of selected people received tuition and knowledge through [direct] association with me and from my mouth. However, they all had pupils themselves who again had their own pupils, and through these alternate communications, several hundreds of doctors emerged from my school in the seven-year period I stayed in Japan. On exceptional occasions, either at important operations or at my villa (Narutaki), they were introduced to me as my pupils.[52]

What he says here is that although he had less than ten direct pupils, through them, several hundreds of new pupils were able to be trained during his stay in Japan; and by way of this method of mutual tuition, these pupils spread his teachings all over Japan. As seen above, among Siebold's *jikideshi* were also a few interpreters.

This tuition method originated in England at the end of the eighteenth century as a means to spread elementary education among the masses at low cost. From a large group of children of all ages, a teacher would directly instruct the highest level of students, who would then pass on the teacher's lessons to the other students as befitting their level (fig. 7). This method initially spread in 1814 to France,[53] which was in pressing need of teachers after the Napoleonic Wars; but it was also adopted in other

---

51 "Geschichtlicher Uebersicht der Einführung und Entwicklung der Arzneiwissenschaften in Japan," SABB B2, Fa-G 90. This document was first discovered by Miyasaka Masahide. See the following articles in *Nagasaki shinbun*, 17 January 2022: https://www.nagasaki-np.co.jp/kijis/?kijiid=855608241216454656 and https://www.nagasaki-np.co.jp/kijis/?kijiid=855612015612919808 (accessed June 2024).

52 "Nota instruction mutuelle," SABB K4. Fa-E 57.

53 For details, see Karel Vereycken, "'Mutual Tuition': Historical Curiosity or Promise of a Better Future?," Artkarel, July 30, 2023, https://artkarel.com/mutual-tuition-historical-curiosity-or-promise-of-a-better-future/.

European countries and even in the United States and remained popular until around 1840.

Fig. 7   A school in Paris where mutual tuition was implemented. Lithograph (1820) by Jean Henri Marlet (1770–1847). National Museum of Education, Rouen.

6. Siebold's Private Involvement with the Interpreters

With some of the interpreters, Siebold forged such close relations that they were willing to assist him in his private dealings and to supply him clandestinely with information and goods.

6–1. The Interpreters Who Assisted Siebold in His Private Trade Dealings

From a few private account books, preserved in Burg Brandenstein, that cover the years 1825–1829, we can get a glimpse of Siebold's private trade dealings.[54] These books give the names of the persons involved, also stating the nature of the transactions and the amount of money concerned. A closer look shows that most of the Japa-

---

54   For the details, see Matsui Yōko, "A Study of Siebold's Economic Activities in Deshima Based on His Account Books," in *Siebold's Vision of Japan: As Seen in Japan-Related Collections in the West*, ed. National Museum of Japanese History (Sakura: National Museum of Japanese History, 2015), 327–336.

nese persons came from interpreter families (and included many of the private interpreters). Inabe Ichigorō, Moriyama Kin/Genzaemon, Araki Toyokichi, Nakayama Sakusaburō (Butoku), Suenaga Jinzaemon, Namura Sanjirō, Yoshio Gonnosuke, Yoshio Chūjirō, Imamura Naoshirō, Kikuya Tōta, Matsumura Naonosuke, Tateishi Hidetarō, and Hori Senjirō are among those listed.

Siebold placed goods and merchandise in their hands to be exchanged for items necessary for his Japan research and his collection, such as pictures, Japanese books, carpentry tools, and coins. He also deposited sums of money so that he could collect interest, to be used for the upbringing of his daughter Oine. In the end, Siebold put part of this money to a different purpose, as a gift for the children of Inabe Ichigorō.[55] These account books therefore also indicate that Siebold's private dealings were not prompted by personal gain but rather scientific and altruistic purposes.

6–2. The Interpreters in Correspondence with Siebold

Siebold corresponded with several of these close interpreters while in Japan. During his first stay in the country, Shige Dennoshin, Yoshio Gonnosuke, Inabe Ichigorō, Nakayama Usaburō and his father Sakusaburō, Araki Toyokichi, Matsumura Naonosuke, and Ishibashi Sukezaemon and his son Sukejūrō were among these men. The letters contain mainly requests for books or medicine or updates on private affairs. Recently, a new collection of the letters to and from Siebold has been published, and this correspondence clearly shows the intimate nature of his contact with these interpreters.[56] There is, for example, a farewell letter by Araki Toyokichi, written on the last day of Siebold's stay in Japan, which ends: "I will not forget to think about you and hope you will live on happily"[57] (fig. 8).

During his second stay, Siebold received letters from Narabayashi Eizaemon (1830–1860), Namura Hachiemon (1802?–1859), and Kitamura Motosuke. These were of a more official character, however, except for a few short notes by Motosuke accompanying presents of animals and birds and Eizaemon's later correspondence consisting mainly of detailed descriptions of his deteriorating physical condition.

6–3. The Interpreters Involved in the Siebold Affair

One of the remarkable facts about the Siebold Affair is the large number of Japanese who were implicated in and convicted of wrongdoing. In Edo and Nagasaki, this number exceeded sixty people, including many prominent *bakufu* officials and doctors

---

55 Matsui, "A Study of Siebold's Economic Activities," 333.
56 For the most recent letter publication, see Ishiyama and Kaji, *Shīboruto shokan shūsei*.
57 Acta Sieboldiana, Ruhr University, Bochum, no. 1.428.000, no. 5. For the Japanese translation and explanation of this letter, see Ishiyama and Kaji, *Shīboruto shokan shūsei*, 77–79. This letter ends: "Ik vergeet niet om u te denken, hoop uw gelukkig te vaaren." I think that the last part of this sentence should be rather understood in figuratively and not literally as "have a happy sea journey."

as well as more than fifteen interpreters.⁵⁸ Among these were also the official court journey interpreters, who were blamed mainly for their lack of surveillance when patients and other visitors came to see Siebold and presented him with forbidden goods, or for their negligence when inspecting the luggage. Interpreters from this group were Suenaga Jinzaemon, Iwase Yaemon, Namura Hachitarō, Iwase Yashichirō, Araki Toyokichi, Tanaka Sakunoshin, Kikuya Tōta, and Kitamura Motosuke.

The main culprits were the interpreters who had been instrumental in carrying Japanese maps and other forbidden items as well as the individuals who had interceded between Siebold and Takahashi Sakuzaemon. The details of their involvement remain unclear but can be summarized as follows.⁵⁹

When Yoshio Chūjirō returned to Nagasaki in the summer of 1826 after completing his assignment at the Astronomical Bureau, he took with him a map of Ezo and Sakhalin, gifted to Siebold by Takahashi.⁶⁰

Fig. 8 Farewell letter by Araki Toyokichi to Siebold, fifth day of the twelfth month (30 December) 1829. Acta Sieboldiana, Ruhr University, Bochum.

The smaller copy of Inō Tadataka's map was sent to Nagasaki in the first half of 1827. Meanwhile, Inomata Gensaburō, Chūjirō's successor at the Astronomical Bureau, had requested Hori Gizaemon (1793?–1856) to forward a letter for Siebold from Takahashi, in which it was written that the map in question had been dispatched to Nagasaki. When the map arrived, Baba Tamehachirō asked Inabe Ichigorō to deliver it to Siebold in the city. Subsequently, Ichigorō sent to Edo a parcel with a map of the Ryukyu Kingdom, which Siebold had borrowed from Takahashi, together with a record of barometer measurements. This parcel was addressed to Gensaburō, to be forwarded to Takahashi, and was transported by Ninomiya Keisaku. The following year, Yoshio Gonnosuke, on his way to Edo to accompany the Dutch presents for the shogun, was asked by Chūjirō to hand a parcel to Takahashi, without knowing its contents and the name of the original sender, Siebold. On his way back, he transported two letters from Takahashi addressed to Chūjirō, also not knowing that these were meant for Siebold, and delivered the letters to Baba Tamehachirō, who handed these over to the addressee. It seems that Gonnosuke had also transported at the request of Gensaburō presents from Takahashi to

---

58 See, for example, Kure, *Shīboruto-sensei*; Morinaga, *Hankachō*; Ishii Ryōsuke, ed., *Oshioki reiruishū*, book 11: *Tenpō ruishū*, vol. 1 (Tokyo: Meicho Shuppan, 1973); and Katagiri, *Shīboruto jiken de basserareta san tsūji*.

59 Based on publications mentioned in n. 58.

60 See also, Siebold, *Nippon* (1897), vol. 1, 22.

Siebold on the same occasion.[61] Finally, it is very likely that the copy of the Inō map which was brought from Edo in 1827 was transported by Itō Genboku, also at the request of Gensaburō.[62]

The offense of private interpreter Kikuya Tōichi/Tōhei (1807?–1842) was minor in comparison, but also concerned "forbidden goods." Participating in the 1826 court journey as a servant of *opperhoofd* De Sturler, he was ordered by his superior Suenaga Jinzaemon, who had heard that De Sturler was in possession of a *haori* coat with the Tokugawa family crest (the *aoi-mon*), to investigate this matter. After his return to Nagasaki, he finally retrieved the *haori* and handed it over to Mizuno Heibei, the inspector during the court journey, who got rid of this highly incriminating piece of evidence by burning it. An unlined garment made of black satin (*shusu*) with the same Tokugawa family crest in Siebold's possession was discarded in the same way. To Siebold, Tōhei was known as Jonizo (Yonezō).

When we look at the names of the main culprits, it is remarkable that they all concern close pupils of Siebold or persons closely related to his pupil Itō Genboku. Genboku had been a former student of Inomata Denjiemon before studying under Siebold and was married to the younger sister of Gensaburō, whose first wife happened to be a daughter of Baba Tamehachirō. Tamehachirō himself was the adoptive father of Baba Sajūrō, the first interpreter stationed at the Astronomical Bureau.

6–4. The Fate of the Interpreters Implicated in the Siebold Affair

Some of the interpreters under investigation received only lenient punishments, such as house arrest between fifty and one hundred days or a reprimand. Among the interpreters part of the court journey to Edo, Suenaga Jinzaemon, the interpreter in charge during the court journey, was the only one to be released from his post.

By contrast, most of the main culprits were not that lucky. In their cases, punishment was even meted to their sons, Baba Enji and Inabe Kamenosuke, who were discharged from their posts and placed in the custody of relatives. Tamehachirō, Chūjirō, and Ichigorō were banished from Nagasaki and held in custody in remote domains, where they died in solitary confinement.[63] Hori Gizaemon was discharged and sentenced to house arrest, while Gensaburō died during the investigation. Gonnosuke in the end walked away with a rebuke, and Itō Genboku was able to conceal his involvement completely.

---

61 Kure, *Shīboruto-sensei*, 77–78 (Supplement 23 to the *opperhoofd*'s diary of 1829, Nederlandse Faktorij in Japan Archive, no. 244).

62 For the details about Genboku's role, see, for example, Nishidome Izumi, "Itō Genboku no kaimei to Shīboruto jiken," *Yōgaku*, no. 26 (2019): 29–47; and Tanaka-Van Daalen, "Oranda tsūji Inabe Ichigorō ni tsuite."

63 Katagiri, *Shīboruto jiken de basserareta san tsūji*; and Tanaka-Van Daalen, "Oranda tsūji Inabe Ichigorō ni tsuite" and forthcoming article (Amsterdam University Press).

The fate of Kikuya Tōichi/Tōhei is a story apart. Before his sentence was delivered, he fled from custody and vanished from Nagasaki, upon which he was pronounced a legal fugitive (*nagatazune*). He changed his name to Hatazaki Kanae, opened an academy for Western studies in Edo, and eventually became a retainer of the Mito domain, where he was active in translating works related to Western learning and naval defense. With his thorough knowledge of Dutch, he became a highly valued mentor of leading *rangakusha* in the 1830s. When he was dispatched to Nagasaki in 1837 by his lord to buy Western books on shipbuilding, he was re-captured and sent to another remote domain, where he prematurely died. However, during his imprisonment, he had provided valuable advice on medical matters based on what he had learned from Siebold.[64]

As for Siebold, after numerous interrogations, during which he feigned loss of memory to conceal the precise involvement of his collaborators, he was sentenced to permanent banishment from Japan. In light of his imminent departure from the country, Siebold commissioned De Villeneuve to attend to his affairs and finances, of which De Villeneuve duly sent him regular updates. In a document dated 10 March 1830, De Villeneuve reports that he distributed presents to Siebold's Japanese friends (*zijne vrienden*), as instructed. Among them were several of Siebold's closest interpreter friends, as well as the wives of Ichigorō and Chūjirō.[65] Another letter, written in February 1831, contains an update on the fate of the Japanese implicated in the Siebold Affair and a description of his uncomfortable encounter with Tamehachirō, Chūjirō, and Ichigorō, on their way to their imprisonment, treated as capital criminals for their serious offenses.[66]

7. The Dangers of Information Gathering in Japan

In the end, Siebold was able to walk away from Japan with much of his collection and study materials and continue his scientific research back in Europe, while many of his Japanese informants were heavily punished. As a result of the Siebold Affair, many skillful interpreters were discharged, which led to a shortage of proficient interpreters and to Japanese authorities' heightened suspicion and control of Western studies. Therefore, one important question still remains: how was it possible that so many competent interpreters were willing to put themselves at such great risk by collaborating with Siebold?

---

64 See, for example, Kure, *Shīboruto-sensei*; and Orita Takeshi, "Oranda tsūji kenkyū nōto III: Oranda tsūji Kikuya Tōta to Hatazaki Kanae," *Narutaki kiyō*, no. 26 (2016): 113–118. I discuss Kikuya Tōichi/Tōhei (Yonezō, also Hatazaki Kanae) in two forthcoming articles in *Nagasakigaku*, no. 9 (2025) and no. 10 (2026).

65 SABB B17, Fa-A 72.

66 SABB B17, Fa-A 67. For details, see Tanaka-Van Daalen, "Oranda tsūji Inabe Ichigorō ni tsuite" and forthcoming article (Amsterdam University Press).

7–1. The Amenability of the Interpreters

The following factors may have led to their extreme willingness to cooperate with Siebold. His charisma, his enthusiasm for learning about things Japanese, and his zeal to share his own (Western scientific) knowledge may have induced them to think they could learn from him and to feel happy to be of assistance, all the more because many of these interpreters were relatively young and easily influenced. Many were also of lower rank, which meant that they better evaded the scrutiny of the authorities. On top of that, having observed that the importation of works such as the *History of Japan* by Engelbert Kaempfer (1651–1716),[67] which also included maps of Japan, did not face any problems, they may have lowered their usual guard and miscalculated the tide of the times, also underestimating what consequences might follow because of their professional oath. Feelings of gratitude (*ongaeshi*) toward their teacher as well as family loyalties may also have played a large role.[68]

7–2. The Professional Oath (*Kishōmon*) of the Interpreters

Upon appointment, interpreters were obliged to take a professional oath: they pledged with their blood upon invocation of the deities of Japan to maintain proper conduct and to refrain from actions such as engaging in private trade or exposing sensitive information to the Dutch (figs. 9, 10).[69] This oath seems to have been a rather pro forma matter under normal circumstances, used by the authorities only as a last resort to punish deviant officials; but it was not completely empty of meaning, as a few past cases make clear.[70]

Siebold was well informed about this oath. He had collected many related materials and had initially planned to insert a copy of the complete text of the oath as a supplement to the paragraph "Criminal Laws and Punishments" in *Nippon*. The original Dutch text, which he received from "a Japanese friend,"[71] and a German translation are still among his private papers in Burg Brandenstein,[72] as are several book excerpts about the custom of blood oaths in different cultures and detailed memos about how the blood was drawn (figs. 11–13).[73] From Kaempfer's *History of Japan*, he had also copied the Japanese text of the invocation of deities and its translation.[74] However, just

---

67 Engelbert Kaempfer, *History of Japan*, trans. J. G. Scheuchzer, 2 vols. (London: Printed for the translator, 1727).

68 For more details on the amenability of Siebold's informants, see my forthcoming article (Amsterdam University Press).

69 For a photograph of the complete document, see Nagasaki Museum of History and Culture, *Great Siebold Exhibition*, ill. 3–91.

70 For details of this oath, see my forthcoming article (Amsterdam University Press).

71 Acta Sieboldiana, Ruhr University, Bochum, no. 1.166.016. For the complete text, see my forthcoming article (Amsterdam University Press).

72 SABB K2 Fa-2B3 19.

73 SABB B2 Fa-D 39.

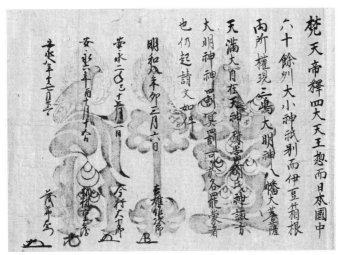

Fig. 9   Oath of the assistant junior interpreters. Nagasaki Museum of History and Culture.

Fig. 10   Detail of the oath (fig. 9) with drops of blood.

like his interpreter friends, whether deliberately or not, he downplayed the power of the oath in the name of science and, by doing so, put his informants in a very difficult position.

8. Conclusion

Siebold came to Japan originally as a doctor to attend to the Dutchmen on Deshima and to conduct research on the natural history of Japan. His teaching activities and his treatment of Japanese patients enabled him to acquire a large quantity of information, specimens, and artifacts necessary for his studies on Japan.

His initial pupils on Deshima amounted to only a few Japanese doctors, and several interpreters who became Siebold's direct pupils at the same time. At Narutaki Academy, some of these original pupils and interpreters became the teachers of yet other students, who took on their own pupils after returning home, thus spreading Siebold's teachings all over the country.

This type of education was reminiscent of the "mutual tuition" instruction method and produced, in a relative short time, a large network of students loyal to their primary teacher, Siebold. This is also one of the answers to why it was possible for so

---

74 Kaempfer, *History of Japan*, 268–271; and SABB B2 Fa-D 39. See also SABB B2 Fa-A 1.

  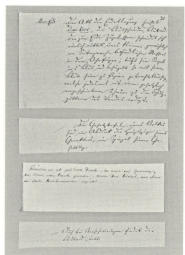

Fig. 11 Original Dutch text of the oath. Acta Sieboldiana, Ruhr University, Bochum.

Fig. 12 German translation of the oath. Siebold-Archive Burg Brandenstein, Schlüchtern.

Fig. 13 Notes on drawing blood (*chikiri*). Siebold-Archive Burg Brandenstein, Schlüchtern.

many Japanese to become implicated in the Siebold Affair.

Some of Siebold's closest interpreter-pupils, such as Yoshio Chūjirō, Inabe Ichigorō, and Kikuya Yonezō (Tōichi/Tōhei, also Hatazaki Kanae) who were imprisoned in faraway domains, were still able, even in their solitary confinement, to give medical advice benefitting patients at those locations.[75] By doing so, they also became good examples of pupils becoming teachers and further disseminating Siebold's teachings. A signpost indicating the path to Ichigorō's grave in Tomioka City carved with the text "The grave of Inabe-sensei (Master Inabe)" (fig. 14) says it all.

(Copyediting Akiko Yamagata)

---

75 Kure, *Shīboruto-sensei*; Katagiri, *Shīboruto jiken de basserareta san tsūji*; and Tanaka-Van Daalen, "Oranda tsūji Inabe Ichigorō ni tsuite."

Fig. 14 Stone signpost in front of Kongōin Temple in Tomioka City, pointing out the grave of "Inabe-sensei."

Siebold's Surgical Procedures and New Developments by His Pupils

Aoki Toshiyuki
(Saga University)

Introduction

There are two records showing the actual surgical procedures performed by Siebold: "Treatment Methods" (Meisuton Shīboruto jikiden hō chiryōhō utsushitori, gairyō soku ian hikae メイストンシーボルト直伝方治療法写取・外療即医按扣) and "Treatment Journal" (Shīboruto chiryō nikki シーボルト治療日記). Both were once owned by Kure Shūzō 呉秀三 and are currently housed at Tenri University's Tenri Central Library. These records have been studied by Kuroda Genji 黒田源次,[1] Ōtori Ranzaburō 大鳥蘭三郎,[2] Koga Jūjirō 古賀十二郎,[3] Nakano Misao 中野操,[4] and Machida Ryōichi 町田良一.[5] However, since there was no research on Miyahara Ryōseki 宮原良碩, a physician from Shinano 信濃 Province of peasant origin and the recorder of these documents, I reported on their content, as well as the background and activities of Ryōseki.[6] These surgical records have been reproduced as facsimiles as part of a series from Tenri University.[7] The two records were introduced by Kutsuzawa Nobukata 沓澤宣賢 in a compendium of new research on Siebold.[8] Additionally, in the very

---

[1] Kuroda Genji 黒田源治, "Shīboruto sensei to sono monjin" シーボルト先生と其門人, *Nagasaki dansō* 長崎談叢 17 (1935).

[2] Ōtori Ranzaburō 大鳥蘭三郎, "Shīboruto to Nihon ni okeru seiyō igaku" シーボルトと日本における西洋医学, in *Shīboruto kenkyū* シーボルト研究, ed. Nichidoku Bunka Kyōkai 日独文化協会, 1938.

[3] Koga Jūjirō 古谷十二郎, *Seiyō ijutsu denraishi* 西洋医術伝来史, Keiseisha, 1972.

[4] Nakano Misao 中野操, "Shīboruto no chiryō nikki (jō, ge)" シーボルトの治療日記 (上・下), *Nihon iji shinpō* 日本醫事新報 2193, 2194 (1966).

[5] This historical source was exhibited at the Siebold Exhibition in 1935 by Kure Shigeichi 呉茂一, the eldest son of Kure Shūzō. See Machida Ryōichi 町田良一, "Shinshū kara shuppin sareta Shīboruto shiryō" 信州から出品されたシーボルト資料, *Shinano* 信濃 I-4: 8 (1935).

[6] Aoki Toshiyuki 青木歳幸, "Shīboruto chiryōhō to ran-i Miyahara Ryōseki" シーボルト治療方と蘭医宮原良碩, *Shinano* III-37: 11 (1985); Aoki Toshiyuki, "Ran-i Miyahara Ryōseki to sono shūhen: Mura ishi no keisei o meguru ichikōsatsu" 蘭医宮原良碩とその周辺―村医師の形成をめぐる一考察, *Jitsugakushi kenkyū* 実学史研究 vol. 5, Shibunkaku Shuppan, 1986. I then revised these papers and brought them together as "Nōmin shusshin rangaku-i Miyahara Ryōseki to chihō ikai" 農民出身蘭方医宮原良碩と地方医界, in *Zason rangaku no kenkyū* 在村蘭学の研究, Shibunkaku Shuppan, 1998.

[7] There is a facsimile and explanatory materials by Sato Shosuke 佐藤昌介 in Tenri Toshokan Zenpon Sōsho Washo No Bu Henshū Iinkai 天理図書館善本史書和書の部編集委員会, ed, *Tenri Toshokan zenpon sōsho dai hachi-jū-kan: Yōgakusha kōhonshū* 天理図書館善本史書第八十巻 洋学者稿本集, Tenri Daigaku Shuppanbu, 1986.

useful timeline of Siebold's life by Ishiyama Yoshikazu 石山禎一 and Miyazaki Katsunori 宮崎克則, Siebold's surgical procedures are mentioned as follows: "On the twenty-first day of the sixth month (27 May) he visited the residence of Yoshio Kōsai 吉雄幸載 and examined three patients (including the twelve-year-old Hosokawa 細川 clan retainer Noguchi Ritsubei 野口律兵衛 from Kumamoto 熊本, whom he treated for a head tumor), with his assistant Bürgel accompanying him."[9]

In this paper, I will first introduce the actual surgical procedures performed by Siebold by analyzing the content of these two historical records written by Miyahara Ryōseki and consider their influence on Siebold's pupils and new developments in surgery. Secondly, I will provide an overview of how Siebold's use of the cowpox vaccine to prevent smallpox influenced his pupils, and how it succeeded and spread in Japan.

I would like to note that this paper is a revised and edited version of a lecture ("Shīboruto monjin no tasai na katsudō" シーボルト門人の多彩な活動) I gave at a symposium commemorating the two-hundredth-year anniversary of Siebold coming to Japan held at Dejima Messe Nagasaki on 14 October 2023.

1. Siebold's Surgical Procedures

1–1 Records of Siebold's Surgical Procedures

In Bunsei 文政 9 (1826), Miyahara Hamajū 宮原浜重, later known as Miyahara Ryōseki, the eldest son of a village official from the village of Kamiyamada 上山田 (the present-day city of Chikuma 千曲) in the Matsushiro 松代 Domain of Shinano Province, departed for Nagasaki to study Dutch learning (rangaku 蘭学). He became a resident student at the Dutch learning school Seinōdō 青嚢堂, run by Yoshio Kōsai, a Nagasaki interpreter and physician, and began his studies.

In the fifth month of Bunsei 10 (1827), Siebold visited Yoshio Kōsai's school and performed surgical procedures, which Ryōseki documented. Opening the unmarked cover of "Treatment Methods," one finds the following: "Beginning on the thirteenth day of the middle summer of Bunsei 10, Copy of Treatment Methods Directly Transmitted by Meiston Siebold at Seinōdō Juku in Kiyō 嵜陽, Copy of Surgical Treatments, i.e., Medical Treatment Methods, Master 'Kyūsan-dō' of the Famous Moon Spot in Shinano Province." The school is Yoshio Kōsai's school located in Nagasaki's town of Kabashima 椛島. "Famous Moon Spot" refers to the district of Sarashina 更級 (now Chikuma) in Shinano, known as a moon-viewing spot, and "Kyūsan-dō" was Ryōseki's pseudonym. "Treatment Methods" records five surgical procedures.

---

8 Kutsuzawa Nobukata, "Shīboruto no igaku kankei-shi, shiryō ni tsuite" シーボルトの医学関係史. 資料について, in *Shin Shīboruto kenkyū* 新・シーボルト研究, Yasaka Shobō, 2003.

9 Ishiyama Yoshikazu and Miyazaki Katsunori, *Shīboruto nenpyō* シーボルト年表, Yasaka Shobō, 2014, p. 48.

The first case, on the thirteenth day of the fifth month, was a hydrocele (scrotal swelling) surgery for Inokuma Sensuke 猪熊仙輔, nineteen-year-old-cousin of Yoshio Kōsai. Siebold pierced the affected area with a silver needle, drained the water, and then soaked it with a mixture of approximately five *shaku* 勺 of red wine, and two or three *shaku* of water, and applied *kasugai* カスガイ plaster. As an internal medication, the patient took a decoction of two *sen* 戔 of saltpeter and ninety *me* 目 of water for one day and one night. Siebold indicated that vinegar could be used as a substitute when red wine was unavailable. On the sixteenth day of the fifth month, since the patient was experiencing constipation, Inoue Yūki 井上有季 (a physician of the Akashi 明石 Domain and senior pupil of Ryōseki), made a laxative.

Next, there is a sheet inserted concerning a throat tumor treatment by Yoshio Kōsai for Oiwa お岩, a resident of the village of Inasa 稲佐 in Nagasaki, on the eighteenth day of the fifth month. However, since this was done by Yoshio Kōsai and not Siebold, it will not be covered here. Oiwa, who was in her early twenties, had developed a tumor on the trachea that resembled a jaw, which ruptured and caused severe pain.

The second case was on the thirteenth day of the fifth month, when Siebold attempted to insert a knife to treat the fistula of Nishihama Shōzō 西浜正蔵, a retainer of the Hosokawa clan from Kumamoto in Higo 肥後 Province. However, he found it difficult due to pus accumulation. So, he told Kōsai how to treat it: "Two *monme* 匁 of saltpeter, four *monme* of sodium sulfate, one *monme* of rhubarb, ninety-six *monme* of water. Boil the mixture three to four times, let it cool, and administer two spoons of it every hour. For the eye ointment, grind alum one part and sugar three parts into a fine powder, scoop them up with a very polished knife, and blow it into the eyes using a feather tube." Siebold and Bürgel visited Seinōdō and treated the patient on the twenty-seventh day of the fifth month.

The third case, on the thirteenth day of the fifth month, involved the treatment of throat inflammation for Nishihama Shōzaburō 西浜正三郎, a resident of the town of Hirado 平戸 in Kiyō 崎陽 Province, who was over sixty years old. His throat was in a state of decay, and he was unable to speak. After examining the patient at Seinōdō, Siebold conveyed an internal medicine prescription to Yoshio Kōsai: "The mixture for treatment includes 4 grains of antimony potassium tartrate (6 *rin* and 5 *mō*); 15 grains of camphor (2 *bu* and 5 *rin*); and 2 ounces of honey (16 *sen*). Combine these three items and take one small spoonful three times daily. For a medication to treat throat ulceration, prepare the following: 1 ounce (8 *sen*) of quinine (a Dutch medicine substance available at pharmacies), 1 dram (1 *sen*) of aloe, and 1 pound of water (96 *sen*). Boil these ingredients together, and use the resulting decoction three times a day by holding it in the throat.

The fourth case involved the treatment of throat inflammation for Kawachiya Kurōemon 河内屋九郎右衛門, a resident of Nagasaki's town of Hamanota 浜ノ田, who was

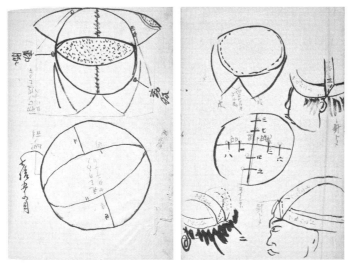

Fig. 1　Diagram of scalp incision　　Fig. 2　Diagram of scalp suture
Figs. 1 to 3 are from "Treatment Methods."

in his fifties. Siebold examined him at Seinōdō and performed a procedure using a knife to cut the inflamed area of the throat, causing considerable bleeding, which was then washed away. The subsequent treatment was conveyed through the interpreter Inabe Ichigorō 稲部市五郎. The prescription was: "Approximately twenty *me* of asein, approximately thirty *me* of honey, and approximately ninety *me* of water; administer as an oral medicine five to six times a day." The internal medicine was: "Eight *sen* of quinine, three *gō* 合 of water; boil and drink one *shaku* of it three times a day when warm." The powdered medicine: "Five parts gastrolith, five parts of hot water a day, or use the previous quinine medicine." Ryōseki was told this orally by Yoshio Kōsai and recorded it on the fifteenth day of the fifth month.

　　The fifth case, on the twenty-seventh day of the fifth month, involved the removal of a head tumor from the twelve-year-old Noguchi Ritsubei, retainer of the Hosokawa clan from Kumamoto in Higo Province (Figs. 1, 2). Siebold, along with his assistant Bürgel, performed the surgery at Seinōdō. Ryōseki documented the surgical procedure as follows: "First, outline the tumor with ink. Second, cut along the drawn line with a knife, as shown in the diagram. Third, separate the skin along the previously cut line. Fourth, scrape the tumor from the outside as shown in the diagram." "Fifth, wash the wound with water using a sponge, stitch the wound with a needle. Sixth, apply *kasugai* plaster. Seventh, apply a Band-Aid. Eighth, apply a gauze on top. Ninth, wrap it with a bandage, as shown in the diagram. Tenth, place the patient in a seated position. Eleventh, the treatment concludes."

　　It continues: "Ten drops of laudanum administered three times at night on the twenty-seventh. Two *sen* of salpeter decocted in ninety-six *monme* of water and taken. That night, with some fever, the young patient left with no pain in the external wound, his energy was refreshed, he ate normally, and his urination was very good," suggesting that the surgery was successful. Ryōseki continued by recording prescriptions, wound stitching methods, and the names of the onlookers present on the days of the surgeries.

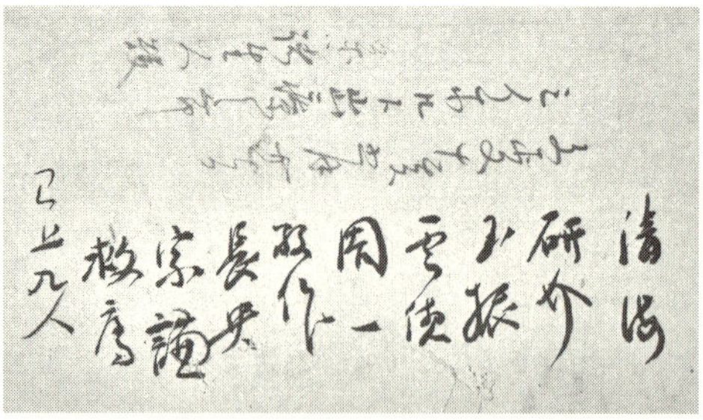

Fig. 3 Surgery observors from Siebold's Narutaki School

1–2 Surgery Observers

The surgery on young Noguchi was an important opportunity to learn about Siebold's surgical techniques, and observers from various Dutch learning schools in Nagasaki attended. From Siebold's Narutaki Juku, Totsuka Seikai 戸塚静海, Oka Kenkai 岡研介, Takano Chōei 高野長英, Itō Kyūan 伊東救庵, and others attended: "On the twenty-seventh day of the fifth month of Bunsei 10, number of students who attended Siebold's treatment session [from Narutaki Juku]: [Totsuka] Seikai, [Oka] Kensuke, [Nakao] Gyokushin 中尾玉振, [Matsuki] Untoku 松木雲徳, [Suzuki] Shūichi 鈴木周一, [Ninomiya] Keisaku 二宮敬作, [Takano] Chōei, [Ishii] Sōken 石井宗謙, [Itō] Kyūan - a total of nine people."

Moreover, many students from other Dutch studies schools in Nagasaki also attended as observers:

	From Bungo			
		Hakata ハカタ Town	Ōmura 大村 Town	Nine People on Duty
Meistre		Hino Kaneya 日野鼎哉	Narabayashi Eiken 楢林栄建	Hidaka Ryōdai 日高凉台
Gon'nosuke 権之介		Saichi 佐一	Yoichi 与一	Sōan 宗庵
Juku		Shūkichi 周吉	Tomekichi 留吉	Kōhaku 孝伯
		Gen'oku 玄昱	Shinnosuke 震之介	Ryōkichi 良吉
		Genpo 元甫	Teishirō 貞四郎	Eisuke 栄介
		Senjirō 専次郎	Eizaemon 栄左衛門	Shinsaku 新作
		Keiya 圭哉	Sai 齋	Sōken 宗謙
		Shūen 周延	Taian 退庵	Miyake 三宅
		Kazuma 数馬	Heima 平馬	Other internal pupils
				Twelve people

Kōsai Juku Kanjū 勘十　Kikuji 菊治　Hyakuma 百馬　Rikuhei 陸平　Tōhei 藤平　Genshū 玄周
　　Yūki 有季　Genrin 玄林　Kōrin 幸林　Ryōseki 良碩　Genmin 元民　Genzō 玄三　Dōkyū 道休

In addition to the nine students from Narutaki, at least sixty people attended the surgery observation, including nine students from Yoshio Gon'nosuke's school, nine from Hino Teisai's school, nine from Narabayashi Eiken's school, eight from Hidaka

Ryōdai's school, twelve internal pupils, and thirteen students from Yoshio Kōsai's school.

Ryōseki separately listed seventeen resident students from Yoshio Kōsai's school, aside from the general observers:

> Yoshio Kōsai-sensei's School: Inoue Yūki 井上有李(季) from Akashi Domain, Tahara Fumimichi 田原文迪 from Bungo, Ishikawa Genrin 石川玄林 from Yamato 大和, Kawamura Bunpo 川邨文甫 from Bōshū 防州, Kuroyama Saigū 黒山斎宮 from Chikuzen 筑前, Toyoda Kōrin 豊田幸林 from the Hagi 萩 family, Ikushima Genmin 生島元民 from Chikugo 筑後, Matsushita Kikuji 松下菊二 from Nagasaki, Aneyama Kanji 姉山勘二 from Nagasaki, Morioka Keisai 森岡圭斎 from Akashi, Shimizu Tokusai 清水篤斎 from Awa 阿波, Satō Fumiya 佐藤文哉 from Tosa 土佐, Nakane Gen'an 中根玄庵 from Hikone 彦根, Kadota Burō 角田部郎 from Gashū 賀州, Yoshida Tatsunaka 吉田達中 from Hanshū 藩州, Hata Genshū 畑玄周 from Toyama 富山 in Etchū 越中, 17 resident students
> Getto
> Miyahara Ryōseki

By tracing their paths after they returned home, we could richly depict the nationwide development of Dutch studies after Siebold.

Ryōseki concluded the record with the following note: "Copy from the thirteenth day of mid-summer in the Bunsei 10, Kiyō Seinōdō, Copied faithfully by head Shin'yō Getto Kyūsan-dō, Yoshio Kōsai-sensei's pupil." He then paused his writing of the "Treatment Methods" record and appended three cases from Seinōdō (*Seinōdō ian tsuki* 青嚢堂医按附).

The first case was the treatment of syphilis for Awaya Eisuke 阿波屋栄介, a twenty-three-year-old resident of Ōmura 大村 Domain in Hizen Province. Students took turns providing treatment starting on the twenty-fifth day of the sixth month: "Administer quinine, poria scletorium, and crayfish gastrolith powdered medicine along with *okurikankiri* ヲクリカンキリ and rhubarb. For applying to the throat, use honey and aloe. For the rotted foot, apply *meurinusu* メウリヌス and limewater. Apply quinine to the nose along with *kamireru* カミルレ and althaea. Prepare the above five medicines and treat daily, washing the rotted areas thoroughly with *suhoito* スホイト water."

The second case was treatment, during Bunsei 11 (1828), of Suejirō 末次郎 from Kōnoura 神浦 in Hizen Province for severe syphilis ("his nose had decayed since last year and the flesh was missing"). On the twenty-fifth day of the sixth month, a six-ingredient medicine and *suwafuru* スワフル tablet were administered.

The third case, dated the ninth day of the ninth month of Bunsei 11 (1828), involved Senzō 仙蔵, a twenty-five-year-old from Amakusa 天草 District, Higo Province, who came to Yoshio Kōsai after having no success in treatment by a local doctor for his left knee bone dislocation, a result of his boat, *Jittokumaru* 実徳丸, being wrecked off the coast of Urashima 浦島, Ōmura Domain. Since Yoshio Kōsai was conducting a home visit to a Chinese residence, pupils Okumura Gengo 奥村源吾 and Toyokawa Dōkyū 豊川道休 treated him, and he was fully recovered by the twenty-seventh day of the ninth month. The treatment involved administering saltpeter and changing the cotton bandage daily. It is evident that Siebold's surgical and medicinal methods, such as the use of saltpeter, were already being utilized by pupils of Yoshio Kōsai's school.

After this, Ryōseki recorded that Hanaoka Seishū 華岡青洲 used licorice, bellflower, and sarsaparilla in his prescriptions for throat scrofula and throat disorders, concluding with, "Copied in the middle summer of the *hinoto* 丁 year of the boar of Bunsei at the guest house in Sakiyama 崎山, Copied by Master "Kyūsan-dō" of the Famous Moon Spot in Shinano Province, Surgery Department of the Seyakuin Hospital, Yoshio Kōsai's School."

1–3 "Treatment Journal"

"Treatment Journal" records in detail the surgery for Noguchi Ritsubei and its aftermath. The progress of the surgery is described as follows.

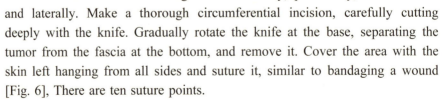

○ First, along the left side of the tumor, make a crescent-shaped straight incision from the posterior aspect, with a depth reaching from the subcutaneous tissue to the fascia. Then, similarly on the right side, make a crescent-shaped incision identical to that on the left. However, before and after the incision, leave the middle portion intact as shown [Fig. 4], with the central subcutaneous tissue being approximately 1 *sun* 2 *bu* in width.

○ Next, outside the left and right crescent-shaped incisions, cut horizontally across the middle, with a depth reaching the fascia. The upper part extends from the crescent-shaped incision, and the lower part reaches the flat plane of the scalp [Fig. 5], as shown in diagram "a." Then, using a knife, peel the subcutaneous tissue and let it hang down anteriorly, posteriorly, and laterally. Make a thorough circumferential incision, carefully cutting deeply with the knife. Gradually rotate the knife at the base, separating the tumor from the fascia at the bottom, and remove it. Cover the area with the skin left hanging from all sides and suture it, similar to bandaging a wound [Fig. 6], There are ten suture points.

○ When making the incision, there were about three or four large arterial vessels. All assistants pressed them with their fingers to stop the bleeding, and frequently cleansed the area with cold water to stop the blood.

○ When first making the incision [Fig. 7], a pointed knife was used for these four incision lines. When peeling and letting the skin hang down, and when cutting up from the base of the tumor, a rounded knife was used. Like this [Fig. 8].

○ After sewing the skin, prepare *oshikoroshi* plaster on cotton, cutting it into strips 5 or 6 *bu* wide and 5 or 6 *sun* long. Arrange these strips in a cross pattern, applying a total of six pieces by alternating them horizontally and vertically. Then, place a piece of *oshikoroshi* plaster, approximately a 5 *sun* square, over the wound and finish by bandaging it.

The surgery concluded, and Ryōseki admired the young boy for enduring the pain and showing the resilience of a true samurai child. Siebold instructed to administer two cups of saltpeter and one pound of water, then returned to Dejima.

The boy seemed energetic on the morning of the twenty-eighth day of the fifth month, and his recovery appeared to be going well. However, from around the seventh hour (4 p.m.), a fever developed, and he began experiencing intense pain. Despite being given laudanum and other painkillers, it only intensified. By late at night on the twenty-ninth day of the fifth month, his limbs convulsed and contorted, and he had difficulty breathing. Despite Oka Kenkai, Nakao Gyokushin, and others on duty administering laudanum and boric acid, the situation was dire. Interpreter Inabe Ichigorō, Kenkai, and others went to Dejima for help, but the gate was closed at night. Watchman Nakayama Ichigorō delivered the message to Siebold, who instructed to add calomel (a laxative) to a mixture of four *monme* of foxglove and half a pound of water and apply a cold compress to the head.

On the morning of the twenty-ninth, the patient's conditioned worsened, and to prevent his extremities from getting cold, hot water was soaked in cloth and used to warm them.

Early in the morning on the first day of the sixth month, Ishii Sōken went to Dejima and reported the patient's condition to Siebold, who instructed that foxglove be administered and the wound cleaned with hollyhock juice. The students on duty throughout the night were Nakao Tamafuri, Shūkichi, Toyoda Kōrin, Genzō, and Matsushita Kikuji. Ryōkichi and Miyamoto Genpo returned around the fifth *kō* 更 (2 a.m.), while Ninomiya Keisaku and Ishii Sōken were awake at times and asleep at others. At around 2 p.m., Ninomiya Keisaku went to inquire about medicine from Siebold. He instructed them to continue the previous treatment. Later that evening, Shūkichi went to Dejima. The record concludes: "The first *kō*, rice broth was given according to protocol. After the second *kō*, half a teaspoon of foxglove was administered, and then eight leeches were applied. The pulse remained faint and rapid, as before." After two blank pages, the following note is appended: "Journal from the twenty-seventh day of the fifth month of the *hinoto* year of the boar of Bunsei to the first day of the sixth month. The patient died. Copy, Recorded at Kiyō guest house by the physician of the Famous Moon Spot in Shinano Province." The patient died on the first day of the sixth month. Thus concludes the full account of Siebold's head tumor removal surgery on Noguchi Ritsubei, as recorded in the "Treatment Journal."

Although the surgery ended with the boy's death, the significance of Siebold introducing full-scale clinical surgical procedures for the first time should not be underestimated.

1–4 From Yoshio's to Siebold's School

Around one month after Ryōseki wrote "Treatment Methods" and "Treatment Journal" at the end of the fifth month of Bunsei 10 (1827), Honma Genchō 本間玄調 (Sōken 棗軒) and his uncle Genshun 玄俊, both physicians from Mito 水戸, arrived in Nagasaki. After studying under Hanaoka Seishū, Genchō set out for Nagasaki to engage in Dutch studies together with Genshun, who had completed his studies in ophthalmology under Mitsui Genju 三井玄孺 in Osaka. Several letters sent by Genchō and Genshun to Honma Dōi 本間道偉, a physician from their hometown, contain detailed records of their entrance into Yoshio's and Siebold's schools, and observations of Siebold's surgeries, three of which I will introduce here. On the fifth day of the eighth month of the same year, Genchō sent the following letter to his adoptive father, Honma Dōi, who was residing in his hometown.

> (1) On the first day of the seventh month, I arrived in Hizen Province, Nagasaki. I immediately visited Yō Matashirō 楊又四郎 (now renamed Mataichirō 又一郎) and Hisamatsu Kumajūrō 久松熊十郎. Thanks to their kindness, they promptly introduced me to Yoshio Kōsai and Yoshio Gon'nosuke, under whom I began my studies of Dutch medical methods. They truly lived up to their reputation for wondrous and extraordinary techniques, and I have benefited greatly. Additionally, I have visited the Dutch physician Siebold of the Dutch trading post multiple times, probed into his methods, and closely observed his techniques, without a moment's rest.[10]

Yoshio Gon'nosuke, Kōsaku's 耕牛 son from his later years, also went by Nagayasu 永保, Naosada 尚貞, and Joen 如淵. Through the assistance of mediators Yō Matashirō and Hisamatsu Kumajūrō, Genchō entered the schools of both Yoshio Kōsai and Yoshio Gon'nosuke, and frequently visited Siebold at the Dutch trading post to learn Western medicine.

---

10 All three letters are included in Mori Senzō 森銑三, "Honma Genchō" 本間玄調, *Mori Senzō chosakushū dai go kan* 森銑三著作集 第五巻, Chūō Kōronsha, 1971, pp. 215–235.

Next, there is an undated letter from Genshun to Dōi detailing the circumstances surrounding his entry into Yoshio's school, as well as his assessments of Siebold's surgeries and medicines.

> (2) I arrived on the first day of the seventh month. The following day, I visited Yō Matashirō, but he was away, so I sought out Kikuchi, and requested to be admitted as a pupil of Yoshio Kōsai, the successor of Yoshio Kōsaku. On the seventeenth day of the same month, I was accepted as a pupil. Since it was impossible to directly become Siebold's pupil, I entered Yoshio's school. Having the title of Yoshio's pupil, I was then able to enter Siebold's school. I was accompanied by Itō Kyūan 伊東救庵—who similarly studied under Edo's Habu 土生 and then Siebold. With his assistance, everything proceeded smoothly. Subsequently, I had the opportunity to meet Mataichirō, who was exceptionally cordial and took care of everything. Staying in Nagasaki is difficult; traveler accommodations must be reported to town officials. Moreover, the people of the Tokugawa Gosanke 徳川御三家 and others cannot stay without cause due to restrictions related to Chinese trade. Given these circumstances, I claimed to be from Bungo Province. Initially, I planned to lodge at Yoshio's place, but I was refused due to preparations for the ninth month festival. I ended up lodging at the shop of Kamimura Kichibei 上村吉兵衛 in Kajiya-chō 鍛冶屋町, paying one hundred *mon* 文 per day for meals.
>
> . . . The other day, I observed Siebold's cataract treatment, which proved highly effective. Dutch medicine is a complex science, the art of analysis, which involves precisely breaking down the functions of the meridians and heart meridians. Its topical medicines are also therapeutically effective. The only issue is that the internal medicines are too mild and unreliable. Therefore, I am currently studying internal and external treatments for ophthalmic diseases. Generally speaking, the Dutch approach is comprehensive, treating all types of ailments. Recently, they successfully treated a man from Higo for a head tumor. The cause of eye diseases is primarily impurities in the tears, muscles/veins, and blood. There are no other causes. In many cases these are due to strain on the muscles and veins.
>
> In cases where blood stagnates in the eyes of women, causing pain and blindness, the use of medication to relieve the tension in the meridians resulted in complete recovery. The meridians are the six muscles. In treating cataracts, although there are numerous techniques, the horizontal needle method is preferred.
>
> Genshun

It was difficult to directly enter Siebold's school, but he was able to do so because he was a pupil of Yoshio's school. The intermediary, Itō Kyūan (also known as Shōteki 昇迪/祐直), is the same person mentioned in the tumor removal surgery for young Noguchi Ritsubei. He had studied ophthalmology under Habu Genseki 土生玄碩 and Sugita Ryūkei 杉田立卿 in Edo and then spent three years in Nagasaki as a pupil at Siebold's Narutaki Juku, where he studied internal medicine and surgery before returning home to become a physician for the Yonezawa 米沢 Domain.[11] Although Genshun also refers to the surgery on young Noguchi, he says that it was successful. Given that he was a pupil of Siebold, it may have been difficult to write about a failed procedure. The letter also reveals Genshun's in-depth study of ophthalmology.

In early September, Genchō and the others departed Nagasaki for home. They stopped in Kyoto, from where they sent a letter dated the tenth day of the tenth month to Dōi 道偉. Below are some excerpts from this letter about Siebold's medicines.

> (3) Siebold's formula for treating beriberi and dropsy, when the patient suffers from shortness of breath and chest congestion: one *sen* of crayfish, five *bu* of saltpeter—make a fine powder of these three ingredients, divide into four packets, and administer one or two packets per day, depending on severity, using radish juice as a vehicle. This formula is quite effective. Siebold frequently uses gastrolith. For hydrocele, apply a single dose of this in hot water. Calomel . . . is also used for various illnesses, such as syphilis, tuberculosis, consumption, and epidemic diseases. The emetic stone you previously inquired about is . . . a type of tartar prepared by refining wine sediment with pyrite. It serves as an emetic. Genchō, tenth day of the tenth month

This letter points out that calomel and gastrolith were commonly used in Siebold's prescriptions. Although neither Honma Genchō nor Honma Genshun are mentioned in Kure Shūzō's *Shīboruto Sensei 3: Sono Shōgai oyobi kōgyō* シーボルト先生3　その生涯及び功業 as pupils of Siebold,[12] they should be considered direct pupils due to their direct study under him.

2. Surgical Procedures by Siebold's Pupils

2–1 Surgeon Totsuka Seikai

Amongst the pupils who observed surgeries at Siebold's Narutaki Juku, Totsuka Seikai stood out for his surgical skills. Even after the Siebold Incident, he remained in

---

11　Hojo Motokazu 北条元一, *Yonezawahan ishi shisen* 米沢藩医史私撰, Yonezawashi Ishikai, 1992, pp. 467–474.

12　Kure Shūzō, *Shiiboruto sensei 3: Sono shōgai oyobi kōgyō* vol. 2, Heibonsha, 1968.

Nagasaki, becoming a leader among Siebold's pupils. In Tenpō 天保 2 (1831), he returned to his hometown of Kakegawa 掛川, and the following year, Tenpō 3 (1832), established a surgical school in Kayabachō 茅場町, Edo.[13] It earned a great reputation, and there was a constant stream of observers from other schools of Dutch medicine to watch his surgical procedures. On the thirteenth day of the fourth month of Tenpō 12 (1841), he performed a penectomy on a man named Hitomi Shichibei 人見七兵衛. Kanetake Ryōtetsu 金武良哲, who was training at Siebold pupil Itō Genboku's 伊東玄朴 Shōsendō 象先堂 in Edo, wrote in his journal as follows:

> 13 April. Clear skies. Penectomy on Hitomi Shichibei. Method is to cut one half off, tie the artery, and cut the remaining half off. Chief surgeon was Totsuka-sensei. Excellent technique.[14]

Ryōtetsu was deeply impressed by Totsuka Seikai's skillful handling of the surgery. Like Siebold's surgical demonstrations in Nagasaki, Seikai showcased clinical surgical procedures to Edo's Dutch-style physicians and pupils, passing on his techniques.

Yamanouchi Toyoki 山内豊城, a retainer of the *hatamoto* 旗本 Ina 伊奈 clan and a relative of Satō Taizen 佐藤泰然, began experiencing significant swelling in his right testicle, which by Kaei 嘉永 1 (1848) had grown to the size of a goose egg. After consulting with Taizen and others, it was decided that surgical removal was necessary, and he resolved to undergo the procedure.[15]

In Kaei 2 (1849), on the fourth day of the tenth month, Satō Taizen assembled the best surgical team available at the time. The surgery was performed by Siebold's pupil Totsuka Seikai, along with Taizen's son-in-law Hayashi Dōkai 林洞海 and Taizen's pupil Miyake Gonsai 三宅艮斎. Itō Genboku and Ōtsuki Shunsai 大槻俊斎 provided instructions and supervised the procedure according to Dutch medical texts, while Takeuchi Gendō 竹内玄同 managed the medications. Two of Genboku's pupils held Toyoki's legs, and two of Dōkai's pupils also were around.

Miyake Gonsai began the operation with an incision beside the testicle. Despite being performed without anesthesia, the pain was not unbearable, and the surgery concluded successfully. Toyoki lived for over twenty more years following the operation. Totsuka Seikai's surgical school became a training ground for other Dutch-style physicians.

---

13 Tsuchiya Jūrō 土屋重朗, *Shizuoka-ken no ishi to ikaden* 静岡県の医史と医家伝, Toda Shoten, 1973.

14 Aoki Toshiyuki, *Itō Genboku* 伊東玄朴, Saga Kenritsu Saga-jō Honmaru Rekishikan 佐賀県立佐賀城本丸歴史館, 2014, p. 38. The original text is from Ikeda Masaaki 池田正亮, *Kanatake Ryōtetsu* 金武良哲, Ikeda Masaaki, 1984, p. 206.

15 Mori Senzō, "Yamauchi Toyoki no tamatari no nikki" 山内豊城の玉とりの日記, in *Mori Senzō chosakushū dai go-kan*, Chūō Kōronsha, 1971, pp. 236–243.

2–2 Activities of Siebold's Pupils in Spreading the Cowpox Vaccination

Siebold brought cowpox vaccine lymph with him to Japan to carry out vaccination. The outgoing Dutch trading post head, Blomhoff, sent a general report on 15 November 1823 (the thirteenth day of the tenth month of Bunsei 6) to both the governor-general and director of finance of the Dutch East Indies on the cowpox vaccine and materials for scientific research brought by Siebold.[16] Blomhoff had attempted to perform cowpox vaccinations multiple times but was unsuccessful.

In Bunsei 9 (1826), during his journey to Edo, Siebold performed a cowpox vaccination on the seventeenth day of the third month, explaining smallpox and vaccination to the shogunate's physicians. On the twenty-first day of the third month, he vaccinated two children.[17] However, the attempt failed.

Regarding Siebold's cowpox method, Takano Chōei explained the following in his Method of Cowpox Vaccination (Gyūtō seppō 牛痘接法).

> Method of Storing Vaccine Fluid: First, take two glass plates and slightly indent the center. Dip cotton or thread in the vaccine fluid and place it in the indentation. Seal the plates along the edges with bitumen or glue lacquer to ensure that external air does not enter. When ready to use, break the seal and apply the fluid to a lancet or needle point for vaccination.
> Method of Vaccination: Puncture the upper arm three times with a needle, forming a shape like the legs of a cauldron. The distance between each point should be three finger-widths apart. If four points are desired, arrange them in a square and puncture at each corner.[18]

Siebold probably brought with him cowpox lymph immersed in cotton, enclosed between two glass plates with a concave surface. This method seems to have been the standard way of storing cowpox lymph; there remains two glass plates with a concave surface among the vaccination tools of the bakumatsu period's Kasahara Ryōsaku 笠原良策. It appears that Siebold's vaccination method involved puncturing three spots on the upper arm in a triangular pattern, resembling the legs of a cauldron.

Although Siebold's own cowpox vaccinations were not successful, they inspired Dutch-style physicians to seek the Jenner-style cowpox vaccine.

---

16 Kurihara Fukuya 栗原福也, *Shīboruto no Nihon hōkoku* シーボルトの日本報告, Heibonsha, 2009, pp. 26–28.

17 Ishiyama Yoshikazu and Miyazaki Katsunori, *Shīboruto nenpyō*, Yasaka Shobō, 2014, p. 38.

18 Takano Chōei, "Gyūtō seppō" 牛痘接法, in *Takano Chōei zenshū Dai 1-kan* 髙野長英全集 第1巻, ed. Takano Chōei Zenshū Kankōkai 髙野長英全集刊行会, Daiichi Shobō, 1978; Aoki Toshiyuki, "Saga-han no shutō" 佐賀藩の種痘, in *Tennenbyō to no tatakai: Kyūshū no shutō* 天然痘との闘い―九州の種痘―, Iwata Shoin, 2018.

2–3 Itō Genboku and the Introduction of Cowpox to the Saga Domain

It was known from experience that those who had contracted and recovered from smallpox would not catch the disease again. The Chinese method of variolation found in the medical compendium *Yizong jinjian* 医宗金鑑 (Jp. Isō Kinkan) was known as a preventative measure against smallpox, and it was further developed by Ogata Shunsaku 緒方春朔 of the Akizuki 秋月 Domain.

Shunsaku devised a variolation method that involved grinding the scabs of healed smallpox patients into a fine powder and having the patient inhale it through the nose to induce a mild form of the disease. He first successfully administered this method in Kansei 寛政 1 (1789) to the children of farmers in the Akizuki Domain. He later stated in his book on the subject (*Shutō hitsujunben* 種痘必順弁) that he vaccinated approximately 1,100 people with no failures.[19]

On the other hand, the arm-to-arm method of variolation, which was transmitted from Turkey to Europe, was well established in pre-Jenner Britain. In Japan, this method was first performed by Dutch physician Keller in Kansei 5 (1793), when he vaccinated six children in Nagasaki, and the following year, records of his discussions with Dutch-style physician Ōtsuki Gentaku 大槻玄沢 in Edo were published (*Seihin taigo* 西賓対晤).

Fourteen years later, in Bunka 5 (1808), Gentaku's eldest grandson died of smallpox. Deeply affected, Gentaku distributed a book on smallpox vaccination to acquaintances at a gathering marking his sixtieth birthday in Bunka 14 (1817). Therein, he introduced the arm-to-arm variolation method found in his translation of a surgical text by Lorenz Heister (*Yōi shinsho* 瘍医新書).

Shiuro nikki 始有盧日記, held at the Miyagi Prefectural Library, includes an account of human smallpox variolation performed on Haru 春, the daughter of Bankei 磐渓 (Gentaku's second son).[20] On the tenth day of the eleventh month of Tenpō 11 (1840), Itō Genboku's friend Takenouchi Gendō, a pupil of Siebold, made a house call, and on the eight day of the twelfth month, Bankei requested him to perform human smallpox variolation on Haru. Gendō vaccinated Haru's right arm on the twentieth day of the twelfth month. She initially developed a mild fever, but by New Year's Day, eruptions indicating successful vaccination appeared, and scabs formed by the thirteenth day of the first month, bringing things to a close.

Itō Genboku also vaccinated Bankei's second daughter, second son, and third son using the arm-to-arm variolation method, all of which were successful. Genboku's proficiency in variolation became known to Nabeshima Naomasa 鍋島直正. When smallpox

---

19 Tomita Hidehisa 富田英壽, *Shutō no so Ogata Shunsaku* 種痘の祖緒方春朔, Nishi Nippon Shinbunsha, 2005.

20 "Shiūro nikki" 始有盧日記 from the first day of the tenth month to the sixteenth day of the twelfth month of Tenpō 11, Aoyagi, Imaizumi, Ōtsuki, *Yōkendō bunko Wakan sho mokuroku* (Ōtsuki bunko) 青柳・今泉・大槻・養賢堂文庫和漢書目録 (大槻文庫) 564, call number Ko289/シ 1, Miyagi Prefectural Library.

spread widely in Kōka 弘化 3 (1846), Naomasa received a request from his relatives in the Date Uwajima 伊達宇和島 Domain asking that variolation be performed on the previous domain head's daughter, Masa-hime 正姫. Naomasa sent Genboku to do so.

On the evening of the seventh day of the second month of Kōka 4 (1847), the vaccination of Masa-hime was performed successfully at the Uwajima Domain residence in Edo. Uwajima Domain lord Date Munenari 伊達宗城 expressed his gratitude to Naomasa, saying, "Everything proceeded without a hitch, as he [Genboku] had stated, and I am truly impressed. His mastery of the procedure has brought lifelong peace of mind."[21]

Naomasa informed Genboku of Date's gratitude, and Genboku recommended that cowpox vaccination, being a superior method of smallpox prevention, be introduced. Saga 佐賀 Domain physician Maki Shundō 牧春堂 had already introduced the superiority of cowpox vaccination to the domain in *Intō shinpō zensho* 引痘新法全書 in Kōka 3 (1846).

Following Genboku's advice, Nabeshima Naomasa secretly ordered Saga Domain physician Narabayashi Sōken 楢林宗建 to obtain the cowpox vaccine. Sōken, another pupil of Siebold, conveyed Naomasa's order to the Dutch trading post head Levyssohn, and successfully arranged for Mohnike, who was scheduled to come to Japan the following year, to bring cowpox lymph with him. Because Saga Domain was in charge of guarding Nagasaki, it had special privileges to import supplies directly from the Dutch trading post as "necessary goods for guards," which were separate from official shogunate trade goods.

The following year (Kaei 1 [1848]), Mohnike arrived in Japan with cowpox lymph. Sōken took his own child and two interpreters' children to Dejima, where Mohnike vaccinated them. However, none of them developed eruptions. The attempt had failed. Mohnike said that the lymph had probably spoiled during the long journey. Sōken shared that scab powder was successfully used in Japan for human smallpox variolation and proposed that cowpox scabs be brought.

Mohnike agreed, and on the twenty-third day of the sixth month of Kaei 2 (1849), the *Staat Dordrecht* arrived from Batavia, bringing cowpox scabs. On the twenty-sixth day of the sixth month, Mohnike vaccinated Sōken's son Kenzaburō and two other children. Only Kenzaburō developed the eruptions indicating successful vaccination. The lymph from Kenzaburō's arm was collected and used to vaccinate the children of the Nagasaki interpreters, all of whom responded well. Thus, cowpox vaccination began to spread among children in Nagasaki.[22]

Nabeshima Naomasa summoned Narabayashi Sōken to the Saga Castle town, where he vaccinated the children of the domain physicians and the lord of Taku 多久

---

21 Aoki Toshiyuki, *Itō Genboku* 伊東玄朴, Saga Kenritsu Saga-jō Honmaru Rekishikan, 2014.

22 Aoki Toshiyuki, "Saga-han no shutō," in *Tennentō to no tatakai: Kyūshū no shutō*, Iwata Shoin, 2018.

Domain. On the twenty-second day of the eighth month, the best lymph was used by domain physician Ōishi Ryōei 大石良英 to vaccinate the domain lord's son, Jun'ichirō 淳一郎 (later known as Naohiro 直大), with successful results. From Saga Castle, vaccination spread throughout the domain and was also transported to Edo, where on the eleventh day of the eleventh month, Itō Genboku vaccinated the lord's daughter, Mitsuhime 貢姫, with successful results confirmed on the eighteenth day of the month. Genboku distributed the lymph to friends such as Kuwata Ritsusai 桑田立斎 and Ōtsuki Shunsai, and even to Nabeshima Naomasa's friend, Satsuma 薩摩 Domain lord Shimazu Nariakira 島津斉彬, thereby spreading vaccination in Edo.

Narabayashi Sōken advanced the spread of cowpox vaccination in Nagasaki. In the tenth month of the same year, he sent cowpox to Siebold's pupils in Edo and his older brother Narabayashi Eiken in Kyoto.[23]

Egawa Shirōhachi 穎川四郎八, a Chinese interpreter in Nagasaki, sent cowpox scabs to Siebold's pupil Hino Teisai in Kyoto, whose successful vaccinations led to the distribution of lymph to Kasahara Ryōsaku in Fukui 福井 and Ogata Kōan 緒方洪庵 in Osaka. Ryōsaku advanced vaccination in the Fukui Domain using a method for transmitting cowpox from village to village, while Kōan established fifty-one lymph distribution centers by around the third month of Kaei 3 (1850).[24] The network of Siebold's pupils played a crucial role in the nationwide spread of cowpox vaccination.

Conclusion

This paper has focused on Siebold's surgical procedures and the activities of his pupils, particularly in surgery and the spread of cowpox vaccination. Following Siebold's arrival in Japan, Dutch studies schools flourished nationwide, primarily during the Tenpō years (1830–1844). Clinical surgery introduced by Siebold reached a new stage in Japan as Dutch-style physicians began performing surgical procedures across the country, led by figures such as Totsuka Seikai. Siebold's experiments with cowpox vaccination heightened his pupils' desire to obtain the vaccine, leading to its successful introduction in the Saga Domain. This, in turn, led to the vaccine spreading nationwide within some years, primarily through the network of Siebold's pupils. While Siebold's influence on various natural sciences, particularly Japan's study of natural history, was also significant, further exploration of this topic will be left for another occasion.

(Translated by Dylan Luers Toda)

---

23 *Narabayashi kakeizu oyobi ruisei rireki* 楢林家系図及累世履歴. Collection of Nagasaki Museum of History and Culture.

24 *Ōsaka no Jotōkan, kaitei, zōho dai 2 han* 大阪の除痘館 改訂・増補・第 2 版. Ogata Kōan Kinen Zaidan Jotōkan Kinen Shiryōshitsu, 2013.

Wilhelm Heine's Japan Paintings and Their Siebold Models[1]

Bruno J. Richtsfeld
(Retired curator, Museum Fünf Kontinente, Munich)

1. Wilhelm Heine (1827–1885)

Wilhelm Heine was born in Dresden in 1827 and was the son of an actor at the Royal Court Theatre.[2] He studied architecture from 1843; then, with the aspiration to become scenery painter at theatre architect Gottfried Semper's (1803–1879) opera in Dresden, he learned decorative painting under the influence of the composer Richard Wagner (1813–1883) and Semper, including in Paris, which was the center of the world of opera at the time. After a serious accident, he returned early from Paris in 1848 and was employed as a royal court theatre painter in Dresden.

He did not stay long in Dresden, however. In 1849, together with Wagner, Semper, and Mikhail Bakunin, Heine took part in the revolutionary May Uprising and fled to the United States after its suppression. He established himself in New York City and opened a painting school on Broadway. After traveling through Central America, Heine joined the crew of Commodore Matthew C. Perry (1794–1858) for his expedition to Japan (1852–1854) as a painter and draughtsman in 1852. Following this expedition, Heine published his pictures from Japan with great success and wrote his own travelogue in German in 1856. He acquired US citizenship in 1855 and married in 1858.

When he learned of the Prussian government's plan to send an envoy under Friedrich Graf zu Eulenburg (1815–1881) to Siam, China, and Japan to conclude treaties for Prussia and the states of the German Confederation, Heine applied to take part in 1859. He was accepted onto the staff of the Prussian East Asia Expedition (1860–1862) as a draughtsman and leader of the photographers.

---

1 I am grateful to Akiko Yamagata for her editing of the English version of my essay and her suggestions on translations.

2 On Wilhelm Heine, see the detailed biography by Andrea Hirner, *Wilhelm Heine: Ein weltreisender Maler zwischen Dresden, Japan und Amerika* (Radebeul: Edition Reintzsch, 2009); see also Andrea Hirner, "Das Leben und die Reisen des Wilhelm Heine," in *Streifzüge durchs alte Japan: Philipp Franz von Siebold*, Wilhelm Heine, ed. Markus Mergenthaler (Dettelbach: Verlag J. H. Röll, 2013), 74–99; and Sebastian Dobson and Sven Saaler, *Unter den Augen des Preußen-Adlers: Lithographien, Zeichnungen und Photographien der Teilnehmer der Eulenburg-Expedition in Japan, 1860–61; Under Eagle Eyes: Lithographs, Drawings & Photographs from the Prussian Expedition to Japan, 1860–61; Puroisen, Doitsu ga mita bakumatsu Nihon: Oirenburugu enseidan ga nokoshita hanga, sobyō, shashin* (Munich: IUDICIUM Verlag, 2011), 77–90, 125–150, 166–185, 255–315.

Heine enjoyed his stay in Japan and explored Edo and the surrounding area on his own. He was at odds, however, with Albert Berg (1825–1884), the expedition's painter, from the very beginning.[3] Other members, such as the famous geographer Ferdinand von Richthofen (1833–1905), were also critical of Heine.[4]

After the expedition left Japan, Heine separated from it; and after a stay in Tientsin (Tianjin) and Peking (Beijing), he hurried back to the United States in 1861 to take part in the American Civil War (1861–1865). After the war, he served as US consul in Liverpool, among other things. After the founding of the German Empire in 1871, Heine returned to Dresden with his daughter and lived until his death, with a brief interruption, in nearby Kötschenbroda, today a district of Radebeul, Saxony.

Heine published several books and newspaper articles about his travels to Japan. According to his account, on his return to Germany he realized to his annoyance that his sketches were not included in the official report of the Prussian East Asia expedition, only the drawings of his painter counterpart Albert Berg. In Dresden, he therefore conceived a work in a large folio format, which would depict his experiences in Japan during the Perry and Eulenburg expeditions. This work was intended as the culmination of his long-standing endeavors to bring Japan closer to the German public. During the preparations for this new publication, Heine suffered a stroke and asked friends for help: the brothers Meno (also Menno; 1823–1873) and Bernhard (Benno) Mühlig (1829–1910), Edmond "Guido" Hammer (1821–1898), and Ludwig Albrecht Schuster (1824–1905). Although unknown today, these men were famous history and animal painters in their day. According to the captions in the work, they created most of the paintings based on Heine's models—his own sketches and photographs, as well as "Japanese originals"—and information. This large folio was given the title *Japan: Beiträge zur Kenntnis des Landes und seiner Bewohner* (Japan: Contributions to the knowledge of the country and its inhabitants) and was published in individual installments between 1873 and 1875[5] It consists of five sections of ten illustrations each, depicting scenes in various categories, religion, history, ethnography, and natural history, as well as views of notable places such as Kamakura. Heine painted and signed only seven paintings: six of the ten paintings in the "Views" ("Ansichten") section as well as the painting *The Festival of Hat-sï-man* ("Religion" ["Religiöses"] section, ill. 1). But for nearly all the other paintings, he is designated as a co-creator: on the reverse of

---

3   See Dobson and Saaler, *Unter den Augen des Preußen-Adlers*, 133–146. In the preface to the first volume of the official expedition report, Heine is explicitly listed as a "draughtsman," in contrast to Berg, who is described as a "painter." Anonymous [A. Berg], *Die Preußische Expedition nach Ost-Asien: Nach amtlichen Quellen*, vol. 1 (Berlin: Verlag der Königlichen Geheimen OberHofbuchdruckerei [R. v. Decker], 1864), xiii.
4   See Dobson and Saaler, *Unter den Augen des Preußen-Adlers*, 140, 142f, 146.
5   Wilhelm Heine, *Japan, Beiträge zur Kenntnis des Landes und seiner Bewohner* (Berlin: Paul Bette, 1873–1875), reprint, Andrea Hirner and Bruno J. Richtsfeld, eds., *Wilhelm Heine, Japan: Beiträge zur Kenntnis des Landes und seiner Bewohner* (Dettelbach: Verlag J. H. Röll, 2019).

the paintings, which have been kept in the Museum Fünf Kontinente in Munich since 1888, an additional note "W. Heine a[nd] [the corresponding painter in the caption]"[6] can be found almost throughout. So it is possible that Heine had acquired the rights to the paintings.[7] This would explain, on the one hand, why all the paintings remained in Heine's possession and, on the other hand, why he took part in the 1883 International Art Exhibition in the Munich Glaspalast with three paintings from this Japan series under his own name, even though these were, in fact, the work of Ludwig Albert Schuster.[8] He also wanted to sell all the paintings to the Royal Ethnographic Museum (now the Museum Fünf Kontinente) in Munich as an addition to the Siebold collection there.[9]

For the aforementioned large folio work, the oil paintings had to be created using the grisaille technique, in shades of gray, after which they were photographed. This process was necessary because photography at the time could not capture certain colors. Each photographic print was glued to a cardboard book page, which to a certain extent formed a frame for the illustration, and was accompanied by a page of text by Heine. Each book page is labeled at the bottom with the title of the picture, a title rendering in Japanese, the name of the painter, and the source ("after Japanese original," after "Japanese sketches," "after photograph," "after sketches by Heine").[10] These details are missing in the popular edition from 1880, which Heine self-published as the folio volume was unaffordable for the majority of readers.[11]

Forty-two of the original paintings, his own copy of the folio, and Heine's last painting—a view of "Jeddo" (Edo) created for another publication—were donated to the Royal Ethnographic Museum in January 1888 by Heine's son-in-law Edgar Hanfstaengl (1842–1910); the fate of the remaining eight paintings is unknown.[12]

Heine's literary oeuvre is aptly characterized by Victor Hantzsch in his biography of the artist for the *Allgemeine Deutsche Biographie* when he comments on Heine's

---

6 See Bruno J. Richtsfeld, "Wilhelm Heines Japan Gemälde im Staatlichen Museum für Völkerkunde München," *Münchner Beiträge zur Völkerkunde* 13 (2009): 221, 222–228 (see the column "Painter" in the list), 229f; and Bruno J. Richtsfeld, "Impressionen aus Japan," in Mergenthaler, *Streifzüge durchs alte Japan*, 100–117.

7 See Heine's letter to Wagner of 25 June 1875: "for I have paid amply [,] in order to obtain the best," in Richtsfeld, "Wilhelm Heines Japan-Gemälde," 215.

8 Richtsfeld, "Wilhelm Heines Japan-Gemälde," 234f.

9 See letter from Heine to Wagner dated 25 June 1875, in Richtsfeld, "Wilhelm Heines Japan-Gemälde," 215.

10 A digital copy of *Japan: Beiträge zur Kenntniss des Landes und seiner Bewohner* (Berlin: Bette, 1875) is available via Digitalisierte Sammlungen der Staatsbibliothek zu Berlin Werkansicht (http://resolver.staatsbibliothek-berlin.de/SBB0000557500000000).

11 The popular edition was published under the new title *Japan: Beiträge zur Kenntnis des Landes und seiner Bewohner in Wort und Bild* (Dresden: published by the author, 1880). A digital copy is available via OAG Deutsche Gesellschaft für Natur- und Völkerkunde Ostasiens, https://oag.jp/img/1873/04/Wilhelm-Heine-Japan-Beitraege-zur-Kenntnis-des-Landes-und-seiner-Bewohner.pdf.

first work after his 1851–1852 journey: "This first work of Heine's, like the books he later published, cannot satisfy strictly scientific requirements. But like them, it is characterized by a lively and informal depiction. The beauties of nature are seen with the eye of the artist and depicted accordingly. A touch of amiable cordiality and genuine German coziness is poured over the whole."[13]

2. Illustrations in Philipp Franz von Siebold's *Nippon* and *Fauna Japonica* as Models for Wilhelm Heine's Depictions

The sources for the illustrations in the folio volume are difficult to determine. Count von Eulenburg, for example, commented on Heine's work in a letter dated 3 July 1861: "He knows nothing about photography, and I have not seen a single piece of his work as a draughtsman, as which he is actually engaged";[14] but Heine, who felt responsible for the expedition's photographers, noted next to the picture titles on the folio volume's the illustration pages that photographs taken during the Eulenburg expedition, as well as his own sketches and "Japanese originals," served as models for the paintings.[15] Concerning the "Japanese originals," one is prompted to think of models such as the woodcuts in *meisho zue* ("views of famous places") publications or Japanese color woodcuts, such as Hiroshige's Tōkaidō and Fuji series. In the case of one painting by Heine, *View of Jeddo*, Sebastian Dobson has proved that two depictions from a *meisho zue* publication were models for scenes in this panorama.[16] Dobson has also shown that individual scenes of several paintings in the folio volume were actually modelled on photographs.[17]

While preparing my last exhibition at the Museum Fünf Kontinente (2021), I noticed that a number of animal depictions in the "Natural History" ("Naturgeschichtliches") section do not correspond with the source citation in the caption ("after Japanese original") and are instead copies of images in *Fauna Japonica* by Philipp Franz von

---

12 Inventory numbers (with the folio volume): 88.39–88.82; digital copy available on the website of the Museum Fünf Kontinente Provenienzforschung - Projekte. Inventare" (Provenance research - Projects. Inventories): SMV-22 (Catalogue VII of the K. Ethnographisches Museum Munich 88.1–91.107). Cf. Richtsfeld, "Wilhelm Heines Japan-Gemälde."

13 Victor Hantzsch, "Heine: Peter Bernhard Wilhelm H.," in *Allgemeine Deutsche Biographie* (Leipzig: Duncker & Humblot, 1905), vol. 50, 136.

14 Dobson and Saaler, *Unter den Augen des Preußen-Adlers*, 258, cf. also 140–146.

15 Dobson and Saaler, *Unter den Augen des Preußen-Adlers*, 166, 170. Ferdinand von Richthofen's verdict is milder than Count von Eulenburg's comment: "H[eine] merely paints staffage, especially the life and activity of people, and has a wonderfully receptive sense and lively perception for this"; nevertheless, he preferred Albert Berg's paintings (Dobson and Saaler, *Unter den Augen des Preußen-Adlers*, 142f; cf. also 140).

16 On the painting, see Richtsfeld, "Wilhelm Heines Japan," 217–220; Richtsfeld, "Impressionen aus Japan," 102–105, 113; and Dobson and Saaler, *Unter den Augen des Preußen-Adlers*, 178–180.

17 Dobson and Saaler, *Unter den Augen des Preußen-Adlers*, 173–175 and 176f (figs. VI-56-VI-64), 271f, 281–283; and Hirner, "Das Leben und die Reisen des Wilhelm Heine," 96f. On Heine's attitude toward photography, see Dobson and Saaler, *Unter den Augen des Preußen-Adlers*, 140f.

Siebold (1796–1866).[18] Since then, further research has revealed that Heine probably worked very little from any Japanese originals whatsoever. Rather, he provided his fellow painters with illustrations from Siebold's *Nippon*, an encyclopedic record of Japan's geography and customs, and possibly other contemporary European publications on Japan to use as models and had them copy them more or less faithfully, set against a suitable background.[19] Illustrations in the two-volume work *Le Japon illustré* by Aimé Humbert,[20] which had only recently been published at the time, were also likely used as inspiration and as templates (see appendix). Heine's responsibility for the illustrations was distributed as follows: according to the captions, Heine himself painted only seven pictures and provided sketches and designs after which Bernhard Mühlig painted seven pictures in the "History" ("Geschichte"), "Ethnography" ("Ethnologisches"), and "Views" sections; and Guido Hammer, five pictures in the "Natural History" section; all other paintings were done by Heine's friends with the help of photographs or/and "Japanese originals." However, as mentioned above, the inscriptions on the reverse of the paintings deviate from this: they also list Heine as the painter in almost all cases.[21] The captions are missing in the 1880 popular edition.

As mentioned, Sebastian Dobson and Sven Saaler, in their book *Under the Eyes of the Prussian Eagle*, provided evidence of several photographic models for the paintings. In the case of *The Dutch in Dezima* (Deshima) (fig. 1), said to have been painted by "B[ernhard] Mühlig after photographs," we recognize that there was another model. Although the painting is based on a photograph by August Sachtler (1839–1873), one of the photographers of the Eulenberg expedition, it is also a copy of a drawing by Albert Berg (fig. 2).[22] The people in Mühlig/Heine's picture were added according to the artists' imagination.[23]

---

18 Cf. Uta Werlich (ed.) and Bruno J. Richtsfeld (author), *Sehnsucht Japan: Reiseerinnerungen des Malers Wilhelm Heine; Eine Ausstellung des Museums Fünf Kontinente, München, anlässlich des 160. Jubiläums Deutsch-Japanischer Freundschaft* (Munich: Museum Fünf Kontinente, 2021), "Naturgeschichtliches" [Natural history] (brochure without page numbering), [1, 2, 3, 5, 8]; see table later in this essay.

19 Philipp Franz von Siebold, *Nippon: Archiv zur Beschreibung von Japan und dessen Neben- und Schutzländern Jezo mit den südlichen Kurilen, Sachalin, Korea und den Luikiu-Inseln*, 2nd ed., 2 vols., published by his sons (Würzburg and Leipzig: Verlag der K. u. K. Hofbuchhandlung von Leo Woerl, 1897); Philipp Franz von Siebold, *Nippon: Archiv zur Beschreibung von Japan; Vollständiger Neudruck der Urausgabe zur Erinnerung an Philipp Franz von Siebolds erstes Wirken in Japan 1823–1830*, 2 text volumes and 2 plate volumes, with a new supplementary and index volume by Dr. F. M. Trautz, published by the Japan Institute Berlin (Berlin, Vienna, and Zurich: Verlag Ernst Wasmuth AG, 1930).

20 Aimé Humbert, *Le Japon illustré*, 2 vols. (Paris: Librairie de L. Hachette, 1870); vol. I, https://gallica.bnf.fr/ark:/12148/bpt6k6580682j; vol. II, https://gallica.bnf.fr/ark:/12148/bpt6k6579162k; hereafter cited parenthetically in the text by volume and page number. Aimé Humbert-Droz (1819–1900) was a Swiss politician and the first Swiss envoy to Japan in 1863–1864.

21 See Richtsfeld, "Wilhelm Heines Japan-Gemälde," 222–228.

22 Anonymous [A. Berg], *Die Preußische Expedition*, vol. 2 (1866).

23 Cf. Dobson and Saaler, *Unter den Augen des Preußen-Adlers*, 169 (fig. VI-47), 297 (fig. VII-45); and Mergenthaler, *Streifzüge durchs alte Japan*, 31, 97.

A further borrowing from Albert Berg can be seen in the picture *Destruction of Osaka* (fig. 3). Although indicated as painted "after a Japanese original" by Bernhard Mühlig, it is easy to recognize that Mühlig/Heine did not use a Japanese model but rather Albert Berg's drawing of a bridge in the wall of Edo Castle (fig. 4), to which they added a samurai army fighting dramatically in the manner of European knightly armies.[24] A comparable illustration in Aimé Humbert's work *Le Japon illustré* (vol. I, 229) can be identified as a further compositional model for dramatic battle scenes in the painting *Defeat of the Tartars* ("History," ill. 3), which thematizes the failure of the invading armies of the Mongol-Chinese Yuan dynasty in the thirteenth century. According to the caption, Ludwig Albrecht Schuster painted this illustration in Heine's folio "after a Japanese original."

Looking through the plates of Philipp Franz von Siebold's *Nippon*, one notices several illustrations in Heine's *Japan* that are copies or are similar.

Figures 5a and 5b show *Festival of the Water God*, which Menno Mühlig supposedly designed "after the Japanese original." However, as Andrea Hirner has already established, the scene depicted is a direct copy of a picture from Siebold's *Nippon* (fig. 6), but combined with the buildings and trees depicted in *Mariners Temple at Simoda*, an illustration by Heine in Perry's travelogue.[25] In the accompanying text, Heine places the depiction of this festival (*Suijin Matsuri*) accordingly in "the surroundings of a small temple in Simoda."[26]

Another illustration, *The Festival of the Dead* (figs. 7a, 7b; "B. Mühlig after the Japanese original), proves to be an exact copy of in Siebold's *The Lantern Festival (Bon-tôro)* (fig. 8): the boat carriers in Heine's illustration are placed in the same manner but against a different background, in this case, a festive scene.

---

24 For Berg's drawing, see Dobson and Saaler, *Unter den Augen des Preußen-Adlers*, 160 (figs. VI-22, VI-23). A brief mention of this bridge is made by Anonymous [A. Berg], *Die Preußische Expedition*, vol. 1, 289; cf. also the brief description of the "castle" of Edo in a letter by Alexander von Siebold (Vera Schmidt, ed., *Korrespondenz Alexander von Siebolds in den Archiven des japanischen Außenministeriums und der Tōkyō-Universität 1859–1895*, Veröffentlichungen des Ostasien-Instituts der Ruhr-Universität Bochum 33, Acta Sieboldiana 9 [Wiesbaden: Harrassowitz Verlag, 2000], 85, letter 4.0012: 27.6.1861).

25 Hirner, "Das Leben und die Reisen des Wilhelm Heine," 95; Francis L. Hawks, *Narrative of the Expedition of an American Squadron to the China Seas and Japan, Performed in the Years 1852, 1853, and 1854, under the Command of Commodore M. C. Perry, United States Navy, by Order of the Government of the United States,* compiled by the original notes and journals of Commodore Perry and his officers, at his request and under his supervision by Francis L. Hawks, DD, LLD, with numerous illustrations, published by order of the Congress of the United States (Washington, DC: Beverley Tucker, Senate Printer,1856), lithograph according to Heine's drawing opposite p. 411. The picture is missing in the edition with the same title and also published in 1856 by D. Appleton (New York) and Trubner (London). On the festival, see Siebold, *Nippon* (1897), vol. II, 104; and *Nippon* (1930), text vol. II, 764.

26 Heine, *Japan*, "Religöses," 3. Cf. Hirner, commentary "Religöses," 3, in Hirner and Richtsfeld, *Wilhelm Heine, Japan*; and Richtsfeld, commentary on "Religöses," 3, in Werlich and Richtsfeld, *Sehnsucht Japan*, [14].

Fig. 1 *The Dutch in Dezima*. Book illustration from Heine's *Japan*, "History," ill. 10. Photo: Nicolai Kästner.

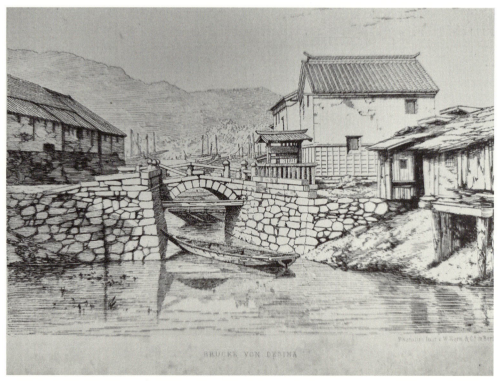

Fig. 2 *Bridge of Desima*. Illustration by Albert Berg in *The Prussian Expedition to East Asia*, vol. 2. Photo: author.

Fig. 3 *Destruction of Osaka*. Original painting for Heine's *Japan*, "History," ill. 8. Museums Fünf Kontinente, Munich, MFK 88.56. Photo: Nicolai Kästner.

Fig. 4 *Gate of the Curtain Wall of the Taikun Palace*. Illustration by Albert Berg in *The Prussian Expedition to East Asia*, vol. 1. Photo: author.

Fig. 5a *Festival of the Water God*. Original painting for Heine's *Japan*, "Religion," ill. 3. Museums Fünf Kontinente, Munich, MFK 88.4. Photo: Nicolai Kästner.

Fig. 5b *Festival of the Water God*. Book illustration from Heine's *Japan*. Photo: Nicolai Kästner.

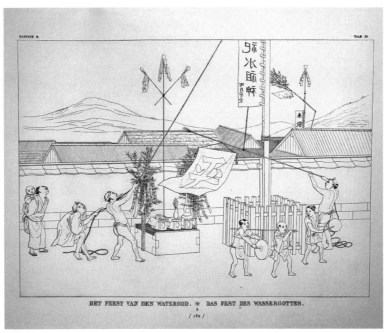

Fig. 6 *The Festival of the Water God.* Illustration in Siebold's *Nippon* (1930), plate vol. I, sec. II, plate XI [180]. Photo: author.

The next example, *The Treading of the Cross* (fig. 9), is also modeled on a depiction of the same subject matter in Siebold's *Nippon* (fig. 10). In the painting allegedly executed by Bernhard Mühlig after the Japanese original, the scene has been relocated to an unadorned hall and is a mirror image of the depiction in *Nippon*; this inversion of people and scenes is found in a number of the copies from Siebold's *Nippon*. Note also in the *Nippon* illustration the small table in front of the seated women as well as the incense burner beside the person presiding over the ceremony: both are now smaller in the painting, each located on one side of the presiding person.

The picture *Arrival of the Portuguese in Japan*—the title on the corresponding text page reads "Appearance of the Portuguese in Japan"—which according to the caption was made by Bernhard Mühlig "after Jap[anese] orig[inal] sketches" (fig. 11a, b), obviously combines individual depictions from Siebold's *Nippon*. The imaginative but historically untenable scene—for example, women would not have taken part in such an act of state[27]—shows the supposed visit of Fernan Mendez Pinto and Francisco (Heine writes Diego) Zeimoto to the court of the "King of Bungo"; Pinto explains the use of a musket and "was received very kindly by the king's daughter and the ladies at court, and received many silk dresses and weavers (fans) as a gift."[28]

The depiction of the king of Bungo (fig. 12) is recognizably based on a picture of the Mikado in *Nippon* (fig. 13), although the fan has been switched from the right to the left hand.[29]

Fig. 7a *The Festival of the Dead.* Original painting for Heine's *Japan*, "Religion," ill. 7. Museums Fünf Kontinente, Munich, MFK 88.47. Photo: Nicolai Kästner.

Fig. 7b *The Festival of the Dead.* Book illustration in Heine's *Japan*. Photo: Nicolai Kästner.

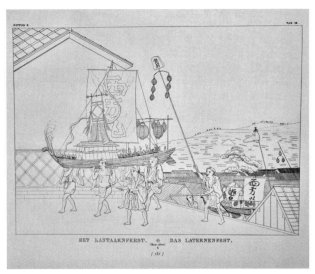

Fig. 8 *The Lantern Festival* (*Bon-tôro*). Illustration in Siebold's *Nippon* (1930), plate vol. I, sec. II, plate XII [181]. Photo: author.

Fig. 9 *The Treading of the Cross*. Original painting for Heine's *Japan*, "Religion," ill. 10. Museums Fünf Kontinente, Munich, MFK 88.50. Photo: Nicolai Kästner.

Fig. 10 *The Image Stepping* (*Jefumi*). Illustration in Siebold's *Nippon* (1930), plate vol. I, sec. II, plate XV [182]. Photo: author.

---

27 Pinto describes a meal with the "king" and "queen" of Bungo and their children in private, but not an act of state (Fernão Mendes Pinto, *Wunderliche und merkwürdige Reisen des Fernão Mendez Pinto*, with an afterword by Horst Lothar Teweleit [(East) Berlin: Rütten & Loening, 1976], 574f). No female participants are mentioned at an official reception with the king (580f). Cf. Siebold's description of the reception in the palace of the second Imperial Council in Edo: the ladies sat behind sliding doors with small openings in the paper coverings watched—as in the case of Pinto and his Portuguese companions—the strangers and examined the possessions of the foreigners, which were brought to them behind the partition (Siebold, *Nippon* [1897], vol. I, 193).

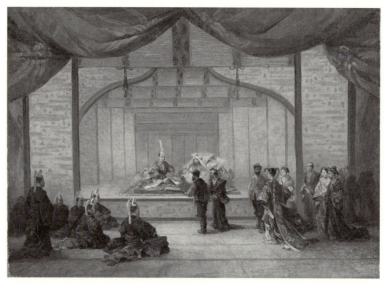

Fig. 11a *Arrival of the Portuguese in Japan*. Original painting for Heine's *Japan*, "History," ill. 4. Museums Fünf Kontinente, Munich, MFK 88.53. Photo: Nicolai Kästner.

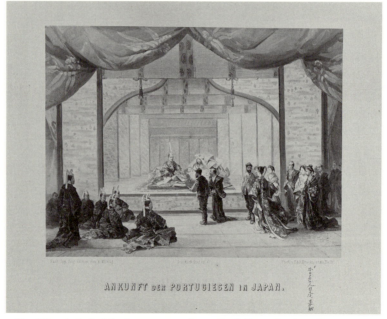

Fig. 11b *Arrival of the Portuguese in Japan*. Book illustration in Heine's *Japan*. Photo: Nicolai Kästner.

Fig. 12 Detail of fig. 11a: The king of Bungo.
Fig. 13 *Mikado*. Illustration in Siebold's *Nippon* (1930), plate vol. I, sec. II, plate X [126]. Photo: author.

The figure of the king's wife (fig. 14) is based on the *Kisaki* illustration[30] in *Nippon* (fig. 15). In the painting by Mühlig, the woman's hair has been imaginatively reinterpreted as a scarf covering her head. In the depiction of both the "king" and his wife, the aforementioned mirror inversion is again to be found.

It is also possible that another illustration in *Nippon* (fig. 16) influenced the depiction of the courtly couple. We can also see particular evidence for this in the recurring cloud band pattern with interspersed circular ornaments seen in both paintings. Mühlig/ Heine modeled this pattern on the design of the folding screen in *Court Costume*, which is set up at a ninety-degree angle, and used it in his painting on the side walls framing the "stage" on which the "king" and "queen" are seated and on the wall above the donkey's-back arch above them.[31]

According to Heine's description, Pinto or Zeimoto stands with the interpreter in front of the ruling couple and explains the function of the arquebus (fig. 17). The Japanese attendant, certainly the interpreter,[32] is modeled after the figure on the left in a depiction of male courtiers in *Nippon*, but turned slightly to the right. The pattern of the

---

28 Wilhelm Heine, *Japan*, text page to "Geschichte," ill. 4; cf. Hirner and Richtsfeld, *Wilhelm Heine, Japan*, text page "Geschichte," ill. 4. This account is historically untenable, see Hirner, commentary on "Geschichte," ill. 4," in Hirner and Richtsfeld, *Wilhelm Heine, Japan*, 19. On the description of Pinto's and Zeimoto's alleged joint stay on Tanegashima, see Siebold, *Nippon* (1897), vol. I, 241–243, 327; and *Nippon* (1930), text vol. I, 13f (also 198nn1–2), 38–41, 109, 362. Cf., however, Pinto, *Wunderliche und merkwürdige Reisen*, 380–387, 557–566, 572–582, on his four stays on Tanegashima and Kyushu, where neither Zeimoto nor the introduction of the arquebus is mentioned.

29 See also the illustration *Le Mikado* in Humbert, *Le Japon illustré*, vol. I, 192.

30 Kisaki: General title of the emperor's second-rank consorts; see E. Papinot, *Dictionaire d'histoire et de géographie du Japon. Illustré de 300 gravures, de plusieurs cartes, et suivi de 18 appendices.* (Tokyo: Librairie Sansaisha; Yokohama, Shanghai, Hong Kong, Singapore: Kelly & Walsh, 1905), 326.

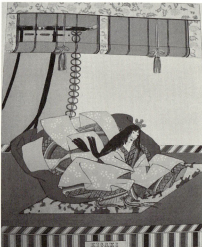

Fig. 14 Detail of fig. 11a.
Fig. 15 *Kisaki*. Illustration in Siebold's *Nippon* (1930), plate vol. I, sec. II, plate XI [127]. Photo: author.

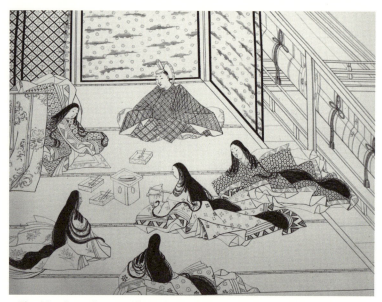

Fig. 16 *Court Costume*. Illustration in Siebold's *Nippon* (1930), plate vol. I, sec. II, plate XVI [132]. Photo: author.

clothing, which is also observed in Mühlig's picture, and the position of the swords make such a connection probable (fig. 18).

Nippon is particularly evident as a model for two other figures in Mühlig's painting. The first is the lady-in-waiting figure, supposedly presenting the king's daughter (fig. 19), who is easily recognized as based on the shogun's consort in Siebold's illustration (fig. 20). The change of the fan from the left to the right hand is again striking.

The second figure is the Portuguese man, either Zeimoto or Pinto, standing facing

Fig. 17 Detail of fig. 11a.
Fig. 18 *Court Costume of the Buge*. Illustration in Siebold's *Nippon* (1930), plate vol. I, sec. II, plate XX [136]. Photo: author.

the princess and with a cocked hip (fig. 19, 21). The depiction in Siebold's *Nippon*, after a woodcut from *Hokusai Manga* (vol. 6, sheet 25), shows a bearded man in identical clothing and in the same position—albeit with his hips even more cocked as a result of his observation of a shooter. In the caption Hokusai, and following him, Siebold presents the Japanese names of the two Portuguese men depicted as Krista-Moota (Kirishitamōta) and Mura Sjuk'sja (Murashukusha) (fig. 22).[33] However, the first name does not refer to Francisco Zeimoto, as Heine assumes, but to Antonio da Mota,[34] who, together with Francisco Zeimoto and Antonio Peixoto, was the first European to reach Japan in 1543 by landing on the island of Tanegashima. Pinto was not among this group.

Similarities are also noticeable among the court household. At least some of the dignitaries seated on the left in Mühlig's painting resemble comparable people in *Court Costume*. This is particularly true of the dignitaries seated at the bottom right in the

---

31 This stage-like staffage with the billowing, raised curtain—which does not correspond to Japanese reality but is reminiscent of a theatre stage with a raised curtain—can be found in comparable form in the paintings *Festival of the Heroine Zin-gu* (Jingū-kōgō) ("Religion," ill. 2) and *Yoritomo* ("History," ill. 1), which, according to the caption, were both painted by Bernhard Mühlig "after Japanese original" and "drawings by Wilhelm Heine." It is possible that this staffage was caused by Pinto's description of his last reception by the "king" of Bungo: "When we reached the royal court, we saw the king on a stage erected for this purpose" (*Wunderliche und merkwürdige Reisen*, 580). But see a similar decoration of a hall of the shogun in Humbert, *Le Japon illustré*, vol. I, 191 (fig.: *Distribution d'argent au peuple par ordre du Siogoun*). This textile design may also have been influenced by misunderstood textile suspensions, such as those shown in Siebold, *Nippon* (1930), plate vol. I, sec. II [164]; sec. II, plate X [126: *Mikado*; see fig. 13 above]; plate vol. II, sec. V [303].

32 Cf. the illustration of an interpreter in court dress in Humbert, *Le Japon illustré*, vol. I, 203, and vol. II, 391. The interpreter's headgear is missing from the Heine/Mühlig illustration.

33 In some editions of *Hokusai Manga*, these two names are missing. According to Siebold and Heine, Mura Sjuk'sja is Pinto's Japanese name.

34 Hirner, commentary on "Geschichte," ill. 4, in Hirner and Richtsfeld, *Wilhelm Heine, Japan*, 19b.

Fig. 19 Detail of fig. 11a.
Fig. 20 *The Consort of the Sjogun*. Illustration in Siebold's *Nippon* (1930), plate vol. I, sec. II, plate XIX [135]. Photo: author.

Fig. 21 Detail of fig. 11a.
Fig. 22 *Mura Sjuk'sja & Krista-Moota*. Illustration in Siebold's *Nippon* (1930), plate vol. I, sec. I, plate III [7]. Photo: author.

two paintings (figs. 23, 24).

The picture titled *Falcon Hunt*, ("Ethnography," ill. 2) by Menno Mühlig (figs. 25 a, 25b) "after a Japanese original," is an exact copy from Siebold's *Nippon* (fig. 26). According to the explanation added by Heine, the picture shows a hunt at the time of shogun Minamoto no Yoritomo (1147–1199), who observes from the pavilion at bottom right.

The next picture by Bernhard Mühlig ("after a Japanese original"), which shows a

Fig. 23   Detail of fig. 11a.
Fig. 24   *Court Costume of the Kuge*. Illustration in Siebold's *Nippon* (1930), plate vol. I, sec. II, plate XV [131]. Photo: author.

wedding (fig. 27), is not a faithful copy of a Siebold picture; rather it was influenced by similar pictures in Siebold's *Nippon* (fig. 28) and possibly also Humbert's *Le Japon illustré* (vol. II, 125, fig. 71). The outline drawing of the *Nippon* scene is based on a painting by Kawahara Keiga (1786–after 1860); the illustration in *Le Japon illustré* is by "L. Crépon d'après une peinture japonaise."[35]

The Buddhist scrolls that Mühlig's illustration shows on the wall in the background (fig. 29), placed completely arbitrarily in the wedding scene, could have been inspired by Siebold's depiction of the Zenkōji Amida triad, which shows Amida (Skt. Amitabha) Buddha with the bodhisattvas Kannon (Skt. Avalokiteshvara) and Seishi (Skt. Mahāsthāmaprāpta). (fig. 30). The image in Siebold's *Nippon* shows only the lower end of a scroll in the tokonoma (plate vol. I, sec. II [156]; fig. 28 above). The wedding scene in Humbert's *Le Japon illustré* also shows three *kakemono*, in this case depicting the auspicious gods Ebisu, Fukurokuju, and Hotei, who in this illustration are hanging behind the newlyweds in a *tokonoma*.

The picture titled *Assassination of Suke-yasu* (fig. 31), which Ludwig Albrecht Schuster allegedly painted after a Japanese original, also appears to have been inspired by and composed from at least two depictions from *Nippon*. The resemblance to Siebold's illustrations is seen in the tree on the right (compare fig. 32) and the archers (compare figs. 32, 33). Siebold's depiction of the archers in figure 33 is taken from *Hokusai Manga* (vol. 6, sheet 3). Heine could also have drawn from this work, of course; but then it is noticeable that he chose exactly the same motifs as Siebold.

Another example of Heine's free composition of his themes and his borrowing from Siebold is the painting *Festival of the Hat-Si-Man* (Hachiman), which Heine painted himself (fig. 34). It shows a winding procession at the Hachiman shrine in Shi-

---

35   Humbert, Le Japon illustré, vol. II, 422. On the Japanese originals of Humbert's illustration, see Marc-Olivier Gonseth, Julien Glauser, Grégoire Mayor, and Audrey Doyen, eds, *Imagine Japan* (Neuchâtel: Musée d'ethnographie, 2015), 188f.

Fig. 25a *Falcon Hunt*. Original painting for Heine's *Japan*, "Ethnography," ill. 2. Museums Fünf Kontinente, Munich, MFK 88.60. Photo: Nicolai Kästner.

Fig. 25b *Falcon Hunt*. Book illustration in Heine's *Japan*. Photo: Nicolai Kästner.

Fig. 26 *The Falcon Hunt*. Illustration in Siebold's *Nippon* (1930), plate vol. I, sec. II, plate V [202]. Photo: author.

 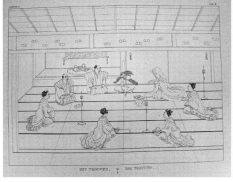

Fig. 27 *Wedding*. Original painting for Heine's *Japan*, "Ethnography," ill. 5. Museums Fünf Kontinente, Munich, MFK 88.62. Photo: Nicolai Kästner.

Fig. 28 *The Wedding Ceremony*. Illustration in Siebold's *Nippon* (1930), plate vol. I, sec. II, plate III [156]. Photo: author.

moda, which Heine got to know while traveling with Perry and depicted in his paintings at the time. He therefore knew the exact location of the path to the shrine; but in this painting, he has altered it in favor of a more "dramatic" depiction. We see a procession that never took place in this form. Heine had already used the arrangement of marchers on an S-shaped or winding path in his illustration of the Prussians' entry into Akabane to achieve an effect of depth and to accommodate a large number of people in the picture.[36]

Fig. 29 Detail of fig. 27: Three *kakemono* with Buddhist depictions.
Fig. 30 Depiction of an Amida triad in the Zenkōji style. Illustration in Siebold's *Nippon* (1930), plate vol. II, sec. V, plate I [247]. Photo: author.

In this picture of the Hachiman festival, Heine was probably also influenced by a similar depiction by Siebold of a procession in honor of Hachiman winding through a landscape (fig. 35).[37] Heine also copied individual figures and scenes and freely combined them into a new procession; thus one recognizes in his depiction the lion dancers and the riders on horseback following them, processors bearing tables, and palanquins (*mikoshi, shinyo*) crowned with phoenixes.[38]

Heine shows a winding path leading away from the shrine. The end of this path, leading out of the shrine precinct, passes through a *torii* and over a small bridge, then turns sharply, running at a ninety-degree angle to the shrine building with a gate, which can be seen in the background between the trees. In reality, however, the processional route ran, and still runs, in a straight line from the shrine building to the small bridge. This street layout is shown on a modern city map of Shimoda (fig. 36). Comparison with historical Japanese maps proves that the route has not changed.[39]

Heine copied the folio volume's depiction of the *torii* with bridge from a print he had published following the Perry expedition; this depiction can be seen today on a small monument next to the bridge (fig. 37).[40]

Closely looking at the details of Heine's illustration, one will surely recognize the

---

36 Dobson and Saaler, *Unter den Augen des Preußen-Adlers*, 143 (fig. VI-09); cf. a similarly arranged depiction of a procession in Kyoto in Humbert, *Le Japon illustré*, vol. I, 197, fig. 125.

37 Cf. Siebold's brief comment on Hachiman in *Nippon* (1930), text vol. II, 763.

38 See also a comparable depiction of a procession in Humbert, *Le Japon illustré*, vol. I, 196, 197 (ill.: *La grande procession du Daïri à Kioto. Dessin de Émile Bayard d'après une peinture japonaise*).

39 See, for example, the city map of Shimoda in Hawks, *Narrative of the Expedition* (New York: D. Appleton; London: Trubner, 1856), 479; not included in the edition published in 1856 in Washington, DC, by Beverley Tucker, Senate printer.

Fig. 31 *Assassination of Suke-yasu*. Book illustration in Heine's *Japan*, "History," ill. 20; original painting not preserved. Photo: Nicolai Kästner.

Fig. 32 Detail of *Hunting* in Siebold's *Nippon* (1930), plate vol. II, sec. VI, plate I, no. 2 [326]. Photo: author.

Fig. 33   Detail of *Weapons Training* in Siebold's *Nippon* (1930), plate vol. I, sec. II, plate XXI no. 6 [70]. Photo: author.

references from illustrations in *Nippon*:

In Heine's composition (fig. 34), the procession is led by two lions with their handlers (fig. 38), which we also find in the corresponding depiction in *Nippon* (fig. 39). In both cases, they are followed by riders on horseback (see figs. 34, 35, 38, 39).

The portable shrine crowned with a phoenix (*mikoshi, shinyo*), the bearers of poles with emblems, and the processors carrying low tables on their shoulders are also modeled on the design in *Nippon* (figs. 40, 41, 42a-b).

It is doubtful that such a splendid procession was common in the modest fishing village of Shimoda in the mid-nineteenth century. It is likewise doubtful that Heine's depiction is based on what he actually observed because his travelogue does not mention any festivals in Shimoda.[41]

The illustrations taken from Philipp Franz von Siebold's *Aves* volume of *Fauna Japonica* are particularly "unadorned" and unambiguous: they are exact copies of the

---

40   Cf. Hawks, *Narrative of the Expedition*, color illustrations opposite p. 403 (*Bridge of Cut Stone* and *Entrance to a Temple*) and p. 406 (*Temple of Hat-chi-man-ya-chü-ro*). The picture is not in the edition published by Appleton (New York) and by Trubner (London).

Fig. 34 *Festival of the Hat-Si-Man*. Book illustration in Heine's *Japan*, "Religion," ill. 1; original painting not preserved. Photo: Nicolai Kästner.

originals. Suggestions for the depiction of the street dog and the hunting dog were taken from the volume *Mammalia*. They were all made by Guido Hammer, a famous animal painter of his time, and according to the caption, they were painted after sketches by Heine or "Japanese originals," which is demonstrably false in a number of cases.[42]

A discussion, with images, of the evidence proving the copied illustrations would

---

41   On his stay in Shimoda, see Wilhelm Heine, *Reise um die Erde nach Japan an Bord der Expeditions-Escadre unter Commodore M. C. Perry in den Jahren 1853, 1854 und 1855, unternommen im Auftrage der Regierung der Vereinigten Staaten*, original German ed. (Leipzig: Hermann Costenobe; New York: Carl F. Günther, 1856), vol. II, 29–49, 76–81.

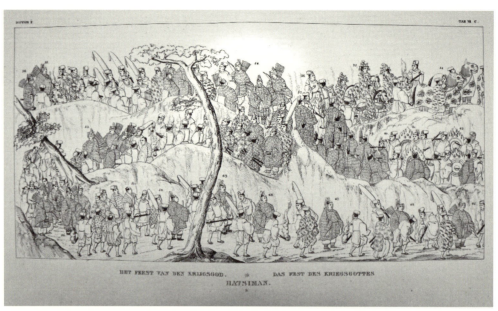

Fig. 35 Sheet from the illustration series *The Festival of the God of War Hatsiman* in Siebold's *Nippon* (1930), plate vol. I, sec. II, plate VII C [173]. It shows a winding procession, which is carried across all six sheets of this series (plates VII A-F [171–176]). Photo: author.

exceed the space available for this article. As both Heine's tome and *Fauna Japonica* have been digitized and are accessible on the internet,[43] the correspondences are merely pointed out below in tabular form so that the reader can easily verify them:

---

42 See also Werlich and Richtsfeld, *Sehnsucht Japan*, "Naturgeschichtliches," [1, 2, 3, 5, 8]. Siebold offered to mail Heine parts of *Fauna Japonica* when he set off on his journey, as shown by draft letters preserved in the Siebold archive at Brandenstein Castle, Schlüchtern, dated 22 October 1852 ("If my work *Fauna Japonica*, namely the Crustacea and Reptilia, which I was unable to publish in illuminated form because I lacked faithful color illustrations, is in the ship's library: please color the animals from it that you can obtain and paint in life. The illustrations in my work are very faithful, especially of the crustaceans and reptiles, and would gain much from coloring. I would be happy to send a copy of uncolored plates of the crustaceans and reptiles to you in Hong Kong. Just write to me about this before you leave New York.") and 24 April 1853 ("I have asked my manager in Holland to send the illustrations of the fauna of Japan to Hong Kong by ship to your address. Please write to me as soon as you arrive in Hong Kong."). In an article in *Allgemeine Zeitung* of 13 March 1855 directed against Siebold's view of the role of the Netherlands and Russia with regard to the opening of Japan, Heine reports that the consignment did not reach him (p. 3596a). I would like to thank Mr. Wilhelm Graf Adelmann for providing the transcription of the draft letters and for the reference to the newspaper article mentioned.

43 A digital copy of *Fauna Japonica* can be found on the Biodiversity Heritage Library website, https://www.biodiversitylibrary.org/bibliography/124951. See notes 10 and 11 regarding a digital copy of Heine's *Japan*.

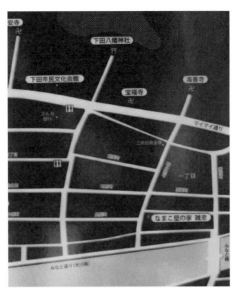

Fig. 36 The detail from a city map of Shimoda shows the location of the Hachiman shrine with access (map is part of an information board for tourists in Shimoda). Photo: author, 2016.

Fig. 37 Heine's depiction of the bridge along the Shimoda Hachiman shrine processional path from the time of the Perry expedition, on a stone monument by the bridge (top left). The bridge is shown in side and frontal views (top right and bottom left, respectively). The main shrine building is located far into the shrine precinct and is surrounded by trees (bottom right). Photos: author, 2016.

Fig. 38 Detail of fig. 34.

Fig. 39 Detail of fig. 35.

Fig. 40 Detail of fig. 34.
Fig. 41 Detail of a sheet from the illustration series *The Festival of the God of War Hatsiman* in Siebold's *Nippon* (1930), plate I, sec. II, plate VII D.

Fig. 42a, b Details from Siebold's *Nippon* (1930), plate vol. I, sec. II, plate VII D.

Heine: *Japan*, "Natural History" section	Siebold: *Fauna Japonica*
	Vol. IV, *Aves*
"Herons and Cranes" (sec. 1)	Plates XXXIX, LXIX, LXX, LXXI, LXXIII, LXXIV, LXXV
"Falcons" (sec. 2)	Plates I, II, III, V, VI (mirror image in Heine), VII
"Eagles" (sec. 3)	Plate IV (head)
"Owls" (sec. 8)	Plates VIII (mirror image in Heine), IX, X
	Vol. V, *Mammalia*
"Dogs" (street dogs and hunting dogs) (sec. 5)	Plate X

The foxes and pheasants described in the "Natural History" section, by contrast, were probably painted by Guido Hammer from actual specimens. In the accompanying texts and in his travelogue, Heine describes his stalking trips in the area around Shimoda, where he was able to kill these animals or obtain them from hunters.[44]

3. Summary

As a figure who lived during and was an eyewitness to key moments in the opening of Japan, Heine wanted to convey an image of the country to his North American and German audiences. One can sense in his writings that he was enthusiastic about Japan and wanted to share his enthusiasm.

Today we may call him a "devious one" or something similar because of his careless and misleading way of certifying the originals of a number of the paintings he created or commissioned for his work *Japan: Beiträge zur Kenntnis des Landes und seiner Bewohner* in both the luxury and the popular editions. As far as I can judge as a non-lawyer, Heine was guilty of plagiarism, as defined by an 1871 law in the German Empire, in a number of cases—especially in Siebold's, as the author's copyright was valid for thirty years after his death.[45] Heine avoided any reference to Siebold's two works as well as to other works from which he took his models, stating instead, as mentioned above, that his illustrations were based on Japanese models, among others. This statement was certainly true for Siebold, who often used models by the painter Kawahara Keiga, who had worked for him, or other Japanese sources, such as woodcuts and travel guides (*meisho zue*, etc.), which he had systematically collected in Japan. This is not true in the case of Heine, however. I do not know to what extent

---

44 Heine, *Japan*, "Naturgeschichtliches," sec. 4, 6, 7; and Heine, *Reise um die Erde nach Japan*, vol. II, 45–47, 74f.

Philipp Franz von Siebold's sons were aware of Heine's work, but it is evident that they apparently missed Heine's borrowings, even though they compiled the first abridged edition of *Nippon* in an accessible format using many of the illustrations and published it in two volumes (1897) and had thus dealt intensively with their father's work.

Siebold would certainly not have been happy with his rival's approach. Heine was initially in contact with Siebold by letter; but over time, admiration turned into dislike, antagonism, and competitiveness. Siebold repeatedly criticized the unreliable ethnographic illustrations in travel books of earlier times and demanded precise, reliable illustrative material for scientific research, produced on-site by trained people. In a letter dated 22 October 1852, Siebold himself had given the young Heine, who was traveling with Perry, precise instructions as to which views, objects, types of people, and animals in Japan he should explicitly pay attention to as a painter and—Siebold assumed—as a photographer; and he encouraged Heine to reproduce them faithfully,[46] advice that the latter interpreted more than liberally, at least in his large folio.

Today, we too are faced with the question of the reliability of historical illustrations, including historical photographs, as well as their circumstances of origin, templates, derivations, and their informative value for historical and ethnographic-ethnological studies.

There is a well-founded suspicion that Wilhelm Heine, despite being a contemporary of and eyewitness to late Tokugawa Japan, did not pass on any reliable depictions based on sketches and drawings he made on-site or, in the case of the historical depictions in the "History" section, based on Japanese illustrative material. This is contrary to his statements in the captions, with the exception of the "Views" section, in his large folio and thus also in the popular edition following it. Even the photographs that were available to him were at best used to decorate his pictures and were not used to create faithful reproductions. Instead, Heine used visual material that was already available and published in Europe, copied it more or less faithfully and sometimes put together

---

45   In 1871, the protection of intellectual property was declared a matter for the Reich in the Law Concerning the Constitution of the German Empire, article 4, no. 6, *Deutsches Reichsgesetzblatt* [Imperial law gazette], vol. 1871, no. 16, 63–85, version of 16 April 1871, published on 20 April 1871, https://www.verfassung-deutschland.de/1918/verfassung-1871; see in particular the Law Concerning Copyright in Written Works, Illustrations, Musical Compositions and Dramatic Works, *Federal Law Gazette of the North German Confederation*, vol. 1870, no. 19, 339–353, version of 11 June 1870, published on 20 June 1870, https://wikisource.org/wiki/Gesetz,-betreffend-das-Urheberrecht-an-Schriftwerken,-Abbildungen,-musikalischen-Kompositionen-und-dramatischen-Werken, as well as "Gesetz, betreffend das Urheberrecht an Werken der bildenden Künste" [Act on copyright in works of fine art], *Deutsches Reichsgesetzblatt*, vol. 1876, no. 2, 4–8, version 9 January 1876, published 18 January 1876, https://wikisource.org/wiki/Gesetz,-betreffend-das -Urheberrecht-an-Werken-der-bildenden-Künste). Compare today's view on this issue: for example, Andrijana Kojic, "Copyright: May I Use Works of Art as a Template," *art & law*, https://magazin.art-and-law.de/urheberrecht-darf-ich-kunstwerke-als-vorlage use/, accessed 12 May 2024.

46   Draft letter in the Siebold archive at Brandenstein Castle, Schlüchtern, box VII, fasc. I would like to thank Count Adelmann for pointing out this draft letter.

elements of a number of images to create new, sometimes very free compositions or drew inspiration from scenes and themes. In doing so, he abandoned the pursuit of fidelity to reality in favor of an imaginative and atmospheric depiction. However, Heine concealed and disguised the origin of his originals with his misleading captions, thus suggesting that he was providing authentic material.

Nevertheless, Heine can be credited with endeavoring to give Japan its place in the family of nations at a time when this was not a matter of course for "exotic" peoples. Even if he was not nearly as scientific and professional in his approach as Philipp Franz von Siebold—and despite all his obvious shenanigans and self-promotion, and also in view of the fact that he fought against drifting into insignificance and may have struggled with health or mental problems after his stroke—we may, for all that, appreciate his good intentions thanks to the distance in time that we have to him today. And so we should apply to Heine the words of Giovanni Boccaccio (1313–1375), written by the Italian author in his work *La vita di Dante* (The life of Dante) in defense of his supposed own inferior abilities: "Ma chi fa quell che sa, più non gli è richiesto"[47]—"But if one does what he can, no more should be asked of him!"

Appendix

Scenic Parallels Between Aimé Humbert's *Le Japon illustré* and Heine's *Japan*

There are hardly any direct copies of illustrations from the two-volume work *Le Japon illustré* by Aimé Humbert in Heine's large folio volume *Japan*, but a number of scenes and themes are so similar that it is difficult to think the correspondences are coincidental and not of influence and example. (On Humbert's illustrations and the Japanese prints and paintings as well as the photographs that served as models for them, see Marc-Olivier Gonseth et al.'s *Imagine Japan* and by Grégoire Mayor and Akiyoshi Tani's *Japan in Early Photographs*.)[48] The following illustrations from Humbert's work may have inspired the scenes and themes of Heine and his painter friends.

The pictures at the bottom left and bottom center of the combined image *Gerichtsbarkeit* (Jurisdiction) in Heine's folio volume ("Völkerkundliches" [Ethnography], ill. 9); by "B. Mühlig after Japanese original," are similar to the illustrations *La Question*

---

47 Giovanni Boccaccio, *Trattatello in laude di Dante* (Milan: Garzanti, 1995), chap. XXVII (Wikisource, https://it.wikisource.org/wiki/Trattatello_in_laude_di_Dante); Paolo Baldan, ed., *Giovanni Boccaccio, Vita di Dante*, Scrivere Le Vite 3 (Bergamo: Moretti & Vitali Editori, 2001), 108, 109 (206); Giovanni Boccaccio, *Das Büchlein zum Lob Dantes*, trans. and introd. Moritz Rauchhaus, 2nd ed. (Berlin: Verlag Das Kulturelle Gedächtnis GmbH, 2021), 100 (chap. 25).

48 Gonseth et al., *Imagine Japan*, 81–172, 174–228; Grégoire Mayor and Akiyoshi Tani, eds., *Japan in Early Photographs: The Aimé Humbert Collection at the Museum of Ethnography* (Neuchâtel: MEN Musée d'ethnographie de Neuchâtel; Stuttgart: Arnoldsche Art Publishers, 2018).

and *Parricide condamné à la crucifixion et conduite au lieu du supplice* and *Le meutrier Seidji conduit en procession dans les rues de Yokohama*, in Humbert, *Le Japon illustré*, vol. I, 383, fig. 233; 389, fig. 235; vol. II, 389, fig. 214. Likewise, the illustration *Seppuku* (*Le Japon illustré*, vol. II, 379), by the illustrator L. Corbien, shows similarities with the main scene of Heine's collage. Unlike Corbien, Mühlig/Heine depicts the condemned man with a dark *haori*, contrary to the rules for attire when performing this act.[49]

Individual depictions in the collage *Begräbnis* (Burial) (sec. "Ethnography," ill. 6; by "B. Mühlig after Japanese original") are similar to further illustrations in Humbert: the depiction of a funeral procession, at bottom center of the collage, is similar to *La Sortie d'un convoi funèbre* in Humbert (vol. II, 28); and the burning of an Eta corpse, at bottom right of the combined image, resembles Humbert's *La Fin du paria* (vol. II., 137).

The courtesan procession in the painting *Matsuri* ("Religion," ill. 9; by "B. Mühlig after Japanese original") is similar to the depiction of courtesans with umbrella bearers and accompaniment in Humbert (vol. II, 189, fig. 110), the white elephant and the lobster with rider in the three-part illustration *Matsouri de Sannoô* (vol. II, figs. 107–109) can also be found in Mühlig's painting, albeit in a different perspective. Heine's textual contribution is a summary and partly literal translation of Humbert's description of the festivals in honor of Myōjin and Jimmu Tennō in Edo (Humbert, vol. II, 182–189).

The group of dancers ("Tänze eines Picknicks im Gehölze von Odzi" [Dances during a picnic in the grove of Odzi], "by B. Mühlig after Japanese original") of the large folio sheet *Fox Festival* ("Religion," ill. 4; at top) seems to be influenced by a comparable depiction in Humbert (vol. II, 201, fig. 115; the drummers are placed on the right side in Humbert, but on the left in Heine), just as the "Fuchsspiel" (game of the fox)[50] (at bottom right) is influenced by a similar scene in Humbert (vol. II, 299, fig. 165). The foxes with flames on their foreheads in Heine's collage (at bottom left) also appear comparably in Humbert (vol. II, 301, fig. 166). However, it is possible that one or both illustrations were independently inspired by the woodcut *Fox Fire on New Year's Eve at the Tree of Changing Clothes in Ōji* (*Ōji shōzoku enoki ōmisoka no kitsunebi*) from Utagawa Hiroshige's series *One Hundred Views of Famous Places in Edo* (*Meisho Edo hyakkei*), created around 1857. However, as the other depictions in the collage also

---

49 According to Siebold, seppuku was performed in a white "undergarment" and "a cloak (*haori*) of unbleached hemp in the manner of mourning dresses" (*Nippon* [1897], vol. I, 420). Corbien's illustration can also be accessed on the internet independently of Humbert's work, for example, in the German Wikipedia entry "Seppuku."

50 *kitsune-ken* or *tōhachiken*: For the rendering of the play's name in English cf. Humbert, *Japan and the Japanese Illustrated* (New York: D. Appleton, 1875), ill. p. 349, description p. 354 (English translation of Humbert, *Le Japon illustré*).

show similarities to Humbert's work, this direct borrowing from Hiroshige is unlikely to apply to Heine. The borrowing from *Le Japon illustré* is all the more probable as here, again, the enclosed Heine text is partly a literal translation, partly a summary of the corresponding descriptions by Humbert (vol. II, 300–304). The truthfulness of Heine's statement "The materials are partly taken from Japanese original drawings, partly photographed by me in Odzi in 1860, but the tasteful composition is the own work of Mr. Bernhard Mühlig" is therefore limited to the "tasteful composition"!

(Copyediting Akiko Yamagata)

Wilhelm Heines Japan-Gemälde und ihre Sieboldschen Vorlagen

Bruno J. Richtsfeld
(Kurator a. D. Museum Fünf Kontinente München)

1. Wilhelm Heine (1827–1885)

Wilhelm Heine wurde 1827 in Dresden geboren und war Sohn eines Schauspielers am Königlichen Hoftheater.[1] Ab 1843 studierte er Architektur, erlernte dann aber unter dem Einfluss des Komponisten Richard Wagner (1813–1883) und des Theaterarchitekten Gottfried Semper (1803–1879) Dekorationsmalerei, unter anderem in Paris, das damals das Zentrum der Opernwelt war, um Kulissenmaler in Sempers Oper in Dresden zu werden. Nach einem schweren Unfall kehrte er 1848 vorzeitig aus Paris zurück und wurde in Dresden als königlicher Hoftheatermaler angestellt.

Heine nahm 1849 zusammen mit Wagner, Semper und Michail Bakunin an dem revolutionären Mai-Aufstand in Dresden teil und floh nach dessen Niederschlagung in die Vereinigten Staaten von Nordamerika. Dort eröffnete er am Broadway eine Malschule. Nach einer Reise durch Zentralamerika wurde Heine 1852 als Maler und Zeichner in die Mannschaft des Kommodore Matthew C. Perry (1794–1858) für dessen Japan-Expedition aufgenommen. Im Anschluss an diese Expedition (1852–1854) veröffentlichte Heine mit großem Erfolg seine Bilder aus Japan und verfasste 1856 einen eigenen Reisebericht in deutscher Sprache. 1855 erwarb er die US-amerikanische Staatsbürgerschaft und heiratete 1858.

Als er von dem Plan der Regierung Preußens erfuhr, ebenfalls eine Gesandtschaft unter Friedrich Graf zu Eulenburg (1815–1881) nach Siam, China und Japan zu entsenden, um Verträge für Preußen und die Staaten des Deutschen Bundes abzuschließen, bewarb sich Heine 1859 um eine Teilnahme. Er wurde in den Stab der sogenannten Preußischen Ostasien-Expedition (1860–1862) als Zeichner und Anleiter der Fotogra-

---

[1] Zu Wilhelm Heine s. die ausführliche Biographie von Andrea Hirner, *Wilhelm Heine. Ein weltreisender Maler zwischen Dresden, Japan und Amerika* (Radebeul: Edition Reintzsch, 2009), s. auch Hirner, Andrea 2013: „Das Leben und die Reisen des Wilhelm Heine", in: *Streifzüge durchs alte Japan. Philipp Franz von Siebold, Wilhelm Heine*, hg. Markus Mergenthaler (Dettelbach: Verlag J. H. Röll, 2013), 74–99 und Sebastian Dobson & Sven Saaler, *Unter den Augen des Preußen-Adlers. Lithographien, Zeichnungen und Photographien der Teilnehmer der Eulenburg-Expedition in Japan, 1860–61; Under Eagle Eyes. Lithographs, Drawings & Photographs from the Prussian Expedition to Japan, 1860–61; Puroisen, Doitsu ga mita bakumatsu Nihon. Oirenburugu enseidan ga nokoshita hanga, sobyō, shashin* (München: IUDICIUM Verlag), 2011), 77–90, 125–150, 166–185, 255–315.

phen aufgenommen.

Heine genoss den Aufenthalt in Japan und erkundete auf eigene Faust Edo und Umgebung. Aber er stand von Anfang an im Zwist mit Albert Berg (1825–1884), dem Maler der Expedition.[2] Auch andere Mitglieder, z.B. der berühmte Geograph Ferdinand von Richthofen (1833–1905), waren kritisch gegenüber Heine eingestellt.[3]

Nach Verlassen Japans trennte sich Heine von der Expedition und eilte, nach einem Aufenthalt in Tientsin (Tianjin) und Peking (Beijing), 1861 zurück in die USA, um am Amerikanischen Bürgerkrieg (1861–1865) teilzunehmen. Nach dem Krieg wurde er unter anderem US-amerikanischer Konsul in Liverpool. Nach der Gründung des Deutschen Kaiserreichs im Jahre 1871 kehrte Heine mit seiner Tochter nach Dresden zurück, wo er mit einer kurzen Unterbrechung bis zu seinem Tode im nahegelegenen Kötschenbroda (heute ein Ortsteil von Radebeul) wohnhaft blieb.

Heine veröffentlichte mehrere Bücher und Zeitungsartikel über seine Reisen nach Japan. Nach seiner Darstellung musste er zu seinem Ärger bei seiner Rückkehr nach Deutschland feststellen, dass seine Skizzen in dem offiziellen Bericht der Eulenburg-Expedition nicht berücksichtigt waren, sondern nur die Zeichnungen seines Maler-Kontrahenten Albert Berg. Daher konzipierte er nun in Dresden ein Werk im Großfolioformat, das seine Erfahrungen in Japan während der Perry-Expedition und der Preußischen Ostasien-Expedition zusammenfassen sollte. Dieser war als die Krönung seiner langjährigen Bestrebungen gedacht, Japan dem deutschen Publikum näherzubringen.

Heine erlitt während der Vorbereitungen zu dieser neuen Publikation einen Schlaganfall, weshalb er frühere Maler-Freunde um Hilfe bat: Die Brüder Meno (Menno; 1823–1873) und Bernhard (Benno) Mühlig (1829–1910), Edmond „Guido" Hammer (1821–1898) und Ludwig Albrecht Schuster (1824–1905). Diese heute unbekannten Maler waren zu ihrer Zeit berühmte Historien- und Tiermaler. Sie malten gemäß den Bildunterschriften im Großfolianten die meisten der Gemälde nach Heines Vorlagen—eigene Skizzen, Fotografien und „japanische Originale"—und Angaben. Dieser Großfoliant erhielt den Titel „Japan. Beiträge zur Kenntnis des Landes und seiner Bewohner" und erschien in einzelnen Lieferungen zwischen 1873 und 1875.[4] Er setzt sich aus fünf Abteilungen zu je zehn Abbildungen zusammen, die Szenen aus den Bereichen Religion,

---

2   Vgl. Dobson & Saaler, *Unter den Augen des Preußen-Adlers*, 133–146. Im Vorwort des ersten Bandes des offiziellen Berichtes der Expedition wird Heine explizit als „Zeichner" aufgeführt, im Gegensatz zu Berg, der als „Maler" bezeichnet wird (Anonymus [A. Berg]: *Die Preußische Expedition nach Ost-Asien. Nach amtlichen Quellen* (Berlin: Verlag der Königlichen Geheimen Ober-Hofbuchdruckerei [R. v. Decker], 1864), Bd. 1, XIII).

3   Vgl. Dobson & Saaler, *Unter den Augen des Preußen-Adlers*, 140, 142f., 146.

4   Wilhelm Heine, *Japan. Beiträge zur Kenntnis des Landes und seiner Bewohner*, Berlin (Paul Bette) 1873–1875. Reprint: Andrea Hirner & Bruno J. Richtsfeld (Hg.), *Wilhelm Heine, Japan. Beiträge zur Kenntnis des Landes und seiner Bewohner* (Dettelbach: Verlag J. H. Röll, 2019).

Geschichte, Ethnographie und Naturgeschichte sowie „Ansichten", d.h. bemerkenswerte Plätze wie z.B. Kamakura, zeigen. Heine malte und signierte lediglich sechs der zehn Gemälde des Abschnitts „Ansichten" sowie das Gemälde „Das Fest des Hat-sï-man" (Religiöses 1). Auf der Rückseite der seit 1888 im Museum Fünf Kontinente aufbewahrten Gemälde findet sich hingegen nahezu durchgehend der zusätzliche Vermerk „W. Heine u. ··· [der entsprechende, in der Bildunterschrift genannte Maler]"[5]. Möglicherweise hatte Heine die Rechte an den Bildern erworben.[6] Dies wäre eine Erklärung dafür, dass einerseits alle Gemälde in seinem Besitz verblieben und er andererseits 1883 unter seinem Namen mit drei Gemälden dieser Japan-Serie an der Internationalen Kunstausstellung im Münchner Glaspalast teilnahm: Diese Gemälde stammten jedoch nicht von ihm sondern von Ludwig Albert Schuster.[7] Zudem wollte er alle Gemälde dem damaligen Kgl. Ethnographischen Museum in München als Ergänzung der dort aufgestellten Siebold-Sammlung verkaufen.[8]

Für das genannte Großfolio-Werk mussten die Ölgemälde in der sogenannten Grisaille-Technik, d.h. in Grautönen gemalt werden, worauf sie abfotografiert wurden. Diese Technik war nötig, da die damalige Fotografie bestimmte Farben nicht erfassen konnte. Jeder Fotoabzug wurde auf eine Buchseite aus kartoniertem Papier geklebt und auf einer zugehörigen Textseite von Heine erklärt. Diese kartonierte Fotoseite, deren überstehender Rand gewissermaßen einen Rahmen für die Illustration bildet, ist im unteren Teil mit dem Bildtitel, einer Titelwidergabe in Japanisch, der Angabe des Malers und der Vorlage („nach jap. Original", nach „jap. Skizzen", „nach Photographie", „nach Skizzen Heines") versehen.[9] Diese Angaben fehlen in der 1880 im Selbstverlag veröffentlichten „Volksausgabe", die Heine veranlasste, da der Großfolioband für die Mehrheit der Leser unerschwinglich war.[10]

Zweiundvierzig Originalgemälde, Heines eigenes Exemplar des Folianten sowie Heines

---

5 Vgl. Bruno J. Richtsfeld, "Wilhelm Heines Japan-Gemälde im Staatlichen Museum für Völkerkunde München," *Münchner Beiträge zur Völkerkunde* 13 (2009): 221, 222–228 (Spalte „Maler"), 229f., sowie Richtsfeld, Impressionen aus Japan, in: *Streifzüge durchs alte Japan. Philipp Franz von Siebold, Wilhelm Heine*, hg. Markus Mergenthaler (Dettelbach: Verlag J. H. Röll, 2013), 100–117.

6 Siehe Brief Heine an Wagner vom 25. 6. 1875: „… denn ich habe reichlich gezahlt [,] um das Beste zu erlangen" (Richtsfeld, *Wilhelm Heines Japan-Gemälde*", 215).

7 Richtsfeld, *Wilhelm Heines Japan-Gemälde*", 234f.

8 Vgl. Brief Heine an Wagner vom 25. 6. 1875 in Richtsfeld, *Wilhelm Heines Japan-Gemälde*", 215.

9 Digitalisate: Digitalisierte Sammlungen der Staatsbibliothek zu Berlin Werkansicht: Japan: Beiträge zur Kenntniss des Landes und seiner Bewohner (PPN663975484 - {4} - fulltext-endless) (staatsbibliothek-berlin. de) bzw. Japan: Beiträge zur Kenntniss des Landes und seiner Bewohner - Deutsche Digitale Bibliothek (deutsche-digitale-bibliothek. de) [22.07.2024].

10 Neuer Titel dieser Edition: *Japan. Beiträge zur Kenntnis des Landes und seiner Bewohner in Wort und Bild*. Dresden (Im Selbstverlag des Verfassers. In Commission bei Woldemar Urban in Leipzig). Digitalisat: http://www.oag.jp/digitale-bibliothek/sonstige-buecher/bzw. https://oag.jp/img/1873/04/Wilhelm-Heine-Japan-Beitraege-zur-Kenntnis-des-Landes-und-seiner-Bewohner.pdf [22.07.2024].

letztes Gemälde—eine für eine weitere Publikation geschaffene Ansicht von „Jeddo" [Edo]—wurden im Januar 1888 dem Kgl. Ethnographischen Museum München, dem heutigen Museum Fünf Kontinente, von Heines Schwiegersohn Edgar Hanfstaengl (1842–1910) geschenkt, das Schicksal der restlichen acht Gemälde ist unbekannt.[11]

Das literarische Gesamtwerk Heines wird trefflich von Victor Hantzsch in seiner Heine-Biographie für die *Allgemeine Deutsche Biographie* charakterisiert, wenn er über dessen Erstlingswerk nach seiner Reise 1851–1852 urteilt: „Dieses Erstlingswerk Heine's vermag gleich den später von ihm herausgegebenen Büchern streng wissenschaftlichen Anforderungen nicht zu genügen. Doch zeichnet es sich wie diese durch eine lebendige und ungezwungene Darstellung aus. Die Naturschönheiten sind mit dem Auge des Künstlers geschaut und demgemäß geschildert. Ueber das Ganze ist ein Hauch liebenswürdiger Herzlichkeit und echt deutscher Gemüthlichkeit ausgegossen."[12]

2. Illustrationen in Philipp Franz von Siebolds *Nippon* und *Fauna Japonica* als Vorlagen für Wilhelm Heines Darstellungen

Die „Quellenlage" der Illustrationen des Foliobandes ist schwer zu bestimmen. Während z.B. Graf von Eulenburg bereits in einem Brief vom 3. Juli 1861 über Heines Arbeit bemerkt: „Vom Photographiren versteht er nichts, und von seinen Arbeiten als Zeichner, als welcher er eigentlich engagirt ist, habe ich auch nicht ein Stück gesehen,"[13] vermerkt Heine, der sich für die Fotografen der Expedition zuständig fühlte, auf den Abbildungsseiten des Foliobandes neben den Bildtiteln, dass für die Gemälde des Foliobandes während der Eulenburg-Expedition aufgenommene Fotografien, eigene Skizzen sowie „japanische Originale" als Vorlagen dienten.[14] Im Falle von „japanischen Originalen" fühlt man sich veranlasst, an Vorlagen wie die Holzschnitte der *meisho-zue*-Publikationen („Ansichten berühmter Orte") oder an japanische Farbholzschnitte wie z.B. die Tōkaidō- und Fuji-Serie von Hiroshige zu denken: Im Falle eines weiteren Gemäldes von Heine, der „Ansicht von Jeddo" konnte Sebastian Dobson tatsächlich zwei Darstellungen in einer *meisho-zue*-Publikation als Vorlagen für Szenen in diesem

---

11 Inventarnummern (mit dem Folioband): 88.39–88.82; Digitalisat s. Homepage des Museum Fünf Kontinente „Provenienzforschung – Projekte. Inventare": SMV-22 („Katalog VII des K. Ethnographischen Museums München 88.1–91.107"). Vgl. dazu Richtsfeld, *Wilhelm Heines Japan-Gemälde*".

12 Victor Hantzsch, Heine. Peter Bernhard Wilhelm H., in *Allgemeine Deutsche Biographie* (Leipzig: Duncler & Humblot, 1905), Bd. 50, 136.

13 Dobson & Saaler, *Unter den Augen des Preußen-Adlers*, 258; vgl. ebda.: 140–146.

14 Dobson & Saaler, *Unter den Augen des Preußen-Adlers*, 166, 170. Milder als Graf von Eulenburgs Bemerkung fällt Ferdinand von Richthofens Urteil aus: „H [eine] malt bloss Staffage, besonders Leben und Treiben der Menschen, und hat dafür einen wunderbar empfänglichen Sinn und lebhafte Auffassung." Dennoch zog er Albert Bergs Bilder vor (Dobson & Saaler, *Unter den Augen des Preußen-Adlers*, 142f., vgl. dazu auch ebda. 140).

Panorama nachweisen.[15] Weiter zeigt Dobson, dass bei mehreren Gemälden des Foliobandes tatsächlich Fotoaufnahmen als Vorlagen für einzelne Szenen dienten.[16]

Im Zuge der Vorbereitung meiner letzten Ausstellung am Museum Fünf Kontinente (2021) fiel mir auf, dass eine Reihe von Tierdarstellungen im Abschnitt „Naturgeschichtliches" nicht den in der Bildunterschrift genannten Quellen entspricht („nach japanischem Original"), sondern Kopien nach dem Werk „Fauna Japonica" von Philipp Franz von Siebold (1796–1866) sind.[17]

Mittlerweile ergab die weitere Suche, dass Heine wohl nur wenig nach welch „japanischen Originalen" auch immer arbeitete, sondern seinen Mit-Malern unter anderem Abbildungen in Siebolds *Nippon*[18] und möglicherweise weiteren zeitgenössischen europäischen Publikationen über Japan als Anregung vorlegte und sie diese mehr oder minder getreu kopieren, zudem vor einen passenden Hintergrund setzen ließ: So lassen sich auch Abbildungen in dem damals erst kurz zuvor erschienenen zweibändigen Werk „Le Japon illustré" von Aimé Humbert[19] als Anregungen und Vorlagen vermuten (s. unten Anhang). Heines Mitarbeit verteilt sich wie folgt: Den Bildlegenden zufolge malte Heine selbst nur sieben Bilder und lieferte eigene Skizzen und Entwürfe, nach denen Bernhard Mühlig sieben Bilder der Abteilungen „Geschichte", „Ethnologie" und „Ansichten" sowie Guido Hammer fünf Bilder der Abteilung „Naturgeschichtliches" malte. Die Aufschriften auf der Rückseite der Gemälde weichen—wie oben erwähnt—von diesen Angaben der Bildlegenden allerdings ab, sie führen neben den in den Bildlegenden genannten Malern auch Heine in nahezu allen Fällen als Maler mit

---

15   Zu dem Gemälde s. Richtsfeld, *Wilhelm Heines Japan-Gemälde*", 217–220 und 2013: 102–105, 113 sowie Dobson & Saaler, *Unter den Augen des Preußen-Adlers*, 178–180.

16   Dobson & Saaler, *Unter den Augen des Preußen-Adlers*, 173–175 und 176f. (Abb. VI-56–VI-64), 271f., 281–283 und Hirner, „Das Leben und die Reisen des Wilhelm Heine", in Mergenthaler, *Streifzüge durchs alte Japan*, 96f. Zu Heines Einstellung zur Fotografie s. Dobson & Saaler, *Unter den Augen des Preußen-Adlers*, 140f.

17   Vgl. Werlich (Hg.) & Richtsfeld (Autor), *Sehnsucht Japan. Reiseerinnerungen des Malers Wilhelm Heine. Eine Ausstellung des Museums Fünf Kontinente, München, anlässlich des 160. Jubiläums Deutsch-Japanischer Freundschaft* (München: Museum Fünf Kontinente, 2021), Abschnitt Naturgeschichtliches 1, 2, 3, 5, 8 [Broschüre ohne Seitenzählung]; s. unten S. 394: Gegenüberstellung „Abteilung Naturgeschichtliches.

18   Philipp Franz von Siebold, *Nippon. Archiv zur Beschreibung von Japan und dessen Neben- und Schutzländern Jezo mit den südlichen Kurilen, Sachalin, Korea und den Liukiu-Inseln*, 2. Aufl., 2 Bde., herausgegeben von seinen Söhnen (Würzburg, Leipzig: Verlag der K. u. K. Hofbuchhandlung von Leo Woerl, 1897); Philipp Franz von Siebold, *Nippon. Archiv zur Beschreibung von Japan. Vollständiger Neudruck der Urausgabe zur Erinnerung an Philipp Franz von Siebolds erstes Wirken in Japan 1823–1830. In zwei Text- und zwei Tafelbänden. Dazu ein neuer Ergänzungs- und Indexband von Dr. F. M. Trautz. Herausgegeben vom Japaninstitut Berlin* (Berlin, Wien, Zürich: Verlag Ernst Wasmuth AG., 1930).

19   Aimé Humbert, *Le Japon illustré*, 2 Bde. (Paris: Librairie de L. Hachette, 1870); Bd. 1, https://gallica.bnf.fr/ark:/12148/bpt6k6580682j; Bd. 2, https://gallica.bnf.fr/ark:/12148/bpt6k6579162k.—Aimé Humbert-Droz (1819–1900) war Schweizer Politiker und 1863–1864 erster Schweizer Gesandter in Japan.

auf[20]. In der sogenannten Volksausgabe des Werkes aus dem Jahr 1880 fehlen schließlich die Bildlegenden.

Wie erwähnt, wiesen Sebastian Dobson und Sven Saaler in ihrem Buch „Unter den Augen des Preußenadlers" mehrere Fotovorlagen für die Gemälde nach. Aber bereits bei dem Bild „Die Holländer in Dezima (Deshima)" (Abschnitt „Geschichtliches", Bild 10) (Abb. 1), das „B [ernhard] Mühlig nach Photographien" gemalt haben soll, erkennen wir, dass das Bild zwar durchaus eine Fotografie von August Sachtler (1839–1873), einem der Fotografen der Expedition, zum Vorbild hat, aber zugleich eine Zeichnung von Albert Berg kopiert (Abb. 2).[21] Die Personen in Heines und Mühligs Bild wurden nach der Fantasie der Künstler hinzugefügt.[22]

Eine weitere Anleihe bei Albert Berg lässt sich bei dem Bild „Zerstörung von Osaka" (Abschnitt „Geschichte", Bild 8), gemalt „nach japanischem Original" von Bernhard Mühlig, feststellen (Abb. 3): Man erkennt unschwer, dass Heine und Mühlig dafür nicht eine japanische Vorlage, sondern Albert Bergs Zeichnung einer Brücke in der Wallmauer der Burg von Edo übernahmen (Abb. 4) und darauf dramatisch ein Samuraiheer nach Art europäischer Ritterheere kämpfen lassen.[23] Als eine weitere kompositorische Vorlage für dramatische Schlachtenszenen lässt sich für das Bild „Niederlage der Tartaren" (Abschnitt „Geschichte", Bild 3), welches das Scheitern der Invasionsheere der mongolisch-chinesischen Yuan-Dynastie im 13. Jahrhundert thematisiert, eine vergleichbare Abbildung in Aimé Humberts Werk „Le Japon illustré" (Bd. I, 229) ausmachen; der Bildlegende zufolge malte Ludwig Albrecht Schuster die Heinesche Illustration hingegen „nach japanischem Original".

Sieht man die Bildtafeln des Werkes *Nippon* von Philipp Franz von Siebold durch, so fallen mehrere Kopien und vergleichbare Abbildungen in Heines „Japan" auf.

Die Abbildungen 5a und 5b zeigen das „Fest des Wassergottes" (Abschnitt „Religiöses", Bild 3), welches Menno Mühlig angeblich „nach japanischem Original" gestaltete. Ein Vergleich zeigt aber, wie bereits Andrea Hirner festgestellt hat, dass die dargestellte Szene eine direkte Kopie eines Bildes aus Siebolds *Nippon* ist (Abb. 6), die mit der Gebäude- und Baumdarstellung der Heineschen Illustration „Mariners Temple

---

20 Siehe Richtsfeld, *Wilhelm Heines Japan-Gemälde*, 222–228.
21 Anonymus [A. Berg] 1873, *Die Preußische Expedition nach Ost-Asien. Nach amtlichen Quellen*. Bd. 3 (Berlin: Verlag der Königlichen Geheimen Ober-Hofbuchdruckerei [R. v. Decker]).
22 Anonymous [A. Berg], *Die Preußische Expedition*, vol. 2 (1866).
23 Zu Bergs Zeichnung s. Dobson & Saaler, *Unter den Augen des Preußen-Adlers*, 160 (Abb. VI-22, VI-23). —Eine kurze Erwähnung dieser Brücke bringt Anonymus [A. Berg], *Die Preußische Expedition*, Bd. 1, 289, vgl. auch die Kurzbeschreibung des „Schlosses" von Edo in einem Brief Alexander von Siebolds (Vera Schmidt, Hg., *Korrespondenz Alexander von Siebolds in den Archiven des japanischen Außenministeriums und der Tōkyō-Universität 1859–1985*, Veröffentlichungen des Ostasien-Instituts der Ruhr-Universität Bochum 33, Acta Sieboldiana 9 [Wiesbaden: Harrassowitz Verlag, 2000], 85, Brief 4.0012: 27.6.1861).

Abb. 1 „Die Holländer in Dezima" (Geschichtliches, 10), Illustration in Heines „Japan" (Foto: Nicolai Kästner).

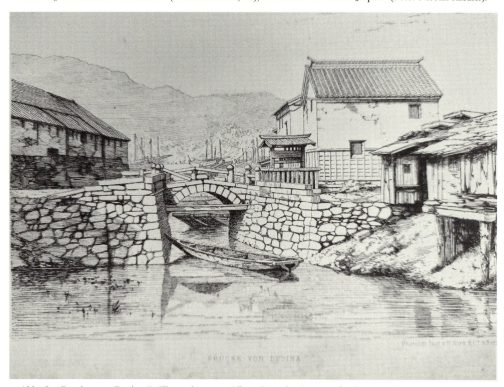

Abb. 2 „Brücke von Desima". Illustration von Albert Berg in *Die preußische Expedition nach Ost-Asien*, Band 3 (Foto: Autor).

Abb. 3 „Zerstörung von Osaka" (Geschichte, 8). Originalgemälde (MFK 88.56, Foto: Nicolai Kästner).

Abb. 4 „Thor der Ringmauer des Taikun-Palastes". Illustration von Albert Berg in *Die preußische Expedition nach Ost-Asien"*, Band 1 (Foto: Autor).

Abb. 5a „Fest des Wassergottes" (Religiöses, 3). Originalgemälde (MFK 88.43, Foto: Nicolai Kästner).

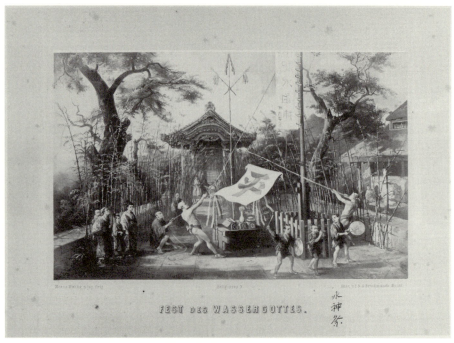

Abb. 5b Buchabbildung (Foto: Nicolai Kästner).

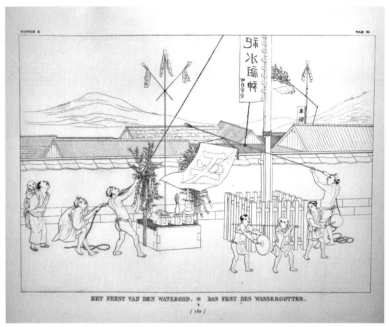

Abb. 6 „Das Fest des Wassergottes" („Religiöses", 3). Abbildung in Siebold, *Nippon* (1930), Tafelband I, Teil II, Tab. XI [180] (Foto: Autor).

at Simoda" in Perrys Reisebericht kombiniert wurde.[24] In dem dazugehörigen Text verortet Heine die Darstellung dieses Festes (*Suijin Matsuri*) entsprechend in der „Umgebung eines kleinen Tempels in Simoda".[25]

Eine weitere Illustration, „Das Totenfest" (Abschnitt „Religiöses", Bild 7) (Abb. 7a, b) erweist sich ebenfalls als eine exakte Kopie einer Zeichnung in Siebolds *Nippon* (Abb. 8), wobei die Bootsträger in gleicher Weise wie im Falle des „Festes des Wassergottes" vor einen passenden Hintergrund, hier vor eine festliche Szenerie, gesetzt wurden.

Das nächste Beispiel (Abb. 9), „Das Treten des Kreuzes" (Abschitt „Religiöses", Bild

---

24 Hirner, Das Leben und die Reisen des Wilhelm Heine, 95; Francis L. Hawks, *Narrative of the Expedition of an American Squadron to the China Seas and Japan, performed in the years 1852, 1853, and 1854, under the Command of Commodore M. C. Perry, United States Navy, by order of the Government of the United States*. Compiled by the original notes and journals of Commodore Perry and his officers, at his request and under his supervision by Francis L. Hawks D. D. L. L. D. with numerous illustrations. Published by order of the Congress of the United States. (Washington, DC: Beverley Tucker, Senate Printer, 1856), Lithographie nach Heine gegenüber S. 411. Das Bild fehlt in der gleichnamigen, ebenfalls 1856 erschienenen Ausgabe New York: D. Appleton & Co., London: Trubner & Co.—Zu dem Fest s. Siebold *Nippon* (1897), Bd. 2, 104 und *Nippon* (1930), Textband 2, 764.

25 Heine, *Japan*, „Religiöses" 3. Vgl. dazu Hirner, Kommentar zu „Religiöses", 3, in Hirner & Richtsfeld, *Wilhelm Heine, Japan*, a. a. O. sowie Richtsfeld, Kommentar zu „Religiöses", 3, in Werlich & Richtsfeld, *Sehnsucht Japan*, a. a. O.

Wilhelm Heines Japan-Gemälde und ihre Sieboldschen Vorlagen   375

Abb. 7a „Das Todtenfest" („Religiöses", 7). Originalgemälde (MFK 88.47, Foto: Nicolai Kästner).

Abb. 7b Buchabbildung (Foto: Nicolai Kästner).

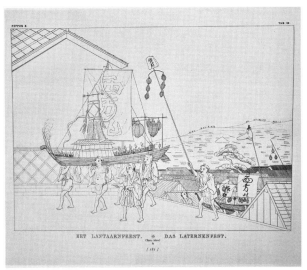

Abb. 8 „Das Laternenfest (Bon-tôro)". Abbildung in *Nippon*, Tafelband (1930) I: II, Tab. XII [181] (Foto: Autor).

Abb. 9 „Das Treten des Kreuzes" („Religiöses", 10). Originalgemälde (MFK 88.50, Foto: Nicolai Kästner).
Abb. 10 „Das Bildtreten (Jefumi)". Abbildung in *Nippon*, Tafelband (1930) I: II, Tab. XV [182] (Foto: Autor).

10), ist ebenfalls nach einer Darstellung mit gleicher Thematik in Siebolds *Nippon* gestaltet (Abb. 10). Auf dem von Bernhard Mühlig angeblich nach japanischem Original ausgeführten Gemälde ist die Szene in eine schmucklose Halle verlegt und gegenüber der Abbildung in *Nippon* spiegelverkehrt; diese spiegelbildlich ausgeführte Darstellung von Personen und Szenen findet sich bei einigen der Kopien aus dem Sieboldschen *Nippon*. Auf dem Gemälde beachte man auch das Tischchen, das auf der Abbildung im *Nippon* vor den sitzenden Frauen steht, sowie das Räucherbecken zur Linken des Vorsitzenden der Zeremonie: Beides findet sich nun auf dem Gemälde verkleinert zu Seiten des Vorsitzenden.

Abb. 11a „Ankunft der Portugiesen in Japan" („Geschichte", 3). Originalgemälde (MFK 88.53, Foto: Nicolai Kästner).

Abb. 11b Buchabbildung (Foto: Nicolai Kästner).

Das Bild „Ankunft der Portugiesen in Japan" (Abschnitt „Geschichte", Bild 4)—der Titel lautet auf der zugehörigen Textseite „Auftreten der Portugiesen in Japan"—, das von Bernhard Mühlig gemäß Bildaufschrift „nach jap[anischen] Orig[inal] Skizzen" angefertigt wurde (Abb. 11a, b), kombiniert offensichtlich einzelne Darstellungen aus Siebolds *Nippon*. Die fantasievolle, aber historisch unhaltbare Szene—z.B. hätten

Abb. 12 Der „König von Bungo". Ausschnitt des Gemäldes Abb. 11a.
Abb. 13 „Mikado". Abbildung in Siebold, *Nippon* (1930), Tafelband I, Teil II, Tab. X [126] (Foto: Autor).

vermutlich Frauen an einem solchen Staatsakt nicht teilgenommen²⁶—zeigt den angeblichen Besuch von Fernão Mendes Pinto (ca. 1510–1583) und Francisco (Heine und Siebold schreiben: Diego) Zeimoto am Hofe des „Königs von Bungo", wo Pinto den Gebrauch einer Muskete erklärt und „von des Königs Tochter und den Damen am Hofe gar freundlich empfangen ward, und viele seidene Kleider und Weher (Fächer) zum Geschenk erhielt".²⁷

Die Darstellung des „Königs von Bungo" (Abb. 12) beruht erkennbar auf einem Bild des „Mikado" im *Nippon* (Abb. 13), auch wenn der Fächer von der rechten in die linke Hand wechselte.²⁸

Auch die Figur der Gemahlin des „Königs" (Abb. 14) basiert auf der „Kisaki"²⁹-Ab-

---

26 Pinto beschreibt zwar ein gemeinsames Essen mit dem „König" und der „Königin" von Bungo sowie ihren Kindern im privaten Bereich nicht aber einen Staatsakt (Fernão Mendes Pinto, *Wunderliche und merkwürdige Reisen des Fernão Mendez Pinto*. Mit einem Nachwort von Horst Lothar Teweleit. [(Ost-) Berlin: Rütten & Loening, 1976], 574f.). Bei einem offiziellen Empfang beim König werden keine Teilnehmerinnen erwähnt (580f.). Vgl. dazu Siebolds Beschreibung des Empfangs im Palais des zweiten Reichsrats zu Edo: Die Damen saßen hinter Schiebetüren, deren Papierbespannung mit kleinen Öffnungen versehen war, durch die sie die Fremden—wie auch im Falle Pintos und seiner portugiesischen Begleiter—betrachten konnten und begutachteten die Besitztümer der Fremden, die ihnen hinter die Abtrennung gebracht wurden (Siebold, *Nippon* [1897], Bd. 1, 193).
27 Heine, *Japan*, Text zum Abschnitt „Geschichte", 4; vgl. Hirner & Richtsfeld, *Wilhelm Heine, Japan* ebda. Historisch ist diese Darstellung unhaltbar, s. dazu Hirner, Anmerkung zu „Geschichte", 4 in Hirner & Richtsfeld, *Wilhelm Heine, Japan*, 19.—Zur Schilderung von Pintos und Zeimotos angeblich gemeinsamen Aufenthalts auf Tanegashima s. Siebold *Nippon* (1897), Bd. 1, 241–243, 327, sowie *Nippon* (1930), Textband 1, 13f. (mit 198, Anm. 1 und 2), 38–41, 109, 362. Vgl. dazu aber Pinto, *Wunderliche und merkwürdige Reisen*, 380–387, 557–566, 572–582 über seine vier Aufenthalte auf Tanegashima und Kyushu, wo weder Zeimoto noch die Einführung der Arkebuse erwähnt wird.

 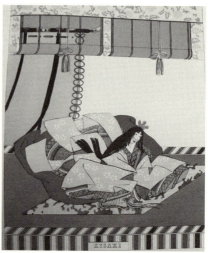

Abb. 14 Ausschnitt aus Gemälde Abb. 11a.
Abb. 15 „Kisaki". Abbildung in Siebold, *Nippon* (1930), Tafelband I, Teil II, Tab. XI [127] (Foto: Autor).

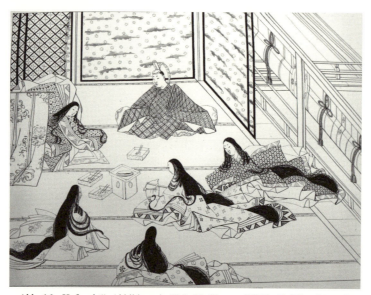

Abb. 16 „Hoftracht". Abbildung in Siebold, *Nippon* (1930), Tafelband I, Teil II, Tab. XVI [132] (Foto: Autor).

bildung in *Nippon* (Abb. 15). Fantasievoll sind dabei die Haare der „Kisaki" zu einem den Kopf bedeckenden Tuch uminterpretiert. In beiden Fällen, dem angeblichen König und seiner Gemahlin, findet sich wiederum die bereits erwähnte Seitenverkehrung.

Möglicherweise beeinflusste eine weitere Abbildung in *Nippon* (Abb. 16) die Darstel-

---

28   Vgl. dazu auch Abbildung „Le Mikado" in Humbert, *Le Japon illustré*, Bd. 1, 192.

Abb. 17 Ausschnitt aus Gemälde Abb. 11a.
Abb. 18 „Hoftracht der Buge". Abbildung in Siebold, *Nippon* (1930) Tafelband I, Teil II, Tab. XX [136] (Foto: Autor).

lung des höfischen Paares. Dies ist umso wahrscheinlicher, als Mühlig/Heine das wiederkehrende Wolkenbandmuster mit dazwischen eingestreuten Kreisornamenten des im 90°-Winkel aufgestellten Paravents dieses Bildes auf den die „Bühne", auf der „König" und „Königin" sitzen, einrahmenden Seitenwänden und dem Wandteil über dem Eselrückenbogen oberhalb der Bühnenszene nachgebildet haben.[30]

Pinto oder Zeimoto steht nach Heines Beschreibung mit dem Dolmetscher vor dem Herrscherpaar und erklärt die Funktion der Arkebuse (Abb. 17). Der japanische Begleiter, sicherlich der Dolmetscher,[31] ist—nach leichter Rechtsdrehung der Gestalt—von der rechten Figur einer Darstellung männlicher Höflinge im *Nippon* beeinflusst, zumindest macht neben einem allgemeinen Eindruck das Muster der Kleidung, das sich in Mühligs Bild noch erahnen lässt, sowie die Stellung der Schwerter solches wahrscheinlich (Abb. 18).

---

29 Kisaki: Allgemeiner Titel der kaiserlichen Gemahlinnen zweiten Ranges; s. E. Papinot, *Dictionaire d'histoire et de géographie du Japon. Illustré de 300 gravures, de plusieurs cartes, et suivi de 18 appendices.* (Tōkyō: Librairie Sansaisha, Yokohama, Shanghai, Hongkong, Singapore: Kelly & Walsh Ltd., 1905), 326.

30 Diese bühnenartige Staffage mit dem wallenden hochgezogenen Vorhang—die nicht der japanischen Realität entspricht, dafür aber an eine Theaterbühne mit aufgezogenem Vorhang erinnert—findet sich in gleicher Form in den Gemälden „Fest der Heldin Zin-gu" [Jingū-kōgō] („Abschnitt „Religiöses" 2) und „Yoritomo" (Abschnitt „Geschichte", 1), die nach den Bildlegenden Bernhard Mühlig nach „jap[anischem] Orig[inal]" bzw. „Scizzen von Wilhelm Heine" gemalt hat. Möglicherweise ist diese Staffage bedingt durch Pintos Schilderung seines letzten Empfangs bei dem „König" von Bungo: „Als wir den königlichen Hof erreicht hatten, erblickten wir den König auf einer zu diesem Zweck errichteten Schaubühne" (*Wunderliche und merkwürdige Reisen*, 580). Vgl. dazu aber auch die ähnliche Ausschmückung einer Halle des Shōgun in Humbert, *Le Japon illustré*, Bd. 1, 191 (Abb. 121: *Distribution d'argent au peuple par ordre du Siogoun*). Eventuell wurde diese textile Ausgestaltung auch durch missverstandene textile Abhängungen, wie sie z.B. die Darstellungen in Siebold, *Nippon* (1930), Tafelband I, Abt. II, [164], II, Tab. X [126: „Mikado" s. oben Abb. 13], Tafelband II, Abt. V [303] zeigt, beeinflusst.

31 Vgl. dazu die Abbildung eines Dolmetschers in Hofkleidung in Humbert *Le Japon illustré*, Bd. 1, 203 und Bd. 2, 391. Auf der Heine/Mühlig-Darstellung fehlt die Kopfbedeckung des Dolmetschers.

Abb. 19 Ausschnitt aus Gemälde Abb. 11a.
Abb. 20 „Die Gemahlin d. Sjogun". Abbildung in Siebold, *Nippon* (1930), Tafelband I, Teil II, Tab. XIX [135] (Foto: Autor).

Abb. 21 Ausschnitt aus Gemälde Abb. 11a
Abb. 22 „Mura Sjuk'sja & Krista-Moota". Abbildung in Siebold, *Nippon* (1930) Tafelband I, Teil II, Tab. III [7] (Foto: Autor).

Besonders deutlich wird die Vorlage aus *Nippon* an zwei weiteren Gestalten des Mühligschen Bildes: Es ist dies einerseits die Hofdame, die in dem von Mühlig ausgeführten Gemälde vermutlich die „Königstochter" zeigen soll (Abb. 19), sie ist, wie man unschwer erkennt, nach Siebold die „Gemahlin des Shogun" (Abb. 20); auffallend ist wiederum der Wechsel des Fächers von der linken in die rechte Hand.

Zum anderen handelt es sich um den Portugiesen, entweder Zeimoto oder Pinto, der

Abb. 23 Ausschnitt aus Gemälde Abb. 11a.
Abb. 24 „Hoftracht der Kuge". Abbildung in Siebold, *Nippon* (1930), Tafelband I, Teil II, Tab. XV [131] (Foto: Autor).

mit Blick auf die Prinzessin und mit Knick in der Hüfte dargestellt ist (Abb. 19, 21). Einen in gleicher Haltung—wenn auch infolge seiner Beobachtung eines Schützen mit noch stärker durchgedrückter Hüfte—stehenden, bärtigen Mann in identischer Kleidung zeigt die Darstellung in Siebolds *Nippon* (Abb. 22) nach einem Holzschnitt aus den „Hokusai Manga" (Heft 6, Blatt 25), wo in der Bildaufschrift wie auch bei Siebold, die japanischen Namen der beiden Dargestellten „Krista-Moota" (Kirishitamōta) und „Mura Sjuk'sja" (Murashukusha) vermerkt werden (Abb. 22).[32] Erstere japanische Namenswiedergabe bezeichnet aber nicht, wie Heine annimmt, Francisco Zeimoto, sondern Antonio da Mota,[33] der zusammen mit Francisco Zeimoto und Antonio Peixoto 1543 als erster Europäer durch die Landung auf der Insel Tanegashima Japan erreichte. Pinto gehörte nicht zu dieser Gruppe.

Auch im Falle des Hofstaats fallen Übereinstimmungen auf: So ähnelt wenigstens ein Teil der links sitzenden Würdenträger (Abb. 23) vergleichbaren Personenabbildungen auf einer mit „Hoftracht" betitelten Darstellung im *Nippon* (Abb. 24): Insbesondere trifft dies für die jeweils ganz rechts unten sitzenden Würdenträger beider Gruppen zu.

Das Bild mit Titel „Falken Jagd"—der zugehörige Text ist mit „Falken-Jagden" überschrieben—(Abschnitt „Ethnologisches", Bild 2), gemalt von Menno Mühlig „nach japanischem Original", ist eine exakte Kopie aus Siebolds *Nippon* (Abb. 25a, b; 26). Das Bild soll nach dem von Heine beigegebenen Text eine Jagd zu Zeiten des Shōguns Minamoto no Yoritomo (1147–1199) zeigen, der diese von dem Pavillon am rechten unteren Rand aus beobachtet.

---

32 In manchen Ausgaben der „Hokusai Manga" fehlen diese beiden Namen. Nach Siebold und Heine ist „Mura Sjuk'sja" Pintos japanischer Name.

33 Hirner, Anmerkung zu „Geschichte", 4, in Hirner & Richtsfeld, *Wilhelm Heine, Japan*, 19b.

Abb. 25a „Falken Jagd" (Ethnologisches, 2). Originalgemälde (MFK 88.60, Foto: Nicolai Kästner).

Abb. 25b Buchillustration (Foto: Nicolai Kästner).

Abb. 26 „Die Falkenjagd". Abbildung in *Nippon* (1930), Tafelband I, Teil II, Tab. V [202] (Foto: Autor).

 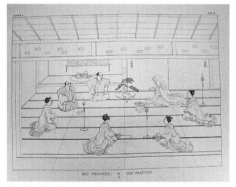

Abb. 27 „Hochzeit" („Ethnologisches", 5). Originalgemälde (MFK 88.62; Foto: Nicolai Kästner).
Abb. 28 „Die Trauung". Abbildung in Siebold, *Nippon* (1930), Tafelband I, Teil II, Tab. III [156] (Foto: Autor).

Bei dem nächsten Gemälde von Bernhard Mühlig („nach japanischem Original"), das eine Hochzeit zeigt (Abschnitt „Ethnologisches", Bild 5) (Abb. 27), handelt es sich um keine getreue Kopie der entsprechenden Sieboldschen Darstellung, es wurde aber von ähnlichen Bildern in Siebolds *Nippon* (Abb. 28, 30) und vermutlich auch von der entsprechenden Illustration in Humberts *Le Japon illustré* (Bd. 2: 125, Abb. 71) beeinflusst. Die Umrisszeichnung des *Nippon* basiert auf einem Gemälde von Kawahara Keiga, die Illustration in Le Japon illustré stammt von „L. Crépon d'après une peinture japonaise".[34]

Abb. 29 Ausschnitt aus Abb. 27 zeigt Kakemonos mit buddhistischen Darstellungen.
Abb. 30 Darstellung der Amida-Triade im Zenkōji-Stil in Siebold, *Nippon* (1930), Tafelband II, Teil V, Tab. I [247] (Foto: Autor).

Die völlig willkürlich ins Bild gesetzten buddhistischen Rollbilder, die Mühligs Illustration an der Wand im Hintergrund zeigt (Abb. 29), könnten von der Sieboldschen Darstellung der Zenkōji-Amida-Triade inspiriert sein, welche Buddha Amida (Amitabha) mit den Bodhisattvas Kannon (Avalokiteshvara) und Seishi (Mahāsthāmaprāpta) darstellt (Abb. 30). Auf dem Bild in Siebolds *Nippon* ist lediglich das untere Ende eines Rollbildes in der Tokonoma zu erkennen (Tafelband I, Abt. II [156]; oben Abb. 28). Die Hochzeitsszene in Humberts *Le Japon illustré* zeigt ebenfalls drei Kakemonos, hier mit der Darstellung der glückverheißenden Götter Ebisu, Fukurokuju und Hotei, die in dieser Illustration in einer Tokonoma hinter den Neuvermählten hängen.

Auch das Bild mit dem Titel „Die Ermordung des Suke-yasu" (Abschnitt „Geschichte", Bild 2), das Ludwig Albrecht Schuster angeblich „nach japanischem Original" malte (Abb. 31), erscheint im Falle der rechten Baumdarstellung (Abb. 32) und der Schützen (Abb. 32, 33) von zwei Darstellungen des *Nippon* zumindest inspiriert und nach diesen Vorbildern zusammengesetzt zu sein. Siebolds Darstellung der Bogenschützen in Abb. 33 ist dem „Hokusai Manga", Heft 6, Blatt 3, entnommen. Natürlich könnte auch Heine aus diesem Werk geschöpft haben, allerdings fällt dann auf, dass er exakt die gleichen Motive wie Siebold ausgewählt hat.

Ein weiteres Beispiel für Heines freie Gestaltung seiner Themen und seiner Anleihen bei Siebold ist das Bild „Fest des Hat-Si-Man [Hachiman]" (Abschnitt „Religiöses", Bild 1), das Heine selbst gemalt hat (Abb. 34). Es zeigt eine gewundene Prozession am

---

34 Humbert, Bd. 2, 422. Zu den japanischen Vorlagen von Humberts Abbildung s. Marc-Olivier Gonseth, Julien Glauser, Grégoire Mayor, und Audrey Doyen, eds., Imagine Japan (Neuchâtel: Musée d'ethnographie, 2015), 188f.

Abb. 31 „Ermordung des Suke-Yasu" („Geschichte", 2). Buchillustration, Originalgemälde nicht erhalten (Foto: Nicolai Kästner).

Abb. 32 Ausschnitt aus der Tafel „Jagd" in Siebold, *Nippon* (1930), Tafelband II, Teil VI, Tab. I, Nr. 2 [326] (Foto: Autor).

Abb. 33 Ausschnitt aus der Tafel „Waffenübungen" in Siebold, *Nippon* (1930), Tafelband I, Teil II, Tab. XXI, Nr. 6 [70] (Foto: Autor).

Hachiman-Schrein in Shimoda, den Heine während der Reise mit Kommodore Perry kennenlernte und in seinen damaligen Bildern dargestellt hat. Er kannte somit genau die örtliche Lage des Weges zum Schrein, er hat sie aber in diesem Bild zugunsten einer „dramatischen" Darstellung verändert. Wir sehen eine Prozession, wie sie in dieser Form nie stattgefunden hat. Heine hatte bereits früher in seinem Bild vom Einzug der Preußen in Akabane die Anordnung von Marschierenden auf einem gewundenen, S-förmigen Weg bildnerisch eingesetzt, um Tiefenwirkung zu erzielen und eine Vielzahl Personen auf dem Bild unterzubringen.[35]

Bei diesem Bild des Hachiman-Festes wurde er vermutlich zusätzlich von Siebolds ähnlicher Darstellung eines sich durch eine Landschaft zu einem *Torii* hin windenden Prozessionszuges zu Ehren von Hachiman beeinflusst (Abb. 35).[36] Zudem kopierte er einzelne Figuren und Szenen des Sieboldschen Zuges und stellte sie frei zu einer neuen

---

35 Dobson & Saaler, *Unter den Augen des Preußen-Adlers*, 143 (Abb. VI-09); vgl. dazu eine ähnlich angeordnete Darstellung einer kaiserlichen Prozession in Kyōto in Humbert, *Le Japon illustré*, Bd. 1, 197, Abb. 125.

36 Vgl. dazu Siebolds kurze Bemerkung zu Hachiman in *Nippon* (1930), Textband II, 763.

Abb. 34 „Fest des Hat-Si-Man" („Religiöses", 1). Buchillustration, Originalgemälde nicht erhalten (Foto: Nicolai Kästner).

„Prozession" zusammen: So erkennt man in seiner Darstellung die Löwentänzer und die ihnen folgenden Reiter, die Träger von niedrigen Tischen und die Sänften mit Phönixbekrönung (*mikoshi*, *shinyo*) wieder.[37]

Heine zeigt einen gewundenen Weg, der sich vom Schrein entfernt. Das Ende dieses Schreinweges mit *Torii* und einer kleinen Brücke ist im 90°-Winkel zum Schreingebäude mit Tor gedreht, das man im Hintergrund zwischen den Bäumen erkennt. Tatsächlich aber verlief und verläuft auch heute noch der Prozessionsweg in gerader Linie

---

37 Siehe dazu auch eine vergleichbare Prozessionsdarstellung in Humbert, *Le Japon illustré*, Bd. 1, 196, 197 (Abb.: *La grande procession du Daïri à Kioto. Dessin de Émile Bayard d'après une peinture japonaise*).

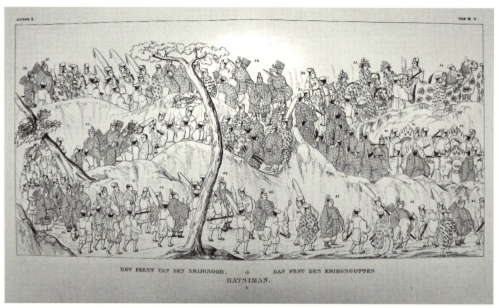

Abb. 35 Blatt aus der Abbildungsserie „Das Fest des Kriegsgottes Hatsiman" in Siebold, *Nippon* (1930), Tafelband I, Teil II, Tab. VII C [173] mit gewundener Anordnung der Prozession. Diese Darstellungsform wird auf allen sechs Blättern dieser Serie beibehalten (Tab. VII A-F [171–176]) (Foto: Autor).

vom Schreingebäude im Hintergrund bis zu dem dargestellten Brücklein. Diese Straßenführung zeigt ein moderner Stadtplan von Shimoda (Abb. 36), ein Vergleich mit historischen japanischen Karten beweist, dass sich an der Wegführung nichts geändert hat.[38]

Die Darstellung des *Torii* mit Brücke im Folioband kopierte Heine nach einem Blatt, das er im Anschluss an die Perry-Expedition veröffentlicht hatte; diese Darstellung ist heute als kleines Denkmal vor Ort neben dem Brückchen zu sehen (Abb. 37).[39]

Bei genauer Betrachtung der Einzelheiten sind Übernahmen aus den Abbildungen in *Nippon* nicht zu verkennen:

Den Zug führen in Heines Komposition zwei Löwenfiguren mit Löwenführern an (Abb. 38), die wir auch auf der entsprechenden Darstellung im *Nippon* wiederfinden (Abb. 39). Ihnen folgen in beiden Fällen Reiter mit ihren Pferdeführern (s. Abb. 34, 35, 38, 39).

---

38 Siehe z.B. den Stadtplan von Shimoda in Hawks, *Narrative of the Expedition*, Ausgabe New York: D. Appleton & Co., London: Trubner & Co. (1856), 479; die Ausgabe Washington DC: Beverley Tucker, Senate Printer (1856) enthält diesen Plan nicht.

39 Vgl. dazu Hawks, *Narrative of the Expedition*, Lithographie nach Heine gegenüber S. 403 („Bridge of cut stone & entrance to a temple") sowie 406 („Temple of Hat-chi-man-ya-chü-ro"). Die Ausgabe New York: D. Appleton & Co., London: Trubner & Co. enthält die Bilder nicht.

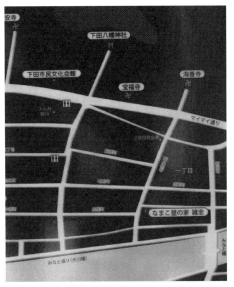

Abb. 36 Der Ausschnitt aus einem Stadtplan von Shimoda zeigt die Lage des Hachiman-Schreines mit Zufahrt (Hinweistafel für Touristen in Shimoda, Foto: Autor, 2016).

Abb. 37 Heines Darstellung der Brücke am Prozessionsweg des Hachiman-Schreins aus der Zeit der Perry-Expedition, die Brücke in Seiten- und Frontalansicht (oben rechts, unten links) sowie das Hauptgebäude des Hachiman-Schreins in Shimoda (Fotos: Autor, 2016).

Abb. 38 Ausschnitt aus Abb. 34. Abb. 39 Ausschnitt aus dem Blatt Abb. 35.

Auch die mit einem „Phönix" bekrönte „Göttersänfte" (*mikoshi, shinyo*), die Träger von Stangen mit Emblemen sowie die Prozessionsteilnehmer mit Tischen auf den Schultern sind nach der Vorlage in Siebolds *Nippon* gestaltet (Abb. 40–42 a, b).

Es darf bezweifelt werden, dass Mitte des 19. Jahrhunderts in dem bescheidenen Fischerdorf Shimoda ein solch prachtvoller Aufzug üblich war und Heines Darstellung auf tatsächlich Beobachtetem beruht, zumal er in seinem Reisebericht keine Teilnahme an Festen in Shimoda erwähnt.[40]

Besonders „ungeschminkt" und eindeutig sind Übernahmen von Illustrationen aus dem Band *Aves* der *Fauna Japonica* von Philipp Franz von Siebold: sie sind exakte Kopien der Vorlagen. Dem Band *Mammalia* wurden Anregungen für die Darstellung des Straßen- und des Jagdhundes entnommen. Sie wurden alle von Guido Hammer, einem berühmten Tiermaler seiner Zeit, angefertigt und sollen laut Bildunterschrift nach Skizzen von Heine bzw. nach „japanischen Originalen" gemalt sein, was in einer Reihe von Fällen nachweislich falsch ist.[41]

Der Nachweis der Kopien mit Bildmaterial würde den für den Artikel zur Verfügung stehenden Platz sprengen. Da Heines Großfoliant digitalisiert und per Internet ebenso zugänglich ist wie die *Fauna Japonica*[42], wird hier lediglich in tabellarischer Form auf die Entsprechungen hingewiesen, so dass der geneigte Leser ohne großen Aufwand die Übereinstimmungen überprüfen kann:

---

40 Zum Aufenthalt in Shimoda vgl. Wilhelm Heine, *Reise um die Erde nach Japan an Bord der Expeditions-Escadre unter Commodore M. C. Perry in den Jahren 1853, 1854 und 1855, unternommen im Auftrage der Regierung der Vereinigten Staaten. Deutsche Original-Ausgabe* (Leipzig: Hermann Costenobe; New York: Carl F. Günther, 1856), Bd. 2: 29–49, 76–81.

Abb. 40 Ausschnitt aus Abb. 34.
Abb. 41 Ausschnitt aus Siebold, *Nippon* (1930), Tafelband, Bd. I, Teil II, Tab. VII D.

Abb 42a, b Ausschnitt aus Siebold, *Nippon* (1930), Tafelband I, Teil II, Tab. VII D.

---

41 Siehe auch Werlich (Hg.) & Richtsfeld (Autor), *Sehnsucht Japan*: Abschnitt *Naturgeschichtliches* 1, 2, 3, 5, 8 [Broschüre ohne Seitenzählung].—Siebold bot Heine bei dessen Reiseantritt brieflich an, ihm Teile der *Fauna Japonica* nachzusenden, wie im Siebold-Archiv Burg Brandenstein, Schlüchtern, aufbewahrte Briefentwürfe vom 22. Oktober 1852 („··· Wenn sich mein Werk Fauna japonica, namentlich die Crustacea und Reptilia, die ich nicht illuminirt habe herausgeben können, weil mir treue Farbenbilder fehlten, in der Schiffsbibliothek befindet: so colorieren Sie davon die Thiere, die Sie lebend erhalten können. Die Abbildungen in meinem Werke sind sehr getreu, namentlich der Crustaceen und Reptilien, durch das Colirit würde es viel gewinnen. Ich bin gerne bereit, Ihnen ein Exempl. uncolorirter Tafeln der Crustaceen und Reptilien nach Hong-Kong zu schicken. Schreiben Sie mir nur darüber, ehe Sie New York verlassen···") und 24. April 1853 („··· Ich habe an meinen Geschäftsführer in Holland angetragen die Abbildungen der Fauna Jap. mit einem Schiffe unter Ihrer Adresse nach Hong Kong zu senden. Schreiben Sie mir sobald Sie in Hong-Kong ankommen···") dokumentieren. In einem gegen Siebolds Auffassung von der Rolle der Niederlande und Russlands in Bezug auf die Öffnung Japans gerichteten Artikel in der *Allgemeinen Zeitung* vom 13. März 1855 berichtet Heine, dass die Sendung ihn nicht erreichte (S. 3596a).—Für die Überlassung der Transkription der Briefentwürfe wie auch für den Hinweis auf genannten Zeitungsartikel danke ich Herrn Wilhelm Graf Adelmann.

42 *Fauna Japonica*: Digitalisate s. u. a. unter https://www.biodiversitylibrary.org/bibliography/124951 bzw. Fauna Japonica - Wikispecies (wikimedia. org); Heine: Japan: Beiträge zur Kenntniss des Landes und seiner Bewohner - Deutsche Digitale Bibliothek (deutsche-digitale-bibliothek. de).

W. Heine: Japan, Abschn. Naturgeschichtliches	Ph. F. v. Siebold: Fauna Japonica, IV: Aves
1. "Reiher und Kraniche"	Tab. XXXIX, LXIX, LXX, LXXI, LXXIII, LXXIV, LXXV
2. "Falken"	Tab. I, II, III, V, VI (spiegelverkehrt in Heine), VII
3. "Adler"	Tab. IV: Kopf
5. "Hunde"	**Fauna Japonica, V: Mammalia**, Tab. 10: Straßen- und Jagdhund
8. "Eulen"	Aves Tab. VIII (spiegelverkehrt in Heine), IX, X

Die in dem Abschnitt „Naturgeschichtliches" beschriebenen Füchse und Fasanen dürften dagegen von Guido Hammer tatsächlich nach Präparaten gemalt worden sein. Heine beschreibt in den beigegebenen Texten sowie in seinem Reisebericht von seinen Pirschgängen in der Umgebung von Shimoda, auf denen er diese Tiere erlegen oder von Jägern bekommen konnte.[43]

3. Zusammenfassung

Heine wollte als Persönlichkeit, die in entscheidenden Momenten der Öffnung Japans Augenzeuge und Zeitzeuge war, seinem nordamerikanischen und deutschen Publikum ein Bild Japans vermitteln. Man spürt in seinen Schriften, dass er von Japan begeistert war und seine Begeisterung teilen wollte. Wir mögen ihn heute wegen seiner nachlässigen und verfälschenden Art des Nachweises der Vorlagen einer Reihe seiner Gemälde bzw. der von ihm beauftragten Gemälde in seinem Werk *Japan, Beiträge zur Kenntnis des Landes und seiner Bewohner* sowohl in der Pracht- als auch der Volksausgabe ein „Schlitzohr" oder ähnliches nennen. Nach der Gesetzgebung des Deutschen Reiches ab 1871 hat er sich—soweit ich als Nichtjurist dies beurteilen kann—stellenweise des Plagiats schuldig gemacht, zumal im Falle Siebolds auch das Recht des Urhebers für 30 Jahre nach seinem Tod galt.[44] Heine vermied tunlichst einen Verweis auf die beiden Sieboldschen Werke wie auch auf weitere Werke, denen er seine Vorlagen entnahm, sondern gab, wie oben erwähnt, an, dass die von ihm initiierten Darstellungen u. a. nach japanischen Vorlagen entstanden seien. Dies ist sicherlich richtig für Siebold, der für seine Illustrationen oft Vorlagen des für ihn arbeitenden Malers Kawahara Keiga (1786-nach 1860) oder weitere japanische Quellen, wie z.B. Holzschnitte und Reiseführer (*meisho zue* etc.), die er in Japan systematisch gesammelt hatte, verwenden kon-

---

43 Heine, Japan: Text zu Abschnitt „Naturgeschichtliches", Bilder 4, 6, 7 sowie Heine, *Reise um die Erde nach Japan*, Bd. 2, 45–47, 74f.

nte; nicht richtig ist dies jedoch im Falle von Heine. Inwieweit die Söhne Philipp Franz von Siebolds auf Heines Werk aufmerksam wurden, ist mir nicht bekannt, es fällt aber auf, dass ihnen anscheinend Heines Anleihen entgingen, obwohl sie die erste zusammenfassende Ausgabe des *Nippon* im handlichen Format unter Verwendung vieler Illustrationen zusammenstellten und in zwei Bänden veröffentlichten (1897); sie hatten sich somit intensiv mit dem Werk des Vaters befasst.

Siebold wäre sicherlich nicht glücklich über die Vorgehensweise seines Kontrahenten gewesen. Heine hatte ursprünglich mit Siebold brieflichen Kontakt, im Laufe der Zeit aber wurde aus Bewunderung Abneigung, Gegnerschaft und Konkurrenzdenken. Siebold hat mehrfach die unzuverlässigen ethnographischen Illustrationen in Reisewerken früherer Zeiten kritisiert und exaktes, verlässliches und vor Ort von ausgebildeten Personen angefertigtes Abbildungsmaterial für die wissenschaftliche Forschung eingefordert. Hatte doch Siebold selbst dem mit Perry ausfahrenden jungen Heine in einem Brief vom 22. Oktober 1852 genaue Hinweise mitgegeben, auf welche Ansichten, Gegenstände, Menschentypen und Tiere er als Maler und—wie Siebold annahm—als Fotograf in Japan explizit achten solle und ihn ermuntert, sie getreu wiederzugeben,[45] ein Rat, den dieser zumindest in seinem Großfolianten mehr als großzügig ausgelegt hat.

Auch für uns stellt sich heute die Frage nach der Verlässlichkeit historischer Abbildungen, auch historischer Fotografien, sowie ihrer Entstehungsbedingungen, Vorlagen, Ableitungen und ihrer Aussagekraft für historische und ethnographisch-ethnologische Untersuchungen.

Es erhebt sich der begründete Verdacht, dass Wilhelm Heine, obwohl Zeit- und Augenzeuge, im Gegensatz zu seinen Angaben in den Bildlegenden und mit Ausnahme des Abschnittes „Ansichten" in seinem Großfolianten und der diesem folgenden Volksaus-

---

44 Der Schutz geistigen Eigentums wird 1871 im „Gesetz, betreffend die Verfassung des Deutschen Reichs", Artikel 4, Nr. 6 (Deutsches Reichsgesetzblatt Band 1871, Nr. 16, Seite 63–85, Fassung vom 16. April 1871, Bekanntmachung: 20. April 1871) zur Reichsangelegenheit erklärt (https://www.verfassung-deutschland.de/1918/verfassung-1871), s. insbesondere „Gesetz, betreffend das Urheberrecht an Schriftwerken, Abbildungen, musikalischen Kompositionen und dramatischen Werken", Bundesgesetzblatt des Norddeutschen Bundes Band 1870, Nr. 19, Seite 339–353; Fassung vom 11. Juni 1870, Bekanntmachung am 20. Juni 1870 (https://wikisource.org/wiki/Gesetz,-betreffend-das-Urheberrecht-an-Schriftwerken,-Abbildungen,-musikalischen-Kompositionen-und-dramatischen-Werken), sowie „Gesetz, betreffend das Urheberrecht an Werken der bildenden Künste", Deutsches Reichsgesetzblatt Band 1876, Nr. 2, Seite 4–8; Fassung: 9. Januar 1876, Bekanntmachung: 18. Januar 1876 (https://wikisource.org/wiki/Gesetz,-betreffend-das-Urheberrecht-an-Werken-der-bildenden-Künste [12.05.2024]).—Vgl. zur heutigen Auffassung z.B. Andrijana Kojic: Urheberrecht: Darf ich Kunstwerke als Vorlage benutzen. In: art & law (https://magazin.art-and-law.de/urheberrecht-darf-ich-kunstwerke-als-vorlage benutzen/ [12.05.2024]).

45 Briefentwurf im Siebold-Archiv Burg Brandenstein, Schlüchtern, Kasten VII, Fasz. i, 117. Mein Dank gilt Herrn Graf Adelmann für den Hinweis auf diesen Briefentwurf.

gabe uns nur wenig zuverlässige Darstellungen aus dem traditionellen Japan der späten Tokugawa-Zeit überliefert hat. Sie beruhen wohl nur zum geringen Teil auf von ihm vor Ort angefertigten Skizzen und Zeichnungen beziehungsweise, im Falle der historischen Darstellungen im Abschnitt „Geschichte/Geschichtliches", auf japanischem Abbildungsmaterial. Selbst die Fotografien, die ihm verblieben waren, wurden allenfalls für die Ausstaffierung seiner Bilder und nicht für originalgetreue Abbildungen verwendet. Vielmehr hat Heine bereits in Europa vorhandenes und publiziertes Bildmaterial benutzt, dieses mehr oder weniger getreu kopiert und zum Teil zu neuen, bisweilen sehr freien Kompositionen zusammengefügt oder sich von Szenen und Themen inspirieren lassen. Das Streben nach Realitätstreue wurde dabei zu Gunsten einer phantasievollen und stimmungsgeladenen Darstellung aufgegeben. Die Herkunft seiner Vorlagen aber verschwieg oder verschleierte Heine durch seine irreführenden Bildlegenden und suggerierte so, authentisches Material zu liefern.

Dennoch darf man Heine zugutehalten, dass auch er bestrebt war, Japan seinen Rang in der Völkerfamilie zukommen zu lassen, in einer Zeit, in der solches für „exotische" Völker nicht selbstverständlich war. Selbst wenn er dabei nicht annähernd so wissenschaftlich und professionell wie Philipp Franz von Siebold vorzugehen vermochte, darf man dennoch, auch dank der zeitlichen Distanz, die uns von ihm trennt, Heines guten Willen anerkennen. Für Heine möge daher trotz all seiner offensichtlichen Schwindeleien und seines Sich-In-Szene-Setzens, auch angesichts der Tatsache, dass er sich gegen ein Abdriften in die Bedeutungslosigkeit auflehnte und eventuell mit gesundheitlichen oder mentalen Problemen nach seinem Schlaganfall zu kämpfen hatte, Giovanni Boccaccios (1313–1375) Satz gelten, den er in seiner Lebensbeschreibung und Würdigung des Dichters Dante Alighieri zur Verteidigung seiner eigenen, vorgeblich geringen Fähigkeiten anführt: „ma chi fa quel che sa, più non gli è richiesto"[46]— „Aber wenn einer tut, was er kann, soll man nicht mehr von ihm verlangen!"

Anhang

Szenische Parallelen zwischen Aimé Humberts *Le Japon illustré* und Heines *Japan*

Auch wenn in Heines Großfolioband *Japan* kaum direkte Kopien von Abbildungen aus dem zweibändigen Werk *Le Japon illustré* von Aimé Humbert [-Droz] festzustellen sind, so ähneln sich doch eine Reihe von Szenen und Themen so sehr, dass es schwerfällt, an zufällige Übereinstimmungen und nicht an Beeinflussung und Vorbild zu

---

46 Giovanni Boccaccio, *Trattatello in laude di Dante* (Milan: Garzanti, 1995), Kap. XXVII (-Wikisource, https://it.wikisource.org/wiki/Trattatello in laude di Dante/XXVII); Paolo Baldan, ed., *Giovanni Boccaccio, Vita di Dante*, Scrivere le Vite 3 (Bergamo: Moretti & Vitali Editori, 2001), 108, 109 (206); Giovanni Boccaccio, *Das Büchlein zum Lob Dantes*, übs. and eingeleitet von Moritz Rauchhaus, 2. Auf. (Berlin: Verlag Das Kulturelle Gedächtnis GmbH, 2021), 100 (Kap. 25).

denken. Zu den japanischen Drucken und Malereien sowie den Fotografien, die als Vorlagen für Humberts Abbildungen dienten, vergleiche man die Publikationen von Marc-Olivier Gonseth u. a. *Imagine Japan*, sowie von Grégoire Mayor & Akiyoshi Tani, *Japan in Early Photographs*.[47]

Als Szenen und Themen einer Inspiration für Heine und seine Malerfreunde dienten möglicherweise folgende Illustrationen:

Die Bilder unten links und unten Mitte des aus mehreren Einzeldarstellungen zusammengesetzten Bildes „Gerichtsbarkeit" in Heines Großfolioband (Ethnologisches 9; „B. Mühlig n. Jap. Original") ähneln den Abbildungen *la question* und *parricide condamné à la crucifinion et conduite au lieu du supplice*, sowie *le meutrier Seidji conduit en procession dans les rues de Yokohama* in Humbert, *Le Japon illustré*, Bd. 1, 383, Abb. 233 und 389, Abb. 235, und Bd. 2, 389, Abb. 214. Ebenso zeigt die Darstellung „Seppuku", ebda.: 379, des Illustrators L. Crépon, Gemeinsamkeiten mit der Hauptszene des Heineschen Bildes. Mühlig/Heine stellen dabei, anders als Corbien, den Verurteilten regelwidrig mit dunklem Haori dar.[48]

Auch Einzeldarstellungen aus dem ebenso aus Einzeldarstellungen zusammengesetzten Gemälde „Begräbnis" (Ethnologisches 6) gleichen Abbildungen in Humberts *Le Japon illustré*: Die Darstellung eines Trauerzuges, unten Mitte („B. Mühlig n. jap. Or."), weist Ähnlichkeit mit *la sortie d'un convoi funèbre* (Humbert, Bd. 2, 28, Abb. 15) auf, ebenso wie die Verbrennung einer Eta-Leiche, Bild unten rechts, mit *la fin du Paria* (Bd. 2, 137, Abb. 79).

Der Kurtisanenzug in dem Bild *Matsuri* (Religiöses, 9; „B. Mühlig n. Jap. Original") ähnelt der Darstellung von Kurtisanen mit Schirmträgern und Begleitung in Humbert (Bd. 2, 189, Abb. 110), der weiße Elefant und die Languste mit Reiter der dreiteiligen Illustrationen *Matsouri de Sannoô* (Bd. 2, Abb. 107–109) finden sich auch in Mühligs Gemälde, wenn auch in anderer Ansicht wieder. Heines Textbeitrag ist eine Zusammenfassung, teilweise sogar wörtliche Übersetzung der Humbertschen Beschreibung der Feste zu Ehren Myojins und Jimmu-Tennos in Edo (Humbert, Bd. 2, 182–189).

Die Tanzgruppe („Tänze eines Picknicks im Gehölze von Odzi"; „nach Jap. Org. von B. Mühlig") des Großfolio-Blattes „Fuchsfest" (Religiöses 4) ist von einer vergleich-

---

47 Gonseth u. a., Imagine Japan, 81–172, 174–228; Grégoire Mayor & Akiyoshi Tani, eds., *Japan in Early Photographs. The Aimé Humbert Collection at the Museum of Ethnography* (Neuchâtel: MEN Musée d'ethnographie de Neuchâtel; Stuttgart: Arnoldsche Art Publishers, 2018).

48 Nach Siebold wurde Seppuku in einem weißen „Unterkleid" und „einem Mantel (Haori) von ungebleichtem Hanf nach Art der Trauerkleider" vollzogen (*Nippon* [1897], Bd. 1, 420).—Corbiens Darstellung ist im Internet auch unabhängig von Humberts Werk aufrufbar, so z.B. im deutschen Wikipedia-Eintrag „Seppuku".

baren Darstellung in Humbert beeinflusst (Bd. 2, 201, Abb. 115; die Trommler befinden sich bei Humbert auf der rechten Seite, bei Heine auf der linken), ebenso wie das „Fuchsspiel"[49] (Heine, *Japan*, „Fuchsfest", unten rechts) von einer ähnlichen Szene in Humbert (Bd. 2, 299, Abb. 165). Die Füchse mit Flammen auf der Stirn in dem Heineschen Bild (ebda. links unten) tauchen vergleichbar auch in Humbert (Bd. 2, 301, Abb. 166) auf. Möglicherweise wurde aber eine oder beide Illustrationen unabhängig voneinander von dem um 1857 entstandenen Holzschnitt „Fuchsfeuer in der Silvesternacht am Baum des Kleiderwechsels in Oji" (*Ōji shōzoku enoki ōmisoka no kitsunebi*) aus Utagawa Hiroshiges Serie „Hundert Ansichten berühmter Plätze in Edo" (*Meisho Edo hyakkei*) inspiriert. Da aber auch die übrigen Darstellungen der Kollage Ähnlichkeiten zu Humberts Werk aufweisen, dürfte diese direkte Anleihe bei Hiroshige für Heine eher nicht zutreffen. Die Entlehnung aus *Le Japon illustré* ist umso wahrscheinlicher, als auch hier der beigegebene Heinesche Text eine zum Teil wörtliche Übersetzung, zum Teil Zusammenfassung der entsprechenden Beschreibungen von Humbert (Bd. 2, 300–304) ist. Der Wahrheitsgehalt von Heines Angabe „Die Materiale sind theils japanischen Originalzeichnungen entnommen, theils 1860 von mir in Odzi photographirt worden, die geschmackvolle Zusammenstellung aber das eigene Werk des Herrn Bernhard Mühlig," beschränkt sich daher lediglich auf die „geschmackvolle Zusammenstellung"!

---

49 *kitsune-ken*, auch *tōhachiken* genannt.

The Alexander von Siebold Documents the Japanese Government Wanted to Protect:
Their Transfer and Division as Seen in Historical Sources from the Ministry of Foreign Affairs Diplomatic Archives and the University of Tokyo General Library

Katada Satoko
(Kwansei Gakuin University)

Introduction

On 27 April 1924, a ceremony commemorating the hundredth anniversary of the arrival of Philipp Franz von Siebold (1796–1866) in Japan was held at the site of his former residence in Nagasaki's Narutaki 鳴滝 area. Although the event was delayed by a year due to the Great Kanto Earthquake, it concluded successfully with the participation of four hundred attendees from Japan and abroad, including the Dutch minister and German chargé d'affaires to Japan, secretaries from the Ministry of the Interior and the Ministry of Education, and the presidents of Tokyo Imperial University, Kyoto Imperial University, and Kyushu Imperial University.[1]

Among the nineteen commemorative addresses now held by the Nagasaki Museum of History and Culture, the most striking is that of Foreign Minister Matsui Keishirō 松井慶四郎 (Figure 1).[2] Matsui devoted most of his speech to praising the diplomatic achievements of Alexander von Siebold (1846–1911), the eldest son of Philipp, to the extent that the address seemed almost as if it were directed solely at him.

Around the time Matsui was composing his congratulatory message, the Ministry of Foreign Affairs was dealing with two diplomatic matters concerning the Siebold family. One was the Siebold centennial commemoration,[3] and the other was the transfer of Alexander's documents, the focus of this paper.[4] Foreign Minister Komura Jutarō 小村寿太郎 saw these documents as crucial primary sources for understanding "behind-the-scenes information on the diplomatic strategies of foreign countries toward the Empire

---

1 "Bunka no onjin Shīboruto-shi torai hyakunen kinen-shiki" 文化の恩人シーボルト氏渡来百年記念式, *Tōyō hinode shinbun* 東洋日の出新聞, 28 April 1924, p. 2. For further details on this Siebold centennial commemoration, see Kutsuzawa Nobukata 沓澤宣賢, "Shīboruto torai hyakunen kinensai ni kansuru ichi kōsatsu: Gaimushō gaikō shiryōkan shozō shiryō o chūshin ni" シーボルト渡来百年記念祭に関する一考察——外務省外交史料館所蔵史料を中心に——, *Narutaki kiyō* 鳴滝紀要 6 (1996), pp. 127–153.

2 "Shīboruto torai hyakunen kinen-shiki Gaimu Daijin Matsui Keishirō shukuji シーボルト渡来百年記念式外務大臣松井慶四郎祝辞, dated 27 April 1924, "Shīboruto torai hyakunen kinenkai shukubun" シーボルト渡来百年記念会祝文 in the collection of the Nagasaki Museum of History and Culture (Original No.: 14 168–2).

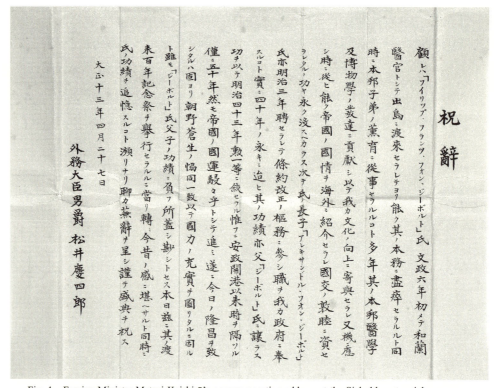

Fig. 1 Foreign Minister Matsui Keishirō's commemorative address at the Siebold centennial ceremony. ("Shīboruto torai hyakunen kinenkai shukubun" シーボルト渡来百年記念会祝文," collection of the Nagasaki Museum of History and Culture, original no.: 14 168–2)

after the Meiji Restoration [1868]" and immediately following Alexander's death, instructed the Japanese Ambassador to Germany, Chinda Sutemi 珍田捨巳, to begin negotiations for their transfer.[5]

How did the Siebold family come to transfer Alexander's documents to the Japanese side, ultimately leading to their division between the Diplomatic Archives of the Ministry of Foreign Affairs and the University of Tokyo General Library (Sōgō

---

3   "Kakkoku shukusaiten oyobi kinenkai kankei zakken Dokujin 'Firippu Furantsu fon Shīboruto' torai hyakunen kinen o Nagasaki ni oite kaisai no ken" 各国祝祭典記念会関係雑件 独人「フィリップ・フランツ・フォン・シーボルト」渡来百年記念ヲ長崎ニ於テ開催ノ件, 6.4.6.4–4, Diplomatic Archives of the Ministry of Foreign Affairs of Japan. Below, "Kakkoku shukusaiten oyobi kinenkai kankei zakken."

4   JACAR (Japan Center for Asian Historical Records) Ref. B13080931100, "Moto Gaimushō komon Doitsu-jin ko 'Shīboruto'-dan ikō kankei ikken" 元外務省顧問独逸人故「シーボルト」男遺稿関係一件 (N-2–3–1–2), Diplomatic Archives of the Ministry of Foreign Affairs of Japan.

5   Confidential dispatch no. 7, dated 15 April 1911, from Ambassador to Germany Chinda Sutemi to Komura Jutarō, "Moto Gaimushō komon Doitsu-jin ko 'Shīboruto'-dan ikō kankei ikken/Bunkatsu 1" 元外務省顧問独逸人故「シーボルト」男遺稿関係一件／分割 1, JACAR Ref. B13080931400, "Moto Gaimushō komon Doitsu-jin ko 'Shīboruto'-dan ikō kankei ikken" (N-2–3–1–2), Diplomatic Archives of the Ministry of Foreign Affairs of Japan (images 105–106).

Toshokan 総合図書館; until 1963, the University Library/Fuzoku Toshokan 附属図書館)? This paper will elucidate this process by examining records from the former and materials on the library's history from the latter.

In 1996, the two hundredth anniversary of Philipp Franz von Siebold's birth, a special exhibition on Siebold and his sons was held at the Tokyo Metropolitan Edo-Tokyo Museum and the National Museum of Ethnology (entitled "Seitan 200-nen kinen Shīboruto fushi no mita Nihon" 生誕200年記念 シーボルト父子のみた日本). These exhibitions were the beginning of an expansion of Siebold research to include both the father and his sons. In this paper, I help build a foundation for utilizing Siebold-related materials within Japan but also contribute to the further development of Siebold family research and history by using posthumous commemorative projects in both Germany and Japan to examine the connections between the family and the latter country.[6]

1. The Alexander von Siebold Documents

(1) The Current State of the Alexander von Siebold Documents

The collection of documents transferred, for a fee, from the Siebold family to Japan, known as the Alexander von Siebold Documents, is currently housed in two locations: the Ministry of Foreign Affairs Diplomatic Archives, where it is referred to as the "Siebold-related Documents" (Shīburuto kankei bunsho シーボルト関係文書) and the University of Tokyo General Library, where it is cataloged as the "Siebold Documents" (Shīboruto bunsho シーボルト文書). The former consists of seven sets of draft letters and thirty-one sets of received letters. Its detailed catalogue indicates that the original owner was "Alexander G. G. von Siebold" and that the documents were received as a "donation" (kizō 寄贈).[7] On the other hand, the "Siebold Documents" held by the latter are classified as rare books and consist of fifty-three items under the heading "Collected Letters of Alexander von Siebold" (Briefe/Alexander Freiherr von Siebold) and forty-three items categorized as "Diaries of Alexander von Siebold" (Tagebücher/Alexander Freiherr von Siebold). The University of Tokyo's OPAC does not provide information regarding the circumstances under which these historical materials were acquired.[8]

The catalogues listing the specifics of the letters and other documents that make

---

6 For information on the Siebold family genealogy beyond Philipp Franz von Siebold, Alexander von Siebold, and Heinrich von Siebold (1852–1908), see Hans Körner, "Die Würzburger Siebold: Eine Gelehrtenfamilie des 18. und 19. Jahrhunderts," *Deutsche Familienarchiv: Ein genealogisches Sammelwerk*, ed. Gerhard Geßner, S.549ff. Neustadt an der Aisch: Verlag Degener & Co., 1967.

7 The detailed catalogue of these documents in the Ministry of Foreign Affairs Diplomatic Archives can be viewed via the Ministry's Diplomatic Archives Historical Document Search System: https://www.da.mofa.go.jp/DAS/meta/default

up the Alexander von Siebold Documents are as follows: (1) the "Catalogue of the Late Baron Siebold's Documents" (Ko Shīboruto-dan ikō mokuroku 故ジーボルト男遺稿目録; the "Embassy Catalogue"), created at the Japanese Embassy in Berlin over approximately two months starting in January 1923; (2) the "Catalogue of Siebold Documents at the University of Tokyo General Library" (Tōdai Sōgō Toshokan Shiboruto bunsho mokuroku 東大総合図書館シーボルト文書目録; the "University of Tokyo Catalogue"),[9] compiled around autumn 1924; (3) the "Provisional Catalogue of Documents Related to Alexander G. G. von Siebold" (Alexander G. G. von Siebold kankei bunsho kari mokuroku Alexander G. G. von Siebold 関係文書仮目録; the "Faculty of Law Provisional Catalogue"),[10] compiled by the University of Tokyo Faculty of Law Modern Legislative Process Research Group (Tōkyō Daigaku Hōgakubu Kindai Rippō Katei Kenkyūkai 東京大学法学部近代立法過程研究会) in 1973; and (4) the catalogue titled "Catalogue of Copybooks and Letters of Alexander von Siebold" (Kopierbücher und Briefsammlung des Alexander von Siebold: Ein Verzeichnis), published in 1991 by the Siebold Archive of Ruhr University Bochum's Faculty of East Asian Studies (the "Bochum Catalogue").[11] Due to the circumstances of its creation (discussed later in this paper), the University of Tokyo Catalogue is the most useful for understanding the Alexander von Siebold Documents as a whole.

The Faculty of Law Provisional Catalogue, the only catalogue written in Japanese, does not provide detailed information on each item. For draft letters, for example, it simply lists the names of the primary recipients and the total number of items per folder. Its compiler, the University of Tokyo Faculty of Law Modern Legislative Process Research Group, was established in the 1967 academic year in the Faculty of Law from with funding from a government research grant (kakenhi kikan kenkyū 科研費機関研究) for a project on the legislative process and its political and cultural background in modern Japan (entitled "Kindai Nihon ni okeru rippō katei to sono seijiteki bunkateki haikei: Taishōki ni okeru saihensei o chūshin to shite" 近代日本における立法過程とその政治的文化的背景——大正期における再編成を中心として). The organization, which was led by prominent figures such as Ishii Ryōsuke 石井良助 and Maruyama Masao 丸山眞男 and existed until the 1969 academic year, aimed to "investigate and collect materials related to the history of law and politics in modern Japan" and had a policy of "actively collecting valuable materials discovered during the

---

8   The holdings status of these documents in the University of Tokyo General Library can be viewed through the University of Tokyo OPAC: https://opac.dl.itc.u-tokyo.ac.jp/opac/opac_search/?lang=1.

9   "Tōdai sōgō toshokan shīboruto bunsho mokuroku" 東京大学総合図書館シーボルト文書目録, University of Tokyo General Library call no. A300: 1544.

10 Tōkyō Daigaku Hōgakubu Kindai Rippō Katei Kenkyūkai, ed., *Alexander G. G. von Siebold kankei bunsho kari mokuroku* Alexander G. G. von Siebold 関係文書仮目録, Tōkyō Daigaku Hōgakubu Kindai Rippō Katei Kenkyūkai, 1973.

11 Vera Schmidt and Edeltraud Wollowski, eds., *Kopierbücher und Briefsammlung des Alexander von Siebold: Ein Verzeichnis*, Wiesbaden: Harrassowitz Verlag, 1991.

survey process."[12] It is likely that the group members discovered the Siebold Documents in the General Library during their research and chose to survey them.

My research has revealed that the Modern Legislative Process Research Group and the Ministry of Foreign Affairs collaborated to microfilm the Alexander von Siebold Documents.[13] The group microfilmed the Alexander von Siebold Documents in their entirety, including the materials held by the Ministry of Foreign Affairs, and printed enlarged images of the microfilms in eighty-seven bound volumes (*hikinobashi seihon* 引伸ばし製本).[14] The research group likely aimed to reconstruct the entire body of documents grasping, to a degree, the provenance of the Siebold Documents. The Faculty of Law Provisional Catalogue follows the extended book's eighty-seven volumes, categorizing the historical materials into eighty-seven categories and recording general information on them. Therefore, the volume numbers used in the Siebold Documents held by the University of Tokyo General Library (no. 1 through no. 52 and "others") do not correspond to the Faculty of Law Provisional Catalogue numbers.

The Bochum Catalogue provides a detailed account of the 1981 survey and microfilming process of the documents conducted by the Siebold Archive of Ruhr University Bochum, as well as the number of items held by the Ministry of Foreign Affairs Diplomatic Archives and the University of Tokyo General Library at the time of that survey.[15] According to this account, the documents donated to Japan included diaries (from 1866, 1869, and 1877–1911), approximately 2,100 letters, and about 170 other documents. Of these, the Ministry of Foreign Affairs Diplomatic Archives holds approximately 1,400 letters and 170 other documents, while the University of Tokyo General Library holds approximately 700 letters (Figure 2). Since neither the Embassy Cata-

---

12 Tōkyō Daigaku Hōgakubu Kindai Rippō Katen Kenkyūkai, "Kindai Rippō Katen Kenkyūkai shūshū shiryō shōkai (1): 'Kindai Rippō Katen Kenkyūkai' shūshū shiryō ni tsuite" 近代立法過程研究会収集資料紹介 (1)「近代立法過程研究会」収集資料について, *Kokka Gakkai zasshi* 國家學會雜誌 83: 11–12 (1971), pp. 852–853

13 Ministry of Foreign Affairs' records concerning the microfilming process are subject to use restrictions as designated historical public documents (*tokutei rekishi kōbunsho* 特定歴史公文書). Therefore, it is currently difficult to find out more details about the microfilming process undertaken by the Ministry of Foreign Affairs and the Modern Legislative Process Research Group.

14 Tōkyō Daigaku Hōgakubu Kindai Rippō Katen Kenkyūkai, "Furoku: Kindai Rippō Katen Kenkyūkai shūshū bunsho ichiran (Shōwa 48-nen 6-gatsu genzai)" 附録・近代立法過程研究会収集文書一覧 (昭和48年6月現在), *Kokka Gakkai zasshi* 86: 7–8 (1973), p. 550. The "enlarged book" is currently housed in the Manuscript Division (Genshiryōbu 原資料部) of the Center for Modern Japanese Legal and Political Documents (Kindai Nihon Hōsei Shiryō Sentā 近代日本法政史料センター), part of the University of Tokyo Graduate Schools for Law and Politics. At the time the Faculty of Law Provisional Catalogue was compiled, the University of Tokyo Faculty of Law intended to combine the newspaper and magazine materials held by the Meiji Shinbun Zasshi Bunko 明治新聞雑誌文庫 (Meiji Newspaper and Magazine Library) with the materials collected by the Modern Legislative Process Research Group to establish the Kindai Nihon Hōsei Shiryōkan 近代日本法政史料館 (Tōkyō Daigaku Hōgakubu Kindai Rippō Katen Kenkyūkai, "Kindai Rippō Katen Kenkyūkai shūshū shiryō shōkai (1)," p. 852).

15 Schmidt, *Verzeichnis*, S. IXff.

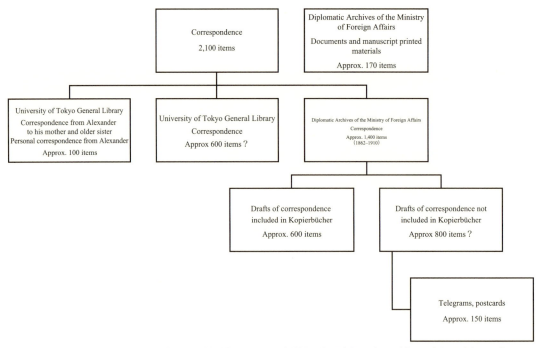

Fig. 2 Breakdown of the Alexander von Siebold Documents held by the Diplomatic Archives of the Ministry of Foreign Affairs and the General Library of the University of Tokyo.
(Created by the author)

logue nor the University of Tokyo Catalogue contains information on the number of items, and a detailed catalogue providing information on each item has not yet been compiled, this paper's discussion will proceed based on the number of items listed in the Bochum Catalogue.

(2) The Ministry of Foreign Affairs and Imperial Household Ministry's Negotiations with the Siebold Family for the Transfer of Documents

On 23 January 1911, Alexander von Siebold passed away at sixty-five in Pegli, near Genoa, Italy, where he had been attempting to restore his health. News of his death was immediately relayed from the Japanese legation in Berlin to the Ministry of Foreign Affairs in Tokyo and was reported by both Japanese and German news outlets. On 21 February 1911, a memorial service organized by the German-Japanese Society (Wa-Doku-Kai 和独会) was held in Berlin, with eulogies by Japanese Ambassador to Germany Chinda Sutemi and former Tokyo Imperial University history lecturer Ludwig Riess (1861–1928), amongst others.[16]

Approximately three months after Alexander's death, on 15 April 1911, Foreign Minister Komura Jutarō contacted Chinda about initiating negotiations with the Siebold family to transfer Alexander's documents.[17] However, possibly due to the replacement of Chinda by Sugimura Koichi 杉村虎一 as the ambassador to Germany, it took some time for the Siebold family to be contacted. It was not until April 1913, two years after Komura's order, that it was reported to Foreign Minister Makino Nobuaki 牧野伸顕 that Alexander's belongings were in the possession of Alexander von Brandenstein-Zeppelin (1881–1949) and Helene von Ulm zu Erbach (1848–1927) (Figures 3 and 4).[18] Attached to the official telegram addressed to Makino was a catalogue of the documents that the Siebold family wished to sell the first catalogue of the Alexander von Siebold Documents presented to Japan (Figure 5). Although not mentioned in the catalogue, the Siebold family wanted to sell Alexander's documents along with his library for 20,000 marks. However, as most of the library consisted of books published in Japan, it was deemed not worth purchasing, and the Ministry of Foreign Affairs decided not to purchase it and his documents at that time. The sale price of 20,000 marks proposed by the Siebold family was also considered excessive, given that Japan had already paid Alexander several grants as a token of gratitude during his lifetime.

In addition to the negotiations conducted through the Ministry of Foreign Affairs, there was also an effort led by the Imperial Household Ministry and Tokyo Imperial University. In 1921, Kaneko Kentarō 金子堅太郎, the vice chief of the Imperial Household Ministry's Temporary Imperial Household Editorial Bureau (Rinji Teishitsu Henshūkyoku 臨時帝室編修局), ordered Professor Mikami Sanji 三上参次 of Tokyo Imperial University to attempt to acquire the Alexander-related historical materials. Mikami sought the cooperation of Ludwig Riess but ultimately did not make contact with the Siebold family.[19]

The stalemate in the negotiations was broken by a letter dated 20 November 1921, sent by Alexander's eldest daughter, Erika von Erhardt-Siebold (1890–1965), to Japanese Ambassador to Germany Hioki Eki 日置益.[20] In her letter, Erika expressed her clear intention to entrust Alexander and Philipp Franz von Siebold's documents and libraries to Japan, enclosing excerpts from letters concerning treaty revisions and diary entries as

16 Katada Satoko 堅田智子, *Arekusandā fon Shīboruto to meiji Nihon no kōhō gaikō* アレクサンダー・フォン・シーボルトと明治日本の広報外交, Shibunkaku Shuppan, 2023, pp. 406–407.

17 Confidential dispatch no. 7, dated 15 April 1911, from Ambassador to Germany Chinda Sutemi to Komura Jutarō.

18 Official paper correspondence no. 75, dated 12 April 1913, from Ambassador to Germany Sugimura Koichi to Foreign Minister Makino Nobuaki "Ko Shīboruto-dan no ikō ni kansuru ken" 故シーボルト男ノ遺稿ニ関スル件, JACAR Ref. B13080931400 (images 108–114).

19 Official paper correspondence no. 85, dated 22 June 1922, from Ambassador to Germany Hioki Eki to Foreign Minister Uchida Kōsai 内田康哉 "Ko Jīboruto-dan ikō nyūshu ni kansuru ken" 故ジーボルト男遺稿入手ニ關スル件, JACAR Ref. B13080931400 (image 120), "II-5 Shīboruto ikō ni kansuru ken Taishō 13–14" II-5 シーボルト遺稿ニ関スル件 大正13〜14 (below, "II-5 Shīboruto ikō ni kansuru ken"), collection of University of Tokyo General Library. Mikami Sanji 三上参次, "Jo" 序, in Kure Shūzō 呉秀三, *Shīboruto-sensei: Sono shōgai oyobi kōgyō* シーボルト先生其生涯及功業, Tohōdō Shoten, 1926.

20 Letter, dated 20 November 1921, from Erika von Ehrhardt-Siebold to Japanese Ambassador to Germany Hioki Eki, JACAR Ref. B13080931400 (image no. 137), "II-5 Shīboruto ikō ni kansuru ken."

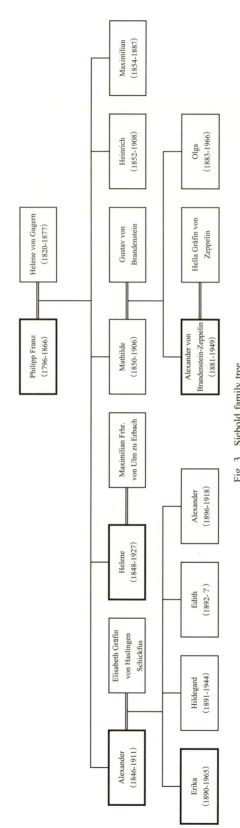

Fig. 3 Siebold family tree
Prepared by the author; major figures relevant to this paper to be in bold

Fig. 4 Siebold family photograph.
Back row, left: Alexander von Siebold, Back row, center: Helene von Ulm zu Erbach,
Front row, left: Erika von Erhardt-Siebold, Front row, center: Alexander von Siebold (eldest son)
(Brandenstein Castle Siebold-Archive)

samples of Alexander's documents. Erika's softened stance, expressing a desire to transfer the Siebold father and son's documents and belongings without specifying a sale price, was influenced by the death of Alexander's oldest son (her younger brother), Alexander Philipp Franz Heinrich von Siebold (1896–1918), in action during World War I, leaving the Siebold family without a direct male heir. The letter, noting that he had dreamed of visiting Japan and following in the footsteps of his grandfather, father, and uncle who devoted themselves to the country, and had been studying the Japanese language and culture since childhood, mentioned that with Alexander's being killed in the war, there was no one to pass on "old traditions" in the Siebold family, and conveyed Erika's earnest desire to entrust the documents and libraries to the Japanese government to convey to future generations the family's legacy of understanding and loving Japan. On 22 June of the following year, Erika visited the Japanese Embassy in Berlin to personally convey her intention.[21]

Erika's actions led to the unification of the Ministry of Foreign Affairs' efforts

---

21 Official paper correspondence no. 85, dated 22 June 1922, from Ambassador to Germany Hioki Eki to Foreign Minister Uchida Kōsai "Ko Jīboruto-dan ikō nyūshu ni kansuru ken," JACAR Ref. B13080931400 (image nos. 120–137), "II-5 Shīboruto ikō ni kansuru ken."

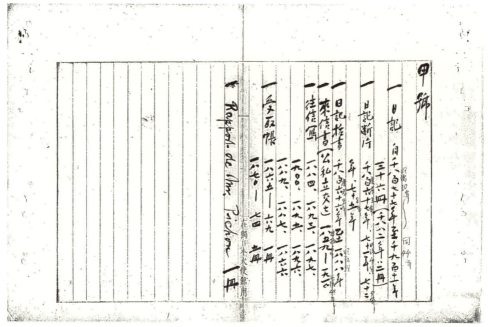

Fig. 5 Document catalogue.
("Moto Gaimushō komon Doitsu-jin ko 'Shīboruto'-dan ikō kankei ikken/bunkatsu 1" JACAR Ref. B13080931400, "Moto Gaimushō komon Doitsu-jin ko 'Shīboruto'-dan ikō kankei ikken" [N-2-3-1-2], Diplomatic Archives of the Ministry of Foreign Affairs of Japan [image 111])

and those of the Imperial Household Ministry and Tokyo Imperial University. On 24 January 1923, Kaneko Kentarō, in correspondence to Foreign Minister Uchida Kōsai 内田康哉, reported that Tokyo Imperial University had informally agreed to receive Alexander's documents, which contained many materials related to "legal and economic matters," and to pay a reasonable honorarium.[22] This was followed by more correspondence on the same day addressed to Tokyo Imperial University President Kozai Yoshinao 古在由直, in which Kaneko mentioned the process leading up to the university's decision to accept the documents.[23] Notably, although Erika had hoped to transfer both the documents and the libraries, Kaneko limited his request to the university to accept only the documents based on the idea that they would contribute to research. Furthermore, we should note that the second correspondence was a post-facto report to Kozai, informing him of the series of events leading to the decision: Kaneko had already con-

---

22 Correspondence no. 19, dated 24 January 1923, from Vice Chief of the Imperial Household Ministry's Temporary Imperial Household Editorial Bureau Kaneko Kentarō to Foreign Minister Uchida Kōsai "Ko 'Jīboruto'-dan ikō tō kizō ni kansuru ken" 故「ジーボルド」男遺稿等寄贈ニ關スル件, "II-5 Shīboruto ikō ni kansuru ken."

23 Correspondence no. 20, dated 24 January 1932, from Vice President of the Imperial Household Ministry's Temporary Imperial Household Editorial Bureau Kaneko Kentarō to Foreign Minister Uchida Kōsai "Ko 'Jīboruto'-dan ikō tō kizō ni kansuru ken," "II-5 Shīboruto ikō ni kansuru ken."

sulted with Faculty of Letters Dean Mikami, who had then talked with Faculty of Law Dean Yamada Saburō 山田三良 and decided to accept the documents.

While serving as Secretary of the Privy Council (Sūmitsuin 枢密院), Kaneko traveled through Europe and the United States from July 1889 to June of the following year to investigate parliamentary systems. Upon returning to Japan, he submitted a proposal on the compilation of a national history to Prime Minister Yamagata Aritomo 山県有朋 and Minister of the Imperial Household Hijikata Hisamoto 土方久元.[24] Although one of Kaneko's purposes in traveling was to promote the Constitution of the Empire of Japan, which he had helped draft and enact, and to obtain candid feedback from European and American politicians and legal scholars, the most valuable recommendation he received was on the compilation of national history. Having recognized the importance of doing so, Kaneko was involved from the outset in both a Ministry of Education group to compile historical documents related to the Meiji Restoration (Ishinshi Shiryō Hensankai 維新史史料編纂会) and the Imperial Household Ministry's Temporary Imperial Household Editorial Bureau. He is highly regarded for his major role in efficiently and extensively collecting historical materials, using his government position to go through various channels.[25] Kaneko probably orchestrated the acquisition of Siebold-related materials in order to record, based on Article 6 of "Guidelines for Compiling a History of Emperor Meiji" (Meiji tennōki henshū kōryō 明治天皇紀編修綱領, est. May 1920), "foreign influences in relation to domestic affairs."[26] Kaneko's appointment as vice chief of the Imperial Household Ministry's Temporary Imperial Household Editorial Bureau in April 1922 also provided an opportunity to break the deadlock in the negotiations for the transfer of the documents. Mikami, upon whom Kaneko relied, was a scholar who had compiled historical sources for the Imperial University Faculty of Letters (Teikoku Daigaku Bunka Daigaku 帝国大学文科大学) and later served under Kaneko as chief editor, working on the compilation of a history of Emperor Meiji (Meiji tennōki 明治天皇紀).[27]

---

24 "Kokushi hensankyoku o mōkuru no gi 國史編纂局ヲ設クルノ議," in vol. 3 of *Kaneko Kentarō chosakushū* 金子堅太郎著作集, ed. Takase Nobuhiko 高瀬暢彦, pp. 31–36, Nihon Daigaku Seishin Bunka Kenkyūjo, 1997.

25 Horiguchi Osamu 堀口修, "'Meiji tennōki' henshū to Kaneko Kentarō"『明治天皇紀』編修と金子堅太郎, *Nihon rekishi* 日本歴史 661 (2003), p. 15. Regarding Kaneko and history compilation work, see the following: Horiguchi Osamu, "Ishin Shiryō Hensankai to Rinji Henshūkyoku no gappei mondai to kyōtei-sho no seiritsu kōtei ni tsuite: Toku ni Inoue Kaoru to Kaneko Kentarō no dōkō o chūshin ni shite" 維新史史料編纂会と臨時編修局の合併問題と協定書の成立過程について——特に井上馨と金子堅太郎の動向を中心として——, *Nihon Daigaku Seishin Bunka Kenkyūjo kiyō* 日本大学精神文化研究所紀要 36 (2005), pp. 1–56; Horiguchi Osamu, "Meiji Tennōki henshū to kingendai no rekishigaku" 明治天皇紀編修と近現代の歴史学, *Meiji Seitoku Kinen Gakkai kiyō* 明治聖徳記念学会紀要 43 (reprint; 2006), pp. 182–202; Matsumura Masayoshi 松村正義, *Kaneko Kentarō* 金子堅太郎, Mineruva Shobō, 2014, pp. 234–250.

26 Horiguchi, "'Meiji tennōki' henshū to kindai no rekishigaku," p. 188.

(3) The Siebold Father and Son's Possessions in the Eyes of the Siebold Family

Kaneko did not change the approach set at the beginning of the transfer negotiations and, contrary to Erika's wishes, limited the transfer to only Alexander's documents. So what happened to Philipp Franz's documents and the Siebold father and son's libraries that Erika had expressed a desire to donate?

In "II-5 Shīboruto ikō ni kansuru ken Taishō 13–14" II-5 シーボルト遺稿ニ関スル件 大正 13〜14, historical materials about the history of the University of Tokyo General Library, there is a handwritten memo dated 14 August 1924, created within the University Library, which discusses the appropriateness of purchasing and taking in the "Siebold possessions," namely, Philipp Franz's documents and library.[28] This memo stems from a official paper correspondence from the previous month by Foreign Minister Shidehara Kijūrō 幣原喜重郎 to University President Kozai Yoshinao that asked for the university's view on whether, after examining the catalogue of documents presented by Erika, it wished to acquire the possessions and on the selling price.[29] The memo, noting that the "Siebold possessions" were more commemorative than academic in nature, suggested that they would be better suited for the national Imperial Library (Teikoku Toshokan 帝国図書館), Nagasaki Prefectural Library (Nagasaki Kenritsu Toshokan 長崎県立図書館), or Tōyō Bunko 東洋文庫. It also states that making a value judgment based on the catalogue alone was impossible. Furthermore, the memo notes that upon consulting with the Faculty of Science about the items related to natural history, it was judged that they were not needed. In July 1925, Kozai, in his reply to Shidehara's inquiry, stated that the "Siebold possessions" were "not directly necessary for this university" and suggested negotiating with the "Siebold Commemoration Society" (Jīborudo Kinenkai ジーボルド記念會) of Nagasaki, which had organized the Siebold centennial ceremony.[30]

In Nagasaki, preparations for the ceremony began in earnest in April 1923.[31] A telegram sent from Foreign Minister Uchida Kōsai to Ambassador to Germany Hioki Eki on 12 May 1923 described the concrete plans for the ceremony and mentioned that

---

27 Takahashi Katsuhiro 高橋勝浩, "Shiryō honkoku Kunaichō Shoryōbu shozō Mikami Sanji 'Goshinkōan' tsuiho: Mikami Sanji ryakunenpu, shuyō chosaku mokuroku, shuyō jinmei sakuin" 資料翻刻 宮内庁書陵部所蔵三上参次『御進講案』追補——三上参次略年譜・主要著作目録・主要人名索引——, *Kokugakuin Daigaku Nihon Bunka Kenkyūjo kiyō* 國學院大學日本文化研究所紀要 97, (2006), pp. 325–362.

28 Memo, dated 14 August 1924, by the Tokyo Imperial University Library, "II-5 Shīboruto ikō ni kansuru ken."

29 Official paper correspondence no. 330, dated 16 July 1924, from Foreign Minister Shidehara Kijūrō to University President Kozai Yoshinao "'Firippu, fon, Shīborudo'-hakase ikō baikyakukata mōshide no ken" 「フィリップ、フォン、シーボルド」博士遺稿賣却方申出ノ件, "II-5 Shīboruto ikō ni kansuru ken".

30 Correspondence no. 161, dated 2 July 1925, from University President Kozai Yoshinao to Foreign Minister Shidehara Kijūrō, "Moto Gaimushō komon Doitsu-jin ko 'Shīboruto'-dan ikō kankei ikken/bunkatsu 3," JACAR Ref. B1308093160 (image 262), "II-5 Shīboruto ikō ni kansuru ken."

an investigation was underway to determine whether Alexander was indeed Philipp Franz's son.[32] It was not until the following month that it was confirmed that Alexander was Philipp Franz's eldest son and had greatly contributed to treaty revision negotiations.[33] However, Ambassador Hioki and the Japanese Embassy in Berlin, who had been approached by Erika in November 1921 about donating the documents and library, had, naturally, already obtained this information directly from Erika, a family member. It is unclear why there was a discrepancy in the understanding of the relationship between Philipp Franz and Alexander among the Ministry of Foreign Affairs, the Foreign Minister, and the Ambassador to Germany, but following that telegram, the ministry began to address the two diplomatic matters of the Siebold centennial commemoration ceremony and the transfer of Alexander's documents in tandem.

On the Siebold family side, there was also a new development regarding the donation of possessions related to the Siebold father and son following the Siebold centennial commemoration ceremony. In May 1923, Helene, the only surviving daughter of Philipp Franz, heard about the plans for the ceremony from the Netherlands and expressed her wish to donate the possessions of Philipp Franz that she had.[34] With the mediation of the Japanese Embassy in Berlin and the Ministry of Foreign Affairs, Helene donated items such as his formal attire, portrait, photographs, and books to Nagasaki as commemorative items. Foreign Minister Uchida, meanwhile, seeing the possessions of Alexander, which were already set to be transferred from Erika, and the possessions of Philipp Franz that Helene had as completely separate, focused on the negotiations with Helene.[35]

So what happened to Alexander's library, which had quickly been deemed of low value in 1913? Attached to official paper correspondence, dated 25 January 1923, from Ambassador Hioki to Foreign Minister Uchida, was a "partial catalogue of the Japanese collection of Baron Siebold (Jīboruto-danshaku Nihon zōsho mokuroku ジーボルト男

---

31 Document, dated 22 April 1923, by the Siebold Centennial Commemoration Society "Shīboruto Sensei torai hyakunen kinenkai shuisho narabi ni kaisoku an" シーボルト先生渡来百年記念會趣意書並會則案, "Kakkoku shukusaiten oyobi kinenkai kankei zakken."

32 Telegram no. 35, dated 12 May 1923, from Foreign Minister Uchida Kōsai to Ambassador to Germany Hioki Eki, regarding the Siebold centennial commemoration ceremony "Ran'i 'Shīborudo'-shi Nihon jōriku hyakunen kinen-sai ni kansuru ken" 蘭医「シーボルド」氏日本上陸百年紀念祭ニ関スル件, "Kakkoku shukusaiten oyobi kinenkai kankei zakken."; Katada, p. 5.

33 Document received by the records officer on 5 June 1923 "Ki" 記, "Kakkoku shukusaiten oyobi kinenkai kankei zakken."

34 Telegram no. 114, dated 16 May 1923, from Ambassador to Germany Hioki Eki to Foreign Minister Uchida Kōsai, "Kakkoku shukusaiten oyobi kinenkai kankei zakken."

35 Telegram no. 53, dated 20 June 1923, from Foreign Minister Uchida Kōsai to Ambassador to Germany Hioki Eki "Ran'i 'Shīborudo'-shi hyakunen kinensai ni kansuru ken" 蘭醫「シーボルド」氏百年記念祭ニ関スル件, "Kakkoku shukusaiten oyobi kinenkai kankei zakken."; Telegram no. 168, dated 27 July 1923, from Ambassador to Germany Hioki Eki to Foreign Minister Uchida Kōsai, "Kakkoku shukusaiten oyobi kinenkai kankei zakken."

爵日本蔵書目録)" written in Japanese.³⁶ The German staff at the Japanese Embassy in Berlin, who were fluent in both German and English, were at the time working on a catalogue of Alexander's documents, which was completed on 10 March of that year and sent to Uchida as the "Catalogue of the Late Baron Siebold's Documents" (the "Embassy Catalogue").³⁷ The Catalogue of the Japanese Collection of Baron Siebold was likely compiled at the Japanese Embassy in Berlin concurrently with the Embassy Catalogue.

Incidentally, the Mutō Bunko 武藤文庫, housed in the Nagasaki University Library's Economics Library, contains materials once owned by Mutō Chōzō 武藤長蔵, professor at Nagasaki Higher Commercial School (Nagasaki Kōtō Shōgyō Gakkō 長崎高等商業学校) and a key organizer of the Siebold centennial commemoration ceremony. In its collection is a catalogue of Alexander's library titled *Japonica aus dem Besitz des Freiherrn Alexander von Siebold*, which lists information on Japanese books in romaji.³⁸ This catalogue is identical in content to the previously mentioned "catalogue of the Japanese collection of Baron Siebold." The preface of the catalogue also notes that part of Alexander's library is housed at the Japan-Institute in Berlin, as well as Siebold Archives in the Mittelbiberach and Brandenstein castles, suggesting that this catalogue was compiled after 1928, when materials related to Philipp Franz were donated by Erika to the Japan-Institute in Berlin.³⁹ To my knowledge, no further clues have been found about the subsequent fate of Alexander's library.

---

36 Official paper correspondence no. 20, dated 25 January 1923, from Ambassador to Germany Hioki Eki to Foreign Minister Uchida Kōsai "Ko Jīboruto-dan ikō ni kansuru kakunen rokugatsu nijūnichi tsuki honkō dai-hachijūgo-go fuzokusho ni kansuru ken" 故ジーボルト男遺稿ニ關スル客年六月二十二日附本公第八五號附屬書ニ関スル件, "II-5 Shīboruto ikō ni kansuru ken."

37 Official paper correspondence no. 56, dated 10 March 1923, no. 56 from Ambassador to Germany Hioki to Foreign Minister Uchida "Ko Jīboruto-dan ikō ni kansuru ken" 故ジーボルト男遺稿ニ関スル件, "Moto Gaimushō Komon Doitsu-jin Ko 'Shīboruto' dan ikō kankei ikken/Bunkatsu 2," JACAR Ref. B 13080931500 (image 168).

38 *Japonica aus dem Besitz des Freiherrn Alexander von Siebold*, collection of Mutō Bunko, Economics Library, Nagasaki University Library, document no.: 000-M105.

39 In the preface of the catalogue, there is a stamp in Japanese that reads "Gustav Fock Bookstore" (Gusutafu Fokku shoten グスタフ・フォック書店). Mutō, who had a strong interest in Philipp Franz, likely obtained the catalogue there. Regarding Mutō's interest in Phillip Franz, see the following: Mutō Kiichirō 武藤琦一郎, "Chichi no yūjin de atta Torautsu-hakase to Bokusā-hakase no omoide" 父の友人であったトラウツ博士とボクサー博士の想い出, *Nagasaki dansō* 長崎談叢 61 (1978), pp. 35–48; Tanizawa Takeshi 谷澤毅, *Mutō Chōzō* 武藤長蔵, Nagasaki Bunken-sha 長崎文献社, 2020, p. 40. On the Mutō Bunko, see Tanizawa, pp. 63–72. On the Philipp Franz-related materials and the Japan Institute in Berlin, see Kutsuzawa Nobukata, "Shīboruto kankei bunken ni tsuite: 'Yāpan Insutitichūto' shozō made no keii o chūshin ni" シーボルト関係文献について──『ヤーパン・インスティチュート』所蔵までの経緯を中心に──, *Tōkai Daigaku Bunmei Kenkyūjo kiyō* 東海大学文明研究所紀要 (1989), pp. 124–142.

2. The Alexander von Siebold Documents the Japanese Government Wanted to Protect

(1) The Shift in Control Over the Transfer of Documents

In correspondence, dated 24 January 1923, from Kaneko Kentarō, President of the Temporary Imperial Household Editorial Bureau, to Foreign Minister Uchida Kōsai, it was reported that Tokyo Imperial University had informally agreed to accept the documents and pay a reasonable honorarium.[40] However, according to a chronology of the university's Faculty of Law, the decision to negotiate the acceptance of the documents was made at the faculty's professors meeting on 3 October 1922, and "there was an offer to donate the late Siebold documents, etc." in February 1923.[41] In other words, the Ministry of Foreign Affairs simply confirmed the decision made by the Faculty of Law, and the university's president also learned of the developments at the university and the faculty's decision through Kaneko, someone from outside the university.

With Kaneko acting as an intermediary, control over the transfer of the documents initially lay with Tokyo Imperial University. However, on 10 March 1923, Ambassador to Germany Hioki Eki sent a complete catalogue of the Siebold documents (the "Embassy Catalogue") to Foreign Minister Uchida, which drastically changed the situation.[42] The creation of the Embassy Catalogue involved thoroughly examining the documents at the Japanese Embassy in Berlin, where it was discovered that many were related to diplomatic secrets. Initially, discussions between the bureau and the university led to the conclusion that it would be appropriate for the university to purchase the documents in bulk, and an agreement had also been reached between the Ministry of Foreign Affairs and the university.[43] However, as it became clear that some of the documents should be kept by the ministry, the ministry expressed its intention to split the collection with the university while covering part of the honorarium to University President Kozai Yoshinao.[44] From then on, the Ministry of Foreign Affairs took control

---

40 Correspondence no. 19, dated 24 January 1923, from Vice Chief of the Imperial Household Ministry's Temporary Imperial Household Editorial Bureau Kaneko Kentarō to Foreign Minister Uchida Kōsai.

41 Tokyo Daigaku Hōgakubu Hyakunenshi Kō Henshū Iinkai 東京大学法学部百年史稿編集委員会, "Tokyo Daigaku Hōgakubu hyakunenshi kō (9)" 東京大学法学部百年史稿 (9), *Kokka Gakkai zasshi* 94: 1–2 (1981), p. 132.

42 Official paper correspondence no. 56, dated 10 March 1923, from Ambassador Hioki to Foreign Minister Uchida Kōsai.

43 Official paper correspondence no. 6, dated 15 March 1923, from Vice Minister Tanaka Tokichi 田中都吉 to University President Kozai Yoshinao "'Jīborudo' ikō kizō ni taisuru shareikin ni kansuru ken"「ジーボルド」遺稿寄贈に對する謝礼金に關する件, "II-5 Shīboruto ikō ni kansuru ken"; Ministry of Foreign Affairs draft for Cabinet approval, dated 28 August 1923 "Ko 'Shīboruto'-dan no ikō nyūshu ni kansuru ken" 故「シーボルト」男ノ遺稿入手ニ関スル件, JACAR Ref. B13080931500 (images 175–191).

44 Official paper correspondence no. 6, dated 15 March 1923, from Vice Foreign Minister Tanaka Tokichi to University President Kozai Yoshinao.

of the transfer negotiations, and the university had no choice but to follow the ministry's lead.

Another factor that shifted control of the negotiations to the Ministry of Foreign Affairs was the Siebold centennial commemoration ceremony. In a classified telegram dated 6 June 1923, Vice Foreign Minister Tanaka Tokichi 田中都吉 informed Kozai of Ambassador Hioki's plan to send all of Alexander's documents as well to Japan in time for the ceremony, which was scheduled to be held in October.[45] A diplomatic issue arose regarding the seating order of the Dutch minister to Japan and the German chargé d'affaires at the ceremony, as well as which country's representative would be the guest of honor and whether they would deliver a congratulatory message. Both countries were determined to uphold their national prestige.[46] The Ministry of Foreign Affairs decided to not get involved in the spat. Foreign Minister Matsui Keishirō declined to attend the ceremony, and a decision was made to send a single floral tribute in recognition of Alexander's forty years of contributions to the Japanese government.[47] This stance by the Ministry of Foreign Affairs has been interpreted as a sign of its unenthusiastic attitude toward the ceremony.[48] However, given that the ministry was on the verge of obtaining Alexander's documents, which Komura Jutarō saw as a first-class resource for understanding the backstage of Japan's modern diplomatic history, it seems likely that the ministry attempted to separate the transfer of documents from the memorial ceremony and peacefully proceed with the latter by demonstrating maximum respect to the Siebold family in the form a wreath while taking care not to get embroiled in the dispute.

(2) Delayed Payment of the Honorarium to the Siebold Family

Once the Ministry of Foreign Affairs had wrapped up its handling of the Siebold centennial commemoration ceremony, negotiations with Tokyo Imperial University re-

---

45 Official paper correspondence no. 19, dated 6 June 1923, from Vice Foreign Minister Tanaka Tokichi to University President Kozai Yoshinao "Jīborudo ikō kizō ni taisuru shareikin ni kansuru ken"「ジーボルド」遺稿寄贈に對する謝礼金に関する件, "II-5 Shīboruto ikō ni kansuru ken."

46 Suzuki Noboru 鈴木登, "Shīboruto torai hyakunen-sai no omoide" シーボルト渡来百年祭の憶い出, in *Torai hyakugojūnen kinen Shīboruto Kenshōkai-shi* 渡来百五十年記念シーボルト顕彰会誌, Torai hyakugojūnen kinen Shīboruto Kenshōkai, 1973, pp. 1–4; Kutsuzawa, "Shīboruto torai hyakunen kinen-sai ni kansuru ichi kōsatsu," p. 136–137.

47 Official paper correspondence no. 37, dated 19 June 1923, from Foreign Minister Uchida Kōsai to Ambassador to Germany Hioki Eki, "Ran'i 'Shīborudo'-shi torai hyakunen kinen-sai ni kansuru ken" 蘭医「シーボルド」氏渡来百年記念祭ニ関スル件; Document received by the records officer on 21 June 1923 "Kōsai-an: Wagakuni igaku no kaiso 'Jīborudo' torai hyakunen-sai e hanawa kizōkata no ken" 高裁案 我国醫學ノ開祖「シーボルド」渡来百年祭へ花輪寄贈方ノ件; Correspondence, dated 16 August 1923, from Governor of Nagasaki Prefecture Hiratsuka Hiroyoshi 平塚廣義 to Vice Foreign Minister Tanaka Tokichi (copy), "Kakkoku shukusaiten oyobi kinenkai kankei zakken."

48 Kutsuzawa, "Shīboruto torai hyakunen kinen-sai ni kansuru ichi kōsatsu," p. 138.

garding the acceptance of Alexander's documents and the division of the honorarium finally began in earnest. A ministry draft dated 28 August 1923 outlined that it and the university would split the documents, with the ministry taking custody of those related to diplomatic matters to prevent their unauthorized release and damage to national interests, and the university handling materials related to law and other purely academic fields.[49] It was also stipulated that the ministry would cover the full 5,000 yen honorarium for Erika from its confidential funds, but that after the arrival of the documents, the ministry would consult with and transfer a portion of the materials to university, which would then then pay up to 1,000 yen to the ministry based on the value of the documents received. The 5,000 yen proposed by the ministry was not based on an assessment of the documents' content but was calculated considering Alexander's contributions and dedication to Japan and the circumstances of his family in Germany.

Although the draft was approved, the Ministry of Foreign Affairs consistently maintained that it had not "purchased" the documents but rather "acquired" them and would provide "compensation" or "an honorarium" to the family. Partially due to the postponement of the Siebold centennial commemoration ceremony as a result of the Great Kanto Earthquake, it was not until 21 March 1924 that a box containing the documents was shipped from Berlin, arriving in Yokohama via Hamburg on 20 July 1924.[50] However, while the documents had arrived in Japan, it took additional time for the honorarium to be paid. In January 1925, Ambassador to Germany Honda Kumatarō 本多熊太郎 sent a telegram to Foreign Minister Shidehara requesting urgent payment, stating that the Siebold family is "in a difficult financial situation" and hopes for the payment of the honorarium "as soon as possible."[51] In July of the same year, Shidehara replied to Honda that 6,000 yen would be transferred, and on 27 August 1925, Erika was finally paid that amount (509 pounds, 7 shillings, and 6 pence in British currency).[52] The increase of 1,000 yen from the original plan in August 1923, as well as

---

49 Ministry of Foreign Affairs draft for Cabinet approval, dated 28 August 1923.

50 Official paper correspondence no. 8, dated 22 April 1924, from Vice Foreign Minister Matsudaira Tsuneo 松平恒雄 to Tokyo Imperial University President Kozai Yoshinao "'Jīboruto' ikō kizō ni kansuru ken"「ジーボルト」遺稿寄贈ニ関スル件, JACAR Ref. B13080931500 (image 198); Official paper correspondence no. 78, dated 27 March 1924, from Acting Ambassador to Germany Ōno Morie 大野守衛 to Foreign Minister Matsui Keishirō, "Jīboruto-dan ikō sōfu no ken" ジーボルト男遺稿送付ノ件, "II-5 Shīboruto ikō ni kansuru ken"; Motion for disbursement and receipt, dated 27 August 1924, created by Kawachō Unsō 川長運送 Co., Ltd., JACAR Ref. B13080931600 (image 237).

51 Telegram no. 14, dated 20 January 1925, from Ambassador to Germany Honda Kumatarō to Foreign Minister Shidehara Kijūrō "'Arekisandā fon Shīboruto' ikō sharei no ken"「アレキサンダー・フォン・シーボルト」遺稿謝禮の件, JACAR Ref. B13080931600 (image 260).

52 Copy of telegram no. 80, undated, to Ambassador Honda Kumatarō, JACAR Ref. B13080931600, image 273; Official paper correspondence no. 175, dated 30 September 1925, from Temporary Acting Ambassador to Germany Itō Nobufumi 伊藤述史 to Foreign Minister Shidehara Kijūrō, "'Jīboruto'-dan ikō shareikin ryōshūsho sōfu no ken"「ジーボルト」男遺稿謝禮金領収書送付ノ件, JACAR Ref. B13080931600 (image 277).

the change to the ministry shouldering 4,000 yen and the university 2,000 yen,[53] was likely due not only to Erika's financial hardship and the delayed payment but also to the discovery, upon examination of the documents, that they held greater historical value than initially expected.

(3) The Alexander von Siebold Documents the Ministry of Foreign Affairs Wanted to Protect

So, how and when were the documents divided between the Ministry of Foreign Affairs and Tokyo Imperial University, and how did both institutions come to store them? The process of transferring the documents is reflected in records housed at the Diplomatic Archives of the Ministry of Foreign Affairs.[54] However, therein are no clues about what happened to the documents after they arrived in Japan. As far as I am aware, the only set of materials that sheds light on how the documents were handled, namely how they were divided up, after their arrival is the aforementioned "II-5 Shīboruto ikō ni kansuru ken Taishō 13–14."

According to official paper correspondence, dated 3 November 1924, from Vice Foreign Minister Matsudaira Tsuneo 松平恒雄 to Tokyo Imperial University President Kozai Yoshinao in "II-5 Shīboruto ikō ni kansuru ken Taishō 13–14,"[55] following the intent of confidential official paper correspondence, dated 17 August 1923, "those marked in red pencil in the catalogue" were to be taken in by the Ministry of Foreign Affairs. It was also noted that the other documents may require further discussion. This correspondence was circulated to the university president, the dean of the Faculty of Law, the dean of the Faculty of Letters, the head of the Accounting Division, the head of the Historical Archives Department, and the secretary, with their stamps and signatures affixed. It also was affixed with the seal of the Faculty of Letters and the words "Urgent circulation required." Additionally, only the cover of the accompanying "Catalogue of Siebold's Manuscripts Forwarded by the Ministry of Foreign Affairs" (Gaimushō tensō 'Jīborudo'-dan ikō mokuroku" 外務省轉送 ジーボルド男遺稿目録; Figure 6), has survived.

During my research, I discovered that this catalogue is now kept at the General Library of the University of Tokyo, separately from the historical materials about the library, under the title "Catalogue of the Siebold Documents at the University of Tokyo

---

53 Telegram no. 80, dated 29 July 1925, from Vice Foreign Minister Honma 本間 (?) to Ambassador to Germany Hioki Eki "Jīboruto-dan ikō ni kansuru ken" ジーボルト男遺稿ニ関スル件, JACAR Ref. B1308093 1600, images 267–268.

54 See footnotes 3 and 4.

55 Official paper correspondence no. 456, dated 3 November 1924, from Vice Foreign Minister Matsudaira Tsuneo to Tokyo Imperial University President Kozai Yoshinao "Ko 'Jīboruto'-dan ikō ni kansuru ken" 故「ジーボルト」男遺稿ニ關スル件, "II-5 Shīboruto ikō ni kansuru ken."

General Library" (the "University of Tokyo Catalogue"). Upon opening it, I found two sheets listing the file numbers and titles of all the fifty-two files that had been already organized when the documents were transferred to Japan by the Siebold family (Figure 7). There are handwritten notes in pencil made by library staff, although when they were written is unclear. Notably, one is a question: "Should the G following the number be presumed to indicate materials held by the Ministry of Foreign Affairs? → Yes." Indeed, the files with G-numbers are missing from the general library and are marked as missing in the University of Tokyo's OPAC system.

However, it is not simply the case that the Ministry of Foreign Affairs took out ten G-numbered files (nos. 12, 14, 22, 23, 28, 30, 31, 37, 40, 43). For instance, in file no. 2, titled "Received 1870," there is a mixture of black and red pencil marks. Correspondence with black pencil checks is housed in the

Fig. 6 Catalogue of Siebold's Manuscripts Forwarded by the Ministry of Foreign Affairs. (University of Tokyo General Library, "II-5 Shīboruto ikō ni kansuru ken Taishō 13–14," photographed by the author)

General Library, while that with red pencil checks is preserved in the Diplomatic Archives of the Ministry of Foreign Affairs (Figures 8 and 9). In other words, while some files were transferred in full to the General Library, others were effectively divided between the Diplomatic Archives and the General Library.

According to a draft prepared on 17 June 1925 by the First Division of the Commercial Affairs Bureau at the Ministry of Foreign Affairs, the university expressed its desire to possess both the documents and books as a single collection under the name of the "Siebold Library" ("Jīboruto" bunko 「ジーボルト」文庫). As a result, ownership of the entire manuscript collection was transferred to the university, with the Ministry of Foreign Affairs storing "important documents related to treaty revisions and documents covering diplomatic secrets of the Empire." These materials were to be available for viewing "if needed for the imperial university's research."[56] In practice, however, following official paper correspondence no. 456, the Ministry of Foreign Affairs meticulously examined each of the original documents that arrived in Japan and the "Embassy Catalogue" and separated out any documents it deemed as falling under the aforementioned categories—a meticulous and painstaking task.

It is unclear where the documents were kept after they arrived in Yokohama in

---

56 Draft for Cabinet approval, dated 17 June 1925, created by the First Division of the Commercial Affairs Bureau "Kōsai-an: Ko 'Shīboruto'-dan no ikō nyūshu ni kansuru ken" (高裁案 故「ジーボルト」男ノ遺稿入手ニ関スル件), JACAR Ref. B13080931600 (images 243–245).

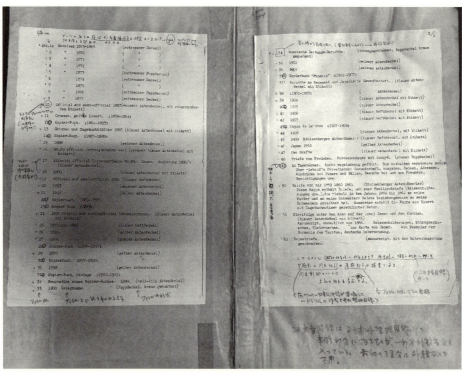

Fig. 7 Memo regarding document files in the University of Tokyo Catalogue
("Tōdai Sōgō Toshokan shīboruto bunsho mokuroku," collection of the University of Tokyo General Library)

July 1924. On 10 March 1926, a loan agreement was created between Asaoka Ken 朝岡健, the head of the First Division of the Commercial Affairs Bureau, and Anesaki Masaharu 姉崎正治, the head of the Tokyo Imperial University Library, for the "wooden box containing Dr. Siebold's documents." This arrangement was made because, in 1926, the university's library facilities were still incomplete, and the university had asked the Ministry of Foreign Affairs to store the documents.[57] The library had been completely destroyed in the Great Kanto Earthquake, and while construction of a new library funded by donations from the Rockefeller Foundation had begun in January 1925, the new building wasn't completed until December 1928. Thus, as Anesaki notes, the library could not accept the documents in 1926,[58] and the ministry's bureau had been asked to keep the materials on loan.

---

57 Loan agreement, dated 10 March 1926, from Head of the First Division of the Ministry of Foreign Affairs' Commercial Affairs Bureau Asaoka Ken to Tokyo Imperial University Library Head Anesaki Masaharu, JACAR Ref. B13080931600 (image 292); Correspondence, dated 10 March 1926, from Tokyo Imperial University Library Head Anesaki Masaharu to the Director of the Ministry of Foreign Affairs' Commercial Affairs Bureau, JACAR Ref. B13080931600 (images 290–291).

58 Tōkyō Teikoku Daigaku 東京帝国大学, ed., *Tōkyō Teikoku Daigaku gojūnen-shi* 東京帝国大学五十年史, vol. 2, Tōkyō Teikoku Daigaku, 1932, pp. 1116–1128.

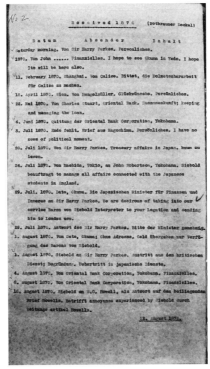

Fig. 8   University of Tokyo Catalogue No. 2 (whole)
(Ibid., photographed by the author, brightness adjusted)

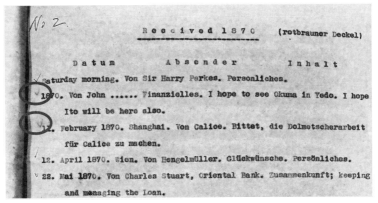

Fig. 9   University of Tokyo Catalogue No. 2 (detail)
(Ibid., photographed by the author, brightness adjusted, red pencil marks circled)

On 8 February 1934, Anesaki requested the return of the documents from the Ministry of Foreign Affairs, citing the loan agreement. Why did the university not immediately reclaim the documents when the new library was opened? In other words, why did the university suddenly request the return of the documents in February 1934? This was likely due to plans to lend related materials that Erika had attempted to transfer to Japan along with Alexander's documents (such Phillip Franz's documents), to the Tokyo Imperial University Library for one year starting in May 1934. (These materials had been donated to the Japan Institute in Berlin in 1928.) By October 1934, these materials related to Philipp Franz were moved to the newly established "Siebold Documents Research Room" (Shīboruto bunken kenkyūshitsu シーボルト文献研究室) within the University Library, where all of the materials were photographed (photostat) and studied by scholars such as Irisawa Tatsukichi 入澤達吉, Shinmura Izuru 新村出, Kuroda Genji 黒田源次, Kindaichi Kyōsuke 金田一京助, Itazawa Takeo 板沢武雄, and Ōkubo Toshiaki 大久保利謙.[59] The research findings were widely displayed at an exhibit of Siebold materials (entitled "Shīboruto shiryō tenrankai" シーボルト資料展覧会) hosted by the Japan-Germany Cultural Association (Nichidoku Bunka Kyōkai 日独文化協会), the Japan Society for the History of Medicine (Nihon Ishi Gakkai 日本医史学会), and the Tokyo Museum of Nature and Science (Tōkyō Kagaku Hakubutsukan 東京科学博物館; today, Kokuritsu Kagaku Hakubutsukan 国立科学博物館) in April 1935, and the publication *Shīboruto kenkyū* シーボルト研究 followed in 1938.[60] It was likely that the university, with the homecoming of Philipp Franz-related materials to Japan, finally sought the return of the completely forgotten documents of Alexander. In March 1935, Terashima Hirobumi 寺嶋廣文, head of the Ministry of Foreign Affairs' Documents Division (Bunshoka 文書課), notified Takayanagi Kenzō 高柳賢三, director of the University Library, that following the request for the return of the documents in February 1934, the Ministry had been organizing Alexander's documents and extracting ones related to diplomatic matters, and that the process was now complete.[61] He also informed Takayanagi that diplomatic correspondence would remain in the ministry's custody, while the remaining letters and forty-two volumes of diaries would be sent to the University Library. However, Terashima noted that because many diary entries contained references to diplomatic secrets, the ministry requested that if the diary itself or part of its content be published or used in the future, the university should first seek the ministry's approval.

To summarize the whereabouts of the documents after they arrived in Japan: the wooden box that arrived in Yokohama was sent to the Ministry of Foreign Affairs' Commercial Affairs Bureau, where the materials were sorted for approximately three

---

59 Katada, p. 17. Regarding the photostat copies of the Philipp Franz-related materials housed at the Japan Institute in Berlin, see Ōi Takeshi 大井剛, "Tōyō Bunko no kyū Berurin Nihon Gakkai Shīboruto bunken fukusei no sonzai yōtai" 東洋文庫蔵旧ベルリン日本学会シーボルト文献複製の存在様態, *Tōyō Bunko shohō* 東洋文庫書報 41 (2010), pp. 1–22.

60 *Shīboruto shiryō tenrankai shuppin mokuroku* シーボルト資料展覧会出品目録, 1935; Nichidoku Bunka Kyōkai 日独文化協会, ed., *Shīboruto kenkyū* シーボルト研究, Meicho Kankōkai, 1979.

61 Official paper correspondence no. 128, dated 2 March 1935, from Head of the Document Section of the Ministry of Foreign Affairs Terashima Hirobumi to Head of the Tokyo Imperial University General Library Takayanagi Kenzō "Shīboruto-hakushi ikō ni kansuru ken" シーボルト博士遺稿に関する件, JACAR Ref. B13080931600 (images 295–296).

months using the "Embassy Catalogue." In November 1924, the "University of Tokyo Catalogue," with red pencil marks indicating which materials the Ministry of Foreign Affairs had deemed necessary to retain, was created. At this point, the sorting of materials to be kept by the ministry and the university was almost complete, but because the University Library was not yet ready to accept them, the materials continued to be stored at the ministry. It was only during the preparations for the homecoming of the Philipp Franz-related materials to Japan that the university realized that Alexander's documents were still being stored at the ministry and requested their return in February 1934. Upon reviewing the documents for return, the ministry found that additional sorting and extraction was necessary, and after completing the process, the documents were finally ready to be returned to the university by March 1935.

The documents returned by the Ministry of Foreign Affairs to Tokyo Imperial University were stored in the General Library under the name "Siebold Documents" (*Shīboruto bunsho* シーボルト文書). It is likely that library staff checked off the materials received with a black pencil in the University of Tokyo Catalogue. However, no proper organization or survey of the documents was undertaken, and their existence was once again forgotten until the Faculty of Law's Modern Legislative Process Research Group discovered them during their survey in 1973 and created the Faculty of Law Provisional Catalogue.

Conclusion

The Alexander von Siebold Documents eagerly sought by Komura Jutarō and Kaneko Kentarō were eventually transferred to Japan thanks to the negotiation efforts of the Temporary Imperial Household Editorial Bureau with the cooperation of the Ministry of Foreign Affairs and Tokyo Imperial University. The reason it took more than twenty years from the beginning of negotiations to the acquisition of the documents by the Ministry of Foreign Affairs and the university was severalfold: difficulties in establishing the scope of materials to be transferred between the Japanese government and the Siebold family, in determining how much of the honorarium each the Ministry of Foreign Affairs and Tokyo Imperial University would contribute, in deciding how the documents would be divided between the institutions, and the impact of the Great Kanto Earthquake. Over time, fewer individuals in the Ministry of Foreign Affairs were aware of Alexander's existence, and even at Tokyo Imperial University, interest in the documents probably gradually faded.

The Japanese government's determination, despite the long delay, was due to Komura's view that the "Alexander von Siebold Documents" were a top-class resource for understanding the behind-the-scenes aspects of modern Japanese diplomacy. It was obvious that the documents would be invaluable for diplomatic history research. Furthermore, Kaneko, who viewed the compilation of a national history as crucial for Japan's development as a modern state, likely wanted to acquire them based on his belief that they were an essential source for understanding the country during the Meiji period (1868–1912). In short, from the late Meiji period into the Taishō period (1912–1926), the Alexander von Siebold Documents were seen as having the potential to greatly contribute to diplomacy and other aspects of Japan's interests, and the Japanese government was determined to protect them. Although I have not found any direct link to the acquisition of the documents, Yoshino Sakuzō 吉野作造 was serving at the university's Faculty of Law in October 1922 when the decision to accept the documents was made, and two years later, Yoshino, along with Miyatake Gaikotsu 宮武外骨 and Osatake Takeki 尾佐竹猛, founded the Meiji Culture Research Association (Meiji Bunka Kenkyūkai 明治文化研究会), which aimed to study all aspects of society since the early Meiji period and publish its findings "as materials for a nation's history (*kokuminshi* 国民史) of our country."[62] If Kaneko's state history compilation (*kokushi hensan* 國史編纂) was the government's history compilation efforts, this effort of the association was a history compilation by the people. In September 1926, the Meiji Shinbun Zasshi Bunko was opened within the university, an institution deeply connected with the Meiji Culture Research Association and the Faculty of Law. While the Taishō period was already a time that fondly looked back on late Edo and Meiji Japan, with Japan's achievements since the Meiji Restoration abruptly destroyed by the Great Kanto Earthquake, the awareness of the Meiji became even stronger. It was likely in this context that the university and its Faculty of Law viewed the "Alexander von Siebold Documents," and their perspective will need to be reexamined within the framework of the university's and the faculty's histories as well.

Moreover, although the Alexander von Siebold Documents have repeatedly attracted attention through Siebold family commemorative projects, it has always been short-lived. These projects played a role in shaping and promoting an image of Japan-Germany friendship and can be seen as examples of public diplomacy carried out by the Ministry of Foreign Affairs. It is perhaps no coincidence that the Siebold family's commemorative projects and the transfer of the documents were closely aligned and that the documents of Alexander, who had shouldered Japan's public diplomacy in the Meiji period, contributed to public diplomacy after his death. The fact that my research happened to take place during the two hundredth anniversary of Philipp Franz von Siebold's arrival in Japan in 2023 may also have been guided by the strange fate of the Alexander von Siebold Documents.

The Ministry of Foreign Affairs' extraction and protection of "important documents related to treaty revisions and documents covering diplomatic secrets of the Em-

---

62 On the Meiji Culture Research Association, see Katada Takeshi 堅田剛, *Meiji Bunka Kenkyūkai to Meiji kenpō: Miyatake Gaikotsu, Osatake Takeki, Yoshino Sakuzō* 明治文化研究会と明治憲法―宮武外骨・尾佐竹猛・吉野作造―, Ochanomizu Shobō, 2008.

pire" has made it difficult to understand the collection as a whole. As noted earlier, in the 1970s, efforts were made to bring together the Siebold-related Documents held at the Diplomatic Archives of the Ministry of Foreign Affairs with the Siebold Documents held at the University of Tokyo General Library as the Alexander von Siebold Documents through microfilming at the behest of the Faculty of Law's Modern Legislative Process Research Group. However, even at that time, there were no traces of the ministry's Siebold-related Documents being surveyed. The Diplomatic Archives of the Ministry of Foreign Affairs opened in April 1971, and it is possible that the documents at the ministry, like the documents at the university, were at the mercy of the circumstances of the institutions where they were housed.

Ironically, it is because the documents were repeatedly forgotten that they have not been scattered, with diaries (1866, 1869, 1877–1911), about 2,100 letters, and about 170 other documents preserved as they were when they arrived in Japan. However, neither the Diplomatic Archives of the Ministry of Foreign Affairs nor the University of Tokyo General Library has created a detailed catalogue of these historical sources. The fact that the Ministry of Foreign Affairs had effectively divided/dismantled archive files by removing sources from files it deemed valuable was only revealed through my investigation. To accurately restore the Alexander von Siebold Documents as they were before, it is essential to use the University of Tokyo Catalogue as a guide and review one by one the original materials held by both institutions.

To permanently preserve, manage, and make the Alexander von Siebold Documents available for research, it is urgently necessary to create high-resolution digital images of them. For example, the microfilms of the Diplomatic Archives of the Ministry of Foreign Affairs do not capture important information, such as the year written in blue pencil under the title "Copie-Buch" on the cover, or the "no. 12" written vertically in red pencil, which corresponds to the "12G" in the University of Tokyo Catalogue that indicates transfer to the ministry (Figure 10). While it is important to prioritize the preservation of the original historical materials and limit their use, if microfilms cannot serve as a substitute, it must be said that priorities are misplaced. With this said, it should be noted that by referring to the microfilms, we can check the condition of the documents at the time they were captured, and in the unlikely case that any materials have been lost over the past fifty years, they can still be restored from the microfilm.

This article has focused on clarifying how Alexander's documents were transferred from the Siebold family to Japan and came to be housed separately at the Diplomatic Archives of the Ministry of Foreign Affairs and the University of Tokyo General Library. A separate article will address the details of the original materials held by both institutions and the complicated relationship between the Embassy Catalogue, University of Tokyo Catalogue, and Faculty of Law Provisional Catalogue that arose from the division of the documents. A full reassessment of the Alexander von Siebold Documents as historical sources will only be possible after gaining a comprehensive under-

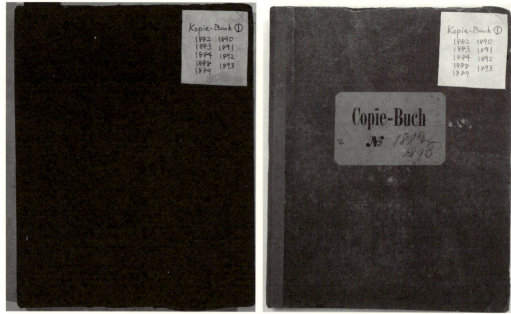

Fig. 10 Kopie-Buch, collection of the Diplomatic Archives of the Ministry of Foreign Affairs
Left: microfilm, Right: Original historical document
("Gaikō shokan sōkō (Kopie-Buch) 1" [archive no. 415–000001]/right photograph by the author)

standing of the collection and restoring them as closely as possible to their original condition in preparation for preservation, management, and release.

I would like to thank Professor Ishihara Aeka 石原あえか of the University of Tokyo, Nakamura Misa 中村美里 of the University of Tokyo General Library, Assistant Professor Matsumoto Shun 松本洵 of the University of Tokyo Modern Japanese Legal and Political History Center, and the staff of the Diplomatic Archives of the Ministry of Foreign Affairs' Materials Management and Reading Room (Shiryō Kanri Etsuranshitsu 史料管理・閲覧室) for their cooperation and advice during my research for this article.

This research was supported by a JSPS grant for young researchers for the project "Seiki tenkanki ni okeru Nihon imēji no taidoku hasshin: Kōhō bunka gaikō to senji kokusaihō no riyō" 世紀転換期における日本イメージの対独発信：広報文化外交と戦時国際法の利用 (project no. 20K13165, principal investigator: Katada Satoko).

(Translated by Dylan Luers Toda)

Research on Artifacts in the Siebold Family Collections and Reconstruction of Siebold's Japanese Displays: Objectives of the National Museum of Japanese History Project

Hidaka Kaori
(National Museum of Japanese History)

Research on the Siebold Family Collections by the National Museum of Japanese History

The National Museum of Japanese History ("Rekihaku" for short) has long conducted research on the Siebold Family materials[1] and undertaken initiatives for their utilization. This research originated in 2007 when Rekihaku researchers, including former Director Kurushima Hiroshi, joined a project led by Miyasaka Masahide of Nagasaki Junshin Catholic University to link documentary materials with artifacts.[2] At that time, the following major research topics were established: (1) connecting the artifacts collected by Siebold and his sons with relevant documentary materials, (2) conducting a systematic survey and high-resolution photographic documentation of the collected artifacts, (3) extracting and deciphering documents related to Philipp Franz Balthasar von Siebold's museum concept, and (4) reconstructing Siebold's Japanese displays.[3]

---

1 Refers to materials related to Philipp Franz Balthasar von Siebold (1796–1866), his eldest son Alexander George Gustav von Siebold (1846–1911), his second son Heinrich Philipp von Siebold (1852–1908), as well as other Siebold family-related materials, both artifacts and documentary materials. Throughout this article, "Siebold" refers to Philipp Franz unless used in broader contexts such as "Siebold Family Collection" or "Siebold studies."

2 Research project funded by Fukutake Science and Culture Foundation: "Basic Study of Siebold-documents in the Brandenstein-Archive for Systematic Arrangement and Protection" (principal investigator: Miyasaka Masahide, FY2007); Research project funded by Grant-in-Aid for Scientific Research (B): "Restored Research of 'Japan' that Siebold Tried to Introduce in Europe" (principal investigator: Miyasaka Masahide, FY 2008–2011).

3 Miyasaka Masahide 宮坂正英, "Burandenshutain-ke shozō Shīboruto kankei monjyo chōsa kenkyū no keii to kadai" ブランデンシュタイン家所蔵シーボルト関係文書調査研究の経緯と課題 [The History and Issues of Research into the Siebold Documents Held by the Brandenstein Family] (report from the online symposium "Atarashii Shīboruto kenkyū e no izanai: Shīboruto (chichi) kanren shiryō no kisoteki na chōsa/kenkyū/katsuyō jigyō de kangaeta koto" 新しいシーボルト研究への誘い—シーボルト（父）関連資料の基礎的な調査・研究・活用事業で考えたこと— [An Invitation to New Siebold Studies: Wisdom Gained from a Project on Philipp Franz von Siebold-related Materials]) in *Kaigai de "Nihon" wo tenji suru koto: Zaigai shiryō chōsa kenkyū purojekuto hōkokusho* 海外で《日本》を展示すること　在外資料調査研究プロジェクト報告書 [Exhibiting "Japan" Overseas: NMJH Research Project Report], ed. and pub. National Museum of Japanese History (March 2020), p. 310.

These four pillars have since served as the fundamental research agenda running through the series of research projects on Japan-related materials abroad conducted by National Institutes for the Humanities (NIHU) and Rekihaku,[4] which were launched in 2010 and have continued for 15 years through fiscal 2024.

While the Rekihaku's overseas materials research project covered Japanese collections formed in the 19th century across multiple regions including Germany, the Netherlands, Austria, as well as the United States, the United Kingdom, and Switzerland, research on the Siebold Family Collections served as its central focus. Among the various Siebold-related materials held by different institutions and private collectors, the project concentrated its research particularly on the following three collections:

1. The ethnological collection at the Museum Fünf Kontinente München, consisting of materials Siebold collected during his second stay in Japan and brought back at the end of the Edo period (FY2009–2015);
2. The extensive corpus of Siebold Family documents preserved by Siebold's descendants in Germany (FY2007–2024, ongoing);[5]
3. The ethnological collection at the Weltmuseum Wien, collected by Siebold's second son, Heinrich Philipp von Siebold (FY2016–2024, ongoing).

In parallel with these investigations, research has also been conducted on Siebold's first collection at the Museum Volkenkunde, Leiden,[6] as well as supplementary surveys of Siebold Family Collections scattered across various locations.[7]

In this project, the author's personal role has been to serve as the research director for the artifacts, systematically organizing on-site surveys conducted by experts across various fields and compiling the survey findings into databases. I have also been re-

---

4　National Institutes for the Humanities (NIHU)'s International Collaborative Research on Japan-related Documents and Artifacts Overseas, Research Project A: "Study of the Siebold Family Collection and Other Materials Collected in Japan and Taken Overseas in the Nineteenth Century" (project directors: Kurushima Hiroshi, succeeded by Hidaka Kaori, FY2010–2015); NIHU Transdisciplinary Projects (Network-based Projects), "Japan-related Documents and Artifacts Overseas: NIHU International Collaborative Research and Utilization"—"Insights into Japan-related Overseas Artifacts and Documents from the 19th-century Europe, Research and Use: Developing the Foundation for International Collaboration in Transmitting Japanese Culture" (principal investigator: Hidaka Kaori, FY2016–2021); NIHU Co-creation Initiatives (Co-creation Research Projects) —Japan-related Documents and Artifacts Held Overseas: NIHU International Collaborative Research "Early Diplomatic Japanese Collections Abroad: Contextualizing 19th Century Japanese Material Heritage in World History through On-site and Online Research and Use" (principal investigator: Hidaka Kaori, FY2022–2027).

5　The development of a database for the extensive Siebold Family documents preserved by the von Brandenstein-Zeppelin family, Siebold's descendants, continues to be another major project initiative alongside the survey of artifacts. These materials are being progressively published and updated in "Database Rekihaku: Database of Siebold Family Collection." (https://www.rekihaku.ac.jp/up-cgi/login.pl?p=param/pfvs/db_param)

sponsible for planning and implementing various initiatives to utilize the collections, which had gained new relevance through experts' research efforts, as resources for both research and exhibitions.[8] Additionally, as an art historian, I have been in charge of researching lacquer crafts, my area of specialization. In this paper, drawing from this experience while focusing primarily on the perspective of research on artifacts, I would like to review Rekihaku's activities to date and share my personal views on future possibilities in Siebold studies.

The Importance of Comprehensive Surveys

The Siebold collections in Munich and Vienna each contain over 5,000 items, making them extensive collections. While portions of these collections had previously

---

6 Regarding Siebold's first collection in Leiden, while many plausible items have been attributed to him, definitive identification has not always been possible. To address this, the project transcribed and translated the collection inventory handwritten by Jan Cock Blomhoff (1779–1853) himself, who served as warehouse master and later head of the Dutch Factory at Deshima, Nagasaki and collected Japanese artifacts before Siebold. By comparing the Museum Volkenkunde holdings with this inventory, the project provided reference materials to help distinguish between Siebold's and Blomhoff's collections, which are easily confused due to their similar nature and close collection periods. Matsui Yoko 松井洋子 and Matti Forrer/Matti Forā マティ・フォラー (chief eds.), National Institutes for the Humanities, National Museum of Japanese History, and National Museum of Ethnology, Leiden (eds.), *Raiden Kokuritsu Minzokugaku Hakubutsukan-zō Buromuhofu Shūshū Mokuroku: Buromuhofu no Misetakatta Nihon* ライデン国立民族学博物館蔵　ブロムホフ蒐集目録―ブロムホフの見せたかった日本 [Japan through the Eyes of Blomhoff: Blomhoff Collection at the National Museum of Ethnology, Leiden] (Kyoto: Rinsen Book Co., March 2016).

7 Leiden University Library, institutions in Würzburg (Siebold-Museum, Museum für Franken, Würzburg City Archives, Bavarian State Archives Würzburg, Würzburg University Archives and Central Library, Würzburg Diocesan Archives), Germanisches Nationalmuseum Library, Nuremberg, Klassik Stiftung Weimar, Friedrich Schiller University Jena; and others.

8 For specific details on the project's activities and outcomes, see the following summary: Hidaka Kaori, "Zaigai nihon shiryō no chōsa kara katsuyō e: Kokuritsu Rekishi Minzoku Hakubutsukan no kenkyū purojekuto ga mezashite kita mono" 在外日本資料の調査から活用へ　国立歴史民俗博物館の研究プロジェクトがめざしてきたもの and "Sankōsiryō" 参考資料 [Reference Materials] in *Kaigai de "Nihon" wo tenji suru koto: Zaigai shiryō chōsa kenkyū purojekuto hōkokusho*, ed. and pub. National Museum of Japanese History (March 2020), pp. 3–32, 33–46 (Report cited in Note 3); Hidaka Kaori, "Shīboruto ga tsutaeyō to shita Nihonzō wo motomete: Kokusai renkei ni yoru zaigai shiryō chōsa to sono katsuyō" シーボルトが伝えようとした日本像を求めて―国際連携による在外資料調査とその活用, in Bruno J. Richtsfeld/Burūno J. Rihtsuferuto ブルーノ・J・リヒツフェルト, Udo Beireis/Udo Bairaisu ウド・バイライス, and Hidaka Kaori (chief eds.), Siebold-Museum and the National Museum of Japanese History (eds.), *Ibunka wo tsutaeta hitobito III Shīboruto no Nihon hakubutsukan* 異文化を伝えた人々 III　シーボルトの日本博物館 [Transmitters of Another Culture III: Siebold's Japan Museum], (Kyoto: Rinsen Book Co., March 2022), pp. 7–22.

  For details on the collaborative project with the Museum Fünf Kontinente, see also the following article published in a web magazine: Kaori Hidaka, Bruno J. Richtsfeld, "Revisiting Siebold's Japan Museum in Munich: Research cooperation between the National Museum of Japanese History (Sakura, Chiba Prefecture, Japan) and the 'Museum Five Continents,' Munich," *ExpoTime!*, December 2017/January 2018, Verlag Dr. Christian Müller-Straten, 2018, pp. 5–11.

been used for research and exhibitions,⁹ they had never been systematically studied by researchers from Japan, leaving much room for investigation into both their overall nature and the evaluation of individual items. Rekihaku's fundamental approach has been to conduct comprehensive and systematic surveys that extend beyond selective studies conducted by individual researchers or temporary examinations for exhibition preparation. This has meant avoiding "cherry-picking" or "treasure hunting" approaches, instead adopting a "comprehensive survey" approach where every single item in the collections is examined. We also committed to making all data obtained from these surveys, including digital images whenever possible, publicly available for wide sharing.¹⁰ Furthermore, to further promote information sharing, the project sought to integrate existing databases that had been created separately by various holding institutions and to establish international collaborative frameworks to facilitate comprehensive Siebold studies.¹¹

Research on the Siebold Family Collections, spanning fields from natural to human sciences, has yielded significant results thanks to the persistent commitment of many earlier researchers who conducted their investigations with extraordinary dedication. However, since the Siebold Collections are dispersed among multiple holders in countries including the Netherlands, Germany, Austria, and the U. K., they have not been easily accessible to researchers. Our project activities—including surveys, photo-

---

9   The Munich collection had been utilized for the permanent exhibition at the Museum Fünf Kontinente and had previously been featured in the following special exhibitions: "Shīboruto fushi no mita Nihon: Seitan 200-nen kinen" シーボルト父子のみた日本　生誕200年記念 [Japan through the Eyes of Siebold and His Son: Commemorating the 200th Anniversary of Siebold's Birth], organized by the National Museum of Ethnology, Japan, Edo-Tokyo Museum, and Hayashibara Museum of Art, Okayama, 1996; "Kawa ga hagukunda Nihon no dentō bunka-ten II: Nihon no kokoro to katachi ([Shīboruto korekushon ten] Shīboruto no me—Edo kōki no Nihon)" 川が育んだ日本の伝統文化展II　日本の心と形 ([シーボルト・コレクション展] シーボルトの眼—江戸後期の日本) [Aus dem Herzen Japans: Kunst und Kunsthandwerk an drei Flüssen in Gifu II] (Museum für Völkerkunde München and The Museum of Fine Arts, Gifu, 2004–2005).

The Vienna collection has also been partially utilized in permanent exhibitions. Notable exhibitions include "Das Profil Japans" organized by Alfred Janata (Museum für Völkerkunde, Wien, 1965), the above-mentioned Shīboruto fushi no mita Nihon: Seitan 200-nen kinen (1996), and "Japan Yesterday: Spuren und Objekte der Siebold-Reisen" organized by Johannes Wieninger, Bettina Zorn, and others (Museum für angewandte Kunst/Museum of Applied Arts (MAK), 1997). Regarding research on Heinrich von Siebold, the following publications provide extensive information: Josef Kreiner (ed.), *Die Japansammlungen Philipp Franz und Heinrich von Siebolds: Begleitheft zum Katalog der Siebold-Ausstellung 1996* (*Miscellanea 121*) (Tokyo: Deutsches Institut für Japanstudien, 1996); Josef Kreiner/Yōzefu Kurainā ヨーゼフ・クライナー (ed.), *Shō Shīboruto to Nihon no kōko, minzokugaku no reimei* 小シーボルトと日本の考古・民族学の黎明 (Tokyo: Dōseisha, 2011).

10 All survey results are publicly available in "Database Rekihaku: Database of Siebold Family Collection." (https://www.rekihaku.ac.jp/up-cgi/login.pl?p=param/pfvs/db_param)

11 International cooperation has deepened through dialogue at the International Siebold Collection Conference, which is operated primarily by Siebold researchers and stakeholders from Japan, the Netherlands, Germany and other countries, as well as through discussions with individual collectors and institutions that house these collections.

graphing, archiving, and various initiatives to utilize these materials, such as public exhibitions—were conducted with the aim of organizing the wealth of information contained in these materials for future researchers while reducing the burden on holders by minimizing overlapping research. Rekihaku initially intended to conduct a fundamentally orthodox archiving project, but I believe that as the research progressed, we achieved results that went beyond the original goals.

As the project progressed, we became acutely aware of the importance and potential of comprehensive surveys.

For example, if we turn to the lacquerware in the collection, the Siebold Collection in Munich comprises approximately 3,500 items, or 6,000 pieces when counted in detail, of which about 550 items are lacquered craftworks, surpassing all other genres in quantity. Our comprehensive survey of these lacquerware pieces, which span diverse items, techniques, and production regions, revealed that Siebold collected lacquerware of varying quality—from luxury items lavishly decorated with *makie* 蒔絵 (sprinkling gold or silver powder) and mother-of-pearl inlay, to items of moderate quality used by relatively wealthy people, and even everyday lacquerware, export pieces, and inexpensive souvenirs.[12] There is a Japanese expression, "*gyokuseki konkō*" (a mixture of gems and stones), and from the perspective of art history, the Siebold Collection might indeed be characterized as such a mixture.

A prime illustration is the medicine chest (S424) [Fig. 1] decorated with auspicious chrysanthemum branches and *shippo hanabishi tsunagi* 七宝花菱繋ぎ (linked floral diamond) patterns in gold *makie* on a black lacquer ground. This piece, which exemplifies the fusion of superior craftsmanship and clear design sensibility, can be considered a masterwork of exceptional quality, standing out among the many lacquerware pieces in the Siebold collection. It represents a true "gem" in the aforementioned mixture of "gems and stones." Siebold himself highlighted this piece as particularly noteworthy in his collection commentary *Uebersicht und Bemerkungen zu von Siebold's Japanischem Museum*,[13] describing it as a black medicine chest decorated with gold and with chased silver fittings.[14] Its creator, Iizuka Toyo 飯塚桃葉, was a renowned *makie* artist in the mid-to late Edo period, known for serving the Hachisuka

---

12 Hidaka Kaori, "Shīboruto korekushon no shikki" シーボルト・コレクションの漆器 [Lacquer in the Siebold Collection], in the International Symposium Report edited by the National Museum of Japanese History, *Shīboruto ga shōkai shitakatta Nihon: Ōbei ni okeru Nihon kankei korekushon wo tsukatta Nihon kenkyū/Nihon tenji wo susumeru tame ni* シーボルトが紹介したかった日本―欧米における日本関連コレクションを使った日本研究・日本展示を進めるために [Siebold's Vision of Japan: As Seen in Japan-related Collections in the West] (National Institutes for the Humanities, March 2015), pp. 181–188; Hidaka Kaori, "Shīboruto ga chūmoku shita Nihon no shikkōgei: 2 kaime no hōnichi ji no korekushon wo chūshin ni" シーボルトが注目した日本の漆工芸―2回目の訪日時のコレクションを中心に [The Japanese Lacquer Wares Noted by Siebold: Focusing on the Collection Assembled on His Second Trip to Japan], in *Yomigaere! Shīboruto no Nihon hakubutsukan* よみがえれ！シーボルトの日本博物館 [Revisiting Siebold's Japan Museum], exh. cat. (Tokyo: Seigensha, 2016), pp. 219–227.

Fig. 1   Chest with chrysanthemum branches and *yabure hana-bishi shippo tsunagi* 破れ花菱七宝繋 patterns in *makie*. Museum Fünf Kontinente, Munich.

Fig. 2   Toolbox with "*Take-ni-suzume*" 竹雀 and "*Tate-Mitsubikiryo*" 竪三引両 crests. Museum Fünf Kontinente, Munich.

family of the Tokushima domain. According to Siebold's diary and collection commentary, he acquired such high-quality lacquerware pieces by obtaining heirloom pieces from distinguished families and actively seeking out antiques to purchase.[15] The collec-

---

13   There is a handwritten manuscript in the Brandenstein Castle Siebold-Archive, signed as "Ph. F. von Siebold": *Uebersicht und Bemerkungen zu von Siebold's Japanischem Museum*. Siebold-Archiv Burg Brandenstein, Kasten V, Fasz. e, 90.

There are also two printed versions: a booklet with the same title published around 1872 by C. Naumann's printing house in Frankfurt (Siebold, Philipp Franz von, *Uebersicht und Bemerkungen zu von Siebold's Japanischem Museum*. Frankfurt a. M.: C. Naumann's Druckerei, 45 S.), and another version published in pages 11–48 of the catalog published by Königlich-Ethnographisches Museum München (*Katalog des Ethnographischen Museum* [sic, s]. Königlich-Ethnographisches Museum München, München: Straub, 92 S.). For details, see the following introduction:

Fukuoka Mariko 福岡万里子, "Kaidai-Shīboruto Nihon hakubutsukan no gaiyō to kaisetsu: ōbun genpon/honkoku/hon'yaku" 解題―シーボルト日本博物館の概要と解説：欧文原本・翻刻・翻訳 [Introduction to 'Overview and Remarks on von Siebold's Japanese Museum: Original, Transcription, and Japanese Translation'], in *Shīboruto Nihon hakubutsukan no gaiyō to kaisetsu: ōbun genpon/honkoku/hon'yaku* シーボルト日本博物館の概要と解説：欧文原本・翻刻・翻訳 [Overview and Remarks on von Siebold's Japanese Museum: Original, Transcription, and Japanese Translation], ed. and pub. National Museum of Japanese History, National Institutes for the Humanities, Inter-University Research Institute Corporation (March 2018).

14   The section on lacquerware in *Uebersicht und Bemerkungen zu von Siebold's Japanischem Museum* (cited in Note 13), p. 34 (Japanese translation by Fukuoka Mariko, p. 175; original text transcribed by Bruno Richtsfeld, p. 129)."

15   Ibid., p. 33. "The collector thus set himself the task of gathering the finest, most beautiful, and most remarkable lacquerware, and his stay and position in Edo provided him with opportunities to acquire hundreds of such rare and precious pieces-works of art, luxury, and utility belonging to the imperial nobility and the rich" (pp. 128, 174). [English translation by the author.]

tion also includes a tool box decorated with the Date family crests of "*Take ni suzume*" 竹に雀 (bamboo and sparrow) and "*Tate Mitsubikiryo*" 竪三引両 (S 1066a) [Fig. 2]. This piece, described in his eldest son Alexander's catalogue (discussed below) as a box containing surgical instruments belonging to a physician to a *daimyo* 大名 (feudal lord), was likely also acquired through special channels.

Fig. 3 Tray with young pine trees and cranes in *makie*. Museum Fünf Kontinente, Munich.

In contrast, the red lacquered tray (S461c) [Fig. 3] decorated with auspicious motifs of pine trees and cranes represents a mass-produced type of lacquerware commonly found from the late Edo to Meiji periods (19th century). Although decorated using the *makie* technique, its quality differs significantly from the aforementioned medicine chest. While the gold and silver powder used in *makie* is itself an expensive material, the tray's decoration uses a cheaper material called *keshifun* 消粉, which has much finer particles than the powder typically used in *makie*, and follows a much simpler crafting process. This type of lacquerware, with its greatly reduced material costs and requiring less work, was likely available at an affordable price as a modest souvenir item. It could be characterized as the "stone" in the aforementioned mixture of "gems and stones."

When an art collection contains many such lacquerware pieces, it is generally assumed that their collector did not possess a refined aesthetic sensibility. Indeed, the Siebold Collection in Munich had unfortunately often received relatively low evaluations in the past. Max Buchner (1846–1921), who served as the second director of the Königlich Ethnographische Sammlung from 1887 to 1907, criticized Siebold's collection primarily from an aesthetic standpoint, dismissing it as "a collection that attempted to compensate for its inferior value and quality with quantity."[16]

However, are these lacquerware pieces in the Siebold Collection truly mere "stones"?

Let us consider from a different perspective. By collecting not only luxury items but also mass-produced lacquerware, Siebold gives us a complete overview of Japanese

---

16 Bruno J. Richtsfeld, "Filipp Franz von Siebold Japansammlungen im Staatlichen Museum für Völkerkunde München," in National Museum of Ethnology and Edo-Tokyo Museum (eds.) *Shīboruto fushi no mita Nihon: Seitan 200-nen kinen* シーボルト父子のみた日本：生誕 200 年記念／200 Jahre Siebold. Die Japansammlungen Philipp Franz und Heinrich von Siebold [Japan through the Eyes of Siebold and His Son: Commemorating the 200th Anniversary of Siebold's Birth] exh. cat. (Tokyo: German Institute for Japanese Studies, 1996), pp. 202–204 (Japanese version: "Myunhen kokuritsu minzokugaku hakubutsukan shozō no nibamme no Shīboruto korekushon ミュンヘン国立民族学博物館所蔵の二番目のシーボルト・コレクション," in the above exh. cat., pp. 184–189).

technology and culture in the late Edo period, ranging from its most sophisticated forms to its most basic ones. Foreign visitors to Japan noted with amazement how this exotic lacquer had enriched the lives of a broad spectrum of people, from the ruling class to commoners.[17] Siebold himself, in his aforementioned commentary *Uebersicht und Bemerkungen zu von Siebold's Japanischem Museum* and other writings, highlighted various materials, diverse crafting techniques, and the exceptional skills of craftsmen, leaving detailed records.[18] Throughout his writings, he repeatedly mentioned that he had collected lacquerware pieces of all varieties of colors, materials, and techniques, as exemplified in his statement that "this collection, which consists of approximately 300 pieces, can be viewed and assessed from various aspects. They span from the simplest to the most perfect lacquerwork."[19] It can be considered that he consciously attempted to collect all sorts of artifacts that would demonstrate Japanese lacquer techniques and how these craft objects were integrated into Japanese daily life and culture, from both ethnological and academic perspectives.

This approach is clearly evident in the characteristics of the lacquerware pieces extant in the Siebold Collection. Apparently, Siebold sought to collect pieces that would serve as samples demonstrating the diverse techniques and expressions using lacquer, as well as its varied applications. His first collection at the Museum Volkenkunde, Leiden, further illustrates this intent, including crafting tools such as spatulas, brushes, and even the lacquer material itself."[20] From the perspective of production regions, the collection contains typical examples of lacquerware from major production centers across Japan at the time: bowls (S534v) and small dishes (S535) [Fig. 4] reflecting characteristics of *Aizu-e* 会津絵 lacquer painting from the Tohoku region; *Yoshino-nuri* 吉野塗 (S1675) [Fig. 5], a specialty of Nara Prefecture; *aogai zaiku* 青貝細工 (mother-of-pearl inlay work) from Nagasaki (S428) [Fig. 6]; *yosegi zogan* 寄木象嵌 (wood marquetry) lac-

---

17 For example, Engelbert Kämpfer (1651–1716), who visited Japan as a physician at the Dutch Factory in Nagasaki from 1690 to 1692, far earlier than Siebold, frequently mentioned the beauty of lacquer applied to houses and furnishings in his work *The History of Japan*. In particular, in his famous essay "On Seclusion" in *Amoenitates Exoticae*, he enthusiastically praised Japanese lacquer culture, stating: "One cannot help but be amazed by the excellent luster of lacquer applied to Japanese houses, desks, and furniture. Even with their diligence and dedication, neither the Chinese nor the Tonkinese can match the Japanese perfection in lacquerware—there is something uniquely exquisite in their methods of creating luster and applying lacquer." "Kenperu cho *Amoenitatum Exoticarum* 'Kaikoku kikan' chū ni aru Nihon ni kansuru shoronbun (Ratengo ni yoru kijutsu kara no hon'yaku)" ケンペル著 Amoenitatum Exoticarum "廻国奇観" 中にある 日本に関する諸論文 (ラテン語による記述からの翻訳), in Engelbert Kämpfer, *Nihonshi* 日本誌 [The History of Japan], ed. and trans. Imai Tadashi (Tokyo: Kasumigaseki Shuppan, 1989). [English translation of the above quote by the author.]

18 The section on lacquerware in *Uebersicht und Bemerkungen zu von Siebold's Japanischem Museum* (cited in Note 13), p. 32 (pp. 128, 174).

19 Ibid., p. 33 (pp. 128, 174). [English translation by the author.]

20 Exhibition "Shīboruto fushi no mita Nihon: Seitan 200-nen kinen" (1996, cited in Note 9), exhibition nos. 440–447.

Fig. 4 Smal dish with *shōchikubai* 松竹梅 motif in lacquer painting. Museum Fünf Kontinente, Munich.

Fig. 5 *Yoshino-nuri* 吉野塗 bowl with a lid. Museum Fünf Kontinente, Munich.

Fig. 6 Small chest with flower-and-bird motif in mother-of-pearl inlay. Museum Fünf Kontinente, Munich.

querware made in Hakone and other places (S256) [Fig. 7]; and pieces using *kawarinuri* 変わり塗 techniques (S425) [Fig. 8] that developed in various regions. These serve as valuable examples of the lacquer industry that flourished throughout the Edo period. While some pieces predate Siebold's arrival in Japan, others, such as the green-lacquered bowl (S537) [Fig. 9], reflect contemporary trends. Additionally, though few in number, the collection includes lacquerware from Ryukyu (S459a) [Fig. 10] and China—items that had been widely circulated and embraced throughout Japan and are integral to Japanese culture. While the lacquerware in the Siebold Collection may not consist entirely of "masterpieces" as found in connoisseurs' collections in terms of artistic value, it should be highly regarded as an unparalleled collection due to its overwhelming quantity and diversity. Such collecting was only possible because Siebold visited Japan during the late Edo period, when lacquer culture was deeply rooted in and pervasive throughout Japanese society.

Indeed, overseas collections with well-documented collection periods, like the Siebold Collection, serve as time capsules. We frequently find cases where objects once common in Japan but lost there precisely because they were considered too ordinary to preserve, have survived abroad. The 1996 exhibition "Japan through the Eyes of Siebold and His Son" exemplified this aspect, making full use of the distinctive characteristics of the Siebold Family Collections. It was groundbreaking in allowing visitors to experience 19th-century Japan through the display of 730 artifacts—an extraordinary number for a single exhibition. The relevance of a collection as a time capsule becomes fully apparent only when it is presented in its entirety, and one could argue that the true value of large-scale collections like the Siebold Collection can only be revealed through comprehensive surveys.

While it took approximately six years for the Rekihaku team to complete the survey of the Munich collection, our collaborative work with Bruno J. Richtsfeld, curator at the Museum Fünf Kontinente, enabled us to contribute to a reevaluation of this collection. While Siebold's collection at the Museum Volkenkunde, Leiden, assembled during his first stay in Japan, has been well known, the Munich collection had previously received little attention. However, the intentions behind his collecting and museum concept can only be fully understood by examining both collections as a whole. As will be discussed later, we were able to reflect the results of detailed examinations and new evaluations by Japanese specialists in both traveling exhibitions in Japan and subsequently the exhibition at the Museum Fünf Kontinente, introducing these findings comprehensively not only to Japanese audiences but also to people in Germany and Europe. Through these initiatives, I believe we successfully presented materials that help deepen understanding of Siebold's multifaceted activities.

Fig. 7 *Yosegi zōgan* 寄木象嵌 lacquerware tray. Museum Fünf Kontinente, Munich.

Fig. 8 Small chest in green *kawarinuri* 変わり塗. Museum Fünf Kontinente, Munich.

Fig. 9 Bowl with fish and algae motif in *makie*. Museum Fünf Kontinente, Munich.

Fig. 10 Tub with rock peony motif in *chinkin* 沈金. Museum Fünf Kontinente, Munich.

Reconstructing Siebold's Japan Museum[21]

The Museum Fünf Kontinente preserves a catalogue [Fig. 11] that was compiled by Alexander von Siebold following his father's death. This historical inventory has served as the key document in the long-running international collaborative research between the Museum Fünf Kontinente and Rekihaku, leading us beyond a mere archival project into new dimensions of Siebold studies.

The significance of this catalogue lies in that it serves both as a comprehensive inventory of Siebold's second collection and as an exhibition catalogue of the Japanese

 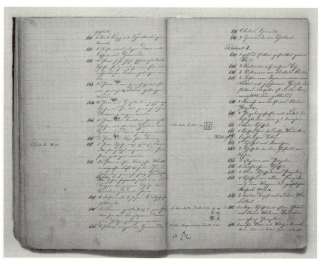

Fig. 11 *Ethnographic Museum: Catalogue of Siebold's Japan collection*. Museum Fünf Kontinente, Munich.

display that Siebold himself had curated. It contains not only the exhibition numbers for the 1866 Japanese exhibition in Munich but also details the layout of galleries in the exhibition venue and even the arrangement of display cases. In other words, it reveals exactly how and where each item collected by Siebold was arranged within the galleries of the 19th-century exhibition venue. Furthermore, catalogue numbers beginning with the letter "S" correspond to the inventory numbers of the Völkerkundemuseum München (the present-day Museum Fünf Kontinente). This means that by arranging the Museum Fünf Kontinente's materials according to these numbers, we can reconstruct Siebold's "Das Siebold'sche Museum" (Siebold's Japan Museum) exactly as it was.

Based on this, we conceived the idea of physically recreating Siebold's original displays in exhibition galleries, replicating Siebold's Japan Museum in contemporary settings. The exhibition "Yomigaere! Shīboruto no Nihon hakubutsukan" よみがえれ！シーボルトの日本博物館 [Revisiting Siebold's Japan Museum],"[22] which traveled to five venues across Japan from 2016, aimed to do more than simply bring materials from Munich back to Japan for public viewing. By bringing back to life the original 19th-century display that Siebold himself had curated within modern museum galleries, it

---

21 Hidaka Kaori, "Shīboruto no Nihon hakubutsukan wo fukugen suru: Kokuritsu Rekishi Minzoku Hakubutsukan ni yoru junkai tenji no imi suru mono" シーボルトの日本博物館を復元する—国立歴史民俗博物館による巡回展示の意味するもの— [Reconstruction of Siebold's Japan Museum: Significance of the Traveling Exhibition of the National Museum of Japanese History], in the International Symposium Report edited by National Museum of Japanese History *Shīboruto korekushon kara kangaeru* シーボルト・コレクションから考える [Exploring the Siebold Collection of the Museum Fünf Kontinente] (National Museum of Japanese History, March 2018), pp. 101–110; Hidaka Kaori, "Zaigai nihon shiryō no chōsa kara katsuyō e" (2020) (cited in Note 8).

sought to shed light on Siebold as both a museum theorist and practitioner.

The fact that Siebold sought to present his scholarly work on Japan not only through published works but also through museum exhibitions has received relatively little attention. It is clear that he was already developing plans for establishing a museum around 1823 (*Bunsei* 文政 6), barely three months after his first arrival in Japan.[23] He sent proposals for establishing a museum to King Ludwig I of Bavaria (reigned 1825–1848), King Willem I of the Netherlands (reigned 1815–1840), and the French geographer Edme-François Jomard (1777–1862), among others, advocating for the necessity of an ethnological museum, and developed plans based on his own classification system.[24] After leaving Japan, he himself organized exhibitions in four cities across the Netherlands and Germany.[25]

The nineteenth century, when Siebold lived, marked the dawn of modern museums. In Europe, there was growing public interest in different cultures, and ethnology was beginning to take shape as an academic discipline. Siebold's exhibition of his collection was not only the first comprehensive display of Japanese artifacts but also pioneered the development of ethnological museums around the world.[26] Siebold apparently believed that to understand different cultures correctly, one needs to not only rely on books featuring conceptual descriptions and two-dimensional illustrations, but also to directly experience various "physical objects" created by those cultures. His foresight

---

22 Special Exhibition "Yomigaere! Shīboruto no Nihon hakubutsukan" よみがえれ！シーボルトの日本博物館 [Revisiting Siebold's Japan Museum] at the National Museum of Japanese History, organized by the National Institutes for the Humanities, the National Museum of Japanese History, and the Asahi Shimbun, July 12-September 4, 2016. The exhibition subsequently traveled to the Edo-Tokyo Museum, the Nagasaki Museum of History and Culture, the Nagoya City Museum, and the National Museum of Ethnology through 2017.

23 Letter from Siebold to his uncle, Professor Adam Elias von Siebold of Würzburg University, dated November 18, 1823. Ishiyama Yoshikazu 石山禎一 (ed.) *Shīboruto no Nihon kenkyū* シーボルトの日本研究 (Tokyo: Yoshikawa Kobunkan, 1997), pp. 10–11; R. H. van Gulik, "Fon Shīboruto to sono korekushon" シーボルトとそのコレクション [Von Siebold and his Collection], in *Kawahara Keiga ten: Sakoku no mado o hiraku: Dejima no eshi* 川原慶賀展　鎖国の窓を開く：出島の絵師 [Kawahara Keiga: Opening the Window of Sakoku (National Isolation): An Artist of Dejima], exh. cat. (Tokyo: Seibu Museum of Art, 1980).

24 Ishiyama Yoshikazu (ed.) *Shīboruto no Nihon kenkyū* (cited in Note 23); Ishiyama Yoshikazu and Kobayashi Jun'ichi 石山禎一・小林淳一, "Shīboruto korekushon no keisei to Nihonhakubutsukan kōsō" シーボルト・コレクションの形成と日本博物館構想 [Formation of the Siebold Collection and Siebold's Japan Museum Concept], in *Yomigaere! Shīboruto no Nihon hakubutsukan*, よみがえれ！シーボルトの日本博物館 [Revisiting Siebold's Japan Museum], exh. cat. (Tokyo: Seigensha, 2016), pp. 205–218, 211–218; Bruno J. Richtsfeld/Burūno J. Rihtsuferuto, "Myunhen Gotairiku Hakubutsukan no Shīboruto Korekushon," in the same catalogue, pp. 184–189, 190–195).

25 In 1832, after returning from Japan to the Netherlands, Siebold exhibited his first collection at his home in Leiden. Following his second stay in Japan (1859–1862) at the end of the Edo period, he displayed his second collection in Amsterdam (1863, at Paleis voor volksvlijt [Palace of Industry]), then in his birthplace Würzburg (1864–1865, at Maxschule [Public Max Vocational School]) and finally in Munich (1866, in the North Gallery Wing facing Hofgarten [Royal Garden]).

and scholarly approach to museum planning were highly regarded even in his own time.

Using Ishiyama Yoshikazu's pioneering research[27] as our starting point, we carefully analyzed related documentary materials to investigate the intentions behind Siebold's collecting and how he understood and classified each Japanese artifact.[28] We also worked to elucidate how his displays were arranged by studying illustrations in a magazine article and old photographs depicting exhibition scenes.[29] Through this process, we attempted to link artifacts and documentary materials to uncover the context behind the objects.

While our exhibition reconstruction was faithfully based on Alexander's collection catalogue, accurately reproducing an exhibition from 150 years ago proved far from simple.

The catalogue itself lists 1,566 items, but we were only able to borrow about 300 items from the Museum Fünf Kontinente for our traveling exhibition. The sheer scale of Siebold's Japan Museum that existed in 19th century Munich is truly remarkable. To

---

26 For Siebold's significance as a museum theorist during the dawn of ethnological museums, see the following paper by Bruno J. Richtsfeld and other references at the end of his paper: Bruno J. Richtsfeld, "Das Siebold'sche Museum' in Muenchen," in *Philipp Franz von Siebold (1796–1866) —Sammler und Japanforscher* (AKAMEDON VERLAG, 2022), pp. 83–100 (Japanese version: Bruno J. Richtsfeld/Burūno J. Rihtsuferuto, "Myunhen no 'Shīboruto Hakubutsukan'—Firippu Furantsu fon Shīboruto no hakubutsukan ni taisuru jōnetsu," ミュンヘンの『シーボルト博物館』—フィリップ・フランツ・フォン・シーボルトの博物館に対する情熱— in Bruno J. Richtsfeld/Burūno J. Rihtsuferuto, Udo Beireis/Udo Bairaisu, and Hidaka Kaori (chief eds.), Siebold-Museum and the National Museum of Japanese History (eds.), *Ibunka wo tsutaeta hitobito III Shīboruto no Nihon hakubutsukan*, 異文化を伝えた人々Ⅲ シーボルトの日本博物館 [Transmitters of Another Culture III: Siebold's Japan Museum] (Kyoto: Rinsen Book Co., 2022), pp. 51–75.
27 Ishiyama Yoshikazu (ed.) *Shīboruto no Nihon kenkyū* シーボルトの日本研究 (Tokyo: Yoshikawa Kobunkan, 1997, cited in Note 23).
28 National Museum of Japanese History (ed.), *Gotairiku Hakubutsukan shozō Shīboruto korekushon kankei shiryō shūsei* 五大陸博物館所蔵シーボルト・コレクション関係史料集成 [Compilation of Historical Materials from the Five Continents Museum's Siebold Collection] (National Museum of Japanese History, March 2016; Bruno J. Richtsfeld/Burūno J. Rihtsuferuto, Fukuoka Mariko, and Katada Satoko 堅田智子, *Shīboruto Nihon hakubutsukan no gaiyō to kaisetsu: ōbun genpon/honkoku/hon'yaku* シーボルト日本博物館の概要と解説：欧文原本・翻刻・翻訳 [Overview and Remarks on von Siebold's Japanese Museum: Original, Transcription, and Japanese Translation] (National Museum of Japanese History, March 2018, cited in Note 13)
29 *Yomigaere! Shīboruto no Nihon hakubutsukan* よみがえれ！シーボルトの日本博物館 [Revisiting Siebold's Japan Museum], exh. cat. (Tokyo: Seigensha, 2016), pp. 48–49, 60–65; Hidaka Kaori and Hirata Yuki 平田由紀 "Amusuterudamu ni okeru Shīboruto no dainiji korekushon tenji ni tsuite—shinshutsu no koshashin ni motozuku kōsatsu—" アムステルダムにおけるシーボルトの第二次コレクション展示について—新出の古写真にもとづく考察— [Siebold's Amsterdam Exhibition of His Second Collection: An Analysis Based on a Newly Discovered Old Photograph] in the International Symposium Report edited by National Museum of Japanese History, *Shīboruto korekushon kara kangaeru* シーボルト・コレクションから考える [Exploring the Siebold Collection of the Museum Fünf Kontinente] (National Museum of Japanese History, March 2018), pp. 137–148.

Fig. 12 Reconstructed gallery wing facing Hofgarten (the royal garden) in Munich.

help visitors grasp the overall volume and diversity of the collection, we installed large touchscreens in the exhibition space, allowing them to freely browse images of items that were not physically on display through a digital archive.

Furthermore, while Alexander's catalogue indicates the display sequence and groupings, information about the gallery wing [Fig. 12] facing the Royal Garden where the exhibition was held is scarce—there are no floor plans of the building, let alone layout plans of the display cases. As for Siebold's own classification system known through the catalogue, many aspects of the overall exhibition structure remain unclear, as exemplified by missing classification names for some items and the ambiguous hierarchical organization of the system. Our challenge was therefore to find ways to clearly communicate these aspects of the exhibition that have not been fully clarified in the research to date.

After careful deliberation, we decided to maintain our commitment to a reconstructive exhibition based on Alexander's catalogue, presenting to visitors our research progress even in its incomplete state. While this resulted in a somewhat experimental exhibition with a strong research focus, visitors generally responded favorably to the large number and variety of exhibited items, including everyday objects from the 19th century that evoked nostalgia given their connection to modern life, as well as new aspects of Siebold's activities after the Siebold Incident, particularly his museum concept and its implementation, which had been relatively unknown until then.

In October 2019, two years after the travelling exhibition in Japan, the "Collecting Japan" exhibition[30] opened at the Museum Fünf Kontinente [Fig. 13]. Reconstructing the exhibition from 150 years ago in Munich had been one of the project's long-cher-

Fig. 13 "Collecting Japan" exhibition held at the Museum Fünf Kontinente, Munich.

ished goals. Siebold's collection in Munich, after his death in 1868, was integrated with other collections by Moritz Wagner (1813–1887), the curator (Konservator) of the State Ethnographic Collections (Ethnographischen Sammlungen des Staates), leading to the establishment of the Museum für Völkerkunde München. Indeed, it was none other than Siebold's "Japan Museum" that became the foundation of today's Museum Fünf Kontinente.

The "Collecting Japan" exhibition was adapted from the Japanese traveling exhibition "Yomigaere! Shīboruto no Nihon hakubutsukan" [Revisiting Siebold's Japan Museum], serving as a kind of homecoming display. While there were some modifications to accommodate German audiences and exhibition space requirements, the exhibition's themes and displayed items remained largely consistent with the Japanese version. The final selection of exhibits was made by Bruno J. Richtsfeld, curator at the Museum Fünf Kontinente, who refined the initial selection proposed by Japanese specialists across various fields. As a result, several important pieces that had been unable to be loaned to Japan due to their state of conservation or size constraints were able to be

---

30 "Collecting Japan. Philipp Franz von Siebolds Vision vom Fernen Osten" exhibition (Japanese title: Nihon wo atsumeru: Shīboruto ga shōkai shita tōi higashi no kuni 日本を集める―シーボルトが紹介した遠い東の国), organized by the Museum Fünf Kontinente and the National Museum of Japanese History, National Institutes for the Humanities, held at the Museum Fünf Kontinente from October 11, 2019 to September 13, 2020.

displayed in the Munich exhibition.

It is not unusual for exhibitions traveling to multiple venues to undergo minor adjustments or partial changes based on the specific requirements of each hosting venue, such as museums and art galleries. What was particularly interesting about the Siebold exhibition tour was how the exhibition evolved—one might even say grew—to achieve its primary goal of reconstructing the original display. At each of the four domestic venues in Japan, beginning with the special exhibition that opened at Rekihaku in July 2016, improvements in display methods and techniques by each hosting institution made it possible to create increasingly accurate reconstructions of the original exhibition. Furthermore, at the 2019 Munich exhibition, Richtsfeld's reexamination of Alexander's catalogue led to deeper insights into Siebold's own collection classification system, enriching the exhibition's content even further.[31]

Exhibiting is an act of demonstrating relationships between materials through their arrangement and combination, and conveying messages through these assembled materials. Exploring historical exhibitions through reconstruction means tracing the ideas, awareness, and culture of the individuals, era, and peoples who created these displays. What we learned through our research on the Siebold Collection at the Museum Fünf Kontinente can be broadly applied as a methodology for studying Japanese materials held overseas. These materials, discovered by foreigners, were collected, transported across oceans, and given new roles under different cultural contexts, where they began weaving new narratives. The significance of studying materials held overseas lies not only in discovering and reevaluating, from a Japanese perspective, precious materials that had remained largely unexplored. Rather, the true fascination of such research lies in examining how these materials left Japan, their subsequent journeys, and the histories that emerged from these trajectories. I believe there is still substantial potential for further development in the study of the vast Siebold Collections.

(Translated by Wada Translation Service)

---

31 Museum Fünf Kontinente (ed.), *Collecting Japan. Philipp Franz von Siebolds Vision vom Fernen Osten*, exh. cat., German version (Munich: Museum Fünf Kontinente, 2019); Museum Fünf Kontinente (ed.), *Collecting Japan. Philipp Franz von Siebold's Vision of the Far East*, exh. cat., English version (Munich: Museum Fünf Kontinente, 2019); National Museum of Japanese History (ed.), *Nihon wo atsumeru—Shīboruto ga shōkai shita tōi higashi no kuni* 日本を集める―シーボルトが紹介した遠い東の国, exh. cat., Japanese version, trans. Aoyagi Masatoshi 青柳正俊 (National Museum of Japanese History, 2020).

本書は、2023年10月、長崎市および国立歴史民俗博物館によって開催されたシンポジウムの報告にもとづくものである。

本研究は、人間文化研究機構基幹研究プロジェクト「ヨーロッパにおける19世紀日本関連在外資料調査研究・活用―日本文化発信にむけた国際連携のモデル構築―」および、「外交と日本コレクション―19世紀在外日本資料の世界史的文脈による研究と現地およびオンライン空間における活用」、JSPS科研費JP17H02296、JP21H00490 の成果である。

This publication is based on reports from two symposia held in October 2023 by the City of Nagasaki and the National Museum of Japanese History.
This research was supported by the National Institutes for the Humanities (NIHU) Research Project "Insights into Japan-related Overseas Artifacts and Documents from 19th-century Europe, Research and Use: Developing the Foundation for International Collaboration in Transmitting Japanese Culture," "Early Diplomatic Japanese Collections Abroad: Contextualizing 19th Century Japanese Material Heritage in World History through Onsite and Online Research and Use," and JSPS KAKENHI Grant Numbers JP17H02296, JP21H00490.

シーボルト研究の１００年

One Hundred Years of Siebold Research

2025年3月31日　発行

日高 薫 責任編集
人間文化研究機構 国立歴史民俗博物館 編

Edited by Hidaka Kaori,
　　　National Museum of Japanese History
　　　National Institutes for the Humanities

発行者　　片岡　敦
印刷製本　亜細亜印刷株式会社

株式会社 臨川書店　　　　　　　　　RINSEN BOOK CO.

〒606-8204　　　　　　　　　　　　8, Tanaka-Shimoyanagi-Cho, Sakyo-ku,
京都市左京区田中下柳町8番地　　　　Kyoto 606-8204, Japan

ISBN 978-4-653-04613-4 C3020

本書を代行業者等の第三者に依頼してスキャニングやデジタル化することは著作権法違反です。